KB263407

영의정의 경륜

저자 **이 성 무** 李成茂, Lee Song Mu
- 1937년 충북 괴산 출생. 서울대학교 문리과대학 사학과 졸업, 서울대학교 석사·박사.
- 국민대학교 교수. 한국정신문화연구원 교수·대학원장·부원장. Harvard Yenching
  Institute 연구교수. Tuebingen 대학 객원교수. 연세대학교 용재석좌교수.
- 국사편찬위원회 위원장. 대한민국 학술원 회원(현). 남명학연구원장(현).
  한국역사문화연구원장(현). 한국학중앙연구원 명예교수(현).
- 저서: 《한국의 과거제도》(1976, 개정증보 1994), 《조선초기 양반연구》(1980), 《조선의
  사회와 사상》(1999, 개정증보 2004), 《조선양반사회연구》(1995), 《한국역사의 이해》
  1~9(1994~2011), 《조선왕조사》(1998, 재판 2011), 《조선시대 당쟁사》(2000, 재판
  2007), 《조선시대 사상사 연구》(2008) 외 다수.

영의정의 경륜

초판 제1쇄 발행 2012. 8. 3.
초판 제2쇄 발행 2013. 8. 20.

지은이   이 성 무
펴낸이   김 경 희
펴낸곳   (주)지식산업사
         본사 ● 413-832, 경기도 파주시 교하읍 문발리 520-12
              전화 (031) 955-4226~7 팩스 (031)955-4228
         서울사무소 ● 110-040, 서울시 종로구 통의동 35-18
              전화 (02)734-1978 팩스 (02)720-7900
         한글문패   지식산업사
         영문문패   www.jisik.co.kr
         전자우편   jsp@jisik.co.kr
         등록번호   1-363
         등록날짜   1969. 5. 8.

책값은 뒤표지에 있습니다.

ⓒ 이성무, 2012
ISBN 978-89-423-1156-9 (93910)

이 책을 읽고 저자에게 문의하고자 하는 이는
지식산업사 전자우편으로 연락 바랍니다.

영의정의 경륜

이 성 무

지식산업사

서문

요즈음 리더십에 관한 논란이 많다. 국가나 사회를 이끌어 가는 데 지도자의 리더십이 중요하기 때문이다. 이순신의 리더십, 이승만의 리더십, 박정희의 리더십, 박태준의 리더십, 히딩크의 리더십 등이 그러하다.

리더십이 중요한 것은 전통시대도 마찬가지였다. 그래서 이 책에서는 16세기 사림정치시대를 여는 데 이바지한 네 영의정의 리더십을 집중적으로 검토해 보기로 한다. 이들은 동고東皐 이준경李浚慶, 아계鵝溪 이산해李山海, 추탄秋灘 오윤겸吳允謙, 백헌白軒 이경석李景奭이다. 이들은 16세기 조선이 훈신정치에서 사림정치로 전환하던 시기에 국정을 총괄하는 책임을 졌다.

이준경은 훈구가문인 광주이씨廣州李氏 출신으로 사화를 거치는 동안 사림파士林派로 전향해 정국을 훈신정치에서 사림정치로 연착륙할 수 있도록 조정하는 역할을 했다. 또한 이산해는 초기 당쟁시대에 동인, 북인, 대북·육북의 대표로서 선조·광해군조의 정국을 좌우했으며, 오윤겸은 뛰어난 행정력과 투철한 애국심으로 목숨을 걸고 외교적인 사명을 수행한 인물이다. 그리고 이경석은 청나라가 침입했을 때 주화파로서 심양瀋陽을 왕래하며 목숨을 걸고 국권 수호에 앞장섰으며, 효종의 북벌운동을 조사하러 온 청의 사신 앞에서 모든 책임을 졌다. 더구나 아무도 쓰려고 하지 않는 삼전도비문三田渡碑文을 써 훗날 송시열의 배척을 받기도 했다.

이들의 공통점은 개인적인 자질이 훌륭하고, 행정력이 뛰어나며, 청렴결백하고, 솔선수범했다는 것이다. 자기의 뚜렷한 주견은 있지만 국가와 사회를 위해 다른 의견에 귀를 기울이고, 필요한 경우에는 목숨을 거는 용기와 결단을 가지고 있었다. 화이부동和而不同, 곧 정국을 조율하는 능력을 가지고 있었던 것이다.

네 사람이 처한 객관적인 환경은 달랐다. 이준경은 사화가 빈발하던 시대에 어떻게 하면 훈구파나 권신들의 박해를 피하면서 사림정치를 정착시킬 것인가를 걱정했다. 그는 기회가 있을 때마다 한편으로는 피화被禍사림들을 신원하고, 왕에게는 훌륭한 사림의 종장들을 기용할 것을 설득하면서도, 다른 한편으로는 신진사림의 과격한 언론을 억제했다. 사화의 재발을 방지하기 위해서였다.

이산해는 사림파가 권력을 차지한 뒤 사림 사이에 붕당이 생기고 붕당 사이에 당쟁이 치열해지자 당쟁의 소용돌이에서 헤어나지 못했다. 그래서 계속 당쟁에 휘말렸고, 인조반정으로 그가 소속되어 있던 북인정권이 몰락하자 역사의 반역자로 낙인찍히고 말았다. 따라서 서인들의 사평史評은 좋지 않았다. 이에 대해서는 면밀한 사료 검증이 필요하다. 그의 신도비는 정조조에 채제공에 의해 겨우 세워질 정도였다.

오윤겸은 임진왜란 이후 조·중·일 국교 재개를 위해 목숨을 걸고 명나라와 일본을 오가면서 사신으로서의 사명을 다했다. 또한 그는 인조의 등극사登極使로 활동했는데, 반정공신이 아니었음에도 혁명정부의 외교관으로 기용될 정도로 능력을 인정받고 있었던 것이다.

이경석은 효종의 북벌운동을 시찰하러 온 청나라 사신 앞에서 이 일은 전적으로 영의정인 내가 한 일이고 효종은 모르는 일이라고 우겨 난국을 피해가는 데 공을 세웠다. 그 결과 청의 압력으로 관직에서 소외되어 오랫동안 재야에서 국정을 도울 수밖에 없었다. 나라를 위해 자신의 영달을 초개와 같이 보는 지도자로서의 모범을 보인 것이다.

영의정은 의정부議政府의 수장이다. 《경국대전》에 의정부는 "백관을 통솔하고, 서정庶政을 고르게 하며, 음양陰陽을 다스리고, 나라〔邦國〕를 경륜經綸한다"고 되어 있다. 영의정은 일인지하一人之下 만인지상萬人之上이다.

정도전은 일찍이 국가는 총재家宰가 다스리고, 국왕은 총재 한 사람만 잘 뽑으면 된다고 했다. 국왕은 세습되어 훌륭할 수도 있고 그렇지 못할 수도 있지만, 관료는 과거로 뽑기 때문에 우수하다. 그러니 관료의 대표인 영의정이 정국을 주도해야 한다는 것이다.

그럼에도 태종은 국왕의 전세권을 강화하고자 6조직계제六曹直啓制를 실시했다. 그러나 세종조부터 의정부서사제議政府署事制로 바뀌었다. 세조조에 잠시 6조직계제로 복귀했으나 곧 의정부서사제가 정착되었다.

그러므로 영의정은 정국 운영의 핵심에 있었으며, 그의 지도력 여하에 따라 나라가 잘 될 수도, 그렇지 못할 수도 있었다. 그런 면에서 이준경, 이산해, 오윤겸, 이경석을 집중 검토하는 이 책은 16세기 사림시대 영의정의 리더십을 이해하는 데 도움을 줄 것이다. 그리고 요즈음 지도자들의 리더십에도 참고가 될 것이다. 강호제현江湖諸賢의 질정叱正을 바란다.

2012년 4월
성고省皐서당에서
한국역사문화연구원장 이 성 무

차 례

서문 ● 5

제1장 광주이씨 이준경李浚慶 가문의 가계와 행적

1. 머리말 ·· 13
2. 이준경의 가계 ·· 15
　　1) 이집 ● 16　　　　　　　2) 이지직 ● 20
　　3) 이인손 ● 27　　　　　　4) 이극감 ● 37
　　5) 이세좌 ● 38　　　　　　6) 이윤경 ● 43
　　7) 이세우 ● 43
3. 이준경의 생애와 행적 ·· 49
　　1) 유년시절 ● 49　　　　　2) 관직생활 ● 54
　　3) 재상의 경륜 ● 90
4. 이준경의 역사적 위상 ··· 124

제2장 아계 이산해의 가계와 행적

1. 머리말 ·· 131
2. 한산이씨의 선계先系 ·· 133
3. 이곡李穀·이색李穡 대 ··· 137
　　1) 이곡 ● 137　　　　　　2) 이색 ● 146

4. 이계전李季甸·이개李塏 대 ……………………………… 167
  1) 이계전 · 167　　　　　2) 이개 · 192

5. 생애와 행적 ……………………………………………… 198

6. 아계 이산해의 자손들 ………………………………… 233

7. 역사적 위상 ……………………………………………… 265

제3장 추탄秋灘 오윤겸吳允謙의 생애와 치적

1. 머리말 …………………………………………………… 275

2. 조선의 양반사회 ……………………………………… 277

3. 추탄 오윤겸의 가계家系 ……………………………… 280

4. 〈해주오씨족도〉 ………………………………………… 291

5. 추탄 오윤겸의 생애 …………………………………… 297

6. 치적과 평가 …………………………………………… 337
  1) 학문과 덕행 · 338　　　2) 충효사상 · 343
  3) 훌륭한 목민관 · 346　　4) 공정한 인사 · 348
  5) 당색 배제 · 352

7. 맺음말 …………………………………………………… 355
  1) 혼맥의 유지 · 355　　　2) 오희문의 기가起家 의지 · 356
  3) 추탄의 인품과 능력 · 358　4) 기호서인의 학맥 · 360

제4장 백헌白軒 이경석李景奭의 생애와 행적

1. 머리말 ·· 365

2. 가계 ·· 368

  1) 덕천군 이후생 • 368   2) 신종군 이효백 • 373
  3) 완성군 이귀정 • 374   4) 함풍군 이계수와 이수광 • 377
  5) 이유간 • 378   6) 이경직 • 381
  7) 이철영 • 387   8) 이우성과 이하성 • 388
  9) 이진망 • 389   10) 이광덕과 이광의 • 393

3. 백헌 이경석의 행적 ·· 400

  1) 어린 시절 • 400   2) 관직생활 • 402
  3) 병자호란과 이경석 • 409   4) 삼전도비 • 415
  5) 전후처리 • 418   6) 재상으로서의 경륜 • 426
  7) 청의 북벌 조사와 이경석 • 433
  8) 이경석의 은거와 국사 고문 • 439
  9) 궤장을 하사받음 • 463

4. 맺음말: 이경석에 대한 평가 ··· 476

찾아보기 • 480

제1장

광주이씨
이준경李浚慶 가문의
가계와 행적

1. 머리말

2. 이준경의 가계

3. 이준경의 생애와 행적

4. 이준경의 역사적 위상

1. 머리말

광주이씨廣州李氏 둔촌계遁村系는 15세기 훈구파의 핵심 세력이었다. 고려 말 둔촌遁村 이집李集으로부터 대대로 문과에 급제해 현달해 오다가 손자 이인손李仁孫 대에 이르러 세조의 측근 공신으로서 훈구파의 핵심이 된 것이다. 그리하여 다음 대에는 이른바 8극八克이 모두 문과에 급제해 고위관직을 역임하거나 공신이 되어 대표적인 명문名門이 되었다. 성현成俔은 《용재총화慵齋叢話》에서 "지금 문벌이 성하기로는 광주이씨 가문이 제일이다〔當今門閥之盛 廣州李氏爲最〕"라고 할 정도였다.

그러나 광주이씨 가문이 계속 영달을 누린 것만은 아니다. 연산군이 즉위하면서부터 이 문중에도 풍파가 불기 시작했다. 이인손의 손자 이세좌李世佐가 폐비 윤씨에게 내리는 약사발을 가지고 간 죄로 핍박을 받기 시작했다. 그리하여 그 형제와 인척들이 줄줄이 죽음을 당하거나 귀양을 갔다. 이준경 형제도 어린 나이에 괴산으로 귀양갔다가, 중종반정 이후에 겨우 풀려났다. 그 뒤 사화가 일어날 때마다 근친들이 화를 입었고, 이홍윤李洪胤 역모사건으로 이준경은 다시 보은으로 귀양을 가야 했다.

이런 과정에서 이준경 가문은 자연스럽게 사림파로 전향하게 되었다. 전향사림파가 된 것이다. 그리하여 김안로金安老·이기李芑·이량李樑 등에게 핍박을 받아가며, 때로는 문정왕후文定王后나 윤원형尹元衡과 같은 독재자들과 타협하면서 고급관료로 성장할 수 있었다. 그가 그럴 수 있었던 데는 그의 지도자적 자질이 훌륭했고, 행정능력이 뛰어났으며, 장상將相으로서, 외교관으로서 몸을 아끼지 않고 국가를 위해 봉사한 요인이 작용했다.

한편으로는 기회만 오면 사림정치를 활성화하고자 신명身命을 돌보지 않고 사림파를 지지하는 발언을 했다. 중종이 사림파를 동정하는 태도를 보이자 이를 틈타 남곤南袞 등 사화의 가해자들을 탄핵해 삭탈관작을 시키는가 하면, 조광조·김굉필 등의 피화자들을 신원하고 그들을 문묘에 종사하자고까지 했으며, 문정왕후가 죽자 윤원형을 탄핵해 결국 그를 권좌에서 몰아냈다.

다른 한편으로 윤원형이 실각한 뒤 영의정이 되어서는 스스로 정국의 조정자를 자임해 이이·기대승·정철 등 신진사림의 과도한 주장을 견제하기도 했다. 이것은 그가 죽기 전에 올린 유차遺箚에 잘 나타나 있다. 이들의 주장대로 급진적인 개혁을 하다 보면 자칫 또 다른 사화가 일어날 위험이 있었기 때문이다.

이와 같이 이준경은 15세기 훈구파의 세상에서 16세기 사림파의 세상으로 넘어가는 과도기에 전향사림파 출신의 재상으로서 양자를 조율하는 조정자의 역할을 했다. 그러다 보니 신진사림들의 불만을 사서 그들로부터 많은 비난을 받았던 것이다.

이 장에서는 이러한 영의정 이준경의 생애와 행적을 실증적으로 검토해 보고자 한다.

2. 이준경의 가계

광주이씨의 시조는 신라 내물왕奈勿王 때 내사령內史令을 지낸 이자
싱李自成이라 한다. 이자성의 선대先代는 오랫동안 칠원백漆原伯이 되어
대대로 작위를 이어왔는데 그 자손들이 고려 왕건에게 신복臣服하지 않
다가 회안淮安(지금의 광주 경안역)으로 이속되어 역리驛吏로 살았다. 그
뒤 고려 성종조에 회안을 광주廣州로 개명하면서 향리鄕吏가 되어 광주
를 본관으로 하는 광주이씨가 되었다 한다.[1]

그러나 그 이후의 세계는 알 수 없다. 광주이씨가 행세하게 된 것은
고려 말의 생원 이울李蔚 때부터이다. 이울은 이한李漢과 이당李唐 두
아들을 두었는데 이준경은 이당의 자손이다. 이당은 생원으로 죽은 뒤
에 아들의 현달로 이조판서 성균좨주成均祭酒에 추증되었다.[2] 이당은
이인령李仁齡·이원령李元齡·이희령李希齡·이자령李自齡·이천령李天齡 등
다섯 아들을 두었는데, 모두 문과에 급제했다. 특히 둘째 아들[3] 이원령
은 고려의 봉순대부奉順大夫 판전교시사判典校寺事를 지냈고 광주이씨의
중시조가 되었다. 그는 뒤에 이름을 이집李集으로 바꾸었으며, 죽은 뒤
에 손자가 잘 되어 찬성贊成에 증직되었다.

---

1) 朴能緖,《韓國系行譜》天, 廣州李氏, 寶庫社, 1992, 341쪽;《國譯廣李世蹟》第一卷(上代編).
2)《國譯廣李世蹟》第一卷(上代編), 285쪽, 南秀文, 淸白吏公 諱之直 行狀
　　遺事, (주)크레이언, 2005, 159쪽.
3)《國譯廣李世蹟》第一卷(上代編),〈二. 遺事〉, (주)크레이언, 2005, 156쪽.

1) 이집

이집(1327~1387)의 초명은 이원령李元齡이요, 초자는 성노成老, 자는 호연浩然, 초호는 묵암자墨巖子·남천南川, 호는 둔촌遁村이다. 1327년(충숙왕 14) 6월 2일에 태어나 1387년(우왕 13) 6월 29일에 향년 61세로 죽었다. 그는 처음에 외조부의 인척인 이인성李仁成과 문충공文忠公 신현申賢에게 배웠으며,4) 1347년(충목왕 3)에 21세로 최원도崔元道와 함께 진사가 되고(이때의 지공거는 이곡), 1355년(공민왕 4) 29세에 병과 제6인으로 등과했는데(이공수李公遂가 지공거, 안보安輔가 동지공거), 문장과 지절志節로 이름이 있었으며, 목은牧隱 이색李穡·포은圃隱 정몽주鄭夢周·도은陶隱 이숭인李崇仁·척약재惕若齋 김구용金九容·행촌杏村 이암李嵒·야당野堂 허금許錦·원재員齋 정추鄭樞·어촌漁村 공부孔俯 등 명사들과 사귀었다.5)

그런데 1368년(공민왕 17)에 석탄石灘 이존오李存吾와 함께 상소를 올려 권승權僧 신돈辛旽을 공격하고, 또 입시했을 때 면전에서 "하늘에는 두 해가 없고 나라에는 두 임금이 없는 것이거늘 요승妖僧이 어찌 감히 어상御床에 앉아 어깨를 나란히 할 수 있단 말이냐?"고 논척하면서 어상에서 내려오라고 호통을 치니 신돈이 황망히 내려왔다. 이에 공민왕이 노해 "너희들이 감히 나의 스승을 논척하느냐"고 하면서 파직해 유배를 보내라고 했으나 간관諫官 정몽주가 구해 주어 목숨을 건질 수 있었다. 하루는 신돈의 문객門客 채판서蔡判書 앞에서 신돈을 공격한 일로 목숨의 위협을 느끼고 둔촌동 산속 토굴에 숨어 있었다. 그러나 발각될 기미가 보이자 그는 아버지 이당을 업고 부인과 아들 삼형제를 데리고 경상도 영천永川에 사는 동년同年 사간司諫 최원도崔元道의 집으로 달아났다. 부인과 아들들은 경주 불국사로 보내고, 이원령은 잠깐 최씨집 행

---

4) 李鍾元 편저,《黎明》, 廣州李氏大宗會, 2007, 25쪽.
5)《國譯廣李世蹟》第一卷(上代編),〈一. 遁村先生行錄〉, (주)크레이언, 2005, 148~149쪽.

랑채에 들어가 쉬고 있었는데 최원도가 이 사실을 알고 짐짓 노한 척하며 "이 자가 재앙을 싣고 와서 나에게 넘기려 한다"고는 직접 앞장서서 몰아내고 행랑채에 불을 질러 태워버렸다. 이원령은 쫓겨나 힘없이 5리쯤 나와 숲 속에 숨어서 쉬고 있었다. 이윽고 밤이 되자 최원도가 나타나 이집 일행을 집으로 데리고 가 4년 동안 낮에는 다락 위에 숨게 하고, 밤에는 골방에서 거처하게 했다.[6] 이때부터 최원도는 미친 척했다. 밥도 한 끼에 3인분을 먹고, 대소변을 방 안에서 보는 등 이상한 짓을 저질렀던 것이다. 이를 수상하게 여긴 최원도의 부인이 제비라는 계집종을 시켜 몰래 엿보게 했다. 그랬더니 벽장 속에 수상한 사람들이 숨어 있는 것이 아닌가. 그러나 주인의 고민을 눈치 챈 제비는 19살의 꽃다운 나이에 자결했다.[7] 한편 신돈은 영천관아에 관문關文을 보내 이원령을 찾아서 빨리 잡아 올리라고 성화였다. 그러나 고을에서는 최원도가 이원령을 쫓아낸 실상을 낱낱이 고해 무사했다. 최원도는 이원령의 아버지를 친부모 봉양하듯 했으나 이듬해에 죽으니 빈렴殯殮을 갖추어 슬퍼하기를 친상親喪처럼 하고, 어머니의 묘소가 있는 고을 남쪽 나현蘿峴의 자기 묏자리에 장사지내 주었다.[8]

---

6) 《國譯廣李世蹟》第一卷(上代編), 〈五. 遁川先生이 崔司諫을 찾아 화를 피함〉, (주)크레이언, 2005, 116쪽.

7) 《國譯廣李世蹟》第一卷(上代編), 〈五. 遁川先生이 崔司諫을 찾아 화를 피함〉, (주)크레이언, 2005, 116쪽.

8) 《國譯廣李世蹟》第一卷(上代編), 〈五. 遁村先生이 崔司諫을 찾아 화를 피함〉, (주)크레이언, 2005, 116쪽. 이때 최원도는

<table>
<tr><td>강개히 시국을 걱정해 눈물로 옷깃을 적셨는데,</td><td>慷慨傷時淚滿襟</td></tr>
<tr><td>떠돌던 효성은 유음幽陰(저승)에까지 달했네.</td><td>流離孝懇達幽陰</td></tr>
<tr><td>한산漢山은 멀고멀어 운연雲烟에 가렸고,</td><td>漢山迢遞雲烟阻</td></tr>
<tr><td>나현蘿峴은 돌고 돌아 수목이 깊구려.</td><td>蘿峴盤回草樹深</td></tr>
<tr><td>하늘이 앞뒤로 잡아주니 두 무덤인데,</td><td>天占後先雙馬鬣</td></tr>
<tr><td>뉘라서 그대와 나 두 사람의 마음을 알리.</td><td>誰知君我兩人心</td></tr>
<tr><td>바라노니 대대로 길이 이와 같이해,</td><td>願言世世長如此</td></tr>
<tr><td>모름지기 두 사람의 마음을 같이해 그 날카로움이 쇠도 끊게 하세.</td><td>須使交情利斷金</td></tr>
</table>

라는 시를 지어 보냈다 한다. 뒤에 최씨 종인宗人들이 李唐의 묘를 천장해 가라고 하자 최원도는 "나와 李某는 형제의 의리로 맺어져 정이 骨肉보다 두텁다. 한 번 장례를 허락하

이원령은 1371년(공민왕 20) 6월에 신돈이 복주伏誅된 뒤에야 개경의
현화리玄化里 집으로 돌아올 수 있었다. 그는 이숭인에게 "지금 내가 서
울에 돌아와서 여러 벗들과 만나니 마치 꿈에서 깨어난 듯하고 죽었다
가 다시 살아온 듯하오. 몸이 다시 태어났는데 이름은 옛 것을 쓸 것이
있겠소?" 하고는 '호연지기浩然之氣는 집의集義에서 생긴다'(《맹자》 공손
축장公孫丑章)는 뜻을 따 이름을 '집集'으로 고치고, 자를 '호연浩然'으로
고쳤으며, 숨어 산 괴로움을 잊지 않겠다 해 호를 '둔촌遁村'으로 바꾸
었다.9) 이에 대해서는 목은의 〈호연자명浩然字銘〉,10) 〈둔촌기遁村記〉11),

고 또 파내기를 꾀하는 것은 나는 차마 하지 못하겠다"고 해 그대로 두기로 했다고 한다
〔《國譯廣李世蹟》第一卷(上代編), 〈六. 둔촌선생과 최사간의 의리〉, 119쪽〕.

9) 이광수, 《새 시대를 이끌어 간 정치인—동고 이준경 선생 일대기—》, 수원대학교 출판부,
1993, 5~6쪽; 《國譯廣李世蹟》第一卷(上代編), 〈一. 遁村先生行錄〉, 151쪽.

10) 텅 비고 확 트인 마음에서라야 도는 생겨나는 것이니,　　　　　　　　　虛無汗漫 惟道之誕
편협한 마음과 이치에 어긋난 지혜에서는 도가 막히느니라.　　　　　　褊心鑿智 惟道之否
한 마음의 낌새이지만, 성현도 이를 이룸이 드물도다.　　　　　　　　　一心之微 聖賢是希
오직 올바름을 구하고, 그릇됨은 버려야 하느니,　　　　　　　　　　　日求其正 惟去其非
확연하게 사방으로 통달하면, 아무리 써도 다함이 없느니라.　　　　　廓爾四達 用之不竭
크게는 천지를 꽉 채우고, 작게는 호발毫髮 속에도 스며들게 하느니라.

　　　　　　　　　　　　　　　　　　　　　　　　　　　　　　塞乎天地 入乎毫髮

하물며 이는 사람의 올바름을 지키는 것〔秉彝〕일진대,
뉘라서 목표에 다다름을 막으랴!　　　　　　　　　　　　　　　　　而況彝倫 孰梗于馴
처심處心함이 태연하면, 능히 천성을 온전히 할 수 있으리니,　　　　處之泰然 克全其天
오직 광주의 이씨는 그럴 만한 강개한 군자로다.　　　　　　　　　　惟廣李氏 慷慨君子
자를 호연이라 했기에, 감히 그 뜻을 풀이하노라.　　　　　　　　　字曰浩然 敢述厥志
〔《國譯廣李世蹟》第一卷(上代編), 263쪽의 李穡, 浩然字銘〕

11) 이집은 목은 이색에게 〈遁村記〉를 부탁하면서 다음과 같이 '遁'의 의미를 설명했다.
"제 이름과 제 자에 대해서는 이미 가르침을 받았으나, 제가 거친 들판에 도망해 취성鷲城
(辛旽의 본관이 鷲城이니 신돈을 말함)의 당화를 피했는데 그 고생스러운 정경은 아무리
고약한 자라도 듣는 대로 얼굴빛을 변하지 않을 사람이 없을 것입니다. 그런데도 제가 오
늘날까지 살아 온 것은 이 '遁'의 힘입니다. 일찍이 叔向은 長狄僑如를 이긴 것을 가지고
그 아들의 이름을 지었으니, 이것은 대개 그 일을 즐기려 함인 것입니다. 자식은 자기 몸
에서 나누어진 것인데도 오히려 이름을 지어서 그 기쁨을 나타냈는데, 더구나 내 한 몸에
있어서이겠습니까? 이제 제가 이미 이름과 자를 모두 고쳤으니 이것은 제가 처음부터 다
시 시작하려는 것입니다. 그러나 '遁'이 저에게 덕이 되게 한 것을 장차 내 몸을 마치기까
지 잊을 수가 없습니다. 그런 까닭에 제가 사는 곳을 '遁村'이라 했습니다. 이것은 '遁'을
덕이라고 생각한 까닭이며, 또한 위험한 데서 빠져 나왔어도 위험한 것을 잊지 않으려는
뜻에 붙여서 스스로 근면하고자 하는 것입니다. 대개 '遁'이라는 것은 知言 가운데 하나이
지만 뜻은 이러한 처지에서 나온 것이니 선생께서는 불쌍히 여기셔서 두세 번 괴롭게 함
을 잊으시고 끝까지 은혜를 주시기를 바랍니다."〔《國譯廣李世蹟》第一卷(上代編), 260쪽.

삼봉의 〈둔촌자후설遁村字後說〉12)에 자세히 기록되어 있다.13)

이집의 벼슬은 판전교시사까지 이르렀다. 그러나 현세에 뜻이 없어 여주驪州 천녕현川寧縣의 강가에 은거해 농사짓고 글을 읽으면서 살았다. 이곳은 이색李穡의 침류정枕流亭, 김구용金九容의 육우당六友堂과 가까워 아침저녁으로 왕래할 수 있었다.14)

그는 1387년(우왕 13)에 죽었다. 죽은 뒤에 손자 이인손李仁孫이 귀하게 되어 좌찬성에 추증되었다. 부인은 황석범黃碩範의 딸인 정화택주貞和宅主 영주郢州황씨이다. 이집 내외의 묘는 원래 광주 암사강巖寺江 가에 있었는데 광주廣州 음촌陰村(지금의 대원리)으로 옮겼다. 묘좌유향卯坐酉向이다. 시문이 많았으나 대부분 없어지고, 남아 있는 시 몇 편이

　牧隱 李穡의 〈遁村記〉〕

12) 三峯 鄭道傳은 '遁村'의 뜻을 조금 달리 해석하고 있다.
　　"어떤 사람이 나에게 묻기를 '李君 元齡이 이름을 集, 자를 浩然이라 고쳤는데 어찌된 일입니까? 李君이 일찍이 憂患에 곤란을 겪더니 어쩌면 그의 평소에 있었던 일을 懲戒하기 위해서 고친 게 아닐까요?' 했다. 나는 대답하기를 '아니다. 그렇지 않다. 李君은 義士이다. 무슨 일이고 참으로 밖에서 오는 것이라면 거의 그의 마음을 움직이지 못했었는데 하물며 평소의 이름자를 그런 이유에서야 바꿨겠는가? 李君의 우환을 나는 알고 있다. 역적 辛旽이 國事를 專擅했을 때 李君의 鄕人으로 신돈의 門客이 된 자가 있었는데 이군이 신돈의 하는 짓을 의롭지 못하게 여겼다가 크게 신돈의 뜻을 거슬러 곧 해치려 하니, 이군이 남쪽으로 피신했다. 노인은 부축하고 어린이는 이끌며, 들에서 자고 풀로 연명하자니 風霜雨露의 침노와 盜賊, 虎狼, 虫蛇의 걱정과 飢寒, 凍餓, 憂勞, 窮厄 등 이른바 사람을 괴롭게 하는 모든 것들이 한꺼번에 일신에 몰아닥쳤어도 군의 뜻은 조금도 쇠함이 없었으니 이는 그의 심중에 반드시 기른 바가 있었기 때문이었을 것이다. 그러기에 우환이 닥쳐도 義로써 마음의 안정을 찾아 마치 泰山의 무거움처럼 남들이 그 動靜을 엿볼 수 없었고, 용기로써 걱정을 털어버려 마치 鴻毛가 燎原의 불길에 사그라지듯 형적조차 남김이 없었던 것이다. 곤경을 겪을수록 더욱 그 뜻을 굳게 하기는 마치 精金·良玉이 비록 烘爐로 녹이고 沙石으로 쳐도 그 精剛하고 溫潤한 본질은 더욱 나타냄과 같으니 마음속에 기른 바가 없는 사람이 능히 그럴 수가 있겠는가? 이로 보면 이군이 이름과 자를 바꾼 것은 아마 앞으로 가꿔야 할 바탕과 굳게 지켜야 할 것이 무엇인지를 알았기에 더욱 거기에 힘쓰려 함이었을 것이다. 이를 두고 우환에 시달려서 평소의 일을 징계하기 위해서 고쳤다고 한다면 이는 이군을 모르는 것이 될 것이다."〔《國譯廣李世蹟》 第一卷(上代編), 268쪽, 三峯 鄭道傳의 〈遁村字後說〉〕

13) 《國譯廣李世蹟》 第一卷(上代編) 遁村記, 浩然字銘, 遁村字後說, 260~270쪽.

14) 이집은 5村(遁村 李集·杏村 李嵒·漁村 孔俯·桑村 金白粹·陽村 權近), 8淸(遁村 李集·惕若齋 金九容·員齋 鄭樞·野堂 許錦·石灘 李存吾·籠巖·貞齋 朴宜中·德谷 趙承肅) 9逸(遁村 李集·石灘 李養中·衿川 徐甄·冶隱 吉齋·耘谷 元天錫·晩六 崔瀁·大隱 李裕·反庵 閔愉 處士 李薀)에 포함되어 있었다〔《國譯廣李世蹟》 第一卷(上代編), 159쪽〕.

《둔촌잡영遁村雜詠》이라는 시집으로 전한다. 《둔촌잡영》은 1410년(태종 10)에 장남 이지직李之直이 초간한 뒤 여러 번 중간되었는데, 시 193제 295수가 수록되어 있다. 1916년 후손 이태회李泰會가 《둔촌잡영》에 유문遺文·유사遺事를 보충해 3권 1책으로 《둔촌유고》를 간행했다.15) 1669년(현종 10)에 사림이 삼은(목은 이색·포은 정몽주·도은 이숭인)과 함께 서원을 세워 제사를 지내다가, 1697년(숙종 23)에 광주 구암서원龜岩書院에 배향하고 있다.16) 옛날부터 단갈短碣이 있었는데 오래되어 부스러져서 1652년(효종 3)에 다시 세웠다가, 1976년에 이가원李家源이 쓴 신도비를 새로 세웠다.17)

2) 이지직

이집은 3남(之直·之剛·之柔) 1녀(玉川府院君 劉敞과 혼인)18)를 두었다. 삼형제는 모두 등과했는데 이준경의 조상은 장자 이지직이다.

이지직의 자는 백평伯平이요, 호는 탄천炭川이다. 1354년(공민왕 3) 5월 5일에 태어나 1419년(세종 1)에 죽었다. 향년 66세. 그는 일찍이 포은 정몽주의 문하에서 배워 1380년(우왕 6)에 전구서승典廐署丞으로 생원시에 합격하고, 이어 문과에 아원亞元으로 급제해 한림翰林, 태상전교太常典校가 되었다.19)

1394년(태조 3)에 광주廣州에서 한양의 향교동鄕校洞으로 이사해 예문관 검열·대교, 집현전 정자·교리, 경승부敬承府 소윤을 역임하고, 평창平昌·충주忠州·청주淸州의 수령을 거쳐 강원(1401)·충청관찰사를 지

---

15) 여운필, 李集의 詩世界(廣州李氏大宗會), 《遁村先生資料集》, 39쪽.

16) 《廣州李氏族譜》 首卷(庚戌譜, 咸鏡監營), 1724, 1쪽.

17) 《國譯廣李世蹟》 第一卷(上代編), 李家源, 遁村神道碑銘, (주)크레이언, 2005, 275쪽.

18) 曺伸의 《諛聞瑣錄》에 따르면, 이집의 사위 유창은 이색이 추천해 주었다 한다. 목은은 제자 가운데서 권근과 유창 두 사람을 추천해 주었는데 유창이 둔촌의 사위가 된 것이다(廣州李氏大宗會, 《遁村先生資料集》 13쪽).

19) 《國譯廣李世蹟》 第一卷(上代編) 第7편, 285쪽. 淸白吏公諱之直行狀

냈다.

그런데 제1차 왕자의 난 때 이방원李芳遠이 이방석李芳碩(소도세자)을 치러 가려 하자 이지직이 말고삐를 잡고 "훤히 밝은 대낮에 부왕 앞에서 아우를 죽여 어떻게 하시렵니까? 순리대로 받아들이십시오" 하고 읍간泣諫하니 좌우에서 그를 죽이려 했다. 그러나 이방원은 "이지직은 나의 옛 친구인데, 그가 어찌 이방석에게 아부해 그랬겠느냐?" 했다. 춘정春亭 변계량卞季良도 "이지직은 청간淸簡하고 강직한 사람이다. 그 말은 참으로 옳은 말이다. 백이伯夷·숙제叔齊와 견주어 다를 바 없다"고 해 그를 두둔했다.[20] 그리하여 자손까지 금고禁錮되는 처벌을 받아 광주廣州의 탄천炭川(숯내, 분당을 흐르는 개울) 가에 은거하면서 독서로 소일하니 사람들이 탄천 선생이라 불렀다.

중앙에 들어와 사헌부 집의(1404), 형조 우참의, 보문각 직제학이 되었으며, 청백리로 유명했다. 1402년(태종 2) 4월 1일에 내서사인內書舍人 이지직과 좌정언 전가식田可植은 다음과 같은 상소를 올렸다.

> ……전하께서는 아름다운 옷을 입으시기를 좋아해 제도를 따르지 아니하시고, 대간의 말이 어쩌다가 뜻에 거슬리면 엄하게 견책을 가하시며, 매와 개를 좋아하시고, 성색聲色을 즐겨하심이 아직도 여전하십니다. 엎드려 바라옵건대, 전하께서는 검약儉約을 숭상하시고, 방탕한 욕심을 경계하시며, 간쟁諫諍을 받아들이시고, 희노喜怒를 삼가시어, 날이 갈수록 조심하십시오.[21]

이와 더불어 군량으로 준비한 곡식을 저화楮貨를 사오는 데 쓰지 말 것, 명나라가 돈을 주고 말을 사가는 것을 중지시킬 것, 명나라에서 도망하는 교포들을 받아들이지 말고 송환할 것 등을 주장했다. 그러나 사

---

20) 이 말을 한 사람이 춘정 변계량이 아니라 당시의 실세인 호정 하륜이라는 주장도 있다.
21) 《태종실록》 권 3, 태종 2년 4월 계축.

평부·승추부와 의논한 결과 이미 진행이 많이 되었거나 대명관계 때문에 받아들여지지 않았다. 대사간 이지李至 등은 버릇없게 직간했으니 귀양보내야 한다고 주장했으나, 태종은 간관의 언론을 죄 줄 수는 없다고 파직만 하고 용서해 주었다.[22] 이처럼 이지직은 강직한 신하였다. 그러기에 전제군주인 태종의 잘못을 정면으로 간쟁할 수 있었던 것이다. 그러나 신료들 사이에서는 그것이 실언이라고 논박하는 사람도 많았다.[23] 더구나 민무구閔無咎 등의 사주로 말을 지어내 태종이 응견鷹犬과 성색聲色을 좋아한다고 몰아붙였다고 이해하는 데까지 이르렀다.[24] 태종은

> 집안에서 대대로 활쏘기를 익혔지만, 나이 25세가 되어서야 비로소 매사냥을 알았을 뿐이요, 개나 성색은 내가 좋아하는 바가 아니다. 다만 그때 새로 권궁주權宮主를 들여 앉힌 일 때문에, 민씨가 이지직 등을 사주해 간하게 했던 것이다. 전가식을 대질심문한 결과, '민무구 등의 사주를 받았다'고 하므로, 나는 그 실정을 알게 되었다. 이지직은 사람됨이 비록 순량하나, 죄가 전가식과 같으므로 쓰지 아니했고, 이양명은 마음씨가 비록 틀어졌지만, 나는 등용해서 벼슬이 4품에 이르렀다.[25]

고 해 이지직이 민씨의 사주를 받았다고 확신하고 있었다. 세종 대에 와서 사헌부가 다시 이지직을 처벌할 것을 주장했으나 세종은 부왕이 처벌하지 않은 일을 자신이 할 수 없다고 거절했다.[26]

그런데 1440년(세종 22) 1월 이지직의 사위 형조참판 유효통柳孝通이

---

22) 《태종실록》 권 3, 태종 2년 4월 정사.
23) 《태종실록》 권 3, 태종 2년 6월 경진.
24) 《태종실록》 권 16, 태종 8년 10월 을해.
25) 《세종실록》 권 1, 세종 1년 3월 기사.
26) 《세종실록》 권 3, 세종 1년 5월 계해.

장인이 현재 나이 72세이고 병이 있는데, 장모가 없으므로 신의 아내가 외동딸로서 옆에서 모시고 아침저녁으로 봉양하고 있습니다. 신이 이제 경주부윤에 제수되었는데, 본주는 서울에서 10여 일이 걸리는 거리에 있으니 반드시 가족을 거느리고 부임하지는 못할 것 같습니다. 더군다나 신은 을묘년(1435) 7월에 강원도 감사에 제수되어 2기를 채우고 정사년(1437) 7월에 소환되었고, 9월에 중국에 봉명사신으로 갔다가 무오년(1438) 3월에 돌아왔으며, 그해 7월에 황해도 감사에 제수되어 기미년(1439) 7월에 체임되어 돌아왔으니, 총 5년 동안을 집을 떠나 출사出仕했습니다. 이제 또 처자를 떠나서 6기 동안 부임하게 되니, 마음에 실로 결망缺望되옵니다. 청하옵건대 서울에서 가까운 고을로 옮겨 차정하시어 가족을 거느리고 부임하게 하시면, 위로는 성은에 보답할 섯이고, 아래로는 처자를 양육하게 될 것이므로 신자의 직분이 양쪽 모두 보전될까 하옵니다.27)

라고 하자, 세종은 다음과 같이 말했다.

태종 때에는 법령이 아주 엄격해서 비록 부모의 연고가 있더라도 사면하지 못했는데, 하물며 처자였겠는가? 전에 이지직이 오랫동안 서용되지 못했는데, 사람들은 모두 극간極諫한 때문이라고 하지만, 사실은 외임外任을 사면辭免했던 때문이다. 오늘날에 이르러 법령이 해이해진 까닭으로, 지금 유효통이 경주부윤을 제수받고도 본관本貫이라고 칭탁하고 사피辭避했는데, 사실은 처자 때문이었다. 내가 종신토록 서용하지 않으려 했더니, 정부에서 모두 말하기를 '쓸 만한 사람이다' 하고, 이조에서도 '교수의 직임을 줄 수 있다'고 해 나 역시 그렇게 여겼다. 대개 외방에 나가고, 중앙에 들어와서 일하는 것은 신자의 직분으로서 당연히 할 일인데, 계문季聞(유효통의 자)이 5년 동안 외방에 나가서 근무한 것으로 전의 공로를 모두 늘어놓고, 겸해서 장인의 늙고 병든 것까지 진술했다. 내가 국문하고자 하는데, 장차

---

27) 《세종실록》 권 88, 세종 22년 1월 갑인.

어느 관사에다 회부할꼬?[28]

　매우 부정적인 반응이었다. 세종은 이지직이 오랫동안 서용되지 못한 까닭이 극간極諫에 있는 것이 아니라 지방관을 사피한 때문이라고 했다. 이지직은 1409년(태종 9) 3월에 성주목사에 제수되었을 때 가지 않아 평택으로 귀양갔다가, 4월에 외방종편外方從便이 된 적이 있었다.[29] 거기다가 그 사위가 장인을 핑계대고 또 지방관을 사피하자 세종이 처벌하려 한 것이다. 《경국대전》에 따르면, "수령守令을 거치지 않은 자는 4품 이상의 품계로 올라갈 수 없고",[30] "수령이나 교관이 핑계를 대어 그 직을 모면하려는 자는 그가 근무해야 할 기간까지는 임용하지 아니하고, 임용할 때는 도로 외관으로 임용한다. 부모의 나이가 70 이상인 자는 300리가 넘는 먼 읍의 수령으로 임용하지 않는다"[31]고 되어 있다. 유효통은 비록 장인이지만 70세 이상 부모를 모시고 있기 때문에 가까운 읍으로 임지를 바꾸어 달라는 것이었으니 무리한 요구는 아니었으나 세종은 태종 때부터 내려오던 전제준주권의 손상을 우려해 처벌하려 한 것이다.

　세종이 즉위하자 태종은 이지직을 등용할 것을 당부했으나, 부임하지 못하고 1419년(세종 1) 7월 21일 죽었다. 뒤에 아들이 잘 되어 영의정에 증직되었다. 부인은 지인주부사 이원보李元普의 딸인 경주慶州이씨로, 1355년(공민왕 4)에 태어나 1433년(세종 15)에 죽었다. 향년 79세. 이지직 내외의 묘는 광주 대원리 선영 계좌癸坐에 있다. 경상남도 창령군 운봉촌雲峰村이 있는 운곡서원雲谷書院에 배향되어 있다.[32] 운곡서원에는 이지직을 주벽으로 하고, 서무西廡에 이여극李汝諟과 이두남李斗南, 동무

---

28)《세종실록》권 88, 세종 22년 1월 갑인.
29)《태종실록》권 17, 태종 9년 3월 병오.
30)《經國大典》卷 1, 吏典 京官職.
31)《經國大典》卷 1, 吏典 外官職.
32)《國譯廣李世蹟》第一卷(上代編), 南秀文, 淸白吏公 諱之直 行狀, (주)크레이언, 2005, 285~193쪽;《國譯廣李世蹟》第一卷(上代編), 李休徵, 淸白吏公 墓碣銘, 294~298쪽.

東廡에 이극규李克圭와 이시노李時老 등 광주이씨 제현들을 봉안하고 있
다.33) 1455년(단종 3) 2월에 이조에 전지해 이지직의 고신告身을 돌려
주었다.34)

1419년(세종 19)에 이지직의 묏자리를 잡을 때 진사 조한필曺漢弼이
풍수에 밝은 사람을 시켜 성남시 하대원동에 있는 현재의 묏자리를 잡
았다. 풍수가 말하기는

> 이 자리는 기가 막히게 좋은 자리입니다. 자손들이 대대로 끊이지 않고
> 대과에 급제할 것이며, 현관顯官이 많이 나올 것입니다. 한 가지 꺼림칙한
> 것은 장자에게 좋지 않습니다.35)

라고 했다. 이 말을 들은 2자 이인손李仁孫과 3자 이예손李禮孫이

> 그렇다면 다른 자리를 찾아보도록 하십시다. 형님께서 좋지 않다는데 어
> 찌 그러한 곳에 아버님 산소를 모시겠습니까?36)

라고 했다. 그러나 이장손李長孫은

> 아니다. 내게 조금 나쁜 것이 무슨 상관이냐? 아버님을 편히 모실 수 있
> 는 자리라면 족하다. 내가 보기에는 이만한 좋은 자리가 있을 것 같지 않으
> 니 내 걱정은 말고 모시도록 하자.37)

라고 해 그 자리를 정했다. 그랬더니 과연 이장손은 향년 30세에 세상을

---

33) 《國譯廣李世蹟》第一卷(上代編), 305쪽, 雲谷書院位次.
34) 《단종실록》권 13, 단종 3년 2월 갑진.
35) 李鍾元 편저, 《黎明》, 廣州李氏大宗會, 2007, 402쪽.
36) 위와 같음.
37) 위와 같음.

떠났다.

그런데 1468년(예종 즉위) 9월에 세조의 능 자리를 광주에 있는 이지
직의 묏자리가 적당하다고 해 예종이 친히 거동하려 하자, 밀성군密城君
이침李琛·영순군永順君 이부李溥·영의정 이준李浚 등이 풍양豊壤에서 돌
아와, 정흠지鄭欽之의 묏자리가 낫다고 했다.[38] 고령군高靈君 신숙주申
叔舟 등과 상지관相地官을 보내 살펴보니, 역시 정흠지의 묏자리가 더
좋다고 해 그리로 정했다.[39]

이지직의 삼형제(지직·지강·지유)는 모두 문과에 급제했다. 이지강은
고려조에 등제하고, 1407년(태종 7)에 중시重試에 합격해 예조판서, 대
사헌, 참찬, 중군도총제를 지냈다. 1427년(세종 9)에 죽었으며, 성품이
염간廉簡했고 이르는 곳마다 성적聲績이 있었다. 시호는 문숙공文肅公이
다. 이지유는 목사牧使를 지냈으며, 2남(仲元·貞元)을 두었는데, 이중원
은 문과에 급제해 판결사判決事를, 이정원도 문과에 급제해 이조정랑을
지냈다.[40]

이상은 남수문의 이지직 행장에 기록되어 있는 내용을 정리한 것인
데 남수문은 이지직의 문인이다. 이 행장은 1926년 봄에 자손 이병순李
秉巡이 무장현茂長縣 사반리巳盤里에 사는 친척 집에서 처음 찾아낸 것
으로 되어 있다.[41]

이지직은 3남(長孫·仁孫·禮孫) 4녀(金虛·禹孝安·柳深·鄭晤와 혼인)를 두
었다. 세 아들이 모두 등과했는데 장자 이장손은 관직이 중서사인中書舍
人에 이르렀고, 차자 이인손은 1411년(태종 11)에 성균시에 합격하고,
1417년(태종 17)에 문과에 급제해 세조를 도와 관직이 판호조사로부터
우의정에 이르렀다. 1463년(세조 9)에 죽었는데, 성품이 의강毅强하고
담박淡泊했다. 3자 이예손은 1434년(세종 16)에 문과에 급제해 관직이

---

38) 《예종실록》 권 1, 예종 즉위년 9월 갑술.
39) 《예종실록》 권 1, 예종 즉위년 9월 을해.
40) 朴能緒, 《韓國系行譜》 天, 寶庫社, 1992, 346쪽.
41) 《國譯廣李世蹟》 第一卷(上代編), 285~298쪽.

관찰사에 이르렀다.

3) 이인손

이 가운데 이인손(1395~1463)이 이준경의 고조이다. 이인손의 자는 중윤仲胤이요, 호는 풍애楓厓, 시호는 충희공忠僖公, 부인은 별장 노신盧信의 딸이다. 《효경》·《소학》 등 제서에 통달해 5자를 모두 등과시켜 국법에 따라 매년 세사미歲賜米 20석씩 받았다.[42] 1395년(태조 4) 7월 4일에 탄생해 1463년(세조 9)에 죽으니 향년 69세. 1411년(태종 11)에 성균시에 합격하고, 1417년(태종 17)에 문과에 급제해 예문관 검열이 되었다. 이어 사헌부 감찰, 좌랑, 사재감 부정副正, 의정부 검상·사인, 예문관 제학, 사헌부 집의를 역임했다.

1438년(세종 20) 3월 이인손이 사헌부 감찰로 있을 때의 일이다. 정랑 정길흥鄭吉興과 감찰 이인손은 광주光州사람 전 만호 노흥준盧興俊이 광주목사 신보안辛保安을 때려서 죽게 했으니 장 1백에, 광주의 관호를 강등시켜 무진군茂珍郡으로 하고, 계수관界首官을 장흥부長興府로 옮겨야 한다고 주장해 그대로 된 바 있다.[43] 그리고 1440년(세종 22) 6월에는 세종이 의정부 사인 이인손에게 여러 도의 공법貢法을 조정하는 일을 맡겼다.[44] 그리고 세종은

> 고려 말부터 조선 초까지 전지 1결마다 세 30두斗를 거두었으나 백성들이 오히려 견디었는데, 조종조에 백성의 생활을 염려해 그해의 풍흉에 따라 손실만큼 조세를 감해 주었으니[隨損給損], 이것은 좋은 법이었다. 그러나 손실이 있을 때 위관委官이 제마음대로 더하고 덜고 해 세를 거두어들이는 것이 적은 까닭에, 내가 공법을 시행하고자 해 이미 경상·전라 두 도

---

42) 廣州李氏大宗會, 《廣李世蹟》 第　卷, 忠僖公　孫神道碑文, (주)크레이언, 510쪽.
43) 《세종실록》 권 80, 세종 20년 3월 병인.
44) 《세종실록》 권 89, 세종 22년 6월 갑술.

에서 시험했으나, 한 도 안에서도 땅의 기름지고 메마름이 같지 않은데 세
를 거두는 것은 한결같아서 백성들이 병통으로 여기니, 다시 자세하게 정
해 아뢰라.[45]

라고 의정부에 전교했다. 백성을 위해 세금제도를 심사숙고하는 모습을
볼 수 있다.

이때 또 의정부가 사인 이인손을 시켜 이맹균李孟畇의 처 이씨가 투
기 때문에 여종을 죽인 사건을 고발하게 했다. 이씨는 여종을 죽였을
뿐만 아니라 아들을 낳지 못했으니 7거지악七去之惡 중 2거二去를 범했
으니 쫓아내야 한다는 것이었다. 그러나 세종은 "질투는 부인의 보통
일이다"라고 하면서 여자에게는 3불거三不去가 있으니 전에는 빈천했다
가 뒤에는 부귀한 경우, 함께 3년상을 입은 경우 등은 이혼시키지 못하
게 되어있다고 했다. 더구나 외명부는 형을 가할 수 없으니 작첩을 거
두는 것으로 족하며, 반면에 이맹균은 남편으로서 아내를 제어하지 못
한 책임이 있으니 황해도 우봉현牛峰縣으로 폄출貶黜하라고 했다.[46] 백
성을 위한 세종의 공정한 판결을 볼 수 있는 사례이다.

사헌부 집의[47]로 있을 때는 수양대군을 도와 예조판서 김종서金宗瑞
를 탄핵한 것으로 유명하다. 이인손이 봉상시윤奉常寺尹으로 있을 때의
일이었다. 공조참판 권맹손權孟孫이 세자에게

지금 관에서 스스로 소금을 굽고자 하는 것은 백성의 재물을 박탈해 나
라를 이롭게 하려는 것이 아니라, 의창義倉의 부족한 것을 보충해 흉년에
대비하자는 것입니다. 이 같은 큰일을 따로 관사官司를 세워서 주장하지
않을 수 없으니, 청하옵건대 관사를 설치하고 좌·우의정과 판호조와 호조

---

45) 《세종실록》 권 90, 세종 22년 7월 을사.
46) 《세종실록》 권 89, 세종 22년 6월 기축.
47) 이인손이 사헌부 집의가 된 것은 1444년(세종 26) 7월 5일(壬子)이었다(《세종실록》 권
    105, 세종 26년 7월 임자).

판서를 제조提調로 삼아서 그 일을 주장하게 하고, 백성으로 하여금 관가
에서 소금을 전매하는 것이 아니라 백성으로 더불어 이익을 같이하는 것을
알게 하소서.[48]

라고 건의해 좌의정 신개申槩, 우의정 하연河演을 도제조, 좌참찬 이숙치
李叔時, 호조판서 정분鄭苯, 공조참판 권맹손을 제조, 봉상시윤 이인손
등을 별감別監으로 삼았다.[49] 이 일은 국부를 증진하는 데 매우 효과적
인 방법이었으나 사대부들은 백성과 이利를 다툰다 해 옳지 않은 일로
비판하고 있었다. 부국강병보다 도덕국가를 지향했기 때문이다.

　1447년(세종 29) 3월에 세종은 판군자감사 이인손을 경차관敬差官으
로 상원祥原 등지에 파견해 수령들의 구황사업을 감찰하게 하고, 평안
도 대성산 도적을 소탕하는 일을 맡겼다.[50] 아울러 그는 사람의 고기를
구워 먹었다고 거짓으로 고한 전리典吏 김의정金義精을 서흥瑞興에 잡아
가두고 심문했다. 이 사건으로 황해도 관찰사 이계린李季疄이 파면되고
신자근申自謹이 새로 임명되었다.[51]

　1448년(세종 30) 5월에 동부승지 이계전李季甸은

《서경》에 3택三宅·3준三俊이 있는데, 3택이란 현재 그 벼슬에 있는 자
이고, 3준이란 다른 날에 3택을 이을 자입니다. 이미 능히 어진 사람을 써
서 그 자리에 있게 하고, 또 다음에 이을 사람을 미리 길러 자리가 비는
대로 잘 택해서 쓰는 것이 천하고금의 사람 쓰는 큰 법입니다. 감사의 책임
에 생민의 휴척休戚이 달려 있으니, 그 선택을 중히 여겨야 하므로, 반드시
정부, 6조, 대간의 천거를 받아 쓰니, 그 선택하는 것이 정합니다. 그러나
정부의 일을 맡은 대신들은 나갈 수 없고, 그 나머지 당상관들은 혹 종실과

---

48) 《세종실록》 권 109, 세종 27년 8월 정사.
49) 《세종실록》 권 109, 세종 27년 8월 정사.
50) 《세종실록》 권 115, 세종 29년 3월 병자·신사.
51) 《세종실록》 권 118, 세종 29년 11월 병오·갑인.

연결되어 있거나, 혹 훈구의 후예에 속해 있거나, 혹 무략이나 현능으로 발탁되었으니, 감사직을 감당할 만한 사람은 몇이나 되겠습니까? 이처럼 많지 않은 현능으로 비록 택하고자 하나 대개 또한 어렵습니다. 현부賢否를 가리지 않고 택해서 보내면 될지 모릅니다. 만약 잘 선택해서 보내려면 지금 자리에 있는 사람이 8도의 수에도 차지 않는데 어찌 미리 길러서 차례로 보임하는 뜻이겠습니까? 근일 평양감사의 선임에 임금이 말씀하시기를 '만약 감당할 만한 자가 있으면 자급이 비록 통훈通訓(문관 정3품 당하관)이더라도 마땅히 2품으로 올려보낸다'고 하셨으니, 사람 쓰는 것을 시급하게 여기시는 것이 지극합니다. 그러나 행수법行守法에 구애되어 현능으로써 통훈대부가 된 자가 적습니다. 누가 능히 그 선발을 감당하겠습니까? 이인손은 비록 통훈대부이나 지난번에 병조를 맡았고, 아직 판군자시사로서 개월箇月이 차지 않았으므로, 유사의 청에 의해 되지 않았습니다. 신이 이인손의 어질고 어질지 못한 것을 알지 못합니다만, 이미 올리고 또 내리니 사람 쓰는 것이 매우 좁습니다. 신은 실로 유감스럽습니다. 한갓 법만 지키고 현능으로 하여금 아랫자리에 지체되게 하니, 어찌 국가의 사람을 쓰는 큰 도리이겠습니까? 이미 이루어진 법을 갑자기 고칠 수는 없으니, 범상한 사람에게는 자격을 쓰는 것이 가하지만 만일 재덕이 있는 기위奇偉한 선비는 차서에 구애받지 말고 택용해 어진 사람을 대접하는 길을 넓히소서.52)

인재는 비록 자급이 모자라도 올려 써야 한다는 주장이다. 이인손은 그 예로 거론되어 곧 예조참의로 발탁되었다.53) 그러나 사간원이 반발했다. 개월수가 차지 않았는데도 당상관으로 특진시키는 것은 법을 어기는 일이라는 것이다. 세종은 "당상관의 제수는 다른 잡직의 예와 다르다. 내가 알지 못하고 한 것이 아니고 특지特旨로 제수했는데 어찌 불가할 것이 있겠는가?"라고 해 특지로 임명한 것이라 했다.54) 본래 순자

---

52) 《세종실록》 권 120, 세종 30년 5월 을유.
53) 《세종실록》 권 120, 세종 30년 5월 을미.
54) 《세종실록》 권 120, 세종 30년 5월 경자.

렇지 않은 점이 있었다. 노산군 당시에 태아太阿(권력)를 거꾸로 잡고 이를 간신들에게 주었기 때문에, 군주는 그 손을 요동하지도 못했고, 백관들은 명을 받을 겨를도 없이 턱으로 가리키고 눈치로 시켜도 감히 누가 무어라 하지 못했으며, 사람들이 정부가 있는 줄은 알아도 군주가 있는 줄은 모르는 지가 오래 되었다. 세조가 즉위하면서 그 폐단을 깊이 경계해 먼저 정부에서 모든 일을 처리하는 법부터 폐지시켜 작록의 존폐와 생사여탈권을 모두 군주에게 돌아가게 한 다음에, 군신의 분의分義가 정해졌고, 상하의 심정이 편하게 된 것이다. 이는 세조가 그 형세로 말미암아 기회를 타고 당시의 군주의 대권을 건진 것이니, 어찌 구구한 천견으로 능히 헤아릴 수 있는 일인가? 그렇지 않다면 세조의 고명한 학식으로 고금에 흥하고 망한 사유를 밝게 살폈을 것인데, 대저 어찌 3공에게 맡길 만한 것임을 몰랐겠는가?74)

단종 때 황보인·김종서 등 의정부 대신들의 권력독점으로 수양대군의 계유정난이 일어났으니, 의정부의 권한 축소는 세조가 할 첫 번째 일이었다. 그래서 6조직계제를 실시하려 하는데 6조의 각료들이 반대하고 나서니 세조가 이성을 잃고 강경 대응하지 않을 수 없었던 것이다. 이계전은 세조의 측근이었지만 이 문제로 사정전思政殿 잔치 때 매를 맞고 곤욕을 치른 것으로 유명하다.75) 필자는 이 사건을 사육신 사건부터 이어지는 권력투쟁의 일환이었다고 논단한 적이 있다.

1456년(세조 2) 이인손이 8월 호조판서로 있을 때 사육신 사건이 일어났다. 성균사예 김질金礩이 그의 장인 정창손鄭昌孫과 함께 성삼문成三問·하위지河緯地·유성원柳誠源·이개李塏·김문기金文起·성승成勝·박쟁朴崝·유응부兪應孚·권자신權自愼·송석동宋石同·윤영손尹永孫·이휘李徽·박중손朴仲孫 등이 상왕인 노산군을 복위시키려고 했나고 고변했다. 별

---

74) 《세조실록》 권 2, 세조 원년 8월 임자.
75) 〈세조와 이계전〉, 《한국일보》 2009년 12월 29일자, 37면 참조.

운검別雲劍 성승·유응부·박쟁 등이 창덕궁에서 중국사신을 환영하는 식이 열릴 때 세조를 시해하려 했으나 갑자기 전내가 좁다고 별운검을 폐지해 실패로 돌아갔다. 이인손은 호조판서로서 이들을 국문하는 데 앞장섰다.76) 사육신 등은 1460년(세조 6) 6월 8일에 군기감 앞에서 처형되었다.77)

이런 일도 있었다. 왜선의 압물押物 안길安吉이 토사 고점高霑을 시켜 감호관監護官 이극배李克培에게 채단綵段 4필을, 그가 거절했음에도 두고 갔는데, 그의 아버지 이인손이 예조에 사유를 보고했다. 이에 예조에서는 고점을 처벌하고, 경상도 관찰사를 통해 채단을 안길에게 돌려주었다.78)

또 남부지방에 기근이 들었을 때에는 진휼사賑恤使로서 백성을 구제했다. 이에 세조는 그를 호조판서에 임명했다.79) 그가 늙었다고 사양했으나 좌의정 신숙주申叔舟를 시켜 억지로 자리에 앉혔다. 이어 판중추부사·우찬성(1459. 11)을 거쳐 성절사聖節使로 명나라에 다녀와서 우의정(1459. 11)으로 치사致仕했다. 그러나 다음 해 4월에 정사 효령대군과 함께 한확韓確의 딸을 세자빈으로 삼은 사실을 보고하고자 다시 명나라에 다녀왔다.80)

그러나 1463년(세조 9) 5월에 이인손이 병이 나 그 아들 평안도 관찰사 이극배를 불러올렸으나81) 그해 윤7월 13일에 죽었다.82) 이인손은 성격이 침착하고 강의强毅하며 담박淡泊한 것을 좋아하고 화려한 것을 싫어했다. 죽은 뒤에 세조도 이극돈李克墩에게 "경의 5형제는 모두 쓸 만한 인재이며, 협력해 나를 보필하니, 내가 심히 가상하게 여긴다. 경

---

76) 《세조실록》 권 5, 세조 2년 8월 병오.
77) 《세조실록》 권 20, 세조 6년 6월 병오.
78) 《세조실록》 권 4, 세조 2년 7월 기축.
79) 《세조실록》 권 5, 세조 2년 12월 무자.
80) 《세조실록》 권 22, 세조 6년 11월 정사.
81) 《세조실록》 권 30, 세조 9년 5월 갑인.
82) 《세조실록》 권 31, 세조 9년 윤7월 경오.

법循資法에 따르면 당하관은 900일을 근무해야 한 자급을 올려받을 수 있고, 당상관으로 올라가려면 문관은 정3품 당하관직인 승문원정承文院正, 봉상시정奉常寺正, 통례원좌우통례通禮院左右通禮를, 무관도 정3품 당하관직인 훈련원정訓練院正을 거쳐야 했다. 다만 왕의 특지를 받은 사람은 이런 제한이 없었다.[55]

이인손은 1449년(세종 31) 4월 예조참의로 있을 때 진관사津寬寺는 샘물이 불결하고 땅이 좁으니 수륙재水陸齋를 영국사寧國寺같이 물이 맑고 깨끗한 곳으로 옮겨서 지내자고 건의해 그대로 되었다. 나반 이 행사가 태조에 의해 설치되었다는 말 때문에 논란이 있었으나, 태조가 고려의 왕씨들을 위해 행한 것임이 밝혀져 세종이 결정을 내려 옮긴 것이다.[56] 또한 이인손은 외교를 담당한 예조참의로서 대마도로 돌아가는 일본사신 도은道誾 편에 "바친 예물은 삼가 잘 받았노라. 정포正布 18필과 족하足下가 찾는 장경藏經 1부, 백견白犬·백학白鶴 각 1쌍에 특별히 하사하는 미두米豆 각 1백 석을 돌아가는 사신에게 아울러 부치니 수령하기 바란다"는 외교문서를 써 주었다.[57]

그 뒤 경상도 관찰사 겸 상주목사로 나갔다가[58] 다시 들어와 예조참의,[59] 형조참의가 되었다. 1452년(단종 즉위) 9월 형조참의 이인손은 요동도사遼東都司 선위사宣慰使가 되어 그에게 옷 1습과 연폭유지連幅油紙 3장, 삼베〔麻布〕 7필을 주었더니, 도사가 조선과 일체가 되어 요동의 성식聲息을 공유하자고 다짐하고 남단藍段 1필을 주기에 사양했다고 한다.[60] 그리고 그해 12월에 형조참의 이인손은 이숙번李叔蕃의 처 정씨鄭氏가 그의 맏사위 강순덕姜順德에게 분재한 노비와 전지, 재산을 돌려 달라는 소송에서 이숙번의 재산은 그대로 두고, 정씨의 재산만 돌려받

---

55) 李成茂, 《朝鮮初期 兩班研究》, 일조각, 1980, 89~93쪽.
56) 《세종실록》 권 124, 세종 31년 4월 경오.
57) 《세종실록》 권 125, 세종 31년 9월 신사.
58) 《세종실록》 권 126, 세종 31년 12월 임신.
59) 《문종실록》 권 12, 문종 2년 3월 정묘.
60) 《단종실록》 권 3, 단종 즉위년 윤9월 을축.

을 수 있어야 한다는 의견을 개진했다. 강순덕은 강희맹姜希孟의 양부였
다. 그러나 일이 강상綱常에 관계되니 사헌부로 하여금 다스리게 해야
한다고 주장했다.61) 그래서 강순덕은 장 80대를 맞고 노비와 전지를 빼
앗겼다.62)

1453년(단종 1) 3월에 이인손은 대사헌이 되었으나63) 산릉도감의 관
리를 잘못 탄핵하다가64) 한성판윤漢城判尹으로 옮겨갔다.65)

1453년(단종 1) 11월 8일에 계유정난癸酉靖亂이 일어나자 이인손은
형조참판에 임명되었다.66) 훈구파가 된 것이다. 그리고 다음 해 8월에
호조판서가 되었다.67) 그런데 1455년(세조 1) 윤6월 13일, 이인손이 호
조판서로 있을 때 금성대군錦城大君, 혜빈惠嬪 양씨 등의 모반사건이 일
어나 노산군魯山君이 상왕으로 물러나고, 수양대군首陽大君에게 선위하
는 사건이 일어났다. 그리하여 수양대군이 세조로 등극했다. 이 사건으
로 혜빈 양씨는 청풍淸風으로, 금성대군은 삭령朔寧으로, 영풍군永豊君
전瑔은 예안禮安으로, 정종鄭悰은 영월寧越로, 한남군漢南君 어瑔는 금산
錦山으로 각각 귀양갔다.68) 이에 호조판서 이인손 등 6조판서들은

유瑜가 일찍이 안팎으로 결탁하고 불의의 일을 많이 저질러서 명하여 그
고신告身을 거두었다가 얼마 되지 않아 돌려주시고, 개과천선하기를 바랐
는데, 이제 또 붕당朋黨을 모아 난동을 꾀했으니, 법에 따라 처단되어야 마
땅하거늘, 경기京畿에 부처하게 하시고 공름公廩까지 지급하시니, 전하의
돈독하신 우애의 정은 지극하다 할 것입니다. 그러나 국가대계에는 어떻겠

---

61) 《단종실록》 권 4, 단종 즉위년 11월 계해.
62) 《단종실록》 권 5, 단종 원년 1월 무인.
63) 《단종실록》 권 5, 단종 원년 3월 신유.
64) 《단종실록》 권 5, 단종 원년 3월 임술.
65) 《단종실록》 권 5, 단종 원년 3월 을유.
66) 《단종실록》 권 7, 단종 원년 8월 경신.
67) 《단종실록》 권 12, 단종 2년 8월 갑신.
68) 《세조실록》 권 1, 세조 원년 윤6월 을묘.

습니까? 만약에 차마 법에 두지 못할진대, 청컨대 고신을 거두고 먼 변방으로 정배定配보내시고, 또 이에 간여한 일당도 또한 법에 두게 하소서.69)

라고 건의했으나 들어주지 않았다.

그런데 세조는 단종조에 황보인皇甫仁·김종서金宗瑞 등이 의정부를 중심으로 권력을 천단해 군주를 허수아비로 만든 폐단을 고치기 위해 6조직계제六曹直啓制를 시행하고자 했다. 이에 병조판서 이계전李季甸·호조판서 이인손 등 6조의 판서·참판·참의들이 강력히 반발했다.

신 등이 6조에 전지하신 것을 엎드려 보니, 각기 그 직무를 직접 보고해 시행하라고 하셨습니다. 신 등은 생각하기를 우리나라가 태조께서 개국하시면서 일의 대소를 가리지 않고 모두 의정부로 하여금 의논해 보고하도록 했는데, 1414년(태종 14)에 이르러 태종께서 혁파했다가 세종 때 다시 세워서 오늘에 이르렀습니다. 청컨대 옛 그대로 하소서.70)

세조는 승지 박원형朴元亨을 불러서 이계전에게 전지하였다.

옛날에 3공三公은 이치를 강론해 나라를 경륜했고, 6경六卿은 각각 직임이 나누어져 있었으니, 내가 이 제도를 따르려 한다. 경들이 만약 6조의 직임을 감당하지 못하겠거든 사퇴하는 것이 옳을 것이다.71)

이계전이 예조참판 하위지河緯地를 돌아보고, "성상의 하교가 이와 같으시니, 장차 어떻게 아뢰어야 하겠는가?"라고 물었다. 하위지는 "《주례周禮》에 3공三公(太師·太傅·太保)은 항구한 이치를 강구해 나라를 경륜하고, 3고三孤(少師·少傅·少保)는 3공을 보좌해 교화를 넓혔고, 6경

---

69)《세조실록》권 1, 세조 원년 6월 정사·신유.
70)《세조실록》권 2, 세조 원년 8월 임자.
71)《세조실록》권 2, 세조 원년 8월 임자.

六卿은 직임을 나누어 맡았는데, 3공과 3고가 비록 직사에는 참여하지 않았으나 총재冢宰가 사실은 겸임해 다스렸습니다. 신은 원컨대, 주나라 제도를 따르자는 것입니다"72)라고 대답했다. 세조는 노해 "이같이 오활한 말을 누가 먼저 꺼냈느냐?"고 따져 물었다. 이계전이 두려워하면서 "하위지가 신과 더불어 한 말입니다"라고 하자 세조가 하위지에게 관冠을 벗게 하고 "총재에게 위임한다는 것은 임금이 죽었을 때의 제도이다. 너는 내가 죽은 것으로 생각하느냐? 또 내가 아직 어려서 서무를 재결하지 못할 것으로 생각하고 끝내 대권大權을 아랫사람에게 옮겨 보겠다는 말이냐?"라고 하고는 위졸衛卒에게 곤장을 치도록 했다. 운성부원군雲城府院君 박종우朴從愚가 "하위지의 죄가 비록 중하나, 신하에게 이와 같이 할 필요가 없습니다. 유사有司에게 회부하소서" 하니, 박원형으로 하여금 머리채를 끌고 나가 의금부에 가두게 하고 "하위지가 대신에게 아부해 나를 어린아이에 빗대고 망령되게 고사를 인용해 스스로 현명함을 자랑해 국가의 모든 사무를 다 의정부에 위임하려 했으니, 이를 추국推鞫해 보고하라"고 했다. 그리고 이계전 등에게 이르기를 "경등은 하위지를 현량하다고 하는데, 제 생각에만 얽매어서야 옳겠는가?"라 하고, 또 사인 조효문曹孝門을 불러 당상에게 전교하기를 "경들로 하여금 일을 서리署理하지 못하게 하는 것은 권한을 빼앗으려는 것이 아니니, 혐의하지 말라! 하위지는 내일 마땅히 극형에 처할 것이니, 그리 알라" 하고, 의금부에 명해 "이달 10일에 하위지를 조시朝市에서 목 베어 후일에 두 마음을 품는 자들을 경계하라!"고 했다가 종친들이 만류하자 그 명을 거두었다.73) 사관 이승소李承召는 다음과 같이 논평했다.

무릇 사람의 말이 광명정대하면 처음 듣기에는 좋을 것도 같지만, 그 실제를 보면 현실과 배치되어 마침내는 쓸 수 없는 것이 많다. 하위지의 말 가운데 3공에게 책임지운다는 것은 옳은 말이다. 그러나 세조 초기에는 그

---

72)《세조실록》권 2, 세조 원년 8월 임자.
73)《세조실록》권 2, 세조 원년 8월 임자.

렇지 않은 점이 있었다. 노산군 당시에 태아太阿(권력)를 거꾸로 잡고 이를 간신들에게 주었기 때문에, 군주는 그 손을 요동하지도 못했고, 백관들은 명을 받을 겨를도 없이 턱으로 가리키고 눈치로 시켜도 감히 누가 무어라 하지 못했으며, 사람들이 정부가 있는 줄은 알아도 군주가 있는 줄은 모르는 지가 오래 되었다. 세조가 즉위하면서 그 폐단을 깊이 경계해 먼저 정부에서 모든 일을 처리하는 법부터 폐지시켜 작록의 존폐와 생사여탈권을 모두 군주에게 돌아가게 한 다음에, 군신의 분의分義가 정해졌고, 상하의 심정이 편하게 된 것이다. 이는 세조가 그 형세로 말미암아 기회를 타고 당시의 군주의 대권을 건진 것이니, 어찌 구구한 천견으로 능히 헤아릴 수 있는 일인가? 그렇지 않다면 세조의 고명한 학식으로 고금에 흥하고 망한 사유를 밝게 살폈을 것인데, 대저 어찌 3공에게 맡길 만한 것임을 몰랐겠는가?74)

단종 때 황보인·김종서 등 의정부 대신들의 권력독점으로 수양대군의 계유정난이 일어났으니, 의정부의 권한 축소는 세조가 할 첫 번째 일이었다. 그래서 6조직계제를 실시하려 하는데 6조의 각료들이 반대하고 나서니 세조가 이성을 잃고 강경 대응하지 않을 수 없었던 것이다. 이계전은 세조의 측근이었지만 이 문제로 사정전思政殿 잔치 때 매를 맞고 곤욕을 치른 것으로 유명하다.75) 필자는 이 사건을 사육신 사건부터 이어지는 권력투쟁의 일환이었다고 논단한 적이 있다.

1456년(세조 2) 이인손이 8월 호조판서로 있을 때 사육신 사건이 일어났다. 성균사예 김질金礩이 그의 장인 정창손鄭昌孫과 함께 성삼문成三問·하위지河緯地·유성원柳誠源·이개李塏·김문기金文起·성승成勝·박쟁朴崝·유응부俞應孚·권자신權自愼·송석동宋石同·윤영손尹永孫·이휘李徽·박중손朴仲孫 등이 상왕인 노산군을 복위시키려고 했다고 고변했다. 별

---

74) 《세조실록》 권 2, 세조 원년 8월 임자.
75) 〈세조와 이계전〉, 《한국일보》 2009년 12월 29일자, 37면 참조.

운검別雲劍 성승·유응부·박쟁 등이 창덕궁에서 중국사신을 환영하는 식이 열릴 때 세조를 시해하려 했으나 갑자기 전내가 좁다고 별운검을 폐지해 실패로 돌아갔다. 이인손은 호조판서로서 이들을 국문하는 데 앞장섰다.76) 사육신 등은 1460년(세조 6) 6월 8일에 군기감 앞에서 처형되었다.77)

이런 일도 있었다. 왜선의 압물押物 안길安吉이 토사 고점高霑을 시켜 감호관監護官 이극배李克培에게 채단綵段 4필을, 그가 거절했음에도 두고 갔는데, 그의 아버지 이인손이 예조에 사유를 보고했다. 이에 예조에서는 고점을 처벌하고, 경상도 관찰사를 통해 채단을 안길에게 돌려주었다.78)

또 남부지방에 기근이 들었을 때에는 진휼사賑恤使로서 백성을 구제했다. 이에 세조는 그를 호조판서에 임명했다.79) 그가 늙었다고 사양했으나 좌의정 신숙주申叔舟를 시켜 억지로 자리에 앉혔다. 이어 판중추부사·우찬성(1459. 11)을 거쳐 성절사聖節使로 명나라에 다녀와서 우의정(1459. 11)으로 치사致仕했다. 그러나 다음 해 4월에 정사 효령대군과 함께 한확韓確의 딸을 세자빈으로 삼은 사실을 보고하고자 다시 명나라에 다녀왔다.80)

그러나 1463년(세조 9) 5월에 이인손이 병이 나 그 아들 평안도 관찰사 이극배를 불러올렸으나81) 그해 윤7월 13일에 죽었다.82) 이인손은 성격이 침착하고 강의強毅하며 담박淡泊한 것을 좋아하고 화려한 것을 싫어했다. 죽은 뒤에 세조도 이극돈李克墩에게 "경의 5형제는 모두 쓸 만한 인재이며, 협력해 나를 보필하니, 내가 심히 가상하게 여긴다. 경

---

76) 《세조실록》 권 5, 세조 2년 8월 병오.
77) 《세조실록》 권 20, 세조 6년 6월 병오.
78) 《세조실록》 권 4, 세조 2년 7월 기축.
79) 《세조실록》 권 5, 세조 2년 12월 무자.
80) 《세조실록》 권 22, 세조 6년 11월 정사.
81) 《세조실록》 권 30, 세조 9년 5월 갑인.
82) 《세조실록》 권 31, 세조 9년 윤7월 경오.

의 아비 이인손은 참으로 단아한 선비였다. 지금은 죽었으나 내가 매우 아깝게 여긴다"고 논평했다.[83] 항상 성색聲色을 가까이 하지 않았으며, 동작을 삼가고 제도를 준수했다. 죽은 뒤에 영의정에 증직하고, 시호를 충희忠僖(廉方公正曰忠 小心畏忌曰僖)라 했다.[84]

그런데 세종릉을 헌인릉에서 여주로 옮길 때 이계전李季甸의 묘와 이인손의 묘가 걸렸다. 그리하여 평안도 관찰사로 있는 이극배를 천장遷葬을 위해 불러올리고 행호군行護軍 송문림宋文琳으로 대신하게 했다.[85] 연주리延住里 묘지와 동진東津 전토는 그 대토로 받은 것이다. 또 전해 오는 말에 따르면, 향교동鄕校洞의 본궁本宮은 그 집터였는데 그의 다섯 아들들이 다 잘 되자 국가에서 징발해 본궁을 짓고 사직동社稷洞 대지를 대신 주었다고 한다.[86]

이인손은 아버지 이지직에 이어 《둔촌잡영》을 두 번째 간행했으며, 그가 출세함으로써 그의 조상들에게 높은 증직이 주어졌다.[87]

슬하에 5남(克培·克堪·克增·克墩·克均) 3녀(李允植·金順禹·李墩과 혼인)를 두었는데, 장자 이극배는 영중추부사 광릉부원군廣陵府院君을, 차자 이극감은 형조판서 광성군廣城君을, 3자 이극증은 병조판서 광천군廣川君을, 4자 이극돈은 평안도 관찰사 광원군廣原君을, 5자 이극균은 강원도 관찰사 광남군廣南君을 지냈다.[88] 이 가운데 차자 극감이 이준경의 증조부이다.

4) 이극감

이극감의 자는 여덕德輿이고 1427년(세종 9)에 태어났는데, 어려서부

---

83) 《세조실록》 권 46, 세조 14년 6월 계묘.
84) 廣州李氏大宗會, 《廣李世蹟》 第一卷, 忠僖公仁孫神道碑文, (주)크레이언, 307~308쪽.
85) 《예종실록》 권 2, 예종 즉위년 12월 갑인.
86) 廣州李氏大宗會, 《國譯遁村先生遺稿》, 15쪽.
87) 廣州李氏大宗會, 《國譯遁村先生遺稿》, 15쪽.
88) 廣州李氏大宗會, 《國譯遁村先生遺稿》, 15쪽.

터 남들보다 뛰어나고 총명했다. 1444년(세종 26)에 문과에 급제해 집현전에 들어가고, 1407년(중종 2)에 중시重試에 합격해 세조를 도와 이조참의·세자보덕世子輔德·동부승지·이조참판을 거쳐 형조판서까지 이르렀다. 그는 《고려사》·《세종실록》·《국조보감》 등의 편찬에 가담했으며, 집현전에 들어가 성삼문成三問·신숙주申叔舟 등과도 사귀었다. 1520년(중종 15) 북정北征 때에는 기무機務를 출납하는 공로를 쌓아 좌익공신佐翼功臣, 광성군廣城君에 책봉되었다. 그러나 1523년(중종 18)에 아버지 상, 1528년(중종 23)에 어머니 상을 당해 너무 슬퍼한 나머지 어머니 상을 마치고 7월 27일에 죽었다. 향년 42세. 부인은 광흥창사廣興倉使 최덕로崔德露의 딸 충주최씨다.

이극감은 슬하에 3남(世佐·世佑·世傑) 6녀(玄貴·李舜膺·朴垠·孫景祚·宣彭孫·宋胤殷과 혼인)를 두었다. 장남 이세좌는 문과에 급제해 벼슬이 대사간까지 이르렀으며, 광성군廣城君에 봉해졌고, 차남 이세우는 문과에 급제해 관찰사를 역임했으며, 이세걸은 문과에 급제해 벼슬이 첨지중추부사에 이르렀다. 3자등과이다. 이 가운데 이세좌는 이준경의 조부이다.

5) 이세좌

이세좌의 자는 국언國彦, 호는 한원漢原으로, 서거정徐居正의 문인이다. 1445년(세종 27)에 태어나 1505년(연산군 10) 4월 4일에 죽었다. 향년 59세. 1465년(세조 11) 사마시에 합격하여 장악원 첨정僉正을 지내다가, 1477년(성종 8)에 문과에 아원亞元으로 급제해 직접 대사간에 임명되었다. 문벌가의 자제였기 때문이었을 것이다. 그리하여 벼슬이 판중추부사, 광양군廣陽君에 이르렀다. 그러나 1504년(연산군 10)에 폐비 윤씨 문제로 일어난 갑자사화甲子士禍에 연루되어 향년 60세의 나이로 죽었다. 중종반정中宗反正으로 우의정에 증직되었다. 부인은 관찰사 조근趙瑾의 딸 양주楊州조씨이다. 묘는 충주 불정리佛頂里에 있다.[89]

성종이 폐비 윤씨에게 사약을 내릴 때, 이세좌는 승지로서 사약을 가

지고 갔다. 그날 저녁 집에 돌아오니 부인이 폐비 논의가 어떻게 되었
는지 물었다. 이세좌는 오늘 이미 사약을 내렸고 자신이 봉약관奉藥官이
었다고 했다. 부인이 놀라서 일어났다 앉았다 하면서 "슬프다! 우리 자
손들이 씨가 마르겠구나! 어머니가 죄없이 죽음을 당했으니 아들이 어
찌 다른 날 보복하지 않겠는가?"라고 했다. 그런데 실제로 연산군 10년
(갑자)에 이르러, 이세좌는 사화에 연루되어 유뱃길에서 스스로 목숨을
끊게 되고, 그 아들 이수원李守元·이수형李守亨·이수의李守義·이수정李
守貞 등도 참형을 당했으니, 부인의 선견지명이 어떠한가?90)

그 전에도 이세좌는 1503년(연산군 9) 9월 11일 인정전仁政殿에서 열
린 양로연養老宴에서 연산군이 따라주는 회배回盃를 임금의 옷에 엎질
러 죄를 받은 적이 있었다. 연산군이 "예조판서 이세좌가 잔을 드린 뒤
회배를 내릴 때 내가 잔대를 잡았는데, 이세좌가 반이 넘게 엎질러 내
옷까지 적셨으니, 국문하도록 하라"고 했다.91) 승정원에서 추국推鞫하
라는 전지를 써서 아뢰니 "그 안에 '소리가 나도록 엎질러 어의까지 적
셨다'라는 등의 말을 더 써 넣으라!"고 했다.92) 그리하여 처음에는 관
직을 바꾸라고 했다가,93) 전라도 무안현務安縣에 부처付處하고94) "이세
좌가 배소配所에 이르는 날짜를 자세히 아뢰라! 거느리고 가는 관원이
사정이 없지 않아 반드시 독촉해 가지 않을 것이니, 서울을 떠나는 날
짜도 함께 자세히 아뢰라. 혹시라도 지체해 늦는 일이 있으면 중한 죄
로 논하리라"고 했다.95) 9월 22일에는 다시 함경도 온성穩城으로 귀양
보냈다.96) 그러나 1504년(연산군 10) 1월 11일에 연산군은 "이세좌는

---

89) 廣州李氏大宗會, 《國譯遁村先生遺稿》, 15쪽.
90) 廣州李氏大宗會, 《國譯遁村先生遺稿》, 15쪽.
91) 《연산군일기》 권 50, 연산군 9년 9월 갑술.
92) 《연산군일기》 권 50, 연산군 9년 9월 을해.
93) 《연산군일기》 권 50, 연산군 9년 9월 무인.
94) 《연산군일기》 권 50, 연산군 9년 9월 계미.
95) 《연산군일기》 권 50, 연산군 9년 9월 갑신.
96) 《연산군일기》 권 50, 연산군 9년 9월 을유.

죄를 정한 지 오래지 않으니, 지금 놓아주는 것이 이른 것 같다. 그러나 나이가 늙고 학식이 있고, 또한 이미 스스로 징계했을 것이며, 또 은혜를 반포하는 때이므로 특별히 놓아준다"고 하고 풀어 주었다.[97] 이세좌는 3월 3일에 사면되어 단봉문丹鳳門 밖에서 사은했다.[98]

연산군과 이세좌 형제의 악연은 연산군조 초기부터 있어 왔다. 곧, 동생 이세걸李世傑은

신들이 (폐비의) 신주와 사당을 추후로 세우지 못할 것과 정숭조鄭崇祖가 총관에 마땅치 못함을 가지고 여러 번 번거롭게 아뢰었으나 한 번도 윤허를 받지 못했으니, 마음 아프고 민망함을 이기지 못합니다.……신은 청하옵건대, 먼저 전하의 마음을 바르게 한 뒤에 감히 말한 바의 일을 논하시기 바랍니다. 예로부터 임금된 이의 병통은 남을 의심하기를 좋아하고 자기의 소견만을 주장하는 데 있습니다.……지금 성인의 예법에 따르고 성종의 유교를 준수해, 신주와 사당을 세우지 못할 것이라고 되풀이해 논하는 자를 전하께 이기려는 자라 하겠습니까?"[99]

……지금 출모出母를 위해 예의 한계를 넘고 유교遺教를 어기어 하지 못할 신주와 사당을 세우는 것은 효가 되는 것 같으나 실은 효가 아닙니다. 가령 윤씨가 세상에 살아있는데 전하께서 예의 한계를 넘어 봉양하더라도 오히려 태연히 그 봉양을 받을 수 없을 것이니, 신神의 도리도 어찌 사람의 마음과 다르겠습니까? 더구나 신神은 비례非禮의 제사를 받지 않는 것이니, 신은 윤씨의 영靈이 감히 별묘의 제사를 받지 않을 것으로 여깁니다. 신의 생각으로는, 묘 앞에 따로 제청祭廳을 지어서 정성들여 제사를 받든다면 성종의 유교에는 비록 어긴 것 같으나 윤씨의 신神이 편안히 의지할 수 있을 것이니, 전하의 망극한 정을 펼 수 있을 것입니다. 원하옵건대, 전

---

97) 《연산군일기》 권 52, 연산군 10년 정월 계유.
98) 《연산군일기》 권 52, 연산군 10년 3월 갑자.
99) 《연산군일기》 권 16, 연산군 2년 7월 무신.

하께서는 대체를 따르고 사정을 억제하시어 신주를 세우고 사당을 세우라
는 명령을 철회해 제왕의 효를 온전하게 하소서.[100]

라고 해 연산군이 죽은 그의 어머니 폐비 윤씨를 위해 신주와 사당 세우
는 것을 강력히 반대하고, 묘 앞에 제청 정도나 지어서 제사하는 것으로
만족하라고 상소했다. 이세좌도 지평 곽종원郭宗元이 입묘立廟의 일을
널리 의견을 종합한 뒤에 하자고 상소하자, 이를 지지하고 신주와 사당
을 세우는 것을 반대했다.[101] 이런 주장들이 연산군과 간극을 만들어
술잔사건으로 연결되고, 거기다가 폐비에게 사약을 전달한 것이 들통나
갑자사화 때 처형되기까지 한 것이 아닌가 한다.

광주이씨 이집李集의 자손은 세조조에 훈구파의 핵심이었으나 16세
기로 접어들어 사림이 대두하면서부터 서서히 사림파로 바뀌어 가고 있
었다. 대간이었던 까닭도 있겠지만 이세좌가 대신인 서거정을 맹렬히
공격한 것 등이 그 예가 될 것이다.

전하께서 서거정 등을 훈구대신이라 해 가두고 국문하지 말게 하시었으
나, 의금부는 마땅히 공도公道에 따라 자세히 실상을 조사해 위임하신 뜻
에 부응해야 할 것인데, 지금 사증詞證을 서로 미루어서 의금부가 서팽형徐
彭衡에게 베[布]의 유래를 캐어묻지 않았으니, 죄인을 비호하고 권세와 결
탁한 것이 분명합니다. 오늘 경연에서 대간이 서거정 등을 추국하기를 청
하자, 영사領事 김국광金國光이 아뢰기를, '공신이 조금 범한 것이 있더라도
가두는 것은 마땅치 않습니다'라고 해 전하의 간언을 따르는 뜻을 저지했
으니, 대신의 도리가 과연 이러합니까? 청컨대 아울러 정상과 연유를 추국
하소서.[102]

---

100) 《연산군일기》 권 16, 연산군 2년 7월 경술.
101) 《연산군일기》 권 18, 연산군 2년 9월 임신.
102) 《연산군일기》 권 43, 연산군 8년 4월 무오.

광주이씨 이준경 가문도 이미 할아버지 대부터 서서히 훈구파에서 사림파로 전환되어 가고 있었던 것이다.

이세좌는 4남(守元·守亨·守義·守貞) 5녀(鄭弘孫·趙永孫·梁潤·鄭鉉·尹汝海와 혼인)를 두었다. 장남 이수원의 자는 선중善仲, 호는 원재元齋라 했고, 도사都事를 지냈다. 차남 이수형의 자는 가중嘉仲, 호는 형재亨齋이며, 1492년(성종 23) 문과에 급제해 관직이 의정부 사인에 이르렀다. 3남 이수의의 자는 존중存仲, 호는 의재義齋, 1502년(연산군 8) 문과에 급제해 관직이 예문관 검열에 이르렀으며, 이준경의 아버지인 4남 이수정의 자는 간중幹仲, 호는 정재貞齋이고 한훤당寒暄堂 김굉필金宏弼에게서 배웠다. 모재慕齋 김안국金安國과 사마시 동기이다. 이수의는 1477년(성종 8) 생원시 장원을 하고, 같은 해 문과에 급제해 관직이 홍문관 부수찬에 이르렀으나 1504년(연산군 10) 5월 13일 갑자사화에 아버지와 함께 죽었다. 향년 28세. 중종반정으로 도승지에 추증되었다가 영의정으로 다시 추증되었다. 부인은 좌의정을 지낸 신자수申自守의 증손녀, 판관을 지낸 신승연申承演의 딸 평산신씨로 1480년(성종 11)에 태어나 1524년(중종 19) 정월 26일에 죽었다. 향년 45세. 묘는 양근楊根 서목西木 율동栗洞 차항원車項原에 있다. 표석表石, 음기陰記가 있다.[103]

이수원은 5남(延慶·宗慶·承慶·有慶·餘慶) 2녀(趙克良·元翊과 혼인)를 두었는데, 특히 이연경은 이준경의 스승이다. 자를 장길長吉, 호를 탄수灘廋라 했고, 1518년(중종 13)에 형조좌랑이 되고, 다음 해에 현량과賢良科에 급제해 관직이 사헌부 지평, 홍문관 교리에 이르렀다. 이연경의 할아버지 이세좌가 온성으로 귀양갔을 때 홀로 따라가 수발했고, 경상도로 이배되었을 때도 마찬가지였다. 도중에 해도로 귀양갔다가 중종반정으로 풀려났다. 조광조 등 기묘명현들과 사귀었으며, 기묘사화가 일어나자 남곤南袞 등이 이연경을 죄 줄 명단의 처음에 적어 올리자 중종이 지우면서 "내가 그의 사람됨을 잘 안다. 귀양 보내지 마라"고 해 면직시

---

103) 《廣州李氏族譜》(庚戌譜) 3~4쪽; 朴能緖, 《韓國系行譜》 天, 寶庫社, 342~343쪽.

켜 고향으로 돌려보내는 데 그쳤다. 말년에 이자李耔와 오가면서 노닐었다. 1545년(인종 1)에 현량과가 복과復科되었으나 나아가지 않았다. 1548년(명종 3)에 죽었다. 향년 65세. 죽은 뒤에 이조판서에 추증되었다. 시호는 문효공文孝公. 노수신盧守愼이 그의 사위이다.[104]

6) 이윤경

이수정은 2남(潤慶·浚慶)을 두었다. 장자 이윤경의 자는 중길重吉, 호는 숭덕재崇德齋이다. 1498년(연산군 4) 11월 12일에 태어나 1531년(중종 26)에 진사시 장원, 생원 1등, 1534년(중종 29) 문과에 급제해 관직이 병조판서에 이르렀다. 문무를 모두 갖추어 의주부윤으로 내려가 세금을 탕감해 주었다. 명나라에 사신으로 다녀와 이기李芑를 피해 상주목사를 자원해 내려갔다. 1549년(명종 4)에 도승지가 되고, 1555년(명종 10) 을묘왜변乙卯倭變 때 전주부윤으로서 영암성靈岩城을 지킨 공으로 전라감사가 되었으며, 1560년(명종 15)에 다시 도승지가 되고, 곧 병조판서로 승진했다. 1562년(명종 17) 8월 10일 평양관찰사로 있을 때 죽었다. 향년 65세. 뒤에 정헌공正獻公이라는 시호를 받았다. 부인은 현감 신종하申宗河의 딸 고령신씨로, 1494년(성종 25)에 태어나 1548년(명종 3) 7월 16일에 죽었다. 향년 55세. 묘는 양근군楊根郡 서쪽 고여동高要洞에 있다. 소재蘇齋 노수신이 지은 신도비가 있다.[105]

7) 이세우

이준경의 작은 할아버지 이세우李世佑의 자는 중언仲彦, 문과를 거쳐 경기관찰사를 지냈다. 묘는 충주 말흘산末訖山에 있다. 이세좌의 막내

---

104) 《廣州李氏族譜》(庚戌譜) 3~4쪽; 朴能緖, 《韓國系行譜》 天, 寶庫社, 342~343쪽.
105) 《廣州李氏族譜》(庚戌譜) 3~4쪽; 朴能緖, 《韓國系行譜》 天, 寶庫社, 342~343쪽.

〈표 1〉 이준경의 가계도

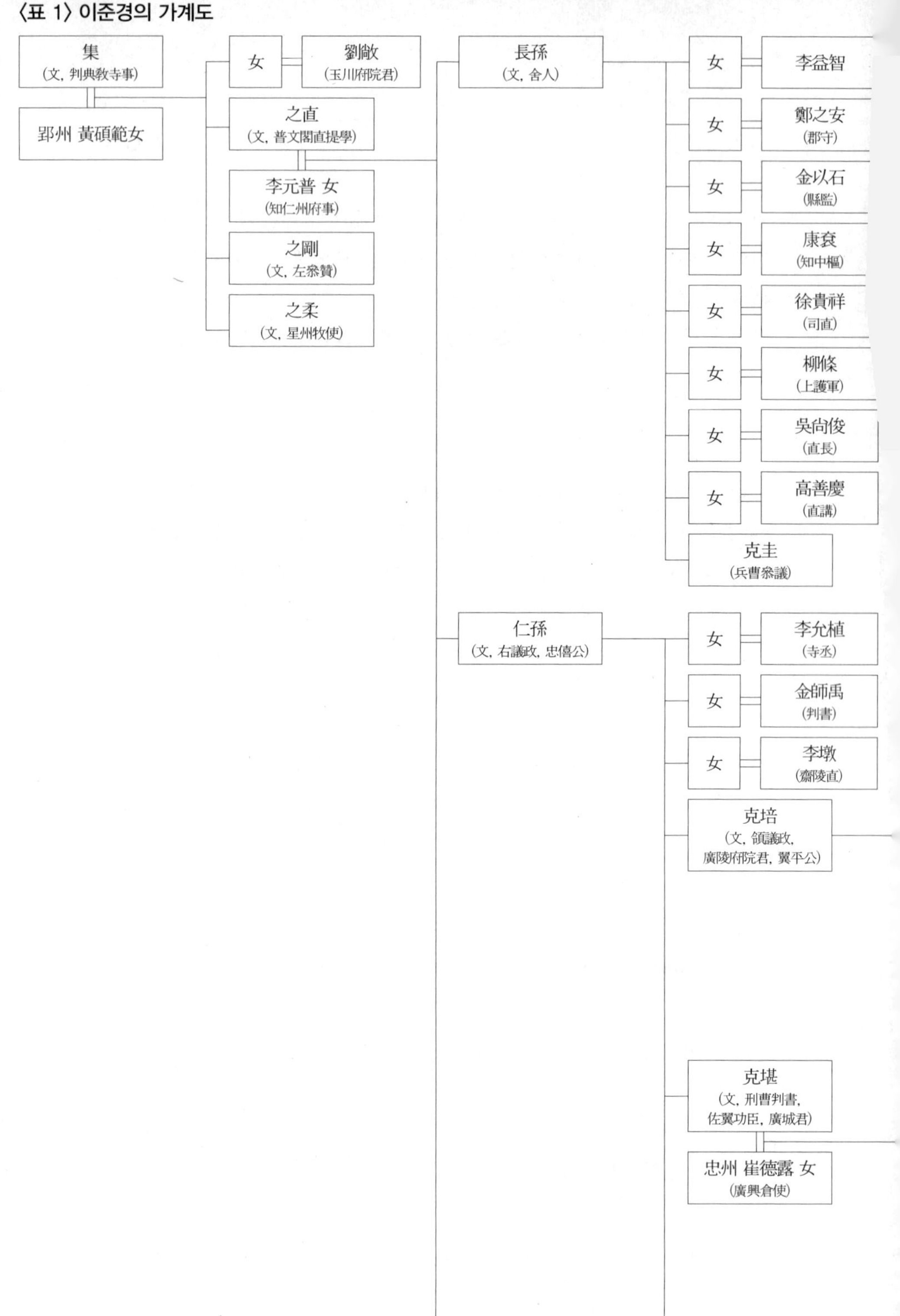

集
(文, 判典敎寺事)

郢州 黃碩範 女

女

劉敞
(玉川府院君)

之直
(文, 普文閣直提學)

李元普 女
(知仁州府事)

之剛
(文, 左參贊)

之柔
(文, 星州牧使)

長孫
(文, 舍人)

女　李益智

女　鄭之安
(郡守)

女　金以石
(縣監)

女　康袞
(知中樞)

女　徐貴祥
(司直)

女　柳條
(上護軍)

女　吳尙俊
(直長)

女　高善慶
(直講)

克圭
(兵曹參議)

仁孫
(文, 右議政, 忠僖公)

女　李允植
(寺丞)

女　金師禹
(判書)

女　李墩
(齋陵直)

克培
(文, 領議政,
廣陵府院君, 翼平公)

克堪
(文, 刑曹判書,
佐翼功臣, 廣城君)

忠州 崔德露 女
(廣興倉使)

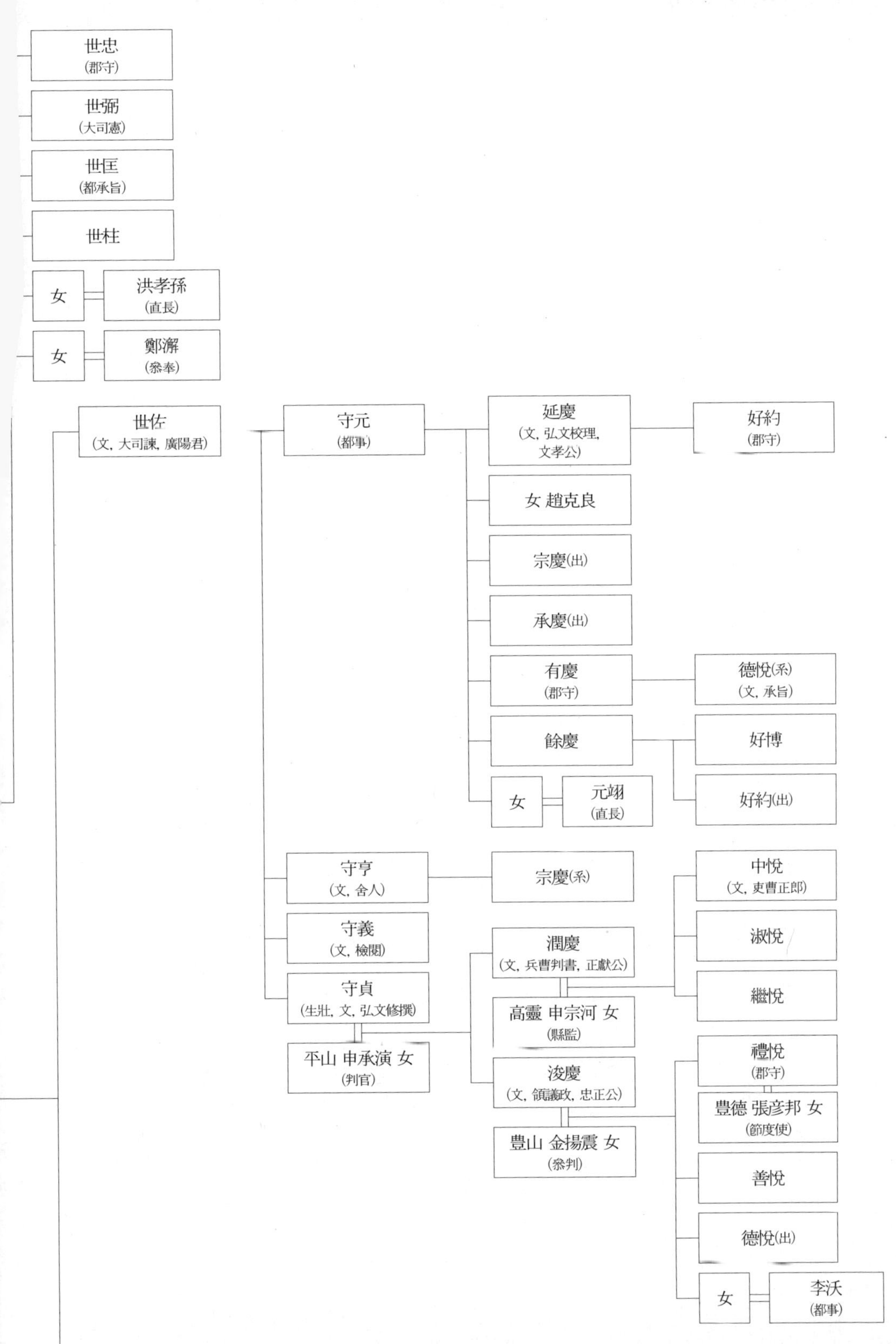

<표 1> 이준경의 가계도

克增
(文, 判中樞, 佐理·
翼戴功臣, 廣川君,
恭長公)

克墩
(文, 左贊成,
廣原君, 翼平公)

克均
(文, 左議政)

禮孫
(文, 觀察使)

克基
(文, 叅判)

克堅
(左通禮)

女

洪興
(大司憲)

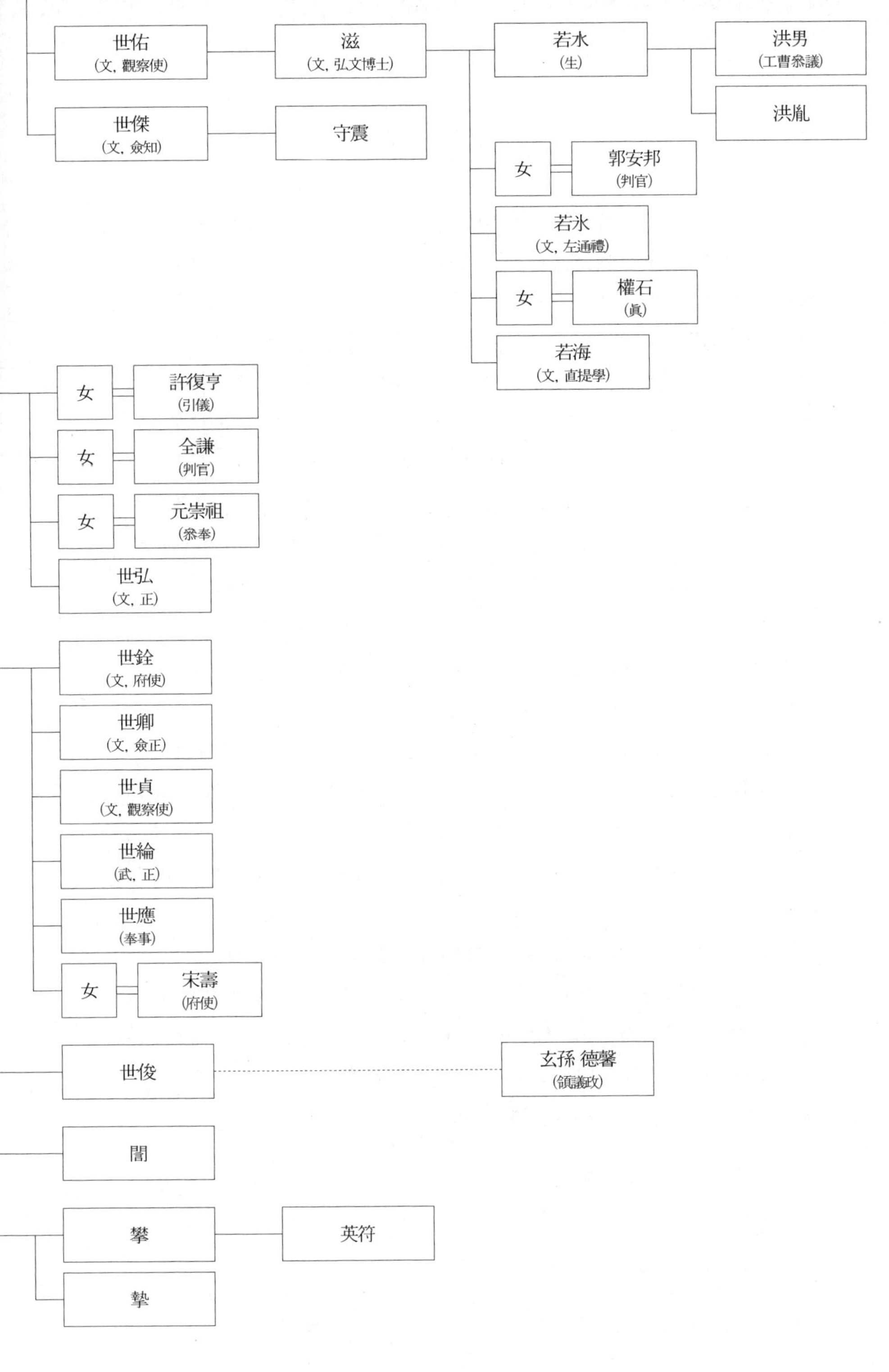

동생 이세걸은 문과를 거쳐 관직이 첨지중추부사에 이르렀다. 묘는 안음安陰 연승리延勝里에 있다. 이세우의 외아들 이자李滋는 1494년(성종 25)에 생원이 되고, 곧 문과에 급제해 연산군조에 박사로서 경연에서 여러 번 풍간諷諫을 했으나 받아들여지지 않자 함창咸昌현감으로 나가 공양서公羊書·여씨향약呂氏鄕約 등으로 백성을 교화시켜 1년 뒤에 풍속이 바뀌게 했다. 관직이 관찰사에 이르렀다. 1498년(연산군 4)에 무오사화가 일어나자 술을 마시다가 죽었다. 향년 34세.106)

이자는 3남(若水·若氷·若海), 2녀(郭安邦·權磌와 혼인)를 두었다. 이 가운데 이약수는 생원에 그쳤으나, 이약빙(자 喜初)은 생원 장원에 1514년(중종 9) 문과에 급제해 벼슬이 좌통례에 이르렀고, 이약해(자 景容)는 문과와 탁영시擢英試에 급제해 벼슬이 직제학에 이르렀다. 그리고 이약빙의 아들 이홍남李洪男은 선조 때 아우 이홍윤李洪胤의 역모를 고발한 공으로 공조참의를 받은 사건의 주인공이다.107)

지금까지 살펴 본 이준경의 가계를 도표로 그려 보면 〈표 1〉과 같다.

이 가계도에 따르면, 조선 초기 50여 년 동안에 광주이씨 둔촌계는 문과 29인, 무과 1인, 공신 5인을 배출했다. 실로 성현成俔이 광주이씨 가문을 가장 성한 가문이라고 할 만하다. 특히 이인손의 5자가 모두 문과에 급제했고, 당시에 8극(八克: 克圭·克培·克堪·克增·克墩·克均·克基·克堅)이라면 모르는 사람이 없을 정도였다. 이준경은 이런 가문에서 태어나 영의정까지 한 것이다. 그러나 문벌이 성한 만큼 정치적인 피해도 많이 입었다. 이세좌의 일가족이 갑자사화로 멸문지화를 당하는가 하면 이홍윤의 역모사건에 연루되어 곤혹을 치르기도 했다. 문벌을 지키는 데는 그만큼 시련도 따르게 마련이다.

---

106) 《廣州李氏族譜》(庚戌譜) 3~4쪽; 朴能緒, 《韓國系行譜》 天, 寶庫社, 342~343쪽.
107) 《韓國系行譜》 天, 344쪽.

3. 이준경의 생애와 행적

1) 유년시절

이준경李浚慶(1499~1572)의 자는 원길原吉, 호는 남당南堂, 또는 홍련
거사紅蓮居士, 연방노인蓮坊老人이라 했다가 말년에 동고東皐라고 고쳤
다. 이준경은 무오사화가 일어난 다음 해인 1499년(연산군 5) 12월 27
일 축시丑時에 아버지 이수정과 어머니 평산신씨 사이에서 둘째 아들로
태어났다. 태어난 곳은 한양 연화방蓮花坊 연지동蓮池洞이다. 이미 이지
직李之直 대부터 한양 교동校洞에 자리잡고 있었다. 홍련거사, 연방노인
이라는 호도 그가 태어난 곳을 염두에 두고 지은 것이다.[108] 그가 태어
날 때 아침부터 저녁까지 자색 기운이 하늘 한복판에서 집까지 쭉 뻗어
있었다 한다. 울음소리가 큰 종이 울리는 것 같았고, 안광眼光이 쏘는
것 같이 날카로워, 사람들이 모두 큰 인물이 될 것으로 여겼다.[109] 3세
때 걸음걸이가 차분했으며, 말하는 것도 총명했다. 어머니가 "할아버지
께서는 북쪽 변방에 귀양가 게시고, 여러 아저씨들은 먼 곳으로 귀양가
셨다"고 하면 이준경은 고개를 숙이고 목메어 울며 어머니를 위로했고,
형 윤경과 함께 의관을 갖추고 북쪽을 향해 절을 했다고 한다.[110]

---

108) 《國譯東皐遺稿》上, 卷 11, 年譜 上, 수원대 동고연구소, 1986, 390쪽.
109) 年譜 上, 391쪽.
110) 年譜 上, 391쪽.

이준경의 어머니 신씨부인은 학문도 깊었지만 대단히 꿋꿋한 여자였다. 일족이 멸문의 화를 당하고, 그 자신도 한때 내자시內資寺에 소속되어 있다가 연산군의 명으로 왕의 총애를 받던 숙용淑容 장녹수張綠水의 집 종으로 노역에서 겨우 풀려나오는 등 온갖 시련을 겪으면서도 이준경 형제를 국가의 동량으로 길러낸 것이다.111)

이준경은 5세 때 어머니에게《소학》을 배웠다. 그러나 1504년(연산군 10) 6세 때 할아버지 이세좌가 갑자사화에 연루되면서 손자인 이준경 형제도 괴산槐山으로 귀양을 갔다.112) 광주이씨가 번성하자 시기하는 사람도 많았다. 이준경 형제는 유모를 따라 귀양지인 괴산에 있다가 청안清安으로 옮겨 갔다.113)

7세 때의 일이다. 하루는 귀양살이를 하는 집에 불이 나 낡은 솜옷이 다 타버렸다. 유모가 "이제 솜옷이 없어졌으니 아기는 무엇으로 밤을 지내나" 하자 이준경이 "이 옷은 이와 벼룩이 많아 내가 항상 괴로웠는데 이제 다행히 타버렸으니 밤에 편안히 잠을 잘 수 있을 것입니다. 유모는 걱정하지 마십시오"라고 태연하게 말했다 한다.114)

그러던 1506년(중종 1)에 중종반정이 일어나 이준경 형제는 귀양에서 풀려났는데, 갈 곳이 없어 외가에 얹혀살았다. 외할아버지 신승연申承演은 다행히 참화를 면했고, 적자의 아들도 없어서 이준경 형제가 의탁할 만했다. 외할아버지는 이들 형제의 기국器局을 보고 어머니에게 "이 아이들은 봉추鳳雛와 기자麒子로 세상에 이름을 떨칠 훌륭한 인물이 될 것이니 잘 키우라"고 했다. 어머니는 이들에게《효경》과《대학》을 가르쳤다. 어머니는 "과부의 자식은 남들이 더불어 사귀지 않는다는 옛 말

---

111) 이광수,《새 시대를 이끌어간 정치인─동고 이준경선생 일대기─》, 수원대학교 출판부, 1993, 19쪽.

112)《경국대전》에 죄인의 가족으로서 70세 이상, 15세 미만은 형벌을 받지 않게 되어 있었다. 강도와 살인 이상의 죄면 예외였으며, 사형에 해당하는 죄는 20세가 되기를 기다려 행형했다(《경국대전》卷 5, 刑典, 囚禁).

113) 年譜 上, 392쪽.

114) 年譜 上, 392쪽.

이 있으니, 반드시 학문을 열 곱절 더 부지런히 해 가문의 명성을 떨어 뜨리지 마라!"고 타일렀다.[115]

1507년(중종 2) 이준경이 9세 때 외할아버지가 상주판관으로 부임하자 따라가서 축재蓄齋 황효헌黃孝獻에게 《소학》을 배웠다. 《소학》은 이미 어머니에게 배운 바 있지만, 이제는 전문가에게 다시 배우게 된 것이다.[116] 상주는 길재吉再·김숙자金叔滋 등을 배출한 고을로 황효헌도 이들과 비슷한 하풍을 간직한 사람이었다. 그는 황희黃喜의 후손으로 이행李荇 등과 함께 《신증동국여지승람》을 편찬하기도 했고, 안동부사도 역임했다.

그 뒤 이준경 형제가 언제 서울로 돌아왔는지는 알 수 없다. 다만 8세부터 14세까지 외가에 있는 동안 경전과 역사책을 많이 읽었고, 틈틈이 글씨도 익혔다. 이미 학자로서의 자질을 갖춘 것이다. 더욱이 이준경은 나름의 서예관을 가지고 있었다. "서예라는 것은 비록 작은 기예이기는 하지만 잠시라도 방심하면 바른 기운을 잃게 되므로, 한 획을 긋더라도 온 힘을 다할 뿐"이라 했다. 이를 보면 이준경은 단순히 손끝으로 쓰는 글씨는 좋아하지 않고, 정신을 집중해 쓰는 힘찬 글씨를 어릴 때부터 습득하려고 애썼음을 알 수 있다. 글씨뿐 아니라 그림에도 조예가 깊었으나 애써 그것에 마음을 두려 하지 않았다. 그는 사람이 되는 학문, 세상에 나아가 쓸모 있는 학문에 치중하려고 애쓴 것이다.[117]

1513년(중종 8) 이준경이 15세 때 유산楢山에서 남명南冥 조식曹植과 함께 글을 읽었다. 조식은 이준경보다 두 살 아래였으나 둘은 서로 농담을 주고받을 만큼 가까운 사이였다. 하루는 이준경이 "그대의 천성으로는 도를 지키며 석굴에서 말라죽는 것이나 가능하리라. 이는 나도 할 수 있다"고 하자, 조식이 "그렇다면 그대는 어떤 포부를 가지고 있는가?" 하고 묻자 "나는 나라의 원로로서 어진 임금을 만나 백성을 윤택

---

115) 年譜 上, 392~393쪽.
116) 이광수, 앞의 책, 25쪽.
117) 이광수, 앞의 책, 26쪽.

하게 하고, 사직을 편하게 하는 것으로 즐거움을 삼을 것인즉, 그대는 꼭 나와 같지 않으리라"라고 했다. 조식도 그 말로써 자기를 알아주는 벗으로 생각했다.[118] 이준경은 정확한 예언을 하기로 유명했다. 이준경이 죽기 전에 붕당의 조짐을 예견한 것이나, 오리梧里 이원익李元翼을 알아본 것은 유명한 얘기다.[119] 이준경은 영의정이란 지위까지 올라간 사람이라선지 거만하다는 평도 듣고, 또 그 때문에 율곡栗谷 이이李珥와 같은 신진학자들과 마찰을 빚기도 했다.[120]

16세가 되던 1514년(중종 9)에 이준경은 청백리요, 공조참판을 지낸 김양진金楊震의 딸 풍산豊山김씨와 혼인했다. 청백한 김양진의 딸인 이준경의 부인도 부덕을 갖추어 시어머니에게 효도하고, 잉첩媵妾을 예로써 대우하며, 비복들을 은혜로써 부렸다. 친척들을 안팎의 차별이 없이 대우했고, 음식이 있으면 반드시 나누어 먹었으며, 재물을 아끼지 않고 베풀기를 좋아했다. 자녀들에게 《소학》을 직접 가르쳤으며, 베 짜는 일은 평생 손에서 떼지 않았다. 그리하여 시어머니 평산신씨는 늘 "내 며느리, 내 며느리" 하면서 칭찬을 아끼지 않았다고 한다.[121] 김씨부인은 남편이 외할아버지의 은혜를 많이 입은 것을 알고 그 집안에 적자가 없어 첩의 자식을 혼인시켜 제사를 잘 지낼 수 있도록 해주고, 천역을 면제할 수 있도록 도와주었다. 이준경이 평안감사를 지낼 때는 사사로운 재물을 받지 않아 남편의 청백을 도왔다. 가사에 무관심한 남편을 대신해 살림을 잘 꾸렸으며, 늘 부지런하고 검소했다. 부인은 이준경보다 7년을 더 살고 80세에 죽어 남편과 함께 묻혔다.[122]

이준경에게는 김의정金義貞이라는 손위 처남이 있었다. 하루는 아버지 김양진 내외를 만났는데 아버지가 일상적인 몇 마디 말을 할 뿐 덤

---

118) 年譜 上, 393~394쪽.

119) 이광수, 앞의 책, 26~27쪽.

120) 이광수, 앞의 책, 27쪽.

121) 年譜, 394쪽.

122) 이광수, 앞의 책, 30쪽.

덤하게 대했다. 그러나 다른 날 이준경과 대화할 때는 밤새 온갖 이야기를 다 했다. 김양진의 부인이 그 까닭을 물으니 "이 사위는 장차 나라의 큰일을 맡을 사람이니 우리 아이와는 비교할 수 없다"고 했다. 실제로 이준경은 영의정이 되었고, 김의정은 문과에 급제해 벼슬이 먼저 수찬에 이르렀으나 다른 사람들과 잘 지내지 못해 재주를 다 펴지 못하고, 술만 먹다가 끝내 병들었다. 이준경은 김의정에게 이웃 사람들과 잘 지내라고 충고하기도 했다.123)

이 해에 이준경은 사촌형인 이연경李延慶에게 가서 학문을 배웠다. 이준경은 이연경에게 조광조의 도학에 대해 듣고 영향을 받았다. 사림파의 일원이 된 것이다. 물론 조광조의 도학이 다른 사람과 다른 것은 아니었다. 다만 도학을 신념으로 실천하려는 점이 달랐던 것이다. 이준경이 68세에 명종에게 올린 병인봉사丙寅封事에

> 하늘은 이理를 가지고 있어 사람이 받아서 성性으로 삼고, 하늘은 기氣를 가지고 있어 사람이 받아 형체로 삼았습니다. 이 때문에 하늘의 이는 사람에게 다르지 않고 사람의 도는 모두 하늘에 근원을 둡니다. 그러나 사람은 형기形氣의 사사로움에 국한되어 그 소이연所以然의 이치를 알지 못하고, 망령되이 저와 나를 나누어 푸르고 푸른 하늘은 사람에게 관여하지 않고, 꿈틀거리는 것은 하늘에 간섭함이 없다고 하는 말을 듣게 됩니다. 이에 제멋대로 나쁜 일을 저지르며 치레만 하다가 실없이 한 것이 참으로 재변災變을 이루면, 일기一氣의 하늘도 부득불 이에 따라 변동하지 않을 수 없습니다.124)

라고 해 성리학에서 말하는 이와 기의 관계를 그대로 반영하고 있다. 조광조의 도학이 이준경에게도 영향을 미치고 있음을 알 수 있다.

---

123) 이광수, 앞의 책, 31쪽.
124)《國譯東皐遺稿》卷 2, 丙寅封事, 수원대 동고연구소, 1986, 59쪽.

2) 관직생활

1515년(중종 10) 17세 때 이준경은 성균관에서 유학하였다. 1517년(중종 12)에 이준경 형제는 이연경을 따라 정암靜菴 조광조 선생을 찾아 뵈었다. 이때 조광조는 이연경에게 "그대 집안의 종반從班 쌍벽雙璧은 붕새와 같고, 기린과 같아서 항상 옆에 두고 보아도 싫지 않다"고 했다고 한다.[125]

한편 1519년(중종 14) 12월 기묘사화가 일어나 조광조를 비롯한 사림 100여 명이 죽거나 쫓겨났다. 그 가운데는 사촌형 이연경, 재종형 이약수李若水·이약빙李若氷, 3종숙 이영부李英符 등도 포함되어 있었다.[126] 이들은 성균관 유생으로서 조광조의 처벌을 반대하다가 죽거나 귀양갔다. 이연경은 파직에 그쳤으나, 이약수는 성균관 유생의 대표로서 조광조를 구하려다 장살되고, 이약빙은 호당湖堂에 있었는데 조광조와 그의 형을 구하려다 관직에서 쫓겨났으며, 이영부도 조광조를 구하려다 25세의 젊은 나이로 죽었다. 이준경은 산 속으로 들어가 이들의 영위를 모시고 한없이 울었다. 이준경은 그 뒤 1568년(선조 1)에 조광조에게 영의정을 증직하게 하고, 1570년(선조 3)에는 조광조와 그의 스승인 한훤당寒暄堂 김굉필金宏弼의 문묘종사를 건의했으나 당시에는 이루지 못했다. 그리고 정철鄭澈·이이李珥 등의 급진적인 개혁도 조광조의 선례를 보아 사림에게 좋지 않으므로 견제하는 태도를 보였다.[127]

기묘사화 이후 이준경은 다른 사림들과 마찬가지로 과거나 벼슬을 꺼렸다. 잘못하면 멸문지화滅門之禍를 당하기 일쑤였기 때문이다. 그러나 어머니 신씨부인의 생각은 달랐다. 몰락한 가문을 이윤경·이준경 형제가 일으켜 세우길 바랐다. 신씨부인은 아들들에게 과거시험을 볼 것을 종용해, 1521년(중종 16)에 생원초시, 다음 해 생원복시에 3등 제9명

---

125) 年譜, 395쪽.
126) 年譜, 395쪽.
127) 이광수, 앞의 책, 47~48쪽.

으로 합격했다.[128]

그런데 1524년(중종 19) 정월 26일에 어머니가 세상을 떠났다. 어머니가 병이 났을 때 이준경 형제는 약을 직접 달여 먼저 맛보고 올렸으며, 어머니를 즐겁게 해 드리고자 늘 낯빛을 환하게 하고 다녔다. 상례는 《주자가례》에 따랐다. 양근군楊根郡 용진면龍津面 차항동車項洞 남편의 묘에 합장했다. 이준경 형제는 3년 동안 여묘살이를 하면서 문밖 출입을 하지 않았으며, 밤낮으로 묘에 올라가 곡을 했다. 그리하여 몸이 말라 거의 죽을 지경에 이르렀다.[129]

1526년(중종 21) 3월에 이준경은 어머니의 3년복을 마치고 형과 함께 지내다가 가난했던 형의 부담을 줄여주고자 처가살이를 결심했다. 그러나 우애 좋은 두 형제는 담을 나란히 하고 출입할 때마다 만났고, 벼슬 때문에 떨어져 있을 때는 편지를 교환했다. 그리하여 이준경 형제의 효성과 우애는 널리 소문이 났다. 이 소문을 듣고 김안로와 친한 재상 심언경沈彦慶이 이준경 형제를 만나보고자 고기를 보내왔다. 답방해 주기를 바라서였다. 그러나 이준경은 그가 집에 없는 틈을 타 명함만 두고 돌아왔다. 이것은 돼지고기를 선물한 권력자 양화陽貨에게 본인이 없는 틈을 타 명함만 놓고 온 공자의 선례를 따른 것이었다.[130]

29세 되던 1527년(중종 22)에 이준경은 성균관에 들어가 공부했다. 성균관의 분위기는 기묘사화 이후로 부박浮薄한 편이었으나 그는 열심히 공부했다. 31세 되던 1529년(중종 24) 4월 4일에 첫아들 이예열李禮悅을 낳았다. 이예열의 자는 입지立之, 호는 동교東郊이고, 학문과 덕행으로 천거되어 세자익위사 부솔副率 광흥창수廣興倉守, 안산安山군수, 자산慈山군수, 이조참의를 역임했다. 둘째 이선열李善悅은 이준경이 33세 되던 1531년(중종 26) 10월에 태어났다.[131]

---

128) 年譜, 395쪽.
129) 年譜, 396쪽.
130) 이광수, 앞의 책, 52~53쪽.
131) 年譜, 397쪽.

1531년(중종 26) 10월 9일에 이준경은 드디어 식년문과 을과 제3명으로 급제해 승문원을 거쳐 예문관 검열이 되었다. 성균관의 반인泮人들이 신래참례新來參禮로 옷을 벗기려 하자 이준경은 정색을 하고 물리쳤다.132) 형 이윤경은 이때 생원시와 진사시에 모두 장원으로 합격했다. 이 해에 이준경은 친구인 조식에게《심경》한 질을 보내주었다. 이준경의 편지는 없어지고 조식의 다음과 같은 답서만 남아있다.

우인友人 광릉廣陵 이원길李原吉이 이 책을 전해 주면서, '나는 비록 착하지 못하나 남과 더불어 선행을 하려는 뜻인즉 진실로 얕지 않다. 이 마음을 미루어 나가면 나라 일을 저울눈처럼 분간하는 것도 또한 자잘한 일이다' 했다.

내가 처음 이 책을 받고는 황송하고 두려워서 산더미라도 짊어진 듯했다. 나는 항상 스스로 경계하기를 '항상 미덥게, 항상 조심해서, 간사함을 막고 정성스러움을 보존하라! 산처럼 우뚝하고, 못처럼 깊어서 빛남이 봄처럼 꽃다워라!' 했다. 이것을 적어서 벽에 붙여두기는 했으나 마음은 이것과 다른 것 같은 적이 많았다. 마음을 잃고 고기덩이만 다녔으니, 금수가 아니고 무엇인가?

그런즉, 이군이 저버린 것이 아니면 이 책이 저버린 것이다. 이 책이 저버린 것이 아니면 바로 나의 마음을 저버린 것이다. (내 마음을 저버리면 마음은 죽은 것이니) 마음이 죽은 것보다 더 큰 슬픈 것은 없다. 죽지 않는 약을 구해서 오직 급하게 먹을 것이니, 이 글이 오직 마음을 죽지 않게 하는 약이다.

그런데 반드시 먹어서 그 맛을 알고 좋아해서 그 즐거움을 알아야 오래 갈 수가 있고, 편케 여겨서 아침저녁으로 날마다 이용하며 스스로 그만두지 않게 된다. 노력해서 게으름이 없으면 안연顔淵과 같이 되기를 바람도 이 글에 있다.   1531년 10월 여름 조식.133)

---

132) 이광수, 앞의 책, 60쪽.
133)《國譯東皐遺稿》卷 9, 與曺楗仲書 添附 南冥《心經》跋, 수원대 동고연구소, 1986,

이준경은 1532년(중종 27) 정월 25일에 홍문관 정자正字가 되었다.[134] 이때 생원 이종익李宗翼이 전일에 죄를 받은 유자광柳子光·이행李荇·심정沈貞·이항李沆 등이 죄가 없다고 상소했다. 이종익은 죄를 짓고 기장에서 귀양살이를 하고 있었는데, 대사헌 황사우黃士祐 등은 사림에 불리하니 죽여야 한다고 했으나 이준경은 "이 사람은 진실로 죄 줄 만하나, 상소한 것으로 죄를 받는다면 좋은 일이 아닌 듯하다"고 바른 말을 했다.[135]

그 뒤 이준경은 1533년(중종 28)에 승정원 주서가 되었다가 홍문관 저작·박사·부수찬으로 승진해 지제교를 겸임했다. 사경四經 이준경은 검토관 구수담具壽聃과 함께 낮은 관직으로 야대夜對에 들어가 민감한 문제를 많이 제기했다.

인재를 기르는 것은 하루아침에 되는 일이 아닙니다.······반정 이후 다시 배양의 공이 많아 인재가 나오기 시작했는데, 그때 인물들은 모두 반정 후에 배양된 인물들입니다. 나이 젊은 무리들이 성명聖明하신 임금을 만나 당우唐虞의 시대를 오늘 다시 회복할 수 있다는 생각에서 잘못 처리한 일들이 많았습니다. 그 때문에 부득이 그들에게 죄를 내렸지만 국가로 보아 잃은 것이 많았으며, 사기가 꺾여 다시 일어나지 못하고 있으니, 인재 양성이 어디 그리 쉽게 되는 일입니까?······소인이 아무리 있어도 성상의 마음만 확고하시면 사특한 말이 발동되지 못하고, 자연 자취를 감출 것입니다. 그러므로 예로부터 성명한 임금은 소인들을 멀리했을 뿐 죽이려 들지 않았습니다.······기묘년 사건도 당초 그 사람들이 그르다 해 폐단을 지나치게 바로잡은 것이 도리어 폐단이 되어 마침내 권간이 뜻을 얻고 거리낌 없이 방자한 행동을 일삼다가 끝내는 법률의 저촉을 받았는데, 그때에 임금의 신념만 확고했다면 어찌 권산의 사건이 있있을 것이며, 또 오늘과 같은 일

304~305쪽.
134)《중종실록》권 72, 중종 27년 1월 갑술;《중종실록》권 74, 중종 28년 4월 을미.
135) 年譜, 397쪽.

이 있겠습니까?[136]

이준경은 기묘사화 때 많은 인재를 잃었는데, 그것은 왕이 권간들의 발호를 막지 못했기 때문이라고 주장했다. 그리고 이어서

인재를 배양해야 하는 요즈음에 와서는 《소학》과 《근사록》을 세상에서 크게 금해 그 책을 끼고 다니는 자가 있으면 사람들이 모두 기묘의 무리로 지목해 비웃고 있습니다. 그런데 기묘 때 사림이라 해 모두 꼭 《소학》과 《근사록》을 읽었던 것도 아닌데, 그 뒤의 사람들이 그때 사람들을 미워해 그런 유라면 모두 칼질을 해 버립니다. 가령 기묘년 때의 사림들이 좋지 못하다고 하더라도 그 책이야 나쁠 것이 있겠습니까?[137]

라고 해 《소학》과 《근사록》을 기묘의 유물이라 해 금지하는 잘못을 비판했다. 또한 구수담은

《소학》과 《근사록》은 꼭 배워야 할 책인데도 지금은 모두 보는 곳에서 공공연하게 찢어서 벽이나 바르고 배우려 하지 않으니, 큰 폐단입니다. 또 신이 명을 받들어 어사御使로 경기 내의 군현을 순찰했는데, 민폐를 자세히 알 수는 없었습니다. 그러나 이천利川에서 광주廣州로 돌아올 때 경안역景安驛 5리쯤 거리에 10여 리에 뻗은 전지가 구릉으로 황폐되었고, 그 사이에는 1백여 호에 달하는 인가가 철거되어 폐허로 되어 있기에, 신이 이상한 생각이 들어 그 곳의 패망 원인을 물었습니다. 그랬더니 그곳 사람들이 설명하기를 '안처겸安處謙이 그 땅에 농장을 개간하려고 근처의 사람들과 향도계鄕徒契를 만들고 다음 해에 역사役事하려고 했는데, 마침내 안처겸의 난이 터지는 바람에 그곳 사람들이 혹은 죄를 입어 철거되기도 하고, 혹은 도망가고 흩어져서 심지어 개나 닭까지도 모두 없어지고 말아 그렇게 되었

136) 《중종실록》 권 76, 중종 28년 11월 갑인.
137) 《중종실록》 권 76, 중종 28년 11월 갑인.

다'고 했습니다. 이것은 대역大逆사건으로서 국가가 이미 그 죄를 정한 것
인데, 이렇게 아뢰는 것은 다른 뜻이 아니고 이처럼 밝은 세상에 혹시 애매
한 사람이 있을까 염려되어서입니다.[138]

라고 해 안처겸의 난으로 처벌된 사람 가운데 억울한 사람을 풀어 줄 것
을 요구했다. 중종도

　　과연 애매한 자가 어찌 없겠는가? 안처겸 집을 수탐할 때 이름이 기록
되어 있는 책을 발견하고는 그들이 모두 동모자인 것으로 믿었던 것이다.
그러나 이름이 쓰여 있는 자 가운데는 상중에 있는 사람도 있었고, 외방에
있는 사람도 있었는데, 참으로 동모했다면 어찌 그럴 수 있겠는가? 내 생
각에도 자못 의심이 가는 일이다. 다만 그 죄가 너무 컸기 때문에 풀어 주
지 않은 것인데, 거기에 혹 이름이나 자字가 적혔다 해 무조건 죄에 걸렸던
그 일만은 과연 의심이 가는 일이다.[139]

라고 해 구수담의 주장에 동조하고 술 석잔을 내렸다. 이준경도 이 주장
에 동조했다. 안처겸이란 누구인가? 안처겸은 현량과에 급제했다가 파
방罷榜되어 고향에 돌아와 향도계를 만들어 마음 맞는 사람들과 교류했
다. 그런데 남곤南袞·심정沈貞 등이 이를 자기들을 죽이고 새 왕을 옹립
하려 했다고 덮어씌워 처형한 것이다. 이때 억울한 사람들이 많이 처벌
되었다. 중종도 기묘사화와 안처겸 사건 때 사림들을 많이 처벌한 것을
은근히 후회하고 있었다. 그리하여 이준경과 구수담의 주장에 동조하면
서 술까지 내려 주었던 것이다.[140]
　그러나 3공을 비롯한 중신들이 이를 반박하고 나섰다.

---

138) 《중종실록》 권 76, 중종 28년 11월 갑인.
139) 《중종실록》 권 76, 중종 28년 11월 갑인.
140) 이광수, 앞의 책, 69쪽.

(구)수담의 형은 구수복具壽福이고, 그의 처삼촌은 조광조입니다. 이준경은 그의 동서가 김윤종金胤宗인데 김식金湜과 함께 죄를 받았으며, 그의 5촌과 6촌인 이연경李延慶·이약빙李若氷·이약수李若水는 모두 기묘년의 사류에 참여했는데, 이 때문에 사사로운 마음을 품고 아뢴 것입니다. 또 안처겸은 대역입니다. 온 나라 사람이 누군들 통분하지 않겠습니까?……이 사람들의 정상의 자취가 이미 나타났으니, 그 사이에 어찌 왕래하면서 반복해 난을 선동하는 자가 없겠습니까? 위에서 살펴서 징계하는 것이 어떻겠습니까?[141]

이준경과 구수담이 기묘사화, 안처겸 사건의 피화자들과 인맥이 닿아 있어, 사사로운 이해관계로 이런 말을 한 것이니 처벌해야 한다는 것이었다. 그랬더니 중종도

이제 이 말을 들으니 수담과 준경 등이 홍문관의 의사가 아닌데도, 그들만의 사사로운 뜻으로 아뢰어 국론을 어지럽혔다. 이러니 시종의 반열에 있을 수 있겠는가?……근래 내가 이 뜻을 살리지 못하고 이장곤李長坤과 김안국金安國의 일을 의논하도록 했는데, 한번 그 단서를 열면 뒷날의 폐단을 금하기 어려우니 김안국을 서용하지 말아야 뒷날의 폐단을 중지시킬 수 있다. 안처겸의 전기에 적힌 사람도 오히려 석방하지 않는 것이 좋겠다. 그러나 명을 내린 지가 이미 오래되니 어떻게 해야 하는가? 지금부터 기묘년에 죄받은 사람과 안처겸의 건기件記에 적힌 사람에 대해 논계하는 자가 있으면 반드시 그 죄를 다스린 다음에야 시비가 정해질 것이다.[142]

참으로 우유부단한 태도다. 중종과 같은 용군庸君은 결단성이 없어 충신도 간신도 살아남을 수 없었다. 처음에는 훈구파의 말을 듣고 기묘

---

141) 《중종실록》 권 76, 중종 29년 1월 무신.
142) 《중종실록》 권 76, 중종 29년 1월 무신.

사화와 안처겸 사건으로 사림들을 어육으로 만들더니, 이준경·구수담의 말을 듣고 그때의 화를 입은 사람들을 풀어 주었다가 훈구파의 반론을 듣고 다시 이를 뒤집은 것이다. 이 일로 이준경과 구수담은 김안로 등의 미움을 받아 파직되었다.[143] 그러나 기묘사화 이후 피화된 사림 60여 인이 풀려나왔다. 이준경은 문을 굳게 닫고 성리학 공부를 열심히 했다.[144]

이준경을 쫓아낸 사람은 김안로였다. 김안로(자는 希樂堂)는 1506년(중종 1)에 별시문과 갑과에 급제해 사가독서를 받을 정도로 유능한 사람이었다. 그러나 그는 아들 김희金禧가 중종의 부마가 되어 왕의 지극한 사랑을 받자, 권력에 눈이 어두워 좌의정까지 역임하면서 악행을 일삼았다. 그는 허항許沆·채무택蔡無擇 등(이들을 3간奸이라 했다)과 함께 이언적李彦迪·정광필鄭光弼·이행李荇 등 선류善類를 해쳤다. 심지어는 윤원로尹元老·윤원형尹元衡 등 권력자들도 예외가 아니었다. 김안로는 자기 집 주위의 민가를 강제로 매입하고, 훈련원 연습장을 빼앗아 자기 집을 넓히는가 하면 처조카 채무일蔡無逸이 아들인 김희가 혼인할 때 가보家寶를 바치지 않았다 해 귀양을 보냈다. 그러나 그는 노회老獪해 남을 해치는 데 앞장서지 않고 뒤에서 조종했다.[145] 그러나 연성위 김희는 일찍 죽고, 불효자 김기金祺도 먼저 죽었으며, 눈 먼 딸은 독사에게 물려 죽게 했다.[146] 김안로가 전권을 휘두른 시기는 1531년(중종 26)

---

143) 《중종실록》 권 76, 중종 28년 12월 을미.

144) 年譜, 398쪽.

145) 이광수, 앞의 책, 67쪽.

146) 사신은 논한다. "김안로의 큰아들 이름은 金祺인데, 아비는 인자하지 못하고, 아들은 불효했기 때문에 당시 사람들이 '부자가 원수이다' 했다. 김기는 사람됨이 경망하고 사특한데다가 독살스럽고 세를 빌어 교만방자했는데, 술을 잘 마셔 병이 나서 일찍 죽었다. 하늘이 만약 수년만 더 살게 했더라면 피해를 입은 지가 얼마나 되었을지 모른다. (陳宇의 일도 실은 김기가 주도한 것이다.) 김안로에게는 눈이 멀고 못생긴 딸 하나가 있었다. 안로가 그 딸을 미워해 죽이려고 굶기면 울부짖으며 밥을 달라고 해 이웃이 들을까 두려워 못 굶기고, 칼로 찔러 죽이면 시체에 칼자국이 나서 친척들이 살해당한 것을 알게 될까 두려워서 못했다. 그 흔적을 감추려고 독사를 항아리 속에 넣고 뚜껑을 덮어 독이 잔뜩 오르게 한 다음 뚜껑을 열고 그 딸로 하여금 항아리에 발을 넣게 하니 한 번 물자 그 자리에서 죽었다. 김안로는 속으로는 매우 기뻤으나 겉으로는 슬픈 척하면서 이웃 일가들에게 떠들

부터 1537년(중종 32)까지 6년 동안이었다. 이준경이 33~39세였을 때였다.[147]

이준경이 파직된 지 1년 뒤인 1534년(중종 29)에 형인 숭덕재崇德齋 이윤경李潤慶이 37세 때 식년문과에 급제했다(퇴계와 동방同榜). 이준경보다 4년 늦게 급제한 셈이다. 그리고 이 해 7월에 셋째 아들 이덕열李德悅이 태어났다. 그는 문과에 급제해 경기 도사都事를 지낸 바 있다. 그러나 이 해에 충청관찰사로 있던 장인 김양진金楊震이 도내의 형사사건을 잘못 처리한 죄로 파직당했다.[148]

그런데 1537년(중종 32) 10월에 김안로·허항·채무택 등이 문정왕후를 폐위시키려다 실패해 사사되는 사건이 일어났다. 그리하여 김안로에 의해 유배되었던 윤원형 형제·성세창·채무일·나세찬·홍언필 등이 풀려났다. 이와 함께 39세의 이준경도 그의 큰 처남 김의정과 함께 풀려났다.[149] 그러나 곧바로 풀려날 수 있었던 것은 아니었다. 피해를 받은 다른 사람들도 있는데 이준경 등만 풀어 주면 조정의 법령을 신뢰하지 않는다는 까닭에서였다.[150]

그리하여 약 한 달이 지난 1538년(중종 33) 정월 10일에 홍문관 부수찬으로 기용되었다.[151] 그리고 5월 13일에는 조카 이중열이 별시문과에 급제했다.[152] 그 뒤 1540년(중종 35) 3월에 이준경은 사헌부 장령에,

---

기를 '내 딸이 변소에 가다가 독사에 물려 죽었다' 했다. 아! 이런 일을 차마 했으니, 무슨 일인들 못했겠는가?"(《중종실록》 권 85, 중종 32년 10월 계유)

147) 이광수, 앞의 책, 67~68쪽.

148) 《중종실록》 권 77, 중종 29년 3월 정해.

149) 《중종실록》 권 85, 중종 32년 10월 계유.

150) 이광수, 앞의 책, 75~76쪽. "지난날 구수담(이준경) 등이 기묘사화 때 쫓겨난 부류를 기용하자는 일을 논계했을 당시 그 말을 듣지 않고 말았으면 그런 대로 괜찮았을 텐데, 김안로는 도리어 그들을 치죄하고자 했으니 지나친 듯하다. 이 때문에 인심이 더욱 분격하고 답답하게 여겼다. 이 부류들을 지금 만약 기용하면 당시에 처벌받은 자들이 은택을 바라게 되어 조정의 법령을 신임하지 않을 듯하다."(《중종실록》 권 86, 중종 32년 12월 무오)

151) 《중종실록》 권 86, 중종 33년 1월 을유.

152) 李中悅의 자는 習之, 호는 果齋, 한림, 세자시강원, 홍문관 관원, 이조전랑을 역임하다가 을사사화에 걸려 귀양가서 죽었다(年譜, 399쪽).

형 이윤경은 홍문관 교리가 되었다.153) 장령으로 있을 때 이준경은 사
대부가 5~6품만 되어도 큰 집을 짓고 토목공사를 일으키는 등 사치가
심해 가뭄이 드니 이를 금지시켜야 한다고 주장했다.154) 이어 이준경은
홍문관의 부교리(5. 25)·응교(10. 8)·직제학(1541. 3. 28)을 차례로 역임
했다.

1541년(중종 36) 4월 2일에는 홍문관 부교리 이언적李彦迪·부제학 이
준경·교리 이황李滉 등과 함께 재앙을 극복할 방안으로 일강구목소一綱
九目疏를 올렸다.

> 신들이 보건대, 전하께서 재앙을 만난 뒤로, 부지런히 애써 폐정을 고치
> 려고 대신에게 묻고, 자신을 죄책하는 분부를 내려 지난날의 허물을 징계
> 하시니 신들이 교서를 읽고 감격해 눈물을 흘리며 스스로 분발해 마지않았
> 습니다. 전하께서 요堯·순舜의 마음을 가지셨는데도, 뭇 신하가 전하를 요·
> 순이 되실 길로 인도하지 못해 이 백성들로 하여금 요·순의 은택을 입지
> 못하게 하니, 이것은 참으로 뭇 신하들의 죄입니다. 그러나 전하께서 공구
> 수성恐懼修省하시는 도리와 자신을 죄책하시는 실지로 미루어 보면, 임금
> 의 직분을 다 하지 못하신 것에도 어찌 허물할 만한 것이 없겠습니까? 신
> 들이 감히 전하께서 오늘날 힘쓰셔야 할 열 가지 일을 아뢰겠으니, 전하께
> 서 유념하시기 바랍니다. 대저 열 가지 일이라 하는 것은 그 강綱이 하나이
> 고, 그 목目이 아홉인데 참으로 하나의 강에 종사해 그 도리를 다한다면,
> 아홉 목이라 하는 것은 행동의 도구요, 시행하는 방편일 뿐이니, 어찌 실행
> 하기 어렵다고 걱정하겠습니까?155)

한 가시 강은 중화中和이고, 아홉 가지 목은 ① 궁금宮禁을 엄하게 할
것, ② 기강紀綱을 바르게 할 것, ③ 인재를 가려 쓸 것, ④ 제사를 삼갈

---

153) 《중종실록》 권 93, 중종 35년 3월 병신.
154) 《중종실록》 권 93, 중종 35년 5월 임진.
155) 《중종실록》 권 95, 중종 36년 4월 무오.

것, ⑤ 백성의 고통을 돌볼 것, ⑥ 교화敎化를 밝힐 것, ⑦ 형옥을 삼갈 것, ⑧ 사치를 막을 것, ⑨ 간쟁을 받아들일 것 등이다. 특히 1강은《중용》에 "희노애락喜怒哀樂이 아직 발동하지 않은 것을 '중中'이라 하고, 발동해서 모두 절도에 맞는 것을 '화和'라 한다. '중'이라는 것은 천하의 큰 근본이요, '화'라는 것은 천하에 달통하는 도道이다"라는 대목을 인용하여 '중'과 '화'를 지극히 하면 천지가 제자리를 얻고 만물이 생장한다고 했다.

> 대저 전하께서 명철하신데도 오늘날의 근심이 있는 까닭은 다름이 아니오라, 성학聖學의 공효를 다하지 못한 것이 있고, 중화의 극치를 다하지 못한 것이 있기 때문입니다. '성학이 이미 고명하시니, 다시 더 학문에 뜻을 두실 것이 없습니다'라고 진언하는 자가 있습니다. 아! 이런 말을 하는 자는 오직 경사經史를 섭렵하는 공부로 전하의 학문을 도울 뿐이고, 요·순과 3왕三王(禹·湯·文武)의 도리는 전하께 바라지 않는 것입니다. 예전에 거룩하고 밝은 임금들은 도가 맞지 않는 때가 없다는 것을 알았기 때문에 한 가지라도 배우지 않는 때가 없었고, 도가 없는 사물이 없다는 것을 알았기 때문에 한 가지라도 배우지 않는 것이 없어서,……마음을 간직하고 덕성을 배양하는 모든 방도에 그 지극한 것을 쓰지 않는 것이 없었는데, 지금은 이 몇 가지 일이 없습니다.
>
> 바라옵건대 전하께서는 성학이 지극하지 못함을 아셔서 더욱 정일精一한 공부를 하시고, 남을 책망하지 마시고 자신을 책망하시며, 밖에서 찾지 마시고 안에서 찾으시며, 늘 삼가고 두려워하며, 스스로 속이지 마시고 혼자 있을 때를 삼가시는 실제를 일삼으소서. 그렇게 하시면 모든 일상을 하는 가운데 어지러이 많은 온갖 사물을 응대하는 곳 어디에나 성학의 공부를 쓰지 않을 데가 없어서, 중화의 지극한 공부를 저절로 이룰 수 있을 것입니다.156)

---

156)《중종실록》권 95, 중종 36년 4월 무오.

이준경은 이황, 이언적과 같은 도학자들과 함께 중종에게 솔선수범해서 도학(성학)을 공부하라고 압력을 가한 것이다. 도학을 왕의 상투 끝에 올려놓은 격이다. 이런 의미에서 이 일강구목소는 사림의 도학정치를 확립하는 데 중요한 계기가 되었다고 할 수 있다. 일강은 도학을 연마하는 것이고, 구목은 현안문제로서 일강이 잘 되면 구목은 저절로 잘 된다는 것이다. 중종도 "이제 이 상소를 재삼 보건대, 일강과 구목이 다 도리에 맞으니, 더욱 살펴서 하늘의 견책에 응답하겠다"고 했다.[157]

1541년(중종 36) 6월에는 직제학 이준경을 경차관으로 삼아 영등포만호 송거宋琚를 죽이려 한 왜적을 추국하게 했다.[158] 세송 대에 왜인들에게 동래의 부산포釜山浦·웅천의 내이포內而浦·울산의 염포鹽浦 등 3포를 개항했는데 1510년(중종 5)에 이른바 삼포왜란이 일어나 2년 뒤에는 제포薺浦(내이포, 지금의 진해) 한 곳만 남겨 두었다. 그런데 제포의 왜인들이 난동을 부려 세 명의 군졸이 피살되었다. 조정에서는 영등포만호 송거로 하여금 도망간 왜인을 체포하도록 했으나, 왜선 1척과 마주치자 겁부터 먹고 도망쳤다. 그 때문에 관인官印과 무기를 잃고, 조방장 조세영 등 29명이 죽거나 실종되었다. 송거는 겨우 목숨을 부지하고 돌아왔다. 이때 이준경은 경차관으로 파견되어 이 사건을 조사 보고했다.[159] 이를 계기로 왜인의 실정을 누구보다도 잘 알게 되었다.

그해 9월에 이준경은 홍문관 부제학으로 승진했다.[160] 그는 조강朝講의 참찬관으로 참가해 다음과 같이 아뢰었다.

왜인들이 능멸하고 모욕한 일은 모두가 변장이 탐욕스러운 데서 말미암은 것입니다. 굴욕을 달갑게 여기며 부끄러워하지 않아서 이러한 폐습이 10여 년 동안 쌓여 왔습니다. 윤담尹淡(전 薺浦僉使)이 이러한 폐습을 과감

---

157) 《중종실록》 권 95, 중종 36년 4월 무오.
158) 《중종실록》 권 96, 중종 36년 6월 병자·임오.
159) 이광수, 앞의 책, 90~93쪽.
160) 《중종실록》 권 96, 중종 36년 9월 계사.

히 개혁했고, 김광진金光軫(薺浦僉使로 재직하다가 倭變을 만나 파직됨)은 윤담보다 더욱 철저하게 군민軍民들이 은밀히 물화를 가지고 왜관倭館에 가서 매매하는 것을 금지시켰는데, 변방의 백성들은 원한을 품고 한 사람도 조정을 위해 협력하지 않았고, 왜인과 마음을 같이했습니다. 이 어찌 모욕의 습성이 우리 백성에게서 말미암을 것이 아니겠습니까? 신의 생각으로는 김광진을 교체하지 않으면 왜인들의 모욕을 누를 수 있고, 또한 우리 백성의 간사함도 막을 수 있을 것입니다.161)

이준경은 국방에 조예가 깊었다. 이때도 우리 군민과 왜인의 밀무역을 막을 계책을 건의한 것이다. 그는 일을 감당할 만한 사람에게 첨사직을 맡기는 것이 문제해결의 지름길이라고 보았다. 그리고 바다에서 왜인을 만나면 죽이지 말라는 금령 때문에 오히려 당하기만 하니 법제를 고쳐야 하며, 쾌속선을 많이 만들어 이들을 추포하는 데 써야 한다고 주장했다.162)

1542년(중종 37) 1월에는 성균관 공천公薦의 문란을 바로잡아야 한다는 차자箚子를 올렸다.163) 사사로운 청탁이 횡행했기 때문이다. 그리고 5월에는 유황硫黃을 비롯한 일본인들이 가져온 물건들을 그들의 비위를 맞추려고 사주어서는 안 된다고 주장했다. 국고가 넉넉하지 못했기 때문이다.164) 또한 언관들이 말해야 할 때 하지 않는 폐단을 지적했다. 언관이 말을 아끼면 사림의 화가 일어나는 원인이 되므로 언관의 말이 맞지 않아도 처벌해서는 안 된다는 것이다.165) 이는 사림의 이익을 대변하는 발언이다. 아울러 왕이 정치만 일삼고 경연에 나아가 의리의 학문을 연마하지 않는 것은 옳지 않다고 경고했다.166) 이 또한 사림을 대변

---

161) 《중종실록》 권 96, 중종 36년 9월 경술.
162) 이광수, 앞의 책, 94쪽.
163) 《중종실록》 권 97, 중종 37년 1월 기해.
164) 《중종실록》 권 98, 중종 37년 5월 임오.
165) 《중종실록》 권 98, 중종 37년 5월 경자.
166) 《중종실록》 권 99, 중종 37년 8월 신축.

해 왕을 성학으로 인도하려 한 것이다.

그해 10월에 이준경은 동부승지가 되었다.[167] 그리고 1543년(중종 38) 9월에 이준경은 〈대어이적방략對禦夷狄方略〉이라는 글로 문신 정시庭試에 일등을 해 가선대부嘉善大夫로 가자加資되었다.[168] 그 뒤 한성부 우윤, 대사성이 되었고, 좨주祭酒와 서연관을 겸임했다. 이때 화담花潭 서경덕徐敬德이 서울에 들어와 가서 만나보았다. 그와는 동문수학한 사이였기 때문이다.[169]

1544년(중종 39) 11월 20일에 중종이 죽었다. 그러나 세자가 슬픔에 겨워 즉위하려 하지 않았다. 대사성 이준경은 우찬성 성세창成世昌과 세자를 즉위시킬 일을 의논했다.[170] 날은 저물고 시간이 없어 권정례權定禮로 즉위식을 하자고 했다가 호된 비판을 받았다.[171] 이준경은 인종이 세자로 있을 때 3년 동안 시강원 찬선贊善(종3품)·보덕輔德(종3품)을 겸임했다. 그리하여 인종의 학문에 큰 영향을 미쳤다.[172] 12월에 부사副使 이준경은 정사正使 민제인閔齊仁과 함께 중종의 죽음을 알리고, 시호와 왕위계승을 청하는 고부청시사告訃請諡使로 명나라에 다녀왔다.[173] 이에 명나라는 중종의 시호를 공희恭僖라고 정해주고, 태감太監 왕도王燾와 행인行人 장승헌張承憲을 조제사弔祭使로, 태감 장봉張奉과 오유吳猷를 봉왕사封王使로 보내 3월 초에 출발할 것이라 했다.[174] 이 공로로 이준경은 숙마熟馬 한 필을 받았다.[175]

이준경은 사신으로 다녀온 뒤 형조참판이 되었다. 그는 인종에게 후

---

167) 《중종실록》 권 99, 중종 37년 10월 신묘.
168) 《중종실록》 권 101, 중종 38년 9월 무진.
169) 年譜, 400쪽.
170) 《중종실록》 권 105, 중종 39년 11월 을묘.
171) 이광수, 앞의 책, 124쪽.
172) 이광수, 앞의 책, 78쪽.
173) 《중종실록》 권 105, 중종 39년 12월 신미.
174) 《인종실록》 권 1, 인종 1년 2월 무오.
175) 《인종실록》 권 2, 인종 1년 5월 계유.

사가 없으니 태제太弟(경원대군)를 세자로 봉하자고 했으나 뜻대로 되지 않았다. 그러나 결국 1545년(인종 1) 7월 1일에 인종이 죽으면서 경원대군을 후계자로 지목했고, 나이 어린 명종 대신 대비인 문정왕후가 수렴청정을 했다.

명종이 즉위하자 을사사화가 일어나 사림들이 화를 입었다. 이기李芑와 임백령林百齡 등은 윤원형尹元衡과 함께 계림군桂林君 이류李瑠·인종의 외삼촌 윤임尹任·문정왕후의 오빠 윤원로尹元老를 죽였다. 윤원형은 형 윤원로를 권력에서 쫓아내기 위해 자기의 당여인 병조좌랑 윤춘년尹春年을 시켜 "윤원로가 인종이 죽기를 바라고, 문정왕후가 오래 못 살 것"이라 했으며, 그의 아들을 김안로의 아들 김희金禧의 딸과 혼인시키려다 실패했다. 그리하여 윤원로를 해남海南으로 귀양보냈다가 흥양興陽으로 옮겨 사사했다.[176] 그러나 이준경은 윤원로를 죽이는 것에 반대했다.[177] 명종이 즉위한 지 얼마 되지 않았는데 대비인 문정왕후의 심기를 불편하게 해서는 안 된다는 이유에서였다.[178] 이는 그가 이상보다는 현실을 직시하는 현실주의자임을 보여주는 사례라 할 수 있다. 그는 윤원형과도 명종조에 20여 년 동안이나 조정에 함께 복무했다.

1545년(명종 즉위) 8월 22일에 을사사화乙巳士禍가 일어나 이준경도 이기의 미움을 받아 평안도 관찰사로 쫓겨났다.[179] 형 이윤경은 성주부사로 쫓겨나고, 조카 이중열李中悅은 갑산甲山으로 귀양갔다(다음 해 이약빙·이약해와 함께 사사되었다). 종형 이유경李有慶·재종형 이약빙李若氷과 이약해李若海·3종숙 이영현李英賢·4종제 이수경李首慶 등도 파직되거나 귀양갔다.[180] 그런데 이중열의 아버지인 이윤경은 아무런 처벌도 받지 않고 벼슬자리에 있었을 뿐 아니라 윤임尹任 등을 처벌하는 데 공

---

176)《명종실록》권 3, 명종 1년 2월 정사.

177) 盧守愼, 領議政贈諡忠正東皐先生李公行狀, 4쪽.

178) 이광수, 앞의 책, 130쪽.

179)《명종실록》권 1, 명종 즉위년 8월 계축.

180) 年譜, 401쪽.

이 있다고 해 추성정란위사공신에 봉해지고, 성균관 대사성, 광산군廣山君에 책봉되었다.181) 이윤경은 이듬해 3월에 고명사은사誥命謝恩使의 부사로 명나라에 다녀와 겨울에 성주목사로 내려갔다.182)

이기는 이준경보다 23세 연장으로 1501년(연산군 7)에 식년문과 병과에 급제해 능력을 인정받았다. 그러나 그의 장인인 군수 김진金震이 장리贓吏였기 때문에 좋은 벼슬을 하지 못하고 불우한 세월을 보냈다. 그러나 문·무의 재주가 좋아 장리의 사위도 현직에 등용할 수 있다고 국기의 규정을 바꾸어서까지 등용했다. 그는 손위 누이의 외손이 왕의 부마가 된 것을 이용해 출세하고자 노력하기도 했다. 그러나 이기를 출세시켜 준 것은 이언적李彦迪이었다. 이언적은 그를 함경도 병마절도사로 추천해 도원수로서 건주위建州衛 여진의 침입을 격퇴하는 공을 세우게 했다. 그러다가 김안로의 미움을 사 강진康津으로 유배되기도 했으나, 뒤에 호·병조판서를 거쳐 명종조에는 영의정까지 역임했다. 그러나 후일 윤원형과 더불어 이른바 을사사화를 일으켜 수많은 사람들을 해쳤다. 이준경은 이기가 악인이라는 것을 미리 알고 왕에게 비판하는 말을 했다가(옥당 차자) 8월 23일에 평안도 관찰사로 쫓겨난 것이다.183)

무오사화 때는 이준경의 7촌 아저씨인 이수공이 유배가고, 갑자사화 때는 할아버지 이세좌와 아버지 이수정 및 그 형제들이 사형당했으며, 이준경 형제도 귀양살이를 면치 못했다. 그리고 기묘사화 때는 사촌형 이연경과 이약빙이 파직되었으며, 을사사화 때는 이약빙·이약해, 조카 이중열이 유배되거나 사사되었다.184) 4대사화에 광주이씨가 대대로 사림파로서 화를 입은 것이다.

명종은 평안도 관찰사 이준경에게 다음과 같은 전교를 내렸다.

---

181) 이광수, 앞의 책, 136쪽.
182) 위와 같음.
183) 이광수, 앞의 책, 102~103쪽.
184) 이광수, 앞의 책, 147쪽.

　　평안도는 다른 도와 비교할 바가 아니다. 중국의 사신과 부경赴京하는 사람들이 경유해 오가는 길목으로 이들을 접대하는 폐단이 이미 적지 않은데, 금년 농사마저 추수할 가망이 없으니, 되도록 힘써 구휼해 백성들을 편안케 하라![185]

　　그리고 원종공신 1등이 되어 한 자급을 올려 받았다.[186] 이준경은 체직할 때가 되었는데도 평안도에 수재가 심해 다음 해(1548) 추수할 때까지 유임하게 했다.[187] 이준경은 자신의 무능을 이유로 사퇴하고자 했으나 받아들여지지 않았다.[188]

　　1548년(명종 3) 6월에 차자 이선열李善悅이 18살에 부모님 무덤 곁에 묻어달라고 하면서 죽었다. 선열은 학문이 나날이 진보했고, 유아儒雅한 기상이 있었으나 장가도 못 가고 죽었다.[189]

　　7월에 이준경은 특지特旨로 자헌대부 병조판서에 임명되었다. 실록에는 "이준경은 청렴하고 꿋꿋하며, 국량이 있어 참으로 재상감이어서 사람들이 인물을 얻었다고 한다"고 기록하고 있다.[190] 8월에는 특진관으로서 상참常參에 들어가 평안도는 비록 풍년이 들었으나 농민들이 환곡을 받은 것이 많아 이를 4분의 1로 줄여 주지 않으면 살아갈 수 없을 것이라고 상소했다.[191]

　　1550년(명종 5) 4월에 이홍윤李洪胤 역모사건이 터졌다. 이홍윤은 충주와 서울의 장사와 병기를 모아 아버지 이약빙의 원수인 이기·윤원형·정언각과, 친족이지만 자신을 돌봐 주지 않는 이준경을 죽이고 모산수를 왕으로 추대하고자 했다. 그러나 형인 이홍남李洪男이 고변해 처형

---

185) 《명종실록》 권 2, 명종 즉위년 9월 임신.
186) 《명종실록》 권 3, 명종 1년 2월 병신.
187) 《명종실록》 권 6, 명종 2년 8월 임인.
188) 《명종실록》 권 6, 명종 2년 9월 경술.
189) 年譜, 402쪽.
190) 《명종실록》 권 8, 명종 3년 7월 무자.
191) 《명종실록》 권 8, 명종 3년 8월 신유.

되었다.[192]

　이기·진복창 등은 이준경이 윤임을 구해 주려 한다고 하고, 이홍윤 사건에 일가로서 연루되었다 해 5월에 보은현으로 귀양보냈다. 이기의 앞잡이 이무강李無彊은 "이모는 재주가 문·무를 겸해서 국가에 이롭지 못하다"고 해 죄를 더욱 무겁게 하려 했으나 심연원沈連源이 반대해 저지되었다. 이때 3자 이덕열李德悅이 귀양지에 배행했다.[193] 이준경은 벼슬길을 접고, 촌사村舍를 얻어 기거했다. 찾아오는 사람은 많았으나 귀양살이 하는 몸이라 잘 만나주지 않았다. 청안淸安 구계龜溪에 시골집을 두었다. 얼마 안 있어 지중추부사 겸 도총부 도총관에 제수되었으나 병으로 나가지 않았다.[194]

　1549년(명종 4) 11월에 이준경은 사헌부 대사헌이 되었다가,[195] 다음 해 1월에 한성부 판윤이 되었다.[196] 이준경은 1550년(명종 5) 2월 13일에 다시 대사헌이 되어,[197] 북방의 우적개于狄介가 오도리吾都里를 노략질한 데 대해 다음과 같이 아뢰었다.

　　근래 변장邊將은 거의가 무인인데, 조처하는 방법이 어긋나기 때문에 간혹 문관으로 교차했습니다. (그러나) 의논하는 자들이 '시나 읊조리는 무리가 만일 변방의 직임을 맡는다면, 평상시에는 군대를 엄정히 하는 기율이 없고, 적군과 대치해서는 경서나 외우는 오활함이 있다'고 했기 때문에 차임하지 않은 지 이미 오래 되었습니다. 그러나 지혜와 생각이 주도면밀하고 조처하는 방법이 알맞은 점을 얻은 뒤에야 오랑캐가 두려워해 복종할 것입니다. 만일 무예가 뛰어나고 명망이 한 시대에 으뜸가는 문관을 뽑아 교차해 그 직책을 오로지 맡긴다면, 그 조치하는 바를 어찌 무인에 비기겠

192)《명종실록》권 9, 명종 4년 5월 갑술.
193) 年譜, 403쪽.
194) 年譜, 404쪽.
195)《명종실록》권 9, 명종 4년 11월 정축.
196)《명종실록》권 10, 명종 5년 1월 임오.
197)《명종실록》권 10, 명종 5년 2월 무신.

습니까?198)

변장을 무인뿐 아니라 무예가 있는 문신도 임명하자는 것이었다. 이준경은 3월 14일에 지중추부사가 되었다가,199) 5월 11일에 다시 대사헌으로 옮겼다.200) 그러나 1550년(명종 5) 5월 15일 이기의 사주를 받은 사간 이무강은

> 전 대사헌 이준경은 죄인 이중열에게는 숙부가 되고, 이약빙·이약해에게는 6촌이 되는데, 평범한 사람이라면 조정의 반열에 용납되지 못했을 것입니다. 이준경은 평소 사람들에게 존경받았기 때문에 그대로 청현한 관직에 있게 된 것이니, 마땅히 두려워하고 반성해야 할 것인데, 도리어 윤임의 일에 대해 '윤임이 어찌 반역을 했겠는가? 다만 자신을 보존하려는 계책을 세웠을 뿐이다' 했고, 또 이홍윤 등의 모역 정상이 이미 분명한데, 이준경은 오히려 이홍남의 고변을 그릇된 것이라고 하면서 공공연히 남에게 떠들어대기를 '홍남이 이와 같은 일도 벌였는데, 후일에 다시 무슨 짓을 못하겠는가?' 했습니다.
>
> 전 승지 이윤경은 역적의 아비이니, 조정의 반열에 있어서는 안 될 것인데, 후설喉舌의 지위에 있었으니, 국은이 매우 중했습니다. 그런데도 그는 전에 김영의 상소를 보고 '혼미하고 용렬한 사람의 망령된 상소는 입계할 수 없다' 했습니다. 이와 같은 일을 심상하게 보아 도리어 숨겼으니, 그가 역적을 비호하는 마음이 너무도 심합니다.201)

라고 상소해 이윤경·이준경 형제를 이약빙·이약해 형제 사건에 연루시켜 처벌할 것을 주장했다. 명종도

---

198) 《명종실록》 권 10, 명종 5년 2월 신유.
199) 《명종실록》 권 10, 명종 5년 3월 무인.
200) 《명종실록》 권 10, 명종 5년 5월 갑술.
201) 《명종실록》 권 10, 명종 5년 5월 무인.

이윤경으로 말하면, 그 아들이 비록 대역죄를 범했으나 위에서 그를 처음처럼 대했으니, 그는 마땅히 두려워하고 조심스럽게 생각해야 할 것인데, 조금도 개과천선한 뜻이 없다. 지금 승정원에 있으면서 김영의 상소가 이처럼 흉역한데도 도리어 심상한 것으로 여기고 심지어는 아뢰지도 않으려 했다. 신자가 나라의 큰일을 당해 이와 같이 부도不道한 일을 엄폐하려 하니, 위에서는 누구를 믿고 나라를 다스리겠는가? 생각이 여기에 미치니 한심하다.202)

라고 전교해 이기를 공격한 구수담과 허자許磁는 삭탈관작에 문외출송하고, 이준경과 이윤경의 관작을 삭탈했다.203)

진복창은 이준경이 사림의 명망이 있다고 보고 그에게 붙어서 이름을 높이려고 했고, 마침 집이 가까워 때때로 서로 방문했다. 하루는 이준경의 족속인 동지同知 이사증李思曾이 잔치를 베풀고 손님을 청했는데, 이준경과 진복창도 자리를 같이했다. 진복창이 술이 취해 이준경에게 "천로天老가 어찌 나를 저버렸는가?" 했는데, 천로는 바로 구수담의 자이다. 이때 구수담의 며느리집 여종이 노래를 잘 하여 이 연회에 참여했는데, 천로가 구수담의 자인 것을 알고 곧 진복창의 말을 구수담에게 전했다. 구수담은 그 말을 듣고 "진수초陳遂初(진복창의 자)가 나를 원망하니 나는 필히 화를 면치 못할 것이다" 했다. 진복창은 노래하는 여종이 전한 줄을 모르고 이준경이 그 말을 누설했다고 생각해 깊이 원한을 품었다. 또 죄인 이중열의 아비라는 사실을 이용하면 죄를 얽기가 매우 쉽기 때문에 그의 형 이윤경까지 아울러 죄에 빠뜨렸다.204)

그리하여 명종은

구수담·허자·송순·이준경은 중도부처하라! 여기에는 경중이 없지 않다.

---

202)《명종실록》권 10, 명종 5년 5월 무인.
203)《명종실록》권 10, 명종 5년 5월 무인.
204)《명종실록》권 10, 명종 5년 5월 무인.

이윤경은 다른 죄는 없고, 김영의 상소를 용렬하고 어리석은 것이라 해 즉
시 입계하지 않았을 뿐이니, 문외출송하라! 허자의 훈적을 깎는 일에 대해
서는 지금은 비록 죄를 입었지만, 그에게 공이 없지 않기 때문에 윤허하지
않는다.[205]

라고 하여, 이준경은 중도부처, 이윤경은 문외출송으로 귀결되었다.
  그런데 7월 16일 대사헌 송세형, 대사간 원계검 등은

이준경과 이윤경은 역신 이중열李中悅의 지친인데 비단 연좌되지 않았을
뿐만 아니라 모두 탁용擢用되었으니 나라의 은혜가 지극히 중합니다. 그런
데도 오히려 감격해 할 줄은 모르고 구수담과 결탁, 심복이 되어 사특한 의
논을 충동질해 을사년에 죄를 받은 사람들이 모두 죄가 없다고 하며 역적
을 해명 구원해 이중열의 죄를 풀어 주려 했습니다.[206]

라고 상소해 이준경이 조카 이중열을 두둔했으니 극변으로 유배보내야
한다고 주장했다.[207] 그리하여 이준경은 보은현報恩縣으로 귀양갔다.[208]
그러나 1551년(명종 6) 6월에 명종은 이준경의 죄를 풀어 주었다.[209] 이
준경은 이기李芑의 인사청탁을 들어주지 않아 미움을 받았다고 한다. 다
시 말해, 이준경이 병조판서로 있을 때, 이기가 무인들에게 뇌물을 많이
받고, 병사兵使·수사水使 및 첨사僉使·만호萬戶 등의 자리가 비면 그들의
명단을 적어 정청政廳으로 보내어 이들을 주의注擬하게 했으나 이준경이
들어주지 않았다고 한다. 이에 양사가 "이기가 둔전을 강제로 점거하고,
사반을 함부로 점유해 남의 노비를 탈취하고, 방납으로 모리를 취하고,

---

205) 《명종실록》 권 10, 명종 5년 5월 경진.
206) 《명종실록》 권 10, 명종 5년 7월 정미.
207) 《명종실록》 권 10, 명종 5년 7월 정미.
208) 盧守愼, 行狀, 4쪽.
209) 《명종실록》 권 11, 명종 6년 6월 무오.

사림을 제압하고 조그마한 원한이 있어도 모두 죄에 빠트리고, 전조銓曹
의 장이 혹시 자기의 뜻에 거슬리면 끝내는 반드시 해를 입힌다"고 탄핵
하기에 이르렀다.210) 헌납 이중경李重慶은

> 지난해 허자와 이준경을 논계할 때 신들이 모두 언관으로서 동참해 아뢰
> 었습니다. 다만 그때 사간 이무강이 경연에 입시한 뒤에 대간청臺諫廳에 나
> 와서 양사를 청하므로 양사가 모두 왔으나 무슨 일을 하려는 것인지는 알
> 지 못했습니다. 그런데 이무강이 '국가에 관계되는 일이 있기 때문에 청했
> 다' 하고 이어서 그 사유를 말했는데, 신들만 처음 들은 것이 아니라 동료
> 가운데 한 사람도 그 사유를 알았던 자가 없었습니다. 그때의 계사는 이무
> 강이 소매 속에서 꺼내어 동료에게 보였고, 양사의 장관도 이무강의 말을
> 듣고 계사로 지은 것입니다. 그 뒤 사람마다 모두 허자와 이준경이 죄를 입
> 은 것은 이기의 사사로운 혐의에서 나온 것임을 알게 되었습니다.211)

라고 해 이기가 이무강을 사주해 이준경을 죄에 빠트린 것이라고 밝혔
다. 어느 날 이무강이 대사헌 송세형의 집에 와서 이준경을 죽여야 한다
고 했으나, 송세형이 "이는 큰일이니 가벼이 발설할 수 없다"고 하고, 함
께 윤원형의 집에 가서 의논했다고 한다. 그러나 윤원형은 "네가 이 말
을 어디서 들었느냐?"고 했더니 대답하지 못해 유야무야되었다고 한
다.212) 그리고 을사사화 때 최보한이 대사헌이 되어 권율·이담·이황을
죄 주어야 한다고 주장하자 이기의 조카 이원록李元祿이 이황이 어질다
는 것을 들어 극력 저지해 무사했다. 그 뒤 이원록이 자주 이기를 만나
그의 과오를 지적하자 이기가 노해 그를 강계로 귀양보내고, 이황도 벼
슬을 버리고 고향으로 내려가 도학을 연구해 유림의 종장宗匠이 될 수
있었다.213)

---

210) 《명종실록》 권 12, 명종 6년 10월 임오.
211) 《명종실록》 권 12, 명종 6년 10월 계미.
212) 《명종실록》 권 12, 명종 6년 10월 갑신.

그해 12월 2일에 홍문관 부제학 조사수趙士秀는

> 허자·이준경 등이 말한 것을 다른 사람은 모두 듣지 못했고, 진복창陳復
> 昌이 처음으로 지어냈으며, 이무강이 뒤를 이어 모함한 것이지만, 실지로
> 조종한 자는 이기입니다.214)

라고 해 이기가 사림을 몰아내기 위해 음모를 꾸민 것이라 했다. 이에
화살은 이무강에게 돌아갔다. 양사는

> ……이준경은 일찍이 무강의 위인됨을 경박하게 여겨 매양 사람들에게
> 말했는데, 무강이 듣고는 원한을 품고 해치려 해도 구실 삼을 것이 없자,
> 이에 '준경은 곧 이약빙의 6촌이요, 이중열의 3촌이다' 했고, 심지어는 문·
> 무의 재주가 특이하다 해 꼭 죽이려 했습니다.215)

라고 해 이무강이 이준경을 꼭 죽이려 했다고 공격했다. 그러나 명종은
이무강을 문외출송시키는 데 그쳤다.216) 그 대신 이준경과 허자에게는
직첩을 돌려주었다.217)

　1551년(명종 6) 11월에 이준경은 청간한 사람으로 뽑혔다.218) 그러나
청간한 사람은 뽑기가 어려우니 염근廉謹으로 이름을 바꾸어 6조와 감
사로 하여금 다시 뽑아 올리게 했다. 그래서 새로 염근리로 뽑힌 사람
이　안현安玹·홍섬洪暹·박수량朴守良·이준경李浚慶·조사수趙士秀·이명李

---

213) 《명종실록》 권 12, 명종 6년 10월 갑신.
214) 《명종실록》 권 12, 명종 6년 11월 병술.
215) 《명종실록》 권 12, 명종 6년 11월 계사.
216) 《명종실록》 권 12, 명종 6년 11월 계사.
217) 《명종실록》 권 12, 명종 6년 11월 을미.
218) 이때 함께 請簡한 사람으로 抄啓된 사람은 趙士秀·周世鵬·李浚慶·金秀文·李世璋·洪曇·
　　成世章·李榮·金珣·尹春年·尹釜·尹鉉·金鎧·李湛·宋益璟·卞勳男 등이었는데, 그 가운데는
　　김개와 같이 거짓을 꾸미며 명예를 구하는 자도 포함되어 있었다(《명종실록》 권 12, 명종
　　6년 11월 무자).

冀·임호신任好臣·주세붕周世鵬·김수문金秀文·이몽필李夢弼·이세장李世璋·이영李榮·김순金珣·전팽령全彭齡·홍담洪曇·성세장成世章·윤부尹釜·윤현尹鉉·윤춘년尹春年·정종영鄭宗榮·오상吳祥·이중경李重慶·김개金鎧·임보신任輔臣·이황李滉·안종전安從琠·송익수宋益壽·김우金雨·변훈남卞勳男·신사형辛士衡·강윤권姜允權·우세겸禹世謙 등 33인이다.[219]

1552년(명종 7) 3월에 이준경은 지중추부사[220]를 거쳐 6월에 형조판서가 되었다.[221] 이준경에 대해 실록에는

> 이준경은 도량이 넓고, 문·무의 재주를 갖추었으므로 조정에선 상싱의 기국으로 여겨 왔다. 그런데 한번 권간의 비위를 거스르자 외방으로 귀양가게 되었다. 그러나 인심은 속이기 어려운 것이라, 세월이 오래됨에 따라 사정邪正이 절로 밝혀졌으므로 이때에 조정으로 돌아오라는 명이 있었다. 앞서 이준경이 귀양갔을 때 이무강이 오히려 미진하게 생각해 기필코 죽이려고 송세형에게 말하자 송세형은 '이는 중대한 일이니 윤원형에게 의논하지 않을 수 없다'고 대답했다. 그리하여 곧바로 윤원형을 찾아가 물었으나 윤원형이 큰 소리로 물리치므로 이무강은 기가 죽어 물러나 버렸다. 대윤大尹·소윤小尹의 설이 처음 돌았을 때 시론時論이 소윤을 처벌하려 했는데, 이때 이윤경·이준경 형제가 일방적으로 소윤만 다스릴 수는 없다고 했다. 윤원형이 늘 이것을 덕으로 여기고 있었으므로 이준경이 죽지 않게 된 것이다.[222]

라고 해 이준경 형제가 살 수 있었던 것은 대·소윤을 고르게 처벌해야 한다는 이준경의 주장을 윤원형이 높이 평가했기 때문이라고 했다.

6월 23일에 이준경은 다시 지중추부사가 되어 북도순변사北道巡邊使

---

219) 《명종실록》 권 12, 명종 6년 11월 갑오.
220) 《명종실록》 권 12, 명종 6년 12월 기미.
221) 《명종실록》 권 13, 명종 7년 3월 병술.
222) 《명종실록》 권 13, 명종 7년 4월 정축.

에 제수되었다. 북도에 축성築城과 설진設陣을 위해서였다. 그러나 이준
경은 병이 있는 데다가 국가의 큰 일을 맡을 식견이 부족하니[223] 체직
시켜 줄 것을 요구했으나 받아들여지지 않았다. 적을 막으라는 것이 아
니라 형세의 편부便否만 살피면 된다는 이유에서였다.[224] 그래서 대관
직에 있는 이감李戡을 종사관으로 삼았다.

왕은 순변사 이준경에게

북방의 큰일을 오로지 경에게 위임한다. 김수문金秀文은 연소한 사람으
로 선처하지 못해 호지胡地에다 설진設陣함으로써 흔단을 열어 귀순한 야
인野人들로 하여금 모조리 이반離叛하게 했는가 하면, 심지어 우리 백성을
살상하게 했으니, 매우 놀라운 일이다. 경은 모름지기 순문해 오라.[225]

라고 명했다. 이에 이준경은

이응거도伊應巨島 일의 대체적인 상황은 이미 아뢰었습니다. 그 형세를
보면 내지內地에 살던 호인胡人 가운데 건너편으로 옮겨와 산 자가 혹 50
여 가구라고도 하고, 혹 15~16가구라고도 하는데, 구신포仇信浦에 사는 호
인 6~7가구와 휴류암鵂鶹巖에 사는 호인 15~16가구가 일시에 내쫓겨 처
자가 서로 붙들고 통곡하면서 떠났다고 합니다. 이로 본다면 분을 내어 변
을 일으킨 것은 반드시 그 일 때문이라고 생각됩니다. 경원慶源에 사는 김
석金石은 나이 14세에 남눌南訥(부락 이름)의 포로가 되었다가 금년에야 비
로소 돌아왔는데 이미 30세가 되었습니다. 그에게 거기에 있을 때의 일을
물었더니, "심처호인深處胡人 골간추장骨幹酋長 일부一夫가 그때 '조선이 이
미 두만강을 경계로 해 놓고 무단히 호지胡地에다 진을 설치한 것은 무슨
까닭인지 모르겠다'……했는데 골간 등이 '너희 나라가 이처럼 심하게 하지

---

223) 《명종실록》 권 13, 명종 7년 6월 갑술.
224) 《명종실록》 권 13, 명종 7년 6월 갑술.
225) 《명종실록》 권 13, 명종 7년 7월 경술.

않았다면 어찌 이런 변이 있겠는가?' 했다" 했으니 서수라의 변은 반드시 이응거도의 일 때문입니다.226)

라고 해 여진족의 변이 두만강을 경계로 해 놓고도 강을 건너 진을 설치하고, 강을 건너온 호인들을 무리하게 쫓아냈기 때문에 일어났다고 보고했다. 조정에서는 호지에 새로 만든 진을 버려야 한다고도 하고, 군사를 일으켜 여진족을 토벌해야 한다고도 했다.227)

이준경은 장재將才가 있어 북로北虜와 남왜南倭의 변이 있을 때마다 발탁되어 나라를 지키는 일을 맡아왔다. 이번에는 여진족이 일으킨 호변胡變을 해결한 것이다. 그리하여 명종은 글로써 노고를 치하하고, 궁시弓矢·갑주甲冑·표피豹皮 등을 하사했다. 임금의 어필은 두 개의 족자로 만들어 가보로 전해왔는데 임진왜란 때 불타버렸다고 한다.228)

1552년(명종 7) 10월에 이준경은 네 번째로 대사헌에 임명되었다.229) 11월 4일에는 염근인들에게 대궐에서 1등악一等樂을 내렸다. 이준경은 염근인에 피선되었는데도 병을 이유로 참석하지 않았다.230)

1553년(명종 8) 2월 5일에 이준경은 병조판서가 되었다.231) 그는 조강朝講에 나아가

만호와 첨사는 마땅히 나이가 젊고 무재武才가 있는 출신자出身者 가운데서 선발해야 한다는 전교는 지당합니다. 나이가 젊으면 스스로 앞길이 원대하다는 것을 알고 의롭지 않은 일을 하지 않을 것이고, 적을 막을 때도 힘이 강한 자가 쓸 만합니다. 선조先祖 때부터 이 의논이 있었으나, 첨사는

---

226) 《명종실록》 권 13, 명종 7년 10월 임술.
227) 《명종실록》 권 13, 명종 7년 10월 임술.
228) 盧守愼, 行狀, 4~5쪽.
229) 《명종실록》 권 13, 명종 7년 10월 을축.
230) 《명종실록》 권 13, 명종 7년 11월 임오. 행장에 1602년에 이준경은 崔興源과 함께 淸白吏로 追選되었다고 기록하고 있다.
231) 《명종실록》 권 14, 명종 8년 2월 임자.

3품이고 만호는 4품이어서 젊은 사람들의 자급資級이 미치지 못하기 때문에 비록 이런 의논이 있었으나 끝내 시행되지 않았습니다. 신의 생각에는 첨사와 만호를 차송差送하는 곳은 관방關防에 중요한 곳이라 생각되니, 자급이 모자란 나이 젊은 무신을 권관權管의 칭호를 차송하는 것이 어떻겠습니까?[232]

라고 해 중요한 진鎭과 보堡에는 젊은 무관에게 임시로 만호와 첨사직을 주어 지키도록 하자고 제안해 그대로 시행되었다.

1554년(명종 9) 1월 3일에 형 이윤경은 전주부윤에 제수되었다. 실록에서는 이윤경에 대해 "윤경의 자는 중길重吉인데 광주廣州 사람이다. 풍채가 엄숙하고 정중하며, 기우氣宇가 넓고 침착하며 중후한 장자長者였다. 시론時論이 의지해 따랐으며 중하게 여겼다"고 기록하고 있다. 또한 사신史臣도

이윤경은 천품이 순미純美한 데다 학문으로 보완해 착한 것을 좋아하고 옛 것을 좋아했다. 그의 아우 이준경과 함께 행실이 어질었는데, 평생을 청렴과 근신으로 지냈다. 성주星州·의주義州 두 고을의 목사가 되었는데, 다 선정을 베풀어 백성들은 그가 간 다음에도 못 잊어 했다.[233]

고 평하고 있다.

1554년(명종 9) 2월 1일에 이준경은 이조판서에 임명되었다.[234] 덕흥대원군德興府院君의 부인은 이준경의 성이 다른 육촌누이였다. 이에 덕흥대원군이 인사청탁을 하려 하자 "왕자가 사대부가에 드나들어서는 안 된다"며 돌려보냈다 한다.[235]

---

232) 《명종실록》 권 14, 명종 8년 윤3월 경신.
233) 《명종실록》 권 16, 명종 9년 1월 갑진.
234) 《명종실록》 권 16, 명종 9년 2월 임신.
235) 盧守愼, 行狀, 5쪽.

1555년(명종 10)에는 공조판서를 거쳐 형조판서에 제수되었다. 그는 전에 이미 역임한 관직이고 병이 들어 사양했으나 들어주지 않았다.[236]

그해 5월 16일에 이준경은 특명으로 전라도도순찰사에 임명되었다.[237] 그런데 왜선 70척이 전라도 달량진達梁鎭(전남 해남군 북평면 남창리)을 포위해 주장인 전라병사 원적元績을 죽였다. 을묘왜변乙卯倭變이 일어난 것이다. 이준경은 전라도 지형에 어둡고 군관으로 합당한 사람을 잘 모르니 상중에 있는 사람이라도 기복起復할 수 있게 해 주고, 본도의 사족 가운데 무재가 있는 사람들을 뽑아 쓸 수 있게 해 달라고 청해 허락을 받았다.[238] 그는 5월 16일에 지중추부사가 되었으나 선라도 도순찰사는 그대로 맡고 있었다.[239] 이준경은 왜변을 대비하고자 군관 오세명吳世鳴과 정걸丁傑 두 사람을 먼저 내려보내고, 군사 5백 명을 선발해 내려보내 달라고 했다. 그리고 물러나는 자는 군률로 다스릴 터이니 권세에 줄을 대는 자를 경계해 달라고 했다. 왕은 이준경에게 모든 것을 일임했다.[240]

이준경은 이번 왜변이 삼포왜란 때와는 다르다고 보았다. 그때는 왜인들이 변장邊將에게 원한이 있어 화친하는 척하고 정병을 보내 진압했지만, 이번에는 중국에서 도둑질하던 무리들로서 먼저 민간을 약탈하고 고을들을 공략하니 진압하기 어렵다는 것이다. 그래서 법성포法聖浦의 조곡漕穀을 군량으로 전용하게 했다.[241] 이때 진도珍島군수 최린崔潾이 진을 버리고 도망해 이준경이 군률대로 처리하려 했으나[242] 들어주지 않았다. 또 강진을 구하지 않은 전라우도방어사 김경석金景錫을 이세린李世麟으로 바꿔달라는 청도 들어주지 않았다. 장수를 바꾸는 것은 중대

---

236) 年譜, 406쪽,
237) 《명종실록》 권 18, 명종 10년 5월 기유.
238) 《명종실록》 권 18, 명종 10년 5월 기유.
239) 《명종실록》 권 18, 명종 10년 5월 기유.
240) 《명종실록》 권 18, 명종 10년 5월 신해.
241) 《명종실록》 권 18, 명종 10년 5월 신해.
242) 《명종실록》 권 18, 명종 10년 5월 기미.

한 일이기 때문이라는 것이다.243) 전라좌도방어사는 남치근南致勤이었다. 이준경은 나주에 있었는데 김경석이 군관 남정南井을 조정에 보내 영암靈巖 향교 전투에서 승리한 일을 자기의 공로인 양 보고했다.244) 그러나 김경석은 나가 싸우지 않았고 전주부윤 이윤경이 영암에 진을 치고 있다가 군사 3천 명으로 향교를 쳐 적의 머리 1백여 급을 베었다. 적은 군량과 재물을 버리고 도주했다.245) 한편 이윤경은 동생이 도순찰사로 오기 전에 본도 감사가 영암 수성장으로 삼았는데 형제간에 절제節制할 수 없다 해 전주로 돌려보내려 했더니 군사들이 아우성을 치면서 반대해 그대로 나주에 두었다. 이윤경도 동생에게 사신私信을 보내

> 군중의 정세와 방어사의 의사를 보니, 모두 나를 믿고 굳게 지키는데, 만약 내가 한번 움직이면 예측하지 못할 변고가 있을까 염려된다. 우리들은 대대로 나라의 은혜를 받으면서도 죽을 곳을 얻지 못했는데, 이제 바로 내가 자신을 잊고 나라를 위해 죽을 날이니, 나는 갈 수 없다.246)

고 했다. 그러나 사신史臣은

> 이준경을 전라도 도순찰사로 삼아 시위병侍衛兵 및 도성都城에서 뽑은 용맹스럽고 힘있는 군사를 모두 거느리고 가게 했다. 그러나 나주에 진을 치고 있으면서 왜적들의 무리가 나주 지경까지 마구 들어와도 오히려 또한 두려워 해 움츠리고 있고 나가지 않았다. 이준경은 평소의 명망을 지니고 있었으므로 조정이 그를 믿고 중시했는데, 갑자기 소소한 도적을 만나자 조처가 이러했으므로 사민들이 실망하지 않는 사람이 없었다.247)

---

243) 《명종실록》 권 18, 명종 10년 5월 신유.
244) 《명종실록》 권 18, 명종 10년 5월 계해.
245) 《명종실록》 권 18, 명종 10년 5월 계해.
246) 年譜, 407쪽; 行狀, 6쪽.
247) 年譜, 407쪽; 行狀, 6쪽.

고 비판했다.

6월 1일에 명종은 이준경에게

> 본도의 왜적이 크게 날뛰어 이미 경상·청홍 두 도의 방어사로 하여금 군사를 거느리고 달려가 힘을 합해 쳐 무찌르도록 했다. 그런데 지금 생각해 보니 적이 이미 패해 도망했다면 다른 도로 옮겨가 난을 일으킬 염려가 없지 않다. 왜 사맹司猛 신장信長도 역시 '왜인들이 명나라와 조선에서 노략질을 하려고 했으니 만일 한 곳에서 실패하면 다른 도로 들어갈 것이다'고 했다는 것이다. 이 말을 믿을 수는 없으나 청홍도가 전라도와 가까워 먼저 적의 침범을 받게 될 것 같은데, 그 도는 방어가 엄밀하지 못하다. 그러니 경이 사세를 잘 헤아려 본도의 군졸과 서울에서 뽑아 보낸 정병精兵으로도 이길 수가 있겠으면 김세한金世澣은 거느린 군사 7백 명을 데리고 청홍도로 돌아가 변을 대비하게 하고, 또 윤선지尹先智에게는 그 군사를 모두 거느리고 경상도로 들어가서 변을 대비하게 하는 것이 어떻겠는가? 이 일은 먼 여기서는 헤아리기 어려우니 경이 잘 헤아려서 처리하라! 또 만일 청홍도와 경상도에 위급한 일이 있게 되고 전라도의 적의 기세가 앞서처럼 치열해지지 않는다면, 좌우 방어사는 또한 각각 정병을 거느리고 달려가 공격해 무찔러라!248)

고 하유했다. 이준경은 가리포加里浦와 회령포會寧浦의 전황에 대해 다음과 같이 보고했다.

> 5월 27일 왜선이 가리포에 와서 정박하자 첨사 이세린李世麟이 외롭고 약해 지탱할 수 없겠다고 여기고 성문 밖으로 나가 산에 올라가 진을 치고 막았는데, 28일에 적이 성 안으로 들어와 행영行營의 대청과 군기·군량 상고 들은 모조리 불지르고 병선을 불태웠으며, 더러는 뺏어 갔습니다. 회령

---

248)《명종실록》 권 18, 명종 10년 6월 갑자.

포로 옮겨가 정박하니, 권관權官 노국정魯克精이 또한 성 밖으로 나가 그들의 선봉을 피했는데, 적들이 성을 세 겹으로 포위했다가 성을 넘어 들어가 불태웠습니다.[249]

지리멸렬이었다. 이에 사헌부의 비판이 뒤따랐다.

신들이 어제 전라도 순찰사 이준경의 계본을 보고 통탄한 마음을 이길 수 없었습니다. 들건대 왜적들이 다른 특기는 없이 창과 칼만 믿고 육지로 내려와 깊숙이 들어왔는데도 막아 싸우거나 추격해 예봉을 꺾는 자가 한 사람도 없었기 때문에 마음대로 돌격해 군량과 무기를 다 실어가고 관아와 민가는 모조리 불태워 오랑캐들의 기세는 더욱 커지고 우리 군사는 기가 꺾였다고 했으니, 어찌 이처럼 통분스러운 일이 있을 수 있겠습니까?

이준경은 이미 위임을 받고 내려갔다면 즉시 온 힘을 다하고 3군의 사기를 분발시켜 천 리 밖의 적을 꺾어 임금이 분개하게 여기는 자들을 막았어야 하는데, 내려간 뒤 나주에 움츠리고 앉아 일찍이 한 걸음이라도 나아가 깃발과 북을 세워 제장諸將들을 이끌지 못했으며, 병영과 여러 진들의 함락이 모두 이준경이 내려간 뒤에 있었는데도 생각해 조치한 일이 전혀 없습니다. 이번에 가리포·회령포·녹도 싸움에서도 이준경은 구원하지 않고 있다가 일이 끝난 다음에야 다만 그들의 수본手本 첩정牒呈에 따라 옮겨 써서 계문했을 뿐입니다. 이는 그 도의 관찰사도 할 수 있는 일인데 하필 대장을 임명해 절월節鉞을 주어 내보낼 필요가 있는 것이겠습니까? 도성의 정병을 다 뽑아 데리고 갔는데 그가 가서 한 일이 무엇입니까?"[250]

준열한 비판이었다. 사신史臣도 그를 비판했다.

이준경은 평소에 명망이 있었으므로 바야흐로 절월을 주어 내보낼 적에

---

249) 《명종실록》 권 18, 명종 10년 6월 신미.
250) 《명종실록》 권 18, 명종 10년 6월 계유.

사람들이 모두 비상한 공을 세울 것으로 기대했었는데, 끝내 국가의 위령威靈을 드날리지도 못하고 적을 제압해 이기지도 못했으니, 이준경의 명성이 이에 이르러 손상되었다.……이준경은 원수元帥의 책임을 맡고 있으면서도 온 도의 호령을 시행하지 못해 여러 장수들이 겁을 먹고 늑장을 부리며 움츠리고 있게 했으며, 장수들을 군법으로 처벌하지도 않았다. 이것은 이준경이 국가의 위급함을 망각하고 뒷날의 참소와 비방을 면하려고 한 것이다. 대저 성공과 실패는 모두 대장에게 달린 법이니 오늘날 성공하지 못한 것이 어찌 다 이준경의 죄가 아니겠는가?

비록 그렇기는 하나 이준경으로 하여금 스스로 절제할 수 없게 해 일이 이 지경으로 되게 만든 것은 비변사다. 비변사가 천리 밖의 싸움에서 이길 지혜도 없이 의논만 분분하면서 한 가지 호령이라도 모두 자기들이 하려고 했다. 가령 이준경이 적을 섬멸해 이겼다 하더라도 조금만 비변사의 절제에 어긋났었다면 이준경이 화를 면하게 되었을지 장담할 수 없는 일이다. 아아! 비변사가 있은 이래로 나랏일이 전도되고 중외가 소요스러웠다. 심지어 변장의 제수와 수령의 차임도 모두 비변사의 추천에 따르게 되어 있었으므로 작상爵賞을 오직 자기들 마음대로 하고 남의 말은 들을 것도 없다는 식이었다. 사사로움만 따르고 공정함을 가리는 폐해가 이에 이르러 극에 달했다.251)

이준경에 대한 냉혹한 비판이기도 하지만 일이 이렇게 된 것은 알지도 못하면서 작전에 관여하고, 변장과 수령의 인사권을 독점하는 비변사 때문이라고 했다. 아닌 게 아니라 이준경이 전라우도방어사 김경석을 이세린으로 교체하겠다는 것을 거절한 것도 비변사다.252) 국가안보가 비변사의 인사권 독점에 눌려 기능마비가 된 것이다. 그러나 이준경의 자급을 낮추는 등의 처벌은 내리지 않고 다만 준엄한 말로 문책하는

---

251)《명종실록》권 18, 명종 10년 6월 계유.
252)《명종실록》권 18, 명종 10년 5월 신유.

데 그쳤다.253)

6월 12일 이준경은 녹도에서 왜선 28척을 격파했다는 승전보를 올렸다. 6월 3일 남치근南致勤이 병사·수사들과 함께 전함 60척을 셋으로 나누어 60리를 추격해 적선을 패주시켰다는 것이다.254) 그런데 천자千字·지자地字 총통이 없어 적선을 부수지는 못했다고 했다.255) 더구나 비변사의 명으로 이준경이 사찰의 종을 거두어 무기를 만들라고 했는데 색리色吏들이 유기까지 거두어 갔기 때문에 추징追徵하는 소동이 벌어지기도 했다.256)

한편 왜구가 다시 제주를 침략하자 7월 2일 명종은 선전관 황대유黃大猷를 이준경에게 보내 이세린으로 하여금 빨리 주사舟師를 거느리고 가서 제주를 구하라고 했다.257) 비변사가 또 알지도 못하면서 작전을 지휘하고 있었다.258) 7월 10일에는 선전관 황대유가 다음과 같이 복명했다.

> 신이 이달 5일 해남에 가니 순찰사 이준경이 병선 56척을 정비해 이세린李世濂·이윤탕李允宕·홍치무洪致武·김언호金彦豪 등에게 나누어 주어 제주로 보낸 지가 이미 3일이나 되었습니다.259)

8월 15일 궐정闕廷에서 이윤경을 비롯한 남정南征 군사들에 대한 사연賜宴이 있었는데, 사신史臣은 남정 나간 장수들이 아직 구금되어 있고, 두드러진 공이 없으며 천재지변에 인요人妖와 물괴物怪가 계속 나타나는데도 이 점은 우려하지 않고 연회를 크게 베푼다 해 비판했다.260)

---

253) 《명종실록》 권 18, 명종 10년 5월 신유.
254) 《명종실록》 권 18, 명종 10년 6월 을해.
255) 《명종실록》 권 18, 명종 10년 6월 정축.
256) 《명종실록》 권 19, 명종 10년 7월 갑오.
257) 《명종실록》 권 19, 명종 10년 7월 갑오.
258) 《명종실록》 권 19, 명종 10년 7월 정유.
259) 《명종실록》 권 19, 명종 10년 7월 임인.

이준경은 미안한 생각에서

신이 명을 받들고 가서 기록할 만한 공을 조금도 세우지 못했고, 또 조처를 잘못해 기세를 잃은 적을 제때에 포획하지 못했으니, 이는 모두 신이 절제節制와 책응策應을 제대로 하지 못해 여러 장수들을 이렇게 만든 것입니다. 거듭 생각해 보았으나 벌을 받아야 할 죄가 있을 뿐 위로를 받아야 할 공은 없으니, 연회를 내리지 마소서.261)

라고 하여 사양했으나 명종은

출정할 때에는 전송하고 돌아오면 위로하는 것은 예로부터 있어온 일이다. 지금 대첩大捷은 없었으나 매우 무더운 때를 만나 산 넘고 물 건넌 노고를 어찌 위로하지 않을 수 있겠는가? 나아갈 적에 사변이 창졸간에 일어난 탓으로 전송연餞送宴을 하지 못했으므로 아직도 미안한 생각이 있는데, 입경할 때에도 문 밖에서 선온宣醞하지 못해 또 한스러움을 가중케 했다. 어떻게 위로연을 폐할 수 있겠는가?262)

라고 했다.

10월 21일 이준경은 의정부 우찬성 겸 비변사 사마司馬가 되었다.263) 남정한 공이 감안된 것이다. 윤11월 22일에 우찬성에 병조판서를 겸했다.264) 이윤경도 남정한 공으로 전라도 관찰사로 승진했다.265) 그러나 이준경은 세 번째 병조판서를 맡을 수 없다고 사양했다.

---

260) 《명종실록》 권 19, 명종 10년 8월 정축.
261) 《명종실록》 권 19, 명종 10년 8월 기묘.
262) 《명종실록》 권 19, 명종 10년 8월 기묘.
263) 《명종실록》 권 19, 명종 10년 10월 임오.
264) 《명종실록》 권 19, 명종 10년 윤11월 계미.
265) 年譜, 408쪽.

소신이 전에 두 차례나 병조판서를 거쳤으되 조그마한 성과도 없었으니, 이제 와서 거슬러 생각해 보아도 오히려 멍하니 무슨 일을 했는지를 모릅니다. 더구나 신이 금년에 도순찰사의 임무를 맡아 왜적의 세력이 치성한데도 조치를 제대로 못해 국가의 위엄이 꺾이고 임금의 위엄을 드날리지 못하게 했으니, 현육顯戮을 받아도 모자란데 도리어 숭품崇品에 승진되었으므로 늘 부끄럽고 두려운 마음을 갖고 있습니다. 그런데 이번에 또 대신의 천거로 특별히 군사를 주관하는 벼슬에 임명하셨습니다. 더구나 재상 가운데는 장수將帥의 명망을 가지고 병조판서를 거치지 못한 사람이 많은데, 신과 같은 자가 어떻게 중대한 지위를 세 번씩이나 맡을 수 있겠습니까? 거듭 생각하시어 신의 직임을 체차遞差해 주소서.[266]

그러나 명종은 이준경이 장상의 재능이 있고, 변방의 일을 잘 알아서 임명한 것이니 사양하지 말라고 했다.[267]

1556년(명종 11) 2월 20일에는 이준경의 건의로 무과 중시重試에서 박한보朴漢輔 등 2백 인을 뽑았다. 왜구를 막기 위해서라고 했다.[268] 3월 21일에 이준경은 판돈령부사 안현安玹·지돈령부사 조사수趙士秀·호조판서 임호신 등과 함께 원자보양관輔養官이 되었다.[269] 이준경은 그의 형이 전라도 순찰사로 있어 형제가 내외의 병권을 가지고 있다는 말을 들을 수 있고, 우찬성으로서 병조판서를 겸한 예가 없다는 이유를 들어 겸병조판서직을 사퇴하고자 했으나 뜻을 이루지 못했다.[270] 실록에는 이준경의 인품에 대해 "이준경은 간솔하고 굳세며 청렴하고 삼가며 우애가 돈독했다. 선류善類로 명망이 한때 무거웠으나, 성품이 비루하고 험악하며, 또 만년에는 시속을 따름을 면치 못했다"[271]고 기록하

---

266) 《명종실록》 권 19, 명종 10년 윤11월 을유.
267) 《명종실록》 권 19, 명종 10년 윤11월 을유.
268) 《명종실록》 권 20, 명종 11년 2월 기유.
269) 《명종실록》 권 20, 명종 11년 3월 경진.
270) 《명종실록》 권 20, 명종 11년 5월 임신.
271) 《명종실록》 권 21, 명종 11년 10월 기해.

고 있다.

　1557년(명종 12) 정월에 우찬성 이준경은

　　근년 이래 왜적이 연이어 우리 국경을 침범했는데 피살된 자가 많습니다.……신이 왜사의 요청을 살펴보건대, 오로지 세견선歲遣船에 있는 것이 었습니다. 50척의 숫자를 비록 다 줄 수는 없으나 1541년(중종 36)에 감한 5척은 도로 주어도 되겠습니다. 의논하는 자들은 '지금 5척을 주었다가 만약 50척을 모두 달라고 청하면 앞으로 어떻게 그 요구를 채워줄 수 있겠는가'라고 하는데 이는 그렇지 않습니다. 지금 공을 세운 단서로 특별히 신칙의 수를 더 준다고 하면 저들이 또 무슨 말로 더 청할 수가 있겠습니까? 가령 옛날의 숫자를 모두 허락한다 하더라도 무엇이 해롭겠습니까? 만약 분을 품고 무리를 이끌고 와서 출몰해 쳐들어온다면 적과 대응하는 즈음에 백성들이 편히 쉴 수 없어 병농兵農이 함께 지치게 될 것이니 그 화와 비용이 어찌 50척 정도 뿐이겠습니까? 선왕조에서는 50척을 미끼삼아 억조창생의 생명을 보호한 것이니 범연한 계책이 아니었습니다. 그렇다면 우선 5척이라도 허락해서 일시의 편안을 도모하고 서서히 50척의 수를 회복해서 만세의 태평을 여소서. 신이 도주島主의 서계書契를 보니 '사신을 한 명 보내어 방비의 허실을 시찰하라'고 했습니다. 지금 그의 청에 따라 사신을 보내어 시찰하고 우리나라를 호위하는 정성을 허여한 다음 5척을 환급하다면 사체에도 곡진하고 상벌도 분명해질 것입니다.272)

라고 해 그들이 요구하는 세견선을 늘려 주어서라도 왜인들의 비위를 맞춰 평화를 유지하는 것이 상책이라고 했다. 그러나 사평史評은 도적을 막아내려 하지 않고 뇌물로 나라를 지키려 했다고 비판했다.273)

　조정에서는 대마도에 통신사를 보내 그들의 전함과 기계를 살펴보려

272) 《명종실록》 권 22, 명종 12년 1월 기사.
273) 《명종실록》 권 22, 명종 12년 1월 기사.

했으나 대간의 반대로 정지되었다.[274] 이준경도 자기의 의견을 철회했다.[275] 이준경은 겸병조판서를 사퇴하려 했으나 들어주지 않았다.[276] 사신史臣은 이준경에 대해 "비록 학식은 없었지만 말수가 적었고, 성품도 검약해 재산을 다스리지 않았으며 형제간에 우애가 있었다. 그러나 굳세고 용맹스런 기백이 없었다. 1555년(명종 10)에 토왜원수討倭元帥가 되었으나 공을 세운 게 없어 사람들이 겁부怯夫라고 지목했다"[277]고 쓰고 있다. 전라도 순찰사로서 왜구를 제대로 소탕하지 못했다는 꼬리가 붙어 다닌다. 이준경은 이러한 사평史評에 대해 "사관이 기록한 것이 오늘은 정도에 지나친 칭찬을 해놓고 내일은 너무도 심하게 나무란 것이 더러 있으니, 뒷날 사관된 자가 무엇을 믿고 따르겠는가?"[278]라고 비판했다.

1558년(명종 13) 5월 29일에 이준경은 좌찬성으로 승진했다.[279] 경회루 아래서 열린 문신 강론에서 그는 마음을 바루고 이를 실천하는 데 학문의 목적이 있다고 했다. 실천궁행實踐躬行을 강조한 것이다. 여기서 이준경의 실천을 중시하는 재상의 면모를 볼 수 있다.

3) 재상의 경륜

1558년(명종 13) 11월 23일에 이준경은 우의정에 제수되었다.[280] 고봉高峯 기대승奇大升은 "조정의 표준이며, 백관의 우두머리를 이제야 얻었다"고 했다.[281] 실록에는 이준경에 대해 다음과 같이 평하고 있다.

---

274) 《명종실록》 권 22, 명종 12년 1월 기사.
275) 《명종실록》 권 22, 명종 12년 2월 임인.
276) 《명종실록》 권 22, 명종 12년 1월 을해.
277) 《명종실록》 권 23, 명종 12년 11월 임자.
278) 《명종실록》 권 23, 명종 12년 12월 갑오.
279) 《명종실록》 권 24, 명종 13년 5월 병자.
280) 《명종실록》 권 24, 명종 13년 11월 병신.
281) 年譜, 409쪽.

이준경은 처음에 수찬修撰이 되어 기묘년 사람들을 다시 서용하기를 청했다가 당시의 재상들에게 거슬려 폐치廢置되었는데, 이때에 이르러 정승에 제배除拜되었다. 청백하고 강직해 사론士論의 칭찬을 받았다. 을사사화가 일어나자 윤원형과 이기가 큰 옥사를 꾸며 사림들이 거의 섬멸될 위기에 놓였는데, 그의 형 이윤경과 더불어 심통원沈通源에게 말해 극력 모함임을 변명했다. 이에 사림들이 그의 힘을 많이 입게 되었고 옥사도 또한 조금 풀렸다.282)

특히 을사사화를 완화한 공이 있음을 처음으로 인정한 것이다. 우의정 이준경은 평안도의 수령들을 모두 무신으로 충원해야 한다고 주장했다. 그러나 사론史論은 무부들이 백성을 착취해 변방에 변고가 나기 전에 나라의 근본이 무너질 것이라고 우려했다.283)

1559년(명종 14) 이준경이 61세 때의 일이다. 윤두수尹斗壽·윤근수尹根壽 형제가 찾아왔다. 두 사람은 모두 소년 적부터 재명才名이 있었고, 이준경과는 척분戚分이 있었다. 형제는 모두 세 번 찾아왔는데, 첫 번째는 만나지 못했고, 두 번째는 만나주지 않았으며, 세 번째는 자제를 시켜 말을 전하기를 "새로 진출한 사람이 재상집 문간에 자주 와서 명예와 절조를 손상시키는 것은 옳지 못하다"고 하니 두 사람이 두려워서 물러갔다고 한다. 그런데 뒤에 홍문록弘文錄에 두 사람을 천거해 주니, 그들이 늙어서까지 이준경이 사람을 성심으로 사랑했음을 말했다 한다.284) 실록에도 이러한 이준경의 인품에 대해

(이준경은) 품성이 엄정하고 사색辭色이 준절해 사람들이 감히 사사로운 일로 간범干犯하지 못했다. 독서를 좋아해 잠시도 그치지 않았고, 청간請簡으로 몸을 단속해 집에 있을 때에는 서생書生과 같았으며, 검해시 장상將相

---

282) 《명종실록》 권 24, 명종 13년 11월 병신.
283) 《명종실록》 권 25, 명종 14년 1월 신사.
284) 《명종실록》 권 25, 명종 14년 1월 신사.

의 명망이 있었다. 다만 자기를 굽혀 남을 따르지 못했고, 또 인재를 아끼
는 마음이 없었다. 1555년(명종 10) 남정南征 때 순찰사가 되었으나, 적을
두려워 해 겁을 먹고 공을 세우지 못한 채 돌아옴으로써 그 위망威望이 떨
어졌다.285)

라고 평했다. 청렴결백하고 서생과 같으면서도 장상의 자질이 있고 권
위주의적인 성격을 가지고 있었다는 것이다. 또한 "(이준경은) 풍채가 엄
정했고, 특이한 사람들과 사귀었다. 그러나 고집과 제 마음대로 하려는
병통이 많았다"는 기록도 남아 있다.286)
　이준경은 이 해에 청송聽松 성수침成守琛에게 편지를 썼다.

　　높은 의기를 사모해 잠시도 잊은 적이 없지마는 인편이 없어 때때로 서
로 소식을 듣지 못하니, 한스러움이 적지 않소. 근자에 홍봉세洪奉世를 통
해 산거 소식을 갖추어 듣고 심신이 그곳으로 달려감을 깨닫지 못했소. 나
는 속세에 빠져들어 헤어나지 못하니 만나 뵈올 연분이 끊어졌는 바, 자신
을 돌아보며, 궁박한 심정은 먼 하늘을 바라보는 듯하오. 수적手迹(글씨)을
남겨 분주한 중이나마 사모하는 물건으로 만들어 주시면 다행이겠소.……
전일 요구한 시장詩章을 감히 잊지는 않았으나, 무딘 재주가 부끄러워 아
직 완성하지 못했소. 조만간 부칠 터이니 아울러 살피시기 바라오.287)

　퇴계退溪 이황李滉에게도 편지를 보냈는데, 퇴계의 답서에는 다음과
같이 씌어 있다.

　　……지금 위덕威德을 손상시키면서 멀리 수찰手札을 내리시어, 매우 겸손
하시면서 붙들어 권하심이 더욱 더하시니, 크나큰 덕으로 물物을 대우하시

---

285)《명종실록》권 25, 명종 14년 3월 무술.
286)《명종실록》권 25, 명종 14년 12월 계해.
287) 年譜, 409~410쪽.

는 넓은 도량에 더욱 흠앙欽仰합니다. 진실로 소인小人의 마음으로는 능히 엿보아 헤아릴 바 아닙니다.……저는 외지에 있으면서 조정의 관함을 그대로 차지하고 있습니다. 이는 죽어도 눈을 감지 못할 유감이며, 또한 대인군자께서 불쌍히 여기심이 마땅한 바입니다. 한창 추운 때에 몸조심하시고, 명덕明德하기를 더욱 힘써서 이 백성을 복되게 하심을 그윽이 축원祝願합니다.[288]

이는 이준경이 재상직에 있으면서 재야의 도학자들과도 연계를 가지고 있었음을 알 수 있다. 이준경이 조식에게 《심경》을 보낸 것도 그러한 교류의 하나였다고 생각된다.[289]

1560년(명종 15) 6월 11일에 이준경은 좌의정 겸세자부兼世子傅로 승진했다.[290] 이 해 이준경은 성수침에게 관직을 줄 것을 추천했다.[291] 1562년(명종 17) 1월 18일에 이준경은 중종의 정릉靖陵을 옮기는 산릉도감山陵都監의 총호사摠護使가 되었다. 한편 대왕대비 문정왕후 윤씨는 정릉에 장경왕후章敬王后가 합장되어 있어 자기가 죽어도 중종과 함께 묻힐 수 없는 것을 꺼려 정릉이 길지吉地가 아니니 옮겨야 한다고 했다.[292] 그러나 사신은 총호사를 맡은 이준경을 맹렬히 비난했다.

아무 까닭 없이 천릉遷陵을 해 하늘에 계신 영령英靈을 놀라게 할 것인가? 신하가 된 자는 마땅히 울부짖으며 옷자락을 붙잡고라도 반드시 임금의 뜻을 되돌려 우리 임금으로 하여금 만세토록 비난의 대상이 되지 않도록 해야 될 것이다. 그런데 저 이준경은 한 나라의 대신이 되어 이미 간해 중지시키지도 못하고, 그저 순종만 하면서 스스로 총호摠護하는 직책을 진

---

288) 年譜, 409~410쪽.
289) 李成茂, 〈퇴계 이황과 남명 조식〉, 《학술원논문집》 인문·사회과학편 제47집 1호, 2008, 75쪽.
290) 《명종실록》 권 26, 명종 15년 6월 병오.
291) 年譜, 410쪽.
292) 《명종실록》 권 28, 명종 17년 1월 계사.

심으로 수행하고 있다고 생각하고 있으니, 배릉拜陵할 때 그 얼굴이 뜨겁
게 달아오르지 않겠는가? 저따위 정승을 장차 어디에다 쓸 것인가?[293]

이에 따라 사평도 바뀌었다.

> (이준경은) 성격이 굳세고 엄해 일 처리 하는 것이 알맞지 않았다. 일찍이
> 진복창陳復昌에게 거슬리어 귀양을 갔는데, 윤원형尹元衡에게 붙어 간신히
> 조정에 돌아오게 되어서는 절조를 굽히고 일을 되는 대로 그냥 내버려 두
> 었다. 임금이 경연에서 전수前受한 글 읽는 것을 염증내어 심통원沈通源에
> 게 유지諭旨를 내리니 심통원이 윤원형에게 전했다. 홍문관 관원들이 이
> 사실을 이준경에게 이르니, 이준경이 말하기를 '이것은 곧 중묘조에 남곤南
> 袞이 꾀했던 짓이다' 하고, 그것을 매우 강력하게 막았으나, 끝내는 심통원
> 과 윤원형의 계책을 따르게 되어 임금이 전수한 것 읽기를 폐지해 버리는
> 것을 구제하지 못했다. 다른 일도 이런 식이었다.[294]

이준경이 윤원형에게 붙어 권력자의 비위에 맞게 일 처리를 했다는
것이다. 계제階梯에 따라 사평이 달라진다. 그러나 능을 옮길 자리를 파
보니 정혈正穴 하단에 돌부리가 펑퍼짐하게 서려 있어 능 옮기는 것을
멈췄다.[295] 사신은 다음과 같이 문정왕후를 비판했다.

> 문정왕후가 정릉을 옮긴 것은 실로 자신이 죽은 뒤에 같은 묘역에 묻히
> 려는 계책이었는데 그 뒤에 화환禍患이 잇달으니, 사람들이 모두 천릉遷陵
> 한 보응이라 했고, 주상도 또한 그렇게 여겼다. 이때 와서 다시 새 능을 가
> 려 정해 같은 묘역에 묻히려는 계책은 마침내 이루어지지 못했으니, 어찌
> 하늘의 뜻이 아니겠는가?[296]

---

293) 《명종실록》 권 28, 명종 17년 2월 무진.
294) 《명종실록》 권 28, 명종 17년 2월 신사.
295) 《명종실록》 권 31, 명종 20년 5월 을축.

1월 14일에 이윤경은 병조판서에서 평안도 관찰사로 이임되었으나[297] 8월 10일에 죽었다.[298] 이윤경에 대해서 실록에는 다음과 같이 기록하고 있다.

> (이윤경은) 사람됨이 강유剛柔를 겸하고 기국器局이 숙성했으며, 행실이 청렴 검소하고 선을 좋아하는 마음이 있었다. 아우 이준경과 이웃해 살면서 우애를 극진히 했다. 1555년(명종 10) 전주부윤으로 있을 때 영암에 왜적이 쳐들어왔다는 말을 듣고 곧장 달려가 싸웠다. 이때 이준경이 원수가 되었는데 통제하기 어렵다고 여겨 영암에서 나오게 했으나 '국가의 후한 은총을 입었으니 죽음으로 보답해야 한다'고 하고 끝내 기이한 계책을 내어 많은 적의 목을 베었으므로 성이 완전할 수 있었다.[299]

그리고 경륜을 펴지 못한 것을 애석해 했다.[300] 형이 죽자 이준경은 상복을 입고 아침저녁으로 곡해 거의 실명할 정도였다. 이전에 우리나라 풍속에 3년상 외 기년복朞年服과 공복功服 이하는 다만 소대素帶만 두를 뿐이었다. 그러나 이준경은 한결같이 예제에 따라 상복을 지어 입자, 퇴계선생도 몹시 탄복했다고 한다.[301] 이준경은 이윤경의 행장을 썼다. 묘는 양근군楊根郡 용진龍津에 썼다.[302]

1564년(명종 19) 4월 11일에 별감 옷을 입은 자가 거짓으로 자전慈殿의 내지를 이준경에게 전한 사건이 일어났다.[303] 그리하여 4월 23일에 이준경은 판중추부사로 밀려났다가, 다시 영중추부사가 되었다.[304]

---

296) 《명종실록》 권 31, 명종 20년 5월 을축.
297) 《명종실록》 권 28, 명종 17년 1월 기해.
298) 《명종실록》 권 28, 명종 17년 8월 임술.
299) 《명종실록》 권 28, 명종 17년 8월 을축.
300) 《명종실록》 권 28, 명종 17년 8월 을축.
301) 年譜, 410쪽.
302) 年譜, 411쪽.
303) 《명종실록》 권 30, 명종 19년 4월 임오.

1565년(명종 20) 8월 15일에 드디어 영의정이 되었다.[305] 이때는 왕비의 외삼촌 이량李樑이 득세하고 있었다. 윤원형의 세력을 견제하고자 명종이 이량을 기용한 것이다. 이량은 이준경보다 21세 연하로 정사룡鄭士龍의 제자를 자청해 과거에 부정으로 급제했다. 명종의 눈에 든 이량은 그 뒤 승승장구해 권력을 농단했는데, 이준경은 그를 미워하면서도 비위를 거스르지 않으려고 애썼다. 그가 좌의정으로 있던 1563년(명종 18) 3월 이량의 아들 이정빈李廷賓이 알성시謁聖試에서 부정으로 일등을 했다. 시험문제가 유출된 것이다. 이준경이 이정빈의 답안지를 보고 "이 전문箋文은 보통사람이 지은 것 같지 않다"고 했다. 이량이 이 말을 듣고 앙심을 품었다. 이준경은 이량과 부딪히지 않으려 애썼다. 김안로·이기 등 권신들과 맞서다가 곤욕을 치른 경험이 있기 때문이다. 그러나 이량은 생질인 심의겸조차 제거하려다가 오히려 기대항奇大恒의 탄핵을 받고 실각했다.[306]

심통원沈通源은 영의정을 지낸 심연원沈連源의 아우로, 이준경과는 동갑이며, 이준경이 좌의정일 때 우의정을, 영의정일 때 좌의정을 지낸 사람이다. 그러나 재물을 탐하고, 이익을 위해서는 앞뒤를 돌보지 않는 성격을 가지고 있었다. 그러니 이준경과 사이가 좋을 턱이 없었다. 심통원은 큰아들 심뇌沈雷를 평안병사가 되게 해 달라고 부탁했으나 이준경은 들어 주지 않았다. 심통원이 화를 낸 것은 당연했다. 그래서인지 얼마 뒤 녹음대에서 실시된 시험에서 심통원의 작은아들 심화가 제술시험에는 불합격했는데 강경시험 점수만으로 합격시키고 이준경도 동조했다. 그래서 물의가 일어난 적도 있다.[307]

한편 이준경은 1562년(명종 17) 1월에 남치근南致勤을 시켜 황해도 서흥에서 임꺽정을 잡는 데 성공하기도 했다.[308]

---

304) 《명종실록》 권 30, 명종 19년 4월 갑오; 《명종실록》 권 30, 명종 19년 5월 기사.

305) 《명종실록》 권 31, 명종 20년 8월 기묘.

306) 이광수, 앞의 책, 232~236쪽.

307) 이광수, 앞의 책, 236~238쪽.

1565년(명종 20) 2월에 문정왕후가 죽었다. 이준경은 영의정으로서 백관을 거느리고 들어가 문정왕후를 등에 업고 권력을 휘두른 윤원형을 처벌할 것을 여러 차례 요구했다. 그리하여 관작을 삭탈하고 전리田里에 방귀放歸하라는 명이 떨어졌다. 그러나 워낙 그에게 원한을 품은 사람들이 많아 사람들의 눈을 피해 경기도 파주에 있는 교하로 갔다가 다시 황해도 강음으로 옮겨 정난정鄭蘭貞과 더불어 밤낮으로 울고 지냈다. 그러다가 독살된 것으로 알려진 윤원형의 정처 김씨부인의 사건이 다시 불거져 3사에서 정난정을 의금부에 가두기를 청했다. 그러던 어느 날 누군가가 윤원형과 정난정이 살고 있는 집으로 가서 거짓으로 금부도사가 온다고 소리쳤다. 이에 정난정은 놀라서 약을 먹고 자결했고, 윤원형도 오래지 않아 죽었다고 한다.309) 사신은 윤원형과 정난정의 죄를 다음과 같이 요약했다.

> 서울에 10여 채나 되는 저택이 있고, 그 속에는 재화財貨가 가득했으며, 의복과 거마를 참람하게 대내大內와 같이했다. 또 처를 내쫓고 첩 난정을 처로 삼아 매우 사랑해 말하는 것은 모두 따랐으니, 뇌물을 받고 약탈한 일도 그 첩이 부추긴 것이 많았다. 생살권生殺權을 쥔 지 20년 동안이나 사림이 분함을 삼킨 채 말을 못하고 있다가 이때에 대사간 박순朴淳이 양사와 의논해 합계한 것이다.310)

1565년(명종 20) 9월 15일에 명종의 병이 심해졌다.311) 이준경이 후사를 정할 것을 청하자 명종은 내전內殿에서 처리할 것이라고 했다.312) 중전은 친필로 "국가의 일이 망극하니 덕흥군德興君(중종의 서자)의 셋

---

308) 이광수, 앞의 책, 240쪽.
309) 이광수, 앞의 책, 246쪽.
310)《명종실록》권 31, 명종 20년 8월 신묘.
311)《명종실록》권 31, 명종 20년 9월 무신.
312)《명종실록》권 31, 명종 20년 9월 무신.

째 아들 이균李鈞을 시켜 시약하도록 하라"313)고 썼다. 이준경 등이 중
전에게

> 하서下書에 '이균을 입시시켜 시약하게 하라' 하시니, 인심이 약간 안정
> 되었습니다. 그러나 이는 대사인데 주상께 품하고 결정하신 것인지 알지
> 못하겠습니다. 만약 아직 품하지 않으셨다면 비록 한 자라도 반드시 어필
> 御筆로 써서 내리신 다음에 대사를 결정하소서. 상의 환후가 조금 나아지
> 시면 신들이 입대를 청해 직접 전교를 받들겠습니다.314)

라고 아뢰었다. 그런데 얼마 뒤에 명종이 소생했다. 명종이 대신들에게

> 얼마 전 대신을 인견했을 때, 국본國本(세자)의 일을 계달했으나, 내가 그
> 때 한창 병중이라 자세히 답하지 못했다. 그 뒤 병세가 심해 인심이 불안해
> 지자 대신들이 누차 내전에 계를 올려 결정을 보고자 했기 때문에, 내전이
> 사세상 부득이 이름을 써서 내렸다. 이제 내가 위로 황천皇天과 조종朝宗의
> 음우陰佑를 힘입어 위태한 지경에서 다시 소생했다. 국본의 탄생을 진실로
> 기다리고 바라야 하니, 이제 다시 다른 의논이 있어서는 안 된다.315)

라고 말했다. 명종은 중전을 통해 후계자로 정한 이균도 보통 왕자를 대
하듯 하고 자기의 뒤를 이을 아들이 새로 태어나기를 바랐다.

1565년(명종 20) 12월 2일에 이준경 등은 을사사화로 귀양간 인사들
이 뚜렷한 죄명이 있는 것이 아니라 시사를 논하다가 윤원형과 이기에
게 미움을 받아 그렇게 된 것이니 풀어 주자고 했다. 그리하여 노수신盧
守愼·김난상金鸞祥·유희춘柳希春 등은 중도로 유배지를 옮기고, 한주韓
澍·이진李震·윤강원尹剛元 등은 근도近道로 옮기고, 이원록李元祿·유감

---

313)《명종실록》권 31, 명종 20년 9월 경술.
314)《명종실록》권 31, 명종 20년 9월 경술.
315)《명종실록》권 31, 명종 20년 10월 계유.

柳堪 등은 풀어 주고, 백인걸白仁傑 등 6인에게는 직첩을 돌려주게 했
다.316) 이때 이준경은 "천은天恩은 밑에 있는 사람이 관여할 바가 아니
다"라고 했다.

사림들은 이준경의 이러한 태도를 보고 모처럼 왕이 마음을 열었는
데 좀더 강력히 주장했으면 더 좋은 결과가 있지 않겠느냐고 불만을 터
트렸다.317) 그러나 개혁이란 급격하고 철저하게 추진한다고 반드시 좋
은 것은 아니다. 더구나 을사사화를 지지했던 무리들이 아직도 궁중에
남아 있고, 비록 형식적이기는 하나 지난날의 과오는 모두 왕을 앞세워
저지른 것이기 때문에 지나친 주장은 왕을 난처하게 만드는 결과를 낳
아 잘못하면 또 다른 사화가 일어날 수도 있었다. 이준경이 왕의 처분
에 맡기고 과도하게 밀어붙이지 않은 것도 그 때문이다.318)

그런데 1566년(명종 21) 1월 27일에 개성 유생들이 잡신을 모시는 음
사陰祀에 불을 지른 사건이 일어났다. 왕은 이들을 문초하고자 했으나
이준경 등은 음사의 일로 유생들의 사기를 꺾는 것은 옳지 않다고 해
죄를 주지 않게 했다.319) 8월 29일에는 그해 가을에 실시한 진사시에
뭇 유생들이 다투어 청사에 뛰어올라가 시관 김제갑金悌甲의 자를 부르
며 시험지를 뺏어간 사건이 벌어졌다. 이준경은 이러한 변이 시관을 덕
망 있는 사람으로 뽑지 못해 생긴 일이라 하고 당해 진사시를 파방罷榜
할 것을 주장해 그대로 되었다.320)

같은 해 윤10월 15일에 이준경은 재이 때문에 내린 구언求言에 응해
병인봉사丙寅封事를 올렸다. 천의天意와 인사人事, 이理와 기氣, 국본國本
과 중화中和 등에 관한 내용이었다.321) 여기서 그는 붕당을 배격할 것
을 강력히 주장하고 있다.

---

316) 《명종실록》 권 31, 명종 20년 12월 을축.
317) 《명종실록》 권 32, 명종 21년 1월 기미.
318) 이광수, 앞의 책, 249~250쪽.
319) 《명종실록》 권 32, 명종 21년 1월 기미.
320) 《명종실록》 권 33, 명종 21년 8월 정해.
321) 《명종실록》 권 33, 명종 21년 윤10월 임인.

조정에는 한 가지 종류의 사람만 있는 것이 아니라 지우智愚·현불초賢不肖가 다 같이 모여 있으므로 유類로서 구별하지 않으면 안 되게 되어 있습니다. 따라서 간사한 자들이 붕당을 만들어 임금을 속이고 부정을 저지르며, 시비를 헷갈리게 합니다.[322]

이준경은 경전에 밝고 행실이 두터운 남명南冥 조식曺植을 천거하고, 성운成運·이항李恒·임훈林薰·한수韓脩·남언경南彦經·김범金範 등 6인을 부를 것을 요청해 윤허를 받았다. 그리고 특명으로 이황李滉을 대제학으로 불렀으나, 앞서 예문관 제학을 사직하는 상소가 당도해 한직閒職을 주어 병을 조리하게 했다.[323] 그리고 이준경은 조식에게 답서를 썼다. 조식은 부름을 받고 서울에 와 이준경을 한 번 만나보고 갑자기 돌아갔다. 조식이 돌아갈 때 이준경은 남문 밖에서 기다리다가 만나보고 집으로 데리고 와 음식을 대접했다. 편지를 써서 이별할 때 "한 마디 말로는 미흡한데, 구름 같은 날개 펄럭이는구료. 땅 위를 기는 벌레와 황곡黃鵠같아서 슬프게 사모한들 어찌하리오" 했다.[324] 이 해 겨울에 윤여해尹汝海 이희맹李希孟의 신도비명과 송주松洲 이공거李公渠의 묘지명을 썼다.[325]

1567년(명종 22) 5월 21일 이준경은 병을 이유로 사임을 청했다. 명종은 못 이기는 체하며 받아들였다. 명나라의 세종世宗이 죽고 목종穆宗이 서서 이를 알리기 위한 조사詔使가 올 것인데, 그들을 접대하는 자리에 수상이 아파서 못 나오면 곤란하지 않겠느냐는 이유에서였다. 그러나 실상은 이준경이 후계자를 세우자고 주장한 데에 대한 불만 때문이었다.[326] 그러나 홍문관 부제학 진식 등이

---

322) 《명종실록》 권 33, 명종 21년 윤10월 임인.

323) 年譜, 413~414쪽.

324) 年譜, 414쪽.

325) 年譜, 414쪽.

326) "경의 사의를 보니 참으로 간절하다 하겠다. 대신의 진퇴는 가볍지 아니해 평소에도 告退를 윤허하기 어려운 일이다. 그러나 중국 사신이 나올 때는 수상의 임무가 국가의 체모

국가가 노성한 이를 신임해 수상의 자리에 두는 것은 그 근력으로 추주趨走·복로服勞하는 데에 책임지우자는 뜻이 아닌데, 어찌 한때 수작·접대하는 말로 도를 의논하고 나라를 경영하는 대신을 경솔히 체면시킬 수 있겠습니까? 이번 영의정 이준경이 중국 사신을 접대하는 즈음에 신병으로 행주行酒에 참여할 수 없다 해 체면을 주청하자 전하께서 처음에는 매우 어렵게 여기다가 마침내 그 주청을 받아들였으니 대신을 애호하는 뜻이 지극하다 하겠습니다. 다만 지난날 이준경이 신병을 이유로 사퇴를 청한 적이 한두 차례가 아니었으나 전하께서 간곡히 만류하고 심지어 부축을 받으면서까지 궁전에 오르도록 하셨으니, 온 나라의 신민 가운데 어느 누가 임금의 뜻을 알지 못하겠습니까?

그런데 오늘에 와서 바로 체면을 명하시는 것은 대신을 진퇴하는 도리가 아닌 듯합니다. 노쇠한 대신이 혹 접대하는 서열에 참여하지 못하더라도 중국 사신이 보고 듣는 데에는 아무 방해됨이 없습니다.……삼가 바라건대 전하께서는 이를 유념해 주소서.327)

라고 상차하자 이준경을 유임하도록 했다. 그러고는 주서注書를 보내 이준경에게 유임하라고 효유했다.328) 이준경은 세 차례나 사양했으나 들어주지 않았다.329) 대간은 임금의 뜻이 석연치 않은 바가 있다고 맹렬히 공격하고 왕은 그 처사가 잘못되었음을 누누이 변명해야 했다. 이것이 사림정치의 군신관계이다.

6월 28일 명종의 병이 위독해졌다. 중전이 승전색承傳色 전윤옥全潤屋

에 관계되는 것인데 수상으로서 宴禮에 참여하지 못한다면 사체에 온당치 못하고 또 인군은 마땅히 노쇠한 대신을 편안히 보호해야 하므로, 부득이 경의 사의를 勉從하겠으나 나의 마음은 편안치 못하다.……(사신이 말하기를)……상이 이준경을 미워하는 것은 儲位를 세우자고 주청한 데 그 원인이 있었다.”(《명종실록》 권 34, 명종 22년 5월 을해)

327) 《명종실록》 권 34, 명종 22년 5월 을해.
328) 《명종실록》 권 34, 명종 22년 5월 을해.
329) 《명종실록》 권 34, 명종 22년 5월 병자. 이 시기에 이준경에 대한 평가는 좋았다. 史評에 “(이준경은) 풍채가 준엄해 조정의 表儀였다. 그러나 여러 차례 저지를 당한 나머지 그 뜻을 조금 변경해 의논하는 때에는 어기지 않으려는 뜻이 있었으니 아! 애석하다”고 했다.

을 시켜 두 정승(영상 이준경·좌상 이명李蓂)과 약방제조를 3경三更에 입
시하라 했다. 영부사 심통원沈通源·병조판서 원혼元混·도승지 이양원李
陽元과 사관 등이 입시했다. 주위에서 환관 10여 인이 울부짖었다. 심통
원 등이 그치게 하고 내시들로 하여금 부축해 앉게 하자 신음소리가 약
간 멎었다. 심통원이 승전색에게 아뢸 것이 있다고 청했으나 주서가 저
지해 그만두었다. 이때 의정부에서 유숙하고 있던 영의정 이준경이 전
교를 받고자 들어왔다. 그러나 이미 왕은 말을 할 수 없을 정도로 병이
악화되어, 중전에게 후사에 관해 들은 것이 있는지를 물었다. 중전은 지
난 을축년(1565)에 덕흥군의 셋째 아들 이균을 후사로 삼았다고 하였
다. 이준경은 사관을 시켜 "德興君第三子入承大統可也(덕흥군의 셋째 아
들이 왕위를 이어받는다)"라고 12글자를 크게 써서 임금에게 품하니, 임
금도 고개를 끄덕였다.330) 이준경 등은 물러나와 경회지慶會池 석교石橋
위에 둘러앉았다. 이준경을 비롯해 좌의정 이명·예조판서 이탁·대사헌
강사상·대사간 홍인경·부제학 진식·우승지 윤두수·부승지 최옹·주서
황대수 등이 모이자 주서 윤탁연尹卓然은 이균이 대통을 잇게 되었음을
알렸다.331)

  그런데 의관 양예수楊禮壽가 임금의 수족이 식어간다고 했다. 이에
승지 등이 새 임금을 모셔 와야 하지 않겠느냐고 했다. 그러나 대신들
은 임금이 죽었다는 말이 없으니 조금 기다리자고 했다. 결국 그날 명
종은 죽었다. 향년 34세. 이준경은 중전에게 빨리 사자嗣子를 모셔 와야
한다고 주장했다. 이준경은 도승지 이양원李陽元 등을 불러 덕흥군의 3
자 하성군河城君을 새 왕으로 모셔 오도록 했다. 이양원은 이 일을 지휘
하는 데 3사의 장관을 참여시켜야 한다고 했다. 영의정을 못 믿겠다는
말로 들릴 수도 있었다. 이에 이준경은 내가 수상으로 고명을 받들어
일을 지휘하는데 3사가 꼭 참여할 필요가 있겠느냐고 핀잔을 주었다.

---

330) 年譜, 416쪽.
331) 《명종실록》 권 34, 명종 22년 6월 신해.

이때 하성군은 생모인 하동부부인河東府夫人의 상을 당해 형제들과 함께 사직동社稷洞의 덕흥군가에서 상례를 치르고 있었다. 그러나 환관 말고는 하성군의 얼굴을 아는 사람이 없었다. 그리하여 이준경은 꾀를 내어 도승지는 먼저 들어가서 전교할 일이 있다고 한 다음 모든 사람들을 뜰로 내려보내 부복케 한 뒤 그 가운데 세 번째로 엎드린 분을 받들어 모시고 오면 될 것이라 했다. 그리하여 16세의 새 임금이 즉위하니 이가 조선 제14대 왕인 선조이다.332)

명종은 죽음을 앞두고 있고 후계자는 정해지지 않은 난국을 영의정 이준경이 슬기롭게 수습해 혼란이 일어나지 않도록 하는 큰 공을 세운 것이다. 윤원형이 쫓겨난 뒤 이준경이 영의정에 제수되자 건강을 이유로 여러 차례 사직소를 올렸다. 그러자 명종은 젊은 환관으로 하여금 그를 부축해 전殿에 오르도록 하면서까지 영의정 자리에 유임하도록 했다. 그러나 이준경이 후사를 빨리 정하라고 압박을 가하자 한때 그의 사임을 허락한 적이 있으나 홍문관의 반대로 도로 유임시킨 바 있었다. 그렇게 함으로써 이준경이 영의정으로서 명종이 죽을 때 무사히 하성군을 모셔다가 왕위에 오르게 할 수 있었다. 국가로 보아서는 매우 다행스러운 일이었다. 만약 윤원형이나 심통원이 그 자리에 있었다면 어떻게 되었을 것인가? 엄청난 사화가 일어나지 않는다는 보장이 없다. 그래서 이준경을 북송의 한기韓琦에 빗대기도 한다.333)

그런데 사직동으로 하성군을 모시러 갈 즈음에 일부 몰지각한 무리들이 호종扈從한 사람들은 공신이 된다고 다투어 이름을 기록해서 궁궐에서 일하는 노비에게 주었고, 결국 이것이 승지를 거쳐 승정원에까지 올라왔다. 이준경은 몹시 노해 즉시 이를 불태우게 했다. 그 뒤에도 영중추부사 심통원沈通源이 "지금의 임금을 임금으로 모셔오는 데 우리의 공이 없다고 할 수 없다"고 하는 것을 들은 체도 하지 않았다.334)

---

332) 이광수 앞의 책, 259~260쪽.
333) 이광수 앞의 책, 262쪽.
334) 이광수 앞의 책, 260쪽.

이준경은 중전에게 수렴청정을 청하였으나[335] 중전은

> 내가 본래 문자를 모르니 어떻게 국정에 참여하겠는가? 사자嗣子가 이미 성동成童이 지났으니 친히 정사를 볼 수 있을 것이다.[336]

라고 사양했다. 그러나 전례에 따라 거듭 수렴청정을 해야 한다고 아뢰니 알았다고 했다. 그리고 고사故事에 따라 영의정 이준경, 우찬성 오겸吳謙, 예조판서 홍섬洪暹 등 3인을 원상院相으로 임명했다.[337] 그런데 사관은

> 수렴하는 것이 비록 우리나라 조종의 가법이나 이는 다만 어린 임금을 위해 부득이해서 하는 일이다. 지금 사군嗣君의 나이가 이미 성동을 넘었고, 자전께서 두세 번이나 사양했으니, 대신된 자는 이로써 여러 세대의 잘못됨을 바로잡았어야 한다. 한갓 옛일 따르는 것만 알고 잘못된 일을 따라서는 안 된다는 것은 몰라 국정이 사군에게서 나오지 못하게 하고 사양하는 덕을 자전에게 돌리지도 못하게 했으니 대신의 도리가 본디 이래야만 하는가? 아! 애석하기 짝이 없다![338]

라고 해 이준경이 중전의 수렴청정을 고집한 것을 비판했다. 그리고 이준경은 이균이 이미 왕위에 올랐으니, 순회세자順懷世子의 이름 부順를 따라 '날 일日 자'를 넣어 개명해야 한다고 했다. 그리하여 연昖으로 정했다.[339] 그리고 중전에게 유지번柳之蕃·김윤은金允誾·양예수楊禮壽·손사균孫士鈞·연수담延壽聃 등 내의들이 약을 제대로 쓰지 못해 왕을 죽게

---

335)《명종실록》권 34, 명종 22년 6월 신해.
336)《명종실록》권 34, 명종 22년 6월 신해.
337)《선조수정실록》권 1, 3번째 기사.
338)《선조수정실록》권 1, 3번째 기사.
339)《선조수정실록》권 1, 3번째 기사.

했다고 의금부로 하여금 법대로 처벌하도록 했다.[340]

　선조가 즉위하기 전인 7월에 명나라의 새 황제 목종穆宗의 등극을 알리고자 한림원 검토관 허국許國과 병과좌급사중兵科左給事中 위시량이 사신으로 왔다. 이들은 평안도 안주에 있는 가평관嘉平館에 이르러 명종이 후사 없이 죽었다는 사실을 알았다. 그리하여 왕위를 둘러싼 변란이 있을 것을 우려해 귀국하려고 했다. 그런데 반접사伴接使를 통해 수상이 문장과 도덕을 두루 갖추고 백성들의 신뢰를 받는 이준경이라는 말을 듣고 입경했다 아무 변고가 없을 것으로 믿었기 때문이다. 그들은 황제 등극의 조서를 전하고 명종의 상례에도 참여했다. 이 과정에서 신왕의 나이가 어린데도 몸가짐과 태도에 한 치의 착오가 없는 것을 보고 감탄했다. 허국이 태평관에 머물면서 우리나라 풍속에 대해 알고 싶다고 하자 이준경은 《조선풍속》이라는 책을 단숨에 써주었다. 그래서 허국은 이준경을 반드시 '이상국'이라고 불렀고, 공사 간에 수시로 만나 담론을 나누었다.[341] 허국과 가까워지자 이준경은 오랫동안 숙제로 남아 있던 종계宗系를 바로잡아 줄 것을 부탁했다. 그리하여 드디어 《대명회전大明會典》을 다시 인출印出할 때 고치도록 허가한다는 조서를 내리게 했다. 또 명나라가 문호를 개방해 우리 사신을 받아들여 달라고 요청해 허락을 받았다.[342] 그 뒤 허국은 조선 사람을 만나면 반드시 이준경의 안부를 물었다고 한다.[343]

　9월 22일 명종을 강릉康陵에 제사지내고 만사 3수를 올렸다(《청구풍아靑丘風雅》에 실려 있다). 30일에는 중전이 배릉拜陵하려 하자 예문禮文에 없는 일이라고 막았다.[344]

　10월 5일 영의정 이준경은 즉위 초기 임금의 행실과 언행을 조심해

---

340)《선조수정실록》권 1, 3번째 기사.
341）年譜, 264~266쪽.
342）年譜, 420쪽.
343）年譜, 419쪽.
344）年譜, 420~421쪽.

야 한다고 당부했다.

> ……바라건대 즉위 초기에 우선 그것을 경계해 종사宗社를 보전하고 생민을 보호하는 제일의 근본을 삼으소서. 하물며 직언은 나라의 원기元氣로서 하루도 없어서는 안 되는 것입니다. 비록 도道에 맞는 말일지라도 그것이 마음에 거슬린다 해 그 사람에게 화를 내신다면 거기에서 치治와 난亂은 갈라지는 것입니다. 그리고 또 유신儒臣을 가까이 하시고 성심으로 학문을 닦아 우선 본원本源을 올바르게 다져 놓아야만 일을 조치하고 나라를 다스리는 밑바탕이 될 것입니다.345)

그러자 선조가 옷깃을 여미며 받아들였다.
영의정 이준경이

> 재변이 일어나는 것이 어떤 일 때문이라고 지적할 수는 없으나, 옛글에 ‘흰 무지개가 해를 꿰뚫는 것은 억울한 옥사가 많기 때문이다’ 했으니, 을사년(1545)의 옥사 때문이 아니겠습니까? 이는 상께서 다 아시는 일인데 김저金儲 등 13인에게서 적몰籍沒한 물건을 아직 돌려주지 않았습니다. 그때의 옥사는 명종이 어리시어 전혀 간섭하지 못했고, 윤원형·이기 등이 구중궁궐에 계시는 문정왕후를 속여서 억울한 옥사를 만들었던 것이며, 기유년(1549) 충주난忠州亂의 정범正犯 이외에는 모두 나이 어린 아이들이 회문回文을 가지고 장난한 것인데 죄다 죽이고 유배시켰으니, 어찌 이런 일이 있을 수 있겠습니까?346)

라고 아뢰자 중전은

> 내가 부인으로서 수렴섭정하면서 국사에 마음을 다 했으나, 큰 강령을

---

345) 《선조수정실록》 권 1, 선조 즉위년 10월 병술.
346) 《선조실록》 권 1, 선조 1년 2월 갑진.

바루지 못했다. 저번에 황해도 일변日變의 보고를 받고 곧 은퇴하고자 했
는데, 지금 또 이런 변괴를 당했으니 오늘 정사를 돌려주려 한다. 내가 그
전에 《안씨가훈顔氏家訓》을 읽었는데, '부인은 음식을 주관할 뿐이니 국가
로서는 부인에게 정사를 간여시킬 수 없고, 가정에서도 가사를 주관시킬
수 없다' 했으며, 또 송나라 조태후曹太后는 기한보다 먼저 정사를 돌려주
니 사관이 아름답게 여겼다. 나는 뜻을 결단했다.347)

라고 해 수렴청정을 한 지 1년이 되기 전에 선조에게 친정하도록 했다.
　1569년(선조 2) 1월 1일에 명종을 문소전文昭殿에 모시는 분세가 제
기되었다. 문소전은 세종조에 태조를 중앙에 남향으로 모시고 고조·증
조·조·부를 동서로 소목昭穆에 따라 배열했다. 성종이 덕종을 추숭追崇
하면서 예종이 이미 문소전에 부묘되었다 해 덕종을 연은전延恩殿에 모
셨다. 그 뒤 인종이 죽고 명종이 서자, 인종을 문소전에 모시려면 세조
를 조천祧遷해야 하는데 세조가 아직 명종에서 친진親盡이 되지 않아
인종을 연은전에 모셨다. 당시의 당로자인 이기·윤원형이 인종은 재위
1년을 넘기지 못했기 때문이라는 것이었다. 이때 이준경이 처음에는 인
종도 문소전에 함께 모시기로 하고 왕의 허락을 받았는데, 막상 모시려
고 보니 전내가 좁아서 증축하지 않으면 모실 수 없어 원래대로 모시지
않기로 했다. 이에 이황은 태조를 동향으로 앉히고, 그 줄에 예종·중종
은 북향, 다른 줄에 성종·인종·명종을 남향으로 모시자고 했으나 받아
들여지지 않았다.348) 이준경은 여론에 따라 증축하자고 했다가, 그것도
안 되겠다고 하자 인종과 명종을 한 방에 모시되 칸막이를 하자고 했다
가, 5실 이상 늘릴 수 없다고 하여 결국 인종을 모시지 않기로 하고 말
았다.349)
　이준경은 새로 등극한 선조에게 우선 명분名分을 바로잡을 것을 청했

347) 《선조실록》 권 1, 선조 1년 2월 갑진.
348) 《선조수정실록》 권 3, 선조 2년 1월 을사; 忠正公(李浚慶)行狀, 44쪽, 仁廟祔文昭殿事.
349) 《선조수정실록》 권 3, 선조 2년 1월 을사; 忠正公(李浚慶)行狀, 44쪽, 仁廟祔文昭殿事.

다. 그것은 을사사화·정미사화를 거치면서 잘못 주어진 공훈과 관직을 삭탈하고, 억울하게 화를 입은 사람을 구제하는 일이었다. 이에 1567년 (선조 즉위) 10월에 노수신盧守愼·유희춘柳希春·김난상金鸞祥을 유배에서 풀어 주고, 이보다 앞서 풀려난 백인걸白仁傑을 기용하며, 이미 고인이 된 조광조趙光祖·이언적李彦迪·권벌權機 등에게 의정을 증직하고 시호를 내려 주었다. 한편 바르지 못한 사람은 죄상을 드러내 응분의 징벌을 가했다. 기묘사화를 일으킨 남곤南袞의 관작을 추탈하고, 을사사화를 일으킨 이기·정언각鄭彦慤도 관작을 삭탈하는가 하면, 심통원의 관작을 삭탈하여 전리로 쫓아버리고, 탐욕스러운 그의 조카 심전의 관작도 삭탈했다. 그리고 정몽주의 후손을 녹용錄用하도록 청했다.350)

　이러한 조처는 선조 즉위 이후 수년 동안 이어졌지만 미진한 면도 없지 않았다. 사화를 일으킨 무리들과 그 후손들이 살아있었기 때문이다. 그리하여 정순붕鄭順鵬과 임백령林百齡의 관작을 추삭하고, 이홍남의 무고로 억울하게 화를 당한 사람들을 신원해 주는 데 그쳤다.351) 위훈삭제는 더욱 어려웠다. 선왕인 명종이 관련되어 있었기 때문이다. 더구나 의성왕대비(명종비 심씨)가 아직도 살아있지 않은가? 심의겸에게 대비전에 말씀드려 해결해 보라고 했으나 그도 머뭇거리며 어렵게 여길 정도였다. 을사·정미사화에 관련된 공신 1천여 명이 대궐 안의 사람들과 연결되어 있었기 때문이다. 그 때문에 이준경을 비롯한 3사 등도 처음에는 아예 위훈삭제는 거론하지 않고 화를 입은 사람들을 복권시키거나 가해자를 처벌하는 데 그쳤다. 조야의 공론이 크게 일어나자 이준경도 위훈삭제를 적극 주장하고 나섰으나 그의 사후에 이르러서야 해결을 볼 수 있었던 것이다.352)

　1568년(선조 1) 4월 16일에 이준경에게 궤장几杖이 내려졌으나 간단히 친구들만 불러 잔치를 했을 뿐 궤장연几杖宴은 열지 않았다.353) 이

---

350) 年譜, 423쪽.
351) 이광수, 앞의 책, 269쪽.
352) 이광수, 앞의 책, 269~271쪽.

를 통해 이준경의 검소한 생활태도를 알 수 있다. 이준경은 선조에게 이황을 숭품崇品으로 부르라고 해 군직인 지중추부사 대신 우찬성으로 부르게 했다.354) 선조의 어머니가 이황 같은 사람을 옆에 두어야 한다고 권했기 때문이다.355) 이황은 여러 가지로 비판하는 사람이 많다고 사양하고자 했으나356) 선조가 듣지 않자 1568년(선조 1) 7월에 건천동乾川洞 집으로 올라오니 찾아오는 사람이 많아 3일 뒤에야 영의정 이준경을 찾아갔다. 그랬더니 이준경이 "공이 서울에 온 지 이미 오래인데 왜 빨리 찾아오지 않았는가?"라고 힐문했다. 이황이 사람을 만나느라고 그랬다고 하자 "옛날 기묘사화 때도 사습士習이 이외 같았다. 그간의 양질호피羊質虎皮는 마침내 화를 매개로 하는 단초가 되니 조정암(조광조) 같은 사람 말고는 우리는 취하지 않는다"고 기롱했다.357)

이 무렵은 선조의 신정新政 초기라 정국을 잘 운영하고자 애썼다. 그런데 새로 진출한 선비들이 이황을 종주宗主로 삼고 학문을 강론하고 떼지어 교류했다. 그들은 세도를 만회하고, 부정한 것을 제거하고, 깨끗한 것을 드러내자고 주장하였는데, 당시 사람들이 이들을 소기묘小己卯라고 지목했다. 따라서 윤원형·이량의 무리로서 버림을 받아 쓰이지 못하는 자들의 원망이 뼈에 사무쳤다. 그리하여 이른바 명망 있는 구신들은 비록 많은 세변을 겪으면서도 지조를 잃지 않았다고 자부하고 있었으나, 세태에 따라 부침浮沈하면서 오랫동안 부귀와 안일에 젖어 있었다. 그런데 신진들이 선배를 경시하면서 속류라고 비난하는 것을 보고 모두 불평을 품은 채 그들끼리 한 무리를 이루고 있었다. 윤원형과 이

---

353) 《선조실록》 권 2, 선조 1년 4월 을미; 《선조수정실록》 권 2, 선조 1년 8월 무인.

354) 年譜, 424쪽.

355) "慈殿도 저교하시기를 '너는 자식이 없는 데다가 지금 외롭고 의지할 데가 없는 처지이나, 내가 어찌 너를 교도하겠는가? 이황 같은 사림이 기할 것이다'라고 하시며 항상 경이 올라오기만을 바라고 계신다."(《선조실록》 권 2, 선조 1년 1월 무인)

356) "혹은 이름을 좋아한다고 하고, 혹은 병을 핑계댄다고 하고, 혹은 山禽에 비유하기도 하고, 혹은 이단으로 배척한다고 하니, 이는 신이 신하되는 데 도를 잃어 당시의 賢者들에게 죄를 얻은 것입니다."(退溪年譜, 588쪽)

357) 《梧陰遺稿》 卷 3, 《韓國文集叢刊》 41, 566쪽.

량의 도당들이 신진과 구신 사이를 이간질해 기회가 오면 신진사림들에게 분풀이를 하려고 하고 있었다.[358]

이준경은 기묘사화를 거울삼아 신진사림의 과격한 처사를 억제하고자 했다. 그러나 성품이 원래 고집스럽고 완강했으므로 자기는 중립을 지킨다고 하면서도 선비들을 조롱하고 비평해 심지어는 이황을 산새〔山禽〕에 빗대기까지 했기 때문에 신진사류들과 사이가 좋지 않았다. 그런데 김개金鎧는 자신이 촉망받고 있는 것을 이용해 기대승奇大升 등 5~6명을 탄핵하고 이준경에게 붙으려 했다. 그러나 선조의 마음이 사림에게 가 있고, 이준경도 사림을 해칠 뜻이 없었기 때문에 무사했다. 그렇지만 이황은 이 소문을 듣고 더욱 두려워해 기대승에게 피해 있으라 하고 자신도 부랴부랴 고향으로 내려갔다.[359]

1569년(선조 2) 3월에 이황이 물러갈 때 왕이 조신 가운데 추천할 만한 사람이 있는지 묻자 이준경을 추천했다.

> 수상 이모(준경)는 노성한 사람입니다. 국가가 위태하고 불안한 때에 성색을 움직이지 않고 국세를 태산과 같이 안정시켜 놓았습니다. 기둥과 주춧돌과 같은 신하로 마땅히 믿고 든든하게 여길 만하니, 이보다 나은 사람이 없습니다.[360]

천거과薦擧科(賢良科)도 50년 만에 회복되었다.[361]

선조는 즉위 이후 새로운 인재를 많이 등용하고자 했다. 이이·유성룡·기대승·정철 등이 이때 기용되었다. 윤원형·이기·이량 등의 권신도

---

358) 《선조수정실록》 권 3, 선조 2년 6월 계유.

359) 《선조수정실록》 권 3, 선조 2년 6월 계유.

360) 같은 책, 426쪽. 이이의 《石潭日記》에도 이 일을 기록하고 있는데 "사람을 알아본다면 곧 哲人이다. 요임금도 사람 알아보기를 어렵게 여겼다"는 등의 말로 퇴계선생도 아울러 헐뜯었다. 이것으로 미루어 보아 이이가 이준경을 싫어한 것은 遺箚에서 붕당을 타파하라는 말이 나오기 전부터이다.

361) 같은 책, 425쪽.

다 쫓겨났고, 선조가 혼인하기 전이어서 외척도 없을 때였다.

이 무렵에는 신진기예의 사림들이 개혁의 명분을 걸고 노성한 선배들을 비판하는 풍토가 생겼다. 이이는 당시를 난세 끝에 천명을 받은 사람이 나와서 나라를 창업해 다스림의 시대로 옮아가는 때로 보았다. 그러자면 일대 개혁이 필요하다고 여겼다. 그러나 이준경은 온갖 사화를 경험한 원로대신으로서 이이 등의 급진적이고 과격한 언론을 억제해 보려고 애썼다. 잘못하면 기묘사화와 같은 불상사가 일어날 것이기 때문이다.

이이와 이준경은 출처관도 달랐다. 이이는 왕이 하고지 하는 뜻이 있으면 나와서 돕고, 그렇지 않으면 산림에 돌아가 후진이나 기르겠다고 한 것과 달리 이준경은 정치적 상황이 어떻든 왕을 도와 경세를 하겠다는 자세였다.[362] 따라서 두 세력은 사사건건 부딪혔다. 1569년(선조 2) 8월 경연에서 특진관 김개는 지금 젊은 무리들이 대신을 경시해 화합을 해친다고 하고, 기묘년에 조광조가 화를 당한 것도 남 비평하기를 좋아하는 경박한 무리들 때문에 일어난 일이라고 비판했다.[363]

1569년(선조 2) 9월에 선조와 이야기를 나누다가 말이 을사년의 일에 미치자 영의정 이준경은

위사衛社할 당시 선사善士로서 연좌되어 죽은 자가 있는데 그 상처가 아직 아물지 않았습니다.[364]

라고 했다. 이에 대해 홍문관 교리 이이는

위사는 곧 위훈僞勳이며, 그때 죄를 얻은 자는 모두 선사입니다. 인묘仁廟께서 승하하셨을 때 중종의 적자로는 다만 넝종 한 분뿐이었으니, 천명

---

362) 이광수, 앞의 책, 283~289쪽.
363) 이광수, 앞의 책, 290쪽.
364) 《선조실록》 권 3, 선조 2년 9월 을미.

과 인심이 어찌 다른 사람에게 돌아가겠습니까? 그런데도 간흉들이 감히 하늘의 공을 탐내어 사림을 참벌斬伐함으로써 위공僞功을 녹훈했는지라 신명과 사람이 함께 분개한 지 오래입니다. 이제 성상의 신정新政 벽두를 맞이해 위훈을 삭제하고 명분을 바로잡음으로써 국시國是를 정하는 일을 늦추어서는 안 됩니다.365)

라고 했다. 이에 대해 이준경은 그 말이 옳기는 하지만 신중을 기해야 한다고 주장했다.366) 재상으로서 위훈삭제를 강행할 경우 명종이 다칠 수 있고, 반동세력을 자극해 사화가 일어날 우려가 있었기 때문이다.

10월에 3자 이덕열李德悅이 문과별시 병과 3인으로 급제했다. 그 뒤 홍문록弘文錄에 뽑혔으나 "우리 아이는 이 선발에 전혀 적합하지 않다"고 빼버렸다.367)

1570년(선조 3) 여름에 이준경은

을사년(1545) 옥사는 참으로 원통하고 억울한 일이 많으므로, 의심스러운 일은 반드시 풀어 주어야 합니다. 오직 성상께서 공정히 듣고 시원스레 씻어주셔야 합니다. 기유년(1489) 옥사는 더욱 원통하고 억울해, 지금 생각해 보아도 참으로 가슴 아픕니다. 이제 다행히 훌륭한 임금이 즉위하시니, 유혼幽魂과 왕백枉魄이 풀어 주기를 바라는 서러운 울음이 처음 죽음을 당한 때보다 더 심합니다. 그러니 하늘이 이에 감응해 재변을 내림도 이치에 당연한 일이옵니다.368)

라고 해 을사년, 기유년에 화를 당한 사람들을 풀어 주어야 한다고 주장했다. 그리고 이어서 김굉필과 조광조를 문묘에 종사할 것을 요구했다.

---

365) 《선조실록》 권 3, 선조 2년 9월 을미.
366) 《선조실록》 권 3, 선조 2년 9월 을미.
367) 年譜, 427~428쪽.
368) 年譜, 428쪽.

의리에 대한 학문은 실상 김굉필로부터 계도啓導되었습니다. 학문이 끊어진 후에 탄생했으나, 비로소 성현의 학문을 흠모해 오로지 제 몸 위하는 공부[爲己]에 힘써서, 독실하게 행한 지 10년이었습니다. 진실함이 쌓이고 힘이 오래되어, 도덕이 성립되었습니다. 불행하게도 몸이 난세를 만나서 조용히 죽음을 당했습니다. 비록 세상에 크게 시행한 것은 없으나 남을 가르치는 데에 게으르지 않았습니다. 동방 선비에게 성현의 학문을 알게 한 것은 실상 이 사람의 공입니다. 조광조는 김굉필의 문하에서 수업해 품행이 독실하고 지식이 뛰어난 바, 실로 세상에 드문 정기를 타고난 사람이었습니다. 김굉필이 화를 당한 뒤로 선비들의 기풍이 땅에 떨어져 어디로 가야 하는지를 알지 못했습니다. 그런데 조광조가 다시 《소학》의 도를 외치고, 학문하는 방법을 제시해 세상 도리를 심고, 다시 도의의 맥을 진작振作시켰습니다. 두 사람의 도학道學을 일으킨 공은 실상 전후의 구별이 없습니다. 지금 숭보崇報하는 의전儀典은 진실로 아울러 거행함이 마땅하며, 홀로 거행할 수 없습니다.369)

이준경도 실은 사촌 형인 이연경李延慶을 통해 조광조를 사사師事했기 때문에 같은 학통이라고 할 수 있다. 그 뒤에도 이기와 정언각의 관작을 삭탈하게 하고, 무진년(1568)에 풀리지 못한 유관柳灌·유인숙柳仁淑을 신원해 줄 것을 계속 주청했다. 그는 이때 와서 매일 대소신료를 거느리고 위훈삭제를 정청庭請했으나 선조는 선왕이 한 일이라고 잘 들어주지 않았다.

1570년(선조 3) 8월 1일에 좌상 권철權轍은

기대승奇大升이 자신의 상소에서 영상 이준경을 지목해 시기하고 저해하고 패려하고 거칠다는 등의 말로 지적했습니다만, 이순경은 자기 마음대로 당黨을 만들고 자기와 의견을 달리하는 사람을 배척하는 사람이 아닙니다.

---

369) 年譜, 428~429쪽.

> 그런데 지금 시기하고 저해하고 패려하고 거칠다는 말을 했습니다. 어찌
> 이런 일이 있을 수 있습니까?[370]

라고 하며, 기대승이 이이와 함께 사림을 대변해서 재상을 비난함을 개탄했다. 다시 말해 신진사림들은 이준경이 개혁에 미온적인 것을 비난했던 것이다. 이 무렵부터 선·후배의 이해가 갈리고, 붕당의 조짐이 보이기 시작하였다.

이에 이준경은 한사코 영의정 자리를 사퇴했다. 선조도 이를 받아들였다.[371] 이준경이 우의정 홍섬洪暹에게 보낸 편지에 따르면 그는 치질이 심해 옆으로 구르며 엎드려서 지낼 수밖에 없었고, 또 눈이 나빠져 지척을 분간하지 못했다. 거기다가 귀가 아주 어둡고, 심질心疾이 있어 공연히 조급하고 성질을 부리며, 두서없이 말을 해 실수가 많았다. 그러나 선조는 가급적이면 그를 붙들어 두고자 영중추부사에 영경연사를 겸하게 했다.[372]

이준경은 정승으로 있으면서 상황을 진정시키는 데 힘을 쓰고 대단한 공은 세우지 못했으므로 사림들은 그를 변변치 않게 여겼다. 그러나 청덕淸德이 있어 집에 뇌물이 오가는 일이 없었으므로 세상에서 현상賢相이라고 여겼다.[373]

물러가 동고정사東皐精舍에서 지내다가 보은에서 유배생활을 할 때 괴산군 청안면淸安面 구계龜溪에 마련했던 집을 솔면[松面: 청천면에서 경북 상주로 넘어가는 곳]으로 옮기게 해 그곳에서 살았다. 오직 독서를 낙으로 삼고, 늙고 병들었다는 핑계를 들어 친척 이외의 방문객을 사절했다.[374]

---

370)《선조실록》권 4, 선조 3년 8월 병신.
371)《선조실록》권 5, 선조 4년 5월 기축.
372) 이광수, 앞의 책, 297쪽.
373)《선조수정실록》권 5, 선조 4년 5월 임술.
374) 年譜, 430쪽.

1571년(선조 4) 정월에, 바로 지난 해 12월에 이황이 죽었다는 소식을 들었다. 이준경은 "내 친구 경호景浩(이황의 자)가 죽었으니, 어느 곳에서 어질고 덕망있는 사람을 보겠는가? 나도 세상에 오래 있지 못하리라"고 했다고 한다. 영위靈位를 만들어 놓고 곡하고, 만사와 제문을 지어 보냈다.

1572년(선조 5) 2월에는 남명 조식의 부음을 들었다. 그는 "내 친구 건중建仲(조식의 자)은 나보다 두 살 아래인데 먼저 세상을 떠나니, 내 어찌 오래 살 수 있겠느냐?" "건중은 맑고 높은 기상과 절의로 후인을 계도하고 풍속을 경계시켰으니, 옛날에 비기어 보아도 이와 같은 사람은 드물 것이다. 그러나 벼슬에 나가 있는 날이 많지 않은 것이 한스럽다"라고 했다. 이에 영위를 만들어 놓고 곡하고, 제문을 지어 아들 덕열로 하여금 덕산까지 가서 전달하게 했다.375)

그가 조식을 마지막으로 본 것은 6년 전인 1566년(명종 21)이었다. 이 해에 조식은 왕의 부름을 받고 상경했는데, 워낙 이름이 높은 선비라 거의 모든 조정의 신하들이 다투어 그를 보고자 했다. 그러나 가장 친한 이준경은 몇 마디 문자만 써 보냈을 뿐 나타나지 않았다. 그는 영의정이었으므로 "조가朝家의 체모가 있는 마당에 내 감히 스스로 낮추지는 못하오"라고 했다고 한다. 이것을 보면 이준경은 거만하고, 지나치게 체통을 중시하는 인물로 보인다. 그러나 조식이 막상 떠날 때는 남문 밖에서 기다리고 있다가 함께 집으로 가서 회포를 풀었다고 한다. 공사를 구분하는 태도를 지녔음을 알 수 있다.376)

1572년(선조 5) 6월에 이준경의 병이 심해지자 선조가 관원을 보내 약물을 하사했다. 그러나 병이 깊어지자 의원을 물리치고 "나의 수명이 이미 다했다. 어찌 약을 먹어 목숨을 연장할 수 있겠는가? 오직 우리 임금에게 한 말씀 올리고 싶을 뿐이다"377)라고 하고, 7월 7일 유차遺箚

---

375) 年譜, 432쪽.
376) 年譜, 301쪽.
377) 《선조수정실록》 권 6, 선조 5년 7월 갑신.

를 올리고 정침(제사 지내는 안방)으로 옮겨 동쪽으로 머리를 두고 운명
했다.378) 향년 74세. 유차의 내용은 다음과 같다.

첫째, 제왕은 학문하는 것이 중요합니다. 정자가 말하기를 '함양涵養은
모름지기 경敬이라 하고, 진학은 치지致知에 있다'고 했습니다. 전하의 학
문이 치지의 공부는 어느 정도 되었지만 함양의 공부는 미치지 못한 바가
많기 때문에, 언사言辭의 기운이 거칠어서 아랫사람을 접하실 때 너그럽고
겸손한 기상이 적으니, 삼가 전하께서는 이 점에 더 힘쓰소서.

둘째, 아랫사람을 대하는 데 위의威儀가 있어야 합니다. 신은 들으니, '천
자는 온화하고 제후는 아름답다'고 했습니다. 위의를 갖추어야 할 때에는
삼가야 합니다. 신하가 말씀을 올릴 때에는 너그럽게 받아들이고, 예모禮貌
를 갖추어야 합니다. 비록 거슬리는 말이 있더라도 그때마다 영특한 기운
을 발해 깨우쳐 줄 것이요, 일마다 겉으로 감정을 나타내고 스스로 현성賢
聖인 체 자존하는 모습을 아랫사람에게 보이는 것은 마땅치 않습니다. 그
렇게 하시면 백료百僚가 해체되어 허물을 바로잡지 못할 것입니다.

셋째, 군자와 소인을 구별하는 것입니다. 군자와 소인은 구분되게 마련
이어서 숨길 수가 없습니다. 당나라 문종文宗과 송나라 인종仁宗도 군자와
소인을 모르는 것은 아니었지만 사당私黨에 끌려 분간해 등용하지 못함으
로써 결국 시비에 현혹되어 조정이 어지럽게 되었습니다. 진실로 군자라면
소인이 공박하더라도 발탁해 쓰고, 진실로 소인이라면 사사로운 정이 있더
라도 의심하지 말고 버리소서. 이같이 하시면 어찌 북송과 같은 다스리기
어려운 일이 있겠습니까?

넷째, 붕당의 사론私論을 없애야 합니다. (이때에 심의겸이 외척으로 뭇 소인
들과 체결해 조정을 어지럽힐 조짐이 있었기 때문에 이를 지적한 것이다.) 지금의 사
람들은 잘못한 과실이 없고, 또 법에 어긋난 일이 없더라도 자기와 한 마디
만 맞지 않으면 배척해 용납하지 않습니다. 그리고 자기의 행동을 검속檢

---

378)《선조실록》권 6, 선조 5년 7월 경인.

柬한다든가 독서하는 데에 힘쓰지 않으면서 고담대언高談大言으로 친구나 사귀는 자를 훌륭하게 여김으로써 마침내 허위虛僞의 풍조가 생겨났습니다. 군자는 함께 어울려도 의심하지 마시고, 소인은 저희 무리와 함께하도록 내버려 두는 것이 좋습니다. 이 일은 바로 전하께서 공평하게 듣고 보신 바로써 이런 폐단을 제거하는 데 힘써야 할 때입니다.

신은 충성을 바칠 마음 간절하나 죽음이 가까워져 정신이 착란되어 마음속의 말을 다하지 못합니다. (이준경은 임금을 아끼고 세상을 염려해 죽는 날에도 이러한 차자를 남겼으니, 참으로 옛날의 직신直臣과 같다. 당시에 심의겸의 당이 이 차자를 지적해 건조무미한 말이라고 소를 올려 배석하기까지 했으니, 참으로 군자의 말은 소인이 싫어하는 것이다.)379)

첫째는 주자학적 수양을 강조한 것이요, 둘째는 왕이 스스로 성인이 되어 잘난 체하지 말라는 것이요, 셋째는 군자와 소인을 구별해 군자는 거두어 쓰고 소인은 내치라는 것이요, 넷째는 붕당의 조짐을 예언한 것이다. 이 말은 거의 적중했다. 선조는 잘난 체하기로 유명한 왕이었고, 그 때문에 임진왜란 때 나라를 잃을 뻔했다. 전공이 많은 이순신을 간신의 말만 듣고 죽일 뻔하기도 했다. 특히 붕당의 출현과 당쟁은 고작 3년 뒤인 1580년(선조 8)의 동서분당으로 나타났다. 그런데 이 예언이 심의겸당만을 겨냥했다고 하는 것은 잘못된 것이다. 오히려 이준경을 중심으로 하는 노성한 선배당에 대해 청론淸論을 내세워 마구 달려드는 이이·기대승·정철 등 후배당을 겨냥한 것이라 할 수 있다.

염습은 유명에 따라 평소 한가할 때에 입어 보았던 심의深衣와 복건을 그대로 사용했다. "땅으로 들어가게 된 신 준경은 삼가 4조목을 우러러 아룁니다"로 시작되는 이준경의 유차가 올려지자 왕은 계달한 말이 나로 하여금 반성하고 경계하는 바가 있는네 다시 말할 것이 있는가 하면서 승지를 보내어 문병토록 했으나, 이미 임종한 뒤였다.380)

---

379) 《선조실록》 권 6, 선조 5년 7월 경인; 《선조수정실록》 권 6, 선조 5년 7월 갑신.

부음이 전해지자 왕은 탄식하며 크게 슬퍼했고, 초상에 쓸 제수祭需를 후히 내리고, 조회를 중지했다. 일반 백성도 멀고 가까운 곳을 가리지 않고, 가게문을 닫은 채 거리에서 울면서 조상했다. 19일에 양근군楊根郡 용진면龍津面 고요동高要洞(지금의 양평군 양서면 부용리 산 35-1번지) 이윤경의 묘 오른쪽 건너편 언덕에 장사지냈다.[381]

그런데 그가 남긴 유차 때문에 편할 수가 없었다. 우선 심의겸을 따르는 정철·이이 등의 공박이 심했다. 정철은 윤근수·정유일·유성룡 등을 홍문관으로 불러 이준경의 관작을 삭탈해야 한다고 주장했다.[382] 이에 유성룡은 "대신이 죽음이 가까워 상소를 올린 말이 마땅치 않다 해도, 왕에게 그 잘못을 변파해 올리면 그만이지 관작을 추탈할 필요가 있는가?"라고 반대했다.[383] 그러자 정철은 화를 내면서 "자네는 어떻게 이해만을 가지고 생각하나?"라고 하자 유성룡은 "내 일신의 이해는 돌아볼 것이 없으나 나라의 이해야 생각지 않을 수 있겠소? 이제 만약 삭탈을 청한다면 국체國體에 해가 될 듯싶소이다"라고 대답했다.[384]

한편 이이는 이준경의 유차에 대해 다음과 같이 평가했다.

이준경이 지위가 재상이라 무거운 책임을 지고 있어 전하께서 평소 의지했는데, 죽음에 가까워 충성을 바친다고 하면서 붕당을 우려했으니 전하께서 깊이 믿는 것은 당연합니다. 그러나 준경을 가만히 보건대 강직하고 엄격하며 청검으로 자기를 지켰으므로 세속에서는 누구나 어진 재상이라고 했으나, 식견이 밝지 못하고 재기가 부족하며 거만한 데가 있어 근래에는 사림과 대립해 왔습니다.……아! 붕당의 이론이야 어느 시대인들 없었습니

---

380) 年譜, 432쪽.

381) 이광수, 앞의 책, 312쪽. 부인과 합장했는데 蘇齋 盧守愼이 쓴 신도비에 靈巖城에서 왜적을 무찌른 내용이 있어 임진왜란 때 가토 기요마사가 묘를 파헤치려 했으나 안개 때문에 실패했다고 한다.

382) 이광수, 앞의 책, 309쪽.

383) 이성무, 〈西厓 柳成龍의 생애와 사상〉, 《조선시대 사상사연구》 2, 지식산업사, 2009, 25쪽.

384) 이광수, 앞의 책, 309쪽.

까? 진실로 그들이 군자인가 소인인가를 살피는 것이 중요할 따름입니다.……

다만 오늘날의 일을 두고 얘기한다면 이준경이 말한 이른바 붕당이란 어떤 사람을 가리키는 것인지 알지 못하겠습니다. 지금은 권간權姦들이 이미 없어지고, 나머지 도당들도 숨을 죽이고 있으니, 비록 소인이 없다고 말하는 것은 안 될지는 몰라도 감히 공공연히 여럿이 합쳐서 남을 비판하는 일이 없고, 무리를 모아 함께 악한 짓을 하는 흔적도 없으니, 본시 붕당이라 지목할 수 없는 것입니다.……이준경은 젊었을 때 약간 선비들에게 명망이 있었으나, 재상의 직위에 오르게 되자 올바른 긴의를 한 적이 없어, 청의清議가 비로소 하는 일 없이 직위를 차지하고 있는 것을 공격했습니다. 이준경은 돌이켜 반성하며 스스로를 격려할 생각은 하지 않고 도리어 그러한 청의에 대해 노여움을 샀던 것입니다. 그러므로 근년 이래로 차츰 사림과 서로 대립하게 되었고, 이미 사림과 대립하게 되었은즉 참해讒害와 모함이 폭주輻輳하는 것은 필연의 이치입니다.

지난 몇 년 동안 장안에는 여우와 쥐 같은 무리들이 사림을 몰래 해치려 하는데 이준경이 주동했다는 말이 시끄럽게 전해졌습니다.……이준경의 말이 과연 사실이라면 조정의 신하들 가운데 분명 간악한 무리를 조성해 공公을 배반하고 사私를 행하는 자가 있을 것입니다. 전하께서는 마땅히 분명히 분별하고 정밀하게 사실을 따져 반드시 그 사람을 잡아내어 먼 곳으로 쫓아버려야 할 것입니다. 어찌 좋아하면서도 추구하지 않고 따르면서도 개혁하지 않아 그 간악한 자들로 하여금 멋대로 행동해 금할 수 없는 지경에 이르게 합니까? 조정의 신하들 가운데 만약 그러한 사람들이 없다면 이준경의 말은 혹은 분노와 원한으로 격해 나온 것이거나 혹은 착란에서 나온 것이니, 한갓 불충일 뿐 아니라 도리어 큰 화의 근원을 도발한 것입니다.……

진실로 조정의 신하들이 사사로운 붕당을 맺었음을 알았다면 어찌하여 재상 노릇을 하고 있을 때 입궐해 아뢸 기회에 명백히 진술해 유약한 도를 단절하지 아니하고 죽어가는 때에야 비로소 감히 발단을 했으며, 또한 어떠한 사람들이 붕당을 맺고 있다고 분명히 말하지 아니하고 은어隱語를 사용해 전하로 하여금 여러 신하들을 모두 아울러 의심하게 했단 말입니까? 이것은 바로 이준경이 붕당이라고 지목하는 사람들이란 모두가 한때의 청망淸望을 자부하고 공론을 주장하던 사람들이었기 때문입니다. 만약 성명을 말한다면 곧 사림에 죄를 짓게 될 뿐만 아니라 소인이라 귀결될 것이며, 비록 전하라 할지라도 그가 현명한 이들을 훼방하고 나라를 병들게 하는 것이라 의심하셨을 것입니다. 그러므로 머리를 감추고 형체를 숨기고서 귀신의 말이나 도깨비의 얘기처럼 했던 것입니다. 그와 같이 바르고 곧게 행실을 하는 사람이 과연 그러할 수 있겠습니까? 옛 사람들은 죽으려 할 때에 그 말이 선했는데, 지금 사람은 죽으려 할 때에 그 말이 악합니다. 아! 이상한 일입니다.385)

이즈음에는 노당老黨·소당少黨의 설이 있었으므로 이준경이 그것을 우려했고, 또 기대승 등이 선배에게 붙지 않는 것을 미워한 나머지 이 상소를 올려 제재한 것이었다. 따라서 그 뜻은 구신을 부식하자는 데 있었는데, 사론士論이 사화가 일어날 조짐이라고 떠들어 대니, 선조가 모두 물리쳤다. 그 뒤 3년이 지나 동서분당이 일어났다. 대체로 그때는 이른바 소당은 이미 선진이 되었고 후진이 다시 구신과 합쳐 세력이 강성해져 서로 다투었다. 그러나 만성적인 풍조를 혁신하고 세도를 만회하자는 논의는 나오지 않으니, 국가의 피해가 심각했다. 그러므로 뒷사람들이 이준경의 선견지명을 높이 평가했다.386)

이준경 졸기卒記에는 다음과 같이 쓰여 있다.

이준경은 어릴 때부터 뜻이 높고 비범했으며, 체격이 웅대해 많은 선비들 사이에 이름이 있었는데, 정광필鄭光弼과 김안국金安國이 크게 기대했

---

385) 《栗谷全書》 卷 4, 疏箚 2, 論朋黨疏(《栗谷學硏究叢書》 資料編 1, 栗谷學會), 2007, 386~408쪽.
386) 《선조수정실록》 권 6, 선조 5년 7월 갑신.

다. 조정에 들어와서는 청렴하고 엄중함이 세속에서 뛰어나 형 이윤경李潤慶과 함께 여망을 받아 사람들이 '두 봉황새'라고 일컬었다. 그 가운데서도 이윤경이 한층 더 강직했으므로 인물을 논하는 이들은 형이 더 우월하다고 했다.

권간權奸이 권세를 부리던 당시 이준경은 지조를 지키고 아부하지 않아 자주 배격되었으나, 그들이 끝내 감히 가해하지 못한 것은 절조와 품행에 흠이 없고 논의가 한편으로 치우치지 않았기 때문이다. 부정한 논의에 대해 감히 그것을 바로잡지는 못했으나, 본심은 사류를 보호했기 때문에 청론淸論이 믿고 의지하는 바가 있어 여망輿望이 그에게로 돌아갔다. 윤원형이 무너진 뒤에 비로소 국사를 담당하고 금상(선조)을 보좌해 급한 상태를 안정국면으로 돌아서게 했는데, 주상도 국사로 위임하고 의심하지 않았다. 이준경은 성심과 공도로 문·무관원을 재목에 따라 써서 계책이 행해지고 공을 세웠으며, 인심을 진정시키고 국맥을 배양했으니, 참으로 사직지신社稷之臣이라 할 만하다. 다만 본조에 사화가 자주 일어났기 때문에 신진들의 논의가 과격하고 예리한 것을 보고 항상 억제하여 조정하려 했고, 또 혁신하여 일거리를 만들려고 하지 않았으므로 사림이 흔히 그 점을 부족하게 여겼다.

이준경은 웃으면서 말하기를 '차라리 남이 나를 저버리는 것이 낫지 내가 남을 저버리지는 않는다'고 했다. 이준경은 정승으로 있으면서 체모를 잘 지켜 비록 착한 사람을 좋아하고 선비를 위하긴 했으나, 자신을 낮추어 굽힌 적이 없었다. 조식曺植이 임금의 부름을 받고 서울에 왔을 때 이준경은 옛 친구의 입장에서 서신은 보냈으나 끝내 찾아가 보지 않았다. 조식이 귀향하려 하면서 찾아와 고별하면서 말하기를 '공은 어찌 정승자리를 가지고 스스로 높이려 하는가?' 하자 이준경은 '조정의 체모를 내가 감히 폄하할 수 없어서이다'라고 했다.387)

---

387) 《선조수정실록》 권 6, 선조 5년 7월 갑신.

역시 재상으로서 선조의 신임을 받아 대신들과 신진사림 사이의 알력을 잘 조정한 공로를 제일로 치고 있다.

이준경이 죽은 지 7년 만인 1579년(선조 12) 9월 13일에 부인 정경부인 풍산김씨가 죽었다. 향년 80세. 11월 27일 이준경의 묘지 남쪽 명침동鳴砧洞 건향원乾向原에 장사지냈다. 묘지명은 아계鵝溪 이산해李山海가 지었다.[388] 1년 뒤인 1580년(선조 13)에는 유명遺命에 따라 부인의 묘에 합장했다. 묘지명은 동원東園 김귀영金貴榮이 지었고, 행장은 노수신盧守愼이 지었다.[389]

1581년(선조 14)에 비로소 예장禮葬을 지냈으며, 임금이 부물賻物을 내렸다. 석역石役을 한 지 3개월 만에 신도비가 세워졌다. 소재蘇齋 노수신이 짓고, 석봉石峯 한호韓濩가 쓰고, 옥봉玉峯 백광훈白光勳이 새겼다. 그런데 신도비에 을묘왜변에 관한 내용이 있다고 해 왜구들이 부숴 버리려 했다. 이준경의 유명으로 묘 아래 수백 보 되는 곳에 묘비를 세우고, 묘제墓祭에는 축祝을 읽지 못하게 했다. 임진왜란 때 가토 기요마사加藤淸正가 묘를 찾으려고 산속을 헤맸으나 안개가 짙어 그대로 돌아갔다.[390] 1585년(선조 18)에 이준경의 아들 이덕열李德烈이 청주부사로 있을 때 부서진 묘비를 다시 세웠다. 이 글도 노수신이 지었는데, "선생의 도덕과 공열은 국승國乘에 밝게 드러나 있다〔先生道德功烈 昭見國乘〕"는 10자뿐이었다.[391] 다음 해인 1586년(선조 19)에는 아들 이덕열이 청주에서 《동고유고東皋遺稿》를 인행했으며, 1590년(선조 23)에는 종계宗系를 고친 공으로 광국원전공신光國原從功臣 1등에 녹훈되었다. 명 사신 허국許國을 막후에서 접촉해 종계를 고치게 되어 정공신에 책봉될 것이었는데, 반대하는 사람이 있어서 원종공신에 그쳤다.[392]

---

388) 年譜, 437쪽.
389) 年譜, 437쪽.
390) 年譜, 437쪽.
391) 年譜, 437쪽.
392) 年譜, 438쪽.

  1602년(선조 35)에는 사후 청백리로 뽑혔으며(11인), 1610년(광해군 1)에는 충정忠正이란 시효가 내려지고, 선조 묘정廟庭에 배향되었다.393)
1647년(인조 25)에는 구계서원龜溪書院이 건립되었고, 1653년(효종 4)에 이준경이 봉안되었다. 이준경을 주향主享으로 하고, 수암守菴 박지화朴枝華·낙재樂齋 서사원徐思遠·서계西溪 이득윤李得胤·방촌芳村 이당李塘을 동·서에 배향했다. 재랑齋郞에는 이준경의 5대 봉사손奉祀孫 이최만李最晩이 임명되었다.394)

  1706년(숙종 32)에는 5대손 함경관찰사 이시만李蓍晩이 함흥에서 《동고유고》 4부部를 완성했다. 청주본이 임신왜란 때 망실되어 다시 편찬한 것이다. 이 유고는 1711년(숙종 37)에 6대손 순흥현감 이하원李夏源에 의해 부석사浮石寺에 보관되었다.395)

---

393) 年譜, 438쪽.
394) 年譜, 439쪽.
395) 年譜, 439쪽.

4. 이준경의 역사적 위상

이준경은 광주이씨 둔촌계이다. 둔촌遁村 이집李集은 고려 말에 문과에 급제해 이색李穡·정몽주鄭夢周 등과 사귀던 명사였다. 이집의 세 아들 이지직李之直·이지강李之剛·이지유李之柔가 모두 문과에 급제했고, 이지직의 세 아들 이장손李長孫·이인손李仁孫·이예손李禮孫도 모두 문과에 급제했다.

특히 이인손은 세조 공신으로서 우의정에 올라 광주이씨 둔촌계를 훈구파의 핵심으로 자리를 굳히게 했다. 뿐만 아니라 그의 다섯 아들 이극배李克培·이극감李克堪·이극증李克增·이극돈李克墩·이극균李克均이 5자등과五子登科해 의정議政이 되거나 공신이 되었으며, 여기에 조카 이극규李克圭(장손의 장자)·이극기李克基(예손의 장자)·이극견李克堅(예손의 차자) 등과 함께 8극八克으로 알려질 정도로 현달했다. 그리하여 성현成俔의 《용재총화慵齋叢話》에서 "당대에 문벌이 성하기로는 광주이씨만한 가문이 없다〔當今門閥之盛 廣州李氏爲最〕"고 할 정도로 당대 최고의 문벌가문으로 성장했다.

그러나 광주이씨 둔촌계는 그 다음 세대부터 시련을 겪었다. 1498년(연산군 4) 무오사화 때 이극배의 손자 이수공李守恭이 유배된 것을 비롯해, 1504년(연산군 10) 갑자사화 때 이극감의 아들 이세좌李世佐와 손자 이수원李守元·이수형李守亨·이수의李守義·이수정李守貞이 몰살당하는가 하면, 이수정의 두 아들 이윤경李潤慶·이준경李浚慶도 괴산槐山으로 귀양가는 사태가 벌어졌다.

광주이씨 둔촌계의 불행은 여기서 끝나지 않았다. 1519년(중종 14) 기묘사화 때는 이준경의 사촌형 이연경李延慶(수원의 장자)과 이약빙李若氷(준경의 6촌)이 파직되었으며, 1545년(인종 1)의 을사사화와 1550년(명종 5)의 이홍윤李洪胤의 역모사건으로 이약빙·이약해李若海·이중열李中悅이 유배되거나 사사되었다. 그리고 이준경은 보은으로 유배가고 이윤경은 문외출송門外出送되었으며, 이유경李有慶(연경의 동생)·이수경李首慶(극견의 증손) 등은 파직되거나 귀양갔다.

이와 같이 이준경 가문은 사화가 있을 때마다 화를 입었다. 사림파에 속했기 때문이다. 그 시작은 이세좌가 연산군의 생모인 폐비 윤씨의 약사발을 들고 간 데서부터 비롯되었지만 그 뒤 이준경 가문은 사림파로 돌아섰다. 우선 사촌형 탄수 이연경은 조광조를 추종해 현량과賢良科 병과에 급제한 사림파이고, 이윤경·이준경 형제는 이연경에게서 성리학을 배웠으니 그들 또한 사림파에 속했다고 할 수 있다. 실제로 이준경 형제는 스승인 이연경을 따라 조광조를 만나보기도 했다. 그리고 이영부李英符는 조광조를 구하려다 25세의 젊은 나이로 장살당하기도 했다.

이로 미루어 보아 이준경 가문은 16세기에 들어오면서 이미 훈구파에서 사림파로 전향하고 있었음을 알 수 있다. 그러나 사림파의 주장은 정제되어 있지 않고 과격해 여러 차례의 사화가 일어났다. 이에 이준경은 사림파로서 주장할 것은 주장하지만 재상으로서 기득권층인 재상들과 신진사림 사이를 잘 조정해 사화가 일어나지 않도록 노력했다. 양자를 거중조정居中調停하는 역할을 한 것이다.

1533년(중종 28)에 이준경은 검토관 구수담具壽聃과 함께 안처겸安處謙 옥사에 연루된 사림 가운데 억울한 사람이 많으니 풀어 주라고 말하여 중종이 술까지 내려 주었다. 그러나 김안로金安老 등 대신들이 이준경이 자기의 측근인 이연경·이약수·이약빙 등을 풀어 주려는 것이라고 반대해 파직되었다. 그러나 기묘사화 이후 파직된 사림 60여 인이 풀려 나왔다.

그리고 1541년(중종 36) 4월에 이준경은 당대의 석학 이언적李彦迪·이황李滉과 함께 유명한 일강구목소一綱九目疏를 올려 중종에게 사림정치를 실시할 것을 주장했다. 또한 1565년(명종 20) 문정왕후가 죽자 영의정으로 앞장서서 윤원형을 여러 차례 탄핵해 쫓아냈다. 나아가서는 이황·조식曺植·성수침成守琛·서경덕徐敬德·성운成運·이항李恒·임훈林薰·한수韓脩·남언경南彦經·김범金範 등 도학자들과도 일정한 연계를 가지고 이들을 불러들이도록 추천하기도 했다.

그러나 이이·기대승 등 과격한 개혁주장에 대해서는 견제해 사화를 미연에 방지하고자 했다. 이에 대해 이이는 이준경이 식견이 짧고, 재기가 부족하며, 거만해 사림에게 인심을 많이 잃었다고 했다. 이준경이 죽기 전에 올린 유차에 대해 "이준경이 죽을 때 그 말이 악하다"고까지 맹렬히 비난했다. 이 유차가 심의겸沈義謙을 겨냥한 것이라고 하나 사실은 신진사림들의 과격한 언론을 겨냥한 것이라 해야 할 것 같다.

이황이 우찬성으로 불려 올라왔을 때도 이준경이 매우 호통을 친 바 있다. 조광조와 같이 되고 싶으냐는 것이었다. 이미 당시에 이황을 필두로 하는 신진사림들을 "소기묘小己卯"라고 지목해 위험하게 여기는 분위기였다. 이때 이황은 이를 받아들여 곧 물러나 무사했지만 이이와 기대승이 과격한 언론을 할 때에는 김개 등 윤원형·이량의 잔당들이 들고 일어나 자칫하면 사화가 일어날 뻔했다. 이준경은 오히려 김개를 실각시켰다. 그러나 이이와 기대승이 일찍 죽은 것도 이러한 반대세력의 위협으로 말미암은 스트레스 때문이 아닌가 생각된다.

훈신 세력과 신진사림 세력 사이를 조정하려면 스스로 흠이 없고 인망이 있어야 한다. 이준경은 키가 커서 일찍부터 장재將才가 있다는 말을 들었고, 청렴결백해 남에게 흠을 잡힐 일을 하지 않았다. 뿐만 아니라 인사에 공정하고 권력자들의 청탁을 과감히 물리쳤다. 이원익·이황·조식·성수침·윤두수·윤근수 등 인재들을 추천하고, 심의겸·덕흥군·심통원·윤두수·윤근수 등의 은근한 청탁을 받아주지 않았다. 그는 두 번씩이나 염간인으로 표창되기도 했다.

　이준경은 능력도 있었다. 그는 국가가 어려울 때 외국에 사신으로 다녀왔고, 명종이 죽어 명나라 사신 허국許國이 왔을 때 막후에서 종계宗系를 바로잡아 주도록 부탁해 종계무변宗系誣辨을 해결하는 데 공헌했다. 뿐만 아니라 왜적이 쳐들어올 때는 병조판서로서, 대신으로서 국방에 관한 건의를 많이 했고, 을묘왜변乙卯倭變 때에는 직접 전라도도순찰사로 왜적을 물리치기도 했다. 그러나 그의 국방사상은 되도록 강적과 마찰을 피해 생령을 도탄에 빠지지 않게 하는 것이었다. 이는 비단 이준경만의 국방사상일 뿐 아니라 문치주의 국가인 조선의 국방사상이기도 했다.

제2장

아계 이산해의 가계와 행적

1. 머리말

2. 한산이씨의 선계先系

3. 이곡李穀·이색李穡 대

4. 이계전李季甸·이개李塏 대

5. 생애와 행적

6. 아계 이산해의 자손들

7. 역사적 위상

1. 머리말

　이산해는 사림정치가 시작되던 16세기의 정치가로서 초기 당쟁기에 주도적 역할을 한 인물이다. 그는 가정稼亭 이곡李穀, 목은牧隱 이색李穡과 같은 훌륭한 조상을 둔 한산이씨였다. 그래서인지 한산이씨 이색계에서는 이계전李季甸·이개李塏·이지함李之菡·이산해·이경전李慶全 등 많은 문장가들이 배출되었다.

　그러므로 이산해를 이해하려면 그의 가계를 먼저 살펴보아야 한다. 가문의 전통을 이해해야 하기 때문이다. 한산이씨 이색가문은 고려 말에 현달하다가 조선건국에 반대해 멸문지화를 당했다. 그러다가 세조조에 이계전과 이개가 훈구계로 현달했으나 이계전은 정난공신, 이개는 사육신으로 갈려 명암이 교차했다.

　그 뒤 16·17세기에 이산해·이경전 부자가 나타나 사림계로 전향해 초기 당쟁의 전면에 나섰다. 이산해는 어려서부터 문재文才가 있는 데다가 겸허하고 청렴해 선조가 깊이 신임했다. 그리하여 선조는 이산해에게 인사권을 맡겨 그의 주위에는 사람이 모이게 되었다. 그러다 보니 당파가 생길 때마다 당수로 추대되었다. 동서분당 때에는 동인의 당수, 남북분당 때에는 북인의 당수, 대·소북이 분당 때에는 대북의 당수, 골·육북의 분당 때에는 골북骨北의 당수가 되었다. 따라서 당쟁이 심해질수록 비난을 많이 받았다. 그리하여 인조반정으로 북인정권인 광해군정권이 무너지자 신도비를 세우지 못할 정도로 핍박을 받았다. 그 때문에 후손들은 남인으로 자정했다.

　이와 같이 이산해는 훌륭한 능력으로 국가의 중요한 일을 많이 했으나, 당쟁의 소용돌이 속에서 제대로 평가되지 못했다. 이에 이 글에서는 이러한 이산해의 인간과 가문의 배경, 당쟁기에 부침하는 행적을 객관적으로 조명해 보고자 한다.

2. 한산이씨의 선계先系

    한산이씨韓山李氏는 고려 초기 권지합문지후 이윤우李允佑를 시조로 하는 백파伯派와 동생 호장戶長 이윤경李允卿을 시조로 하는 숙파叔派로 나뉜다. 백파는 이윤우의 아들 이지명李知命(1127~1191)이 명종 대에 정당문학政堂文學을, 이지명의 손자 이무李茂가 충렬왕 대에 도첨의참리 都僉議參理를 지냈으나, 고려 말 조선 전기에는 당상관직을 배출하지 못 했다.1) 숙파는 이윤경-이인간李仁幹을 거쳐 손자 대에서 충진계忠進系 와 효진계孝進系로 갈렸다. 충진계는 고려 말에 향리가문으로 처져 있었 으나, 효진계는 고려 말에 이곡李穀과 이색李穡을 배출함으로써 대가세 족大家世族이 되었다. 백파와 숙파의 가계를 소개하면 〈표 1〉과 같다.2)

    아계鵝溪 이산해李山海는 숙파인 윤경계에 속한다.3) 이윤경은 권지호 장權知戶長을 지냈다고 기록되어 있다. 고려는 983년(성종 2)에 호족을 향리로 격하시키고 향직鄕職을 두어 호족이나 호족의 자제들을 임용했 다. 1051년(문종 5) 10월에 제정된 향직표는 〈표 2〉와 같다.4)

---

1) 韓忠熙, 〈朝鮮前期 韓山李氏 穡(-種德, 種學, 種善)系 家系研究〉, 《啓明史學》 8, 啓明史學會, 201쪽.

2) 韓忠熙, 앞의 글, 《韓山李氏文烈公派世譜》 卷 1, 회상사, 한산이씨문열공파세보편찬위원회, 2002, 1쪽.

3) 《韓山李氏文烈公派世譜》 卷 1, 1쪽.

4) 李成茂, 〈조선초기의 향리〉, 《개정증보 조선의 사회와 사상》, 일조각, 2004, 272쪽; 《高麗 史》 卷 75, 選擧志 鄕職.

〈표 1〉 백파와 숙파의 가계

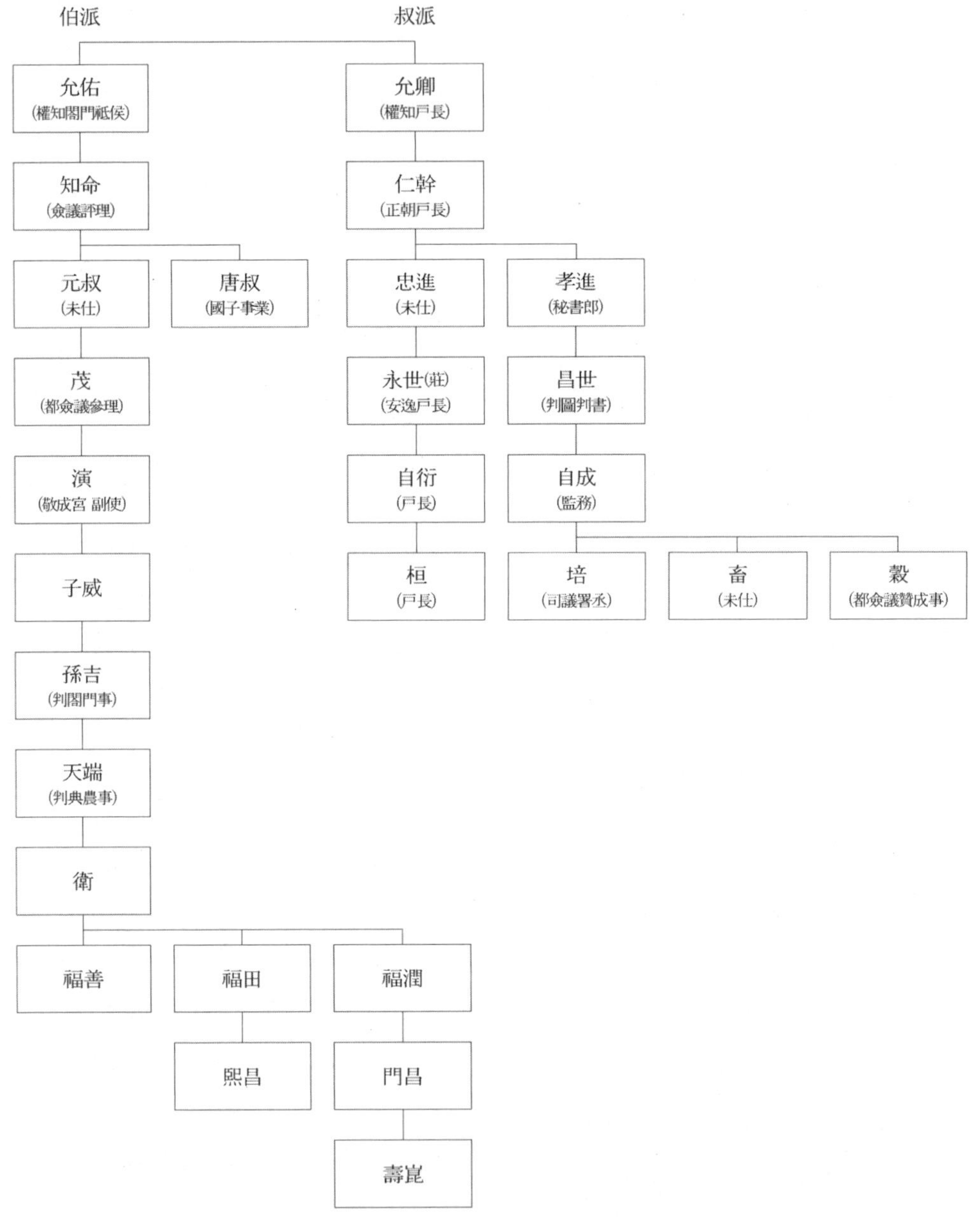

伯派
叔派
允佑
(權知閣門祗侯)
允卿
(權知戶長)
知命
(僉議評理)
仁幹
(正朝戶長)
元叔
(未仕)
唐叔
(國子事業)
忠進
(未仕)
孝進
(秘書郎)
茂
(都僉議參理)
永世(莊)
(安逸戶長)
昌世
(判圖判書)
演
(敬成宮 副使)
自衍
(戶長)
自成
(監務)
子威
桓
(戶長)
培
(司議署丞)
畜
(未仕)
穀
(都僉議贊成事)
孫吉
(判閣門事)
天端
(判典農事)
衛
福善
福田
福潤
熙昌
門昌
壽崑

2. 한산이씨의 선계先系   135

〈표 2〉 향직표鄕職表

戶長層	記官層						色吏層	
戶長	副戶長	兵正 倉正	戶正 公須正 食祿正	副戶正 客舍正 藥店正 司獄正	副兵正 副倉正 副公須正 副食祿正	史 副客舍正 副藥店正 副司獄正	兵史 倉史	公須史 倉祿史 客舍史 藥店史 司獄史

이윤경의 아들은 정조호장正朝戶長을 지낸 2세 이인간李仁幹이요, 이
인간의 아들은 3세 이충진李忠進과 봉헌대부奉憲大夫 비서랑秘書郎을 지
낸 이효진李孝進, 이효진의 아들은 이창세李昌世로 되어 있다. 그러나 시
조 이윤경부터 4세 이창세까지는 묘소도 실전失傳되고, 계대繼代도 제대
로 이어지지 않는다. 그런데 구보舊譜에는 묘소가 한산 관부官府 담 안
에 있었다고 했다. 이에 1880년(고종 17)에 마침 내아內衙가 무너진 틈
을 타 고노故老가 지적해 주는 곳을 파 보았으나, 석광石鑛이 있는 것을
확인했을 뿐 지석誌石은 발견하지 못했다. 그리하여 그 자리에 “高麗戶
長李公墓表 西紀 一八八二年 崇禎五年壬午 四月 日 忠淸道觀察使 承五
撰”이라는 표석만 세워 놓았다.5)

그럼에도 족보에 시조부터 4세까지의 세계를 실어놓은 까닭은 장령
掌令을 지낸 이흡李洽의 가보家譜와 전부典簿 정시술丁時述의 집에 간직
되어 오고 있던 《제성보諸姓譜》에 이윤경-이인간-이충진·효진으로 되
어 있으므로 이를 족보에 그대로 싣는다는 것이다. 더구나 정시술의
《제성보》는 족보의 대가인 서천부원군西川府院君 정곤수鄭崑壽의 집에
보관하고 있던 성보姓譜에서 나온 것이니 믿을 만하다는 것이다.6) 그러

---

5) 《韓山李氏文烈公派世譜》 卷 1, 1쪽.

6) 《韓山李氏文烈公派世譜》 卷 1, 1쪽. 《述先錄》 自寬亭世系 誤書辨에 “우리 從祖 超然公께서
   譜錄을 닦는 데 마음에 둔 지가 자못 30년이 되었고, 碑誌와 譜牒에 보인 것도 100여 본이

나 판도판서공版圖判書公 이상 여러 대는 서원과 장령掌令 이흡李洽의 가보에 실려 있을 뿐 《한산보韓山譜》에는 인간과 충진·효진을 형제로 기록하고 있는 경우도 있어서, 지금은 의심스러운 채로 그대로 싣는다고 적혀 있다.[7]

다른 족보에도 선계는 기록이 미비해 시조로부터 여러 대를 고증하기 어렵다. 시조로부터 그 아래 몇 대까지는 계보가 단선으로 연결되어 있는 경우가 많고, 일정한 세대가 내려간 뒤에는 복수의 가계가 기록되어 있는 것이 일반적이다. 이 단선의 가계를 선계先系라 하고, 복수의 가계를 본계本系라 한다.[8] 이러한 모순을 해결하고자 시조가 중국에서 왔느니, 우연히 조상의 지석을 발견했다느니 하는 터무니없는 이야기를 지어내고 있다. 물론 시조와 본계를 직접 연결하려니 자료가 없고, 현실적으로 필요하지도 않아 방계의 가계는 과감히 생략하기도 했다.[9]

나 된다. 任慶昌·丁時述 두 공이 간직하고 있는 책에도 모두 秘書公을 正朝戶長公의 아들이라고 했다. 대개 任·丁 두 집은 우리나라 譜學의 大家이니 이를 버릴 수가 없고, 觀察公의 疑辭과 超然公의 보는 바가 뚜렷해 의심할 것이 없다. 또 同宗 두세 집에 간직된 系帖에도 모두 正朝戶長公을 秘書公의 아버지라 했으니 뚜렷이 믿을 수 있고 확실하고 분명하다. 또 碧珍李氏《八八帖》과 許極의 《百家譜錄》과 李景說의 《氏族源流》에도 역시 秘書公을 戶長公의 아들이라고 했다"고 해(《韓山李氏文烈公派世譜》 卷 1, 3쪽) 允卿-仁幹-忠進·孝進의 家系를 고집하고 있다.

7) 《韓山李氏文烈公派世譜》 卷 1, 1쪽.
8) 李成茂, 〈한국의 姓氏와 族譜〉, 《조선시대 사상사연구》 2, 지식산업사, 2009, 409쪽.
9) 李成茂, 위의 글, 409쪽.

3. 이곡李穀·이색李穡 대

1) 이곡

한산이씨는 시조 이윤경 대부터 이자성李自成 대까지는 한산의 향리 가문이었을 뿐이었다. 이자성은 흥례부興禮府(지금의 울산) 향리 이춘년李椿年의 딸 사이에서 이배李培·이축李畜·이곡李穀 세 아들과 장씨張氏 성을 가진 사람에게 시집간 딸 하나를 두었다.[10] 이자성은 진사로서 정읍감무를 지냈다고 하는데, 1310년(충선왕 2) 7월 3일에 죽었으며, 아들 이곡의 출세로 원나라의 봉훈대부奉訓大夫 비서감승秘書監丞, 고려의 광정대부匡靖大夫 도첨의찬성사都僉議贊成事에 추증되었다. 묘는 충남 서천군 기산면 영모리 산 2-2번지 영모암永慕菴에 있다. 그리고 그의 부인은 1268년(원종 9)에 태어나 1350년(충정왕 2) 10월 20일에 죽었는데, 그 또한 이곡이 출세해 원나라의 요양현군遼陽縣君, 고려의 삼한국대부인三韓國大夫人에 추증되었다. 묘는 서천군 마산면 마명리 산 1번지에 있으며, 익재益齋 이제현李齊賢이 쓴 묘지명이 있다. 《죽창한화竹窓閒話》에는 무학대사가 터를 잡은 것으로 알려진[11] 이곡의 어머니 산소가 한산에 있어, 이 산소 덕분에 자손들이 무식한 사람이 없고 대대로 명공

---

10) 《韓山李氏文烈公世譜》 卷 1, 1쪽.
11) 《韓山李氏文烈公世譜》 卷 1, 1~2쪽.

거경名公鉅卿이 많이 나왔다고 적고 있다. 그런데 어떤 사람이 그 옆에 투장偸葬을 해 쌍분처럼 만들어 놓았는데 파토破土하는 날 갑자기 향로가 날아오르고, 제주題主를 할 때 올빼미가 붓을 물고 달아나는 괴변이 일어났다고 한다.

이곡의 큰형 이배는 고려의 사의서승司議署丞을 지낸 것으로 되어 있고, 둘째 형 이축은 요절했다.[12] 이곡(1298~1351)은 1298년(충렬왕 24) 7월 임인壬寅일에 한산의 북고촌北古村에서 태어났으나, 청소년기에는 한동안 외가가 있는 흥례부에서 거주한 것으로 보인다. 그는 외가에 있는 동안 유학자 우탁禹倬(1263~1342)을 만났다. 우탁은 이곡보다 35세 연상으로서 1278년(충렬왕 4)에 향리로 과거에 급제해 그해에 흥해사록興海司錄이 되었으며, 1308년(충렬왕 34)에 감찰규정監察糾正이 되어 개경으로 올라갔다. 이때 우탁의 나이 46세요, 이곡은 11세였다.[13] 그는 감찰규정으로 부임해 가는 우탁에게 축하하는 시를 써 주었다.[14] 이곡은 우탁의 영향을 받아 학문을 할 결심을 했을 것이다.

그는 16세 때 울산에서 가까운 영해향교寧海鄕校의 대현大賢(생도의 연장자)인 김택金澤의 딸 함창김씨咸昌金氏와 혼인했다.[15] 김택의 아들도 향리 출신으로 출세해 중대광重大匡 함창군咸昌君에 이르렀으니,[16] 이곡과 마찬가지로 향리에서 사대부로 진출한 신흥사대부였음을 알 수 있다.

이곡은 13세에 아버지를 잃었다.[17] 그는 글을 잘했을 뿐 아니라 어

---

12) 《韓山李氏文烈公世譜》 卷 1, 1~2쪽. 李培는 郎將(정6품), 李畜은 護軍을 지낸 것으로 되어 있으나 이런 관직은 이곡이 출세해 얻은 贈職일 것이다(高惠齡, 〈稼亭 李穀(1298~1351)에 대하여─官職生活과 政治觀을 중심으로─〉, 《梨花史學研究》 제17·18합집, 1988, 356쪽).

13) 韓永愚, 〈稼亭 李穀의 生涯와 思想〉, 《韓國史論》 40, 서울대 국사학과, 1998, 3쪽.

14) 李穀, 《稼亭集》 卷 15, 寄賀禹先生拜糾正.

15) "高麗李穀 未第時 薄遊到此 取金澤女爲妻."(《新增東國輿地勝覽》 卷 24, 寧海都護府 流寓); "李穀少時 薄遊寧海 澤時爲鄕校大賢 知其必貴 以女妻之 遂生穡 大賢 生徒年長之稱."(《新增東國輿地勝覽》 卷 29, 咸昌縣 人物條, 金澤)

16) 高惠玲, 앞의 글, 356쪽.

17) 《稼亭集》 稼亭先生年譜.

머니에게 극진한 효자였다. 그래서 죽은 뒤에 '문효文孝'라는 시호를 받았다. 학문과 효도에 뛰어났다는 뜻이다. 이곡은 개경에 올라와 도평의사사 연리椽吏가 되었고,[18] 20세가 되던 1317년(충숙왕 4)에 거자시擧子試(국자감시國子監試)에 합격했으며, 23세가 되던 1320년(충숙왕 7)에 수재과秀才科 제2명第二名으로 급제했다.[19] 그리하여 복주사록참군福州司錄參軍에 임명되었다가, 1331년(충혜왕 1)에 예문검열藝文檢閱로 옮겨갔다.[20] 이 수재과의 시험관인 지공거知貢擧는 이제현李齊賢이었다. 이때부터 이제현이 그의 좌주座主로서 이곡과 부자관계 같은 긴밀한 관계를 맺게 되었다.[21] 이곡에게 처음으로 의지할 배경이 생긴 것이다.

이곡은 복주에서 정도전鄭道傳의 아버지 정운경鄭云敬을 만났다. 정운경은 이곡보다 7세 연하지만, 복주향교에서 가장 우수한 학생이었고, 같은 향리 출신으로 함께 명승지를 유람했다.[22] 이 인연이 아들 대에 이색과 정도전의 관계로 발전하게 된 것이다.

그러나 이곡은 수재과에 급제해서도 문벌의 배경이 없어 출세할 수 없었다. 결국 그는 수재秀才로서 10년 동안 침체되어 있어야 했다.[23] 이곡은 수재과의 동년同年들은 잘 나가는데 자기는 향리 출신이라 침체되어 있는 것이 안타까웠다. 그리하여 중앙에 있는 중서성中書省의 조모趙某, 헌납獻納 최모崔某에게 편지를 써 구직운동을 했다.[24] 그가 최헌

---

18) 《高麗史》 卷 109, 列傳 22 李穀.

19) 《韓山李氏文烈公派世譜》 卷 1, 3쪽. 擧子試는 1317년(충숙왕 4)에 설치되었는데 國子監試에 해당하는 시험이었다(李成茂, 《韓國의 科擧制度》, 집문당, 1994).

20) 《高麗史》 卷 109, 列傳 22, 李穀.

21) 科擧의 시험관인 知貢擧를 座主라 하고, 그 시험에 급제한 及第者를 門生이라 해, 이 좌주와 문생은 부자와 같이 끈끈한 관계를 맺고 있었다. 이를 좌주문생제도라 한다(李成茂, 앞의 책, 50쪽). 同門에는 崔甲龍·白文寶·安輔·尹澤·閔思平·朴忠佐·田叔蒙·金天祚·鄭上舍·金東錫·金子儀 등 저명인사들이 많이 포함되어 있었다[李成珪, 〈高麗와 元의 官僚 李穀(1298~1351) 年譜稿〉, 全海宗博士八旬紀念論叢, 《東아시아 歷史의 還流》, 시식산입사, 2000, 216쪽].

22) 鄭道傳, 《三峯集》 卷 4, 傳 鄭云敬行狀.

23) 韓永愚, 앞의 글, 5쪽.

24) 韓永愚, 앞의 글, 5쪽.

납에게 보낸 편지를 보자.

> 집안이 한미하고 궁벽한 시골에 사는 선비는 스스로 출세할 수가 없습니다. 나는 미련하고 비겁해서 진퇴를 부끄러워 해 머뭇머뭇거립니다. 높은 관리의 집을 바라보면 함정처럼 느껴져 앞으로 나가지 못합니다. 높은 갓을 보면 귀신처럼 보여 머리를 들지 못합니다. 이 때문에 여러 사람에게 뒤져 한 번도 벼슬에 젖어보지 못했습니다.……남쪽 가지가 북쪽 가지보다 먼저 피는 것은 스스로 그렇게 되는 것이 아니라 우연히 의지하는 형세에 따라 앞뒤가 생기는 것뿐입니다.……이것이 바로 사람들이 유감으로 생각하는 일입니다.……나는 운수를 믿고 관직을 구하지 않았으나, 관직을 구한 사람은 모두 앞서가는 것을 보고 내가 어리석다는 것을 알았습니다. 사람이 하고자 하는 것은 충효忠孝입니다. 집이 가난하고 어버이가 늙으셨는데도 벼슬하지 않는 것은 불효입니다.25)

시골 향리 출신으로서 연줄이 없어 중앙의 관직을 받지 못하는 처절한 심정을 낱낱이 드러낸 편지라고 할 수 있다. 이는 신흥사대부들이 공통으로 느끼는 비애였을 것이다. 그리하여 수재과 동년들에게 도움을 청했으나 뜻은 이루지 못했다. 하는 수 없이 이곡은 그의 좌주인 이제현李齊賢에게 구직을 청했다. 이곡이 33세가 되던 1330년(충숙왕 즉위) 무렵에 이제현은 정당문학政堂文學이 되었다.26) 그것이 효과를 보았던지 1331년(충혜왕 1) 봄에 정9품인 예문춘추관藝文春秋館 검열檢閱이 된 것이다.27)

그러나 그는 여기에 만족할 수 없었다. 그는 1332년(충숙왕 복위 1)에 정동행중서성 향시에 1등으로 합격하고, 1333년(충숙왕 복위 2)에 36세

---

25) 李穀, 《稼亭集》 卷 8, 書啓序, 與同年趙中書崔獻納.
26) 李穀, 《稼亭集》 卷 8, 書啓序, 與同年趙中書崔獻納, 上政堂啓. 이때의 政堂은 이제현이었던 것이 확실하다(韓永愚, 앞의 글, 7쪽).
27) 李穀, 《稼亭集》 卷 8, 書啓序, 與同年趙中書崔獻納.

의 나이로 드디어 원나라 제과制科에 제2갑第二甲으로 급제해 한림국사원翰林國史院 검열檢閱, 정동행중서성征東行中書省 좌우사左右司 낭중郎中에 임명되었다.[28]

제과에 급제한 사람은 이곡 외에도 안진安震·최해崔瀣·안축安軸·이인복李仁復·안보安輔·윤안지尹安之·이색李穡 등이 있었으나,[29] 거의 하위권 급제자요 이곡과 같이 상위권 급제자는 없었다. 이곡의 대책對策을 읽은 독권관讀卷官이 크게 칭찬했고, 재상이 황제에게 건의해 한림국사원 검열관에 임용하게 했으며, 원나라 문사들과 교류하면서 강마해 문상이 외국 사람의 것으로 보이지 않을 정도로 발전했다고 한다.[30]

이곡은 그 뒤로 개경보다 연경燕京에 있는 기간이 많았다. 그는 원나라 관리이기는 했지만 자신의 지위를 이용해 고려의 이익을 대변하는 역할을 했다. 1334년(충숙왕 복위 3)에는 원 순제順帝의 흥학조興學詔를 고려에 가지고 와서 학교를 진흥할 수 있도록 하고 돌아갔다. 충숙왕은 그를 봉선대부奉善大夫 시전의부령試典儀副令 직보문각直普文閣에 제수했다.[31]

그런데 그가 원에 있을 때인 1335년(충숙왕 복위 4) 12월에 원이 고려에서 동녀童女를 징발하려 했다. 이에 이곡은 이를 반대하는 상소를 올렸다.

이 글에서 이곡은 공녀의 실상을 적나라하게 폭로했다.《고려사》이곡 열전에는 이 상소문의 전문을 싣고 있다.[32] 고려를 위해 애국심을

---

28) 李穀,《稼亭集》卷 8, 書啓序, 與同年趙中書崔獻納;《韓山李氏文烈公派世譜》3쪽.

29)《高麗史》卷 74, 志 28, 選擧 2, 科目 2 制科. 그런데《增補文獻備考》卷 185, 選擧考 2, 科目 2, 制科條에는 金祿·賓于光·全元發·辛蔵·李球·安震·崔瀣·安軸·趙廉·李穀·辛裔·李承慶·李仁復·安輔·尹安之·李天翼·李穡·李升彦·崔彪·李舒 등의 원나라 제과 급제자가 보인다. 制科에는 征東行中書省 鄕試에 합격한 3명을 원나라 會試에 응시할 수 있게 했다.

30) "前此 本國人 雖中制科 率居下列 穀所對策 大爲讀卷官所賞 置第二甲 宰相 奏授翰林國史院 檢閱官 穀與中朝文士 交遊講劘 所造盆深 爲文章操筆 立成辭嚴義奧 典雅高古 不敢以外國人 視也."(《高麗史》卷 109, 列傳 22, 李穀)

31)《高麗史》卷 109, 列傳 22 李穀.

32)《高麗史》卷 109, 列傳 22 李穀.

발휘한 글이기 때문이다. 그는 원의 관리였지만 결국은 고려인이었던 것이다. 원 순제도 이 글을 보고 공녀제도를 곧바로 중지시켰다.[33] 고려에서는 이 공으로 그에게 판전교시사를 제수했다.[34]

이곡은 39세 되던 1336년(충숙왕 복위 5)에 원의 유림랑儒林郎 휘정원관구徽政院管句 겸선승발가각고兼善承發架閣庫에 제수되고, 다음 해에 유림랑 정동행중서성 좌우사 원외랑에 제수되어, 그해 10월에 귀국했다.[35] 충숙왕은 그를 신임해 정동행성에 이어 종3품 성균좨주成均祭酒 예문관대제학藝文館大提學 지제교知製敎를 제수했다.[36] 드디어 문한직文翰職을 차지하게 된 것이다. 그는 이 자리에서 7년 동안 근무하다가 1339년(충숙왕 복위 8)에 정3품 정순대부 판전교시사 예문관제학 지제교로 승진했다.[37]

충숙왕의 신임을 받던 이곡은 그해 충혜왕이 복위하면서 다시 시련을 겪기 시작했다. 충혜왕과 그의 측근들은 갖은 악정을 저질렀을 뿐 아니라 입성책동立省策動까지도 마다하지 않았다.[38] 이곡은 이들의 악정에 불만을 가지고 있던 터에 1341년(충혜왕 복위 2)에 원 순제가 즉위한(1333) 다음 연호를 지원至元에서 지정至正으로 바꾸자(1335) 축하표문을 가지고 원으로 들어가 귀국하지 않고 6년 동안 머물렀다.[39] 1343년(지정 3)에 원은 그에게 봉훈대부奉訓大夫 중서사中瑞司 전부典簿를 제수했다.[40]

그러다 1345년(충혜왕 5) 2월에 거듭되는 실정으로 고려왕이 원으로 잡혀가고, 8세된 충목왕이 즉위하자 이곡은 귀국해 다시 발언하기 시작

---

33)《高麗史》卷 109, 列傳 22 李穀.
34)《高麗史》卷 109, 列傳 22 李穀.
35) 韓永愚, 앞의 글, 9쪽.
36) 劉明鍾,〈稼亭 李穀의 生涯와 思想〉,《東洋哲學》8집, 한국동양철학회, 1997, 11쪽.
37) 韓永愚, 앞의 글, 9쪽.
38) 蔡雄錫,〈고려 중·후기 '無賴'와 '豪俠'의 형태와 그 성격〉,《역사와 현실》8집, 한국역사연구회, 1992, 238~253쪽.
39)《高麗史》卷 109, 列傳 22 李穀.
40)《高麗史》卷 109, 列傳 22 李穀.

했다. 〈우본국재상서寓本國宰相書〉가 그것이다.[41]

이곡의 개혁안은 인사개혁에 집중되어 있다. 전조의 기철奇轍을 비롯한 악소惡小들의 인사부정을 개혁하고 자기와 같은 신흥사대부들을 기용해야만 정치발전이 있을 것이라는 주장했다.[42] 그 결과 1347년(충목왕 3)에 개혁기구로 정치도감整治都監이 설치되었다.[43]

1345년(지정 5) 4월에 이곡은 황제를 호종해 상도上都에 갔다.[44] 1346년(충목왕 2) 정월에는 황제의 정삭正朔(책력)을 받들고 고려에 왔다. 이에 고려에서는 봉익대부(종2품 하) 판전교시사 예문관제학 동지춘추관사 상호군을 제수했고, 봄에는 밀직부사·지밀직사사·정당문학으로 승진했으며, 가을에는 한산군韓山君 예문관대제학 지춘추관사 상호군에 올랐다.[45]

그는 이제현의 추천으로 안축安軸과 함께 서연書筵 강설을 담당했다.[46] 뿐만 아니라 이제현·안축·안진安震·이인복李仁復과 더불어 민지閔漬가 편찬한 《편년강목編年綱目》을 증수하고, 충렬·충선·충숙 3조실록을 편찬했다.[47]

그러나 이곡의 고려생활이 순탄하지만은 않았다. 1346년(충목왕 2) 겨울에 허백許伯과 더불어 동지공거로서 김인관金仁琯 등을 선발했는데, 능력 없는 세가의 자제들을 뽑았다는 이유로 대간의 탄핵을 받고 물러나 다음 해 다시 중국으로 갔다.[48]

이곡이 다시 고려로 돌아온 것은 1348년(충목왕 4)이었다. 원의 감창監倉 벼슬을 하던 그는 고려의 도첨의찬성사都僉議贊成事 우문관대제학

---

41) 《高麗史節要》卷 25, 忠惠王 後5年 5月.

42) 《高麗史》卷 109, 列傳 22 李穀.

43) 閔賢九,〈整治都監의 설치경위〉,《국민대논문집》 11호, 1977, 83쪽.

44) "是月 車駕時巡上都……八月丁亥朔 車駕至自上都."(《元史》卷 40, 順帝紀 3 至正 5年 夏 4月)

45) 《高麗史》卷 109, 列傳 22 李穀.

46) 李齊賢,《益齋亂藁》卷 8, 乞免書筵講說擧贊成事安軸密直副使李穀自代箋.

47) 《高麗史》卷 109, 列傳 22 李穀.

48) 《高麗史》卷 109, 列傳 22 李穀.

右文館大提學 감춘추관사監春秋館事 상호군上護軍을 받아 귀국했다.[49] 문한을 담당하고 재상의 반열에 오른 것이다.

그러나 1349년(충정왕 1) 정월에 충정왕이 즉위하자 이곡은 다시 시련을 겪게 되었다. 그는 충정왕이 아닌 공민왕을 밀었기 때문이었다. 이에 불안을 느껴 관동關東 지방을 유람하다가 명년에 원으로부터 정동행중서성 좌우사낭중을 받았으나, 이듬해인 1351년(충정왕 3) 1월 1일에 54세를 일기로 서거했다. 시호는 문효文孝이고, 성격은 단엄端嚴·강직해 사람들이 모두 존경했다. 《가정집》 20권이 전한다.[50]

이곡은 그의 아들 이색 때문에 유명해졌다. 그러나 이색이 고려 말의 유종儒宗이 될 수 있었던 것은 그의 아버지인 이곡이 닦아 놓은 기반이 있었기 때문이었다. 그의 집안은 한산의 일개 향리에 지나지 않았다. 이러한 신분적 약점을 극복하고자 이곡은 원나라의 제과制科에 급제해 원의 권위를 이용해 고려에서 발신發身하는 방법을 택했다. 이에 그는 열심히 공부해 이 목표를 달성했다. 제과에 급제한 뒤 그는 네 차례에 걸쳐 7년 동안 원에 있으면서 그곳의 문사들과 사귀고 학문을 연마해 고려의 문한을 잡고 재상의 반열에까지 오를 수 있었다. 그러나 젊었을 때는 오랫동안 하류에 머물러 있었고, 말년을 제외하고 고려에서 크게 발신하지 못해 제자도 많지 않고, 국내의 정치적인 기반도 약했다. 그러나 이제현과 이색을 잇는 주자학의 정통에서 이곡은 고려 유학사에서 확고한 지위를 차지한다고 할 수 있다. 한산이씨가 대가세족으로 성장할 수 있었던 것도 이곡을 빼놓고는 말할 수 없다.

이곡은 1남 4녀를 두었다. 이곡의 자녀손은 〈표 3〉과 같다.

외아들인 이색은 문하시중을 지냈고, 성균관을 중심으로 성리학을 일으키고 많은 제자들을 양성한 고려 말의 대표적인 유학자였다. 부인은 우정승 권한공權漢功의 손녀딸인 안동권씨였다. 처부는 화원군花原君 권

---

49) 《高麗史》 卷 109, 列傳 22 李穀.
50) 《高麗史》 卷 109, 列傳 22 李穀.

〈표 3〉 이곡의 자녀손

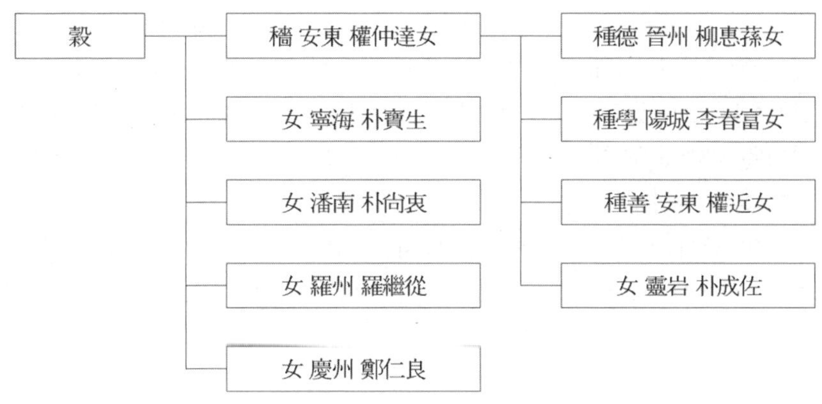

중달權仲達이다. 권한공은 충렬왕 대에 심양왕瀋陽王이었던 충선왕을 도와 고려를 괴롭혔던 인물로 고려의 도첨의정승都僉議政丞 예천부원군醴泉府院君을 지냈다. 시호는 문탄文坦이다.51) 그는 심왕파이기 때문에 《고려사》 간신전姦臣傳에 수록되어 있다. 그러나 이색은 가문의 격을 높이고자 권력자 집안인 권한공계의 안동권씨와 혼인한 것이다.52)

　이곡의 사위는 영해寧海 박보생朴寶生, 반남潘南 박상충朴尙衷, 나주羅州 나계종羅繼從, 경주慶州 정인량鄭仁良 등 4인이다. 박상충은 공민왕 조에 등제해 고려의 판전교시사判典敎寺事 우문관직제학右文館直提學을 지냈으며, 조선조에 영의정 금성錦城부원군에 추증되었다. 그는 친명파로서 원의 사신을 받아들이는 것을 반대하다가 이인임李仁任 정권에 의해 볼기를 맞고 죽었다.53) 이색과 함께 성균관 교관으로 성리학을 강론했다.54) 아들 박은朴블은 태종 대에 좌의정 금천부원군錦川府院君을 지

---

51) 《韓山李氏文烈公派世譜》 卷 1, 4쪽.

52) 高惠玲, 〈稼亭 李穡에 대하여—官職生活과 政治觀을 중심으로—〉, 《梨花史學硏究》 제 17·18합집, 1988, 357쪽.

53) 高惠玲, 위의 글; 李成茂, 《한국 과거제도사》 대우학술총서 인문사회과학 99, 민음사, 1997, 441쪽.

54) 李成茂, 〈鮮初의 成均館硏究〉, 《한국 과거제도사》 대우학술총서 인문사회과학 99, 민음사,

냈다. 박보생은 1349년(충정왕 1)에 판위위시사判衛尉寺事를 지냈고, 그의 아버지 박원계朴元桂는 전법판서典法判書 보문각제학普門閣提學을 지낸 인물이었다. 나계종은 공민왕 대에 등제해 1371년(공민왕 20)에 예문관제학提學에 올랐다. 그는 이곡의 화상찬畵像贊을 지었다. 정인량의 아버지는 대제학을 지낸 정종보鄭宗輔요, 할아버지는 병조판서를 지낸 정홍덕鄭弘德이다.

이와 같이 이곡 대는 향리신분에서 벗어나 과거를 통해 개경에 진출하고, 신흥사대부가문과 통혼해 가격家格을 올리는 기간이었다.

2) 이색

이색(1328~1396)의 자는 영숙穎叔, 호는 목은牧隱이다. 아버지는 원의 정동행중서성 좌우사 낭중征東行中書省 左右司 郎中, 고려의 도첨의찬성사 우문관대제학 감춘추관사 상호군都僉議贊成事 右文館大提學 監春秋館事 上護軍를 지낸 문효공文孝公 이곡이고, 어머니는 영해寧海 향교의 대현大賢(향교에 출입하는 사람 가운데서 가장 어질고 점잖은 사람) 김택金澤의 딸인 원의 요양현군遼陽縣君, 고려의 함창군부인咸昌郡夫人 함창김씨이다. 이색은 1328년(충숙왕 15) 5월 9일에 외가가 있던 영해부에서 동쪽으로 20리쯤 떨어진 괴시촌槐市村(호지말濠池末) 무가정務價亭에서 태어났다.[55] 그가 태어났을 때 그 지방의 초목이 모두 말라버려 지금도 그곳을 이울[枯村]이라고 부른다고 한다.[56]

이색은 태어났을 때부터 총명하고 지혜롭기가 보통사람과 달라서, 글을 읽게 된 뒤로는 한번 보기만 하면 금세 외웠다 한다.[57] 그는 2세 되

1997, 375쪽.

55) 李延馥·李炫馥,〈牧隱 李穡의 年譜〉,《牧隱 李穡의 生涯와 思想》, 목은연구회, 일조각, 1996, 458쪽. 앞으로 이 글은 '年譜'라고 표기함.

56) 李容稙,〈牧隱先生行狀〉,《韓山李氏文烈公派文獻》卷 上, 72쪽. 金宗直의 '懷牧隱詩'에 "先生一出爲人瑞 從丹陽草木枯"라고 읊었다(李勳求,《國譯牧隱先生年譜》, 韓山李氏大宗會, 1985, 19쪽).

던 1329년(충숙왕 16)에 부모를 따라 고향인 한산군 서하면 영모리로 돌아가서[58] 유년기를 보냈다. 그는 8세부터 여러 곳의 산사山寺를 찾아다니면서 공부했다. 그의 '독서처가讀書處歌' 병서幷序에서는 다음과 같이 서술하고 있다.

이색은 8세에 한산의 숭정산, 14세에 교동의 화개산, 17세 봄에 한양의 삼각산, 그해 여름에 양주 감악산, 겨울에 양주 청룡산, 18세에 서천 대둔산, 19세에 평산 모란산 등 모두 일곱 군데의 산사에서 공부했다.[59] 그리고 이때 일을 시로 써서 후손들로 하여금 귀감을 삼게 했다.

그리디기 14세 되던 1341년(충혜왕 복위 2) 가을에 성균시에 합격했다.[60] 시관은 삼사우사三司右使 송당松堂 김광재金光載였다.[61] 15세 되던 1342년(충혜왕 복위 3)에 초은樵隱 이인복李仁復을 알았다.[62] 16세 되던 5월에 별장別將에 보임되고,[63] 19세 되던 1346년(충목왕 2)에 원의 제군만호부諸軍萬戶府 만호萬戶요, 고려의 화원군花原君 권중달權仲達의 딸과 혼인했다. 이색이 관례를 마치고 혼인하려 하자 한때의 명문 망족望族들이 다투어 딸을 주려 했다. 그리하여 당시 원의 태자좌찬선太子左贊善이요, 고려의 도첨의都僉議 좌정승左政丞이던 권한공權漢功의 손녀딸에게 장가가게 된 것이다.[64] 권한공은 비록 충선왕의 서자를 자칭하는 덕흥군德興君에게 붙어 고려를 괴롭히기는 했지만 당대의 권력자였다. 한산의 일개 향리 자손이었던 이색으로서는 가격家格을 올리는 좋은 계기였다. 그리하여 한산이씨는 이곡 대보다 훨씬 명족으로 발돋움하게 되었다.

---

57) 權近, 〈牧隱先生行狀〉, 《韓山李氏文烈公派文獻》 卷 上, 57쪽.
58) "子生二歲 父母歸于鄕."(讀書處歌幷序)
59) 成大, 《高麗名賢集》 3, 牧隱詩藁 卷 17, 大東文化研究院, 1973, 480쪽.
60) 《高麗史》 卷 115, 列傳 28, 李穡.
61) 年譜, 526쪽.
62) 초은에 대한 목은의 제문에 "내 나이 열다섯 살에 공公을 알고 거동을 본받았다"고 했다.
63) 年譜, 527쪽.
64) 權近, 〈牧隱先生行狀〉, 57~58쪽.

장가를 간 뒤 이색은 1347년(충목왕 3)에 아버지에게 근친하고자 원나라에 들어가 벽옹辟雍에 입학해 우문자정宇文子貞에게 《주역》을 배웠다.[65] 그런데 마침 1348년(충목왕 4)에 아버지가 원의 중서사中瑞司 전부典簿가 되어 국자감에서 생원으로 3년 동안 공부할 수 있었다. 이때 구양현歐陽玄과 사귀게 되었다.[66] 그리고 이 기회에 국자감에서 원의 성리학을 배우게 되었다. 원은 주자학을 중시하기는 했지만, 가례·가묘·3년상 등 실천적인 면을 강조했고, 양명학과 조화를 이루려고 하기도 했다.[67]

이색은 23세이던 1350년(충정왕 2) 가을에 잠시 귀국했다가 12월에 다시 원으로 들어가 다음 해 정월에 국자감에 재입학했다. 그러나 1월 1일에 아버지가 고려에서 숨을 거두어 귀국해 3년상을 치렀다.[68] 그는 복상 중에 전제를 바로잡을 것, 국방을 튼튼히 해 왜구의 침탈을 막을 것, 문·무를 편폐偏嬖하지 말 것, 학교를 일으켜 인재를 육성할 것, 부패한 불교를 눌러 양민을 구제할 것 등의 내용을 담은 시정5사時政五事[69]를 올렸다.

이색은 1353년(공민왕 2) 5월에 명경과 을과에 장원으로 급제해 숙옹부肅雍府 승丞에 제수되었고(지공거는 이제현, 동지공거는 홍언박), 9월에 원의 정동행중서성 향시에 1등으로 합격해 서장관으로 원에 들어가 이듬해 2월에 제과 전시 제2갑 제2명으로 급제해 응봉한림문자應奉翰林文字 승사랑동지제고 겸국사원편수관에 제수되었다.[70] 본국에 돌아온 지 얼마 안 되어 공민왕이 통직랑 전리정랑 예문응교 지제교 겸춘추관편수관에 임명했다. 그리고 1355년(공민왕 4) 정월에 왕부王府의 필도지必闍

---

65) 年譜, 528쪽.

66) 年譜, 528쪽; 《高麗史》 卷 115, 列傳 28, 李穡.

67) 李成茂, 〈朱子學이 14·15세기 韓國敎育·科擧制度에 미친 影響〉(《韓國史學》 4, 한국정신문화연구원, 1989), 《한국과거제도사》 대우학술총서 인문·사회과학 99, 민음사, 1997, 375쪽.

68) 年譜, 528쪽; 權近, 〈牧隱先生行狀〉, 58쪽.

69) 《高麗史》 卷 115, 列傳 28, 李穡.

70) 權近, 〈牧隱先生行狀〉, 58쪽.

赤(정방서기政房書記)가 되어 국왕의 비답을 쓰는 일을 맡았으며, 곧 봉선대부 시내사사인 지제교 겸춘추관편수관으로 승진했다. 여름에 다시 서장관이 되어 원나라에 들어가 겨울에 한림원 권경력權經歷이 되었으나, 시국이 어지러워 어머니가 늙었다는 이유를 대고 다음 해(1356) 정월에 귀국했다.[71] 이색은 시정8사時政八事를 올렸는데 그 가운데 첫째 조항이 정방政房을 폐하고 이부吏部·병부兵部를 복구하자는 주장이었다. 공민왕은 이를 받아들여 7월에 그를 중산대부 이부시랑 한림직학사 지제교 겸춘추관편수관 겸병부낭중에 임명해 문·무관을 뽑는 일을 맡겼다.[72] 이는 무신징권 이후로 인사를 독전하던 정방을 없애고 이전처럼 이부·병부가 인사를 담당하게 한 것으로, 신흥사대부의 진출을 원활하게 한 조치였다.

1357년(공민왕 6) 2월에 중대부 시국자좨주 한림직학사 겸사관편찬관 지제교 지합문사가 되고, 아울러 필도지의 장인 지인상서知印尙書가 되었으며, 7월에는 대중대부 우간의대부로 승진했다.[73] 10월에는 3년상 제를 실시할 것을 상소해 관철했다.

1358년(공민왕 7) 2월에 간관들이 대신을 공격하다가 모두 좌천되는 사태가 벌어졌다. 이색은 상주로 가게 되어 있었다. 그러나 그날 밤에 공민왕이 이색을 따로 불러 "이색의 재주와 도덕이 뛰어남은 다른 사람과 비교할 바가 아니다. 이색을 버리고 쓰지 않는다면 인심을 복속시키기 어렵다"고 하면서 통의대부 추밀원 우부승선 지공부사에 임명했다. 그리하여 7년 동안 왕 측근의 추밀樞密의 관직에서 근무하였다.[74] 이색은 공민왕 때 문한관으로 높이 쓰인 것이다.

1360년(공민왕 9) 3월에 이색은 정의대부 추밀원 좌부승선 지예부사가 되고, 다음 해 5월에는 둘째 아들 이종학李種學을 낳았다.[75] 그런데

---

71) 權近,〈牧隱先生行狀〉, 58쪽; 年譜, 530쪽.

72)《高麗史》卷 115, 列傳 28, 李穡.

73)《高麗史》卷 115, 列傳 28, 李穡.

74)《高麗史》卷 115, 列傳 28, 李穡.

11월에 홍건적이 개경을 함락해 그는 왕을 모시고 복주福州(지금의 안동)로 피란갔다. 그리하여 호종공신扈從功臣 1등에 책록되었다.[76]

1362년(공민왕 3) 3월에는 정순대부 밀직사우대언 진현관제학 지제교에 춘추관수찬관 지군부사사를 지냈고, 10월에는 불호사佛護寺의 일로 사직을 청했다. 불호사의 일이란 이색이 어보御寶를 맡고 있을 때 공민왕이 불호사 승려에게 밭을 하사하려 하자 대신과 의논한 뒤에 해야 한다고 간언했다가 왕이 노해 이색을 해임하고 국새를 찍어 하사한 사건이다. 이에 이색이 사직서를 냈으나 허락하지 않았다.[77]

1363년(공민왕 12) 원에서 봉훈대부 정동행중서성 유학제거를 받았고, 12월에 본국에서는 단성보리공신 봉익대부 밀직제학 우문관제학 동지춘추관사 상호군을 받았다.[78] 그 뒤로 이색은 관직을 그만두고 집에 있을 때도 나라에 중대한 일이 생기면 자문을 해 주었다. 다음 해 5월에는 《가정문집稼亭文集》을 간행했다.[79]

1365년(공민왕 14) 3월에는 봉익대부 첨서밀직사사 보문관대제학에, 6월에는 첨서밀직사사 예문관대제학에 임명되었으며, 10월에는 동지공거同知貢擧가 되어 윤소종尹紹宗 등 28인을 뽑았다. 그는 과거 부정을 막고 시험의 공정성을 위해 이인복과 함께 응시자들이 책을 가지고 들어가는 것, 다른 사람의 글과 바꾸어 내는 것, 시험장에서 함부로 말하는 것 등을 금지시켰다.[80]

1367년(공민왕 16) 5월에는 판개성부사 예문관대제학 지춘추관사 상호군 겸성균관대사성 제점提點서운관사로서 성균관을 중창하고 생원을 뽑아 김구용金九容·정몽주鄭夢周·박상충朴尙衷·박의중朴宜中·이숭인李崇仁 등의 겸교관들과 함께 성리학을 열심히 가르쳐 유풍이 진작되었

---

75) 年譜, 532쪽.
76) 《高麗史》 卷 115, 列傳 28, 李穡.
77) 《東文選》 卷 42, 李穡, 辭左代言箋; 《東文選》 卷 30, 田祿生, 李穡辭免左代言不允批答.
78) 《高麗史》 卷 115, 列傳 28, 李穡.
79) 年譜, 534쪽.
80) 年譜, 535쪽.

다.81) 이전에는 관생館生이 수십 명에 지나지 않았는데 이색이 학식學式을 경정하고, 매일 명륜당에 앉아 경전을 나누어 수업하고, 끝난 다음에는 서로 토론하게 했더니 학생이 몰려들고 성리학이 발흥했다.82)

1368년(공민왕 17)에는 원으로부터 조열대부 정동행중서성 좌우사낭중을 받았고, 8월에는 광정대부 삼사좌사로 승진했다.83) 그러나 관직을 내려준 원나라는 망하고 명나라가 서서 금릉金陵에 도읍했다. 그런데 시중 유탁柳濯이 노국공주魯國公主의 마암馬岩에 영당影堂 짓는 것을 반대하자, 그를 투옥시키고 사형하려는 사건이 일어났다. 공민왕은 이색으로 하여금 유탁의 죄를 심문하게 하고, 일반 사람들에게 유시諭示하는 글을 쓰라고 했으나 이색은 그 부당함을 들어 듣지 않았다. 왕은 노해 이색마저 투옥시켰다. 그러나 이색은 울면서 간곡히 간해 유탁을 풀어 주도록 했다.84) 그해에 셋째 아들 이종선李種善이 태어났다.

1369년(공민왕 18) 6월에 숭록대부 삼사우사 진현관대제학 지춘추관사 겸성균관대사성 제점사 천감사가 되었고,85) 동지공거로서 유백유柳伯濡 등 33인을 뽑았다.86) 다음 해 5월에는 명의 사신 옥암玉嚴을 영접하는 일을 맡아 그의 시집에 서문을 써주고,87) 명의 요구로 이인복과 함께 고시관이 되어 이숭인·박실朴實·권근權近·김도金濤·유백유를 공사貢士로 뽑았다.88) 다음 해 봄에도 지공거가 되어 김잠金潛 등 33인을 뽑았고, 7월에는 문충보절찬화공신호文忠保節贊化功臣號가 추가되고, 정당문학이 되었다.89) 9월 26일에는 어머니 함창군부인(원에서는 요양현군遼

---

81)《高麗史》卷 115, 列傳 28, 李穡.

82)《高麗史》卷 115, 列傳 28, 李穡.

83) 年譜, 537쪽.

84)《高麗史》卷 115, 列傳 28, 李穡.

85) 年譜, 538쪽.

86) 年譜, 538쪽.

87)《東文選》卷 86, 李穡, 送徐道士使還序.

88) 年譜, 539쪽.

89) 年譜, 539쪽.

陽縣君으로 책봉됨)이 죽어 3년상을 지냈다.[90] 1373년(공민왕 22) 11월에 어머니의 3년상을 마치자 대광 한산군 예문대제학 지춘추관사를 내렸다. 다음 해 9월에 공민왕이 죽고 우왕이 서자 12월에 중대광 한산군 예문관대제학 지춘추관사 겸 성균관대사성 지서연사知書筵事가 되었다.[91] 그러나 공민왕이 죽은 뒤로 병이 나서 7~8년 동안 문을 닫고 누워 있었다.[92] 좋았던 시절이 간 것이다.

1375년(우왕 1) 6월에는 왕명을 받고 그해 2월에 죽은 나옹懶翁 선사를 위해 여주 신륵사에 '보제선사사리석종비문普濟禪師舍利石鐘碑文'과 양주 회암사에 '선각왕사비문禪覺王師碑文'을 지었다. 8월에는 삼중대광 한산군 영예문춘추관사 겸성균관대사성으로 승진했고, 추충보절동덕찬화공신推忠保節同德贊化功臣이라는 호가 추가되었다. 그리고 아버지 이곡이 이루려다 못 이룬 대장경을 아들 이색이 완성하자, 우왕은 지신사 노숭盧嵩을 시켜 향을 내려 주었다.[93]

이색은 당시의 궁벽한 처지를 다음과 같이 읊었다.

나는 본래 대도大道를 걸어왔는데	我本行大道
갑자기 가는 길이 희미해졌네.	忽焉迷所之
여우와 너구리는 앞에서 울고	狐狸啼我前
갈림길엔 안개가 짙게 끼었네.	烟霧沈路岐
하늘에 밝은 해 있으련마는	白日在中天
그 빛을 펴기가 어찌 이리 더딘가?	舒光復何遲
자빠지지 않은 것 다행이거니	幸哉不顚沛
길을 바꿔 장차 무엇하겠나?	改轍將何爲

---

90) 年譜, 540~541쪽.
91) 年譜, 540~541쪽.
92) 權近, 〈牧隱先生行狀〉.
93) 年譜, 542쪽; 《高麗史》 卷 115, 列傳 28, 李穡.

1379년(우왕 5)의 작품으로, 공민왕 대에는 벼슬도 하고 뜻을 펴서 대도행大道行을 했는데 우왕 대에 오니 여우와 너구리 같은 소인배들이 앞을 가로막는다는 내용이다. 볕이 언제 들지는 모르지만 대도행은 계속하겠다는 결의를 보여준다.[94]

이색은 병을 이유로 관직을 계속 사직해도 들어주지 않자 녹봉을 사양하고 받지 않았다. 대신 물러나 있는 동안 많은 글을 지었다. 그런데도 관직은 계속 올라가 영예문춘추관사(1381. 9), 판삼사사(1383. 3), 한산부원군(1384. 4), 문하시중(1385. 12) 등이 되었다.[95] 우왕은 이색을 사부師父의 예로 내해 1386년(우왕 12) 5월에는 이색을 지공거로 삼아 과거시험을 보이게 했다. 이때 판문하 조민수曹敏修가 아들을 합격시켜 달라고 동지공거 염흥방廉興邦을 통해 청탁을 했으나 그는 들어주지 않았다. 이 시험에서 이색은 맹사성孟思誠 등 33인을 뽑았다. 조민수의 아들은 20세 미만이라 응시자격이 없었다. 이에 이색은 집에 있으면서 이성림李成林과 염흥방을 탄핵했다.[96]

1388년(우왕 14) 4월에 이성계의 위화도회군으로 우왕이 강화도로 쫓겨나고 창왕이 섰다. 이성계는 왕씨 가운데서 왕을 고르려 했는데 이색은 조민수가 창왕을 세우자고 하자 마땅히 우왕의 아들 창왕을 세워야 한다고 동의했다. 8월에 창왕으로부터 추충보절 동덕찬화보리공신 벽상삼한 삼중대광 문하시중판전리사사 영효사관서연사 예문춘추관사 상호군 한산부원군이 되었다.[97] 9월에 우왕을 여흥驪興으로 옮겼다.

한편 공민왕이 죽은 뒤 명나라 황제가 매양 집정대신을 입조하라고 했는데 두려워서 가려는 사람이 없었다. 이에 이색이 자원해 어린 왕을 대신해 입조하겠다고 했다.

---

94) 朱載邵,〈禑王代의 牧隱詩〉,《牧隱 李穡의 生涯와 思想》, 일조각, 1996, 326쪽.

95) 年譜, 547~548쪽.

96) 年譜, 549쪽. 이성림은 조그만 집에서 나고 자랐는데 집이 세 채고, 땅도 많이 가지고 있었다. 염흥방도 탐오하기는 마찬가지였고, 과거시험에 부정을 저질러 탄핵한 것이다(年譜, 550쪽).

97) 年譜, 550쪽.

지금 국가가 틈이 생겨 왕이나 집정대신이 친히 입조하지 않으면 (공민왕의 죽음을) 명백하게 밝히지 못할 것이니, 왕은 어려서 갈 수 없고 이것은 노신의 책임입니다.98)

이때 이색은 하정사賀正使로서 이숭인, 김사안金士安과 함께 이방원을 서장관으로 대동하고 갔다. 만약의 사태에 대비하기 위해서였다.99) 명 태조는 이미 이색이 원의 한림을 지냈다는 명성을 들어 극진히 대접했다. 이색은 창왕의 친조親朝를 요구했으나 황제가 이색의 중국말을 알아듣지 못해 성사되지 못했다.100) 아니, 친명파였던 이성계가 명나라를 위해 위화도회군을 단행하였기 때문일 것이다. 이색은 명 태조가 줏대 없는 사람이라고 비판했다. 이색 일행이 발해渤海에 이르러 풍랑을 만나 객선客船 두 척이 가라앉고, 이방원이 탄 배조차 거의 파선될 위기에 있었으나 이색은 태연자약했다고 한다.101) 그해에 장남 이종덕이 죽었다.102) 이성계 세력의 정권 장악에 저항하다가 곤장을 맞고 죽었다고 한다.103)

1399년(공양왕 1)에 귀국해 가을에 물러가기를 청했으나 판문하부사에 제수되었다. 4월에 이성계파의 대사헌 조준 등이 전제개혁안을 올려 도평의사사에서 논의했을 때 이색은 개혁안에 반대했다. 구법을 가볍게 고쳐서는 안 된다는 것이었다.104) 그리고 황려부黃驪府로 우왕을 찾아 뵈었다. 이런 행동에 이성계 일파의 시선은 곱지 않았다. 나아가 이색은

---

98) 《高麗史》 卷 115, 列傳 28, 李穡.

99) 《高麗史》 卷 115, 列傳 28, 李穡. 李成桂가 쿠데타를 일으켜 돌아오지 못할 때를 대비해서 이방원을 데리고 간 것이다.

100) 《高麗史》 卷 115, 列傳 28, 李穡. 황제는 이색의 중국어를 納哈出과 같다고 했다. 禮部에서 통역을 했으나 親朝는 허락받지 못했다. 이색은 창왕의 入朝를 통해서 명의 권위를 이용해 고려를 보존하고자 하는 뜻이 있었을 것이다.

101) 《高麗史》 卷 115, 列傳 28, 李穡.

102) 年譜, 551쪽.

103) 李光庭, 《牧隱先生年譜》 증보판, 韓山李氏大宗會, 1985.

104) 《高麗史》 卷 115, 列傳 28, 李穡.

문하시중을 사임하고 그 자리에 이림李琳을 추천했다. 창왕이 명나라에 친조하려 했으나 그의 어머니 이씨가 어리다고 도당都堂에 부탁해 가지 않도록 했다.105) 창왕은 8월에 이색·이림·이성계에게 검이상전劒履上殿(칼 차고, 신발 신고 전殿에 오르는 특권)·찬배불명贊拜不名(높이 받들어 그 이름을 부르지 못하게 하는 특전)의 특전을 내리고, 은 50냥, 채단彩段 10필, 말 1필씩을 내렸다.106) 10월에 이숭인이 이색을 따라 명에 갔을 때 물건을 매매해 사대부의 체신을 깎았다고 탄핵을 받아 귀양가자, 이색은 그를 구하기 위해 두 차례나 사표를 내고 경기도 장단長湍 별장으로 가버렸다.107)

겨울에 공양왕이 즉위하자 이색은 대궐에 들어가 하례했다. 공양왕은 그를 판문하부사에 임명했다. 왕의 즉위를 대묘大廟에 고하려 할 때 담당관료가 우왕의 신주를 철거하려 하자 이색이 천천히 하라고 말렸다. 이에 좌사간 오사충吳思忠과 문하사인 조박趙璞 등이 상소해 이색이 우왕과 창왕을 옹립하고, 사전개혁을 반대했으며, 불경을 간행했다고 맹렬히 비판했다. 그리하여 이색은 장단으로, 둘째 아들 이종학은 순천으로 귀양갔다.108) 전시田時를 귀양지인 창령에 보내 조민수를 국문했으나 창왕을 세운 것은 자기가 독단적으로 한 것이요, 이색은 간여한 적이 없다고 했다가 심문이 가혹해지자 그렇다고 자백하고 말았다.109)

공양왕은 대간의 요구로 오사충 등을 장단으로 보내 이색을 국문하되 놀라지 않게 하고, 자백하지 않거든 다시 보고해서 처리하라고 명령했다. 이색은 불복했다. "신창辛昌을 옹립한 것은 나는 모르는 일이요, 하늘이 내려다보는데 내가 만일 그런 망언을 했겠는가. 조민수를 대질하게 해 달라"고 했다. 오사충이 전시에 보내 이 사실을 왕에게 보고하

---

105) 《高麗史》 卷 115, 列傳 28, 李穡.
106) 《高麗史》 卷 115, 列傳 28, 李穡.
107) 《高麗史》 卷 115, 列傳 28, 李穡.
108) 《高麗史》 卷 115, 列傳 28, 李穡.
109) 《高麗史》 卷 115, 列傳 28, 李穡.

니 왕이 밤새도록 고문을 가하고 조민수의 공초供招를 보여주었다. 이
에 이색은 "(위화도회군) 이후 후계 왕을 세울 때 조민수가 내게 종친과
우왕의 아들 창昌 가운데 누구를 세우는 것이 옳으냐고 물었다. 당시에
조민수가 주장主將으로서 회군해 왔고, 또 창의 외할아버지 이림李琳과
족친族親이니 내가 감히 어길 수 없어 우왕이 오래 왕 노릇을 했으니
그 아들 창을 세우는 것이 옳다고 했을 뿐, 내가 앞장서서 멋대로 세운
것은 아니다" "지난해에 명나라에 갔을 때 예부상서 이원명李原明이 '너
희 나라는 아버지를 쫓아내고 아들을 세웠다는데 천하에 어찌 그런 이
치가 있느냐? 왕과 최영이 모두 구속되었다는데 이를 어찌 의롭다고
하겠느냐?'고 물어 '최영이 왕을 교사해 요양遼陽을 범했는데, 장군 조
민수와 이성계가 옳지 않다고 여겨 의주義州에 이르러 감히 출발하지
않으니, 최영이 여러 번 재촉했다. 이에 할 수 없이 회군해서 최영을 옥
에 가두었더니 우왕이 노해 제장을 죽이려 한 까닭에 태후가 왕을 폐하
고 강화도에 안치했다'"고 답변했다.110) 그리고 돌아와서 이성계에게
"이원명의 말은 듣기만 하고 말하지는 마라. 여흥驪興은 너무 머니 우왕
을 가까운 곳으로 옮겨 임금을 내쳤다는 말을 듣지 말아야 한다"고만
말했을 뿐 영입하자는 의견은 없었다고 했다.111)

대간이 여러 번 상소해 이색을 함창咸昌으로 이배移配했다. 대간이 또
다시 이색과 이림을 탄핵하니 지신사 이행李行이 "대간의 의론이 공신
들의 의론과 다른지 어떻게 아느냐?"면서 상소문 끝에 '의신依申'이라
고만 쓰고 이색이 자기의 좌주라고 서명하지 않아 우대언 조인옥趙仁沃
이 대신 서명했다. 이에 대간이 이행은 자기의 좌주에게 당부黨附했다
고, 조인옥은 월권했다고 탄핵해 둘 다 파직되었다.112)

이성계 등 공신 7인은 상소해 대간의 탄핵이 자기들과는 무관하다고
변명하고 두문불출했다. 대사헌 성석린成石麟은 이를 듣고 또한 사직했

---

110)《高麗史》卷 115, 列傳 28, 李穡.
111)《高麗史》卷 115, 列傳 28, 李穡.
112)《高麗史》卷 115, 列傳 28, 李穡.

다. 대간의 탄핵은 계속되었으나 공양왕은 이색의 죄를 믿지 않았고, 또 자기의 부마인 우성범禹成範의 아버지가 이색과 친한 우홍수禹洪壽이므로 노해서 밥도 먹지 않았다. 이색은 귀양보냈으니 더 이상 거론하지 말라는 것이었다. 공신들이 일을 보지 않자 평리評理 배극렴裵克廉에게 대신 도평의사사의 일을 보라고 했다. 도평의사사의 대제학 안종원安宗源 등이 9공신에게 일을 보도록 명령하라고 해 겨우 그들이 일을 보게 되었다. 대간이 배극렴 등의 말을 들어주지 않자 모두 사표를 내 수령으로 좌천되었다.

이때 윤이尹彝·이초李初의 난이 일어났다. 명에서 돌아온 왕방王昉과 조반趙胖이 고하기를, 윤이와 이초에 따르면 이성계가 자기의 인척인 왕요王瑤를 세우고, 장차 명나라를 쳐들어가려고 했는데 이색 등이 반대하자 그들을 죽이고 귀양보냈다는 것이다. 그러니 군대를 동원해 달라는 것이었다. 그러나 명이 속지 않고 빨리 돌아가 그들을 국문한 결과를 보고하라고 했다. 그런데 마침 김종연金宗衍이 도망가자 의심스러워 이색·이종학·이림·우인열·이숭인 등을 청주옥에 가두고 문하평리 윤호尹虎 등을 보내 국문했다. 그러나 모두 불복했다. 그런데 별안간 천둥번개가 치면서 폭우가 내려 앞개울이 넘치고 남문과 북문을 무너트려 성 안이 물난리가 났다. 옥관은 나무 위로 기어 올라가 겨우 피해를 면했다. 고노故老들도 주州가 생긴 이후로 이런 물난리는 처음이라고 했다. 그리하여 왕은 이들을 풀어 주고 이어 함창에 안치했다가 이색은 경외종편京外從便(서울 밖에 편한 대로 살게 함)하게 했다. 사헌부가 집요하게 이색을 탄핵하자, 함창으로 옮겼다가 경외종편하게 한 것이다. 이색은 왕에게 충주와 여흥에서 병들어 있으니 잘 봐달라고 애원했다. 그리하여 이색은 개경으로 돌아와 이성계를 집에서 만날 수 있었다. 이성계가 놀라 기뻐하면서 그를 상좌에 앉히고 무릎을 꿇고 술을 올려 서서 마시게 했다. 이색이 서서 마시고 잘 즐기고 왔다.

대간이 거듭 이색에게 죄 줄 것을 청했으나 공양왕은 듣지 않았다. 며칠 뒤에 이색이 이숭인·이종학과 함께 대궐에 들어가 왕에게 사례하니 내전에 불러들여 술을 내려 위로하고, 고신告身을 돌려줄 뿐 아니라 한산부원군 영예문춘추관사에 임명했다.113) 1392년(공양왕 4)에 정몽주가 이방원에게 죽고, 김진양金震陽이 문초를 받을 때 이색과 이종학의 이름이 거론되어 이색은 금주衿州로 추방되고, 이종학과 이종선은 파직되고 서인으로 강등되어 그들도 금주로 유배되었다.114) 6월에 유배지를 여흥으로 옮겼다.115)

1392년 7월, 공양왕이 폐위되고 조선왕조가 건국되었다. 태조는 이색의 직첩을 회수하고 서인으로 강등해 해상으로 유배시키고, 이종학도 직첩을 회수하고 곤장 1백 대를 때려 먼 곳으로 귀양보냈다. 즉위교서가 발표된 이튿날 도평의사사는 이색을 도서지방으로 귀양보낼 것을 요청했으나, 장흥으로 유배시키는 데 그쳤다. 이색은 그 뒤로 붓을 잡지 않았다고 한다. 8월에 둘째 아들 이종학은 장사長沙로 유배가다가 거창居昌 무촌역茂村驛에서 체복사體覆使 손흥종孫興宗에게 목졸려 죽었다. 향년 32세. 이종학은 자신의 명성 때문에 이런 일이 생겼다면서 자손들에게 앞으로는 과거를 보지 말라고 당부했다고 한다. 이색은 10월에 해배되어 서인 신분으로 한주漢州에 돌아왔다.116) 사람들은 이색이 자주 개경에 드나드는 것을 두려워하지 않는다고 꾸짖는가 하면, 병에 걸렸다 하고 다니지 말 것을 권유하는 자도 있었다. 권근이 이 말을 전하자 이색은 "그렇게 한다면 거짓으로 속이는 것이다. 임금의 신하된 도리는 오직 국왕이 부르면 와야 하고, 가라면 가야 하며, 죽는 한이 있어도 피하지 않아야 하는데 왕래함을 가지고 어찌 근신하겠는가?" 하고 결의를 다졌다고 한다.117)

1393년(태조 2) 1월에 사면되어 왕은 이색을 편한 대로 살도록 했다.

---

113)《高麗史》卷 115, 列傳 28, 李穡.
114) 李文源,〈목은의 생애와 역사적 위상〉, 목은연구회,《牧隱 李穡의 生涯와 思想》, 일조각, 1996, 409쪽.
115)《高麗史》卷 115, 列傳 28, 李穡.
116)《高麗史》卷 115, 列傳 28, 李穡.
117)《高麗史》卷 115, 列傳 28, 李穡; 年譜, 557~558쪽.

이에 이색은 태조를 알현하고 사면해 준 은혜에 감사했다.[118] 5월에 큰 며느리 정경부인 진주류씨가 죽고, 이듬해 8월에 부인 정신택주貞愼宅主 안동권씨가 죽었다.[119]

1395년(태조 4) 5월 여강驪江에서 피서를 했고, 가을에는 관동으로 유람가서 오대산에서 머물렀다. 11월에 도평의사사에서 그에게 쌀과 콩 1백 석을 보냈으나 받지 않았고, 태조가 사신을 보내 궁궐로 불러 술을 대접하고 중문까지 나와 전송했다. 27일에는 이색에게 과전 120결과 쌀·콩 1백 곡斛, 소금 5곡을 하사했으며, 12월 8일에는 태조가 이색에게 이미 늙었으니 고기를 먹고 건깅을 유지헤야 한다고 고기를 하사했다. 22일에는 한산백에 책봉되고, 의성고義成庫·덕천고德泉庫·5고五庫의 제조를 받았다. 그리고 25일에는 태조가 이색을 위해 잔치를 베풀었다.[120] 이색에게 중책을 맡겨 국사에 참여시키고자 해서였다.

태조가 이색을 불러 옛 친구의 예로써 대접하며 가르침을 청하자, 이색은 "망국대부는 살기를 도모하지 않으며, 다만 장차 해골을 고향 산천에 장사지내기를 원할 뿐입니다"라고 대답했다.[121] 이러한 이색의 절개를 보고 상촌象村 신흠申欽은 "고려가 망할 때 사람들이 오직 포은圃隱 정몽주鄭夢周와 야은冶隱 길재吉再만 굳게 절개를 지킨 줄 알고, 목은牧隱의 사람됨을 알지 못한다. 태조가 혁명을 일으키자 고려의 신하들이 모두 무릎을 꿇었는데, 이때 도리어 태조가 두려워하고 꺼린 사람은 권근과 이색 두 사람뿐이었다. 권근은 마침 복상 중이어서 태조가 이색만 불러서 따로 만났는데 이색은 깊이 읍揖만 했을 뿐 절을 하지 않았으나, 태조는 곧 용상에서 내려와 손님의 예로 대접했다. 그런데 갑자기 시강관 여러 명이 들어오자 태조는 곧 용상으로 올라갔고, 이색은 일어나면서 자신은 '앉을 자리가 없다'고 했다"고 말했다.[122]

---

118) 年譜, 561쪽.
119) 年譜, 561~562쪽.
120) 年譜, 562~563쪽.
121) 年譜, 563쪽; 후손 李堅, 《松窩雜記》.

1396년(태조 5) 5월 7일에 이색은 여주로 휴가가기를 청해 배에 올랐
는데 병을 얻어 아들 이종선을 불러왔다. 3일에 벽란도 나루에서 배를
타고 강을 거슬러 올라갈 때 호송하는 중사中使(은밀히 보낸 칙사)도 와
있었다. 이색은 7일에 여주 청심루淸心樓 아래 연자탄燕子灘에 이르러
배 안에서 죽었다.123) 정도전·조준·남은 등이 몰래 선온주宣醞酒에 짐
독鴆毒을 타고 대나무 잎으로 병마개를 해 보내왔는데, 이색은 그 사실
을 알면서도 태연히 술을 마신 다음 대나무 잎을 강기슭에 던지면서
"내가 임금을 섬기기를 충성으로 했다면 이 대나무가 살 것이고, 간사
스럽게 해 임금을 그르쳤다면 이 대나무는 말라 죽을 것이다. 내 일생
이 오직 이에 달렸으니 후세 사람들은 기억하라"고 하고 조용히 자리에
누웠다. 마침 중이 있다가 기도를 올리겠다고 했더니 그는 손을 저으면
서 "죽고 사는 이치를 나는 의심치 않노라" 하고 말을 마치자 운명했다
고 한다.124) 이색이 죽은 뒤 그 대나무는 정말 뿌리를 내리고 수백 년
동안 살아남았다 한다.125)

왕이 부음을 듣고 사신을 보내 조문 제사했고, 3일 동안 조회를 정지
했다. 부의를 보내고, 관청에 명해 장례를 돕게 했으며, 시호는 문정文靖
이라 했다.126) 11월에 한산 가지현加智峴에 장사지냈다.127)

권근은 행장에서 다음과 같이 말했다.

공은 타고난 바탕이 총명하고 지혜로우며, 학문이 정밀하고 일처리가 치

---

122) 年譜, 563쪽; 申欽, 《軟談》. 집안에서는 한산백을 받지 않았다고 주장한다. "老父는 앉을
    자리가 없다" 하고 나왔을 따름이라는 것이다. 장자 李種德은 1388년 위화도회군 직후에
    곤장을 맞고 죽었고, 차자 李種學은 조선이 건국된 직후인 1392년 8월에 목졸려 죽었으며,
    삼자 李種善은 유배되었고, 이색은 유리하고 있었는데 신왕조에 협력했을 리 없다는 것이
    다(李光靖, 李仲求 譯, 《國譯 牧隱先生年譜》, 新進商社, 1985, 169쪽).
123) 《國譯 牧隱先生年譜》, 170~171쪽. 모두 정도전과 조준 등을 의심했다(李墍, 《松窩雜
    記》).
124) 李容植, 〈牧隱先生諱穡行狀〉, 《韓山李氏文烈公派世譜》, 86쪽.
125) 李容植, 〈牧隱先生諱穡行狀〉, 86쪽.
126) 李容植, 〈牧隱先生諱穡行狀〉, 86쪽; 《東文選》 卷 23, 敎特進輔國崇祿大夫 韓山君 李穡.
127) 權近, 〈牧隱先生行狀〉, 66쪽.

밀했다. 마음가짐이 너그러워서 남을 용서하기를 좋아했으며, 옳고 그른 것을 의논하는 데는 명백하고도 절실하나 반드시 충후한 데 힘썼다. 사람을 대하고 물건을 접할 때는 겸손하면서도 경위가 밝아 화기가 넘쳐흐르는 가운데도 늠연凜然히 범할 수 없는 기상이 있었다.[128] 그는 재상이 되면서 본래의 법도를 지키기에 힘써서 말썽 있는 것을 좋아하지 않고 대체를 지켰다. 임금에게 충성하고 어버이를 사랑하는 마음이 늙어도 줄지 않아서 매양 말과 표정에 나타나고 시문에도 엿보였다. 후학들을 면려하는 데는 반드시 윤리로 주장을 삼았으며, 가르치는 것을 게을리하지 않았다. 널리 여러 가지 책을 탐녹했는네 득히 성리학에 밝았으며, 문장은 붓을 잡기만 하면 곧 써내려가서 마치 바람이 불고 물이 흐르는 것처럼 조금도 걸리는 것이 없는데도, 말의 이치가 정밀하고 격조가 높아서 도도한 흐름이 마치 강물이 바다로 흘러가는 것 같았다.[129]

《고려사》 이색 열전에서도,

　　이색은 천자가 명민하고, 많은 책을 보아 시문을 쓸 때는 즉시 쓰고 막힘이 없었으며, 후학을 열심히 가르쳐 유학을 일으키는 것을 자기의 임무로 알아, 배우는 자들이 모두 우러러 사모했다. 나라의 문한을 잡은 수십 년 동안 자주 중국으로부터 칭찬을 받았다. 평생 말을 빨리 하지 않았고, 갑자기 얼굴색을 바꾸거나 모난 소리를 하지 않았으며, 생계를 걱정하지 않고, 창고가 비어도 걱정하지 않았다. 그러나 뜻과 절개가 굳지 못하고, 크게 건백한 것이 없으며, 학문이 순정하지 못하고, 불교를 믿어 세상의 비난을 받았다.[130]

고 하여 앞부분은 긍정적 논평을, 뒷부분은 부정적인 논평을 실었다. 망

---

128) 權近, 〈牧隱先生行狀〉, 66쪽.
129) 權近, 〈牧隱先生行狀〉, 66쪽.
130) 《高麗史》 卷 115, 列傳 28, 李穡.

국대부이기 때문에 부정적인 평가가 따를 수밖에 없었다. 시집 35권과 문집 20권이 전한다.[131]

이색은 1363년(공민왕 2)에서부터 1389년(창왕 1)까지 26년 동안 문한을 맡고 있었으나 어려운 때에 별 탈 없이 넘어갔으며, 여러 번 천자의 칭찬을 받은 바 있다. 그러나 그가 쫓겨난 뒤에는 처음부터 천자의 책망을 받았으니, 그의 문장과 학식이 얼마나 대단했는가를 알 수 있다. 그런데도 공민왕은 공경할 줄만 알았지 그의 말을 받아들이지 않았고, 뒤에 재상이 되기는 했으나 얼마 안 있어 파면되어 그 뜻을 제대로 펴지 못했다. 생활이 궁핍해도 마음이 흔들리지 않았고, 평생 말을 빨리 하거나 당황하는 기색을 보인 적이 없으며, 집안사람이나 노복들이 잘못해도 노여워하지 않았다. 오랫동안 왕의 은총을 받으면서도 교만하지 않았으며, 옥에 갇혀도 욕되게 생각하지 않았고, 벼슬이 높아도 영화롭게 생각지 않았다.[132]

부인은 화원군花原君 권중달의 딸이자, 우정승 예천부원군 권한공의 손녀딸인 안동권씨요, 자녀는 이종덕·이종학·이종선 3남과 박성임朴成任에게 시집간 1녀가 있었다.[133]

이종덕(?~1388)은 진사시에 합격해 지밀직사사知密直司事를 지냈고, 문하평리門下評理 유혜손柳蕙孫의 딸인 진주류씨와의 사이에 4남 2녀를 두었다. 장자 이맹유李孟畤는 진사시에 합격해 인령부사윤仁寧府司尹을 지냈고, 차자 이맹균李孟畇은 문과를 거쳐 의정부 사인, 예문관직제학, 승문원 판사, 사헌부 집의, 성균대사성, 좌·우간의대부, 예조참의, 한성부윤, 공조판서, 좌찬성을 역임했다. 3자 이맹준李孟畯은 별장으로 일찍 죽었고, 4자 이맹진李孟畛은 음서로 사복시 직장, 형조정랑, 사헌부 지평, 동부·우부·우승지, 호조참판, 한성부윤, 형조좌참판, 전라관찰사, 함경도 관찰사, 판중추부사를 지냈다. 그리고 장녀는 우부대언 류기柳沂에

---

131) 權近, 〈牧隱先生行狀〉, 66쪽.
132) 權近, 〈牧隱先生行狀〉, 66~67쪽.
133) 《韓山李氏文烈公派世譜》 卷 1, 3~4쪽.

게, 차녀는 종부령宗簿令 하구河久에게 시집갔다.[134]

이종학(1361~1392)은 문하시중 이춘부李春富의 딸 양성陽城이씨와의 사이에 6남 1녀를 두었다. 1376년(우왕 2)에 문과에 급제해 첨서밀직사사가 되었으나 1392년(태조 1) 8월에 곤장을 맞고 장사長沙(무장현茂長縣의 옛 이름)로 귀양갔는데, 거창居昌 무장역에 이르러 권신이 보낸 체핵사體覈使 손흥종孫興宗에게 교살되니 그때 그의 나이 32세였다. 그는 죽을 때 아들들에게 "나는 이름 때문에 남의 미움을 받아 이 지경에 이르렀으니 너희들은 아예 과거를 보지 마라!"고 했다고 한다.[135] 그래서 인지 그의 아들 가운데는 문과를 보아 현달한 사람이 없다. 장자 이숙야李叔野는 사재소감司宰少監을, 차자 이숙휴李叔畦는 성균생원을, 3자 이숙당李叔當은 호용순위사직虎勇巡衛司直을, 4자 이숙무李叔畝는 음서로 공조의랑, 숙위사 대호군, 대호군, 좌·군동지총제, 공안부윤恭安府尹, 경상도 관찰사, 형조참판, 평안도 관찰사, 형조판서, 판한성부사, 지돈령부사를 역임했다. 5자 이숙복李叔福은 성균생원을, 6자 이숙치李叔畤는 음서로 봉상시 녹사, 경기도 경력, 한성부 소윤, 장령, 판종부시사, 형조참의, 평안도 관찰사, 공조·형조참판, 대사헌, 함길도 관찰사, 지중추부사, 공조판서, 우·좌참찬을 역임했다. 딸은 전주부윤 이점李漸에게 시집갔다.[136]

이종선(1368~1438)의 자는 경부慶夫이고, 1382년(우왕 8) 15세에 문과에 급제해 좌랑, 정랑을 역임했다. 그러나 조선 건국을 반대하다가 아버지 이색과 형 이종덕·이종학과 함께 폐서인되어 유배되었다. 두 형은 비명에 갔지만 이종선은 1392년(태조 1) 10월 이색이 방면될 때 함께 풀려나와 벼슬살이를 시작했다. 1396년(태조 5)에 병조참의로 명을 받고, 그해 5월에 아버지를 여흥으로 모시고 피서를 갔는데 이색이 연자

---

134) 《韓山李氏文烈公派世譜》卷 1, 3~4쪽.

135) 《韓山李氏文烈公派世譜》卷 1, 3~4쪽.

136) 韓忠熙, 〈朝鮮前期 韓山李氏 穡(-種德, 種學, 種善)系 家系研究〉, 《啓明史學》 8, 계명사학회, 1997, 226~227쪽.

탄에서 폭졸暴卒하자 한산에 장사지내고, 3년 동안 시묘살이를 했다. 효
도가 지극해 이미 효자비가 섰고, 그가 살던 향리를 효자리孝子里라 했
다. 10년 동안 두문불출하다가 1407년(태종 7)에 그가 양촌陽村 권근의
사위라는 이유로 좌사간대부를 제수받았다. 그러나 1411년(태종 11) 6
월에 명나라 국자조교國子助敎 진연陳璉이 찬한 목은묘지명에 잘못 씌어
진 부분이 있다고 해 동래로 귀양갔다가 10월에 경외종편되었다.

윤이尹彝와 이초李初의 난으로 권근과 하륜이 행장과 신도비명을 썼
다고 탄핵을 받았으나, 이미 권근은 죽고, 하륜은 공신이고 권근의 행장
을 베낀 것이라 해 면죄되고, 이종선만이 알고도 보고하지 않았다고 귀
양을 간 것이다.137)

1412년(태종 12) 정월에 고신을, 10월에 과전을 환급받았다. 그리고
순창·배천·여흥부사를 거쳐 1417년(태종 17)에 황해도 관찰사로 나갔
다가 1419년(세종 1)에 세종이 즉위하면서 한성부윤으로 옮겼다. 잠시
뒤 인수부윤으로 옮기고, 1421년(세종 3) 12월에 좌군동지총제가 되었
다. 1423년(세종 5) 5월에는 사은부사로 명나라에 갔다가 다음 해에 정
사 이종무李從茂와 함께 귀국했다. 1426년(세종 8) 11월 함길도 관찰사
로 나갔다가 다음 해 10월에 돌아와 판한성부사가 되었다. 1428년(세종
10) 6월에는 진하사로 중국에 갔다 와서 황주에 선무사로 파견되는가
하면, 8월에는 전라도에 나가 처녀를 선발했으며, 개성유후開城留後로
있으면서 전부田賦에 대한 개혁을 했다. 얼마 뒤 충청도 관찰사를 끝으
로 고향에 돌아가 10년 동안 은거하다가 1438년(세종 20)에 자헌대부
지중추원사로 승진되었으나 3월 14일(무오)에 죽었다. 향년 71세.

이종선은 죽은 뒤에 영의정과 한산부원군에 증직되었다. 시호는 양경
襄景(溫良好樂曰襄 由義而濟曰景).138) 묘는 서천군 기산면 영모리 이색의
무덤 아래에 있다.139) 이 묘는 그가 죽은 지 67년 만인 1504년(연산군

---

137)《韓山李氏文烈公派世譜》卷 1, 8쪽.

138)《세종실록》권 80, 세종 20년 3월 무술.

139) 金喆熙, 襄景公諱種善神道碑銘(《韓山李氏文烈公派文獻》卷 5, 220~223쪽).

〈표 4〉 이색의 자손

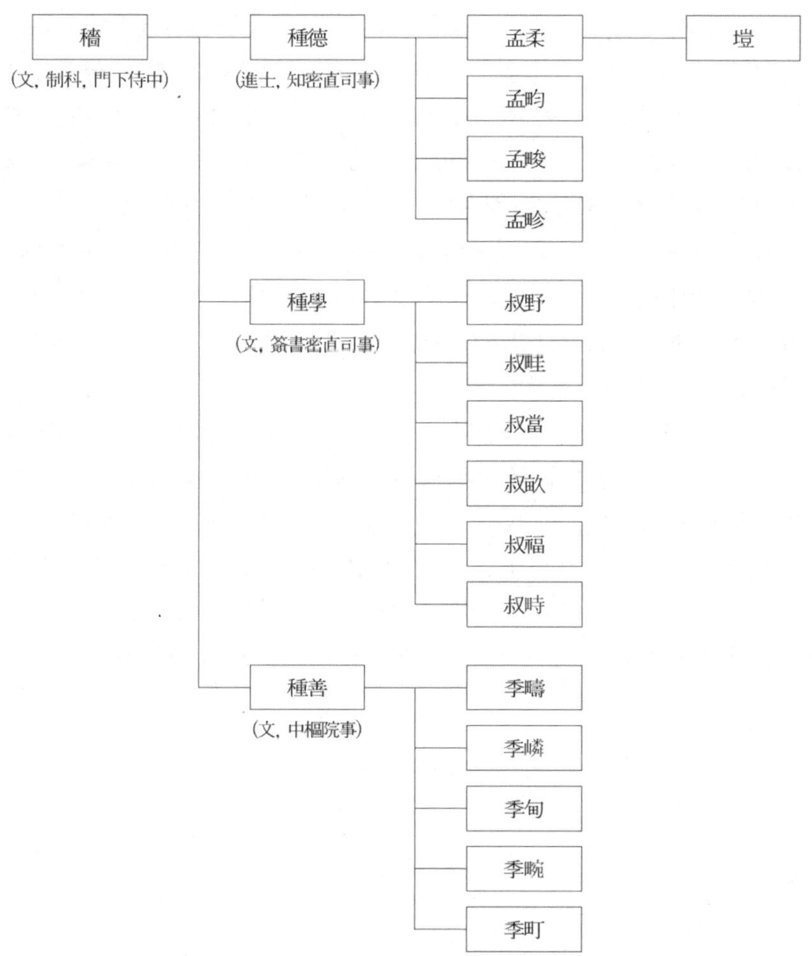

10)의 갑자사화 때 그의 손자인 이파李坡가 예조판서로 있었기 때문에 부관참시剖棺斬屍 당했고, 종선의 묘까지 이묘夷墓(무덤을 뭉개버리는 것) 되었다. 그러다가 중종반정 뒤 종학의 현손인 이유청李惟淸이 꿈에 현몽한 연유로 복구했다(이기, 《송와잡기》).140)

　　참찬문하부사를 지낸 권조權釣의 딸인 안동권씨와의 사이에 1남을 낳았으니 호조정랑을 지낸 이계주李季疇이다. 후취는 길창군吉昌君 권근의 딸인 안동권씨로 4남 2녀를 두었다. 차자 이계린李季疄은 동부승지를 지냈는데 계유정난에 참여해 1452년(단종 1)에 형조판서를, 다음 해에 정란공신 2등에, 그 다음 해에 좌찬성, 1455년(세조 1)에 좌익공신 2등, 한산군에 책봉되었다. 시호는 공무恭武이다. 3자 이계전李季甸은 친시에 합격해 대제학, 영중추원사를(시호는 문열文烈), 4자 이계원李季畹은 성균시에 합격해 전직殿直, 감찰을, 5자 이계정李季町은 지집의, 좌참찬을 냈으며, 장녀는 강화도호부사 이백강李伯康에게, 차녀는 능직陵直 김숭노金崇老에게 시집갔다.141)

　　이계주의 외아들은 사육신의 한 사람인 이개李塏이다. 그는 1436년(세종 18)에 친시문과에 급제해 1443년(세종 25)에 정음청正音廳에서 훈민정음을 창제했고, 1447년(세종 29)에 중시重試에 합격해 사가독서를 받아 호당에 들고, 집현전 직제학이 되었다. 1456년(세조 2)에 사육신 사건에 걸려 6월 7일에 사형을 당했다. 1691년(숙종 17)에 복관되고, 1758년(영조 34)에 이조판서에 추증되었다. 시호는 충간忠簡이다.142)

---

140) 《韓山李氏文烈公派世譜》 卷 1, 7쪽.
141) 《韓山李氏文烈公派世譜》 卷 1, 3~6쪽.
142) 《韓山李氏文烈公派世譜》 卷 1, 6~7쪽.

4. 이계전李季甸·이개李塏 대

1) 이계전

9세 이계전과 10세 이개는 가는 길이 달랐다. 이계전이 세조의 정란 공신으로 현달한 것과 달리, 이개는 사육신의 한 사람으로서 처참하게 처형되었다.

이계전(1404~1459)의 자는 병보屏甫요, 호는 존양재存養齋이다. 아버지 양경공襄景公 이종선과 어머니 길창군 권근의 딸 안동권씨 사이에서 1404년(태종 4) 2월 14일에 둘째 아들로 태어났다(배 다른 형인 계주까지 합치면 셋째이다).[143]

이계전은 처음에 음서로 종묘부승宗廟副丞이 되었으나, 1427년(세종 9)에 친시문과에 급제해 집현전 학사로 발탁되었다. 1429년(세종 11) 집현전에 장서각藏書閣이 준공되자, 그는 왕명을 받아 집현전장각송集賢殿藏閣頌을 지었으며, 1434년(세종 16)에는 집현전 수찬으로 승진했고, 1436년(세종 18)에는 선배인 김문金汶과 함께 《통감훈의通鑑訓義》를 참교參校했다.[144] 다음 해에는 집현전 교리로 올라갔고, 1435년(세종 17)

---

143) 申千湜,〈文烈公神道碑銘〉,《韓山李氏文烈公派文獻》卷 上, 234쪽.

144) 行錄,《韓山李氏文烈公派文獻》卷 上, 244쪽. 세조는 이계전으로 하여금 金汶과 함께《綱目》과 《通鑑》의 訓義를 찬술하게 하고 柳義孫으로 하여금 서문을 쓰게 했다고 한다(《세종실록》 권 74, 세종 18년 7월 임술).

에는 부교리가 되었으며, 1437년(세종 19)에는 이조판서 권제權踶가 《역대세년가歷代世年歌》를 찬진撰進하자 세종은 글을 잘하는 이계전에 게 그 서문을 지어 올리게 했다.[145]

1442년(세종 24) 10월 23일에 직집현전直集賢殿에 특배되었는데, 자 신의 지위가 선배인 김문보다 높다고 바꾸어 임명해 줄 것을 청했으나 받아들여지지 않았다.[146] 1443년(세종 25) 10월 27일에는 공법貢法 개 정에 참여했으며, 1445년(세종 27) 7월에는 집현전 직제학으로 승진해 7월 23일에 사창社倉·의창義倉에 대한 개혁안을, 8월 27일에 어염魚鹽 전매에 대한 폐단을,[147] 11월 19일에는 저화楮貨 사용에 대한 폐단을 상소했다.[148] 정책토론에 적극 참여한 것이다. 더욱이 국가에서 도감을 두어 어염전매를 하는 경우에 많은 폐단이 있을 것이라는 자세한 상소 를 올려, 동궁이 별감을 여러 곳에 파견해 소금 굽는 것을 시험해 보도 록 했다.[149] 이계전은 저화를 유통시키자는 주장도 했다. "우리나라에 서는 오로지 포화布貨를 써서, 그 유래가 오래되었습니다. 본조에 이르 러 저楮로써 포布를 대신해 중국 풍속을 따랐으니 대단히 아름다운 일 입니다"[150]라고 해 저화 시행을 적극 찬성했다.

1445년(세종 27) 2월에는 세종이 이계전에게 심온沈溫의 부인 안씨의 묘지墓誌를 쓰라고 했다. 그는 심온이 죄를 받아 벼슬이 삭탈되었으므 로 삼한국대부인三韓國大夫人이라 해서는 안 되고, 죽계竹溪 안씨安氏라 고 해야 한다고 했다. 그러나 승지 박이창朴以昌이 "어미는 자식으로서 귀하게 된다"고 했으니, 안씨는 중궁의 모친인지라 가장의 벼슬이 있고 없고와 관계가 없고, 따라서 대부인이라고 해도 무방하다고 주장해 그

---

145) 《韓山李氏文烈公派文獻》 卷 上.

146) 〈文烈公神道碑銘〉, 《韓山李氏文烈公派文獻》 卷 上, 235쪽; 《세종실록》 권 98, 세종 24년 10월 경술.

147) 《세종실록》 권 109, 세종 27년 7월 을미.

148) 《文烈公行錄》, 244쪽.

149) 《세종실록》 권 109, 세종 27년 8월 무진.

150) 《세종실록》 권 110, 세종 27년 10월 임자.

대로 되었다.151)

1446년(세종 28) 6월 18일에는 연분9등年分九等 전분6등田分六等 공법의 타당성을 주장했다.152) 연분9등 전분6등 제도를 실시해도, 골짜기가 많은 조선의 지형에는 수입이 들쑥날쑥하니 손실답험損失踏驗을 철저하게 하지 않으면 억울한 사람이 생긴다는 주장이었다. 그는 처음부터 공법 시행을 지지했으나 두어 해 지난 뒤 폐단이 있을 것을 말하는 사람이 늘어나 의심을 하기 시작해 이 같은 문제점을 지적하기에 이른 것이었다.153)

그해 8월에 동지중추원사 김하金何를 명나라에 보내 세자의 면복冕服을 청하게 했는데 집현전 직제학 이계전에게 표문을 쓰게 했다.154) 10월 5일에는 우보덕右輔德을 겸해 《예기禮記》를 강했으며, 10월 11일에는 도조度祖·환조桓祖·태조太祖의 일을 조사해 《고려사》에서 빠진 부분을 보완했다.155) 1447년(세종 29) 2월에 이계전은 천거제도의 문제점을 거론했다.156)

천거가 권력 있는 자들에게 유리하게 작용하므로 공평한 인사가 이루어지지 않는다는 주장이었다. 그러나 이 상소는 대궐에 두고 내려보내지 않았다.157) 김종서·황보인 등 대신들의 인사부정을 지적한 것이었기 때문이다. 이로 말미암아 의정부 대신들과 집현전 학사들의 대립과 갈등이 고조되고, 급기야는 집현전 학사들이 수양대군에게 접근하게 되는 계기가 되었다.

이계전은 다음 해 4월 27일에는 동부승지가 되고, 이 해에 문신 복시覆試의 시관이 되었다. 이때 시관이 된 사람은 좌의정 하연河演·이조판

---

151)《세종실록》권 107, 세종 27년 2월 병인.
152)《세종실록》권 112, 세종 28년 6월 갑인
153)《세종실록》권 112, 세종 28년 6월 갑인.
154)《세종실록》권 113, 세종 28년 8월 임술.
155)《세종실록》권 114, 세종 28년 10월 을사.
156)《세종실록》권 115, 세종 29년 2월 계사.
157)《세종실록》권 115, 세종 29년 2월 계사.

서 정인지鄭麟趾·예조판서 허후許詡·도승지 이사철李思哲 등이었다.[158)
다음 해 3월에는 문과 한성시의 제술시험을 세 곳으로 나누어 시험보던
것을 본래대로 두 곳으로 축소하자고 건의해 윤허를 받았고,[159) 4월에
는 다시 동부승지가 되었다.[160)

　1448년(세종 30) 정월에 형 이계린이 대사헌에서 황해도 관찰사로 나
갔는데 요 몇 해 봄 사이 황해도에 기근이 들어 사람고기를 먹은 자가
있다고 동생 이계전을 통해 아뢰었다. 그런데 말의 출처가 어디인지가
문제되었다. 이계전은 자기의 외삼촌 이백강李伯剛의 집 심부름꾼 고자
김한金閑이 자기의 외종질 총통위 조수명曺守命에게 들은 것이라고 보
고했다. 그러나 실제로는 해주 여자 복덕福德이 "죽은 어린애 머리 동강
이 소경의 딸네 집 울타리 밑에 있더라"는 말을 김한에게 전하였는데,
김한이 이계린의 아들 이숙李塾에게 "해주 사람 가운데 사람의 송장을
먹은 자가 있다"고 잘못 전한 것이었다. 이에 김한은 요망한 말을 퍼뜨
려 사람들을 현혹한 죄로 참형, 복덕은 장 80대, 조수명은 장 70대에 처
하되, 3등을 감하기로 했다. 그러나 이계전이 이의를 제기했다. 소경의
딸이란 허무한 것이니 복덕을 잡아다가 문초해 보면 알 수 있을 것이라
했다. 그리고 형 이계린이 감사로서 굶주린 백성을 구제하고자 종자곡
식을 청구하면서 그만 이 말이 나와서 옥사가 일어난 것이니 용서하는
것이 좋겠다고 아뢰었다. 잘못하면 언로가 막혀 참으로 사람고기를 먹
더라도 숨길 터이니 작은 일이 아니라는 것이다. 그리하여 이계린은 처
벌되지 않았다.[161)

　1448년(세종 30)에는 세종이 문소전文昭殿 서북 귀퉁이에 내불당內佛
堂을 세우려 하자 반대상소를 올려 저지했다.

---

158) 《文烈公行錄》, 244~245쪽.
159) 《세종실록》 권 115, 세종 29년 3월 정묘.
160) 《세종실록》 권 116, 세종 29년 4월 무오.
161) 《세종실록》 권 118, 세종 29년 11월 갑진·을사; 《세종실록》 권 119, 세종 30년 정월
　　계묘.

금내禁內에 불당을 설치하는 것은 진실로 불가하고, 또 문소전은 청재淸齋하는 곳인데, 승도僧徒로 하여금 그 옆에 머무르게 하는 것은 더욱 불가합니다.162)

태종의 척불 의지를 어겨서는 안 된다는 입장이었다.163) 다음 해 2월에는 우부승지에 올랐고, 5월에 우승지, 7월에 도승지가 되었다. 11월에는 추은고사推恩故事를 상고해 가자加資 시행의 절목을 올렸다. 12월에는 정몽주와 길재를 포장襃獎하자고 하고, 며칠 뒤에는 둔전의 폐단을 고치자고 건의해 이를 바로잡았나.164)

1450년(문종 즉위) 2월 26일 세종이 죽고 문종이 즉위하자, 이계전은 명에 부고를 알리고 시호를 청하는 표表와 전篆을 지었다.165) 이때 왕세손은 이계전의 집으로 옮겨 거처했다.166) 1450년 7월에 이계전은 도승지로 승진해167) 사신 접대, 정부의 정책토론에 적극적으로 참여했다.168) 1년이 지나 늙은 아버지를 핑계로 도승지를 사임하고자 했으나 허락하지 않았다.169) 다음 해에는 노모 봉양을 구실로 벼슬에서 물러나려 했으나 이때에도 허락받지 못했으며, 7월에는 성균관 교육의 중흥을 위해 김종서에게 지성균관사를 겸하게 하자고 건의해 뜻대로 되었다.170) 8월 21일에는 흥천사興天寺에 기우祈雨한 공으로 말 1필을 하사받았다. 11월 1일에는 고려 왕씨의 후예를 찾아내어 그 작위를 높이고 제사를 이어갈 수 있게 하자고 건의해 11월 6일에는 왕명을 받들어 교

---

162) 《세종실록》 권 121, 세종 30년 7월 신축.
163) 《세종실록》 권 121, 세종 30년 7월 임인.
164) 《文烈公行錄》, 236쪽.
165) 《文烈公行錄》, 245쪽.
166) 《문종실록》 권 1, 문종 즉위년 2월 정유.
167) 《문종실록》 권 2, 문종 즉위년 7월 무신.
168) 《문종실록》 권 2, 문종 즉위년 7월 무신.
169) 《문종실록》 권 8, 문종 1년 6월 병신.
170) 《문종실록》 권 8, 문종 1년 7월 정유.

서를 지었다.171)

문종의 명으로 이계전은 그 교서를 지어 올렸다.172) 정몽주·길재를 포장하자거나 고려 왕씨들을 구제하자는 주장은 당시만 해도 위험부담이 있는 언론이었다. 소신이 있는 선비였다고 할 수 있다. 문종은 세종의 배향공신을 정할 때 도승지 이계전만 불러 최윤덕崔潤德·허조許稠·신개申槪·이수李隨를 정했다.173) 1452년(문종 2) 2월 1일에는 성균박사를 겸했고, 2월 2일에는 《세종실록》을 편찬했으며, 10월 1일에는 이조판서 겸 동지경연사가 되었다.174)

1452년(단종 즉위) 5월 18일에 노산군이 즉위했다. 그리하여 그해 10월 이계전은 이조참판에 임명되었다.175) 그리고 1453년(단종 1) 6월 8일에는 병조참판이 되었다.176)

그런데 10월 10일 계유정난癸酉靖亂이 일어났다. 수양대군이 김종서를 죽이고 쿠데타를 일으킨 것이다. 이계전은 입직하고 있다가 수양대군에게 불려가 전후사정을 듣고 협력했다. 조극관趙克寬·황보인皇甫仁·이양李穰 등은 제3문에서 죽였고, 윤처공尹處恭·이명민李命敏·조번趙藩·원구元矩 등은 사람을 보내 죽였다. 김연金衍은 삼군진무 최사기崔賜起를 보내 그의 집에서 죽이고, 민신閔伸은 서조徐遭를 보내 죽였다. 그리고 안평대군安平大君 이용李瑢을 성녕대군誠寧大君 집에서 강화도로 압송했다. 이계전은 최항崔恒과 함께 교서를 지었다. 김종서는 죽지 않고 살아나서 상처를 싸매고 여자 옷을 입고, 돈의문, 서소문, 숭례문에 이르렀으나 들어가지 못하고 아들 김승벽金承壁의 집에 숨었다가 잡혀 죽었다. 이날 밤 달이 떨어지고, 하늘이 컴컴한데 유시流矢가 떨어졌다. 이계전이 두려워서 나팔을 불자고 했다. 수양대군은 "괴이하게 여길 것

---

171) 《문종실록》 권 10, 문종 1년 11월 을미.
172) 《문종실록》 권 10, 문종 1년 11월 경자.
173) 《문종실록》 권 10, 문종 1년 11월 병오.
174) 《문종실록》 권 12, 문종 2년 2월 병술.
175) 《단종실록》 권 4, 단종 즉위년 10월 기축.
176) 《단종실록》 권 6, 단종 1년 6월 계사.

이 무엇이 있는가? 조용히 진압하라"고 했다.177)

쿠데타의 결과 수양대군은 영의정부사 영경연서운관사 겸판이병조사가 되고, 정인지가 좌의정, 허후가 좌참찬, 정창손鄭昌孫이 이조판서, 김조金銚가 예조판서, 이계전이 병조판서가 되었다.178) 수양대군은 군사를 거느리고 종친청宗親廳에 숙직하고, 이계전은 박중손朴仲孫·최항 등과 함께 빈청에서 숙직했다.179) 그 공으로 이계전은 정난1등공신이 되었다.180) 그리하여 수충위사협찬정란공신輸忠衛社協贊靖亂功臣과 한성군韓城君이라는 봉작을 받았다.181) 그런데 11월 19일에 이계전은 좌의정 정인지·좌사간 성삼문과 더불어 왕에게 공 없이 공신의 반열에 올랐으니 공신의 호를 삭제해 주기를 청했다.182)

1454년(단종 2) 정월에는 수양대군과 함께 왕비 간택에 참여해 풍저창부사豐儲倉副使 송현수宋玹壽의 딸을 뽑았다.183) 5월 21일에는 수양대군이 4공신과 함께 경회루에서 잔치를 베풀었는데 이계전은 술에 취해 홀로 여러 번 춤을 추었다.184)

1454년(단종 2) 3월 30일에《세종실록》163권이 완성되었다. 이계전은 동지춘추관사로 참여한 공으로 표리表裏 1단과 안구마鞍具馬 1필을 하사받았다.185) 12월 2일에는 겸성균관 대사성이 되었다.186)

1455년(단종 3) 정월 24일 단종은 이계전에게 계유정난에 공을 세운 공신들에게 포상을 하라고 하교했다.187)

---

177)《단종실록》권 8, 단종 1년 10월 계사.
178)《단종실록》권 8, 단종 1년 10월 갑오.
179)《단종실록》권 8, 단종 1년 10월 갑오.
180)《단종실록》권 8, 단종 1년 10월 무술.
181)《단종실록》권 9, 단종 1년 11월 경신.
182)《단종실록》권 9, 단종 1년 11월 신미.
183)《단종실록》권 10, 단종 2년 정월 경신.
184)《단종실록》권 11, 단종 2년 5월 신미.
185)《세종실록》권 10, 세종 2년 3월 신사.
186)《단종실록》권 12, 단종 2년 12월 무인.
187)《단종실록》권 13, 단종 3년 정월 경오.

얼마 뒤 사육신 사건에 조카인 백옥헌白玉軒 이개가 관련되어 사헌부의 탄핵을 받았으나 세조의 특지로 화를 면했다.[188]

1455년(단종 3) 윤6월에 단종을 상왕으로 모시고, 세조가 즉위했다. 이계전에게는 다시 병조판서가 제수되었다.[189] 그리고 말 1필이 하사되었다.[190] 이계전 등 6조판서들이 안평대군을 변방으로 귀양보내라고 주청했으나 세조는 듣지 않았다.[191] 이계전은 우의정 이사철과 함께 정난의 선위사宣慰使로 벽제역碧蹄驛에 파견되었다.[192] 7월 21일에 세자이사世子貳師를 겸했다.[193] 8월 5일에는 사직 제사에 힘썼다고 다시 말 1필을 하사받았다.[194] 8월 9일에는 병조참판 홍달손洪達孫, 병조참의 이예장李禮長, 호조판서 이인손李仁孫, 호조참판 권자신權自愼, 형조판서 권준權蹲, 형조참의 윤사윤尹士昀, 예조참판 하위지河緯地, 이조참의 어효첨魚孝瞻, 공조참의 박쟁朴崝 등과 함께 세조가 실시하려는 6조직계제六曹直啓制를 반대했다.[195]

세조는 크게 노했다. 세조가 이계전에게 누구와 의논했느냐고 따져 묻자 하위지와 의논했다고 대답했다. 하위지는 다음과 같이 아뢰었다.

주제周制에 3공三公은 항구한 이치를 강론해 나라를 경륜했고, 3고三孤는 3공을 보좌해 교화를 넓혔고, 6경六卿은 각기 직임을 나누어 맡았는데, 3공과 3고가 비록 직사職事에는 참여하지 않았으나 총재家宰가 사실은 겸임해 다스렸습니다. 신은 원컨대, 주제를 따르소서.[196]

---

188) 申千湜,〈文烈公神道碑銘〉, 237~238쪽.
189)《세조실록》권 1, 세조 1년 윤6월 을묘·정묘.
190)《세조실록》권 1, 세조 1년 7월 정축.
191)《세조실록》권 1, 세조 1년 윤6월 정사.
192)《세조실록》권 1, 세조 1년 7월 신사.
193)《세조실록》권 1, 세조 1년 7월 갑오.
194)《세조실록》권 2, 세조 1년 8월 무신.
195)《세조실록》권 2, 세조 1년 8월 임자.
196)《세조실록》권 2, 세조 1년 8월 임자.

이 말을 듣고 세조는 노하여 말했다.

　　총재에게 위임한다는 것은 임금이 죽었을 때의 제도이다. 너는 내가 죽은 것으로 생각하느냐? 또 내가 아직 어려서 서무를 재결하지 못할 것으로 생각하고 끝내 대권을 아랫사람에게 옮겨 보겠다는 말이냐?[197]

그러고는 위졸을 시켜 하위지의 곤장을 치게 했다. 그러고는 박원형朴元亨으로 하여금 하위지의 머리채를 끌고 가 의금부에 가두게 했다. 세조는 하위지를 극형에 처하고자 했으나 종친과 대신들이 말려 그만두었다.[198] 사신史臣 이승소李承김는 다음과 같이 말했다.

　　하위지의 말에 3공에게 책임지운다는 것은 옳은 말이다. 그러나 세조 초에는 그렇지 않은 점이 있었다. 노산군 당시에 권한을 거꾸로 잡고 이를 간신에게 주었기 때문에 군주는 그 손을 요동하지 못했고, 백관들은 명을 받을 겨를도 없이 턱으로 가리키고 눈치로 시켜도 감히 누가 무어라 하지 못했으며, 사람들이 정부가 있는 줄을 알아도 군주가 있는 줄을 모른 지가 오래되었다. 세조가 즉위하면서 그 폐단을 깊이 경계해 먼저 정부에서 모든 일을 서리署理하는 법부터 폐지시켜 작록爵祿의 존폐와 생살여탈生殺與奪의 권한을 모두 군주에게 돌아가게 한 다음에 군신의 분의分義가 정해졌고, 상하의 심정이 편하게 된 것이다. 이는 세조가 그 형세로 말미암아 기회를 타고 당시에 대권을 건진 것이니, 어찌 구구한 천견으로 능히 헤아릴 수 있는 일이겠는가?[199]

다분히 세조의 조치를 긍정하는 태도이지만 여기에서부터 사림과 세조는 다른 길을 가게 되었음을 알 수 있다. 세종조에는 집현전 학사가

197) 《세조실록》 권 2, 세조 1년 8월 임자.
198) 《세조실록》 권 2, 세조 1년 8월 임자.
199) 《세조실록》 권 2, 세조 1년 8월 임자.

다른 관직으로 옮겨 갈 수 없었다. 그러나 문종조부터 집현전 학사들이 인사부서나 대간으로 진출해 정치세력화했다. 이계전은 다른 집현전 학사들과 마찬가지로, 처음에는 김종서·황보인과 같은 대신들의 전횡을 막고자 김종서 등과 연계되어 있는 안평대군 대신 수양대군의 편에 서서 정세를 관망했다. 그런데 계유정난 이후 세조의 태도가 전제적으로 바뀌자 일부 과격파가 그를 제거하고자 사육신 사건을 일으키려 했던 것이다. 6조직계제 실시를 반대한 것도 그런 맥락에서 이해해야 할 것이다.

8월 16일 세조는 공신들을 불러 사정전思政殿에서 연회를 베풀었는데, 이계전이 세조에게 술이 과하니 대내大內로 돌아가시라고 주청했다. 그랬더니 세조가 "나의 몸가짐을 내 마음대로 하는데, 네가 어찌 나를 가르치려고 하느냐?"고 하면서 이계전의 관을 벗기고 홍달손에게 명해 머리채를 끌고 뜰로 내려가서 위사衛士를 불러 곤장을 치라고 하고 다음과 같이 말했다.

네 죄는 단지 이것뿐이 아니다. 지난번에 정부에서 서리하는 것을 폐하지 말라고 하위지와 더불어 마음을 같이해 계달했으니, 너희들은 학술이 모두 바르지 못한 것이다. 너는 극히 간휼奸譎해서 병조의 장관이 될 수 없다. 네 직임을 파하고, 홍달손을 써서 대신하겠다.[200]

그러고는 한참 있다가 이계전을 다시 앞으로 오게 해 "내 평일에 너를 사랑하기를 비할 바가 없었는데, 너는 어찌하여 내 마음을 헤아리지 못하느냐?" "네가 나를 사랑하는 것이 어찌 나와 같겠느냐? 내가 너를 사랑하기 때문에 너를 좌익공신의 등급에 올려놓으려 했는데, 너는 그렇게 하지 않겠느냐?"라고 하니 이계전이 머리를 땅에 대어 사죄하고 통곡했다. 세조가 상床에서 내려와 왼손으로 이계전을 잡고, 오른손으

---

200) 《세조실록》 권 2, 세조 1년 8월 기미.

로 신숙주를 잡아 함께 술을 따르게 했다. 그러나 이계전 등이 사례하고 일어나지 않았다. 세조는 이계전이 하위지와 함께 6조직계제를 반대한 데 대한 분풀이로, "내가 이계전에게 생각하지 못할 욕을 보였으니, 생각하지 못한 은전恩典을 베풀겠다"고 하고, "내가 너에게 어떤 사람인가?" 하고 물으니 이계전은 "동관同官입니다"라고 대답했다. 이에 세조가 이구李璆로 하여금 주먹으로 이계전을 때리게 하니 신숙주가 "제가 만약 손으로 때리게 되면 비록 명의로 이름난 전순의全順義·임원준任元濬과 같은 사람이 좌우에서 서로 교대하며 구호한다 해도 끝내 효험이 없을 것입니다"라고 했다. 그러고는 이계전으로 하여금 춤을 추게 하고 밤 2고二鼓가 되어서야 파했다.[201]

8월 24일에 병조판서 이계전은 좌의정 한확韓確 등과 함께 혜빈惠嬪 양씨楊氏 등을 단죄하라고 주청했으나 상왕이 죽이지 않기로 했으니 안 된다고 했다.[202] 9월 2일 우찬성 정창손·예문제학 박팽년·예조참판 하위지·집현전 부제학 이개 등과 더불어 관제를 개정했다.[203] 9월 5일에 세조를 추대한 공으로 좌익공신 2등에 책록되었다.[204] 이에 대해 겸성균관 대사성 이계전 등은 전문箋文을 올려 사례했다.[205] 20일에는 형 이계린은 한산군韓山君, 이계전은 한성군韓城君에 책봉되었다.[206]

1456년(세조 2) 2월 4일에 판중추원사判中樞院事로 판병조사判兵曹事를 겸했고,[207] 7월 1일에는 우사간대부 권제權踶·장령 최청강崔淸江 등이 이계전은 이개의 삼촌이니 그를 처벌하라고 요구했으나 세조가 허락하지 않았다.[208] 세조는 다음과 같이 말하며 이계전을 용서해 주었다.

---

201) 《세조실록》 권 2, 세조 1년 8월 기미.
202) 《세조실록》 권 2, 세조 1년 8월 정묘.
203) 《세조실록》 권 2, 세조 1년 9월 갑술.
204) 《세조실록》 권 2, 세조 1년 9월 정축.
205) 《세조실록》 권 2, 세조 1년 9월 계미.
206) 《세조실록》 권 2, 세조 1년 9월 임진.
207) 《세조실록》 권 3, 세조 2년 2월 계묘.
208) 《세조실록》 권 3, 세조 2년 6월 임자·무진.

이계전은 본래 원훈으로 그 마음이 충직하고, 최면의 말은 허탄虛誕해
실지가 없다.……그런 까닭에 모두 용서한 것이다.209)

이개도 이계전은 모르는 일이라고 했다고 한다.210) 6월 27일 이계전
의 어머니가 죽으니, 세조는 쌀·콩 30석과 종이 1백 권, 석회 40석, 유
지석油紙席 3부와 관곽棺槨을 부의했다.211) 1456년(세조 2) 9월 7일에는
이른바 사육신 사건에 연좌된 자들의 부녀들을 대신들에게 나누어 주었
는데, 이계전은 이휘李徽의 아내 열비列非와 허조許慥의 아내 안비安非,
딸 의덕義德을 노비로 받았다.212) 그리고 1457년(세조 3) 2월 1일에는
형 이계린과 함께 난신亂臣의 외거노비를 6구씩 받았다.213) 3월 23일에
는 조카 이개의 임피臨陂 전지를 받았으며,214) 8월 21일에는 영광靈光
에 영속된 계집 종 송이松伊를 받았다.215)

1458년(세조 4) 윤2월 11일에 판중추원사 권람權擥과 이계전이 배천
白川 온천에 가니 황해도 관찰사는 권람에게 쌀 15석, 이계전에게 쌀
10석과 주찬을 주었다.216) 6월 29일에는 좌익2등공신 책훈策勳 교서가
내려왔다. 책훈에는 부수적으로 부모와 처의 봉작을 주고, 영세토록 죄
를 범해도 용서한다는 내용이 적혀 있었으며, 아울러 전지 100결, 노비
10구, 백은 25냥, 표리 1단, 내구마內廐馬 1필을 받았다.217) 8월 7일에
는 영중추원사를 제수받았다.218)

하루는 정인지가 술자리에서 세조를 '너'라고 일컬었다. 이계전은 "군

---

209) 《세조실록》 권 4, 세조 2년 7월 무진.
210) 《세조실록》 권 4, 세조 2년 7월 무진.
211) 《세조실록》 권 4, 세조 2년 6월 을축.
212) 《세조실록》 권 5, 세조 2년 9월 갑술.
213) 《세조실록》 권 6, 세조 3년 2월 을미.
214) 《세조실록》 권 7, 세조 3년 3월 병술.
215) 《세조실록》 권 8, 세조 3년 8월 임자.
216) 《세조실록》 권 11, 세조 4년 윤2월 기사.
217) 《세조실록》 권 13, 세조 4년 6월 을유.
218) 《세조실록》 권 13, 세조 4년 8월 임술.

신간에는 모만侮慢할 수 없는데, 지금 정인지는 성상께 '너'라고 칭했으니, 청컨대 그를 베어 죽이소서"라고 했으나 세조는 듣지 않았다.[219] 1459년(세조 5) 7월 2일, 경기도 도체찰사를 겸임했다.[220] 7월 26일에는 사정전에 나아가 술을 들었다. 이 자리에서 세조는 이계전에게 마장馬粧 1부를 하사했다.[221] 9월 7일에는 송문림宋文琳을 경상도에 보내어 양녕대군, 좌의정 강맹경姜孟卿, 영중추원사 이계전에게 잔치를 베풀고, 본도 관찰사가 이를 주선하도록 했다.[222] 9월 16일 서거했다. 저자는 2일 동안 쉬고, 관청에서 장사를 맡아서 지내고, 쌀·콩을 합해 70석, 종이 100권을 내렸다. 그의 졸기는 매우 간단하다.

> 이계전은 한산군 이색의 손자인데, 성품이 관후寬厚하고 기개와 도량이 넓고 컸다. 젊어서 과거에 올라 집현전에 뽑혀 들어갔으며, 여러 번 승진해 승정원 도승지가 되었고, 정난공신과 좌익공신에 참여했다. 아들이 셋 있으니 이우李堣·이파李坡·이봉李封이다. 시호는 문열文烈이니, 사물을 널리 보고 아는 것이 많은 것이 문文이요, 덕德을 지키고 업業을 높인 것이 열烈이다.[223]

세조는 이계전을 위해 거애擧哀하려 했으나 주위에서 말려 그만두었다.[224] 세조의 말에 따르면, 이계전은 목욕을 한 뒤에 조리를 잘못해서 죽었다고 한다.[225] 그러나 그가 과음해서 죽었다는 기록도 있다. 세조의 다음과 같은 말에서 알 수 있다.

---

219) 《세조실록》 권 14, 세조 4년 9월 신축.
220) 《세조실록》 권 17, 세조 5년 7월 신사.
221) 《세조실록》 권 17, 세조 5년 7월 을사.
222) 《세조실록》 권 17, 세조 5년 9월 병술.
223) 《세조실록》 권 17, 세조 5년 9월 을미.
224) 《세조실록》 권 17, 세조 5년 9월 병신.
225) 《세조실록》 권 17, 세조 5년 9월 을미.

공신으로 과음해 죽은 자가 자못 많으니, 이계전·윤암尹巖 같은 이가 그
러하다. 또 화천군花川君 권공權恭·계양군桂陽君 이증李增·영중추원사 홍달
손洪達孫 등은 비록 죽지는 않았지만·또한 파리해졌으니, 이것은 크게 옳지
못한 것이다. 내가 한결같이 술을 마시지 못하게 하고자 하는데 어떠한
가?226)

1465년(세조 11) 7월 이계전의 3자 이봉李封이 과거에 장원으로 급제
하자 세조는 "너희 아비 이계전은 내가 벗으로 대우했던 자이다. 이제
네가 과거에 급제하고 또 장원을 했으니, 마음이 다른 것보다 곱절이나
기쁘다"227)고 했다.

1468년(예종 즉위) 12월에는 세종의 능을 옮기는데, 이계전의 묘가
있는 여흥 성산城山이 후보지로 정해졌다.228) 이에 분묘를 여주 점동면
으로 옮기지 않을 수 없었다. 천릉도감 제조 정인지가 사목事目을 만들
어 이계전의 분묘를 파내어서 물기〔水氣〕가 있는지를 보고, 석실石室과
잡상雜象은 옛날 것을 쓰고, 영악청靈幄廳은 정자각丁字閣으로 쓰도록
했다.229)

이계전은 부인 군수 진호秦浩의 딸 풍기진씨豊基秦氏와의 사이에 4남
4녀를 두었다. 장남 이육李堉은 자손이 없고, 차남 이우李堣(1432~1467)
는 1453년(단종 1) 증광문과에 급제해 성균관 대사성에 이르렀다. 36세
에 죽어 이조참판에 추증되었다. 묘는 광주廣州시 광주읍 장지리 갈마
치 동록 고산동에 있다. 부인은 판사判事 서진徐晉의 딸인 이천서씨이
고, 후처는 목사 권숭지權崇智의 딸인 안동권씨이다.230)

3남 이파李坡(1434~1468)는 15세에 이미 경사經史의 대의를 통달하

226) 《세조실록》 권 28, 세조 8년 3월 임술.
227) 《세조실록》 권 36, 세조 11년 7월 임자.
228) 《예종실록》 권 2, 예종 즉위년 12월 계축.
229) 《예종실록》 권 2, 예종 즉위년 12월 갑인.
230) 《韓山李氏文烈公派世譜》 卷 1, 11쪽.

고, 1450년(세종 32)에 18세로 사마시에 합격했으며, 1451년(문종 1)에 증광문과에 급제해 교서관 저작랑著作郎이 되었다가 집현전 박사로 전직되었다. 1454년(단종 1) 집현전 응교에서 수찬으로 승진했다.

이파는 1459년(세조 5)에 아버지의 상을 마치고 세자 보덕에 임명되었으며, 그 뒤 집의, 내자시사, 예문관 직제학, 우승지를 역임했다. 우승지로 있을 때 《동국통감》 수찬에 참가했고, 1463년(세조 8)에 첨지중추부사를 필두로 좌승지, 도승지(1465), 공조참의, 한성부윤, 우윤(1466)을 거쳤다. 세조는 이파만을 편전에 불러 손을 끌어당기어 용안을 그의 얼굴에 부비면서 세자에게 "이 사람은 다른 날 네 신하다 잊지 말도록 하라"231)고 하면서 술을 권했다고 한다.

1466년(세조 11) 3월에는 서거정徐居正 · 신숙주申叔舟 등과 함께 중시重試 시관을 했으며, 그 뒤에 호조참판, 성균관 대사성을 지냈다. 1469년(예종 1) 정월에는 승습사承襲使로 명나라에 다녀왔다. 이때 큰 눈과 혹한으로 인마人馬가 많이 상했다. 1469년(예종 1)에 가정대부로 승진해 한성좌윤 겸행호군(1469), 대호군(1470), 안주선무사, 이조참판(1475), 의주선위사(1476)를 역임했다. 1474년(성종 5)에 어머니 상을 당해 3년 동안 복상을 하고, 1476년(성종 6) 12월에는 노사신盧思愼 · 서거정 등과 함께 《삼국사절요》를 찬진했다. 1477년(성종 8) 8월에는 자헌대부로 승진해 평안감사(1478), 지중추부사, 개성부 선위사(1480)를 역임했다. 1480년(성종 11)에 예조판서가 되어 6년 동안 근무했는데, 예절에 관해 모르는 것이 있으면 다들 그에게 물었다 한다. 10월에는 성종이 12폭 그림 병풍을 내놓고 시 잘하는 문신 12명을 뽑도록 명하였다. 그리고 그들로 하여금 칠언율시 1편씩을 짓게 했는데, 이파는 제8폭 소백감상도금伯甘棠圖를 맡았다.

1481년(성종 12)에 예소판서로 서대犀帶를 받았는데 대간이 과하다고 해 말이 많았으나 묵인되었다. 다음 해에 우참찬으로 빈전감제조殯殿監

---

231) 金宗直, 〈明憲公(坡)墓誌銘〉, 《韓山李氏文烈公派文獻》 卷 上, 263쪽.

提調를 맡았으며, 1485년(성종 16) 5월에는 정희왕후貞熹王后를 부묘祔廟
할 때 예의사禮儀使를 맡았다. 그리고 그 공으로 안구마鞍具馬 1필을 하
사받았다. 6월에 우찬성으로 충청진휼사가 되고, 7월에 좌찬성이 되어
1486년(성종 17) 2월 25일에 좌찬성으로 졸했다.232) 향년 53세.

그런데 1504년(연산군 10) 4월 18일에 갑자사화 때 좌찬성으로 인견
고사引見古事했다고 해서 부관참시되었다. 그리고 그 자손들도 폐서인
되었다. 부인의 무덤도 헐어 버리고 석물도 제거했다. 재물은 호조에서
20인의 역군役軍을 내어 실어갔다.233)

부인은 영평위鈴平尉 윤계동尹季童의 딸 파평윤씨로, 묘는 양주 풍양
면 지산리 와초동에 있다. 신도비는 서거정이, 묘지명은 김종직金宗直이
썼다.234)

이계전의 4남 이봉李封(1441~1493)의 자는 번중藩仲, 호는 소은蘇隱
이다. 1465년(세조 10) 7월에 별시문과에 을과 1등으로 급제해 예문관
직제학에 임명되었다. 다음 해에 중시重試에 합격해 1467년(세조 13)에
동부승지를 거쳐 좌승지가 되었다. 《동국통감》 수찬관으로 참여했고,
한성부 우윤(1466), 동부승지(1467), 우승지, 좌승지, 공조참판, 이조참
판, 첨지중추부사, 행호군, 강원도 관찰사(1475), 동지중추부사(1476)를
역임했다. 1477년(성종 8)에는 성절사로 명나라에 다녀왔으며, 1478년
(성종 9)에는 황해도 관찰사로 부임했다가 파직되었다. 그러나 1480년
(성종 11)에 병조에 전지해 직첩을 환급하고 대사헌에 임명되었다. 그
뒤 이조참판을 두 차례, 전주부윤(1484), 중추부사(1484), 한성부 우윤,
경상도 관찰사(1485), 수동지중추부사(1487)를 역임하고, 1487년(성종
18) 호조판서로서 진위사陳慰使로 명나라에 다녀와서 지중추원사가 되
었다. 그리고 그 뒤 평안도 관찰사(1488), 지중추부사(1489), 한성부윤

---

232)《韓山李氏文烈公派世譜》卷 1, 16쪽;《성종실록》권 188, 성종 17년 2월 신축, 이파 졸기;
《韓山李氏文烈公派文獻》卷 上, 262~266쪽, 明憲公墓誌銘.

233)《韓山李氏文烈公派世譜》卷 1, 16~17쪽.

234)《韓山李氏文烈公派世譜》卷 1, 17쪽.

(1490), 형조판서(1492), 경상도 관찰사(1493)를 역임하고 1493년(성종 24) 11월에 죽었다. 이조판서를 증직받았고, 시호는 헌평憲平(行善可紀曰憲 執事有制曰平)이다.[235]

부인은 현감 김삼로金三老의 딸 안동김씨이다. 묘는 교하 금성리에 부인과 합장했다. 신도비는 김안로金安老가 썼다. 1984년 남양주시 화도읍 금남리로 옮겼다.[236] 네 딸은 각각 유소劉昭, 최연년崔延年, 권선權善, 정계금鄭繼金에게 시집갔다.[237]

이계전의 장남 이우李堣는 2남 3녀를 두었다. 장남 이장윤李長潤(1455~1528)의 자는 수연粹然이요, 1455년(단종 3)에 광흥창 주부, 이산尼山·봉화奉化현감을 지냈으며, 증손자인 이산해 덕에 이조판서에 증직되었다. 1528년(중종 23)에 죽었다. 향년 74세. 묘는 성남시 수내동 중앙공원에 있다. 차남 이세윤李世潤은 장사랑將士郎을 지냈다. 세 딸은 이지李漬, 조경趙瓊, 류한장柳漢長에게 각각 시집갔다.[238]

이장윤은 4남 1녀를 두었다. 장남 이질李秩(1474~1560)은 1498년(연산군 4)에 생원시에 합격해 문화·상주·울진·양천·삭령·덕천·장단 등 일곱 고을의 수령을 역임했다.[239] 향년 87세. 묘는 성남시 분당구 수내리에 있다. 차남 이치李穉(1477~1530)는 1507년(중종 2)에 사마시에 합격해 수원판관을 지냈다. 손자 이산해 때문에 좌찬성에 추증되었다. 묘는 보령시 주포면周浦面 고정리高亭里 고만산高巒山에 있다. 이산해의 묘갈명이 있다. 그를 장사지낼 때 이지번이 묘터를 보고 자손 가운데 두 재상이 나올 것이나, 막내아들 이지함에게는 불길하다고 했다. 과연 이지번의 아들 이산해와 이지무李之茂의 아들 이산보李山甫가 재상이 되었으나 이지함의 네 아들은 모두 일찍 죽거나 무후했다.[240] 이장윤의 3남

---

235) 《韓山李氏文烈公派文獻》 卷 上, 270~274쪽; 憲平公神道碑銘; 《성종실록》 권 284, 성종 24년 11월 갑진, 이봉 졸기.

236) 《韓山李氏文烈公派世譜》 卷 1, 17~20쪽.

237) 《韓山李氏文烈公派世譜》 卷 1, 11·20쪽.

238) 《韓山李氏文烈公派世譜》 卷 1, 11~13쪽.

239) 《韓山李氏文烈公派文獻》 卷 上, 奉化公以下三世遺事碑序, 282쪽.

이온李穩과 4남 이정李程(1489~1531)과 사위는 현달하지 못했다. 4남의 묘는 수내리에 있다.

이치李穉는 김맹권金孟權의 딸인 광주김씨와의 사이에 4남(之英·之蕃·之茂·之菌) 1녀(趙鍵과 혼인)를 두었다. 장남은 이지영李之英인데 무후하다. 차남 이지번李之蕃(1508~1575)의 자는 이성而盛·자담子聃, 호는 성암省菴이요, 영의정을 지낸 이산해의 아버지다. 백의정승이라고 불릴 정도로 덕이 있었으나 권신들이 발호할 때라 발신하지 못했다. 1504년(연산군 10) 갑자사화 때 종조인 파坡가 부관참시되는 사건에 연좌되어 진도군으로 귀양갔다가 중종반정으로 풀려났다.[241]

1507년(명종 1)에 진사시에 합격해 제능齊陵 참봉, 빙고 별좌, 의금부 도사, 종부시 직장, 제용감 주부, 사헌부 감찰, 장악원 사평司評, 황간현감 등을 역임했다. 1530년(중종 26)에 아버지가 죽자 3년상을 치렀으나, 곧 어머니가 위독해 왼쪽 다리를 베어 약에 타서 올리니 병이 나았으나 끝내 죽고 말았다. 어머니의 3년상이 끝나자 다시 서울로 올라왔는데, 남곤南袞·심정沈貞·홍경주洪景舟 등이 정권을 독차지하고 마음에 들지 않는 사람은 모두 귀양을 보냈다. 이지번도 평해군平海郡으로 귀양갔다가 1537년(중종 32)에 겨우 풀려났다.[242]

인종이 즉위하자 그를 유일로 뽑으려 했으나 인종이 죽어 무산되었다. 1546년(명종 1)에 진사시에 합격해 성균관에 들어가 제능 참봉에 제수되었다. 그러나 을사사화 직후 친했던 안명세安明世가 화를 당하자 사직하고 보령으로 돌아갔다. 거기서 5년을 지낸 뒤 60세 되던 1567년(명종 22)에 사직령社稷令을 제수받았으나 나가지 않았고, 1569년(선조 2)에 청풍군수를 지냈다. 장악원에 있을 때는 백성을 핍박하는 권세가에게 직언하고 벼슬을 그만두었다.

이때는 아들 이산해가 아직 장가가기 전이었는데 그의 재주와 학문

---

240) 《韓山李氏文烈公派世譜》 卷 1, 12쪽.
241) 《韓山李氏文烈公派文獻》 卷 上, 省菴公諱之蕃墓誌銘, 302~303쪽.
242) 《韓山李氏文烈公派文獻》 卷 上, 省菴公諱之蕃墓誌銘, 302~303쪽.

이 뛰어나다는 말을 듣고 외척 윤원형과 정난정이 사위로 삼으려 했다. 이에 이지번은 "나는 높은 집과 혼인하기를 원치 않는데 하물며 그 딸은 적출이 아니질 않느냐?"고 하면서 거절했다. 그리하여 위험을 피해 단양丹陽 구담龜潭·도담島潭 사이에 은거했다. 이산해는 대사간을 맡아 왕성하게 활동하고 있었으므로 남의 이목을 의식하지 않을 수 없었다. 이때 군수 금계錦溪 황준량黃俊良과 퇴계 이황이 자주 왕래하며 교류했다. 특히 이황은 임금의 부름을 받고 서울로 올라갈 때면 이곳에 들러 놀다 가기도 하고, 이지번을 천거해 벼슬길에 나가게 하기도 했다.243)

그 뒤 1559년(명종 14)에 충주 풍류산風流山으로 옮겼는데, 그곳이 황간黃澗과 가깝다 해 현감으로 임명했으나 나아가지 않았다. 1562년(명종 17)에 다시 목천木川 율곡栗谷으로 옮겼다가, 1564년(명종 19)에 세 번째 보령으로 돌아가 바닷가에 조그만 누각을 만들어 놓고 살았다.244)

이지번은 벼슬을 할 때도 백성들을 평이하게 다스려서 고을 안이 편안했다. 어느 해 흉년이 들어 백성들이 살 곳을 잃자 몹시 근심스러워하다가 병을 얻어 1571년(선조 4)에 벼슬을 내놓고 서울로 돌아왔다. 백성들은 비를 세워 그를 기렸다. 그는 부모의 병을 고치고자 베어냈던 왼쪽 다리 때문에 기운이 떨어져 약만 먹었다. 이산해는 방 하나를 따로 마련해 이지번을 극진히 간호했다.245)

1572년(선조 5) 병에 조금 차도가 있자 3년 동안 공조 정랑, 평시서령, 장악원 첨정, 선공감 부정, 내자시 사첨司瞻, 내섬시정을 역임한 뒤 은퇴했다. 1573년(선조 6) 겨울에 이미 이지번은 병이 위중해 다니지 못할 정도였다. 결국 1575년(선조 8) 4월 21일(기축)에 죽어서 고만산에 장사지냈다.246)

이지번이 죽기 5일 전 인순왕후仁順王后를 효릉孝陵에 장사지내러 갈

243) 《韓山李氏文烈公派文獻》 卷 上, 省菴公諱之蕃墓誌銘, 302~303쪽.
244) 《韓山李氏文烈公派文獻》 卷 上, 省菴公諱之蕃墓誌銘, 302~303쪽.
245) 《韓山李氏文烈公派文獻》 卷 上, 省菴公諱之蕃墓誌銘, 304쪽.
246) 《韓山李氏文烈公派文獻》 卷 上, 省菴公諱之蕃墓誌銘, 304쪽.

때 대사간이었던 이산해는 마땅히 따라가야 했지만 "아버지 병환이 오래되어 위중하니 차마 하루도 곁을 떠나지 못하는 터에 하물며 천리 길을 열흘이 넘게 갔다 오는 일을 어찌 하겠는가?" 하고 다른 사람과 바꾸었다. 이를 보고 사람들이 그의 효심에 모두 감동했다고 한다.[247]

아들 이산해의 출세로 그는 순충적덕보조공신純忠積德補祚功臣, 영의정, 한천韓川부원군에 추증되었다. 부인은 현령 남수南脩의 딸인 의령남씨다. 1남 1녀를 두었는데 아들은 이산해요, 측실 소생에 홍산鴻山 현감을 지낸 이산광李山光(1550~1624)이 있다. 대사성 김복한金福漢이 찬한 이산광비문에 따르면, 그는 광해군조에 여러 사람들이 모인 자리에서 이이첨李爾瞻의 얼굴에 침을 뱉으면서 "너는 우리나라 소인이 아니냐?"고 꾸짖고는 보령 금자동今紫洞에 귀학정歸鶴亭을 짓고 시와 술로 세월을 보냈다. 《보령읍지》에 따르면, 여러 번 주부나 현감으로 불렀으나 나가지 않고 종손 이부李阜와 함께 이이첨의 목을 자르라 상소하여 그 덕으로 인조반정 이후에 무사할 수 있었다고 한다.[248] 묘는 보령시 주포면 고만산에 있다. 묘갈명은 이산해가 지었다.[249]

3남 이지무李之茂는 자가 경실景實로, 생졸년은 알 수 없다. 아들 둘을 두었는데 이산립李山立과 이산보李山甫다. 이산립은 장가도 가기 전에 일찍 죽어 자손이 없으며, 이산보는 이조판서까지 지냈다. 이산보의 출세로 그는 영의정, 한창부원군에 추증되었다. 부인은 구승유具承裕의 딸 능성구씨다.

이산보는 호가 명곡鳴谷으로, 삼촌인 이지함에게 학문을 배웠다. 이지함이 길가의 돌부처를 보고 "이 돌부처도 부모가 있느냐?"고 물었더니, "하늘은 아버지요, 땅은 어머니이니 우주 만물이 부모 없는 것이 있겠습니까?"라고 대답했다고 한다.[250] 1568년(선조 1)에 증광별시문과를

---

247) 《韓山李氏文烈公派文獻》 卷 上, 省菴公諱之蕃墓誌銘, 300쪽.
248) 《韓山李氏文烈公派世譜》 卷 5, 13쪽.
249) 《韓山李氏文烈公派世譜》 卷 5, 1~2쪽.
250) 《韓山李氏文烈公派文獻》 卷 上, 李聲遠, 韓昌府院君遺事碑銘, 317쪽.

거쳐 임진왜란 때 선조를 호종해 이조판서가 되었다. 죽은 뒤에 충근정
양효절협책호종공신忠勤貞亮效節協策扈從功臣을 받았고, 영의정, 한흥韓
興부원군에 추증되었다. 시호는 충간忠簡(危身奉上曰忠 一德不懈曰簡)이
다. 묘는 고만산에 있다.251)

4남 이지함李之菡(1517~1578)의 자는 형백馨伯, 호는 토정土亭 또는
수선水仙이다. 중종-선조조의 학행이 있는 학자로 1573년(선조 6)에 포
천현감, 1578년(선조 11)에 아산현감을 지냈을 뿐이다. 그는 친서민정책
을 제시했으나 받아들여지지 않았다. 그가《토정비결土亭秘訣》을 지었
다고 알려진 것도 그의 친서민적 성향 때문이다.252) 그의 학풍은 개방
적이어서 노장·불교·천문·역법·복서·상수학 등 다양한 사상에 관심이
많았다. 화담花潭 서경덕徐敬德의 제자로서 영향을 받았기 때문이다.253)
남명南冥 조식曺植도 비슷한 학풍을 가지고 있었다. 이 두 학파가 광해
군조에 북인정권을 공유했던 것도 그 때문이다.

그는 형인 이지번에게 학문을 배웠다. 그런데 스승인 이지번이 과거
에 급제하지 못하자 그 또한 과거를 단념했다. 과거를 보더라도 답안지
를 제출하지 않거나, 이름을 쓰지 않았다고 한다. 1546년(명종 1)에 이
지번이 39세의 나이로 진사가 되자, 이지함도 다음 식년시에 과거를 보
기로 작정했다. 그러나 시험을 치고 답안지는 내지 않았다 한다. 그는
글을 읽으면 해가 지고 밤이 새도록 읽었고, 여자를 다스리지 못하면
다른 것은 볼 것도 없다고 했다.

그러나 1547년(명종 2)에 을사사화의 여파로 가장 친했던 벗 안명세
가 처형되자 출사를 단념하고 실의에 빠져 유랑길을 나섰다.254) 그는
겨울에 나체로 눈 덮인 바위 위에 앉아 있기도 하고, 여름에 물을 마시

---

251)《韓山李氏文烈公派世譜》卷 6, 18쪽.
252)《토정비결》이 이지함 사후에 유행하지 않고 19세기 후반에 널리 퍼진 점으로 보아, 이지
함을 가탁한 저작이라고 할 수 있다. 그의 고손자 이정익이 만든《土亭遺稿》에 이에 대한
언급이 없는 것으로 보아 그의 저작은 아닌 것 같다(《韓山李氏文烈公派世譜》卷 6, 69쪽).
253) 신병주,《이지함 평전》, 글항아리, 2008, 261쪽.
254) 신병주, 위의 책, 60쪽.

지 않기도 하며, 열흘 동안 익힌 음식을 먹지 않기도 했다. 또는 걸어서 수백 리를 가고, 길 가다가 지팡이를 짚고 자기도 했다.255)

처가에 닥친 불행 또한 이지함의 유랑을 부추겼다. 이지함의 처가는 충주에 있었다. 이지함은 혼인한 뒤 충주에 얼마간 거주한 것 같다.《연려실기술》에 따르면 이지함은 형 이지번에게 "내가 처가를 관찰했더니 길한 기운이 없습니다. 이에 내가 피해 가지 않으면 화가 장차 나에게 미칠 것입니다" 하고는 처자를 데리고 고향인 보령으로 갔는데, 그 다음 해에 이홍남李洪男의 고변사건이 일어난 것이다.256)

이홍남 고변사건이란 1549년(명종 4) 4월 이홍남이 아우 이홍윤李洪胤을 고발한 사건이다. 1547년(명종 2) 9월 18일 양재역 벽서사건에 연루되어 영월에 유배하고 있던 이홍남은 이약빙李若氷의 아들로, 을사사화 주도 세력과 오랫동안 원한관계에 있었다. 더욱이 이홍윤은 을사사화 때 윤원형에 의해 희생된 대윤의 영수 윤임尹任의 사위로, 평소 아버지와 장인이 억울하게 죽은 것을 원통히 생각하고 있었다. 이홍남은 아우 이홍윤과 사이가 나빴다. 이에 이홍남은 이홍윤이 "연산군 때 사람을 많이 죽이더니 마침내 중종반정을 당했다. 지금 주상인들 어찌 오래도록 그 자리를 누리겠는가?"라는 등의 말을 하고, "마침내 충주사람들을 규합해 역모를 꾀했다"고 고변했다. 그 결과 이홍윤은 능지처참되고, 강유선·최대립·무송수茂松守 이언성·모산수毛山守 이정랑李呈琅 등 33인이 처형당했다.257)

이지함의 장인 모산수 이정랑은 이 사건에 연루되어 장형杖刑을 받다가 목숨을 잃었다. 이정랑은 종실인 까닭에 역모자의 공초에는 왕으로 추대될 가능성이 있었다. 그는 장형을 당한 뒤에 능지처참되었고, 왕실 족보인《선원록璿源錄》에서 그와 그의 자손들의 이름이 삭제되는 비운을 맞았다.258)

---

255)《韓山李氏文烈公派文獻》卷 上, 李觀命, 土亭公, 謚狀, 322~333쪽.
256) 신병주, 앞의 책, 56쪽.
257) 신병주, 앞의 책, 58~59쪽.

　이에 이지함은 보령과 서울 마포를 왕래하면서 민정을 살피고, 이를 구제할 방법을 모색했다. 그는 일찍이 마포 강가에 흙으로 언덕을 만들어 아래로는 굴을 파고 위로는 정자를 만들어 스스로 토정土亭이라 했다.[259] 이곳은 한강과 서해안을 잇는 교통의 요지요, 상업의 중심지다. 따라서 그의 상업 장려와 어염 장려 사상은 이러한 주변 여건과 무관하지 않을 것이다.

　이지함의 제자인 중봉重峯 조헌趙憲[260]은 이지함을 쓸 것을 강력히 상소했다.[261]

　이러한 그의 탁행卓行이 조정에 알려져 1573년(선조 6)에 최영경崔永慶·정인홍·김천일金千鎰·조목趙穆 등과 함께 이조의 천거를 받아 종6품직에 올랐으며, 이듬해에는 포천抱川 현감에 임명되었다.[262]

　이지함이 임명된 군현이 유독 잔폐한 군현이었겠지만, 백성들을 위해 구체적이고 절실한 문제점을 지적했다고 할 수 있다. 그는 해결책으로 상책, 중책, 하책을 제시했다. 상책은 사람의 마음을 잘 다스리라는 것이요, 중책은 인사를 바로 하라는 것이요, 하책은 땅과 바다의 재용을 개발하라는 것이다. 상책과 중책은 이지함이 아닌 다른 사람들도 여러 번 거론한 개혁책이지만 하책은 독특하다. 선비들이 꺼리는 지하자원과 어염을 통한 이윤추구이기 때문이다. 그는 보령과 마포에 살면서 바다의 중요성을 누구보다도 잘 알고 있었다. 그리하여 지하자원과 해산물·소금만 잘 관리해도 국가가 부강해지고 백성들이 잘 살 수 있다는 것을 잘 알고 있었다. 이는 북학파의 사상과도 상통하는 선진적인 사상이었

---

258) 신병주, 앞의 책, 59쪽.

259) "嘗於龍山麻浦港口 築土爲阜 下爲窟穴 上爲亭舍 自號土亭."(《선조수정실록》 권 12, 선조 11년 7월 경술); "以所居屋築以土 平其上爲亭 故自號土亭."(李山海 撰, 《國朝人物考》, 李之菡墓偶銘).

260) 趙憲은 李之菡·李珥·成渾을 스승으로 받들었는데 이지함의 樂善과 好義는 天性에서 나온 것이므로 이이와 성혼이 가장 공경하고 중하게 여겼다(《韓山李氏文烈公派文獻》 卷 上, 李觀命, 土亭公謚狀, 326쪽).

261) 《선조수정실록》 권 20, 선조 19년 10월 임술.

262) 《선조실록》 권 7, 선조 6년 6월 신해.

다. 농업만으로 해결할 수 없는 가난을 상공업·어염업으로 해결하자는 탁견이다.

그는 전라도 만경현의 양초洋草를 임시로 포천현에 귀속시켜 이곳에서 고기를 잡아 곡식과 바꿀 수 있게 해 주고, 황해도 풍천부 초도椒島의 염전을 임시로 포천에 귀속시켜 소금과 곡식을 바꿀 수 있게 해 달라고 요청했다.263) 월경지越境地 제도를 활용하자는 것이었다. 그리고 마지막으로 이를 실천하려면 군주의 의지가 필요하다고 결론지었다. 그러나 받아들여지지 않자 병을 핑계로 그만두었다.264)

이지함은 1578년(선조 11)에 다시 아산현감이 되었다. 그는 군정의 문제점을 지적했다. 군정이 엉망이어서 억울한 사람이 많이 생기고 군포를 내지 못하면 족징·인징이 자행된다는 것이다. 그는 "한 현의 억울한 백성이 천여 명이라고 보면 전국의 수는 몇십만인지 모릅니다. 그러므로 병민病民의 원통함은 하늘과 땅 사이를 막아 햇빛·달빛·별빛은 흉함을 알리고 병이 있는 기운은 성행하니 또한 두렵습니다"라고 해 군역의 폐단이 전국적임을 폭로했다. 그는 백성들이 군역의 부담 때문에 장가도 시집도 못 가니 이대로 두면 그런 군대로는 외적을 방비할 수 없게 된다고 지적했다. 백성의 괴로움이 심하면 나라를 위해 죽을 자가 없기 때문이라는 것이다.265)

이지함은 덕德과 물物을 본말本末에 빗대어 "대개 덕은 본本이고, 재물은 말末입니다. 그러나 본말은 어느 한쪽이 치우치거나 폐지되어서는 안 됩니다. 본으로써 말을 제어하고, 말로써 본을 제어한 뒤에 사람의 도리가 궁해지지 않아야 합니다"라고 해 본업과 말업이 상호 보완해야 함을 강조했다.266)

---

263) 《土亭遺稿》 卷 上, 莅抱川縣監時疏

264) "抱川縣監李之菡 棄官歸鄕 之菡在縣 寒儉自處 視民如子 以縣貧之穀 白于朝 請折受海邑魚梁 貿穀助給 朝廷不從 之菡本無作邑久留之計 施謝病歸."(《선조실록》 권 8, 선조 7년 8월 임인)

265) 신병주, 앞의 책, 213~219쪽.

266) 신병주, 앞의 책, 233쪽.

이지함은 아산현감으로 있을 때 병에 걸려서 1578년(선조 11) 7월 1
일에 죽었다. 일설에는 아산현감으로 있을 때 한 늙은 아전이 죄를 지
었는데, 이지함이 "자네는 비록 늙었으나 마음은 어린아이다"라고 하고
는 관을 벗긴 다음 백발을 땋아 늘여 어린아이의 머리 모양을 만들고,
벼룻돌을 가지고 와서 안전에 꿇어앉아 먹을 갈게 하였다고 한다. 이에
늙은 아전이 말없이 원한을 품고 몰래 지네 생즙을 구해다가 술을 빚어
권해, 결국 이지함은 60세를 일기로 생을 마감했다 한다.[267] 《선조수정
실록》 이지함 졸기에는 다음과 같이 실려 있다.

> 아산현감 이지함이 사망했다. 지함의 자는 형중馨仲인데 그는 기품이 신
> 기했고, 성격이 탁월해 어느 격식에도 얽매이지 않았다. 모산수毛山守 이정
> 랑李呈琅의 딸에게 장가들었는데 초례를 지낸 다음 날 밖에 나갔다가 늦게
> 돌아왔다. 집안사람들이 그가 나갈 때 입었던 새 도포를 어디에 두었느냐
> 고 물으니, 홍제교弘濟橋를 지나다가 얼어서 죽게 된 거지 아이들을 만나
> 도포를 세 폭으로 나누어 세 아이에게 입혀 주었다고 했다.[268]

일반적으로 2품 이상관이나 되어야 졸기를 수록하는데 일개 현감의
졸기를 실록에 수록한 것은 이례적이다.

이지함에게는 적실 소생으로 이산두李山斗·이산휘李山輝·이산룡李山
龍과 서출 소생 이산겸李山謙이 있다. 둘째 이산휘는 호랑이에게 물려
죽고, 셋째 이산룡은 역질로 죽었다. 이산겸은 서자지만 임진왜란 때 의
병장 조헌趙憲의 휘하에서 활약했다. 그러나 홍산鴻山 사람 송유진宋儒
眞의 역모사건에 연루되어 사형당했다.

장남 이산두를 얻은 해에 조카 이산해도 태어났다. 이지함은 조카 이
산해에게 태극도太極圖를 가르치니 한 마디에 전지음양의 이치를 알았

---

267) 《韓山李氏文烈公派文獻》 卷 上, 土亭先生 逸話(大東奇聞), 341~342쪽.
268) 《선조수정실록》 권 12, 선조 11년 7월 경술.

다. 일찍이 독서에 몰두해 밥 먹는 것도 잊을 정도였다. 이산해는 어릴
적부터 총명하고 글씨에 뛰어나 그의 글씨를 받기 위해 사람들이 줄을
설 정도였다고 한다. 훗날 명종도 이황을 시켜 이산해의 글씨를 얻어오
게 했다.[269]

율곡 이이는 그를 "천성이 과욕하여 명리名利와 성색聲色에 담담했
다" "형중馨仲을 물건에 비하면 이는 기화奇花·이초異草·진금珍禽·괴속
怪俗이다"라 했다.[270] 시호는 문강文康(道德博聞曰文 淵源流通曰康)이다.

2) 이개

이개(1417~1456)는 역적으로 몰려 죽었기 때문에 남아 있는 공·사기
록이 많지 않다. 이개의 자는 청보淸甫 또는 고우高又, 호는 백옥헌白玉
軒이다. 이종선의 장자 이계주李季疇의 독자다. 이계주와 판사判事를 지
낸 장인의 딸 삼척진씨陳氏 사이에서 장자로 태어났다.

이개는 1436년(세종 18)에 친시문과에 급제해[271] 저작랑著作郎이 되
었다.[272] 1443년(세종 25)에 정음청正音廳에서 훈민정음 창제에 참여했
다.[273] 이때 책임자는 진양대군晉陽大君 이유李瑈와 안평대군安平大君 이
용李瑢이었으며, 집현전 교리 최항, 부교리 박팽년, 부수찬 신숙주·이선
노, 돈령부 주부 강희안姜希顔 등이 같이 참여했다.[274] 1446년(세종 28)
9월 29일에 훈민정음이 완성되었다.[275] 1447년(세종 29)에 중시에 합격
해 호당에 들어가 사가독서를 받았고 이어 집현전 직제학이 되었다.[276]

---

269) 《韓山李氏文烈公派世譜》 卷 7, 1~8쪽.
270) 《韓山李氏文烈公派文獻》 卷 上, 土亭公諡狀, 326~327쪽.
271) 朴能緒, 《韓國系行譜》 天, 韓山李氏, 312쪽.
272) 《세종실록》 권 93, 세종 23년 9월 임술.
273) 朴能緒, 《韓國系行譜》 天, 韓山李氏, 312쪽.
274) 《세종실록》 권 103, 세종 26년 2월 병신.
275) 《세종실록》 권 113, 세종 28년 9월 갑오.
276) 《韓山李氏文烈公派世譜》 卷 1, 6쪽.

1453년(단종 1) 10월에 이개는 수사헌집의守司憲執義가 되었다.[277] 계유정난이 일어나자 집의 이개는 완전히 수양대군의 당이 되어 반대파를 몰아내는 데 앞장섰다.

또 이징옥란李澄玉亂이 일어나자 그의 형 이징석李澄石을 연좌시키는 문제에 대해서도 이개는 수양대군의 편에 서서 강경론을 부르짖었다.

> 반적에 대한 연좌의 율은 처음에 서로 화목했는지 안 했는지 여부는 헤아리지 않습니다. 어찌 그 아우가 반역을 했는데, 그 형만 홀로 면할 수 있겠습니까? 이징옥은 일찍이 청렴한 것으로써 이름이 났었는데, 지금 오히려 이와 같으니, 이징규가 어찌 효자라 해 그 죄를 면할 수 있겠습니까? 청컨대 모름지기 법에 따라 시행하소서.[278]

이를 보아 이징옥 사건이 일어났을 때만 해도 이개는 수양대군 편이었음을 알 수 있다. 그리하여 1453년(단종 1) 11월 8일, 이개는 정난공신호는 받지 못했지만 중훈대부로 승진했다.[279] 이때 그의 삼촌인 이계전은 정난공신 1등에 병조판서·한산군을, 성삼문成三問은 정난공신에 좌사간대부를 받았으며, 유성원柳誠源은 단지 수사헌장령만 받았다.[280] 그러나 이개는 이틀 뒤에 "신이 지금 가자加資되었으나, 반복해 생각해보아도 실로 아무 공로가 없습니다. 청컨대 고쳐 바로잡으소서"[281]라고 했으나 받아들여지지 않았다.

계유정난이 께름칙했던지 이개는 계속 관직에서 물러나려 했으나 단종은 들어주지 않았다. 뜻을 이루지 못한 이개는 좌사간 성삼문과 함께 환시의 폐해를 개혁할 것을 강력히 상소했다.[282] 이개는 계속 사직을

---

277) 《단종실록》 권 8, 단종 1년 10월 무술.
278) 《단종실록》 권 9, 단종 1년 11월 무오.
279) 《단종실록》 권 9, 단종 1년 11월 경신.
280) 《단종실록》 권 9, 단종 1년 11월 경신.
281) 《단종실록》 권 9, 단종 1년 11월 임술.
282) 《단종실록》 권 9, 단종 1년 11월 경진.

고집했다. 그리고 그는 장령 유성원 등과 함께 내불당을 헐어 버리라고
아뢰었으나 들어주지 않았다.283)

1454년(단종 2) 7월에 사헌부가 여러 관청에서 기녀를 불러 회음會飮
한 것을 탄핵했다. 이 사건에 이계전과 이개가 다 걸렸으나 이개는 법
대로 처벌되고, 이계전은 공신이라 사면되었다.284) 그러나 1455년(단종
3) 2월 28일에 고신告身을 돌려받았다.285) 윤6월에 세조가 즉위하고, 9
월 2일에는 병조판서 이계전과 함께 관제를 경정했다.286) 이개에게는
집현전 부제학을 제수했다.287)

1456년(세조 2) 4월, 세조는 집현전 관원에게 다음과 같이 말하였다.

> 사람은 마땅히 실학을 힘써야 하며, 실학이 근본이다. 국가는 사장詞章을
> 쓰기에 간절한 까닭으로 부득이 사장을 써서 사람을 취하나, 스스로 하는
> 도道에서는 실학을 버리는 것이 옳지 않다. 오늘 너희들이 경서를 강론함
> 에 창달한 자가 있지 않으니, 또한 스스로 부끄러울 것이다. 내 너희들로
> 하여금 바라는 바에 따라 4서 5경 가운데 각 1서를 읽게 하고 내가 때때로
> 친강하려 한다.288)

세조가 이제 학문세계까지 장악하려 한 것이다.

1456년(세조 2)에 이른바 사육신 사건이 터졌다. 성삼문이 성균 사예
김질金礩에게 단종 복위계획에 정창손을 동원하자고 제안하자 이를 세
조에게 털어놓은 것이다. 세조가 성삼문에게 같이 모의한 사람을 대라
고 하자, 이개·하위지·유응부·박팽년·유성원·박중림·박쟁朴崝·권자신
權自愼·김문기金文起·성승成勝 등을 들었다. 세조가 이개에게 "너는 나

---

283) 《단종실록》 권 10, 단종 2년 정월 기미.
284) 《단종실록》 권 11, 단종 2년 7월 병진.
285) 《단종실록》 권 13, 단종 3년 2월 갑진.
286) 《세조실록》 권 2, 세조 1년 9월 갑술.
287) 《세조실록》 권 3, 세조 1년 2월 계묘.
288) 《세조실록》 권 3, 세조 2년 4월 갑인.

의 옛 친구였으니, 참으로 그러한 일이 있었다면 네가 모조리 말하라!"
하니 "알지 못한다"고 대답했다. 유성원은 집에 있다가 일이 발각된 것
을 알고 스스로 목을 찔러 죽었다.[289]

6월 6일 세조는 8도의 관찰사·절도사·처치사에게 다음과 같이 유시
했다.

> 근일에 이개·성삼문·박팽년·하위지·유성원·박중림·권자신·김문기·성승·
> 유응부·박쟁·송석동宋石同·최득지崔得池·최치지崔致池·윤영손尹永孫·박기
> 년朴耆年·박대년朴大年 등이 몰래 반역을 꾀했으나, 다행히도 천지신명과
> 종묘·사직의 신령에 힘입어 흉포한 역보가 드러나서 그 죄상을 다 알았다.
> 그러나 아직도 소민들이 두려워할까 염려하니, 경 등은 이 뜻을 선유해 경
> 동하지 말게 하라![290]

6월 6일 이개의 매부인 집현전 부수찬 허조許慥가 목을 찔러 죽었다.
그도 모반에 참여했기 때문이다.[291] 박팽년도 옥중에서 죽으니, 의금부
에서는 유성원·허조의 시체와 함께 거열車裂하고 효수梟首해 시체를 8
도에 돌리고 재산을 몰수하자고 했다. 그러나 세조는 친자식은 교형絞
刑에 처하고, 어미와 딸·처첩·조손祖孫·형제·자매와 아들의 처첩 등은
극변의 잔읍殘邑의 노비로 영구히 소속시키며, 백·숙부와 형제의 자식
들은 먼 지방의 잔읍의 노비로 영구히 소속시키라고 했다.[292] 6월 8일
에 군기감 앞에서 이개 등을 환열轘裂해 두루 보이고, 3일 동안 효수했
다. 이개는 품질品秩이 낮은 것에 불만을 가지고 거사에 참여했다고 매
도되었다.[293]

---

289)《세조실록》권 4, 세조 2년 6월 경자.
290)《세조실록》권 4, 세조 2년 6월 갑진.
291)《세조실록》권 4, 세조 2년 6월 갑진.
292)《세조실록》권 4, 세조 2년 6월 을사.
293)《세조실록》권 4, 세조 2년 6월 병오.

6월 14일 세조는 판중추원사 이계전은 조카 이개의 죄에 연좌시키지 말라고 의금부에 전지를 내렸다.294) 고변의 대가로 우찬성 정창손은 1자급을, 성균 사예 김질은 3자급을 올려 주었다.295) 이개의 삼촌 이계정李季町은 흥덕興德에 관노로 영속시켰다.296) 우사간대부 권기權技는 이계전이 법에 따라 연좌되어야 한다고 주장했다. 그러나 세조는 "이계전은 본래 원훈元勳으로 그 마음이 충직하고, 최면의 말은 허탄해 실지가 없다"고 했다.297) 이개의 한산·임피의 전지는 이계손에게 주어졌고, 충주의 전지는 좌참찬 황수신에게 주어졌다.298)

세조가 잠저潛邸에 있을 때 이개는 숙부 이계전이 수양대군에게 출입하는 것을 경계해 마지않았다고 한다.299) 그는 죽을 때 다음과 같은 시를 읊었다.

> 창 안에 혓는 촛불 눌과 이별하였관대,
> 겉으로 눈물지고 속 타는 줄 모르는고.
> 저 촛불 날과 같아야 속 타는 줄 모를터라.300)

1691년(숙종 17)에 복관이 되고, 1758년(영조 34)에 이조판서에 추증되었다. 1791년(정조 15) 10월 장릉莊陵 충신단忠臣壇에 배식配食되고, 영월 영절사影節祠, 과천 민절서원愍節書院, 홍주 노은서원魯隱書院, 대구 낙빈서원洛濱書院, 의성 학산충열사鶴山忠烈祠, 공주 숙모전肅慕殿에 배향되었다. 묘는 서울 노량진동 사육신 묘역에 있다. 시호는 충간忠簡이

---

294) 《세조실록》 권 4, 세조 2년 6월 임자.
295) 《세조실록》 권 4, 세조 2년 6월 계해.
296) 《세조실록》 권 4, 세조 2년 6월 병인.
297) 《세조실록》 권 4, 세조 2년 6월 무진.
298) 《세조실록》 권 7, 세조 3년 3월 병술.
299) "世祖在潛邸時 叔父季甸 出入甚密 公常戒之 給是 世祖曰 曾聞垲有此言 果然有異心."(朴能緖, 《韓國系行錄》 天, 312쪽)
300) 朴能緖, 《韓國系行錄》 天.

고, 부인은 판군기사 이속李粟의 딸 전주이씨다. 1남 3녀를 두었는데,
아들은 이회李澮로 사육신 사건으로 아버지와 함께 죽었고, 딸은 각각
박림정朴林貞·박수근朴守根·배찬裵纘에게 시집갔다.301)

---

301) 《韓山李氏文烈公派世譜》 卷 1, 6~7쪽.

5. 생애와 행적

이산해(1539~1609)의 자는 여수汝受, 호는 아계鵝溪·죽피옹竹皮翁·종남수옹終南睡翁·시촌거사枾村居士이며, 본관은 한산韓山이다. 고려 말 이곡·이색의 후예로서 1539년(중종 34) 7월 20일 오시午時에 한양 황화방에서 아버지 내섬시정內贍寺正 성암省庵 이지번李之蕃과 현령 남수南修의 딸 의령남씨의 장남으로 태어났다.302) 전해 오는 말에 따르면, 아버지 성암공이 막내 동생 이지함李之菡과 함께 보령읍 서쪽 고만산 기슭에 선영을 정하고, "해년亥年이 되면 귀한 아들이 태어날 것이다"라고 했는데 기해己亥년(1539)에 이산해가 태어나자 "이 아이가 우리 가문을 일으킬 것"이라 했다고 한다.303) 그리고 어머니 의령남씨가 송산읍松山邑 교방轎方에 있는 부모의 묘소에 제사를 지내러 가는 길에 비가 와서 잠깐 조는 사이에 "묘소 앞에 교자轎子를 멈추고 두어 걸음 앞의 땅을 두어 자 파면 신기한 보물이 나올 것이다"라는 신령의 말을 듣고 파보니 과연 금고리 한 쌍이 나왔다 한다.304)

이산해는 이미 두 살 때 글을 깨쳤다. 이웃 상사上舍가 귤을 보여주자 '황黃' 자로 대답하고, 농부가 쇠스랑을 들고 집 아래로 지나가자 '산山' 자를 말했다고 한다.305) 이산해가 세 살 되던 1541년(중종 36)에 유모

---

302) 《韓山李氏文烈公派世譜》 卷 5, 1~3쪽.
303) 《국역 아계유고》 2, 권 6, 아계이상국연보, 민족문화추진회, 1998, 137쪽.
304) 《국역 아계유고》 2, 권 6, 아계이상국연보, 137쪽.

의 등 뒤에서 동해옹東海翁의 초서를 보고 손가락으로 그어서 휘둘러 쓰는 것처럼 했더니 먹이 번져 더러워졌다. 아버지 이지번이 귀가해 유모를 나무라자 이산해가 종이와 붓을 가져다가 진본과 비슷하게 썼다고 한다.306) 이처럼 그는 어려서부터 글씨에 조예가 깊었다.

5살이 되던 1543년(중종 38)에는 토정공土亭公 이지함이 태극도를 가르쳤더니 천지와 음양의 이치를 깨달아 이를 논설하는 데까지 이르렀다고 한다. 일찍이 이산해가 먹지도 않고 글만 읽자 이지함이 몸이 상할까 염려하여 책을 덮었더니 다음과 같은 시를 지었다.

식사가 더딘 것도 민망한데 하물며 배움을 더디 하랴.　食遲猶悶況學遲
배가 고픈 것도 민망한데 하물며 마음을 주리게 하랴.　腹飢猶悶況心飢
집이 가난해도 오히려 마음을 치료할 약이 있을 것이니, 家貧尙有療心藥
영대에 달이 떠오를 때까지 기다려야 하겠네.307)　　　須待靈臺月出時

이산해는 큰 글씨를 잘 썼다. 6살 되던 1544년(중종 39)에 이산해가 붓을 잡고 비틀거리면서 글씨를 쓰고 먹 묻은 발로 낙관을 찍으니, 글씨 모양이 품위가 있고 기상이 있었다. 이에 명공名公, 거인鉅人 들이 글을 받으러 줄을 이었다. 그리하여 장안에 '서소문 자대필子大筆'이라는 동요가 나돌기까지 했다.308)

글 받으러 온 사람 가운데는 윤결尹潔·안명세安命世·이황李滉·임형수林亨秀 등도 포함되어 있었다. 더욱이 이황은 독서당讀書堂에서 배를 타고 이산해가 거처하는 동작강銅雀江 정자까지 와서 "동호東湖의 독서당

---

305)《국역 아계유고》2, 권 6, 아계이상국연보, 138쪽.

306)《국역 아계유고》2, 권 6, 아계이상국연보, 138쪽.

307)《국역 아계유고》2, 권 6, 아계이상국연보, 138쪽. 이 밖에 7살에 지은 밤(栗)에 대한 다음과 같은 시가 사람들의 입에 오르내리고 있다. "一腹生三子 中男兩面平 子隨先後落 難弟亦難兄."(《詩協風雅》제20호, 韓國漢詩協會, 2009, 242쪽)

308)《국역 아계유고》2, 권 6, 아계이상국연보, 139쪽. 또는 가마를 보내 불러가기도 했는데, 글씨를 쓰고 나면 음식이나 보물을 거들떠보지도 않고 행동거지를 단정히 해 보는 사람들이 크게 될 인물로 알았다고 한다.

은 도가道家의 봉래산蓬萊山이로다〔東湖讀書堂道家蓬萊山〕”라는 열 글자를 써 달라고 해 큰 병풍을 만들었다고 한다. 실은 이산해의 아버지 성암공 이지번이 글을 받으러 오는 사람이 많아지자 명성이 지나치게 날까봐 동작강 정자로 나가서 지내곤 했는데, 이때 퇴계 이황과 왕래한 것이다.309)

이지번은 이황과 도의道義로 사귀었다. 이지번은 윤원형이 이산해를 사위로 삼으려는 것을 피해 이지함과 함께 한때 단양 구담龜潭에서 은거하고 있었다. 그때 이황이 왕명을 받고 서울로 오가던 길에 이곳에 들러 함께 즐겼다고 한다. 이황의 제자 황준량黃俊良이 당시 단양군수로 있었는데, 퇴계가 편지를 보내 잘 돌봐주라고 했다.310)

이를 보면 두 사람은 친분이 남다른, 도의를 가진 친구였던 것으로 추측된다.

그러나 1546년(명종 1)에 을사사화가 일어나 친지와 선류善流 들이 화를 많이 당하자, 이지번은 이산해를 데리고 보령으로 내려갔다. 그러다가 1549년(명종 4)에 이산해는 11살의 나이로 소과에 응시해 만초손부滿招損賦 110여 구를 지어 장원으로 합격했다.

과거 시험장에 있던 사람들 가운데 이 시를 전송傳誦하지 않는 사람이 없었다 한다. 이에 고시관들은 이 글을 정말 어린 이산해가 지었을까를 의심해 다시 분송부盆松賦를 짓게 했더니 단숨에 지었다 한다. 고시관들도 경탄해 마지않았고 그 시험지를 나누어 가지고 가서 보물로 여겼다고 한다.311)

이산해가 13세 되던 1551년(명종 6)에는 아버지 이지번이 벼슬길에 올라 이산해도 서울로 따라 올라갔다. 1555년(명종 10)에 이산해는 참찬 정간공貞簡公 조언수趙彦秀의 딸인 양주조씨와 혼인했다. 조언수는 문망이 높은 조사수趙士秀의 형이었다. 조언수는 쉽게 사람을 인정하지

---

309)《국역 아계유고》 2, 권 6, 아계이상국연보, 140쪽.
310)《국역 아계유고》 2, 권 6, 아계이상국연보, 140~141쪽.
311)《국역 아계유고》 2, 권 6, 아계이상국연보, 143쪽.

않았는데, 이산해의 문장과 위용을 보고 국사國士로 대접하고 조카사위로 삼았다 한다.312)

이산해의 문명文名은 장안에 파다했다. 그래서 딸 가진 부모라면 누구나 그를 사위로 삼고 싶어 했다. 심지어 당대의 권신 윤원형과 정난정도 예외가 아니었다. 그 때문에 아버지 이지번은 단양 구담으로 들어가 은거하기까지 했다.313)

1558년(명종 13)에 생원시에 합격해 성균관에 입학했는데,314) 1560년(명종 15) 22세 되던 해에 알성시에서 '불원복不遠復'이라는 주제로 잠箴을 지어 장원으로 합격했다. 명종은 "이 시험에서 나는 처음부터 사람을 시취試取하고 싶지 않았다. 이산해가 이전에도 매번 장원을 했기 때문에 이제는 상만 줄 수 없다. 전시에 직부直赴하는 것이 마땅하다"고 말했다.315) 그는 다음 해 문과에 급제해 승문원 권지부정자에 분관分館되었고, 그해 큰아들 이경백李慶伯을 낳았다.316) 이산해는 1562년(명종 17)에 홍문관 정자가 되고, 아선군牙善君 어계선魚季瑄·동지同知 이혼李渾·도사都事 신효중申孝仲·봉사奉事 신효무申孝武·생원 성자제成子濟·진사 이연李硏·진사 심인겸沈仁謙·유학幼學 민기정閔起貞 등과 더불어, 예조에 의해 글씨 잘 쓰는 사람으로 뽑혀 대궐로 들어가 당지唐紙에 해서·초서를 쓴 다음,317) '경복궁景福宮' 세 글자를 대액大額으로 썼다.318) 한편 1570년(선조 3)에는 경주 옥산서원玉山書院의 편액扁額과 서원 경내에 있는 이언적李彦迪의 회재선생신도비명晦齋先生神道碑銘,319) 용인

---

312) 《국역 아계유고》 2, 권 6, 아계이상국연보, 144쪽.
313) 김학수, 앞의 책, 228쪽.
314) 《명종실록》 권 26, 명종 15년 4월 기미. "상이 성균관에 거동하시어 大成殿에 焚香했다. 이어서 明倫堂에 나아가 친히 유생에게 製述을 시험보이고, 수석한 생원 李山海는 殿試에 직부히게 했다"고 해 생원 이산해라고 명기하고 있으니 이산해가 생원시에 합격해 성균관에 입학했음을 알 수 있다.
315) 《국역 아계유고》 2, 권 6, 아계이상국연보, 144쪽.
316) 《국역 아계유고》 2, 권 6, 아계이상국연보, 145쪽.
317) 《명종실록》 권 28, 명종 17년 3월 기축.
318) 《국역 아계유고》 2, 권 6, 아계이상국연보, 145쪽.

에 있는 조광조趙光祖의 정암선생신도비명靜菴先生神道碑銘을 썼다.[320]

다음 해인 1563년(명종 18) 7월에는 홍문관 저작이 되어[321] 권간權奸 이량李樑을 탄핵하는 글을 직접 썼다. 그리하여 사람들이 그를 더욱 존경하게 되었다고 한다.[322]

이 상소로 명종의 총애를 받던 이량은 삭탈관작·문외출송되고, 그의 아들 이정빈李廷賓도 관작이 삭탈되었다.[323]

이산해는 같은 해 10월에 홍문관 박사가 되어[324] 박순朴淳·정윤희鄭胤禧·유전柳琠·최옹·기대승奇大升·신응시申應時·이후백李後白과 함께 독서당에 들어갔으며,[325] 이어 부수찬,[326] 정언[327]으로 승진했다. 그리고 1564년(명종 19)에 이산해는 홍섬洪暹·윤춘년尹春年·정유길鄭惟吉·민기閔箕·오상吳祥·심수경沈守慶·김귀영金貴榮·윤의중尹毅中·박계현朴啓賢·홍천민洪天民·정윤희鄭胤禧·유전柳琠·김계휘金繼輝·최옹崔顒·심의겸沈義謙·이후백·기대승·신응시申應時 등과 더불어 패초牌招되어 과거 등에 관한 그림 23폭을 주면서, 이 그림에 시문을 써 넣고 끝에 직함을 써 올리라 했다. 그 그림은 생원진사중학록명도生員進士中學錄名圖·생원진사향시도生員進士鄕試圖·생원진사한성부초시도生員進士漢城府初試圖·생원진사한성부복시도生員進士漢城府覆試圖·생원진사방방도生員進士放榜圖·생원진사사은도生員進士謝恩圖·생원진사알성도生員進士謁聖圖·문과중

---

319)《국역 아계유고》 2, 권 6, 아계이상국연보, 148쪽.

320) 김학수,《끝내 세상에 고개를 숙이지 않는다》, 삼우반, 2005, 229쪽.

321) 실록에는 아계에 대해 "나이 여섯에 草書와 隷書로 세상에 이름을 떨쳤으며, 醇厚하고 숙성했으니 참으로 얻기 어려운 선비다"라고 논평하고 있다(《명종실록》 권 29, 명종 18년 7월 임인).

322)《국역 아계유고》 2, 권 6, 아계이상국연보, 145쪽.

323)《명종실록》 권 29, 명종 18년 8월 을축.

324)《명종실록》 권 29, 명종 18년 10월 병오. 이산해에 대해서는 "여섯 살 때부터 草書·隷書를 잘 써 세상에 이름이 났으며, 또한 타고난 자질이 淸粹해 眞淳한 행실이 있었다"고 평했다.

325)《명종실록》 권 29, 명종 18년 12월 병진.

326)《명종실록》 권 30, 명종 19년 2월 계유.

327)《명종실록》 권 30, 명종 19년 10월 정해.

학록명도文科中學錄名圖·문과장악원초시도文科掌樂院初試圖·문과서학강
경도文科西學講經圖·문과예조복시제술도文科禮曹覆試製述圖·문과전시도
文科殿試圖·문무과삼관연회도文武科三館宴會圖·무과경저록명도武科京邸錄
名圖·무과모화관초시도武科慕華館初試圖·무과훈련원복시도武科訓練院覆
試圖·무과모화관전시도武科慕華館殿試圖·근정전문무과방방도勤政殿文武
科放榜圖·문무과사은숙배도文武科謝恩肅拜圖·문무과알성도文武科謁聖圖·
문무과유가도文武科遊街圖·성균관알성별시도成均館謁聖別試圖·경회루정
시취인도慶會樓庭試取人圖 등이다.328) 이들 자료가 남아 있었다면 과거
제도 연구에 중요한 사료가 되었을 것이다.

　이산해는 1565년(명종 20) 5월에 이조좌랑329)에 임명된 뒤 홍문관 교
리,330) 직제학,331) 이조정랑332)을 거쳐 1571년(선조 4) 6월에 대사간이
되었다.333) 이 해에 아버지 이지번이 청풍군수로 재직하다가 병이 들자
이산해가 서울로 모시고 와 종남산終南山(남산) 기슭에 작은 집을 짓고
휴양토록 했다.334) 이산해의 집은 남산 주자동에 있었다. 이곳에는 여
말선초의 문신 송정松亭 송우宋愚의 집터가 있었는데, 도봉道峯과 문필
봉文筆峯이 어우러져 기재奇才가 태어날 형국이었다. 이지번이 일찍이

---

328)《명종실록》권 30, 명종 19년 6월 신사.

329)《명종실록》권 30, 명종 20년 5월 갑자. 명나라 사신이 왔을 때 이산해는 원접사 종사관
　　이 되었는데 사관이 "이색의 후예로, 여섯 살에 능히 대문자를 짓고, 성동이 되기 전에 여
　　러 차례 향시에 장원했으므로 당시 사람들이 천선처럼 바라보았으니, 참으로 기사이다"라
　　고 논평했다(《명종실록》권 34, 명종 22년 1월 무진).

330)《명종실록》권 34, 명종 22년 2월 기축; 4월 경술.

331)《명종실록》권 34, 명종 22년 6월에 홍문관 직제학 겸 경연 시강관으로《명종실록》의
　　편수관이 되었다고 했다. 또한 그는 직제학으로서 典翰 尹根壽와 함께 救荒摘奸御使가 되
　　었다.

332)《선조실록》권 1, 선조 즉위년 11월 무오. 이산해는 이때 이조정랑으로서 명나라 사신의
　　伴送使가 되었다.

333)《선조실록》권 5, 선조 4년 6월 무오.

334)《국역 아계유고》2, 권 6, 아계이상국연보, 148쪽. 이지번이 이지함과 함께 터를 잡고 말
　　하기를 "道峰과 文筆峰이 이곳을 拱照하고 있으니, 필시 기재가 있는 자손이 있을 것이다"
　　라고 했는데, 과연 이산해의 손자인 李厚와 李久가 1585년(선조 18), 1586년(선조 19)에 잇
　　따라 문과에 급제했다.

이 땅을 사놓았는데, 실제로 집을 지은 것은 1571년(선조 4) 이산해가 아버지를 간병한 때부터이다. 더욱이 삼촌 이지함은 "유년酉年과 술년戌 年에 반드시 기재가 태어날 것"이라고 예언했다. 과연 을유년(1585)에 이후李厚가, 병술년(1586)에 이구李久가 태어나 각각 문과에 급제해 사가독서를 받았다. 이들은 이산해의 손자요, 이경전의 아들이었다. 그러나 둘 다 단명한 것이 탈이었다.[335]

1566년(명종 21) 9월에 이조참의[336]로, 1573년(선조 6)에 다시 대사간[337]으로 옮겼다. 1566년(명종 21) 이산해는 이황의 부탁으로 금계錦溪 황준량黃俊良의 문집 발문을 지었다.

그 뒤 1573년(선조 6) 10월에 이산해는 대사성이 되었고,[338] 곧 부제학으로 옮겼다가[339] 12월에 다시 대사간이 되었다.[340] 그리고 우승지 (1574. 7), 대사간(1574. 9), 이조참의(1574. 10) 등의 관직을 역임했다. 그러나 아버지가 병이 들자 관직을 사양하고 병수발에 전념했다. 그는 아버지 곁을 밤낮으로 지키면서 허리띠를 풀지도 않고, 식음을 전폐하면서 간호했다. 그러나 1575년(선조 8) 4월에 아버지 이지번은 서거하고 말았다. 그리하여 보령 고만산에 장사지내고, 3년 동안 여묘살이를 했다.[341]

1577년 6월에 3년복을 마치고 조정에 들어와 대사간, 대사성, 예조참의, 형조참의, 공조참의, 도승지, 부제학에 제수되었다. 겨울에는 한음漢 陰 이덕형李德馨을 둘째 사위로 맞이했다.[342] 첫째 사위는 교리를 지낸 여주이씨 이상홍李尙弘이다.[343] 그러다가 1580년(선조 13) 10월에 형조

---

335) 김학수, 앞의 책, 253~254쪽.
336) 《선조실록》 권 6, 선조 5년 9월 경자.
337) 《선조실록》 권 7, 선조 6년 4월 정묘.
338) 《선조실록》 권 7, 선조 6년 10월 계축.
339) 《선조실록》 권 7, 선조 6년 10월 임술.
340) 《선조실록》 권 7, 선조 6년 12월 임술.
341) 《국역 아계유고》 2, 권 6, 아계이상국연보, 149쪽.
342) 《국역 아계유고》 2, 권 6, 아계이상국연보, 150쪽.

판서,344) 1581년(선조 14) 4월에 대사헌,345) 이조판서,346) 우찬성,347)
좌찬성348)을 역임했다. 드디어 상신相臣의 반열에 오른 것이다. 이산해
의 승진은 계속되었다.

1580년(선조 13) 이산해가 병조참판으로 있을 때 큰아들 경백이 죽었
다. 이경백은 천품이 남다르고 문장이 일찍부터 경지에 올라 있었다. 19
세에 '방백한편放白鷗篇'을 지어 사마시에 합격해 그 시가 사람들의 입
에 오르내렸으며, 20세에 알성문과에 급제해 승문원에 분관되었다가 홍
문관에 들어갔으나 8월에 병으로 갑자기 죽었다.349)

1581년(선조 14) 이산해는 봄에 대사헌, 여름에 이조판서가 되었다.
그러나 병을 핑계로 사직하고 나가지 않자 율곡 이이가 "근래 정사가
혼탁한데 공이 어찌 나와서 시속時俗을 바로잡지 않는가?"라고 책망하
니, 나와서 일절 청탁을 받지 않았다. 이에 율곡이 경연에서 선조에게
그의 청렴하고 공정한 행정을 칭찬했다. 선조도 "이모는 재화才華가 있
는데도 뽐내려는 의사가 전혀 없으니, 내가 일찍부터 덕성이 있는 사람
으로 여겼다"고 했다(《석담일기石潭日記》).350) 이 해에 어머니가 세상을
떠났다. 선조는 그의 청빈함을 걱정해 제수祭需를 지급했다.

3년의 여묘살이를 마친 1583년(선조 16)에 아계는 의정부좌찬성 겸
지경연홍문관제학성균관사에 임명되었다. 이때 소재蘇齋 노수신盧守愼
이 찬술한 정암靜菴 문정공文正公 조광조의 신도비명을 썼다. 아울러 왕

---

343) 《韓山李氏文烈公派世譜》 卷 5, 1쪽.
344) 《선조실록》 권 14, 선조 13년 10월 병진.
345) 《선조실록》 권 15, 선조 14년 4월 갑진.
346) 《선조실록》 권 15, 선조 14년 4월 경술. 선조가 "이산해는 才氣가 있으면서도 과장하려는
    생각이 없으므로 내가 일찍이 덕이 있는 사람이라고 생각했다"고 논평했다(《선조실록》
    권 15, 선조 14년 7월).
347) 《선조실록》 권 17, 선조 16년 9월 기묘.
348) 《선조실록》 권 19, 선조 18년 4월 기사. 史官은 아계에 대해 "李山海가 오랫동안 文衡을
    맡고 있으면서 성취시킨 공효가 없었고, 문장과 학업이 한 시대를 도야시키기에는 부족했
    으니 糟粕의 기롱을 모면하기 어렵다"고 논평했다.
349) 《국역 아계유고》 2, 권 6, 아계이상국연보, 150쪽.
350) 《국역 아계유고》 2, 권 6, 아계이상국연보, 151~152쪽.

명을 받아 김시습 문집의 서문을 썼다.[351]

1584년(선조 17)에 이조판서가 되었다. 그런데 서인 정철의 파인 김응생金應生이 한 사람에게 오랫동안 인사권을 주면 권한이 막강해질 우려가 있다고 하며 이산해를 공격했다. 이에 대해 선조는 다음과 같이 말했다.

> 지금 이조판서의 사람 됨됨이가 순후한 덕을 가졌고, 굉장한 재주를 가졌으며, 대단한 기국에다 넓은 도량도 있으며, 남다른 충절이 있는데 이런 것은 놓아두고 논의하지 않은 채, 단지 용모와 기상만을 가지고 논의하는 것이 옳다고 할 수 있겠는가? 말은 마치 입에서 나오지 않는 듯하고 몸은 마치 옷도 가누지 못할 듯하지만 하나의 진실한 기운이 흔연히 중심에 축적되어 교만하거나 형식적이거나 궤변을 늘어놓는 그런 태도가 전혀 없으므로, 난폭하거나 거만한 자가 보면 공경하기에 충분하고 간교하거나 위선적인 자가 보면 정성을 다하기에 충분하니, 이는 상고시대의 인물이지 동방의 사람이 아니다. 비록 진晉나라 혜제惠帝더러 만나보게 했더라도 한눈에 그가 군자다운 사람인 줄을 분명히 알았을 것이다. 내가 매번 바라보면 일찍이 공경하는 마음이 생기지 않을 때가 없었다. 임금의 사악한 마음이 자연히 소멸되고 말을 하지 않고 행동을 보지 않는 가운데에도 절로 감화가 되니 참으로 군자 중에서도 군자다운 사람이라고 하겠다. 전형銓衡을 위임하고서 복심腹心인 양 기다렸는데도 사직하는 상소만 올라오니 의지하고 싶은 마음이 더욱 간절하다. 오직 자기 소신을 다 펴지 아니하고 국정을 전담해 주지 않을까 우려된다. 나의 걱정이 여기에 있고 나의 소원이 여기에 있다.[352]

지극한 신임이다. 당시는 동·서분당 시대로, 동인이 우세했다. 선조

---

351) 《국역 아계유고》 2, 권 6, 아계이상국연보, 153~154쪽.
352) 《국역 아계유고》 2, 권 6, 아계이상국연보, 156쪽.

도 신진사류가 주류를 이루는 동인을 지지했다. 선조는 왕년에 경안慶安이 유성룡을 참소하더니, 금년에는 김응생이 이산해를 참소한다고 역정을 냈다. 이 두 사람은 국가의 주석柱石인데 소인배들이 헐뜯고 있다는 것이다. 김우옹金宇顒은 배후에 정철 같은 위인이 사주했을 것이라 했다.353)

그런데 아계의 4촌인 이산보는 서인에 가까웠다. 1568년(선조 1) 무렵에 이산해가 한강에서 여러 선비들과 뱃놀이를 하고 있었는데 우연히 이산보가 과거 보러 가는 길에 마주쳤다. 이산보가 《맹자》를 꺼내 읽는 것을 하곡荷谷 허봉許篈이 비웃었다. 이산해가 읽지 말라고 했더니 "토정 숙부의 명이오"라고 했다. 얼마 뒤에 이산보가 문과에 급제하고 정언이 되었다. 그때 허봉이 같은 대관臺官으로서 기피하자 "내 형의 친구마저 이렇다면 나는 장차 어디로 가야 하나" 하고는 서인으로 갔다고 한다.354)

이산해는 처음에 정철과 사이가 좋았다고 한다. 그러나 정철은 매번 이산해의 문장에 감복하면서도 그의 문명文名을 시기했다. 하루는 정철이 이산해에게 사윗감을 추천해 달라고 하니 추탄秋灘 오윤겸吳允謙을 추천했다. 그런데 정철이 오윤겸을 만나보니 병이 있고 비쩍 말라 보이자 "자기는 이덕형 같은 사위를 얻고, 내게는 저따위 쇠약한 서생을 추천하다니" 하면서 절교했다고 한다.355) 그해 장손자 이후李厚가 태어나고 다음 해 둘째 손자 이구李久가 태어났다.356)

그런데 조헌趙憲 등이 이산해가 심의겸沈義謙과 가깝게 지냈다고 공격했다. 이에 대해 이산해는 다음과 같이 변명했다.

　　소신은 임술년(1562) 봄에 옥당에 들어갔고, 심의겸은 계해년(1563)에 옥

---

353) 《국역 아계유고》 2, 권 6, 아계이상국연보, 157~159쪽.
354) 《국역 아계유고》 2, 권 6, 아계이상국연보, 160쪽.
355) 《국역 아계유고》 2, 권 6, 아계이상국연보, 160쪽.
356) 《국역 아계유고》 2, 권 6, 아계이상국연보, 160쪽.

당에 들어왔으며, 갑자년(1564) 봄에 또 독서당의 동번同番이 되었습니다. 이로부터 그와 같이 옥당과 독서당에서 숙직한 것이 오래되지 않은 것은 아닙니다. 그러나 일찍이 상종하지도 않았고, 의논에 참여하지도 않았습니다. 이 때문에 심히 관계가 소원하고 꺼림을 받았습니다. 일찍이 신을 헐뜯어 말하기를 '이모는 옥당이 아니라 바로 토당土黨이다'라고 했는데, 이는 사람들이 모두 들은 것입니다. 그렇지만 심의겸은 사람들을 매우 후하게 대접했기 때문에 조정에 있던 선비들이 그와 관계를 맺고자 하지 않는 이가 없었습니다. 그의 마음은 비록 신을 꺼려했지만 어찌 겉으로야 은근한 정을 보이려 하지 않았겠습니까? 신이 병자년(1576) 친상을 당했을 때 심의겸은 개성유수로 있으면서 사람을 보내 위로했고, 호남의 방백이 되었을 적에는 신에게 전별하는 시를 요구했습니다. 그리고 직접 신의 집에 찾아왔지만 신이 피하고 만나주지 않자 신이 마침 일을 마치고 늦게 돌아오는데 심의겸이 신의 집 뒤 산길에서 기다리고 있다가 신을 맞이했습니다. 그 뒤에 또 어둠을 타고 와서 만난 적이 있습니다. 호남에 부임한 뒤에도 심부름꾼에게 서찰을 보내 다시 전별시를 요구하기에 신은 굳이 거절할 수가 없어서 마침내 한 편의 시로써 답했습니다. 심의겸이 지어 보낸 시구는 대개 이를 바로 서술한 것입니다. 사람들의 추악한 비방을 받은 것은 사실 신이 스스로 불러온 일이니, 신을 파척罷斥하소서.357)

이 상소는 동서분당 이후 외척인 심의겸과 가까운 사람은 서인으로 몰리는 까닭에 동인인 이산해가 이러한 비난을 막지 않을 수 없어서 올린 것이라 생각된다.

그 뒤에도 서인 이귀李貴에게 배척을 받아 병을 핑계로 다섯 번이나 출사하지 않은 적도 있다. 이에 대해 선조는 "경의 심사를 나는 알고 있다. 굳이 서생과 다툴 것이 없으니 속히 출사하라"고 했다.358) 동서 당

---

357) 《선조실록》 권 21, 선조 20년 3월 경자.
358) 《선조실록》 권 21, 선조 20년 3월 병진.

쟁의 여파이다. 서인들은 이산해가 동인의 맹주로 수하를 격동해 패악을 저지르니 서인인 박순과 정철을 기용해야 한다고 주장했다.359)

　1588년(선조 21)에 이산해는 종계무변宗系誣辨의 공으로 수충익모광국공신輸忠翼謨光國功臣의 녹권과 아성부원군鵝城府院君의 봉호를 받았다.360) 이산해가 문형을 잡고 사신들이 가지고 갈 외교문서를 썼기 때문이다. 선조가 다음과 같이 전교했다.

　　　경이 제진한 종계사은표宗系謝恩表는 그 묘사된 정곡情曲이 문자만 매우 묘할 뿐 아니라 충간의담忠肝義膽이 아니면 지을 수 없는 것이다. 내가 매번 읽을 적마다 너무도 감격해 눈물이 저절로 흐르곤 했다. 경은 필법이 고매하니, 이 표문을 손수 써서 올리라! 내가 장차 이를 개간하려 한다. 그 자체는 조맹부趙孟頫의 동서명東西銘을 모방하면 좋을 듯하다. 그러나 경이 알아서 참작해 하라!361)

라고 했다. 문장뿐 아니라 글씨까지 받아서 전하려 한 것이다. 그리고 필법이 매우 기이하다고 칭송하고 개간을 명했다.362)

　1588년(선조 21) 11월 이산해는 우의정이 되었다.363) 이어 1589년(선조 22) 12월에는 영의정 정유길鄭惟吉이 죽어 선조는 이산해에게 복상卜相을 하라고 하자 발인이나 한 뒤에 하자고 했다.364) 좌의정에는 이산해가 임명되었다.365) 1589년 1월에 비변사에서 무신을 불차탁용不次擢用하자고 해 이산해는 손인갑孫仁甲·성천지成天祉·이순신李舜臣·이명하李明河·이빈李贇·신할申硈·조경趙儆을 추천했다.366) 이 해 12월에 정여

359)《선조실록》권 22, 선조 21년 1월 기축.
360)《국역 아계유고》2, 권 6, 아계이상국연보, 162쪽.
361)《선조실록》권 22, 선조 21년 6월 계축.
362)《선조실록》권 22, 선조 21년 7월 을묘.
363)《선조실록》권 22, 선조 21년 11월 기사.
364)《선조실록》권 22, 선조 21년 12월 정해.
365)《국역 아계유고》2, 권 6, 아계이상국연보, 165쪽.

립鄭汝立의 난이 일어났다. 선조는 좌의정 이산해에게 사건을 키우려는 자가 있으면 면대해서 아뢰라고 했다.367)

선조는 이미 좌의정 이산해에게 "정여립과 교결交結한 사람들을 논란하는 것은 진실로 옳은 일이다. 그러나 요즘 상황으로 보아 사건이 널리 번질 조짐이 있으니, 의론이 과격한 사람은 제재하도록 권유하거나 혹 면대해 아뢰기를 바란다"368)는 하교를 내렸다. 그리고 누군가가 사주한 것 같으니 정암수 등을 잡아들여 추국하라고 했다.369) 정여립을 김제군수로 의망擬望한 사람이 이조판서 이산해였다는 것도 문제되었다.370) 이산해는 바로 사의를 표명했다. 그랬더니 선조는

> 경의 사직서를 보고 깜짝 놀라 나도 모르는 사이에 자리에서 일어났다. 지금이 어느 때인데 사퇴하려 하는가? 깊이 그 까닭을 생각하니, 필시 과인이 우매해 보필하기에 부족하고 국사는 이제 어찌 해 볼 도리가 없다고 여긴 때문일 것이다. 그렇지 않고서야 어찌 차마 이런 일을 할 수가 있단 말인가? 지금의 시사로 말하자면 얘기가 길다. 국가는 오직 경을 의지하고 있으니 경이 나를 멀리 하지 않는다면 전에 든 병이 오늘에 낫지 말라는 법이 없을 것이니, 하루빨리 출사하기 바란다.371)

라는 비망기備忘記를 내려 괘념치 말고 출사하라고 명했다.

그러나 정철을 우의정에 제수하고 이어서 위관으로 삼으니, 정철은 많은 사대부들을 얽어 옥사를 확대했다. 그리하여 정언신鄭彦臣·정개청鄭介淸·백유양白惟讓·이발李潑·이길李浩 등 많은 사람이 죽거나 귀양갔다. 정철은 광주 사람 정암수를 사주해 어떻게 해서든지 이산해와 유성

---

366) 《선조실록》 권 23, 선조 22년 1월 기사.
367) 《선조실록》 권 23, 선조 22년 12월 임오.
368) 《선조실록》 권 23, 선조 22년 12월 임오.
369) 《선조실록》 권 23, 선조 22년 12월 임오.
370) 《선조실록》 권 24, 선조 23년 4월 임신.
371) 《선조실록》 권 24, 선조 23년 4월 기묘.

룡을 읽어 넣으려 했으나 선조가 비호해 뜻을 이루지 못했다.[372]

그때 이산해는 위관 및 원임대신과 함께 국청에 앉아 있는데, 정암수의 상소가 올라오자 정철이 먼저 보고 이산해에게 보여주면서 "대감이 오늘은 이 자리가 불안하겠소이다"라고 했다. 이산해가 막차幕次에서 명을 기다리고 있는데 올린 상소의 비답이 내려오지 않자 정철은 안절부절했다. 이윽고 중사中使가 국청으로 가지 않고 이산해에게 가서 대죄하지 말고 국청에 참석하라는 유시를 전하고, 정암수를 잡아다 국문하라는 전지를 내렸다. 이산해가 국청에 들어가니 정철의 얼굴빛이 노랗게 질려 있었다고 한다.[373] 이산해가 교외로 나갔다는 말을 듣고 선조가 위로하면서 그와 유성룡은 국가의 주석인데 이를 헐뜯는 것은 내가 용서하지 않겠다고 했다.[374]

1590년(선조 23)에 이산해는 영의정에 올랐다. 일인지하 만인지상이다. 이산해는 영의정으로서 백관을 거느리고 선조의 존호를 정륜입극성덕홍열正倫立極盛德洪烈로, 중전은 '장성章聖'으로 올렸다.[375] 대사헌 홍성민洪聖民이 이산해가 정언신의 말을 듣고도 날짜가 오래되어 기억할 수 없다고 한 것은 군부를 속인 것이라 공격하자 이산해는 영의정을 사임하고자 했다.

1590년(선조 23) 이산해가 52세 때 둘째 아들 이경전이 증광문과에 장원으로 급제했다. 이산해가 답안지를 읽고 부인에게 "이 아이는 반드시 장원할 것이오"라고 했는데 과연 그러했다. 이산해는 남을 가르칠 때 타이르듯이 하면서 자세히 설명하되 요약할 줄 알게 했다. 항상 말하기를 "선비가 경經을 공부하려면 《맹자》를 읽어야 한다"고 했다. 이러한 이산해의 교육방법은 집안의 자서子壻들이나 문생門生들로 하여금 2~3년 만에 과거에 급제하게 했다. 장자 이경백, 큰사위 이상홍, 둘째

---

372) 《국역 아계유고》 2, 권 6, 아계이상국연보, 165쪽.
373) 《국역 아계유고》 2, 권 6, 아계이상국연보, 166~167쪽.
374) 《국역 아계유고》 2, 권 6, 아계이상국연보, 167쪽.
375) 《선조실록》 권 24, 선조 23년 4월 을미.

사위 이덕형, 손자 이후와 이구 등이 그들이다. 이산해의 조감藻鑑은 마치 밝은 거울을 달아놓은 것처럼 흰해 당시의 문사들을 한 사람도 빠트리지 않았다. 이에 발탁된 자는 영광으로 여기고, 뽑히지 않는 자도 승복했다. 그리하여 온 조정의 관료들이 그를 좌주선생이라 불렀다.[376]

1591년(선조 24) 2월 정철이 세자를 세우자고 건의했다가 물러나 영돈령부사가 되었다.[377] 본래 1587년(선조 20)에 이덕형이 원자를 세워야 한다고 말했다. 선조도 건저建儲의 필요성은 인정하나 왕비가 아들을 낳을 수 있으니 기다려 보자고 했다.[378] 그런데 유성룡이 처음 재상이 되었을 때 정철에게 우리들이 국가의 중임을 맡았으니 건저를 건의해야 하는 것 아니냐고 했다. 정철이 영의정 이산해는 어찌 생각하느냐고 물으니 우리 둘이 하자고 하면 거절하지 못할 것이라 했다. 그래서 이산해와 대궐에서 만나기로 했으나 두 번이나 약속을 하고 오지 않았다. 이산해는 겉으로는 의논에 따르는 척하고 안으로는 총애를 받고 있는 인빈仁嬪 김씨의 오빠 김공량金公諒과 내통하려는 속셈이었던 것이다. 선조가 인빈의 아들 신성군信城君에게 뜻을 두고 있었기 때문이다. 이산해는 아들 이경전을 김공량에게 보내 "정철이 장차 (광해군으로) 세자를 세우고 신성군 모자를 죽이려 한다"고 알려 주었다. 이에 인빈 김씨가 선조를 찾아가 울면서 우리 모자를 살려달라고 간청했다. 선조는 이산해에게 여러 번 어찰을 보내 정철에게 왕래하는 빈객들을 조사하게 하고, 포도대장 신립申砬으로 하여금 신성군의 집을 지키게 했다. 정철은 그런 줄도 모르고 이산해·유성룡과 함께 있는 자리에서 먼저 건저를 청했다. 선조도 이산해도 유성룡도 아무 말도 하지 않았다. 그러나 부제학 이성중李誠中과 대사간 이해수李海壽가 이것은 정철의 주장만이 아니라 우리 모두의 주장이라고 했다. 이 말을 듣고 선조가 크게 노해 정철을 해직한 것이다.[379]

---

376)《국역 아계유고》2, 권 6, 아계이상국연보, 170쪽.

377) 鄭澈,《松江集》別集 卷 3, 年譜,《韓國文集叢書》46, 民族文化推進會, 1989, 307쪽.

378) 柳成龍,《西厓全書》卷 3, 雲巖雜錄, 60쪽.

이 해에 김성일金誠一이 처사 최영경崔永慶이 무함誣陷을 받아 죽은 실상을 논하고, 이원익李元翼이 정철이 역옥을 빙자해 무고한 자들을 많이 장살했다고 공격했다. 그리하여 정철은 강계로 귀양갔다.380) 이때 일본의 현소玄蘇와 평의지平義智가 와서 조선에 우호관계를 요청했다. 이산해는 영상으로서 일본에 결코 사신을 보내서는 안 되며, 부득이 보내야 하면 주문奏文을 먼저 올려야 한다고 했다. 그러나 유성룡의 반대로 곧바로 김응남을 보내 왜의 침략을 보고했다. 명에서도 유구국의 보고로 조선을 의심하고 있다가 김응남의 보고를 받고 의혹을 풀었다고 한다. 삭로閣老 허국許國은 "조선은 예의가 있는 나라이니 반드시 속이거나 감추는 일이 없을 것이다"라고 했다고 한다. 조선에 원병을 보낸 것도 이 같은 신뢰 때문이었다.381)

같은 해 4월에 임진왜란이 일어났다. 이산해는 왕에게 난을 피해 서북쪽으로 가자고 했다. 명나라에 의지하기 위해서였다. 이산해는 묘사廟社의 신위를 모시고 왕을 따라갔다. 그리고 5월 1일 송도에 도착했다. 왜군은 이미 서울을 함락했다. 그런데 기랑騎郎 구성具宬 등이 "오늘 경성을 떠나게 된 것은 수상의 죄이다"라고 이산해를 공격하니, 선조는 "서울을 떠나자고 한 것은 영상만이 아니고, 좌상 유성룡과 최명길도 말했는데, 유독 영상만 죄 주자는 것을 나는 이해할 수 없다"고 했다. 평양에 이르러서도 탄핵상소가 계속 올라오자 선조는 이산해와 유성룡을 파직하고,382) 이산해는 평해로 귀양보냈다.383)

집의 권협權悏, 사간 유영경柳永慶, 지평 신경진辛慶晉·이경기李慶祺, 장령 정희번鄭姬藩·이유중李有中, 헌납 이정신李廷臣, 정언 윤방尹昉 등 양사가 상소하여

---

379) 鄭澈, 《松江集》 別集 卷 3, 年譜, 307~308쪽.
380) 《국역 아계유고》 2, 권 6, 아계이상국연보, 171쪽.
381) 《국역 아계유고》 2, 권 6, 아계이상국연보, 171~172쪽.
382) 《선조실록》 권 26, 선조 25년 5월 임술.
383) 《국역 아계유고》 2, 권 6, 아계이상국연보, 172~173쪽.

급제 이산해는 본시 간사한 사람으로서 일평생의 처신이 전하게 아첨하고 환심을 사는 것으로 일을 삼았으며, 정승이 된 뒤에는 몸을 보존할 생각과 지위를 잃게 되지 않을까 하는 염려가 더욱 심해져서 천한 사람들과 결탁해 빌붙는 등 못하는 짓이 없었으므로 인심은 날마다 떠나게 되고, 국세는 날로 기울게 되었습니다. 왜변이 일어난 뒤엔 나라의 어려움을 구제하기 위한 한 가지 계책이나 한 가지 지모도 낸 적이 없으며, 입대하는 날 성상께서 파천할 뜻을 갖게 한 것도 모두 이 사람이 한 것입니다. 결국 그는 군부로 하여금 나라를 잃고 떠돌게 만들었을 뿐 아니라 종묘·사직이 적의 소굴로 되고 2백 년 동안 편히 살아온 생령들을 모두 어육魚肉이 되게 했으니, 임금을 잊고 나라를 저버리고 질서를 어지럽히고 재앙을 부른 죄가 극에 달한 것입니다. 삭직만으로는 부족하니 율律에 의거해 죄를 줌으로써 종묘·사직에 사죄하고 백성들을 위로하게 하소서.[384]

라고 했으나 선조는 "이산해에 대한 논계는 지나치다. 이미 삭직했으니 결단코 죄를 더 줄 수 없다. 또 이산해만이 그 죄를 받는다는 것은 나로서는 이해할 수 없다"고 거절했다.[385] 선조는 그것이 자기의 죄라고 하여 이산해에 대한 처벌을 반대했으나, 양사가 계속 탄핵상소를 올리자 그를 중도부처했다가[386] 평해로 귀양보냈다.

이산해가 평해로 귀양가 맨 먼저 도착한 곳은 월송촌越松村이라는 작은 농가였다. 평해는 아버지 이지번이 김안로金安老에게 미움을 받아 1년 남짓 귀양살이하던 곳이었다. 그런데 56년 만에 그 아들이 다시 귀양온 것이다.[387] 얼마 뒤 이산해는 달촌達村이라는 마을로 이사를 갔다. 거기서 그는 뜰도 없는 작은 집에 살았다. 이산해는 거처를 잠시 화오촌花塢村으로 옮겼다가 다시 황보촌黃保村으로 옮겼다. 황보촌에 세든

---

384) 《선조실록》 권 26, 선조 25년 5월 신미.
385) 《선조실록》 권 26, 선조 25년 5월 신미.
386) 《선조실록》 권 26, 선조 25년 5월 병자.
387) 김학수, 《끝내 세상에 고개를 숙이지 않는다》, 삼우반, 2005, 232~233쪽.

집은 아버지 이지번이 사귀었던 곽진사의 손자 곽간郭幹의 집이었다. 곽간은 이산해에게 집을 통째로 내주고 자기는 다른 집으로 이사갔다.[388] 그리고 이산해는 자기의 문생인 황여일黃汝一을 만나 회포를 풀었다. 그때의 사정을 기록해 놓은 것이 〈사동기沙洞記〉이다.[389] 이산해는 수진사修進寺·광흥사廣興寺·백암사白巖寺 등을 방문해 옥보상인玉寶上人·수인守仁·보인普仁·지월智月 등 승려들도 만났다.[390]

그러나 귀양가 있는 동안 딸·며느리·막내아들이 차례로 죽었다. 1593년(선조 26)에 이덕형의 부인인 둘째 딸이 왜적을 피해 바위 위에서 떨어져 죽었고,[391] 또 막내아들 이경유李慶愈가 귀양지에 아버지를 보러 왔다가 죽었다. 가 볼 수도 없었다. 시를 써서 조상할 뿐이었다.[392] 이산해는 이러한 귀양살이의 애환과 가족을 잃은 슬픔을 《기성록箕城錄》이라는 시집으로 남기고 있다.[393] 《기성록》은 유배문학을 연구하는 데 귀중한 자료이다.

선조는 1595년(선조 28) 정월에 "이산해는 참으로 억울할 것이니 풀어 주고 직첩도 돌려주라"고 비변사에 명했다.[394] 그리고 곧 영돈령부사에 임명하고 양관대제학을 겸임하도록 했다.[395]

이산해가 조정으로 돌아오자 기축옥사에 희생된 사람들을 신원하라는 왕명이 있었다. 이산해는

난리를 겪은 뒤에 회복할 수 있는 대책이 군사를 훈련시키고 성을 쌓는 데 있지 않고, 인심을 수습하는 데 달려 있습니다. 인심을 수습하려면 우선

---

388) 김학수, 앞의 책, 233~237쪽.
389) 김학수, 위의 책, 237쪽. 아계는 황여일의 부탁을 받고 〈海越軒記〉를 지어 주었다.
390) 김학수, 위의 책, 239쪽,
391) 《국역 아계유고》 2, 권 6, 아계이상국연보, 176쪽.
392) 《국역 아계유고》 2, 권 6, 아계이상국연보, 177쪽.
393) 李山海, 《鵝溪遺稿》 卷 1~3, 《箕城錄》.
394) 《선조실록》 권 59, 선조 28년 1월 갑신.
395) 《선조실록》 권 59, 선조 28년 1월 정유.

억울한 경우를 풀어 주어야 합니다. 그런데 큰 옥사를 치른 뒤에는 반드시
큰 병란이 일어난다는 사실을 어찌 유독 생각하지 않으십니까? 사론이 꼬
이고 바르지 않을 경우가 국가를 망치는 근본이 되지 않는다고는 말할 수
없습니다만, 뿌리가 깊고 꼭지가 튼튼하면 갑자기 변화시킬 수 없는 법입
니다. 시비는 자연히 진정되게 마련이니 채용하고 안 하는 문제를 피차에
구애받지 말아야 합니다. 기축년 이전에는 동인이 반드시 다 옳은 것이 아
니었으며, 기축년 이후에는 서인이 그 책임을 회피할 수 없는 부분이 있습
니다. 이는 이미 불행했던 일로 일이 진행되는 즈음에 그 본래의 취지를 잃
고 원기를 해친 점이 매우 많으니 어찌 가슴 아픈 일이 아닐 수 있겠습니
까?[396]

라고 하며 기축옥사에 희생된 사람들을 신원해 인심을 회복시킬 것을
강력히 건의했다. 그리하여 이발·최영경·정개청鄭介淸 등을 신원하게
했다.

1596년(선조 29)에 이산해는 관직을 그만두고 보령으로 내려갔다. 그
는 여덟 차례나 사직소를 올렸으나 선조가 듣지 않아 다시 서울로 올라
왔다. 이때 이몽학李夢鶴의 난이 일어났는데, 기축옥사 때 이산해를 모
함했던 호남사족들이 많이 연루되어 있었다. 그는 국청에 참석해 그들
을 석방해 주었다.[397] 이산해는 양관대제학을 겸직해 사대외교문서를
썼다.[398]

1597년(선조 30)에 왜군이 다시 쳐들어왔다. 조정 신료들은 모두 강
화에 몰두해 있었다. 그런데 이산해는 "오늘날의 사정은 임진년과 다릅
니다. 만약 성을 한발자국만 나서도 일이 어떻게 될지 보장할 수 없으
니, 전적으로 전투에 총력을 기울이는 것만 못합니다"[399]라고 강경론을

<hr>

396) 《국역 아계유고》 2, 권 6, 아계이상국연보, 179쪽.
397) 《국역 아계유고》 2, 권 6, 아계이상국연보, 180쪽.
398) 《선조실록》 권 68, 선조 28년 10월 계묘.
399) 《국역 아계유고》 2, 권 6, 아계이상국연보, 180쪽.

부르짖었다. 임진년에 왕에게 먼저 파천하자고 했다가 곤혹을 치른 경험이 있기 때문이었다. 이산해가 아뢰기를

> 병란이 일어난 지 5년인데 좋은 계책이 전혀 없으므로 강화講和만을 믿다가 이렇게 궁박하게 되었으니, 어찌 이처럼 한심한 일이 있겠습니까? 대저 수전과 육전은 차이가 있어서 육전은 쉽지 않으나 수전만은 이길 수 있는데, 당초 적장을 사로잡았을 때에 원균을 다른 데에 옮겨 썼고 또한 근래 주사舟師가 아주 없기 때문에 수전의 공효를 듣지 못하게 되었으니, 매우 분합니다. 지금의 계책으로는 반드시 양남 사이에 복병을 두어 중도의 요해에서 막는 것이 방비하는 방책에 있어서 좋을 것 같습니다. 이에 앞서 이원익을 내려보내려 한 것은 다름이 아니라 변장을 제압하고 백성을 타이르려 한 것일 뿐입니다. 더구나 사방의 일도 알 수 없는데 혹시라도 시세가 어려워지는 일이 있으면 이원익이 아니고서는 맡길 만한 사람이 없습니다. 또 양호가 황폐해져 토적土賊이 두려우므로 염려하지 않을 수 없는데 토적의 환란은 외적을 대처하기보다 어렵습니다. 소신은 병이 깊어서 평시에도 착란해 조치를 잘못하거니와, 이제는 정신이 어지러워서 죄다 아뢰지 못합니다.[400]

라고 해 수전이 유리하고, 왜적을 양남 사이에 복병을 두어 방어해야 한다고 주장했다. 그러나 이순신과 원균의 사이가 나쁜 것이 문제되었다. 유성룡·이원익·정탁鄭琢 등 남인은 이순신을 두둔하고, 선조와 윤두수尹斗壽·이덕열 등 서인은 원균을 두둔했다.[401]

이산해에 대한 세평은 좋지 않은 편이었다. 사신史臣은 다음과 같이 논평했다.

> 영돈령부사 이산해는 문장과 재예로 일찍이 청망을 차지해 오랫동안 총

---

400) 《선조실록》 권 82, 선조 29년 11월 기해.
401) 《선조실록》 권 82, 선조 29년 11월 기해.

재의 지위에 있으면서 인재를 선발했으므로 사림이 그의 기량을 크게 여겼었다. 그러나 정승이 되자 구차하게 보존하려는 마음을 갖고 녹만 먹으며 그럭저럭 세월만 보내 공업을 이룬 것이 없었다. 그러다가 진신 사이에 역옥이 미치자 지레 겁먹어 체통을 잃고 사당에 부회하기도 하고, 심지어는 외척과 손을 잡고 얄팍한 교분을 갖더니 마침내는 소인들과 교결해 자신의 총애를 굳히는 계책으로 삼자, 논의가 매우 분분하게 일어났다. 이는 대개 그의 아들이 부허浮虛 광박狂薄하고 성색聲色에 빠져 있었으며, 사귀는 자들도 거의 경박하고 아름답지 못한 자들이어서 불미스러운 이름이 그의 아비에게 누가 된 데서 말미암은 것이다. 어찌 이산해가 아들을 잘 가르치지 못해 사특한 데로 빠지게 한 것이 아니겠는가?402)

이러한 사신의 평은 당쟁의 여파가 아닌가 한다. 아계는 계속 수군을 믿을 수 있다고 주장했다. 그런데 그가 원균을 만나보니 "왜적을 무서워할 것이 무엇인가"라고 큰소리쳤는데 수군을 믿고 그런 말을 한 것인 듯하다고 했다.403) 이때 이중간첩 요시라要時羅가 가토 기요마사加藤淸正가 오니 요격하라고 해 선조가 이순신에게 요격할 것을 명했으나 나가지 않았다. 이 때문에 이순신이 투옥되어 심한 형신을 받고 백의종군白衣從軍하게 되었다. 이산해는 훗날을 위해 요시라를 후대해야 한다는 입장이었다.404)

1598년(선조 31)에 명과 왜가 강화를 맺고 왜군이 물러가게 되었다. 이산해는 시폐에 관한 다음과 같은 차자를 올렸다.

지금 백성들은 궁핍하고 재정은 고갈되어 군읍이 텅 비었으므로 전수戰守의 어려움이 임진년보다 백 배나 더 어렵습니다. 그런데 임무를 부여한 장사將士들을 보면 마음 놓고 믿을 만한 자가 아무도 없습니다. 지금 의논

402) 《선조실록》 권 84, 선조 30년 1월 계사.
403) 《선조실록》 권 84, 선조 30년 1월 갑인.
404) 《선조실록》 권 84, 선조 30년 1월 무오.

하는 자들은 다 군병과 식량이 부족하다고 걱정을 합니다만, 신이 유독 걱
정하는 것은 적당한 장수를 얻지 못할까 하는 것입니다.……이제는 이미
늦었습니다. 그러나 지금이라도 교체한다면, 끝까지 사람을 얻지 못하는
것보다 어찌 크게 낫지 않겠습니까? 지금 중국이 바야흐로 적과 강화를 맺
었으니, 물러가는 것을 실지로 기필하기 어려우며 설령 물러난다고 하더라
도 그들이 오는 것은 어려운 일이 아닙니다. 그런데 물러가기도 전에 인심
이 이미 나태해지고 말았으니, 이미 물러나고 나면 장차 어떻게 수습할 수
있겠습니까? 삼가 원하건대, 성명께서는 적이 왔다고 해서 선뜻 동요하지
마시고, 적이 물러샀나고 해서 스스로 안심하지 마신다면 중흥할 형세를
점점 만회하게 될 것입니다.405)

다시 말해 적이 물러간다고 해이해져서는 안 된다고 경고했다. 그의
상소는 계속되었다.

   지금은 양호의 모든 길이 다 적지赤地가 되고, 공사의 물력도 남아 있는
것이라고는 아무것도 없습니다. 아! 오늘날 믿을 수 있는 것은 중국병사인
데 군량이 넉넉하지 못하니, 이는 앉아서 그들이 전복되기를 기다릴 뿐 구
제할 수 없는 상황입니다. 대체로 식량을 풍족하게 하는 방법은 둔전이 기
본이 되며, 시국을 구제할 수 있는 요체는 소금을 굽는 것보다 시급한 것이
없습니다.406)

이산해는 삼촌 이지함과 마찬가지로 해변가에 살아 바다와 소금을
굽는 이점을 잘 알고 있었다. 화담학파에 속하는 이들이 상업과 같은
실용적인 산업을 육성 활용해야 한다는 생각을 가지고 있었던 것이다.
나아가 이산해는 배에 대한 일가건을 드러냈다.

---

405) 《국역 아계유고》 2, 권 6, 아계이상국연보, 181쪽.
406) 《국역 아계유고》 2, 권 6, 아계이상국연보, 182쪽.

전선戰船에 대해 말씀드린다면, 원균이 처음 명을 받았을 때에 선척의 수가 1백여 척이었으나, 원균이 패배하고 이순신이 흩어지거나 불탄 나머지를 수습하고 보철해서 겨우 30여 척의 배를 얻었습니다. 오늘날의 주사舟師가 실상이 있다고 할 수 있겠습니까? 신의 견해로는 영남과 호남 사이에 주사를 담당할 두 개의 영營을 따로 설치해 영남의 물력이 부족하면 영동에 있는 것으로 보충하고, 호남의 재정이 부족하면 호서에 있는 것으로 협조하게 해 관방의 형세를 장엄하게 하는 것이 좋겠습니다. 이른바 전선이란, 오늘날의 판옥선을 가리키는 것으로, 제도가 정교해 참으로 수전하기에 좋은 기구입니다. 그러나 공력이 가장 많이 들어서 가까운 시일 내에 마련하기가 어려운 점이 있습니다. 옛날의 전선도 크고 작은 것이 있었는데, 몽동艨艟이나 오아五牙와 같이 큰 배는 공격하기에 유리하고, 금시金翅나 유선油船과 같이 작은 배는 추적하기에 유리합니다. 어찌 반드시 모두 판옥으로 만든 뒤에야 전투를 할 수 있다고 하겠습니까? 이렇게 하면 전선을 많이 만들 수 있고 격군格軍을 충당하기가 쉬울 것입니다.407)

이처럼 바다에 대한 식견이 넓은 것이다. 그 때문에 수군을 믿어야 한다는 견해를 계속 주장한 것이다. 이 해 여름에 형군문邢軍門·유격遊擊 허국위許國威·천주泉州 유만진劉萬進·뇌문雷門 이화룡李化龍·천충千摠 손광유孫光裕 등 중국 장수들이 회군하면서 이산해에게 전별시를 써 달라고 졸랐다.408) 실록에는 이산해에 대해 "평생 동안 마음을 쓰며 해온 일이 오직 작록을 보전하는 데 있었다. 혹시 벼슬을 잃을 때가 있으면 온갖 수단을 써서 반드시 진출하고야 말았다"고 평하고 있다.409) 이는 곧 서인의 평가이기도 하다.

1599년(선조 32) 7월 24일에 좌의정 이덕형이 이산해·최흥원崔興源·윤두수尹斗壽·이기李墍·이헌국李憲國·유영경柳永慶 등을 재상 후보자로

---

407)《국역 아계유고》2, 권 6, 아계이상국연보, 183쪽.
408)《국역 아계유고》1, 권 4, 南郭錄, 248~254쪽.
409)《선조실록》권 115, 선조 32년 7월 기미.

추천했다.410) 그러나 입계할 때 정탁鄭琢·이원익李元翼·이항복李恒福이
추가되었다.411) 1600년(선조 33) 정월 21일에 이산해는 다시 영의정으
로 임명되었다.412) 이때 당쟁이 심해져 동인과 서인으로 나뉘더니, 동
인이 다시 북인과 남인으로 나뉘고, 북인은 다시 대북·소북·골북·육
북·중북으로 나뉘었다. 상산군商山君 박충간朴忠侃의 말을 들어 보자.

　　대체로 동·서 붕당의 일은 당초 사림이 심의겸沈義謙을 가리켜 '외척이
기는 하나 의논이 공평하고 좋아하는 사람이 모두 사류였다'고 했는데, 김
효원金孝元 등이 '외척이 뜻을 얻었다' 아면서 서로 배척했습니다 유성룡
은 '동서에 특별한 사정邪正이 없으니 현로顯路에 등용해야 한다'고 했으
나, 그 가운데 궤론詭論하는 자가 이를 배척했기 때문에 남인·북인으로 나
뉘었습니다. 유성룡이 패퇴하자 신진 남이공南以恭의 무리가 붕류朋類를 불
러들여 자신과 의견을 달리하는 자는 축출하고, 동조하는 자는 끌어들여
어지러이 치고받았으므로 조정이 안정되지 못했는데 누구도 감히 어쩌지
못했습니다. 대북·소북의 설이 일어났는데, 이것이 다시 골북骨北·육북肉
北·피북皮北으로 나뉘어 듣는 사람들을 경악하게 했습니다.413)

　이산해는 곧바로 영의정을 사임하고자 했다. 그러나 선조는 들어주지
않았다. 이산해는 한쪽 눈이 소경과 같고, 조금만 움직여도 담痰이 치솟
으니 복상卜相을 다시해 자기를 영의정 자리에서 물러나게 해 달라고
애원했다.414) 그러다가 홍여순洪汝淳과 틈이 벌어져 공격하는 사람이
생기자 영의정직을 사퇴했다.415) 홍여순은 이산해가 복상할 때 끼어주
지 않자 그와 가까운 대간들을 사주해 다시 복상하도록 세 번이나 요청

---

410) 《선조실록》 권 115, 선조 32년 7월 신미
411) 《선조실록》 권 115, 선조 32년 8월 병술.
412) 《선조실록》 권 121, 선조 33년 1월 병인.
413) 《선조실록》 권 121, 선조 33년 1월 무진.
414) 《선조실록》 권 121, 선조 33년 1월 갑술.
415) 《선조실록》 권 124, 선조 33년 4월 신축.

했다. 그런데도 들어주지 않자 큰 옥사를 일으키려 한 것이다.[416]

유학幼學 이해李海가 이산해와 그의 아들 경전을 뒤에서 파당을 사주하는 소인으로 몰고 있다.[417] 물론 반대파의 주장이기는 하겠지만 이산해 부자를 왕안석 부자에 빗댈 정도로 미워한 것이다. 또 이헌국李憲國도 이산해 부자를 당파를 짓는 와주窩主로 보고 있다.[418] 이에 선조는

> 이산해는 대신의 신분으로서 군부를 속였으니 이 한 가지만 하더라도 그 죄는 이미 용서받을 수 없다. 그는 역시 이 세상에 걸어다닐 수도 없는 처지인데 더구나 사당을 만들어 조정을 괴란시키까지 하다니! 그 죄가 가볍지 않으나 다만 그는 대신의 반열에 있으니 파직만 하라! 그의 아들 이경전과 이이첨은 모두 삭직해 문외출송하라![419]

라고 해 이산해를 파직하고 이경전을 삭직했다. 본래 《대명률》에 따르면 붕당을 지은 자는 참형에 처하고 재산은 몰수하며 처자식은 노비로 삼게 되어 있으나, 이산해에 대한 처벌이 파면에 그쳤으니 분쟁을 수습하는 차원에서 내려진 조처였다고 할 수 있다.

반대로 이헌국의 주장을 비판하는 상소도 있었다. 홍문관 부제학 황우한 등은 다음의 상소를 올렸다.

> 아! 홍여순은 일국의 죄인입니다. 그를 논의하는 것은 공공을 위한 마음에서 나왔고, 그를 그르다고 하는 것은 편당에서 나온 말이 아닌데도, 우의정 이헌국은 공론이 아직 펴지 못한 이때, 저쪽도 이쪽도 다 잘못이라는 설을 주장해 천청을 현혹하고 국시를 교란했으며, 마침내 악인을 토죄할 법을 가지고 죄 없는 사람에게까지 미치도록 했으니, 신들은 통분해 하고 있

---

416) 《국역 아계유고》 2, 권 6, 아계이상국연보, 189쪽.
417) 《선조실록》 권 125, 선조 33년 5월 무오.
418) 《선조실록》 권 125, 선조 33년 5월 신유.
419) 《선조실록》 권 125, 선조 33년 5월 신유.

습니다. 이헌국은 마음속으로 유성룡을 보호하는 자입니다. 무술년(1598) 이후로 유성룡의 패배를 분하게 여겨 재기를 계획해 못하는 짓이 없다가 요행히 이번 틈을 타서 어부지리를 거두려고 했으니, 그 계획이 교묘하다고 할 만합니다.[420]

이들은 오히려 우의정 이헌국이 유성룡의 패거리로서 양당의 싸움에 끼어든 것이라고 논파했다. 그러나 선조는 "그렇게 말하지만 우상(이헌국)은 젊을 때부터 충직했으니, 진실로 그럴 리가 없다. 그렇게 여긴다면, 이는 스스로 도량이 좁음을 나타낼 뿐이다"리고 일축했고, 사관은 "차자에서 말한 바, 나약하고 모호하며 처음에 흉악한 괴수와 체결해 스스로 그 화를 불렀다는 말과 차자를 올렸을 때 그 말씨가 용렬하고 비루했다는 등의 말은 과연 이산해의 결점을 잘 꼬집은 말이다"라고 논평했다.[421] 이와 달리 대사간 최철견崔鐵堅은 "이산해는 평소에 조심하고 경외하는 정승이며, 젊을 적부터 문예로써 천하에 이름을 날렸으니, 이런 사람은 대신들 가운데서 찾아보아도 어디 쉽게 얻을 수 있겠습니까?"라고 이산해를 편들었다.[422] 이해관계에 따라 서로 생각이 달랐던 것이다. 이것이 결국 당파의 근원이 되기도 했다.

홍여순에 대해서도 비난의 소리가 높았다. 양사는

전 병조판서 홍여순은 여기戾氣가 모여서 태어난 사람으로, 음험하고 시기하며 탐욕스럽고 방자한 것이 그의 일평생의 소행입니다. 그가 잘하는 것이라곤 남을 공격하고 치고 물어뜯어 다른 사람을 상하게 하고 해치는 것뿐입니다. 병조판서로서 일을 그르친 죄와 흔단釁端을 만들어 이익을 독차지한 일은 우선 논하지 않고, 요즈음 나라를 뒤흔들고 정사를 어지럽힌 것을 말씀드리겠습니다. 이조를 위협해 흉모를 지행함으로써 인아姻婭와

---

420) 《선조실록》 권 125, 선조 33년 5월 계해.
421) 《선조실록》 권 125, 선조 33년 5월 계해.
422) 《선조실록》 권 125, 선조 33년 5월 갑자.

족친들을 서울과 지방에 배치했습니다.423)

라고 하여 이산해의 반대파인 홍여순을 맹렬히 비판했다. 어투로 보아 상대방을 불구대천의 원수로 여기니 골북과 육북의 대결이 격렬했음을 짐작할 수 있다. 오히려 선조는 "홍여순은 이미 파직했고 나머지 사람들은 연루시킬 수 없다는 뜻을 전에 이미 말했으니 시끄럽게 하지 않는 것이 좋겠다. 수령으로 보낸 일은 전조를 탓해야 한다"고 해 무마하려고 애썼다.424)

이산해는 남양南陽의 구포鷗浦에 잠시 살다가 신창新昌의 시전枾田이란 마을로 이사했다. 이때 월천月川 조목趙穆 등이 퇴계 이황의 유의遺意에 따라 '천연대天淵臺'라는 액자를 써서 바위에 새긴 다음 고유문을 지어 퇴계사당에 고했다.425) 그해에 막내손자 이무李袤가 태어났다.426)

1601년(선조 34) 6월 3일에 이산해는 아성부원군鵝城府院君이 되었다.427) 그러자 사헌부가 들고 일어났다.

아성부원군 이산해는 본디 일개 비부鄙夫로서 평생 동안의 심술이 오직 벼슬에만 연연해 겉으로는 겸손하고 근신함을 보였으나, 마음속에는 음험

---

423) 《선조실록》 권 125, 선조 33년 5월 을사.

424) 《선조실록》 권 125, 선조 33년 5월 을사.

425) 《국역 아계유고》 2, 권 6, 아계이상국연보, 189쪽.

426) 李袤의 호는 果庵이다. 타고난 성품이 영특해 한번 본 것이면 다른 글까지도 알았다. 어려서 이산해를 모시고 있을 때 간혹 時政을 논의할 경우 그 옳고 그른 것을 대쪽을 쪼개듯 분명하게 판단하니 이산해가 "나의 犀帶를 전해 줄 사람은 반드시 이 아이일 것이다"라고 했다고 한다. 광해군 조에 科擧에 응시하려 하지 않다가 仁祖反正이 일어난 1623년에 급제했는데 象村 申欽, 月沙 李廷龜 등이 답안지를 보고 "光焰이 저절로 솟구친다"고 극찬했다고 한다(《국역 아계유고》 2, 권 6, 아계이상국연보, 189쪽).

427) 《선조실록》 권 138, 선조 34년 6월 기사. 史評에 "젊어서부터 文翰으로 자부했고, 淸謹하다는 이름이 있었기 때문에 사류들이 推重했으나 晩節에 이르러서는 벼슬을 잃을까 걱정하는 마음이 지나쳐서 평생 동안 세상을 속인 술책이 탄로나게 되었다. 그래서 비록 한 집안사람이라 하더라도 진심으로 서로 대하지 않았고, 그 궤휼함을 헤아리기 어려워 대중은 그를 등지고 친척은 멀어져 鄙夫로 지목되었다"고 했다. 그리고 趙挺·朴慶先(副司正)·李弘老·權縉 등은 이산해의 당파로 지목되어 지탄을 받았다(《선조실록》 권 138, 선조 34년 6월 기사; 《선조실록》 권 137, 선조 34년 5월 신축).

하고 간교함을 감춘 채 밤낮으로 경영하는 바가 모두 진취하기를 도모하는
것이었으며, 항상 시세를 보아 향배의 계책을 정했습니다. 연소하고 경박
한 무리들과 결탁해 당파를 세우고 서로 경알해 조정을 어지럽히고 사람을
해쳤으니, 임금을 속이고 나라를 등진 죄는 말로 다 할 수 없습니다.[428]

사헌부는 선조가 "이산해의 마음은 길 가는 사람도 안다" "군부를 속
였다" "당파를 만들었다"고 하면서 이산해에게 다시 작록을 주려고 하
는 까닭은 무엇이냐고 따졌다. 이로 미루어 보아 이산해의 주변에는 사
람들이 몰려들었고, 이산해 부자는 이를 관리하는 데 신경을 쓰다가 반
대파의 공박을 당한 것이 아닌가 한다. 그러니 이산해는 자의든 타의든
항상 당쟁의 중심에 설 수밖에 없었고, 따라서 지탄의 대상이 될 수밖
에 없었다. 그러나 선조는 대신이요, 공신이라는 이유로 파직은 시켰으
나 작록은 잃지 않게 하려는 입장을 보였다.[429]

대사헌 정사호鄭賜湖도 이산해는 윤춘년尹春年·이량李樑·심의겸의 집
에 드나들고, 30년 동안 두터운 성은을 입어 정승자리에 올랐음에도 당
파를 지었으니 작록을 환수하라고 했다.[430] 그런데 이산해가 윤승훈(당
시 이조판서)에게 자기 아들에게 청현직을 제수해 달라고 부탁했다는 것
은 사실이 아니라고 윤승훈이 증언했다.[431] 선조는 오히려 역적 화수和
愁를 추국한 공으로 숙마 1필을 하사했다.[432] 이산해는 차자를 올려 녹
봉을 사양했으나 받아들여지지 않았다.[433]

그러면서도 이산해는 계속 복상 명단에 들었다.[434] 그러나 유영경이

---

428) 《선조실록》 권 138, 선조 34년 6월 신미.
429) 《선조실록》 권 138, 선조 34년 6월 신미.
430) 《선조실록》 권 138, 선조 34년 6월 갑술.
431) 《선조실록》 권 138, 선조 34년 6월 갑술.
432) 《선조실록》 권 154, 선조 35년 9월 정해.
433) 《선조실록》 권 155, 선조 35년 10월 임인.
434) 李山海·崔興源·李元翼·李恒福·尹承勳·韓應寅·沈喜壽가 卜相 명단에 들었다(《선조실록》
    권 159, 선조 36년 2월 계사).

영의정, 기자헌奇子獻이 좌의정, 심희수沈喜壽가 우의정이 되었다.435)
1603년(선조 36) 9월 이산해는 임진왜란이 일어난 지 10년이 지났으나
대마도와는 통교하되 변방의 경비는 소홀히 해서는 안 된다는 상소를
올렸다.436) 그는 1600년(선조 33)부터 1607년(선조 40)까지 구포·노량·
시전 등에 살면서 《구포록鷗浦錄》, 《노량록鷺梁錄》 등의 시집을 썼
다.437) 1603년(선조 36)에 장손 이후가, 1605년(선조 38)에 차손 이구가
문과에 급제했고, 1604년(선조 37) 부인 양주조씨가 죽었다.438)

당시에 유영경이 7년 동안 수상으로 국정을 맡고 있었다. 그런데 정
인홍은 유영경이 국가의 기반을 어지럽히니 그를 처벌해야 한다고 상소
했다. 유영경은 이경전이 정인홍과 한패라 해 강계江界로 귀양보냈다가
얼마 뒤 석방했다.439) 1608년(선조 41) 정월에 선조가 아팠을 때 약방藥
房이 약을 잘못 썼다는 말이 이산해 부자에게서 나왔다는 비난이 일었
다. 이산해가 이경전·이이첨·정인홍 등과 붕당을 지어 정국을 어지럽힌
다는 것이다.440) 이 해 2월에 선조가 죽자 이산해가 선조의 묘지문을
짓고, 행삭령군수 김현성金玄成이 글씨를 썼다.441) 이산해는 선조의 시
호를 '종宗'으로 하자고 했고 다른 신료들도 이 의견에 동조했으나 뒤에
'조'로 바뀌었다.442) 여기에는 임란을 극복한 공이 참작되었다.

그해 4월 정철이 인빈 김씨의 오빠 김공량을 죄 주려 하자 김공량은

---

435) 《선조실록》 권 182, 선조 37년 12월 신해.
436) 《선조실록》 권 166, 선조 36년 9월 병진.
437) 《국역 아계유고》 2, 권 6, 아계이상국연보, 190~191쪽.
438) 김학수, 《끝내 세상에 고개를 숙이지 않는다》, 삼우반, 2005, 241쪽.
439) 《국역 아계유고》 2, 권 6, 아계이상국연보, 191쪽.
440) 《선조실록》 권 220, 선조 41년 1월 갑인.
441) 《선조실록》 권 220, 선조 41년 2월 무오. "李山海는 본디 음흉하고 벼슬자리를 잃을까
    걱정해 온갖 비루한 짓을 다하는 사람으로, 은밀하고 비밀스러운 詭謀로 사류를 죄에 얽
    어 넣는 등 못하는 짓이 없었다. 誌文을 짓는 데 이르러서는 實事는 모두 빼버렸고, 또 선
    왕의 자손에 대한 璿派도 기재하지 않았으니 당시에 그의 권세가 두려워 감히 말하는 사
    람이 없었다. 定遠君이 항상 사적으로 통분해 하면서 말하기를 '후세에 그 누가 우리 형제
    가 선왕의 아들인 줄을 알겠는가?'"라는 논평이 있다.
442) 《광해군일기》 권 1, 광해군 즉위년 2월 갑술.

"이산해와 그 아들 이경전이 1591년(선조 24) 어두운 밤에 김공량의 집을 드나들면서 여러 왕자들을 없애고서 광해군을 끼고 난을 일으킬 것이라는 말로 정철을 무함했다"고 발설했다.[443] 그리하여 정철이 실각해 귀양을 갔다. 이산해와 홍여순·유영경·이이첨은 정철을 공격할 때는 동지였으나 뒤에 대북, 소북, 골북으로 갈려 싸웠다. 그들은 광해군을 모해했느니, 보호했느니 하면서 권력투쟁을 했다.[444] 그런데 교서관 저작 변경윤邊慶胤은 이산해가 처음에는 김공량[445]과, 다음에 정철, 유성룡, 남이공, 홍여순, 유영경, 정인홍과 차례로 일을 같이하다가 권모술수로 그들을 모함하고 계속 권력을 잡았다고 비난했다.[446] 변경윤은 기자헌의 사주를 받아 이산해를 탄핵했다고 한다. 기자헌이 본래 이산해와 사이가 좋지 않았는데 이산해의 권세가 성해지자 변경윤으로 하여금 그를 공격하게 한 것이라 한다. 이산해는 곧 사임하려 했으나 들어주지 않았다.[447] 왕의 신임이 두터웠기 때문이다. 그리하여 그는 아성부원군으로서 계속 국정운영의 핵심으로 활약했다.

그러나 1609년부터 이산해는 건강이 좋지 않아 두문불출했다. 더구나 그해 2월 자기의 문장을 계승할 것으로 믿었던 손자 이구가 요절하자 실의에 빠져 3월에는 병세가 더욱 악화되었다. 그러나 의원도 부르지 않고, 약도 쓰지 않았다. 나이도 71세의 고령이었다.[448] 선조는 이산해의 병이 위중하다는 말을 듣고 동부승지 이이첨을 보내 문병하게 했다. 사관은 이산해를 다음과 같이 평했다.

---

443) 《광해군일기》 권 1, 광해군 즉위년 4월 무오.

444) 《광해군일기》 권 1, 광해군 즉위년 4월 경오.

445) 선조 24년에 영의정 이산해, 좌의정 유성룡, 우의정 정철이 함께 선조에게 왕세자를 세우자고 건의하자 했다. 그러나 이산해는 다음날 나오지 않았고, 유성룡은 나오기는 했으나 아무 말도 하지 않았다. 그래서 정철이 혼자 건의했다. 이산해는 뒤로 김공량을 찾아가 정철이 광해군을 세우려 하니 대처하라고 했다. 김공량이 仁嬪에게 말하자 인빈이 선조를 찾아가 자기 모자를 살려달라고 울면서 애원했다. 선조가 대노해 정철을 귀양보냈다(《광해군일기》 권 3, 광해군 즉위년 4월 계미).

446) 《광해군일기》 권 3, 광해군 즉위년 4월 경오.

447) 《광해군일기》 권 3, 광해군 즉위년 4월 계미.

448) 《국역 아계유고》 2, 권 6, 아계이상국연보, 192쪽.

이산해는 문장의 기교만 있을 뿐 본성이 음흉하고 궁궐과 내통했으니 그런 재상을 어디에 쓰겠는가?449)

《광해군일기》를 편찬한 세력이 이산해와 반대당인 서인이었기 때문에 이산해에 대한 평은 좋을 수가 없다. 1609년(광해군 1) 8월 23일에 아성부원군 이산해가 졸했다. 향년 71세. 광해군은 현임 대신의 예로 장사지내라고 했다. 이산해는 부인 양주조씨와 함께 예산군 대술면大述面 방산리方山里에 묻혔다. 묏자리는 둘째 사위인 이덕형이 잡았다 한다. 묘지명은 이덕형이, 신도비명은 채제공蔡濟恭이 썼다.450) 이산해 부자의 신도비명이 180여 년이 지난 정조조에야 겨우 세워질 수 있었다는 사실은 그들이 계속 폄하되어 서원 하나 세우지 못하다가 후손들이 남인으로 자정하고, 남인이 일시 득세한 채제공 시대에 겨우 빛을 보게 된 것을 드러낸다 할 수 있다.

그러나 서인계 사신은 악평을 했다. 이산해가 광해군 옹립에 공로가 있다는 말은 거짓말이라는 것이다.451) 오히려 인빈과 내통해 광해군의 세자 책봉을 방해했다고 주장하였다.

아계 이산해의 졸기는 다음과 같다.

이산해는 어려서부터 지혜롭고 총명해 일곱 살에 능히 글을 지어 신동이라 불렸다. 자라서는 깊은 마음의 술수가 많아서 밖으로는 비록 어리석고 둔한 듯하지만, 임기응변을 할 때는 변화무쌍함이 귀신과 같았다. 오래 전병銓柄을 잡다가 재상에 이르렀는데, 그가 처음 여러 관직을 임명할 때는 청탁을 완전히 끊어서 문앞이 엄숙하니, 사람들이 그 사심이 없음을 칭송하기도 했다. 선묘宣廟께서 그의 부드러우면서도 검약함을 좋아해 대우해

---

449) 《광해군일기》 권 15, 광해군 1년 4월 임자.
450) 《韓山李氏文烈公派世譜》, 3~4쪽. 부인 양주조씨(1542~1604)는 1604년(선조 37)에 죽어 아계묘에 祔左되었다.
451) 《광해군일기》 권 19, 광해군 1년 8월 신미.

주며 의심치 않았다. 좋은 명성을 얻은 뒤로는 드디어 조정의 권한을 잡고 그가 처음에 골라 등용한 두세 소인배를 심복으로 삼아, 때때로 한밤중에 몰래 불러 은밀히 의논하면서 인물을 평가해 뽑아 등용하거나 탄핵해 내칠 것을 모두 결정했다. 그런 뒤에 그 두세 사람이 모두 차례로 우익과 조아爪牙의 벼슬에 올랐기 때문에, 사람들도 감히 그 어디에서 그렇게 된 것인가를 지적해 배척하지 못했고, 임금도 역시 한 시대의 공의公議로 인정했다. 그가 좋아하지 않는 자는 비록 권력 있는 요직에 있더라도 반드시 계책을 써서 내치고, 그가 좋아하는 자는 비록 죄를 받고 있더라도 반드시 계책을 써서 뽑아 올리므로 '아계현鵝溪峴'이라 불렸으니, 그가 요로要路에서 통색通塞을 결정했기 때문이다. 그러다가 기축년(1589: 정여립 사건)·신묘년(1591: 정철 파출) 사이에 시세가 여러 차례 변해 그 마음의 자취가 크게 폭로되었다. 그가 처음에는 정철에게 붙어서 그를 이끌어 들여 함께 정치를 하다가, 정철에게 용납되지 못함을 안 뒤에는 또 떠도는 말로 몰래 궁궐과 내통해 그를 모함해 그 당파를 일소했다. 이 때문에 조야가 반목하니 시정의 아이들과 촌사람도 모두 그 이름을 부르며 비웃었다. 유성룡 등 여러 사람들이 모두 그와 나란히 서는 것을 수치스럽게 여겨 그와 약간 틈이 생기자 또 유성룡을 헐뜯어 급기야 그 당파에서 떠났다. 그 마음의 술수는 대개 임금의 뜻을 받들고 영합해 교묘히 아첨함으로써 먼저 임금의 뜻을 얻은 뒤에, 몰래 역적이란 이름으로 남을 모함했다. 한때의 간사하고 탐욕스런 무리들로, 임국노任國老·홍여순·송언신宋言愼·이각李覺·정인홍 등으로부터 나아가 삼창三昌의 무리에 이르기까지, 비록 서로 갈라져 공격하기도 하고 시종 어긋나기도 했지만, 궁내의 총애받는 자들과 결탁해 선류를 배척·모함하는 것은 대체로 모두 이산해에게서 시작된 것이다. 그리고 그 자신은 비록 한가해 벼슬 하지 않는 때에도 그가 만들어 배치해 놓은 자들이 모두 그의 당피로 광해군조에 이르러서는 그 재앙이 하늘에 닿았다. 인조반정 뒤에 논의하는 자들이 그 가장 나쁜 악[首惡]의 죄를 추후에 바로잡고자 했으나 역시 감히 하지 못했으니, 그는 역시 소인 가운데 우두머리였다. 기자헌이 일찍 말하기를 '이산해는 아마 용과 같은 사람이다. 붕당이 있은 뒤로 이와 같은 사람을 처음 보았다'고 했으니, 대개 그 지혜와 술수에 깊이 감복해 상대하기 어려움을 꺼려서 한 말이었다.452)

서인의 입장에서 씌어진 졸기이기 때문에 글자 그대로 믿을 수 없는 부분이 있겠으나, 이산해는 초기 당쟁시대에 관계에 진출해 왕의 신임을 바탕으로 인사권을 통해 자기의 당파를 부식하고, 마음에 들지 않으면 권모술수로 분당을 자행해 상대당을 몰아냈다는 것이다. 그가 머리가 뛰어나고 술수를 잘 써 당쟁시대에 늘 권력의 정점에 있기는 했으나 만인의 미움을 샀던 것 같다.

이산해가 죽자 그의 사위인 영의정 이덕형이 휴가를 얻어 보령으로 내려갔다. 왕은 초피립이엄貂皮笠耳掩 1부部, 표피豹皮 1장張을 주어 추위에 대비하도록 했다.453) 왕은 따로 이산해에게 제수를 하사했다. 사신은 유성룡·정구鄭逑 같은 덕망 있는 사람은 제외하고 이산해·정인홍 등의 무리에게만 신경을 쓰는 데에 대해 불만을 표했다.454)

광해군조에는 북인이 득세했다. 북인이 어떤 당파이고 어떻게 분파되었는지는 다음의 실록 기록을 통해 살펴볼 수 있다.

대저 동인과 서인으로 분당된 이래 동인들이 잇따라 정권을 잡았으나, 동인은 남인과 북인으로 나누어졌고, 북인은 소북과 대북으로 나누어졌다. 대북 가운데는 골북과 육북이 있었고, 소북 가운데는 청북과 탁북이 있었는데, 남이공은 청북의 괴수였다. 처음에 이산해를 괴수로 삼아 이이첨 등과 함께 유성룡을 공박했고, 뒤에는 또 김신국의 무리와 더불어 홍여순을 공박했는데, 이산해와 이이첨과는 서로 달랐다. 뒤에 이이첨이 또 이산해의 아들 이경전과 함께 홍여순을 공박했으니, 이것이 바로 남인·북인·대북·소북·골북·육북이 나누어진 것이고, 청북·탁북은 뒤에 유영경 시대에

452) 《광해군일기》 권 19, 광해군 1년 8월 신미.
453) 《광해군일기》 권 22, 광해군 1년 11월 임진.
454) 《광해군일기》 권 22, 광해군 1년 11월 갑진.

일컬어진 것이다.455)

초기 당파의 분열을 일목요연하게 정리하고 있다. 이산해는 실제로 분파가 있을 때마다 한 당파의 우두머리가 되었고, 그 결과 계속 권력의 핵심에 있었기 때문에 반대파의 끊임없는 비판을 받았다. 당쟁시대 성공한 당파가 감당할 몫이다. 그러나 인조반정으로 광해군 정권이 무너지자 이산해는 악인의 대표로 치부되어 온갖 비난을 받으면서 역사의 그늘 속으로 사라졌다. 천부적인 문사로서 재주를 타고 났고, 왕들의 지극한 사랑을 받아왔으며, 당파를 바꿔가며 계속적으로 정권의 핵심에 있던 이산해를 봉안한 서원 하나 없었다는 사실이 이를 반증한다.

그러나 광해군은 이산해의 재기再碁에 선대의 원훈이라고 제수를 하사했다.456) 이산해는 월천 조목과 친했다. 조목은 유성룡을 주화오국主和誤國으로 몰고 대북의 이산해와 내통해 도산서원에 홀로 배향될 수 있었다. 적의 적은 동지가 된다. 남인과 북인이 갈릴 때 유성룡은 이산해의 적이요, 유성룡의 적은 조목이었으니 양자가 가까워지게 마련이다. 예안 사람 이강李茳이 "조목은 곧 정인홍과 동지로서 이황의 사당에 종사되었다"고 했다. 이로부터 안동과 예안 사이의 사람들이 대부분 정인홍에게 빌붙어 과거에 합격하고 명관이 되었기 때문에 식자들이 조목을 위해 부끄럽게 여겨왔다는 것이다.457)

1623년(인조 1)에 인조반정이 일어났다. 서인이 집권했으니 이산해의 아들 이경전은 제거될 운명에 있었다. 그런데도 인조는 오히려 중북이던 한평군韓平君 이경전을 명나라에 보내어 인조의 등극을 보고하게 했다.458) 이경전을 살리기 위해서였다. 왜 그랬을까? 이산해가 일찍이 인빈과 내통한 바 있어 그 손자인 인조의 보살핌이 있어서인지 알 수 없

---

455) 《광해군일기》 권 26, 광해군 2년 3월 기해.
456) 《광해군일기》 권 44, 광해군 3년 8월 임오.
457) 《광해군일기》 권 84, 광해군 6년 11월 계유.
458) 《인조실록》 권 1, 인조 1년 4월 병술.

다. 그러나 이경전의 졸기에는 "처음에는 이이첨과 함께 악한 일을 했는데, 그 뒤 이이첨이 위력과 은혜를 제멋대로 행사하자 그와 등져버렸는데(중북이 됨), 이로 말미암아 반정하던 처음에 쫓겨남을 면할 수 있었다"고 적고 있다.[459] 그 뒤 이경전은 20여 년 동안 한산한 직책에 있으면서, 시 짓고 술 마시기를 좋아했으며, 공훈 있는 사람들과 서로 좋게 지냄으로써 세상에 용납되었다고 되어 있다.[460]

1673년(현종 14) 6월에 응교 이선李選이 이산해를 이이첨과 나란히 두고 비난하자 이산해의 손자 이무李袤는 "이선은 상소문에서 무단히 신의 할아버지 이름을 들먹이면서 성씨와 벼슬은 적지 않고 이이첨과 아울러 언급했습니다. 이이첨은 죄인이고, 신의 할아버지는 이름난 재상이므로 보는 자가 한심스럽게 여기지 않는 이가 없는데, 더구나 신의 마음에 어찌 원통하지 않겠습니까?"라고 항의해 왕의 이해를 구했다.[461] 미수 허목은 "사람들이 말하기를 이경전의 문장이 이산해보다 낫고, 이무의 문장이 이경전보다 낫다"고 했다.[462]

---

459) 《인조실록》 권 45, 인조 22년 5월 경인.

460) 《인조실록》 권 45, 인조 22년 5월 경인.

461) 《현종실록》 권 21, 현종 14년 11월 병술.

462) 그러나 숙종은 이무보다 이경전, 이경전보다 이산해의 문장이 낫다고 했다(《숙종실록》 권 4, 숙종 1년 윤5월 병신).

6. 아계 이산해의 자손들

이산해는 부인 양주조씨와의 사이에 3남(慶伯·慶全·慶伸) 4녀(李尚弘·李德馨·柳悍·安應亨과 혼인)를 두었다.463) 그러나 이산해에게는 요절한 이경유李慶愈와 딸 하나가 더 있었다.464) 이경백李慶伯은 1561년(명종 16)에 태어나 1576년(선조 9)에 진사시에 합격하고, 1580년(선조 13)에 알성문과에 급제해 권지부정자가 되었으나, 그해 8월에 죽었다. 부인은 증악정贈樂正 이경청李景淸의 딸 전의이씨였고, 묘는 양주楊州 송산松山에 있다. 동생인 참찬 이경전의 행장과 현손 이복운李復運의 묘지명이 있다. 이경백은 일찍 죽어 자손이 없다.465)

둘째 아들은 이산해의 사업을 이은 이경전李慶全(1567~1644)이다. 이경전의 자는 중집仲集이요, 호는 석루石樓이다. 1567년(명종 22) 3월 13일 서울 종동鍾洞에서 낳았다. 이지번이 일찍이 터를 잡으면서 "이 터에서 반드시 귀한 아들을 낳을 것이다"라고 했는데, 이경전이 태어나면서부터 뛰어나고 기이했다고 한다. 그리고 뒷날 세상이 어려울 것을 알고 그 문호를 보존하고자 이름에 '전全' 자를 넣었다고 한다.466) 5, 6세에 삼촌인 토정 이지함에게 글을 배웠는데, 두어 해가 못가서 문리가 나

---

463) 《韓山李氏文烈公派世譜》卷 5, 省菴公派, 1~12쪽.

464) 김학수, 앞의 책, 143쪽.

465) 《韓山李氏文烈公派世譜》卷 5, 1쪽.

466) 李慶全, 《石樓集》卷 4, 李袤, 石樓公 諱 慶全行狀, 131쪽.

마치 강하의 둑을 터놓은 것과 같았다고 한다. 어린 경전은 〈황귤백설 영黃橘白雪詠〉과 다음의 〈견폐시犬吠詩〉를 지었다.

> 한 개가 짖고, 두 개가 짖으니,
> 세 개가 또한 따라 짖는다.
> 사람인가? 범인가? 바람소린가?
> 아이가 말하기를 산의 달은 불꽃 같고,
> 빈 뜰에는 오직 차가운 오동잎이 울고 있을 뿐이라 하네.
> 항상 있지 않는 것을 보면 놀라는 것은 사리에 마땅하나,
> 개야 무슨 일로 까닭 없이 짖느냐?
> 짖는 것은 본래부터 뜻이 있어 아이들에게 문을 빨리 닫으라고 말해주는
>   것을
> 사람들은 알지 못하네.

이 시를 보고 할아버지 이지번이 "나는 따라갈 수가 없다"고 했다고 한다. 장성해서 시험장에 나가니 대적할 사람이 없었고, 문장은 후세에 전할 만하다고 했다.[467]

1585년(선조 18)에 사마시에 합격하고, 1590년(선조 23)에 증광문과에 급제해 승문원 부정자가 되었다. 1591년(선조 24)에 장악원 직장으로서 유성룡에 의해 호당에 뽑혔다. 처음에는 호당에 뽑히지 않았는데 이산해가 사위 이덕형을 시켜 다시 뽑게 해 이경전이 뽑혔다고 한다.[468] 이때 다시 뽑아 사가독서를 받은 사람은 이유징李幼澄·이상홍· 임몽정任蒙正·김선여金善餘·기자헌·이경전 등이다. 이상홍은 이산해의 사위이고, 이경전은 이산해의 아들이다. 이경전이 사직소를 올리자 선조는 "너희 집안사람들은 모두들 문장을 잘 하니 사직하지 마라!"고 했

---

467) 李慶全, 《石樓集》 卷 4, 李袤, 石樓公 諱 慶全行狀, 131쪽.
468) 《선조실록》 권 25, 선조 24년 8월 임인.

다. 그러나 붕당 때문에 자기 사람만 쓰는 예로 거론되기도 했다.[469]

　1595년(선조 28) 6월에 이경전은 예조좌랑이 되고,[470] 곧 병조좌랑으로 옮겼으며,[471] 1598년(선조 31)에 북인 당로자들이 억지로 사헌부 지평에 추천하고자 했다. 그러나 판서 홍진洪進과 참판 오억령吳億齡이 반발해 뜻을 이루지 못하고,[472] 문학文學에 임명됐다.[473] 12월에 부수찬이 되고,[474] 다음 해 2월에 지평으로 옮겼으며,[475] 곧 홍문관 교리가 되었다.[476] 3월에 이조좌랑[477]과 사헌부 장령으로,[478] 9월에 홍문관 부제학으로 제수했다.[479] 그 뒤에도 이경전은 홍문관 부교리,[480] 성균관 직강,[481] 부교리[482] 등 청요직을 역임했다.

　1592년(선조 25) 4월에 임진왜란이 일어나자 선조는 의주로 파천했다. 조부 이지번은 종묘의 도제조를 맡았고, 이산해는 종묘와 사직의 위패를 받들고 행재소行在所까지 달려갔다. 그러나 이산해가 먼저 도성을 떠나자고 했다는 죄로 평해로 귀양갔을 때 이경전이 따라가 뒷바라지를 했고, 1595년(선조 28)에 풀려났을 때 함께 돌아왔다.[483]

　명나라 도독 형개邢玠가 돌아갈 때 자신의 전공이 제일이라고 칭송하지 않는다고 행패를 부려 석루가 〈군민요軍民謠〉를 지어 치켜세우니 그

---

469) 《선조실록》 권 25, 선조 24년 10월 계사.
470) 《선조실록》 권 64, 선조 28년 6월 계묘.
471) 《선조실록》 권 80, 선조 29년 9월 기해.
472) 《선조실록》 권 105, 선조 31년 10월 을묘.
473) 《선조실록》 권 105, 선조 31년 10월 정축.
474) 《선조실록》 권 107, 선조 31년 12월 병자.
475) 《선조실록》 권 109, 선조 32년 2월 계해.
476) 《선조실록》 권 109, 선조 32년 2월 무인.
477) 《선조실록》 권 110, 선조 32년 3월 계미.
478) 《선조실록》 권 110, 선조 32년 3월 정미.
479) 《선조실록》 권 117, 선조 32년 9월 계축.
480) 《선조실록》 권 120, 선조 32년 12월 신묘.
481) 《선조실록》 권 121, 선조 33년 1월 임술.
482) 《선조실록》 권 122, 선조 33년 2월 갑오.
483) 李慶全, 《石樓集》 卷 4, 李袤, 石樓公 諱 慶全行狀, 133~134쪽.

제서야 마음이 풀렸다고 한다.484) 다음은 그 시의 내용이다.

> 단壇에 올라 깃대에 제사지내니 천지도 이를   登壇祭旗天地爲之感動
> 위해 감동하고,
> 군사를 내어 여러 사람들에게 맹세하니 귀신들도 出師誓衆神鬼聽其指揮
> 그 지휘를 듣는도다.

그러나 그는 골북(이산해)과 육북(홍여순)의 당쟁에 휘말려 아버지 이산해와 함께 많은 비난을 받았다. 1600년(선조 33) 이경전이 홍여순을 대사간이 되지 못하도록 하자, 이경전도 삭직되어 8년 동안 서용되지 못했다.485) 이에 그해 4월 유학 이해는

> 이산해와 홍여순은 애초에 당색이 다른 사람이 아니었는데, 오늘날 재앙을 빚은 것은 모두 이경전이 이리저리 꾸며낸 것입니다. 당초 김신국·남이공이 홍여순을 모함할 때 이경전은 홍여순을 구원하지 않았을 뿐 아니라, 오히려 팔을 걷어붙이고 공격하여 사람들이 그의 마음 씀이 바르지 않음을 미워했습니다.486)

라고 공박했다. 화살은 이산해에게 쏟아졌다.

> 일찍이 이산해의 사람됨을 보니, 밖으로는 근엄하고 삼가는 듯하지만 안으로는 실로 흉악하고 사특해, 지난 30년 동안의 동서남북 당파의 화근은 모두 이 자가 몰래 주도해 만들어 낸 것입니다. 이경전은 일 만들기를 좋아하고 남의 재앙 즐기기를 그 아비보다 더하며, 평생의 몸가짐이 개돼지와 같습니다. 그가 피차의 사이를 교란시켜 사류를 모함하고 해친 실상은 귀

---

484) 李慶全, 《石樓集》 卷 4, 蔡濟恭, 石樓公 神道碑銘并序, 164~165쪽.
485) 李慶全, 《石樓集》 卷 4, 李玄, 石樓公 諱 慶全行狀, 165쪽.
486)《선조수정실록》권 34, 선조 33년 4월 갑술.

신과 다를 바 없으니, 이는 실로 왕안석의 왕방王雱입니다.[487]

　　이산해와 더불어 당쟁의 핵심에 있으면서 권모술수로 많은 사류를 해쳤다는 것이다. 이산해는 3사가 공격하면 전혀 아는 바가 없는 것처럼 말하고 그 허물을 오히려 3사에게 돌리려 한다고 비난받았다. 3사가 거론한 이산해의 당파는 이이첨·문홍도·윤계선尹繼善·유숙柳潚·이성경李成慶·김치金緻·박경선朴慶善 등이다.[488]

　　1600년(선조 33) 4월에 우의정 이헌국이 이산해당과 홍여순당의 갈등을 해소하기 위해 양 파를 모두 쫓아내자고 하자, 이산해는 파직되고 이경전은 이이첨과 함께 삭탈관작, 문외출송되었다.[489] 그러나 이경전은 곧 사헌부 지평으로 기용되고,[490] 의정부 사인으로 옮겼다.[491] 대신의 아들이라고 봐준 것이다. 그러자 사간원은

　　급제 이경전은 본시 음험하고 간사한 사람으로서 경박하기까지 해 사류들을 이리저리 모함하는 것이 곧 그의 장점입니다. 지난해에 조정이 안정되지 못하고 진신들이 알력하게 된 것도 모두가 이 사람이 주장한 것입니다. 그의 죄상을 논한다면 저절로 그에 해당하는 율이 있는데 성상께서 아량으로 포용해 단지 삭출만 하시니, 여러 사람들의 공론이 분개해 오래될수록 격렬한데 그를 놓아주라는 명이 뜻밖에 내리게 되었습니다. 게다가 대신의 아들이라는 것으로 핑계를 하니 신들은 의혹스럽게 여기고 있습니다. 대체로 죄진 자가 대신의 아들이라 해서 풀려나게 된다면, 대신의 아들은 죄악을 자행해도 징계하지 말라는 것입니까? 왕의 말이 한번 내려지자 놀랍게 여기지 않는 사람이 없으니, 성명을 도로 거두소서.[492]

---

487) 《선조수정실록》 권 34, 선조 33년 4월 갑술.
488) 《선조수정실록》 권 34, 선조 33년 4월 갑술.
489) 《선조수정실록》 권 34, 선조 33년 4월 갑술.
490) 《선조실록》 권 124, 선조 33년 4월 신사.
491) 《선조실록》 권 125, 선조 33년 5월 기유.
492) 《선조실록》 권 163, 선조 36년 6월 갑인.

라고 해 왕의 처사가 잘못되었으니 풀어 주라는 명을 거두어 달라고 하
자 왕도 윤허했다.

1604년(선조 37)에 이경전은 어머니 상을 당해 너무 슬퍼한 나머지
목숨을 잃을 뻔했다. 그런데 정인홍이 합천에서 유영경을 탄핵할 때 함
께 있었다고 공격을 받아 강계로 귀양갔다.[493] 영창대군을 위태롭게 했
다는 죄목이었다.

그러나 광해군이 즉위하자 이경전은 정인홍·이이첨과 함께 석방되어
사간원 사간에 임명되었다.[494] 사간이 되자 이경전은 자기 부자를 배신
자로 몰아간 변경윤을 탄핵하고, 자신도 물러나게 해 달라고 했다.[495]
이경전은 사헌부 집의[496]가 되어 임해군을 죽일 것을 계속 상소했
다.[497] 광해군은 들어주지 않았다. 그 뒤 이경전은 홍문관 전한,[498] 부
제학,[499] 이조참의,[500] 형조참의,[501] 동부승지,[502] 병조참의,[503] 충홍
도 관찰사,[504] 전라감사,[505][506] 우참찬,[507] 형조판서,[508] 홍문관 제
학,[509] 양호도순검사,[510] 판중추부사,[511] 겸동지춘추관사,[512] 훈련도감

---

493) 李慶全, 《石樓集》 卷 4, 蔡濟恭, 石樓公 神道碑銘并序, 165쪽.
494) 《광해군일기》 권 3, 광해군 즉위년 4월 신유.
495) 《광해군일기》 권 3, 광해군 즉위년 4월 기사.
496) 《광해군일기》 권 4, 광해군 즉위년 5월 경자.
497) 《광해군일기》 권 6, 광해군 즉위년 7월 무자.
498) 《광해군일기》 권 7, 광해군 즉위년 8월 병진.
499) 《광해군일기》 권 7, 광해군 즉위년 8월 갑신.
500) 《광해군일기》 권 8, 광해군 즉위년 9월 경술.
501) 《광해군일기》 권 13, 광해군 1년 2월 병진.
502) 《광해군일기》 권 47, 광해군 3년 11월 경자.
503) 《광해군일기》 권 50, 광해군 4년 2월 정축.
504) 《광해군일기》 권 54, 광해군 4년 6월 무진.
505) 《광해군일기》 권 63, 광해군 5년 2월 병신.
506) 《광해군일기》 권 75, 광해군 6년 2월 정유.
507) 《광해군일기》 권 94, 광해군 7년 윤8월 정묘.
508) 《광해군일기》 권 99, 광해군 8년 1월 을유.
509) 《광해군일기》 권 99, 광해군 8년 1월 신묘.
510) 《광해군일기》 권 100, 광해군 8년 2월 병진.

제조513) 등의 요직을 역임했다. 이경전이 북인이고, 광해군 정권도 북인정권이었기 때문이다.

광해군이 즉위한 뒤, 유희분柳希奮과 이이첨의 사이가 나빠졌다. 권력 투쟁이었다. 마침 김치원이 말 때문에 문책을 당하자, 이이첨이 승정원에 있으면서 그를 구원하고자 했다. 그러나 유희분이 "이이첨이 김치원을 이끌어 주려고 한다"고 공격하자, 광해군이 노해 이이첨을 의주부윤으로 쫓아버렸다. 그리하여 두 사람 사이가 나빠졌다.514) 이경전은 처음에 이이첨과 뜻을 같이했으나 이때에 와서 유희분에게 붙었다. 그래서 이경전의 아들 이후는 이조정랑으로 있으면서 유희분의 아우 유희발柳希發을 전랑銓郎에 적극 천거했다.515) 이경전은 아들인 이후가 죽어 멋대로 상경했다가 탄핵을 받기도 했다.516) 그러나 광해군은 문제삼지 않았다.

광해군이 즉위하자 이이첨이 이경전을 익사공신益社功臣에 책록했으나, "신의 아비도 모르는 일인데 신이 또한 어떻게 알겠습니까?"라고 하면서 고사해 면했다. 앞날을 내다본 것이 아닌가 한다.517)

1613년(광해군 5) 4월에 7서七庶의 옥이 일어났다. 그런데 김응벽의 공초에 이덕형과 이경전의 이름이 언급되었다.518) 그러나 박승종이 두 사람은 서인이 아닌데 거짓 공초 때문에 연루시킬 수 없다고 주장해 무사했다.519) 1614년(광해군 6) 9월 이경전이 전라감사로 있을 때는 대적大賊 박치의朴致毅를 잡아들여 공로를 세웠다.520) 그러나 비문만 짓는다

---

511) 《광해군일기》 권 102, 광해군 8년 4월 기미.
512) 《광해군일기》 권 109, 광해군 8년 11월 갑오.
513) 《광해군일기》 권 113, 광해군 9년 3월 병술.
514) 《광해군일기》 권 19, 광해군 1년 8월 신유.
515) 《광해군일기》 권 43, 광해군 3년 7월 경자.
516) 《광해군일기》 권 60, 광해군 4년 윤11월 신사.
517) 李慶全, 《石樓集》 卷 4, 蔡濟恭, 石樓公 神道碑銘并序, 167쪽.
518) 《광해군일기》 권 67, 광해군 5년 6월 갑진.
519) 《광해군일기》 권 67, 광해군 5년 6월 갑진.
520) 《광해군일기》 권 82, 광해군 6년 9월 기묘.

는 비난을 받기도 했다.521) 또한 정인홍이 유영경을 공격하는 차자를 올린 뒤에 유영경의 조카요, 이산해의 사위인 유성柳惺이 이유홍李惟弘·최천건崔天健·김대래金大來 등과 결탁해 반역을 꾀한 사건이 일어났다. 유성은 이산해에게 "정인홍의 이 상소가 어디서 나온 것이요? 영감께서는 모를 리가 없을 터인데, 반드시 참혹한 화가 영감의 집안에 미치게 된 뒤에야 영감께서 바른 말을 하시겠소? 영감께서 실상을 다 말한다면 거의 죄를 면할 수가 있을 것이오"라고 했다고 한다. 이산해는 이 말을 듣고 하룻밤 사이에 이가 다 빠졌다고 한다.522)

1618년(광해군 10) 정월 4일에 우의정 한효순韓孝純이 백관을 이끌고 들어가 폐모정청廢母庭請을 했다. 이경전도 동참했다. 한효순은 이이첨의 협박으로 정청에 앞장섰다. 정청문은 이이첨이 허균許筠·김개金鎧와 함께 오래 전부터 밖에서 구상하여 당일에 이이첨이 제학 이경전과 유몽인柳夢仁을 불러 한 막소幕所로 들어가 김개로 하여금 부르는 대로 쓰게 한 것이다.523) 그리고 정월 30일 좌의정 한효순·우의정 민몽룡閔夢龍·예조판서 이이첨·동지춘추관사 이경전·공조판서 이상의·우찬성 이충李沖·호조판서 최관崔瓘·대사헌 유간柳澗·대사간 윤인尹訒·부제학 정조鄭造·공조참판 조탁曺倬·예조참판 윤수민尹壽民·병조참판 이덕형·형조참판 박자흥朴自興·호조참판 경섬慶暹·병조참의 정욱鄭昱·예조참의 이명남李命男·형조참의 정규鄭逵 등 15인이 도당에 모여 폐모절목廢母節目을 만들었다.524)

그런데 2월 1일 유학 박시준朴時俊 등 10인은 이경전이 자칭 대론大論을 담당한다 하면서 회의에 참석하지 않은 죄를 성토해야 하고, 인목대비의 딸인 공주를 죽여야 하며, 시집갈 때 혼수를 공급해 주어서는 안 된다고 주장했다.525) 그러나 이이첨 등은 이경전에 대해서는 아무

---

521) 《광해군일기》 권 93, 광해군 7년 8월 경인.
522) 《광해군일기》 권 108, 광해군 8년 10월 무오.
523) 《광해군일기》 권 123, 광해군 10년 1월 갑자.
524) 《광해군일기》 권 123, 광해군 10년 1월 경인.

말을 하지 않고, 공주에 대해서는 공주의 호를 낮추되, 늠료廩料는 지급하고 당초대로 혼례를 치르도록 하는 것이 옳다고 했다.526) 곽영의 공초供招에 소명국蘇鳴國으로부터 이이첨이 왕의 밀지를 받았다는 말을 들었다고 했다.527) 또 소명국의 공초에 이경전의 집에서 이병과 회동했을 적에 이이첨이 "전하의 뜻이 이러한데 대론大論을 어떻게 해야 하나?"라고 말하자, 이병은 이경전이 말하기 전에 "이 일은 반드시 다른 쪽 사람들과 공동 보조를 취해야만 쉽게 해낼 수 있다. 만약 우리들만 무턱대고 추진한다면 계축년(1613)에 정조와 윤인이 당했던 변을 다시 당하지 않겠는가?"라고 했다.528) 그러니 "종묘·사직과 관계된 일인 만큼 그만둘 수 없는 입장입니다"라고 하자 이이첨이 또 말하기를 "가까운 시일 안으로 밀창군密昌君을 찾아가서 다시 회의하는 것이 좋겠다"고 했다는 것이다.529) 그러나 한평군 이경전은

신은 이이첨과 어려서부터 서로 아는 사이로서 조정에 선 뒤에도 고난과 화복을 함께 겪어 왔습니다. 다만 신이 계속된 병환 끝에 겨우 숨이 붙어 있는 처지에서 술에 빠지고 병이 고질화되어 세상에 뜻을 두지 않게 된 탓으로 이이첨을 찾아가는 일이 드물었습니다. 신이 이이첨 및 이병과 신의 집에서 서로 대한 날이 많지 않아서 신이 호남에서 올라온 지 4년이 되는 지금까지 고작 두 번 이이첨과 이병이 찾아왔었고, 그때에도 모두 다른 손들이 있어서 같이 만났습니다. 친구를 만난 자리에 어찌 이야기가 없었겠습니까마는, 이이첨이 본래 술을 마시지 못했기 때문에 신을 놀려먹는 말밖에는 한 일이 없고, 밀지 두 글자에 대해서는 신이 듣지 못했습니다.530)

라고 발뺌했다.

1623년(인조 1) 3월에 인조반정이 일어났다. 이날 밤 이경전은 신자는 의리에 마땅히 종묘를 위해 죽어야 한다면서 묘문廟門 밖에 나가 기다렸다. 이 때문에 인조는 그를 별운검別雲劍으로 삼아 들어오게 했고, 참찬과 제학 벼슬을 주었다. 그리고 1618년(광해군 10) 6월 24일에 이경전은 신흠申欽과 김류金瑬의 추천으로 겨드랑이에 종기가 난 김신국 대신 명나라 경략經略의 아문에 회자回咨하기 위해 품핵사稟覈使로 차송되었다.531) 당세에 문장으로 응대하는 데는 이경전만 한 사람이 없다는 이유에서였다.532) 비변사에서는 당하관을 보내도 될 터인데 굳이 1품관인 이경전을 보낼 필요가 있느냐고 이의를 제기했다. 그러나 사안이 중요하니 그대로 보내라고 했다.533) 이경전은 노자 외에 수수료나 체면치레할 물품 등과, 이문학관과 사자관 각 1명, 군관 2인에게 말을 지급해 줄 것을 요구했다.534) 그리하여 광해군은 은자銀子·화석花席·먹〔墨〕·부채·모자·말 2필·양궁良弓·미전美箭 수십 개·장창長槍 3자루·환도還刀 몇 자루 등을 넉넉히 마련해 주었다.535) 이경전의 임무 가운데는 전투에 필요한 염초焰硝를 무역해 오는 일도 포함되어 있었다.536)

광해군은 이경전과 국방에 관한 토론을 했다. 명이 여진족을 치고자 원병을 요청하였는데 우리의 어려운 점을 잘 설명하고 국토를 지키는 데 힘쓸 수 있도록 설득하라는 것이었다.537) 그리고 적이 장관전長寬奠 등의 보를 범하면 명나라 군사 6~7천을 파견해 진강 등을 굳게 지키는 편이 좋다는 것을 설득하라고 했다.538) 또한 명나라 군사 1만 명이 우

---

531) 《광해군일기》 권 129, 광해군 10년 6월 신사.

532) 李慶全, 《石樓集》 卷 4, 蔡濟恭, 石樓公 神道碑銘幷序, 168쪽.

533) 《광해군일기》 권 129, 광해군 10년 6월 계미.

534) 《광해군일기》 권 129, 광해군 10년 6월 계미.

535) 《광해군일기》 권 129, 광해군 10년 6월 갑신; 《광해군일기》 권 130, 광해군 10년 7월 무자.

536) 《광해군일기》 권 129, 광해군 10년 6월 을유.

537) 《광해군일기》 권 130, 광해군 10년 7월 경인.

538) 《광해군일기》 권 130, 광해군 10년 7월 신묘.

리 강변을 거쳐 적의 소굴로 진격하려 한다면 협력해 함께 정복하라고
했다.[539] 이경전이 정주定州에서 양경략楊經略을 만났는데, 은 2백 냥을
써서 그로 하여금 의주義州로 돌아가게 하라고 했다. 명나라 차관差官이
깊이 들어오는 것을 싫어해서였다.[540] 그랬더니 양경략이 요동의 길을
막고 통행을 못하게 해 은 5~6백 냥을 주고 길을 터 달라고 했다.[541]
광해군은 하는 수 없이 군사 1만 명을 원병으로 줄 뜻을 전달하라고 했
다.[542] 8월에 하총병賀摠兵이 1천 5백 명의 군사를 거느리고 청하를 공
격해 아호관鵝虎關에서 싸워 대승했다는 첩보가 왔다.[543] 그리하여 양
경략이 요동으로 진격했다.[544] 그러나 다음 해에 요양遼陽이 무너지고
산해관山海關 밖이 모두 여진의 땅이 되었다.[545]

　1618년(광해군 10) 9월에 이경전에게는 동지경연을 겸하게 했고,[546]
다음 해 2월에는 4도체찰사를 겸하게 했다.[547] 1619년(광해군 11) 4월에
이경전은 다시 좌참찬,[548] 형조판서[549]로 승진했고, 1620년(광해군 12)
8월에 명 사신이 올 때 관반館伴을 맡았다(원접사遠接使는 이이첨).[550]

　이경전은 북인이었으므로 인조반정이 일어난 뒤 쫓겨나야 마땅했다.
그런데 그는 마지막에 이이첨과 사이가 나빠져 신흠·김류 등 공신들이

---

539) 《광해군일기》 권 130, 광해군 10년 7월 계사. 말 7백여 필을 준비해 도우라 했다(《광해
　　군일기》 권 130, 광해군 10년 7월 기해).

540) 《광해군일기》 권 130, 광해군 10년 7월 임인.

541) 《광해군일기》 권 130, 광해군 10년 7월 임자.

542) 《광해군일기》 권 130, 광해군 10년 7월 을묘.

543) 《광해군일기》 권 131, 광해군 10년 8월 신유.

544) 《광해군일기》 권 131, 광해군 10년 8월 갑자.

545) 《광해군일기》 권 142, 광해군 11년 7월 무자. "명나라의 10만 군병이 단번에 쓰러지고,
　　遼陽의 鎭 세 군데가 연달아 함몰되었으므로, 山海關 밖은 虜賊의 안중에 보이지 않을 터
　　이니……"

546) 《광해군일기》 권 132, 광해군 10년 10월 병인

547) 《광해군일기》 권 137, 광해군 11년 2월 임술. 체찰부사는 파면시켰던 南以恭을 기용했다
　　(《광해군일기》 권 178, 광해군 14년 6월 계미).

548) 《광해군일기》 권 139, 광해군 11년 4월 갑자.

549) 《광해군일기》 권 142, 광해군 11년 7월 정유.

550) 《광해군일기》 권 155, 광해군 12년 8월 신유.

그를 구제해 주기 위해 책봉을 주청하는 사신으로 명나라에 파견했다. 이를 두고 사신史臣은 다음과 같이 논평했다.

> 이경전은 이산해의 아들로 사람됨이 사특했다. 일찍이 선조 말년에 부자가 궁금宮禁(인빈 김씨)과 서로 내통하면서 사류를 함정에 빠트려 피해를 입혔고, 광해조에 이르러서는 이이첨과 결탁해 폐모론을 암암리에 주장했는데, 그 헌의獻議한 말이 지극히 흉악하고 참혹했다. 따라서 반정 뒤에는 중한 벌로 복주되어야 마땅한데, 집권자들이 구해 주려고 마침내 중국에 사신으로 보냄으로써 속죄시켜 면할 터전을 마련해 주었다. 아! 성상께서 반정을 일으키신 것은 실로 윤리를 밝히려 함인데, 지금 이 주청하는 임무를 어떻게 이런 자에게 맡길 수 있겠는가? 시의가 모두 해괴하게 느꼈다.551)

1623년(인조 1) 7월 21일 주문사奏聞使 좌의정 이경전은 예조판서 윤훤尹暄, 사헌부 장령 이민성李民宬과 함께 등주登州에 이르러 치계했다.

> 신들이 등주에 도착해 보고서를 올렸더니, 군문軍門이 곧장 신들을 불러 말하기를 '그대들의 옛 국왕은 살아있는가?' 하기에, 신들이 답하기를 '살아있다' 했습니다. 군문이 말하기를 '아들이 있는가?' 하기에, 답하기를 '아들 하나가 있다' 했습니다. 군문이 말하기를 '어느 곳에 있는가?' 하기에, 답하기를 '한 곳에 같이 있다' 했습니다. 군문이 말하기를 '전하는 말을 들으니 구왕이 3월 13일에 벌써 죽었다는데 맞는가?' 하기에, 답하기를 '절대로 그럴 리가 없다. 비빈과 하인들도 모두 그를 따라 함께 있다' 했습니다. 군문이 말하기를 '구왕이 스스로 물러났는가?' 하기에, 답하기를 '구왕이 덕을 잃은 내용은 주문 가운데 상세히 기록되어 있다. 온 나라의 대소신민이 미리 모의하지 않았는데도 한 마음이 되어 모두 신왕을 추대하자, 소경왕비昭敬王妃(인목대비)가 영을 내려 국사를 임시로 처리하게 했다' 했습

---

551) 《인조실록》 권 1, 인조 1년 4월 병술.

니다. 군문이 말하기를 '그대 나라가 지금 안정되었는가?' 하기에, 답하기를 '하늘이 명하고 백성들이 귀의해 저자의 가게가 바뀌지 않은 채 반정하는 날 조야가 평온했는데, 어찌 안정되지 않을 일이 있겠는가? 모도독毛都督이 우리나라에 주둔하니 관계되는 모든 사정을 환히 알지 못하는 것이 없다' 하니, 군문이 상당히 시인했습니다. 이는 대체로 맹추관孟推官 같은 자가 일찍이 우리나라에 와서 그가 하고 싶은 것을 다 채우지 못하자 크게 원망하고 노여워해 망극한 말을 꾸며냈기 때문에 그런 것이라 합니다.[552]

1624년(인조 2) 3월 15일 주문사 이경전은 인목대비의 주문을 가지고 북경에 이르러 다시 치계했다.[553]

반정으로 정권을 잡은 인조정부로서는 명나라의 책봉을 받는 것이 시급하고 중요했다. 그런데 이 중요한 일을 이경전이 맡아 잘 수행한 것이다. 명나라에서는 보낼 사람이 마땅치 않아 금방 조사詔使를 보내지는 못했으나 한 해 뒤에 보내겠다고 약속했다.[554] 인조는 곧바로 주문사 이경전과 선래역관先來譯官·군관들에게 가자加資했다.[555] 이경전에게는 노비 6구와 토지 20결을 주었다.[556] 그러나 이경전은 자신에게 무슨 공이 있냐며 종 1명만 받았다.[557] 1627년(인조 5) 정묘호란 때에는 강화도에서 인조를 호종했고, 1636년(인조 14) 병자호란 때에는 남한산성에서 인조를 호종해 숭록대부崇錄大夫에 올랐다.[558]

그런데 1628년(인조 6) 2월, 인성군 이공李珙의 역모사건이 일어났다. 공모자 이효일의 공초에 광해군의 글을 이경전에게 전하려 했으나 이경전이 비천하고 소원하여 끝내 전하지 않았다는 말이 나왔다. 이 때문에

---

552)《인조실록》권 2, 인조 1년 7월 기유.
553)《인조실록》권 5, 인조 2년 3월 기사.
554)《인조실록》권 5, 인조 2년 4월 갑진.
555)《인조실록》권 5, 인조 2년 3월 신미.
556)《인조실록》권 6, 인조 2년 5월 무진.
557) 李慶全,《石樓集》卷 4, 蔡濟恭, 石樓公 神道碑銘幷序, 168쪽.
558) 김학수, 앞의 책, 249쪽.

이경전이 즉시 사직하려 하자 인조가 만류했다. 광해군의 글을 전하지 않았기 때문이다.[559] 9월에 신·구공신 및 공신적장들에게 1등급씩 가자했다. 이때 이경전은 1품 숭록대부로 승진했다.[560]

1637년(선조 15) 11월에 인조는 청나라의 요구로 삼전도비를 세우기로 했다. 그런데 비문을 누가 쓰느냐가 문제였다. 인조는 글 잘하는 장유張維·이경전·조희일趙希逸·이경석李景奭에게 부탁했다. 그러나 조희일은 일부러 글을 거칠게 써서 채택되지 않았고, 이경전은 병 때문에 짓지 못했으므로, 마침내 이경석이 쓰게 되었다.[561]

1638년(인조 16) 4월에 이경전을 형조판서에 임명했으나[562] 척화사상을 가진 데다가 병이 있어 사면했다.[563] 1640년(인조 18) 5월에도 이경전을 형조판서에 임명했으나,[564] 다시 병을 이유로 사면했다.[565] 그런데 사평에

> 이경전은 사람됨이 간사했으며 처세에 능했다. 그리고 착용하는 관복冠服도 항상 미천한 자와 같이 했다. 광해군조에 이이첨이 장차 무너질 것을 알고 점차 소원하게 해 화를 면했다. 정축년(1637) 이후에 판서에 제수되었다.[566]

라고 해 이경전의 처신에 관해 간략히 언급하고 있다. 그가 죽은 뒤에도 비난은 계속되었다.

---

559) 《인조실록》 권 18, 인조 6년 2월 임자.
560) 《인조실록》 권 19, 인조 6년 9월 계미.
561) 《인조실록》 권 35, 인조 15년 11월 기축.
562) 《인조실록》 권 36, 인조 16년 4월 병신.
563) 《인조실록》 권 36, 인조 16년 4월 을사.
564) 《인조실록》 권 40, 인조 18년 5월 신사.
565) 《인조실록》 권 40, 인조 18년 5월 경술.
566) 《인조실록》 권 40, 인조 18년 5월 경술.

이경전은 이이첨과 일을 같이했으나, 뒤에 이이첨이 장차 실패할 것을 보고는 태도를 바꾸어 중북中北이 되었다. 인조반정 뒤에 요행히 죽음을 면했다. 일찍이 상신 이정구李廷龜의 집에 나아가서 말하기를 '소인이 어찌 대감 집의 늙은 종과 다르겠습니까?'라고 하니, 사람들이 그의 아첨을 비웃었다.567)

이러한 이경전의 처신에 대해 사간원이 드디어 공격에 나섰다.

형조판서 이경전은 광해군소에 어물을 지어 자신을 지키지 못했습니다. 인조반정 후에 즉시 정죄하지 않고 작위를 보존해 주었으니, 은택이 지극한 것입니다. 그러니 마땅히 정성을 다해 보답하기를 도모하면서 죽기로써 기약해야 할 것입니다. 그런데 관직에 있으면서 공무를 제대로 돌보지 않고 장난하듯이 했으므로 물정이 분개해 온 지 오래입니다. 나라의 기강이 무너지고 시사가 위태로워지자 인질을 보내는 것을 모면하고자, 공의는 돌보지 않고 6경 자리 피하기를 함정 피하듯이 하면서 잇달아 사직서를 올려 기어이 체직되고자 했습니다. 임금을 잊고 나라를 저버린 죄를 징계하지 않을 수 없습니다. 삭탈관작하소서.568)

대신의 아들은 청나라에 인질로 보내야 하므로 기어이 형조판서를 사직하려는 것은 자신의 안위만 생각하고 국가를 저버린 처사이니 삭탈관작하라는 것이었다.

이경전은 1644년(인조 22) 5월 3일에 초동草洞 집569)에서 죽었다. 향년 78세. 행장은 아들 이무가, 묘지명은 김두남金斗南이, 신도비명은 채제공이 썼다. 묘는 선영先塋인 보령 고만산에 있다. 부인 안동김씨

567) 《숙종실록》 권 3, 숙종 1년 4월 갑진.
568) 《인조실록》 권 40, 인조 18년 6월 갑자.
569) 이산해가 살던 남산 주자동의 집은 10년 뒤인 1621년(광해군 13)에 그 소유권이 용인이씨 李後天에게 넘어갔고, 이경전 대에는 주자동과 같은 훈도방에 속한 초동으로 옮겨 살았다(김학수, 앞의 책, 254~255쪽).

(1566~1606)의 묘는 남편 묘 위쪽에 있고, 남양홍씨의 묘는 마동馬洞에 있다.570) 지은 글은 많으나 난리에 없어지고 《석루집石樓集》 4권이 전할 뿐이다. 그의 실록 졸기에는 다음과 같이 기술하고 있다.

> 이경전은 이산해의 아들이다. 그는 사람됨이 교활하고 간사해 자기 부형의 배경을 의지해 조정의 권력을 제멋대로 농락했다. 맨 처음 이이첨과 더불어 악한 일을 함께하며 서로 도와서 숭품崇品에 올랐었다. 이이첨이 위력과 은혜를 제멋대로 자행하던 때에 이르러서는 곧 그와 서로 등겨버렸는데, 이로 말미암아 반정하던 처음에 쫓겨남을 면할 수 있었다. 그 뒤 20여 년 동안 한산한 직에 있으면서, 시 짓고, 술 마시기를 즐기고 검소함을 스스로 좋아했으며, 공훈 있는 신하들과 서로 좋게 지냄으로써 세상에 용납되었는데, 이때에 이르러 죽었다.571)

이 졸기를 보면 이경전은 아버지 이산해와 마찬가지로 도학자가 아니라 현실주의자임을 알 수 있다. 학통도 도학에만 매몰되지 않고 상업을 중시하며, 서얼이나 상인, 천인까지 포용하는 화담계열이었다. 그러므로 경학보다 사장에 능하고, 명분보다 현실을 중시했다. 그러니 당쟁시대에 왕에게 잘 보이고, 이해관계에 밝으며, 권모술수를 해서라도 권력을 지키려 한 것이다. 그 때문에 교활하고 간사하다는 말도 듣고, 권력에 의지해 조정을 제멋대로 좌지우지했다는 비난도 듣게 되었다. 그는 권력의 향배에 따라 처신을 바꾸고, 불리하면 물러가 위험을 피할 줄도 알았다. 서인 도학자들의 눈에 이러한 이산해·이경전 부자는 소인 가운데서도 소인으로 비칠 수밖에 없었다. 사평에서 계속적으로 이들 부자를 비난한 까닭도 이 때문이었다고 생각된다. 그러나 시대가 당쟁시대였으므로 붕당끼리 처절한 권력투쟁을 하는 마당에 권력을 향해 수

---

570) 《韓山李氏文烈公派世譜》, 3~4쪽.
571) 《인조실록》 권 45, 인조 22년 5월 경인.

단방법을 가리지 않았다고 비판하는 것은, 뒤집어 보면 그 점에서는 공격하는 당파도 마찬가지였다. 다만 도학으로 포장하느냐, 현실적으로 접근하느냐의 차이가 있을 뿐이다. 그런데 이들 부자가 더욱 비난을 받은 까닭은 그들이 주도했던 광해군조의 북인정권이 서인에게 몰락하고, 그 뒤 서인이 조선의 정국을 계속 주도했기 때문이라고 생각한다.

3자 이경신李慶伸도 진사시에 합격했지만 단명해 재능을 펼치지 못했다.572) 맏사위는 여주이씨인 춘주春洲 이상홍이다. 성호 이익의 종증조부요, 여주이씨 수원파의 중시조 이상의李尙毅의 동생이다. 문과에 급제해 홍문관 교리를 지냈나. 둘째 사위는 광주이씨로 문과에 급제해 영의정을 지낸 한음 이덕형이다. 부인은 임진왜란 때 왜적을 피해 자결해 정려旌閭를 받았다. 셋째 사위 유성은 소북의 명가 전주유씨 유영경의 친척 유영길柳永吉의 아들이다. 문과에 급제해 사헌부 헌납을 지냈다. 그러나 인성군 역모사건에 연루되어 정인홍의 상소가 장인 이산해의 사주로 올려진 것이라고 면박을 주는 패륜을 저질렀다. 이산해는 이 말을 듣고 하룻밤 사이에 이가 다 빠졌다고 한다. 넷째 사위 안응형安應亨은 선조의 매부 안황安滉의 아들로 문과에 급제해 참판을 지냈다.573) 이와 같이 이산해는 네 사위를 당대의 명문인 여주이씨, 광주이씨, 전주유씨, 광주안씨 등에서 얻음으로써 명가의 지위를 굳건히 했다.

며느리도 전의이씨(李景淸), 안동김씨(金瞻)와 같은 명문에서 데려왔다.574) 또한 아계는 1580년(선조 13) 장자 이경백李慶伯이 아들을 두지 못하고 죽자, 차자 이경전의 둘째 아들 이구를 이경백의 양자로 들이게 했다. 그러나 1612년(광해군 4)에 이경전의 장자 이후李厚마저 죽자, 이구를 복귀시켜 자신의 가통을 잇게 했다. 그리하여 가통이 이산해-이경전-이구로 이어지게 되었다.575)

---

572) 김학수, 앞의 책, 143쪽.
573) 김학수, 위의 책, 245쪽;《韓山李氏文烈公派世譜》卷 5, 1~12쪽.
574) 김학수, 위의 책, 245쪽.
575) 김학수, 위의 책, 245~248쪽.

이경전은 김첨의 딸 안동김씨와의 사이에 5남(厚·久·阜·卣·袞) 1녀 (趙壽益과 혼인)를 두었다.576) 그러나《한이가첩韓李家帖》에 따르면, 이 밖에 남양홍씨와의 사이에 서자녀 7남(滲·就·瀏·宇·阹·抽·湊) 3녀(元後積·孟世賢·安振邦과 혼인)가 더 있었다. 그러니 이경전의 자녀는 12남 4녀인 셈이다.577)

이경전의 장자 이후李厚(1585~1612)의 자는 자방子房, 호는 시시재是是齋로 1585년(선조 18) 10월 16일에 태어났다. 1603년(선조 36)에 19세의 나이로 정시 문과에 급제하고 호당에 들어 벼슬이 이조정랑에 이르렀으나, 1612년(광해군 4) 11월 18일에 27세를 일기로 일찍 죽었다. 부인은 영의정 권철權轍의 손녀이자 병사 권진경權晉卿의 딸인 안동권씨요, 묘는 예산군 대술면 방산리 안곡에 있다. 부인의 묘는 양주 서산西山에 있다.578)

차자 이구李久(1586~1609)의 자는 정견庭堅이요, 호는 후곡後谷이다. 1603년(선조 36) 사마시에 장원하고, 1605년(선조 38) 20세로 증광문과에 장원해 예문관 검열, 시강원 설서 등을 역임했으나, 1609년(광해군 1) 2월 26일에 24세로 요절했다. 묘는 단양군 구담성동龜潭城洞에 있으며, 부인은 순령군順寧君 이경검李景儉의 딸 전주이씨(1588~1608)이다.

이구의 부인 전주이씨는 기울어 가는 한산이씨 아계 가문을 다시 일으켜 세운 공로가 있는 여장부였다. 부인의 아명은 효숙孝淑이었다. 이경검은 외동딸 효숙을 지극히 사랑했다. 효숙이 9세 때의 일이다. 난리통에 집을 수리하다가 효숙에게 이 집을 주겠다고 했다. 이경검은 농담이었지만 효숙은 그날부터 이 집은 자기집이라고 믿고 있었다. 점잖은 선비가 허언을 할 수 없었다. 옛날 주나라 성왕成王의 얘기도 있지 않은가? 어린 성왕은 아우와 놀다가 오동잎을 오려 아우에게 주면서 "이것으로 너를 제후에 봉한다"고 했다. 이 말을 들은 주공周公은 아우에게

---

576)《韓山李氏文烈送派世譜》卷 1, 1~7쪽.
577)《韓山李氏文烈送派世譜》卷 1, 4쪽; 김학수, 앞의 책, 382쪽.
578)《韓山李氏文烈公派世譜》卷 5, 1쪽.

하례를 드렸다. 성왕은 재미삼아 한 말이라 했으나 주공은 "천자는 농담할 수 없다"고 하여 결국 동생을 당나라 제후로 삼은 일이 있었다. 뒤에 한유韓愈는 동엽봉제변桐葉封弟辨을 지어 주공의 입장을 지지한 바 있다. 이경검도 비록 식언이었지만 사대부의 체신을 지키기 위해 따로 명례방明禮坊에 있는 기와집 한 채를 약속대로 효숙에게 주었다. 분재기 말미에는 다른 자식들에게 불평하지 말라는 단서까지 붙여 놓았다. 오빠 이안국李安國이 증인을 섰다. 이 분재기는 아계 후손가에 지금까지 전해 온다.

그러나 이씨 부인에게는 시련이 그치지 않았다. 처음에는 영의정의 손주며느리로 남부럽지 않은 생활을 했다. 그런데 남편 이구가 과거에 장원급제해 승승장구하다가 24세의 젊은 나이로 요절하고 말았다. 대북 집안 아계 가문도 인조반정으로 사양길에 접어들었다. 부인은 과감하게 집을 예산 한가리開暇里로 옮겼다. 그곳에 있는 전장을 관리하기 위해서였다. 그러나 경제京第도 그대로 남겨 두었다. 자손들의 교육, 과거, 사환을 위한 의도였다. 이씨 부인은 억척스럽게 노복을 부려 농사를 지으며 집안을 일으켰다. 그리하여 노비가 300구가 될 정도로 재산을 모았다. 그리고 외아들 이상빈李尙賓이 1630년(인조 8)에 진사시에 합격했다. 그러나 7년 뒤인 1637년(인조 15) 3월에 이상빈은 32세의 나이로 아들 이창근李昌根·이운근李雲根을 남겨둔 채 죽고 말았다.

그러나 이씨 부인은 포기하지 않았다. 집(뒤에 수당고택修堂古宅)을 새로 짓는 등 비록 차종가次宗家이지만 후곡後谷 가문을 일으키는 데 결정적인 역할을 했다. 물론 형 이후가 있었으나 일찍 죽고 후손이 한미한 것과 달리 후곡 가문은 과거, 사환이 많이 나와 한산이씨의 중심을 이루었다. 이운근은 비록 사마시밖에 합격하지 못했지만 의령현감까지 지냈고, 그의 아들이 이덕운李德運은 1691년(숙종 17)에 증광문과에 급제해 병조정랑까지 지냈다. 그리고 그 후손 가운데 수당修堂 이남규李南珪가 태어난 것이다.579)

이운근의 처남은 근곡芹谷 이관징李觀徵이고 처조카는 숙종조 남인의 핵심인 이옥李沃이었다. 이처럼 아계 가문은 조선 후기에 남인가문으로 자정하게 되었다.[580] 그리하여 남인이 기를 펴게 된 채제공 대에 와서야 비로소 이산해, 이경전의 신도비가 세워질 수 있게 된 것이다.

이경전의 3자는 이부李阜(1588~1664)이다. 그의 자는 춘대春臺, 호는 주봉酒峯으로, 1613년(광해군 5)에 사마시에 합격해, 1620년(광해군 12) 태학생으로서 이이첨을 베라는 상소를 올렸다가 전리로 쫓겨나 다시는 정계에 나오지 못했다. 묘는 아산시 신창면 신달리新達里에 있다.[581] 부인은 부사 권경權暻의 딸인 안동권씨로 남편과 합장되어 있다. 또 다른 부인 경주김씨의 묘는 예산군 대술면 방산리에 있다.

4자 이유李卣(1591~1621)의 자는 대중大中, 호는 삼등三登으로 1591년(선조 24) 3월 11일에 태어났다. 천재의 기질이 있어 이경전이 기특하게 여겼는데 나이가 어리다고 과거에 응시하지 못하게 했다. 그는 30세에 요절했다. 묘는 예산군 대술면 방산리 이산해의 묘 오른쪽 산록에 있다. 부인 홍계원洪繼元의 딸 남양홍씨와 합장했다.[582]

5자 이무李袤(1600~1684)의 자는 정지廷之, 호는 과암果庵이다. 1600년(선조 33) 7월 13일 남양南陽 구포촌鷗浦村 이산해의 우거寓居에서 태어났다. 그는 천자天姿가 영오穎悟하고, 행실이 얼음과 옥 같아 아명을 제갈공명의 이름인 와룡臥龍이라 했다.[583]

이무가 4세 때 할아버지에게 부채를 달라고 하는 것을 일부러 안 주었더니 줄 때까지 울었다. 이산해가 이를 보고, 이 아이는 그 뜻이 확고하니 반드시 귀하게 될 것이라고 했다. 그리고 5세에 이산해가 비로소 글자를 가르치니 하나를 가르쳐 주면 열을 알았다. 그는 저보邸報(관보)를 한 번 보고 다른 글을 깨쳤다고 하며, 슬하에서 시정時政을 논할 때

579) 김학수, 앞의 책, 259~266쪽.

580) 김학수, 위의 책, 266~272쪽.

581) 《韓山李氏文烈公派世譜》 卷 5, 3쪽.

582) 《韓山李氏文烈公派世譜》 卷 5, 6쪽.

583) 李袤, 《果庵集》 卷 9, 年譜, 現代文化社, 1998, 160쪽; 從行六狀世孫 李柱溟, 行狀(《韓山李氏文烈公派世譜》) 173쪽.

는 시비를 명확하게 변별하고, 때때로 다른 사람의 의표를 찌르는 말을
하기도 했다. 그래서 이산해가 기특하게 여겨 "내 서대犀帶를 전할 자는
반드시 이 아이일 것"이라 했다고 한다. 큰형 이후도 그의 등을 쓸어 주
면서 "우리집 가업은 마땅히 너에게 전해질 것"이라 했다고 한다.584)

1606년(선조 39) 그가 7살 때 어머니가 숨을 거두었는데, 예를 갖추
기를 어른과 같이 했다고 한다. 1609년(광해군 1)에 작은형 이구와 할아
버지가 죽어 애통해 마지않았다. 1613년(광해군 5)에 아버지 이경전이
호남의 관찰사로 나가자 따라가 열심히 공부했다. 이때 〈한벽루상량문
寒碧樓上樑文〉을 지었다. 1615년(광해군 7)에 아버지의 관직이 풀려 돌아
왔다.585)

1617년(광해군 9)에 이이첨 등이 인목대비를 폐위시키려 하자 형 진
사 이부와 함께 이이첨의 머리를 베야 한다는 상소를 올렸다. 그러나
이무는 아직 약관이었기 때문에 상소문은 써 주되 올리기는 이부가 올
려 폐고廢錮당했다. 다음 해인 1618년(광해군 10)에 유희발柳希發의 딸
문화유씨에게 장가갔다. 그러나 용사자들이 국정을 천단하자 과거시험
을 보지 않다가 1623년(인조 1) 3월에 인조반정이 일어나자 비로소 응
시해 1626년(인조 4)에 27세로 별시 병과에 급제했으나 시험관의 친자,
친손이 합격했다 하여 파방되었다. 그리하여 1629년(인조 7) 겨울에 다
시 별시를 보아 갑과 제3인으로 급제해 승문원 박사에 분관되었다. 이
때 시관이었던 월사月沙 이정구李廷龜는 당시의 대책對策이 다른 사람
것에 견주어 월등히 잘 썼다고 극찬했다. 그러나 이무는 노량과 예산을
왕래하며 소일할 뿐이었다. 그러다가 1636년(인조 14)에 병자호란이 일
어나 아버지가 강화도로 왕을 호종하러 가다가 인조가 남한산성에 있다
는 말을 듣고 그리로 갔으나, 길이 막혀 영남 선산에 가서 피난했다.586)

피란에서 돌아와 시사時事를 개탄해 벼슬할 생각이 없어 광주 우협牛

---

584)《韓山李氏文烈公派世譜》卷 5, 6쪽.
585)《韓山李氏文烈公派世譜》卷 5, 6쪽.
586)《韓山李氏文烈公派世譜》卷 5, 7쪽.

峽이나 예산을 왕래하면서 근친했으나, 근친하기에는 서울이 나을 것 같아 서울에 머물러 있었다. 그러다가 1638년(인조 16) 가을에 전적에 임명되었다가 곧 병조좌랑으로 옮겼으며, 다음 해 예조좌랑이 되었다. 그런데 이때 중형 이구가 죽어 손자 운근을 데려다 가르쳤다.[587] 1643년(인조 21) 44세 때에 척화소를 올리려 했으나 아버지가 말려 그만두었으며, 다음 해 7월 아버지가 죽어 보령 고만산에 장사지내고, 보령 관촌에서 여묘살이를 했다.[588]

1646년(인조 24) 가을에 상복을 벗고 8월에 지평이 되었다. 이때 관직을 사퇴하고자 하는 상소를 올려 임금이 마음을 바로잡고 세자를 보양하는 것이 가장 먼저 할 일이라고 주장했다. 그러려면 춘방春坊(세자궁)의 요속들을 올바른 원로 가운데서 골라 쓰고, 산림유일山林遺逸과 이학理學을 하는 선비들을 널리 구해 세자를 보필하게 해야 한다고 했다. 또한 홍익한洪翼漢·윤집尹集·오달제吳達濟·정온鄭蘊을 표창하고, 이경여李敬輿·심노沈魯·홍무적洪茂績·이응기李應蓍 등의 귀양도 풀어 주어야 하며, 과거시험문제를 잘못 낸 이식李植의 죄도 용서해 주어야 한다고 주장했다.[589]

1648년(인조 26) 가을에 정언이 되어 붕당을 없애고, 양리를 가려 써야 한다는 상소를 올렸다. 겨울에 지평이 되었는데 사퇴하고, 병조좌랑·정랑, 예조정랑 등의 관직을 역임했다. 다음 해 5월 인조가 죽고 효종이 섰다. 효종은 인사부서에 비망기備忘記를 내려 대간이 될 만한 사람들을 추천하라고 했다. 이조에서는 이무를 추천해 정언이 되었다. 7월에 해미현감이 되어 유교적 교화를 펴는 데 힘썼다.[590]

1650년(효종 1) 7월에 해미현의 민막과 군정에 대해 상소했다. 현의 열악한 사정을 고려하지 않고 족징, 인징 등 가렴주구를 일삼으면 토붕

---

587)《韓山李氏文烈公派世譜》卷 5, 161쪽.

588)《韓山李氏文烈公派世譜》卷 5, 161쪽.

589) 李秉,《果庵集》卷 9, 年譜, 李柱溟, 行狀, 174~175쪽.

590)《韓山李氏文烈公派世譜》卷 5, 162쪽.

와해土崩瓦解의 사태가 벌어질지도 모른다는 내용이었다. 왕도 유념해
서 처리하겠다고 약속했다. 1652년(효종 3) 봄에 왕명을 받고 불려왔을
때 김자점金自點은 복주되고 강빈姜嬪의 옥은 마땅히 신원되어야 한다
고 하는데, 이무만은 홀로 관련자인 신생辛生을 국문해야 한다고 주장
하다가 왕의 미움을 받아 중형을 받을 뻔했으나 연신筵臣들의 만류로
풀려났다.591) 당시의 사평은 다음과 같다.

> 이무는 한평군韓平君 이경전의 아들로 시에 능하고 담론을 좋아했다. 이
> 때 대간이 김자점을 탄핵하려 하는데, 이무는 정언으로서 인피引避하고 참
> 여하지 않았으므로 드디어 외직에 보임되었다.592)

그해 가을에 또 서천군수舒川郡守가 되어 사창을 설치하고 봉급을 털
어 호역戶役을 메우게 했다. 당시 군에는 5공주의 궁노宮奴들이 권세를
등에 업고 가렴주구를 일삼아 백성들이 살아갈 수가 없었다. 이무는 왕
에게 상소해 그 죄를 물을 것을 요구하고, 아울러 민막을 제거하고, 군
병을 양성하며, 염치를 장려하고, 기강을 확립할 것을 주장했다. 왕도
유념하겠다고 약속하고, 천방사에서 거두어 가던 세곡稅穀을 군郡에 소
속시키도록 했다.593) 1655년(효종 6) 겨울에 해임되었는데 군민들이 송
덕비를 세워 주었다.594)

다음 해 겨울에 필선이 되었으나 병으로 그만두었고, 1657년(효종 8)
봄에 직강이 되고 여름에 헌납이 되었으나, 병으로 그만두었다. 그는 사
직상소에서 천재는 민원에서 나오는 것이니 생민의 고통을 덜어 주어야
하는데, 즉위 초에 이를 유념해야 한다는 의견을 피력했다. 그해 가을에
군기시정, 겨울에 사헌부 집의, 사간원 사간, 다음 해에 종부시정, 상의

---

591) 李槀, 《果庵集》卷 9, 年譜, 李柱溟, 行狀, 176쪽.
592) 《효종실록》권 1, 효종 즉위년 7월 정축.
593) 《효종실록》권 1, 효종 즉위년 7월 정축.
594) 《국역 아계유고》2, 권 6, 아계이상국연보, 164쪽.

원정, 사성, 사간 등의 관직을 제수받았으나 병으로 부임하지 못했다. 당시 송시열이 집권하고 있었는데 이무는 송시열을 비판하다가 쫓겨난 것이다.595) 그는 다음과 같은 시를 지어 그러한 행위를 기롱했다.

흰 달은 얼음에 사양하고 얼음은 달에 사양하네.　　　　　　　白月讓冰冰讓月

고운 모래는 눈을 속이고, 눈은 모래를 속이네.596)　　　　　明沙欺雪雪欺沙

1659년(효종 10) 3월에 담양부사가 되어 정치를 잘했는데, 5월에 효종이 죽고, 현종이 섰다. 그해 여름에《아계유고鵝溪遺稿》와《석루유고石樓遺稿》를 간행했다. 12월에 사간으로 불려 올라가니 부민들이 길을 막고 눈물을 흘리면서 가지 못하게 했고, 생사당과 송덕비를 세워 주기도 했다. 1660년(현종 1) 가을에 증광시 시관이 되었으나 나가지 않고 보령으로 돌아왔다. 미수 허목이 효종상에 조대비가 1년상을 입은 것은 왕통과 종통을 혼란시킨 처사라고 이론을 제기하고, 고산孤山 윤선도尹善道가 양송兩宋이 효종의 덕을 볼 만큼 보고서도 효종을 깎아 내리는 것은 배은망덕한 처사라고 인신공격을 한 사건이 일어났기 때문이다. 이른바 기해예송己亥禮訟이다. 이에 정권을 잡고 있던 노론은 허목을 삼척으로, 윤선도를 삼수三水로 귀양보내고 남인을 관직에서 몰아냈다. 이런 상황에서 남인인 이무도 관직에 남아 있을 수 없었다.597)

1661년(현종 2)에 예문관 판교, 다음 해에 사복시정으로 불렀으나 나아가지 않았다. 1662년(현종 3) 9월에 모친상을 당했다. 다음 해 봄에 종가의 입후 문제로 서울 초동 구택에 왔다가 일이 잘못되어 금고되었다. 당시 승문원 참하관 가운데 친구의 아들들이 많아 찾아오는 사람이 많았는데, 족질 가운데 신급제가 마땅히 승문원에 분관되어야 함에도

---

595)《국역 아계유고》2, 권 6, 아계이상국연보, 164쪽.

596)《국역 아계유고》2, 권 6, 아계이상국연보, 164쪽.

597)《국역 아계유고》2, 권 6, 아계이상국연보, 164~165쪽; 李成茂,〈17世紀의 禮論과 黨爭 (李成茂·鄭萬祚),《朝鮮後期 黨爭의 綜合的 檢討》, 韓國精神文化硏究院, 1992, 32~56쪽.

되지 않아 이무가 해결해 주려다가 일은 성공하지 못하고, 오히려 서인들의 모함을 받았다. 서인 당로자들은 이무가 사사로이 국구國舅 김우명金佑明을 사귀었다고도 하고, 포천으로 용주龍洲 조경趙絅을, 여주로 조수익趙壽益을 찾아갔다고도 하고, 홍우원洪宇遠의 예론상소를 그가 써 주었다고 해 윤선도와 같은 죄를 씌워 죽이려 했다.598) 그러나 죽음은 면하고 12년 동안 금고형을 살았다.599) 1664년(현종 5)에 셋째 형 이부가 죽었다.600)

1673년(현종 14) 가을에 70세 이상 노인들에게 특별히 쌀과 콩을 나누어 주었다. 그해 11월에 할아버지 이산해에 대한 이선李選의 무고를 변박하는 상소를 올렸다.

이선은 상소에서 무단히 신의 할아버지의 성과 벼슬을 쓰지 않고, 이이첨과 아울러 거론했습니다. 이이첨은 죄인이고, 신의 할아버지는 이름난 재상입니다. 보는 자들이 한심하게 생각하지 않는 사람이 없습니다. 하물며 신의 마음이 오히려 통탄스럽고 원통하지 않겠습니까? 신은 부득불 변론해야겠습니다. 신의 조부 이산해는 명종조에 문과에 급제해 선조를 섬김에 이르러 알아줌이 남달랐고, 나라를 빛내고 난리를 평정해 두 차례나 공신이 되었으며, 이조판서를 거의 30년이나 했습니다. 이조판서로 있을 때 윤대관輪對官 김응생金應生이 이조의 인사를 천단한다고 배척하자 선조가 친히 승정원에 서한을 보내 '이판의 사람됨이 말은 입 밖으로 나오지 않는 것 같고, 몸은 옷 한 자락도 이기지 못할 것 같으나 진실한 기운은 혼연히 중심에 꽉 차 있어서 한 번 보아 결코 군자인 것을 알겠다. 자기의 견해로 조정을 전천했으면 비록 상을 줄지언정 저 김응생 같은 자가 이에 머리를 들고 혀를 놀려 이간하고 형혹熒惑하는 것이 이같이 심하니 무슨 까닭인가?'라고 하셨습니다. 10줄이 윤음을 완연히 임금님이 환히 보실 수 있는

---

598) 李采, 《果庵集》 卷 9, 年譜, 李柱溟, 行狀, 179쪽.
599) 《국역 아계유고》 2, 권 6, 아계이상국연보, 165쪽.
600) 《국역 아계유고》 2, 권 6, 아계이상국연보, 165쪽.

것이니 또한 가히 신의 할아버지가 어떤 분인지 알 수 있을 것입니다. 이것을 어찌 후생 신진배들이 쉽게 차버리고 밟아 버릴 수 있는 것이겠습니까?601)

1674년(현종 15) 2월에 효종비 인선왕후仁宣王后가 죽자 제2차예송이 일어났다. 당시 아직도 살아 있던 장열왕후莊烈王后(조대비趙大妃)의 상복이 다시 문제되었다. 예조는 중자부복衆子婦服으로 대공복大功服(9월복)을 입어야 한다고 주장했으나 영남유생 도신징都愼徵이 상소해 이는 오례誤禮이니 장자부복長子婦服으로 기년복朞年服(1년복)을 입어야 한다고 주장했다. 현종이 노해 영의정 김수흥金壽興 등 서인들을 몰아내고 허적許積 등 남인들을 기용했다. 이를 갑인예송甲寅禮訟이라 한다.602)

그해 8월에 현종이 죽고 숙종이 섰다. 이때 우암 송시열이 현종의 묘지문을 쓰기로 되어 있었다. 그런데 영남 유생 곽세건郭世健이 상소해 오례의 장본인인 송시열에게 묘지문을 쓰게 해서는 안 된다고 주장했다. 숙종이 그 말을 옳게 여겨 이단하李端夏에게 쓰게 하고, 남인 허목을 대사헌으로 기용했다. 남인의 세상이 된 것이다. 이에 이조에서는 이무를 추천해 사간원 사간을 시켰다. 그러나 병이 있어 봉직할 수 없다면서 자기가 조경·김우명·홍우원 등을 찾아다녔느니, 그들의 상소를 지어주었느니 하는 누명을 씌우려 한 서인을 맹렬히 공격했다. 그리고 윤선도와 같이 바른 소리를 한 사람의 죄를 신원해 주어야 한다고 주장했다.603) 철저한 남인 담론이다.

남인정권에서 이무는 고속 승진했다. 사간에서 장례원 판결사, 예조참의, 동부승지, 대사간, 이조참의, 대사헌, 예조참판, 호군겸동지의금부춘추관성균관사, 이조참판으로 승진했다. 그가 대사헌으로 낙점되었을 때 허목은

---

601) 《국역 아계유고》 2, 권 6, 아계이상국연보, 165쪽.
602) 《국역 아계유고》 2, 권 6, 아계이상국연보, 165쪽; 李成茂, 앞의 글, 56~73쪽.
603) 《국역 아계유고》 2, 권 6, 아계이상국연보, 166쪽.

이무는 이산해의 손자요, 이경전의 아들입니다. 이경전의 문장이 이산해를 이었고, 이무의 문장이 이경전을 이었으니 만약 문한의 임무를 맡긴다면 어찌 아름답지 않겠습니까? 문장이란 천지 정영精英의 기운이어서 창업할 때에는 자연히 나오는 법인데, 수성하는 임금이 이를 북돋아 기르면 하늘의 운수도 또한 열릴 것입니다. 한때 권장하는 것은 제왕에게 달렸습니다.604)

라고 해 이무의 문한관 기용을 부추겼다. 허목은 이경전의 문장이 이산해보다 낮고, 이무의 문장이 이경전보다 낮다고 평했으나 지나치다는 생각이 들었는지 숙종은

이산해는 비록 소인이나 그의 문재는 일세에 뛰어났다. 이경전도 또한 문장에 능했으나 아직 진수는 얻지 못했으며, 이무는 대강 사조詞藻를 섭렵했으나 그의 아버지에 미치지 못한다.605)

고 했다. 서인들의 눈길은 더욱 차가웠다.

이무의 조부 이산해는 산인山人의 괴수이고, 아비 이경전은 이이첨과 일을 같이했으나, 뒤에 이이첨이 장차 실패할 것이 보이자 태도를 바꾸어 중북이 되었다. 1623년(인조 1) 반정 뒤에 요행히 죽음을 면했다. 일찍이 상신 이정구李廷龜의 집에 나아가서 말하기를 '소인이 어찌 대감 집 늙은 중과 다르겠습니까?' 하니, 사람들이 그의 아첨을 비웃었다. 이무는 문한文翰으로 가통을 이었고, 젊어서는 청소淸疎하다고 일컬어졌는데, 세상이 시끄러워 불우한 일을 많이 겪으면서 사람됨이 간사하고 독해졌다. 일찍이 조경趙絅과 더불어 음모했으나 조경의 외손자가 그의 음모를 누설해 자신들 사이에 널리 퍼졌기 때문에 이무가 뜻을 펴지 못하고 실패했는데 이때에 이

---

604)《숙종실록》권 4, 숙종 1년 윤5월 병신.
605)《숙종실록》권 4, 숙종 1년 윤5월 병신.

르러 다시 사간의 직책에 임명되니, 사람들이 모두 그를 두려워했다.[606]

반대파의 관점에서 본 시각이다. 이무는 남인 당론의 중심에 서서 송시열의 오례를 맹공하고, 인선왕후 상에 윤휴가 주장하던 참최3년斬衰三年을 입었어야 했다고 주장했다.[607] 대사헌, 대사간으로서 그는 송시열, 송준길이나 그들을 구원하려는 조지겸趙持謙·조상우趙相愚·홍득우洪得禹 등 서인을 견제하는 데 온 힘을 기울였다.[608] 1676년(숙종 2)에는 77세의 나이로 6조소六條疏를 올렸다. 6조는 ① 정국시定國是, ② 신원왕伸冤枉, ③ 포절의褒節義, ④ 임대신任大臣, ⑤ 안민安民, ⑥ 명적법明籍法 등이다. 여기서 그는 특히 기축옥사에 억울하게 죽은 백유양白惟讓 등을 구제하고, 병자호란 때 절의를 지킨 정온鄭蘊 등을 표창하며, 기해예송 때 송시열을 공격하다가 죽은 윤선도의 신원을 요구했다. 숙종도 긍정적으로 검토하겠다고 답했다.[609] 윤선도의 신원 논의는 장차 송시열 실각의 물꼬를 텄다는 데서 당쟁사의 중요한 의미를 갖는다. 그해 봄에 인경왕후仁敬王后의 옥책문을 썼다.

1677년(숙종 3) 정월에 이무는 대사간으로서 송시열을 두둔한 민유중閔維重을 문외출송 정도의 가벼운 벌로 다스려서는 안 된다고 주장했다. 붕당을 조성한 죄가 크기 때문이라는 것이다.[610] 3월에 다시 대사헌을 맡았는데 숭릉崇陵이 붕괴되어 왕이 구언을 하자 이 기회에 서인인 조가석趙嘉錫·김수항 등이 들고 일어나 송시열을 구원하고, 윤휴·홍우원·조경 등을 폄훼한 행위를 맹렬히 비난했다.[611]

8월에 대사성으로 옮기고, 9월에 정2품 자헌대부에 올라 기사耆社에 들어갔다. 10월에 대사헌, 12월에 청백리에 선임되고, 1678년(숙종 4)

---

606) 《숙종실록》 권 3, 숙종 1년 4월 갑진.
607) 《국역 아계유고》 2, 권 6, 아계이상국연보, 167쪽.
608) 《국역 아계유고》 2, 권 6, 아계이상국연보, 167쪽.
609) 《국역 아계유고》 2, 권 6, 아계이상국연보, 167~169쪽.
610) 《국역 아계유고》 2, 권 6, 아계이상국연보, 169쪽.
611) 《국역 아계유고》 2, 권 6, 아계이상국연보, 170쪽.

정월에 드디어 상신인 좌참찬 겸지경연사에 올라 문형文衡을 담당했다. 10월에 공조판서가 되어 남인으로서 복제상소를 올렸던 유세철柳世哲에게 사헌부직을 주자고 했으나 뜻을 이루지 못했다. 2월에는 대사헌이 되어 윤휴를 구원하는 상소를 올렸다. 서인 남구만南九萬의 상소에 따르면 남인 윤휴가 서도의 금송禁松 기십 주를 베어 강상에 집을 지었다는 것이다. 10주를 베면 전가사변全家徙邊에 해당되었다. 이무는 확실히 조사해 본 뒤에 처벌해도 늦지 않는다고 주장했다.612) 이무는 3월에 우참찬, 6월에 예문제학, 8월에 대사헌, 9월에 80세가 넘어 1품 숭정대부로 승진해 좌찬찬이 되었다. 11월에 비변사 당상, 12월에 예조판서가 되었다. 3손 회근晦根이 죽어 장손 동근東根이 청양현감을 자임했으나 연신筵臣의 반대로 무산되었다.613)

1680년(숙종 6) 정월에 장손 동근이 경기도사로서 수연壽宴을 베풀어 주었다. 3월에 경신환국庚申換局이 일어났다. 서인이 득세하고 남인이 쫓겨난 것이다. 이무도 예론에서 적통의 중요성을 변론한 죄로 서인들의 공격을 받아 쫓겨나 예산에서 두문불출했다. 그러나 10월에는 이성利城으로 귀양갔다. 그리하여 10일에 예산 집에서 나와 12월에 유배지에 도착했다.

1681년(숙종 7) 여름에 이상진李尙眞이 이무와 홍우원을 풀어 주자고 했으나 거기까지는 이르지 못하고 12월에 덕원德源으로 이배되었다. 1683년(숙종 9)에 재이災異가 심해 두 노인을 풀어 주라고 했으나, 이세백李世白이 반대해 무산되었다가 11월에야 풀려났다. 그리하여 1684년(숙종 10) 정월 25일에 예산으로 돌아와 가족을 이끌고 보령으로 돌아갔다. 10월에 종손從孫 이운근을 잃고, 11월 6일에 죽었다. 이때 4손 이효근李孝根이 진사시에 합격해 문희연聞喜宴을 베풀려 했는데 갑자기 아피 시시已時에 서거했다. 향년 85세. 1885년(숙종 11) 3월 관촌 뒤 산록

---

612) 《국역 아계유고》 2, 권 6, 아계이상국연보, 170~171쪽.
613) 《국역 아계유고》 2, 권 6, 아계이상국연보, 171쪽.

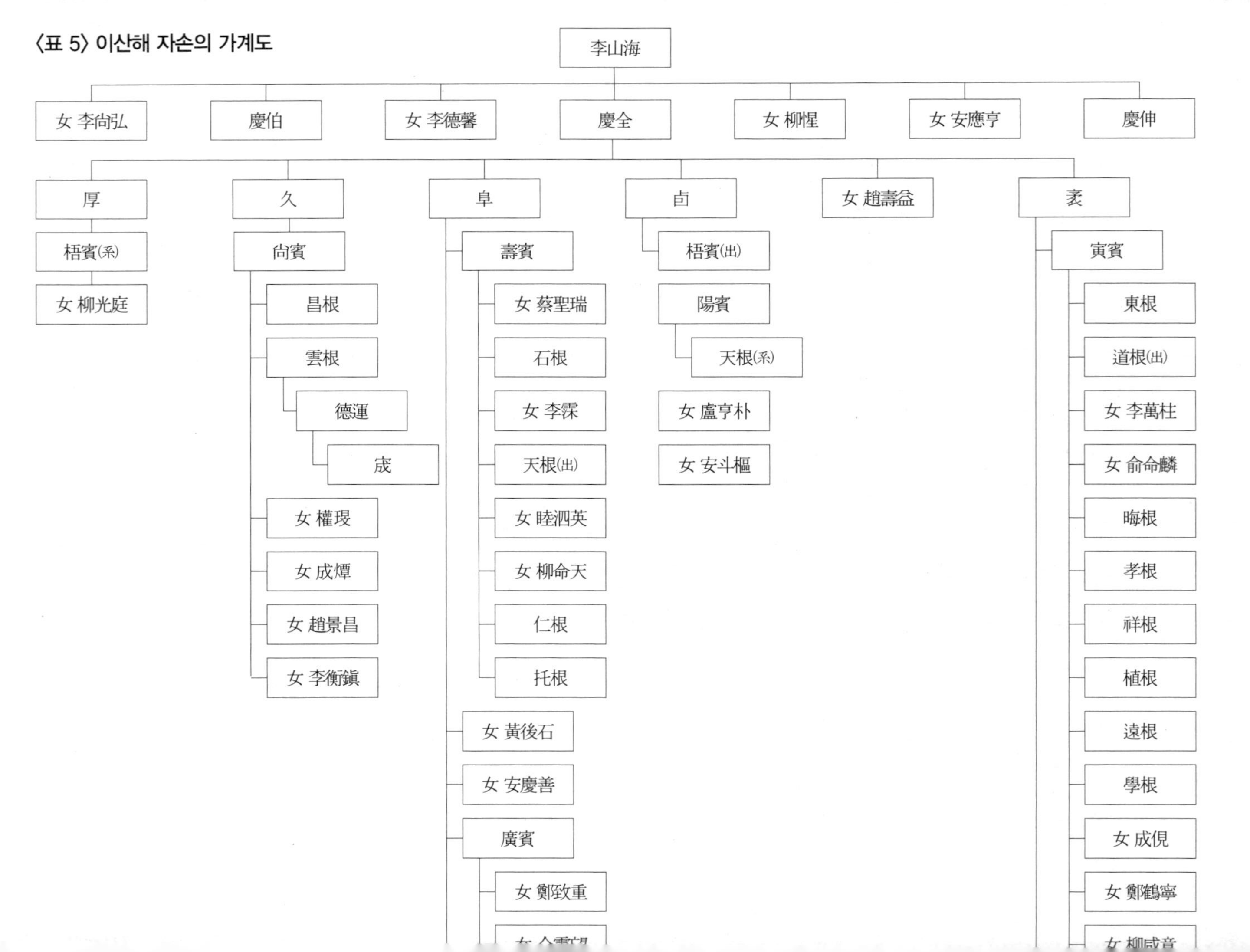

〈표 5〉 이산해 자손의 가계도

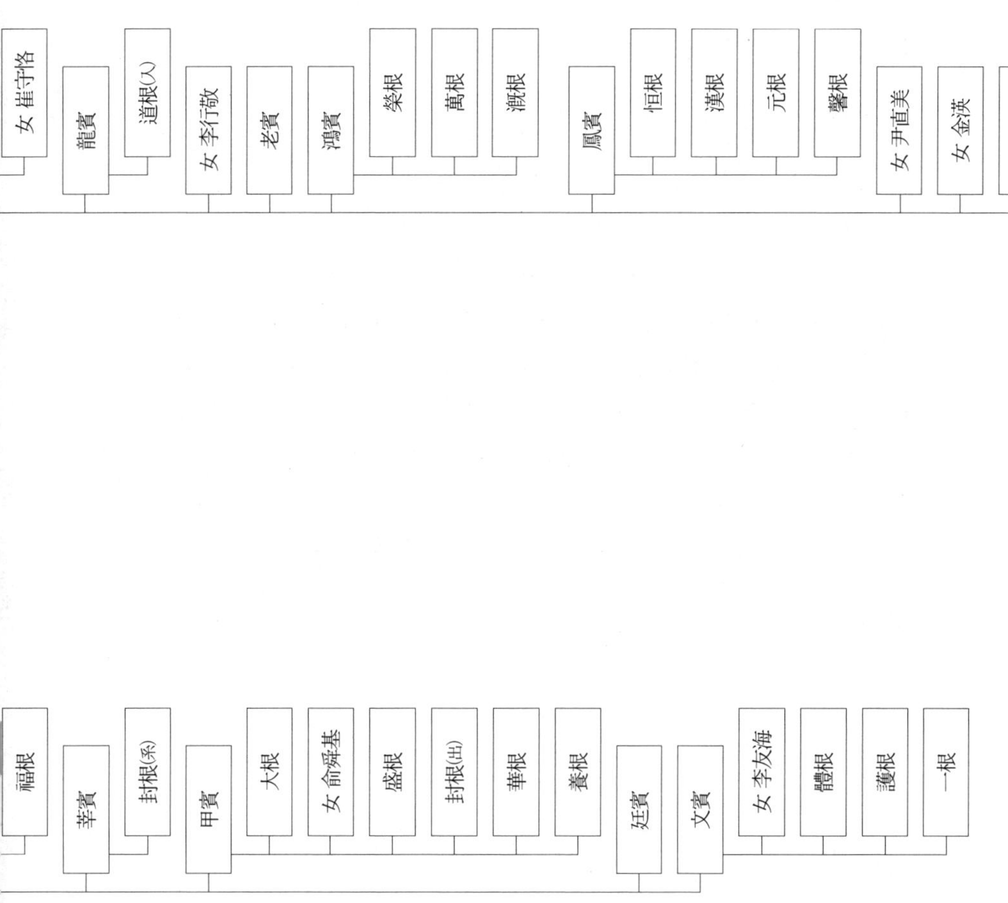

女崔守格
龍賓
道根(入)
女李行敬
老賓
鴻賓
榮根
萬根
漸根
鳳賓
恒根
漢根
兀根
馨根
女尹直美
女金渶
女贊行干

福根
莘賓
封根(系)
甲賓
大根
女兪舜基
盛根
封根(出)
華根
養根
廷賓
文賓
女李友海
體根
護根
一根

에 임시로 매장했다. 뒤에 보령시 대천동大川洞 집 뒤에 산소를 썼다. 그 뒤 1689년(숙종 15)에 기사환국이 일어나 남인이 다시 집권하게 되자 복관되어 관원을 보내 사제賜祭했다.614)

　이무는 부인 유희발의 딸 문화유씨와의 사이에 5남(寅賓·龍賓·老賓·鴻賓·鳳賓) 4녀(李行敬·尹直美·金溁·鄭行千과 혼인)를 두었다. 이인빈은 8남(東根·道根·晦根·孝根·祥根·植根·遠根·學根) 6녀(李萬柱·俞命麟·成俔·鄭鶴寧·柳咸章·崔守恪과 혼인), 이용빈은 1남(道根=系), 이홍빈은 4남(榮根·萬根·世根·漑根), 이봉빈은 4남(恒根·漢根·元根·馨根)을 두었다. 이인빈은 황감시黃柑試에 합격해 사간까지 지냈고, 나머지는 현달하지 못했다.

　마지막으로 이산해 자손들의 가계도는 〈표 5〉와 같다.615)

---

614)《국역 아계유고》2, 권 6, 아계이상국연보, 172쪽.
615)《韓山李氏文烈公派世譜》, 7~10쪽.

7. 역사적 위상

한산이씨는 고려 말까지만 해도 한산의 향리였다. 시조 이윤경李允卿과 2세 이인간李仁幹은 호장戶長이었고. 이인간의 장자 충진계인 3세 이영장李永莊, 4세 이연李衍, 5세 이환李桓이 모두 호장이요, 차자 효진계인 4세 이창세李昌世, 5세 이자성李自成은 하급관료였다. 다시 말하면 한산이씨는 고려 말까지만 해도 대가세족이 아니었던 것이다.

그러나 이곡 대에 이르러 한산이씨는 대가세족으로 부상할 기반을 마련하기 시작했다. 여기에는 이곡 개인의 능력과 피나는 노력이 큰 몫을 하였다. 그는 개경에 올라와 수재과秀才科에 급제한 뒤에도 한미한 출신이었기 때문에 10년 동안이나 관직에 진출하지 못했다. 그래서 수재과 동방同榜들에게 관직에 진출할 수 있도록 도와달라고 부탁했으나 실패했다. 이에 그가 기댈 수 있는 마지막 배경인 좌주 이제현에게 부탁해 겨우 미관말직을 얻어 관직생활을 했다.

그러나 이 정도로는 고려 귀족사회에서 신분의 한계를 뛰어넘을 수 없었다. 이에 이곡은 원나라의 힘을 빌리기로 했다. 이때 고려는 원나라의 지배를 받고 있었기 때문에 원의 과거에 급제해 관료가 되면 고려에서 발신하는 데 결정적인 영향을 미칠 수 있는 시대였다.

원에서는 외국인들을 위해 제과制科라는 과거시험을 실시하고 있었다. 이것은 수나라 이후의 빈공과賓貢科를 이어받은 것이지만 민족마다 정원을 정해 차별을 두고 있었다. 몽고족·회회족을 우대하고, 한족漢族·

고려족·안남족安南族은 차별대우했다. 따라서 고려인이 제과에 급제하기는 쉽지 않았다. 대신 급제만 하면 출세는 보장되었다.

이곡은 이러한 제과를 우수한 성적으로 급제했다. 그 전에도 제과에 급제한 사람들이 있었지만 그렇게 우수한 성적을 얻지 못했다. 원나라 고시관은 이곡의 답안지를 보고 극찬하고는 국사원國史院 검열檢閱에 임명했다. 드디어 원나라의 관료가 된 것이다. 그곳에 있으면서 이곡은 구양현歐陽玄 등을 비롯한 주자학자들과 사귀어 주자학을 깊이 연구할 수 있었다.

이곡은 이러한 배경과 경험을 바탕으로 원나라 황제의 조칙을 가지고 와서 고려에 영향을 미칠 수 있었다. 원의 관직을 가지고 있으면 으레 고려의 관직을 겸할 수 있었다. 그래서 고려의 분위기가 좋을 때는 고려에서 관직생활을 하고, 그렇지 못할 때는 원으로 돌아갔다. 그리하여 이곡은 네 차례나 원과 고려를 왕래했고, 7년이나 원에 살았다. 그러나 충정왕 때 잠깐 고려에서 재상직까지 올라가지만 충혜왕 때 실각해 실의 속에 죽었다.

그렇지만 이색은 아버지 이곡의 노력 덕에 훨씬 쉽게 고위관직에 접근할 수 있었다. 그는 개인적으로 총명했고, 이전보다 가문의 지위가 높아졌기 때문에 활동이 수월했던 것이다. 그는 우선 권문인 권한공의 손녀에게 장가간 뒤 아버지를 근친한다는 명목으로 원에 들어가 국자감에서 3년여를 현지사람과 함께 공부하였다. 그리하여 그곳에서 유행하던 주자학을 깊이 연구해 고려에 전파할 수 있었다.

고려에 돌아온 이색은 해외유학에서 배운 주자학을 성균관을 통해 보급하고 제도를 개혁해 가례, 가묘, 3년상 등 주자학적 윤리를 정착시키는 데 공헌했다. 그는 부패한 귀족들의 전횡을 막고, 신흥사대부의 진출을 보장하고자 귀족과 밀착되어 있던 불교를 비판하고, 불교의식을 유교의식으로 바꾸려고 노력했다. 그렇지만 불교 자체를 공격하지는 않았다.

다만 신흥사대부의 이익을 위해 이성계 등 신흥무장과 연대해 친명파로 활동했지만 이성계의 역성혁명에는 반대했다. 불사이군不事二君이다. 그러다 보니 정치적 박해를 받았다. 자신은 말할 것도 없고 자식들까지 비명에 갔다. 이색은 사형을 언도받아 청주옥에 갇히기도 하고, 폐서인되었다가 겨우 풀려났으나 결국 여주강에서 의문의 죽음을 당했고, 아들 이종덕과 이종학은 장살되거나 목 졸려 죽었다. 이종선만이 귀양에서 풀려나와 한산이씨를 명문가로 올려놓는 데 공헌했다.

손자인 이계전은 집현전 학사로서 형 이계린과 함께 수양대군을 지지해 정난공신·좌익공신이 되었다. 훈구파가 된 것이다. 그의 공신전으로 분딩 중앙공원 근처가 주어져 그 뒤 한산이씨 가문의 경제적 기반이 되었다.

그러나 집현전 학사는 문종·단종조에 정치집단화해 김종서 등 대신들의 전횡을 막고자 수양대군을 지지하다가, 세조가 전제군주로 돌변하자 일부 급진파 학사들이 쿠데타를 일으키려 한 사육신 사건이 일어났다. 이계전은 공신이 되었으나 이개는 사육신으로 처형되었다.

이 시점에서 한산이씨는 훈구파에서 사림파로 자정하였다. 윤원형 등 권신정치시대에 활동한 이지번, 이지함, 이우, 이파, 이산해, 이산보 등이 그들이다. 그 가운데서도 이산해는 화담계열로서 남명계와 공동으로 북인의 영수가 되어 광해군조의 정국을 이끌어 가게 된 것이다.

이지번·이지함 형제는 화담학파이다. 당시 근기지방의 학자들은 거의 화담학파이다. 화담학파는 퇴계학파나 율곡학파와 같이 순수 주자학을 신봉하는 학파가 아니었다. 남명학파와 마찬가지로 불교·도교·양명학·상수학 등 다양한 사상을 포용하고, 상공업을 중시하며, 무사를 존중하며, 천인을 차별하지 않는 학풍을 가지고 있었다. 도학보다는 실천을, 경학만이 아니라 사장詞章도 중시하는 학풍이다. 한편 이산해·이산보·이경전 등은 모두 도정 이지함에게 배워 그의 영향을 받았다. 그리고 바닷가인 보령에 살았기 때문에 바다와 선박·해운·수군·어염에 밝았다. 따라서 이들은 실리적인 현실주의자들이었다.

이산해와 그 자손들은 목은의 후예여서인지 모두 문장에 능했다. 이산해가 그렇고, 이경전·이후·이구·이무가 그렇다. 다만 이경백·이경유·이후·이구 등은 명이 짧았다. 모두 30대를 넘기지 못한 것이다.

이산해는 특별한 교육방법을 가지고 있었다. 남을 가르칠 때는 타이르듯이 하면서 자세히 설명하고, 요약할 줄 알게 훈련시켰다. 특히 《맹자》를 열심히 읽을 것을 권했다. 그리하여 사위 이상홍·이덕형을 비롯해 아들인 이경백·이경전, 손자인 이후·이구·이무 등이 문과에 급제했다. 그래서 가세를 이어갈 수 있었던 것이다.

이산해는 기재奇才였다. 특히 문장과 글씨에 뛰어나 아주 어렸을 때부터 문명을 날렸다. 6세 때 이미 대자大字를 잘 써 글씨를 받으러 오는 사람들이 줄을 잇자 노량으로 피신해 있기도 했고, 11세에 만초손부滿招損賦를 지어 사람들을 놀라게 했다.

그는 이러한 능력을 가지고 실리적인 현실주의자로서 국왕을 열심히 섬겼다. 도학자들이 국왕을 계도하는 데 목표를 두었다면, 실리적 현실주의자인 이산해는 국왕인 선조의 비위를 잘 맞추었다. 또한 재산도 모으지 않고 인사를 공정히 하려고 애썼다. 그리하여 선조의 절대적인 신임을 얻을 수 있었다. 선조의 말을 들어보자.

> 지금 이조판서(이산해)의 사람됨이 순수한 덕을 가졌고, 굉장한 재주를 가졌으며, 대단한 기국에다 넓은 도량도 있고, 남다른 충절이 있는데, 이런 것은 제쳐 두고 논의하지 않은 채 단지 용모와 기상만 가지고 논의하는 것이 옳다고 하겠는가? 말은 마치 입에서 나오지 않는 듯하고 몸은 마치 옷도 가누지 못할 듯하지만 하나의 진실한 기운이 흔연히 중심에 축적되어 교만하거나 형식적이거나 궤변을 늘어놓는 그런 태도가 전혀 없으므로 난폭하거나 거만한 자가 보면 공경하기에 충분하고, 간교하거나 위선적인 자가 보면 정성을 다하기에 충분하니 이는 상고시대의 인물이지 동방의 사람이 아니다. 비록 진晉 혜제惠帝더러 만나보게 했더라도 한눈에 그가 군자다운 사람인 줄을 알 것이다. 내가 매번 바라보면 일찍이 공경하는 마음이 생기지 않을 때가 없었다. 임금의 사악한 마음이 자연히 소멸되고 말을 하지

않고 행동을 보지 않는 가운데에도 저절로 감화되니 군자다운 사람이라 하겠다. 전형銓衡을 위임하고서 복심腹心인 양 기다렸는데도 사직하는 상소만 올라오니 의지하고 싶은 마음이 더욱 간절하다. 오직 자기 소신을 다 펴지 아니하고 국정을 전담해 주지 않을까 우려된다. 나의 걱정은 여기에 있고, 나의 소원은 여기에 있다.616)

극찬이다. 국왕으로서는 도학을 가지고 상투 끝에 올라 앉아 이래라 저래라 하는 사람들보다는 이산해와 같이 국왕의 비위를 맞추면서 성심성의껏 보필하는 사람이 필요했다. 그래서 이조판서를 30년이나 시킨 것이다.

그러다 보니 이산해 주변에 사람이 모이기 시작했다. 권력이 있는 곳에 사람이 모이게 되는 법이다. 알게 모르게 이산해 당파가 생길 수밖에 없었다. 선조 8년부터는 초기 당쟁시대이다. 사림정치의 부산물로 당쟁은 필연적으로 생기게 되어 있었다. 이산해만 고고하게 있게 놔두지 않았다. 이에 이산해는 당파가 갈릴 때마다 새로운 당파의 영수가 되었다. 동인과 서인이 갈릴 때는 동인의 영수가 되었고, 동인이 북인과 남인으로 갈릴 때는 북인의 영수가 되었으며, 북인이 대북과 소북으로 갈릴 때는 대북의 영수가 되고, 대북이 골북과 육북으로 갈릴 때는 골북의 영수가 되었다. 권력을 지키려면 더욱 국왕과 밀착해야 했고, 권모술수도 불사해야 했다. 이는 이산해당만 그런 것이 아니다. 다른 당파도 마찬가지이다. 서로 치고받고 이전투구로 싸우는 것이다.

이 때문에 이산해는 반대당의 인신공격을 견뎌내야 했다. 서인의 사평을 보자.

이산해는 밖으로는 근엄하고 삼가는 듯하지만 안으로는 흉악하고 사특해 지난 30년간의 동·서·남·북 당파의 화근은 모두 이 자가 몰래 주도해

---

616) 《국역 아계유고》 2, 권 6, 아계이상국연보, 156쪽.

만들어 낸 것입니다. 이경전은 일 만들기를 좋아하고 남의 재앙 즐기기를
그 아비보다 더하며, 평생 몸가짐이 개돼지와 같습니다. 그가 피차의 사이
를 교란시켜 사류를 모함하고 해친 실상은 귀신과 다를 바 없으니, 이는 실
로 왕안석의 왕방王雱(왕안석의 아들)입니다.617)

반대파의 독설이다. 그러나 이것은 당쟁시대 정쟁의 일환에 지나지
않는다. 예나 지금이나 권력투쟁은 더러운 것이다. 상대당을 무너뜨리
고자 수단방법을 가리지 않는다. 명분도 이를 위해 악용된다. 이산해 부
자당이 살아남기 위해서는 수단방법을 가리지 않아야 했다. 반대당도
마찬가지다. 정치공작을 하거나 이론을 걸고 싸우다가 지면 그 당파는
쫓겨나게 마련이다.

원칙적으로 붕당을 만들고, 붕당 사이에 당쟁이 일어나는 것은《대명
률》에도 엄벌에 처하게 되어 있었으나 군약신강君弱臣强의 정국에서 국
왕은 이를 말릴 수가 없었다. 그리하여 국왕은 때로는 한 당파를 지지
하다가, 형세가 바뀌면 반대당을 지지해 어느 면에서 정쟁을 부추겼다.
이산해를 지지하던 선조가 뒤에 그를 비난하게 되는 것도 그 때문이다.
선조의 다른 목소리를 들어 보자.

이산해는 대신의 신분으로 군부君父를 속였으니 이 한 가지만 하더라도
그 죄는 용서할 수 없다. 더구나 사당私黨을 만들어 국정을 괴란함에 있어
서랴!618)

국왕의 이해관계가 바뀌었기 때문이다. 이는 임진왜란 동안에는 "나
는 없어도 유성룡은 없어서는 안 된다"던 선조가 유성룡에게 자기 대신
주화오국의 죄를 씌워 쫓아낸 것과 비슷하다. 그 뒤 영남남인은 정계에

---

617)《숙종수정실록》권 34, 숙종 33년 4월 갑술.
618)《선조실록》권 125, 선조 33년 5월 신유.

발을 들여 놓지 못했다. 더구나 이산해 부자의 당, 곧 대북당은 광해군 정권이 무너진 뒤 역사의 무대에서 사라졌다. 다만 그들의 자손이 숙종 때 기호남인으로 자정해 정권에 잠시 편승한 것을 제외하면 재기하지 못했다. 이산해 자손이 남인으로 자정한 근거로는 이무가 숙종 때 남인으로서 송시열 등 서인을 탄핵한 것이나, 이무의 종손 이운근의 처남이 남인인 근곡芹谷 이관징인 점, 이관징의 처조카가 숙종조 남인의 핵심 인물인 이옥이었던 점, 이부의 사위가 남인의 맹장이었던 유명천柳命天이었던 점, 그 후손인 수당 이남규가 성호 이익의 제자인 성재省齋 허전許傳의 세자였던 점 등을 들 수 있다.619)

그러나 인조반정 이후로 정권은 거의 반대당인 서인에게 돌아갔기 때문에 이산해와 그 자손들은 더 이상 번영할 수 없었다. 그리하여 이산해는 어느 서원에도 배향되지 못했고, 신도비도 남인이 잠깐 일어난 정조조에 채제공에 의해 뒤늦게 써질 수밖에 없었다. 실록도 거의 서인들에 의해 써졌기 때문에 이산해와 그 자손들은 악명 높은 위인들로 평가될 수밖에 없게 된 것이다.

---

619) 김학수, 앞의 책, 266쪽.

제3장

추탄秋灘 오윤겸吳允謙의 생애와 치적

1. 머리말

2. 조선의 양반사회

3. 추탄 오윤겸의 가계家系

4. 〈해주오씨족도〉

5. 추탄 오윤겸의 생애

6. 치적과 평가

7. 맺음말

1. 머리말

　해주오씨는 16~17세기 조선의 유력가문이다. 해주오씨는 입덕立德의 오윤겸, 입절立節의 오달제吳達濟, 입공立功의 오명항吳命恒 등 삼불후三不朽를 배출한 가문이다. 오윤겸은 성학聖學을 바탕으로 일인지하 만인지상一人之下 萬人之上인 영의정이 되었으며, 오달제는 병자호란 때 홍익한洪翼漢·윤집尹集과 함께 3학사三學士의 한 사람으로 청나라에 잡혀 갔으나 절개를 지키다가 28세의 젊은 나이로 죽었고, 오명항은 이인좌李麟佐의 난 때 4로도순무사四路都巡撫使로서 적을 토벌해 큰 공을 세웠다. 이들 삼불후를 같은 서원에 배향하자는 의논까지 있었으나 그대로 되지는 않았다.[1]

　오달제는 오윤겸의 조카요, 오명항은 오윤겸의 고손자다. 삼불후 밖에도 해주오씨 가문에서는 문장文章으로 숙종 때 대제학을 지낸 오도일吳道一(윤겸의 손자), 계파는 조금 다르지만 삼형제가 문과에 급제한 오숙吳翻(경상도 관찰사)·오빈吳翻(지중추부사)·오핵吳翮(지평), 문과를 거쳐 형조판서를 지낸 숙의 아들 오두인吳斗寅, 현종의 부마가 된 오두인의 아들 해창위海昌尉 오태주吳泰周, 유명한 학자인 오태주의 아들 오윤싱吳允常·오희상吳熙常, 홍경래洪景來의 난을 진압한 그들의 동생 오연상吳淵常 등 많은 인물이 배출되었다.[2]

---

1) 金鶴洙, 〈고문서를 통해 본 해주오씨 추탄가문의 사회문화적 성격〉, 《해주오씨 추탄가문을 통해 본 조선후기 소론가문의 정치사회적 존재양태》, 한국학중앙연구원, 2009, 124쪽.

그러나 15세기 이전의 해주오씨 가문은 그렇게 현달한 집안이 아니었다. 다만 기호계로서 중앙의 현달한 집안과 혼맥을 통함으로써 가격家格을 유지해 온 정도였다. 〈해주오씨족도海州吳氏族圖〉에 나타나는 혼맥을 살펴보면 이런 사실을 알 수 있다. 이러한 가문이 16~17세기에 갑자기 명문가로 떠오른 까닭은 무엇인가?

여기에는 오윤겸의 아버지 오희문吳希文이 가문을 일으켜 세우려던 열망과 오윤겸의 개인적인 능력과 자질, 인조반정 공신들과의 학통과 혈연이 작용했던 것으로 생각된다. 이 글에서는 이러한 해주오씨 추탄공파秋灘公派 가문이 어떻게 명문으로 부상하게 되었는가를 실증적으로 검토해 보고자 한다. 관심 있는 분들의 질정叱正을 바란다.

---

2) 朴能緖,《韓國系行譜》地, 1512~1513쪽.

2. 조선의 양반사회

조선사회는 양반兩班이 지배하던 양반사회였다. 양반이란 문반文班 (동반)과 무반武班(서반) 두 반열班列을 뜻한다. 조회朝會에서 남향南向 한 국왕을 향해 동쪽에는 문반이, 서쪽에는 무반이 섰던 데에서 생긴 이름이다. 고려시대에는 동반·서반 이외에 국왕의 남쪽에 음직자인 남 반南班이 서서 삼반三班이 있었으나, 남반은 동·서 양반에 밀려 남항南 行으로 격하되었다.[3]

이러한 양반은 조선사회의 상급 지배신분층을 이루고 있었다. 관제官 制상의 양반이 상급 지배신분층을 의미하는 용어로 쓰이게 된 것이다. 양반 아래에는 기술직과, 중앙과 지방 관아의 행정실무를 담당하는 서 리胥吏·향리鄕吏 등 중인층中人層이 있었다. 이들은 하급 지배신분층을 이루고 있었다.[4] 양반신분층은 고려시대부터 있었으나 15세기 조선왕 조의 건국으로 최고 지배신분층으로 부상하게 되었다. 이때에 이르면 지배층이 양반과 중인으로 양분화되기 시작했다.[5]

양반은 고려건국 초기에 왕건王建을 추종하던 장상將相과 항복해 온 신라 귀족, 그리고 지방 호족豪族 출신 과거급제자들로 구성되어 있었 다. 왕건을 추종하던 공신들은 4대 광종光宗의 개혁으로 대부분 제거되

---

3) 李成茂, 《朝鮮初期 兩班研究》, 일조각, 1980, 4~5쪽.

4) 李成茂, 위의 책, 40쪽.

5) 李成茂, 위의 책, 29쪽.

었고, 940년(고려 태조 23)에 토성土姓을 분정받은 호족들이 양반의 시원始源이 되었다.6) 이들 가운데 고려 500년 동안 과거科擧·입공立功·서리직胥吏職 등을 통해 중앙으로 진출한 품관층品官層이 양반으로 굳어갔다. 곧 가세家世와 문지門地에 따라 양반이 추출된 것이다. 가세와 문지는 관직·토지소유·군역·혼인 등에 따라 결정되었다.7) 이들은 왕족 다음으로 성씨와 본관을 가지면서 다른 신분층과 자신들을 구별하고자 했다. 그리하여 그 가운데 일부는 문중門中을 형성하기 시작했다.8)

고려사회에서는 시험주의에 바탕을 둔 자유로운 경쟁이 본질적으로 보장되어 있었기 때문에, 같은 문중 안에서도 양반·중인·양인良人·천인賤人의 구분이 있을 수 있었다. 같은 성씨라도 가계별로 신분이 달라질 수 있었던 것이다. 또한 같은 양반이라도 문관을 배출한 가문이 무관을 배출한 가문보다 우대를 받았다. 문과文科가 무과武科나 잡과雜科보다 중시된 것이다.

고려 초기에는 지방 호족이 양반이 될 수 있는 기반을 가지고 있었다. 이들은 나말여초의 성주城主·진장鎭將·촌주村主 출신으로서 강력한 재지기반을 바탕으로 왕건에게 협조해 양반으로 부상할 수 있었다. 재지기반이란 토지소유권·관직·혼인 등이었다. 고려왕조는 중앙집권체제를 구축하고자 과거·취재取才시험을 통해 이들을 계속 중앙관인으로 불러들였다. 이들은 고려왕조의 귀족층을 이루었다. 따라서 호족들은 경쟁에서 이기기 위해 특권적 과거준비교육기관인 사학私學을 세우고, 왕실을 비롯한 명망 있는 가문과 통혼하고자 했다. 17세기 이전에는 남귀여가혼男歸女家婚과 자녀균분상속子女均分相續이 유행하고 있었으므로, 혼인은 과거와 함께 명문으로 부상할 수 있는 두 가지 기둥의 하나였다고 할 수 있다. 혈통과 능력이 양반이 되는 두 요소가 된 것이다. 혼인은 계급내혼階級內婚의 성격을 띠고 있었다.

---

6) 이수건, 《한국의 성씨와 족보》, 서울대학교 출판부, 2003, 101~102쪽.
7) 李成茂, 앞의 책, 64~65쪽.
8) 이성무, 〈조선의 양반사회〉, 《한국역사의 이해》, 집문당, 2004, 85쪽.

  그러나 과거에 급제하는 것은 쉽지 않았다. 그러므로 자기 가계에서 급제자를 내지 못하더라도 가까운 친·인척 가계에서 과거급제자를 배출한다면 다른 가문과 견주었을 때 우세한 지위를 차지한다고 여겼다. 그리하여 조선시대에는 족보가 만들어지기 시작했다. 15세기까지는 과거·출사出仕·음직蔭職·상속相續·제사祭祀·군역軍役 등을 근거자료로 삼아 가첩家牒·가계도家系圖·족도族圖·8고조도八高祖圖·16고조도十六高祖圖·파계도派系圖·세계도世系圖·보도譜圖 등이 작성되었다. 그러나 1476년(성종 7)《안동권씨성화보安東權氏成化譜》가 편찬될 때부터는 친·인척의 가첩류를 종합한 족보가 나타나기 시작했다.9) 가첩류에는 내·외 양계의 조상의 세계만 기록했지만 족보에는 본인을 중심으로 부·모·조모·증조모·외조모, 처의 내·외조계를 모두 포함했다.10)

---

9) 이성무, 앞의 책, 401~402쪽.
10) 이성무, 앞의 책, 402쪽.

3. 추탄 오윤겸의 가계家系

추탄秋灘 오윤겸吳允謙(1559~1636)의 시조는 검교군기감檢校軍器監을 지낸 오인유吳仁裕이다. 그는 984년(고려 성종 3)에 송宋나라 학사學士로서 동쪽으로 건너와 해주海州에 본관을 정했는데, 왕이 중국제도를 잘 안다고 해 검교예부감檢校禮部監에 기용했다고 한다.11) 오인유가 시조로 확정된 것은 〈해주오씨족도海州吳氏族圖〉가 발견된 뒤부터이다. 오광정吳光廷이 이 족도를 만들 때만 해도 단양우씨丹陽禹氏 가문에 오인유 선계가 기록된 보첩譜牒이 있다고 했으나 이를 싣지 못했다고 한다.12) 시조나 그 선계·후계는 후세에 윤색되는 경우가 많은 것을 감안하면 해주오씨도 확인할 부분이 있을 것이다.

2대는 내고부사內庫府使를 지낸 오주예吳周裔요, 3대는 제술업製述業에 급제해 비서성감秘書省監을 지낸 오민정吳民政이며, 4대는 제술업에 급제해 태자첨사太子僉事를 지낸 오찰吳札이다. 부자가 제술업에 급제한 것이다. 오찰의 장인 최집규崔執圭는 향리 출신으로 과거에 급제해 한림학사翰林學士를 지낸 최루백崔婁伯의 증손이다. 최루백은 효성이 지극해 《삼강행실도三綱行實圖》에 수록되었으며, 당시 재상을 지낸 염약신廉若信의 처남이기도 하다.13)

---

11) 朴能緒,《韓國系行譜》地, 보고사, 1992, 1512쪽.

12) 金鶴洙,〈고문서를 통해 본 해주오씨 추탄가문의 사회문화적 성격〉,《해주오씨 추탄가문을 통해 본 조선후기 소론가문의 정치사회적 존재양태》, 한국학중앙연구원, 2009, 102쪽.

5대 오승吳昇은 녹사錄事를 지냈는데, 그의 처가는 경주김씨로서 장인 김신우金信佑는 예부시랑禮部侍郎, 처조부 김기손金起孫은 동평장사同平章事를 지냈고,14) 처증조 김태서金台瑞는 문하시랑 평장사를 지냈으며, 권신 최우崔瑀와 사돈 간이었다.15)

오승은 오효성吳孝成·오효순吳孝純·오효충吳孝沖·오효전吳孝銓의 4남을 두었는데,16) 6대 오효충은 풍저창승豊儲倉丞을 지냈으며, 지태안군사知泰安郡事를 지낸 오사운吳士雲과 서운관부정書雲觀副正을 지낸 오사렴吳士廉 등 두 아들을 두었다. 7대 오사렴은 지중화군사知中和郡事를 지낸 오희경吳希敬과 용양시위사龍驤侍衛司 좌령호군左領護軍을 지낸 오희보吳希保 등 두 아들을 두었다. 8대 오희보는 조선의 진사進士로서 죽산竹山에 거처를 정하여 해주오씨의 근거지를 마련했으므로 후손들이 중시조中始祖로 여겼다. 그는 1438년(세종 20)에 진사시에 합격해 괴산교도槐山敎導를 지낸 외아들 오중로吳重老(1413~1452)를 낳았고, 9대 오중로는 1462년(세조 8)에 진사시에 합격해 문음으로 북평관北平館 제검提檢, 용양위龍驤衛 부사과副司果 등을 지낸 오계선吳繼善(1439~1494)과 전력부위展力副尉를 지낸 오계종吳繼宗 등 두 아들을 두었다.

오중로의 장인은 밀양박씨인 박의문朴疑問이다. 박의문은 집현전 부제학을 지낸 박강생朴剛生의 아들로 아우 박절문朴切問·박심문朴審問과 함께 삼형제가 모두 문과에 급제했다. 세종의 귀인貴人 장의궁주莊懿宮主는 그의 막내 여동생이었다. 이처럼 그의 처가는 왕실과도 인척관계를 맺고 있었던 조선 초기의 대표적인 문벌가문이었다.

그리고 오계선에게는 부인이 셋 있었다. 첫째 전주이씨는 양녕대군讓

---

13) 金鶴洙, 앞의 글, 88쪽.

14) 金鶴洙, 앞의 글, 88쪽.

15) 《高麗史》 卷 101, 列傳 제14, 金台瑞.

16) 《海州吳氏大同譜》(吳福根 編, 1991). 그러나 《韓國系行譜》에는 효충孝沖·효종孝鍾 두 아들이 있는 것으로 되어 있고, 추탄은 효충의 후손으로 되어 있다(《韓國系行譜》 地, 1512쪽). 그리고 오연총吳延寵은 승昇의 둘째아들인 효순孝純의 아들로 정리되었다(《海州吳氏大同譜》 卷 1, 回想社, 海州吳氏大同譜編纂委員會, 1991, 2쪽).

寧大君의 손녀였고, 둘째 안동권씨는 권맹희權孟禧의 딸이었으며, 셋째 전주이씨는 익안대군益安大君의 손자인 양진정楊津正 이신조李信祖의 딸이었다. 권맹희의 아버지는 참판을 지낸 좌익공신 권개權愷였다. 그러나 1470년(성종 1) 권맹희가 좌찬성 한계미韓繼美에게 구성군龜城君 이준李浚이 임금이 될 물망이 있다고 말했다고 해 반역죄에 연루되어 시련을 겪기도 했다.17) 죽산의 쌍령산雙嶺山과 구봉산九峯山 일대에는 오희보吳希保, 오중로吳重老, 오계선吳繼善의 묘역이 조성되어 있는데, 이들 묘소는 추탄 가문의 직계로는 현존하는 가장 오래된 분묘들이다. 현재의 경기도 용인시 원삼면 성재동과 죽릉리竹陵里에 해당한다.18)

10대 오계선은 오옥정吳玉貞과 오복정吳福貞 두 아들을 두었는데, 11대 오옥정은 추탄의 증조할아버지이다. 오옥정은 음직으로 석성石城 현감을 지냈는데, 오윤겸의 현달로 이조판서에 추증되었다. 그는 당대 명문가였던 연안김씨의 사위로서 사회적 지위를 높일 수가 있었다. 처조부 김우신金友臣은 성종이 잠저에 있을 때 사부였고, 장인 김흔金訢은 문과에 장원해 공조판서를 지냈으며, 그의 처남은 중종조의 대표적인 권신 김안로金安老였다. 김안로는 채수蔡壽의 사위였고, 윤원형尹元衡이 처종질이었으며, 신숙주申叔舟의 손자 신광한申光漢은 오옥정의 사위였다. 오옥정은 해주오씨의 근거지를 죽산에서 광주로 넓혔다.19) 산소는 본래 광주부 언주면彦州面 토당리土塘里(지금의 서울시 강남구 역삼동 일대)에 있었으나 1971년에 원삼면 죽릉리로 이장했다.20) 이로 미루어 보아 오옥정은 해주오씨의 광주 입향조로 볼 수 있다. 이러한 지역 기반은 그의 손자 오희문吳希文 대까지 이어졌다.

오옥정은 오경안吳景顔·오경순吳景醇·오경삼吳景參·오경민吳景閔·오경증吳景曾의 다섯 아들과 두 딸을 두었다. 오경안은 진사로서 세마洗馬

---

17) 金鶴洙, 앞의 글, 89쪽.

18) 해주오씨 추탄후손가,《수양세가》竹山地圖, 한국학중앙연구원 장서각, 2008, 24쪽.

19) 金鶴洙, 앞의 글, 90쪽.

20) 해주이씨 추탄후손가,《수양세가》吳玉貞墓誌, 한국학중앙연구원 장서각, 2008, 30쪽.

와 용궁龍宮 현감을 지냈고, 오경순은 음직으로 신령新寧군수를 지냈으
며, 오경민(1515~1575)은 음직으로 장성長城현감을 지냈다. 오경민은
손자 오윤겸의 현달로 좌찬성에 추증되었다. 오경민의 처남은 대제학
신광한이며, 장인 남인南寅의 조부 남의문南義文은 세종조의 대표적인
문신 남수문南秀文의 아우였고, 신숙주의 손서였다. 이 과정에서 영동
(황간)에 있는 처가의 많은 지원을 받았다.[21] 오경민은 혼인 초기에 상
당 기간을 아들과 함께 그곳에 머물렀다.[22]

12대 오경민은 오윤겸의 할아버지이며 《쇄미록鎖尾錄》 7책을 지은
오희문希文(1539~1613)과 오희인吳希仁(出)·오희철吳希哲 등 3남을 두었
다. 오희문은 연안이씨(李廷秀의 딸)와의 사이에 오윤겸吳允謙·오윤해吳
允諧(出)·오윤함吳允諴·오윤성吳允誠의 4남과 4녀(沈粹源·林克愼·南尙文·
金止男과 혼인)를 두었는데, 이들은 주로 한양에 거주기반을 둔 '서울사
족'이었다.[23] 오희문이 《쇄미록》에서 "나는 본래 서울사람〔余本京人〕"[24]
이라고 한 것을 보면 오희문 이전부터 서울에 살았음을 알 수 있다.
1593년(선조 26) 5월 아들 오윤해의 전언에 따르면, 오희문의 선대는 남
부 훈도방薰陶坊의 죽전동·주자동에서 거주해 왔음을 알 수 있다. 아마
도 오희보-오옥정 계열이 죽산에 분묘를 조성한 조선 초기에 이미 서
울생활이 시작되었을 것 같다.[25] 해주오씨는 오희문과 그 아들들이 활
동할 때 전성기를 누렸다.

오희문은 선공감繕工監 감역監役을 지냈으나, 아들 오윤겸이 영의정
을 지냈으므로 영의정에 추증되었다. 오희문의 장인은 군수를 지낸 연
안이씨 이정수요, 처조부는 문과를 거쳐 목사를 지낸 이기李夔, 처남은
이빈李贇인데, 이빈은 이석형李石亨의 5세 종손이다. 오희문은 이석형의

---

21) 金鶴洙, 앞의 글, 92쪽.

22) 金鶴洙, 앞의 글, 93쪽.

23) 金鶴洙, 앞의 글, 93쪽.

24) 吳希文, 《鎖眉錄》〈壬辰南行日錄〉.

25) 吳希文, 《鎖眉錄》〈癸巳五月初八日〉.

종가인 한양 숭교방崇敎坊에서 태어나 그곳에서 30년을 살았다.

오희문의 해주오씨가 명문으로 부상할 수 있었던 까닭은 처가인 연안이씨와 무관하지 않았던 것 같다. 당시 연안이씨는 이석형의 행적으로 보아 훈구파에 속했을 것이다. 이러한 훈구적 성향은 그의 손자 대까지 계속되었으나, 증손인 이기가 정암靜菴 조광조趙光祖의 문인이 되면서 사림파로 전향했다. 오희문은 바로 이기의 손서였으며, 오희문과 그 아들 오윤겸이 조광조-성수침成守琛-성혼成渾의 학통을 이은 것으로 보아 해주오씨 오희문계도 전향사림파였음을 알 수 있다. 그뿐만 아니라 오희문은 이정구李廷龜의 7촌이고, 이귀李貴와는 4촌의 척분을 가지고 있었으니 인조반정 이후의 실세들과도 가까운 관계를 유지하고 있었다.26)

오희문은 처가로부터 상당한 경제적 지원을 받았다. 용인 오산리의 전장田庄도 처가의 기반 위에 조성된 것이었다. 용인 모현면慕賢面 일대는 조선 초기 어래 영일정씨 정몽주鄭夢周 가문의 묘역과 전장이 있던 곳인데, 이석형이 정몽주의 손자 정보鄭保의 사위가 되면서 그 일부가 연안이씨에게 양도되었고, 오희문이 이석형의 5대손 이정수李廷秀의 사위가 되어 그 일부가 해주오씨에게 분재된 것이다.27) 오희문 1613년 향년 75세로 죽었다. 그의 묘소는 본래 광주廣州 토당土塘에 있었는데, 1971년에 후손들이 용인의 '오산선영'으로 옮겼다.28)

오희문에게는 심수원沈粹源·임극신林克愼·남상문南尙文·김지남金止男 등 네 명의 사위가 있었다. 심수원은 중종조에 대제학을 지낸 심언광沈彦光의 손자로 그의 형제인 심장원·심수원은 이이李珥와 교류한 명류였다. 선산임씨인 임극신은 성수침의 문인인 임구령林龜齡의 손자로 해남·영암 등 호남 일대에 근거지를 두고 근기지역의 가문들과도 혼맥을 유지하고 있던 명인이었다. 임구령의 사위는 박응복朴應福과 최경창崔慶

---

26) 金鶴洙, 앞의 글, 95쪽.

27) 鄭萬祚, 〈朝鮮時代 龍仁地域 士族의 動向〉, 《韓國學論叢》 19, 국민대 한국학연구소, 1996.

28) 해주오씨 추탄후손가, 《수양세가》 吳希文墓誌, 한국학중앙연구원 장서각, 2008, 37쪽.

〈표 1〉 오윤겸의 선계   《海州吳氏族譜》및《韓國系行譜》地, 1512~1513쪽)

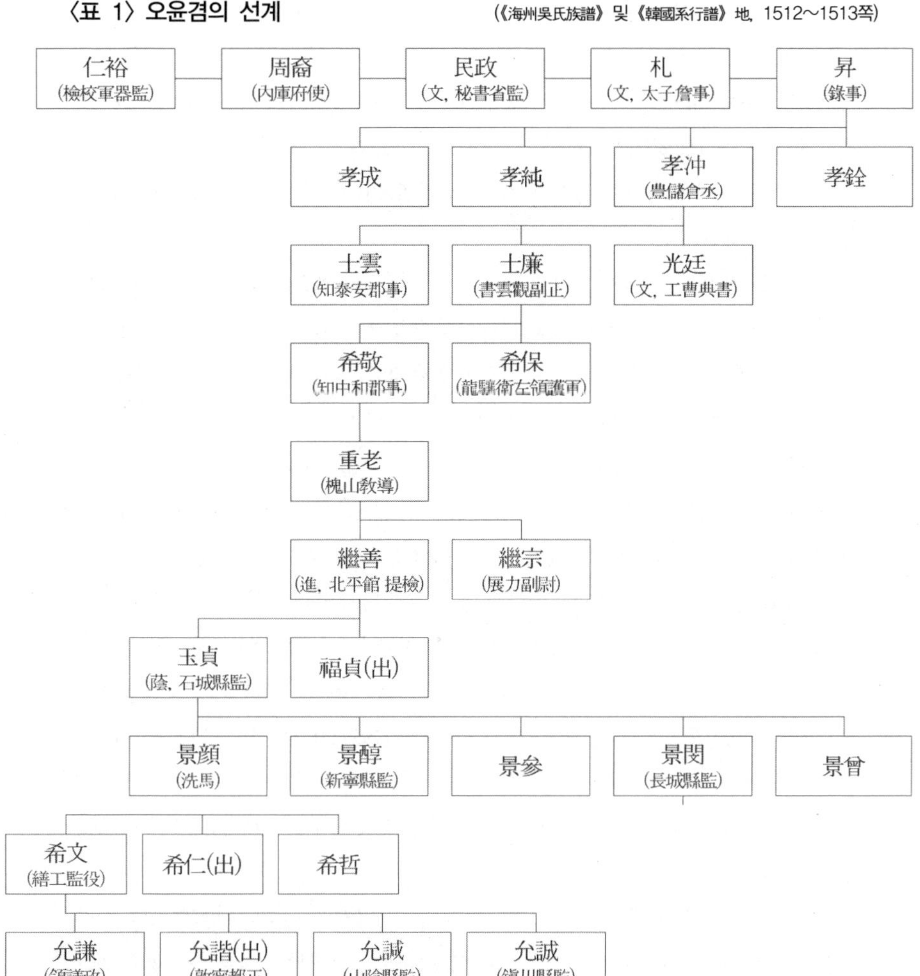

틀이다. 반남박씨인 박응복은 박소朴紹의 넷째아들로 박동윤朴東潤·박동
열朴東烈·박동망朴東望·박동량朴東亮의 네 아들을 두었다. 그리고 그의
내·외손 가운데에는 박세채朴世采·유상운柳尙運 등 소론계 인사들이 많
았다. 최경창 계열에서는 소론의 거두 최규서崔奎瑞를 비롯해 이민서李

民敍·이관명李觀命·이건명李健命 등의 명사들이 배출되었다.29)

남상문은 개국공신 남재南在의 7세손이요, 성종의 부마인 의성위宜城尉 임치원南致元의 손자였다. 그는 천거되어 군수를 지내는 데 그쳤지만, 학문이 높고 영리를 탐하지 않았다고 한다. 김지남은 경상감사를 지냈는데 이정구가 그의 생질이어서 해주오씨와 척연·학연을 가지고 있었다.30)

이와 같이 해주오씨는 오희문 대에 이르러 연안이씨·삼척심씨·선산임씨·의령남씨·광산김씨 등과 혼인함으로써 사회적 지위를 높여갔다. 또 간접적으로 반남박씨·문화유씨·해주최씨 등 소론가문과 혼맥을 통하면서 소론 명가로서의 위상을 확립해 갔다.

추탄 오윤겸의 선계의 계보를 그려보면 〈표 1〉과 같다.

오윤겸은 5남 5녀를 두었다. 부인은 전실 경주이씨(軍器僉正 李應華의 딸)와 후실 덕수이씨가 있었다. 경주이씨는 2남 2녀를 두었는데 장남은 음직으로 전첨典籤을 지낸 오달천吳達天이요, 차남은 음직으로 금구金溝 현령을 지낸 오달주吳達周이며, 장녀와 차녀는 정두망鄭斗望·구봉서具鳳瑞에게 시집갔다. 덕수이씨는 3남 3녀를 두었는데 3남은 오달조吳達朝·오달원吳達遠·오달사吳達士요, 3녀는 장후완蔣後琓·이경선李慶善·엄석구嚴碩耉에게 시집갔다.31) 오달천은 종친부宗親府 전첨을 지냈는데, 1680년(숙종 6)에 아들 오도종吳道宗이 보사원종공신補社原功從臣 1등에 녹훈됨으로써 이조판서에 추증되었다.32)

오윤해는 1610년(광해군 2)에 문과에 급제해 돈령도정敦寧都政을 지냈는데, 오계종繼宗의 손자인 오경호吳景顥의 양자로 들어간 삼촌 오희인의 양자로 들어갔다.33) 오윤함은 생진으로 산음山陰현감을 지냈으며,

---

29) 해주오씨 추탄후손가,《수양세가》吳希文墓誌, 한국학중앙연구원 장서각, 2008, 98쪽.

30) 해주오씨 추탄후손가,《수양세가》吳希文墓誌, 한국학중앙연구원 장서각, 2008, 98쪽.

31) 金鶴洙, 앞의 글, 98쪽.

32) 해주오씨 추탄후손가,《수양세가》吳達天吏曹判書追贈告身, 한국학중앙연구원 장서각, 2008, 102쪽.

33)《海州吳氏大同譜》卷 1, 회상사, 1991, 51~53쪽.

오윤성은 음직으로 진천鎭川현감을 지냈다.

오달천은 세 아들을 두었는데 첫째는 음직으로 감찰監察을 지낸 오도종吳道宗이요, 둘째는 좌찬성에 추증된 오도융吳道隆이요, 셋째는 문과에 급제해 병조판서를 지내고 숙종 때 대제학을 지낸 오도일吳道一이다. 오도종의 첫째아들은 음직으로 금천金川군수를 지낸 오수현吳遂顯이다. 오도융은 3남을 두었는데 장남은 생원으로(1668년 문과 정시에 급제했으나 취소됨) 현감을 지낸 오수량吳遂良으로 아들 오명준吳命峻·오명항吳命恒이 현달해 영의정에 추증되고, 해흥부원군海興府院君에 봉해졌으며, 차남은 도종에게 양자간 오수현吳遂顯이요, 3남은 오수광吳遂光이다.[34]

오수량은 4남을 두었는데 장남은 문과에 장원급제해 좌참찬을 지낸 오명준吳命俊이요, 차남은 칠석제七夕製에 장원하고 1705년(숙종 31) 문과에 급제해 우의정을 지낸 해은부원군海恩府院君 오명항吳命恒이다. 3남은 문과에 급제해 부제학을 지낸 오명신吳命新이고, 4남은 금부도사를 지낸 오명집吳命集인데, 셋째 삼촌인 오수광吳遂光에게 양자로 갔다. 특히 오명항은 4로도순무사四路都巡撫使로서 1728년(영조 4)에 일어난 이인좌李麟佐의 난을 평정한 공으로 수충갈성결기효력분무공신輸忠竭誠決機效力奮武功臣이 되었다. 오경순吳景醇의 아들인 오세검吳世儉의 후손 가운데는 문의文義에 사는 사람이 많았고, 오윤함吳允諴의 후손 가운데는 해주海州와 죽산竹山에 사는 사람이 많았다. 그리고 오윤성吳允誠의 후손 가운데 신창新昌에 사는 사람도 있었고, 오경순의 아들로서 양자로 나간 오세공吳世恭의 후손 가운데는 죽산에 사는 사람도 있었다.[35]

오윤겸의 직계 비속의 가계를 소개하면 〈표 2〉와 같다.

한편 오효충吳孝沖의 장남 오사운吳士雲 계열의 정방定邦(武壯, 晉州兵使)의 아들 오사겸吳士謙(蔭, 典簿)은 네 아들을 두었는데 장남은 문과를 거쳐 영남관찰사를 지낸 오숙吳翻이요, 차남은 문과를 거쳐 지중추부사

---

34) 朴能緖, 《韓國系行譜》 地, 1522쪽.
35) 해주오씨 추탄후손가, 《수양세가》 吳玉貞墓誌, 한국학중앙연구원 장서각, 2008, 31쪽.

〈표 2〉 윤겸의 직계비속 가계

(朴能緖, 앞의 책, 1520~1523쪽)

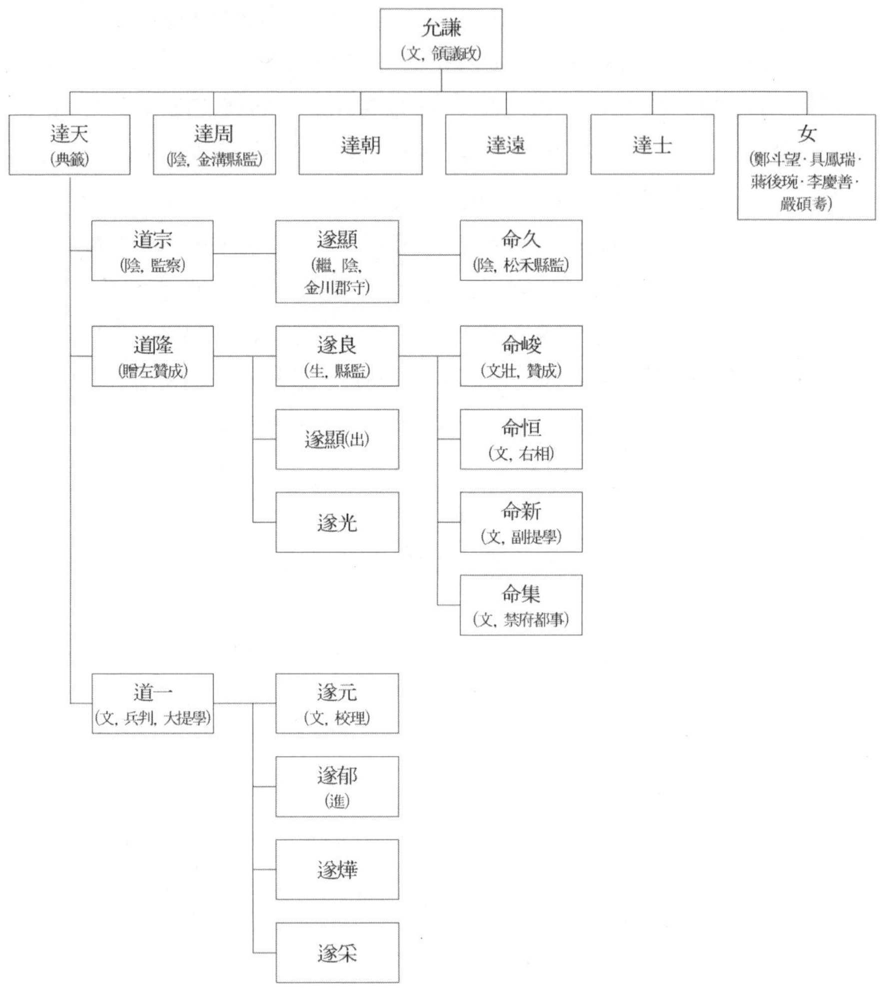

　를 지낸 오빈吳䎙이요, 3남은 교관敎官을 지낸 오상吳翔이요, 4남은 문과를 거쳐 지평이 된 오핵吳䎙이다. 그리고 오숙은 두 아들을 두었는데 첫째는 문과에 장원해 형조판서를 지낸 오두인吳斗寅이요, 둘째는 오두

〈표 3〉 오두인의 가계

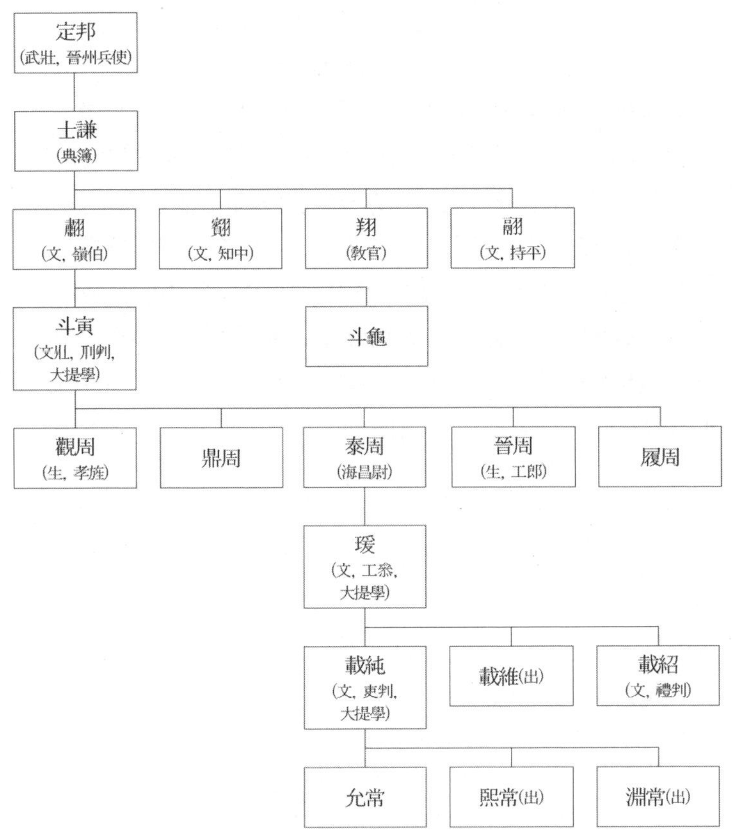

구오두구吳斗龜이다. 오두인은 오관주吳觀周·오정주吳鼎周·오태주吳泰周·오진
주吳晉周·오이주吳履周의 다섯 아들을 두었는데 오태주는 현종의 부마駙
馬 해창위海昌尉 오태주吳泰周요, 태주의 증손자는 유명한 학자인 오윤
상吳允常·오희상吳熙常이요, 그들의 아우 오연상吳淵常은 홍경래의 난을
진압한 공이 있다.36)

---

36) 朴能緖, 앞의 책, 1513~1519쪽.

이들의 가계를 간단히 그려보면 〈표 3〉과 같다.37)

해주오씨 추탄공파에는 영의정을 지낸 오윤겸吳允謙, 이인좌의 난을 평정해 분무공신이 된 오명항吳命恒, 숙종 때 소론의 기수였던 오도일吳道一, 문과에 장원해 숙종 때 문장이 뛰어나 대제학이 되어 문형文衡을 잡은 오두인吳斗寅 이외에 병자호란丙子胡亂 때 절의節義로 이름을 떨친 오달제吳達濟 등의 명사가 배출되었다. 또한 해주 오문에서 오희문의 손자인 오달제는 절개와 의리로써 천하에 알려졌고, 증손자인 태학사太學士 오도일은 문장력으로 명성을 떨쳤으며, 5대손인 오명항은 원수元帥로서 역적을 토벌해 원훈元勳에 녹훈되었다고 자랑하고 있다. 경술經術과 문장文章, 절의節義, 훈업勳業이 모두 한 집안에 모였다는 것이다. 이를 삼불후三不朽라고 일컫기도 한다.38)

---

37) 위와 같음.

38) 해주오씨 추탄후손가,《수양세가》吳希文墓誌, 한국학중앙연구원 장서각, 2008, 38쪽. 오윤겸의 입덕立德, 오달제의 입절立節, 오명항의 입공立功을 삼불후라 한다(金鶴洙, 앞의 글, 27쪽).

4. 〈해주오씨족도〉

〈해주오씨족도海州吳氏族圖〉는 《해주오씨갑진보海州吳氏甲辰譜》(1964년 간행)에 관계기록과 사진이 수록되어 있었으나,[39] 실물이 발견되지 않았었다. 그런데 1987년 7월 14일에 MBC TV 프로그램을 통해 〈해주오씨족도〉가 처음으로 공개되었다.

그러면 〈해주오씨족도〉는 누가 작성했는가? 오선경吳先敬이 쓴 〈해주오씨족도〉의 발문跋文에 이에 대한 해답이 있다.

> 우도右圖의 원본은 선군자先君子가 친히 스스로 처음 만든 것인데, 정돈되지 못한 채 돌아가신 까닭에 간혹 관직이나 이름이 빠진 것도 있었다. 그래서 실려 있는 관직과 이름이 한두 곳 틀린 것이 없지 않았다. 또 선군자가 일찍이 내게 말씀하시기를 '오씨의 정맥正脈을 소급해서 근원을 찾아보면 여기에 그치지 않을 것이다. 속적續籍이 (단양)우씨가禹氏家[40]에 소장되어 있다고 하니 진실로 후일을 기다려 본원을 철저히 조사해 그림으로 그려야 한다'고 하셨으나, 그 뜻을 이루지 못하시고 갑자기 돌아가셨으니 슬프지 않은가? 내가 지금 상을 당해 여묘廬墓살이를 하면서 그 원본을 근거

---

39) 鄭在勳, 〈海州吳氏族圖考〉, 《東亞研究》 第17輯, 1989, 313쪽.

40) 禹洪壽는 尹東明의 사위이고, 윤동명은 朴仁海의 사위이며, 박인해는 오효성吳孝成의 사위이므로 단양우씨와 해주오씨가 간접적으로 인척이 된다. 그 때문에 이 족도가 단양우씨 집안에 전하는 것이 아닌가 한다(鄭在勳, 위의 글, 322쪽).

해서 이를 그리려 했으나, 선군자의 못다한 뜻을 마치지는 못했다. 아! 선
군자가 연로하고 눈이 어두우신데도 오히려 정신을 수고롭게 하고 골똘히
생각하는 것을 꺼리지 않으시고 이에 고도古圖를 편집하니 저것을 헤아리
고 이것을 참작해 내·외 조종祖宗의 오랫동안 전해 내려온 것을 분별해 적
선積善한 까닭을 알게 하셨다. (그러니) 자손 만세를 위해 생각이 깊고 멀다
하겠다. 관직과 이름이 빠진 것과 정맥의 근원은 종족의 가문에 있는 속적
을 널리 살펴보면 잘 알 수 있을 것이다. 비록 알지 못한다 해도 또한 이
족도에는 해로울 것이 없을 것이다. 건문建文 3년(1401) 신사辛巳 12월 상
순上旬 불효죄인不孝罪人 오선경吳先敬 직부直夫가 삼가 발문을 쓴다.[41]

이 발문에 따르면 〈해주오씨족도〉는 고려 말에 공조전서工曹典書를
지낸 오광정吳光廷과 그의 둘째 아들 오선경吳先敬 부자가 만든 것이다.
오광정은 고려 말 문과에 급제해 공조전서까지 오른 고급관료였다.
부인은 신씨申氏인데 그의 무덤은 선릉(성종) 이후로 400년 동안 묘를
잃어버렸다가 1982년 3월 25일에 안동군安東郡 임하면臨河面 사의동思
義洞의 장자인 오선민吳善敏의 동림재東臨齋 뒷산에 설단設壇했으나, 안
동댐으로 수몰되어 1987년 10월 1일에 오선민의 묘와 함께 경남 거창
군 마리면馬利面 하고리下高里 산 67번지로 옮겼다.[42]
오선경(1374~1419)의 자는 직부直夫, 호는 창주滄州로, 1399년(정종
1)에 문과에 급제해 성균관 직학直學, 정언正言, 지평持平, 단자직조색별
감段子織造色別監, 군자감정軍子監正, 사인舍人 등의 관직을 역임했다.[43]
그는 군자감정으로 있을 때인 1419년(세종 1)에 도원수 유정현柳廷顯의
종사관으로 대마도 정벌에 따라나섰다가 순절했다. 묘는 전남 영광군
묘량면畝良面 삼효리三孝里 23번지 오개암吳開庵산에 있다. 양촌陽村 권
근權近과 어은漁隱 민제閔霽의 문하에서 배웠으며, 아는 것이 많고 재주

---

41) 이 발문은 〈해주오씨족도〉의 왼쪽 중하단에 있다.
42) 《해주오씨족보》 권 1, 海州吳氏大同譜編纂委員會, 1991, 3~4쪽.
43) 鄭在勳, 앞의 글, 315쪽.

가 뛰어났다고 한다. 부인 하동정씨는 진현관進賢館 직제학 정희鄭熙의
딸이다.44)

　그러면 이렇게 만들어진 〈해주오씨족도〉는 그 뒤 어떻게 되었는가?
오희문의 《쇄미록》에는 그 내력을 다음과 같이 적고 있다.

　　처음 내 나이 어려서 몽매할 때 아버지가 돌아가시고 여러 숙부들도 다
　일찍 돌아가셔서 조종세계祖宗世系의 직파直派조차 들어서 아는 것이 없으
　나 또한 물어볼 곳이 없어서 항상 한으로 여겼다. 중년에 그윽이 선세先世
　족도族圖가 동성同姓의 오안국吳安國 집에 있다는 말을 듣고 직접 찾아가서
　만나보니 정말로 있었다. 오안국은 노병으로 나와 보지 못하고, 그의 아들
　오빈吳豳이 나와서 기다리고 있기에 족도를 보여 달라고 해 보았더니 한
　칸 정도의 벽에 걸 만한 장지障紙였다.……임진왜란이 일어나 온 나라가 소
　란할 때 도성도 타버려 남은 것이 없게 되었다. 그러니 생각건대 이 족도도
　반드시 보존되지 못했을 것이니 그때 바로 베껴놓지 못한 것이 평생 큰 한
　이 되었다. 지난해 가을 아우 희철希哲이 토당土塘 선영 아래에 있을 때 우
　연히 오안국의 동생 오헌국吳憲國의 아들 오박吳璞을 만났는데 수원에 산
　다고 했다는 것이다. 그에게 그 족도가 있는지 물었더니 처음에 땅에 파묻
　어 온전하며 그의 집에 소장하고 있다고 했다는 것이다.45)

　오희문의 말에 따르면, 이 족도는 오안국이 가지고 있어서 찾아가 보
기는 했으나 베껴놓지는 못했다고 한다. 그런데 임진왜란이 일어나 없
어진 줄 알았더니 다행히도 오안국의 아우 오헌국이 땅에 파묻어 두었
기 때문에 그의 아들 오박의 집에 온전히 소장되어 있었다는 것이다.
오안국은 오광정의 형인 오사렴吳士廉의 6대손이요, 오희문과는 종형제
간이다.46) 이들의 가계를 그려보면 〈표 4〉와 같다.

---

44) 《해주오씨족보》 권 1, 4쪽.
45) 吳希文, 《鎖尾錄》 제7, 선조 33년 경자 5월.
46) 鄭在勳, 앞의 글, 315쪽.

〈표 4〉 오광정 · 오선경의 가계

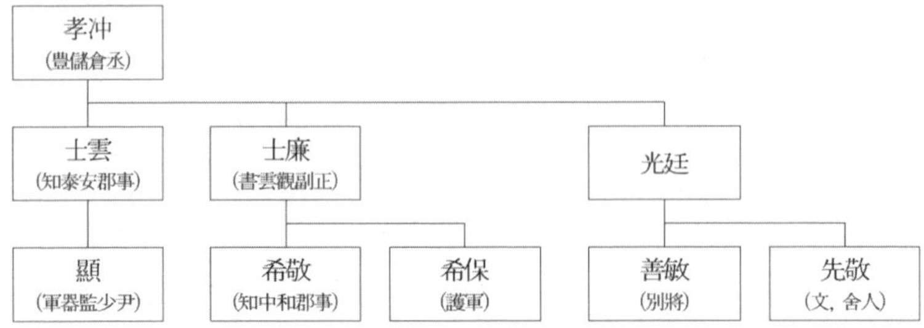

오희문은 1600년(선조 33)에 둘째 아들 오윤해吳允諧를 보내 족도를 전부 베껴 오게 해 4형제에게 각기 부본을 만들어 두게 했다.《쇄미록》의 다음과 같은 기록이 참고된다.

> 내가 듣기에 거의 얻어 볼 수 있는 길이 있다고 해 기쁨을 이기지 못했다. 금년 초봄에 차남 윤해允諧가 마침 광주廣州 농촌에 내려갈 일이 있다기에 수원이 멀지 않으니 전해오는 책(도보)을 보고 오라고 했더니 과연 곧 사람을 시켜 족도를 가져오게 해서 일일이 원본대로 베껴 쓰게 했다.······ 만력萬曆 경자庚子년(1600) 6월 단양端陽에 평강平康 서촌西村에서 베껴 썼다.47)

그리고 오희문은 1600년(선조 33)에 오윤해에게 고조 이하 내·외손을 조사해 별도의 책 한 권을 만들게 했다.48)

그는 자신의 선대가 대가세족大家世族과 혼맥을 가지고 있던 문벌가 문임을 과시하고자 족도에 관심을 가졌던 것이다. 그는 아들 오윤겸과 오윤해가 문과에 급제하고 오윤겸이 영의정에까지 오름으로써 자신의

---

47) 吳希文,《鎖尾錄》제7, 선조 33년 경자 5월.
48) 因使允諧 廣求高祖進士以下子孫支派內外世孫 無使遺落 ——載錄 成爲一册(吳希文,《鎖尾錄》제7, 선조 33년 경자 5월).

소망을 이룰 수 있었다.49) 현재 이 족도의 원본을 가지고 있는 사람은 부산에 사는 오선민吳善敏의 18대손인 오경환吳璟煥 씨라 한다.50)

한편 이 족도는 해주오씨의 시조를 오인유吳仁裕로 확정하는 근거자료가 되기도 했다. 해주오씨의 시조에 대해서는 고려 예종조에 시중을 지낸 오연총吳延寵(1055~1116)이라는 설이 있었다. 예컨대 신광한申光漢이 장인인 오계선吳繼善의 묘표를 지으면서 이런 설을 거론했다가 곤욕을 치른 적이 있다. 그러나 이 족도가 발견됨으로써 1634년(인조 12)에 오윤겸이 주관해 만든 《해주오씨족보》 초간본인 갑술보甲戌譜에 시조를 오인유로 확정하게 되었다 51)

족도의 내용은 가운데 해주오씨 1~10세世의 가계를 기록하고, 나머지에는 해주오씨의 3세·4세·5세에 속하는 사람이 사위가 된 집안의 세계를 기록하고 있다. 예컨대 맨 앞에는 공예태후恭睿太后-인종仁宗-의종毅宗·명종明宗·신종神宗-강종康宗·고종高宗-원종元宗-충렬왕忠烈王-충숙왕忠肅王-공민왕恭愍王으로 이어지는 수태사중서령守太師中書令 임원후任元厚의 안정임씨 가문을 수록하고 있다. 태자첨사太子詹事 오찰吳札이 그집 사위의 사위의 사위로 되어 있다. 다음은 문하평장사門下平章事 김봉모金鳳毛의 경주김씨다. 여기에는 대자원록사大慈院錄事 오승吳昇이 김봉모의 증손 예부시랑禮部侍郎 김신우金信祐의 사위로 들어가 있다. 그리고 그의 손자인 재신宰臣 김약선金若先의 딸이 원종비元宗妃인 순경태후順敬太后로, 그 아들이 충렬왕忠烈王이다. 다음은 국자좨주國子祭酒 최루백崔婁伯의 수원최씨이다. 여기서도 최루백의 손자 원외랑員外郎 최집규崔執圭의 사위가 오찰吳札이다. 또한 예빈경禮賓卿 민지령閔志寧의 손서가 오민정吳民政이다. 민지령의 사위가 재신 민식閔湜이요, 그 사위가 평장사平章事 김태서金台瑞이며, 그 아들이 시중을 지낸 김기손金起孫이다. 김기손의 손서는 오승吳昇이다. 다음은 재신이 기수전奇守全

---

49) 김학수, 앞의 글, 100쪽.
50) 鄭在勳, 앞의 글, 316쪽.
51) 김학수, 앞의 글, 103쪽.

의 행주기씨이다. 기수전의 아들은 상장군 기필선奇弼宣이요, 그의 사위
는 시중 김기손이며, 그의 손서가 오승이다.52)

　이와 같이 〈해주오씨족도〉는 친계뿐만 아니라 해주오씨와 혼인한 명
문가의 가계까지 밝힘으로써 가문의 위상을 높이고자 했다. 물론 16세
기 이전에는 남귀여가혼男歸女家婚, 자녀균분상속子女均分相續으로 처가
가 매우 중시되었으므로 이와 같은 기록들이 이상할 것이 없다. 이때는
남자가 장가를 가면 처가에서 자식을 낳아 기르고 재산을 받아오는 경
우가 많았다. 처가가 남의 집이 아니었던 것이다. 그러므로 과거와 함께
혼맥이 문벌을 유지하는 두 기둥이었다고 할 수 있다. 해주오씨도 마찬
가지였다.

---

52) 〈해주오씨족도〉

5. 추탄 오윤겸의 생애

오윤겸吳允謙의 자는 여익汝益이요, 호는 추탄秋灘·토당土塘이요, 본 관은 해주이다. 1559년(명종 14) 10월 12일(무진)에 한양 숭교방崇敎坊 에서 아버지 오희문吳希文과 어머니 문천군수文川郡守 이정수李廷秀의 딸 연안이씨 사이에서 장남으로 태어났다.53) 어머니가 오윤겸을 잉태 했을 때 삼태성三台星이 현아縣衙 남쪽 작은 봉우리에 떨어졌다가 다시 품속으로 들어오는 꿈을 꾸었는데, 외조부가 "이 아이는 삼태성 정기를 타고났으니 반드시 삼정승의 자리에 오를 것이다"라고 했다고 한다. 그 뒤에 어머니가 또 꿈에 용이 올라가는 것을 보았다 해 아명을 성룡星龍 이라 했다고 한다.54)

1566년(명종 21) 오윤겸이 8세 되던 때의 일이다. 어머니가 병으로 누워 있을 때 유자柚子를 먹고 싶어 하자 이웃 마을 이상사李上舍에게 졸라 기어이 얻어다 봉양했다고 한다.55) 1572년(선조 5) 14세 때는 용 인에 사는 외삼촌에게 《시전》을 배웠다. 18세 되던 1576년(선조 9)에는 사학四學에 들어갔는데 이이첨李爾瞻이 그를 대단히 꺼렸다 한다.56)

---

53) 秋灘先生年譜(李民樹,《國譯 秋灘先生遺集》, 海州吳氏秋灘公派宗中) 95쪽. 앞으로는 '年譜' 라고 줄여서 쓴다.

54) 年譜, 95쪽.

55) 年譜, 95쪽.

56) 年譜, 95~96쪽.

22세 되던 1580년(선조 13)에 군기시첨정 이응화李應華의 딸 경주이씨에게 장가갔다. 일찍이 과장科場에 들어갔으나 글 제목이 마음에 들지 않는다 해 글을 짓지 않고 나왔다. 이처럼 오윤겸은 과거시험에 뜻이 별로 없었다. 그러나 윤휴尹鑴가 쓴 〈영의정오공윤겸행장領議政吳允謙行狀〉에는 다음과 같은 기록이 남아 있다.

> 의정공(오희문)은 문행文行이 있어 과업을 닦았는데 오윤겸의 두각이 뛰어난 것을 보고는, 집안에 위인偉人이 있어 장차 가문을 창대하게 만들 것이라 여겨 마침내 과업을 포기하고 반궁泮宮과 가까운 마을로 옮겨가 살면서 오직 시예詩禮에만 열중했고, 가까이 지내던 손들 가운데는 한때의 명성 있는 사람이 많았다.[57]

아버지가 자신의 과업을 포기하고 아들의 과거급제를 위해 성균관 근처로 이사할 정도로 기대가 컸기 때문에 과거를 보지 않을 수 없었다. 오윤겸이 숭교방에서 태어난 것은 외가가 그곳에 있었기 때문이었다. 오희문 대에는 남부 훈도방 죽전동竹廛洞(저동), 오윤겸·오달천 대에는 숭교방崇敎坊(명륜동)과 건덕방建德坊에 살았다.[58]

23세 되던 1581년(선조 14)에 비로소 우계牛溪 성혼成渾의 문하에 들어가 공부했다. 성혼은 오윤겸의 지조와 행동을 보고 "오吳모는 어지러운 나라에서도 살 수 있다"고 했다고 한다.[59] 일찍이 과장에서 오윤겸이 거의 다 작성한 답안지에 어떤 사람이 먹물을 엎질렀는데도 그는 얼굴빛을 바꾸지 않고 조금도 개의치 않았다고 한다. 이 말을 듣고 정경세鄭經世가 찾아가 "그대는 내 스승일세"라고 했다고 전한다.[60]

---

57) 尹鑴, 〈領議政吳允謙行狀〉.
58) 金鶴洙, 〈고문서를 통해 본 해주오씨 추탄가문의 사회문화적 성격〉, 《해주오씨 추탄가문을 통해 본 조선후기 소론가문의 정치사회적 존재양태》, 한국학중앙연구원, 2009, 115쪽.
59) 南九萬, 領議政忠貞吳公墓誌銘幷序(李民樹, 《國譯 秋灘先生遺集》) 477쪽.
60) 年譜, 97쪽.

24세가 되던 1582년(선조 15)에는 사마시에 합격해 성균관 유생이 되었다. 유생들은 5현五賢(김굉필·정여창·조광조·이언적·이황)을 문묘에 종사하자는 상소를 올렸는데, 오윤겸이 그 상소문을 썼다.[61] 27세 되던 1585년(선조 18)에는 장녀를 낳았는데 유학幼學 정두망鄭斗望에게 시집갔다.[62]

1589년(선조 22)에 정여립鄭汝立 옥사獄事가 일어났다. 이에 성균관 유생 이춘영李春英 등이 상소를 올리자고 하자, 오윤겸은 공초供招에 관계된 사람의 이름은 거론하지 말고, 교화를 밝히고 난신적자亂臣賊子로 하여금 두려운 것을 알도록 하는 내용을 넣어야 한다고 주장해 식자들이 대체大體를 얻었다고 평가했다.[63] 전강殿講에서 장원했는데 이때의 시관이 이조판서 아계鵝溪 이산해李山海였다. 이산해는 "지금 세상에 다시 진유眞儒를 보겠다"고 하고 곧바로 영릉英陵참봉에 천거했다.[64] 1590년(선조 23)에 영릉참봉을 사퇴하고, 다음 해 봉선전奉先殿참봉에 임명되었다.[65]

1592년(선조 25) 4월 임진왜란이 일어났다. 오윤겸은 선왕들의 영정影幀을 책임지고 있었으므로, 왜적이 도성을 함락하자 영정을 산에 묻거나, 불화佛畫 뒤에 숨겨 놓고 적이 오면 피했다가 물러가면 돌아왔다. 그러나 형세가 더욱 나빠져 어쩔 수 없이 방백方伯에게 보고해 나라에 알리게 한 다음 벼슬을 버리고 돌아갔다.[66]

1593년(선조 26) 35세의 나이에 체찰사體察使 정철鄭澈이 불러 백의종군해 민정民政의 일을 맡다가 결성結城으로 내려가 피란하였다.[67] 결

---

61) 年譜, 97쪽.
62) 年譜, 97쪽.
63) 年譜, 97~98쪽.
64) 年譜, 97~98쪽.
65) 年譜, 97~98쪽.
69) 年譜, 98쪽.
71) 年譜, 98쪽.
67) 年譜, 98쪽.

성에는 오윤겸의 전장田庄이 있었던 것 같다. 논이 3석락지三石落只, 밭이 5일경五日耕 정도 있었던 것으로 짐작된다.[68)]

1595년(선조 28) 2월에 익위사翊衛司 시직侍直, 7월에 부솔副率·위솔衛率이 되었다. 이때 수령이 될 만한 자를 선발했는데, 오윤겸은 평강현감平康縣監에 발탁되었다.[69)] 그는 평강현의 어려움을 다음과 같이 상소했다.

> 평강 고을은 지세地勢가 높고도 험하며, 토질이 메마르고 좋지 않아 쉽게 가뭄이 들고 쉽게 습해지며, 일찍 서리가 내리고 바람이 많아서 평시라도 살기 좋은 곳이 아닙니다. 게다가 병란을 치른 뒤로는 전염병이 유행하고 기근이 들어 많은 사람들이 죽고 흩어져서 남은 백성은 얼마 되지 않습니다. 이리하여 신이 부임하던 날 고을에 들어가서 50리를 가는데도 인가에서 나는 연기를 보지 못했고, 오직 가시덩굴과 다북쑥이 엉키어 눈에 보이는 것은 쓸쓸함뿐이었습니다. 이에 신은 네 면面의 이장里長에게 모두 관내의 민호와 우축牛畜을 조사해 오라고 했더니 민호는 겨우 1백여 호에 지나지 않고, 우축은 거의 없는 상태입니다.[70)]

견디기 어려운 것은 개성부에 출참出站하는 것, 기인其人에 대한 지나

---

68) 오희문의 《鎖尾錄》에 오윤겸이 결성 땅을 작답作畓해서 이산겸李山謙의 동생들에게 나누어 준 것으로 미루어 보아 이곳은 이산해 계통의 땅이 아니었나 한다. "다만 땅은 넓고 사람은 드문데 버려둔 지 오래이므로 그 주인은 반드시 팔려고 할 것이고, 그 값도 반드시 받아갈 것이다"라고 한 것으로 보아 난리통에 버려진 한광지閑曠地였던 것 같다(吳希文, 《鎖尾錄》 上, 166쪽).
"夕今孫來 傳結城逃役人田畓立案 乃本官座首與留衛將同議出送 而畓三石落只 田五日耕云." (吳希文, 《鎖尾錄》 上, 585쪽)

69) 이때 수령 후보로 선발된 사람은 한백겸韓百謙·윤영현尹英賢·나덕준羅德峻·오장吳長·이개립李介立·권반權昐·이칭李偁·장현광張顯光·서사원徐思遠·강복성康復誠·금응훈琴應壎·이집李㙫·최운우崔雲遇·이홍우李弘宇·송량宋亮·방처인方處仁·노사회盧士晦·채애선蔡愛先·이대수李大遂·김응성金應聖·이질수李質粹·권득중權得中·오윤겸吳允謙·이진李軫·이보李輔·윤진尹瑱·정립鄭立·김두남金斗南·정숙하鄭淑夏·심주沈澍 등 30인이다(《선조실록》 권 64, 선조 28년 6월 임자).

70) 李民樹, 《國譯 秋灘先生遺集》 卷 2, 平康縣陳弊疏, 221쪽.

친 역역役 부담, 과다한 포수砲手 배정 등이라 했다.71) 오윤겸은 이러한 잔약한 평강현을 정성으로 보살피고 교화해 뒷날 고을 사람들이 철비鐵碑를 세워 고마워했다고 한다.72)

오윤겸은 그해 3월에 드디어 문과 별시別試 병과丙科 제1인으로 급제했다. 그러나 과거에 급제해 벼슬을 얻는 것은 오윤겸의 본래 뜻이 아니었다. 이에 30세 이후에는 과거를 보지 않았다. 그런데 이 해에 일이 있어 감영에 들어갔다가 순찰사 서성徐渻이 간곡하게 권하는 바람에 응시했는데 급제한 것이다. 그러나 발표가 나기 전에 돌아와서 성균관에 있는 사람이 급제한 명단을 가지고 그를 쫓아왔으나 길이 어긋나 먼저 고을에 오윤겸의 합격소식이 전해졌다. 이리하여 길에서 사람들이 "평강현감이 과거에 급제했다"고 말했지만 정작 오윤겸은 못 들은 척하고 얼굴빛을 바꾸지 않았다 한다. 이에 사람들이 그 국량에 감복했다고 한다. 이 해 6월에 강원도 관찰사는 "지극한 정성으로 봉공奉公해서 실지 혜택이 백성에게 베풀어졌으므로 아전과 백성들이 사랑하고 사모해 모든 일이 잘 이루어진다"고 조정에 보고했다.73) 그런데 새로 방백으로 온 한강寒岡 정구鄭逑가 문부文簿의 일로 오윤겸을 처벌하려 했는데, 만나보고 난 다음 공·사석에서 "오吳모는 참으로 따사로운 옥과 같은 군자인 것을 내가 처음에는 알지 못했다"고 실토했다. 그리하여 정구가 뒤에 강릉 경포대에서 노닐 때 오윤겸을 불러서 함께 즐겼다고 한다. 5월에 장자 오달천吳達天을 낳았다.74)

1599년(선조 32) 12월에 벼슬을 내놓고 내포內浦의 결성結城 해변에 내려가 생을 마치고자 했다. 그곳에 있을 때 지평·헌납 등 청요직에 의망되기는 하나 번번이 낙점을 받지 못하다가 끝내는 세자시강원 문학文學에 임명되는가 하면,75) 홍문록에 참여하기도 했다.76) 3월에 차자 오

---

71) 李民樹,《國譯 秋灘先生遺集》卷 2, 平康縣陳弊疏, 221쪽.
72) 年譜, 99쪽.
73) 年譜, 99쪽.
74) 年譜, 99~100쪽.

달주吳達周를 낳았다.

1601년(선조 34) 1월 8일에 홍문관 부수찬이 되었는데,77) 도체찰사 이덕형李德馨이 불러 선조의 봉서封書를 가지고 연해지방을 암행하면서 수군을 살피게 했다.78) 그 뒤 시강원 사서司書,79) 홍문관 수찬,80) 이조 좌랑81)을 역임했다. 이조좌랑으로 있을 때 이조판서 구사맹具思孟이 그 의 아들 구성具宬을 성균관 대사성에 천거하려 했으나 오윤겸이 붓을 잡고 응하지 않아 추천하지 못했다고 한다.82)

다시 성균관 전적,83) 홍문관 수찬,84) 홍문관 교리85)를 역임하고, 11 월에는 명나라 사신 고천준顧天峻의 문예관問禮官이 되었다.86) 오윤겸 은 문예관으로서 사신과 영조의迎詔儀·연향의宴享儀·하마연의下馬宴儀· 다례의茶禮儀·유조의留詔儀·알성의謁聖儀를 사전에 의정했다.87) 3월에 임무를 마치고 복명했는데 오윤겸이 성혼의 문인이라 해 공의公議의 배 척을 받아 자핵소自劾疏를 올린 뒤 사직하였지만 성균관 전적에 임명되 었다.88)

---

75) 《선조실록》 권 132, 선조 33년 12월 계미.

76) 年譜, 100쪽. 이때 홍문록에 든 사람은 최기崔沂·이수록李綏祿·조수익趙守翼·성진선成晉 善·이홍주李弘冑·조익趙翊·최상중崔尙重·박동선朴東善·민유경閔有慶·이광윤李光胤·윤양 尹暘·이현영李顯英·김상헌金尙憲·오윤겸吳允謙·이지완李志完·홍명원洪命元·이수李綏·김 상준金尙寯·김지남金止男·홍서봉洪瑞鳳·권반權盼·이신원李信元·송석경宋錫慶·송영구宋 英耇·목장흠睦長欽·황극중黃克中·이수준李壽俊·조존성趙存性·강주姜籒·김류金瑬·김제남 金悌男 등 31인이었다(《선조실록》 권 128, 선조 33년 8월 경진).

77) 《선조실록》 권 133, 선조 34년 1월 정미.

78) 年譜, 100쪽.

79) 《선조실록》 권 134, 선조 34년 2월 무자.

80) 《선조실록》 권 134, 선조 34년 2월 무술.

81) 《선조실록》 권 137, 선조 34년 5월 무신.

82) 年譜, 101쪽.

83) 《선조실록》 권 140, 선조 34년 8월 무자.

84) 《선조실록》 권 141, 선조 34년 9월 무오.

85) 《선조실록》 권 143, 선조 34년 12월 을축.

86) 《선조실록》 권 143, 선조 34년 11월 임인.

87) 《선조실록》 권 148, 선조 35년 3월 정묘.

88) 《선조실록》 권 148, 선조 35년 3월 기축.

5월에 경성판관이 되었다.[89] 이 고을은 여러 번 병란을 겪어 폐단이 많았으나 오윤겸이 부임한 뒤 온 힘을 다해 다스려 관찰사가 포장襃獎을 신청하려는 것을 말려서 중지시켰다. 고을 사람들은 동비銅碑를 세워 그의 공덕을 기렸다.[90] 그런데 북병사 윤안성尹安性이 위세로 판관인 오윤겸을 누르려 했으나, 그는 무리한 명령을 따르지 않으면서도 부하로서의 도리를 잃지 않아 북병사가 끝내 후회하고 부끄러워했다고 한다. 이 해에 오윤겸은 방백에게 휴가를 얻어 부모를 뵈었다. 이때 임해군臨海君의 궁노宮奴가 일이 있어 경성鏡城에 왔다가 과부를 때려 상하게 한 사건이 일어났다.[91] 오윤겸은 그를 옥에 가두고 엄한 형벌로 다스려 죽게 하니 사람들이 시원스럽게 여겼다고 한다. 함경도 암행어사 원호지元虎智는

> 경성판관 오윤겸은 강직하고 강명하며, 재간이 많은 데다 청렴과 검약을 신조로 삼고 있으므로 치성治聲이 도내에서 제일입니다.[92]

라고 상신해 승급할 수 있게 해 주었다.[93]

1604년(선조 37)에 측실에서 아들 오달조吳達朝를 낳았다. 그러나 다음 해에 어머니가 세상을 뜨자 토당에 장사지내고 3년 동안 여묘살이를 했다. 복服이 끝나자 1607년(선조 40) 2월에 성균관 사예로 기용되었다.[94] 4월에는 안주목사가 되었다.[95] 안주에는 성을 쌓는 문제로 어려움이 많았다. 돌 대신 벽돌을 구워 성을 쌓고자 했으나 가뭄과 해일海溢과 흉년으로 성 쌓는 것을 포기하고 있는 상태였다. 그러나 오윤겸은

---

89)《선조실록》권 150, 선조 35년 5월 신사.

90) 年譜, 101쪽.

91) 年譜, 102쪽.

92)《선조실록》권 180, 선조 37년 10월 정미.

93) 年譜, 102쪽.

94)《선조실록》권 208, 선조 40년 2월 무오.

95)《선조실록》권 210, 선조 40년 4월 을사.

목사로 부임하여 벽돌 대신 돌로 성을 쌓기로 했다. 그는 성심으로 축성을 독려해 성을 완성시켰다. 평안도 관찰사 한준겸韓浚謙은 조정에 상소를 올려 부족한 경비를 충당할 수 있도록 이웃 군현의 전세田稅 일부를 안주로 이관해 주고, 화통도감에 부역했던 장인들을 충원해 화기를 정비할 수 있도록 지원해 주었다.96) 조정에서는 이 소식을 듣고 옷감 한 벌을 하사했다. 순안어사巡按御史도 오윤겸을 치적 제일이라고 보고했고, 백성들도 그를 위해서 비석을 세웠다.97)

1608년(광해군 즉위)에 선조가 죽고 광해군이 즉위했다. 이때 요동차관遼東差官이 조상하러 왔다. 오윤겸이 상복을 입은 채 차관을 맞이하자 차관이 노했다. 그러나 그는 "차관은 중국 사신과 다르니 상복을 벗을 수 없다"고 버텼다. 이 말을 듣고 상복을 벗고 차관을 맞은 다른 수령들이 오히려 부끄러워했다고 한다. 조정에서는 여러 고을에 공문을 보내 안주목사를 본받으라 했다. 차관도 하는 수 없이 사례하고 갔다.98)

7월에 아버지가 70세라 해 사직했다. 이때 북도에는 공·사천을 이리저리 옮겨 모두 달아나서 고을이 텅 비게 되었다. 그래서 각 진鎭과 포浦의 군기를 세울 수 없었다. 좌상 이항복李恒福이 공정한 사람을 뽑아 북도에 보내 돌아보게 해야 한다고 건의하자 북도의 유생들은 "공평하고 염백廉白하기로는 오윤겸만 한 사람이 없다"고 해 이항복이 그를 천거해 북도순안어사北道巡按御史로 삼게 했다. 이에 그는 북도로 가서 판적版籍을 살피고, 군기를 점검하니 북도가 다시 살아났다. 판관으로 근무했던 경성鏡城에 도착하니 고을 사람들이 옛 은덕을 생각해 눈물을 흘리면서 환영했다고 한다.99) 2월에 측실에서 아들 오달원吳達遠을 낳았다. 오윤겸은 사도시정司導寺正(정월), 통례원 좌통례(3월)를 역임하고 4월에 서울에 돌아와 복명했다.100) 오윤겸의 서계書啓로 담당 고을을

---

96)《선조실록》권 217, 선조 40년 10월 계해.
97) 年譜, 102쪽.
98) 年譜, 103쪽.
99) 年譜, 103쪽.

잘 다스리지 못한 명천明川부사 김의직金義直과 온성穩城부사 신경징申
景澄은 파직되었다.101) 9월에 성균관 직강에 임명되었다.102)

1609년(광해군 1) 5월에는 광해군이 오윤겸을 특별히 동래東萊부사에
임명했다.103) 오윤겸이 왜인들을 은혜와 위엄으로 잘 다스리니 왜인들
은 그를 신명神明처럼 받들었고, 부민들도 청덕비淸德碑를 세워 그를 기
렸다.104) 그러나 아버지의 나이가 70이 되었는데도 변방에 오래 있어
봉양하지 못했다는 이유로 사직했다. 그리하여 12월에는 호조참의에 임
명되었다. 실록에는 "오윤겸은 온후하고 단정하고 집안에서는 효성스러
웠다. 관직에 있으면서, 청렴하고 근면했으므로 온 세상의 존경을 받았
다"고 평하고 있다.105)

1610년(광해군 2) 12월에는 호패청에서 오윤겸을 경상도 안렴사에 임
명했다.106) 대사간이나 홍문관 부제학 같은 기관장에는 의망은 되었으
나 낙점은 받지 못했다.107) 이 시기는 북인정권 시기였기 때문이다.

1611년(광해군 3) 정월에는 동부승지에 임명되었다.108) 그러나 그는
스승인 우계 성혼이 죄적罪籍에 있기 때문에 받을 수 없다고 버텼
다.109) 우계문인은 약 91명이나 되었으나 오윤겸은 수문首門으로 꼽혔
다.110) 3월에 우부승지에 임명되었으나, 광해군이 특별히 그를 충청감

---

100) 年譜, 104쪽.

101) 《광해군일기》 권 15, 광해군 1년 4월 을해.

102) 《광해군일기》 권 8, 광해군 즉위년 9월 갑진.

103) 《광해군일기》 권 16, 광해군 1년 5월 임인.

104) 年譜, 104쪽.

105) 《광해군일기》 권 36, 광해군 2년 12월 계사.

106) 호패청은 8도안무사를 다음과 같이 임명했다. 경상도는 오윤겸, 전라도는 신경진申慶晉,
충청도는 김신국金藎國, 황해도는 황치경黃致敬, 강원도는 한백겸韓百謙, 경기도는 박이서
朴彝敍, 평안도는 여우길呂祐吉, 함경도는 유경종柳慶宗이었다(《광해군일기》 권 36, 광해
군 2년 12월 무인).

107) 年譜, 104쪽.

108) 《광해군일기》 권 37, 광해군 3년 1월 신유.

109) 《광해군일기》 권 37, 광해군 3년 1월 신유.

110) 윤증尹拯과 오윤겸을 "成門兩生"으로 칭한 것이나 1592년 11월 선조를 만나기 위해 의주
로 가면서 사위인 윤황尹煌에게 후사를 당부할 제자 7인(金中巷·黃愼·申應榘·吳允謙·俞大

사에 임명했다. 그러자 비변사도 "신들도 오윤겸의 재주와 역량이 매우 뛰어난 것을 알고 있습니다만 요즈음 삼도 감사의 차출에 의망하지 않았던 이유는 그에게 병든 부모가 있어서입니다. 오늘 전하의 전교를 받듦에 다시 논의할 여지가 없습니다"111)라고 한 것을 보면 광해군이나 북인 당로자들도 오윤겸의 재주와 능력을 인정하고 있었던 것 같다. 다만 북인정권의 폐쇄적인 인사로 그를 높은 자리에 임명하기를 꺼린 것이다. 광해군이 오윤겸을 충청감사로 임명했으나 대신 이덕형이 "이 사람을 외지로 보내는 것은 마땅치 않다"고 반대해 우부승지·좌부승지로 바꾸어 임명하게 되었다.112)

그런데 그가 좌부승지로 있을 때 내암乃菴 정인홍鄭仁弘의 회퇴변척晦退辨斥이 일어났다. 좌부승지 오윤겸은 동부승지 김상헌金尙憲과 함께 이를 반박하는 상소를 올렸다.

> 신들이 삼가 우찬성 정인홍의 차자를 보건대, 선정신先正臣 이황李滉이 일찍이 자기 스승인 고故 징사徵士 조식曺植의 병통을 논한 일과 고 징사 성운成運을 단지 청은淸隱이라고만 칭한 것을 가지고, 화를 내면서 당치 않게 헐뜯었다는 등의 말을 하는가 하면 이말 저말 주워 모아 한껏 지척을 했고, 선정신 이언적李彦迪까지 언급하면서 그를 마치 원수 보듯 했습니다. 아! 인홍은 자신의 스승을 추존하려다가 저도 모르게 분에 못 이겨 말을 함부로 한 나머지, 도리어 그 스승의 수치가 되고 말았습니다. 신들이 일찍 듣건대, 이황은 조식과 더불어 비록 왕래하며 상종하지는 않았으나, 그의 소절素節을 허여하고 그의 훌륭한 점을 취한 것이 자못 깊었습니다. 그러므로 그의 서찰 가운데 '내가 그와 더불어 신교神交를 나눠온 지 오래이다' 했고, 또 '평소 흠모하기를 깊이 한 바이다' 했고, 또 '오늘날 남방의 고사高士로는 유독 이 한 사람을 꼽는다' 했으며, 성운에 대해서도 '청은이 훌

進·李貴·韓嶠) 가운데 오윤겸이 포함되어 있다(김학수, 앞의 글, 105~106쪽).

111) 《광해군일기》 권 39, 광해군 3년 3월 신축.

112) 年譜, 104쪽.

릉해 다른 사람으로 하여금 공경심이 일도록 하는데, 지금 사람들이 그의 고매함을 그다지 알지 못하는 것이 애석하다'고 했습니다. 이는 이황만 그렇게 말한 것이 아니라 조식 또한 일찍이 이황에게 서신을 보내 '평소 존경해 온 마음이 하늘에 있는 북두칠성만큼 크다'고 했습니다. 조식이 이황을 성심으로 흠모한 정도가 이만큼 깊었는데도 인홍을 그만 '이황이 엉뚱하게 헐뜯었다'고 하면서, 이구李覯와 정숙우鄭叔友가 맹자孟子를 헐뜯고, 양웅揚雄이 안자顏子를 논했던 일에다 견주기까지 했으니 누가 봐도 심하지 않습니까? 이른바 '노장老莊사상이 학문의 병통이 되었고, 중도로서 기대하기는 어렵다'고 한 것은, 그의 치우친 점과 병통이 되는 점을 논한 것에 지나지 않을 따름이지, 조식이 벼슬을 하지 않은 일을 가리켜서 말한 것이 아닙니다.113)

정인홍은 이 상소로 말미암아 성균관 청금록靑襟錄에서 삭제되는 수모를 당했다.114)

오윤겸은 10월에 강원감사가 되었고, 1월에 측실에서 아들 오달사吳達士를 낳았다. 강원감사가 되었을 때 영동·영서에 심한 흉년이 들었는데 오윤겸이 성심으로 구제해 소생하게 되었다. 그리고 노산군魯山君의 묘를 수리하고, 각 고을로 하여금 제수祭需를 준비해 올리는 것을 법식으로 정했다. 12월에 첨지중추부사가 되었다.115)

1613년(광해군 5)에는 아버지가 늙어서 광주廣州에서 가난하게 살고 있어 광주목사를 자원해 내려갔다.116) 그런데 이 해 12월에 아버지가 돌아가 3년 동안 여묘살이를 했다.117)

---

113) 《광해군일기》 권 40, 광해군 3년 4월 정축. 이 계사는 김상헌이 써서 오윤겸과 같이 올린 것인데 광해군이 크게 노했으나 김상헌이 왕비인 유씨와 친척이 되어 그 정보를 입수해 병을 이유로 사직해 제식에 그쳤나고 한다(《광해군일기》 권 40, 광해군 3년 4월 징축).
114) 年譜, 104쪽.
115) 年譜, 105쪽.
116) 《광해군일기》 권 71, 광해군 5년 10월 계사.
117) 年譜, 105쪽.

1617년(광해군 9) 1월에 오윤겸은 일본 회답사回答使로 가게 되었다. 부사는 박재朴榟, 종사관은 이경직李景稷이었다.118) 이때 위정이덕지보爲政以德之寶를 새로 만들었다. 이 국보國寶는 상서원에서 보관하고 있으면서 일본과 수답酬答할 때 사용했는데 전란으로 잃어버렸다가 다시 만들었다.119) 처음에 도요토미 히데요시豊臣秀吉가 죽자 그의 아들 히데요리秀賴가 대신했는데, 그의 신하 도쿠가와 이에야스德川家康가 관백關白이 되었다. 기유년(광해군 1)에 겐소玄蘇가 와서 화의를 청하므로 조정에서 여우길呂祐吉을 보내 답례했다.

당시 이에야스는 무장주武莊州 겸창鎌倉으로 거처를 옮기고 그의 아들인 히데타다秀忠에게 전위했다. 일본은 도쿠가와 히데타다 때부터 조선과 화친할 것을 대마도주를 통해 요구해 왔으나 조선이 들어주지 않았다. 그러나 막부의 도쿠가와 히데타다가 대마도주에게 화의를 성공시키지 못하면 화를 면하기 어려울 것이라고 위협하면서 통교를 재촉했다.120) 그리하여 이때 대마도 왜 다치바나 도모마사橘智正가 관백의 서계書契를 가지고 부산에 와서 통신사를 파견해 줄 것을 요구했다. 이에 조정에서는 오윤겸을 회답사로 파견하기로 하고, 이 사실을 명나라에 보고했다.121) 오윤겸은 통신사로 가는 역원들이 왜인들과 몰래 거래하는 것을 금하고, 일본에 포로로 잡혀갔다가 온 사람들은 누구도 선격船格으로 충정하지 말 것을 요구했다.

신들의 이번 사행은 실로 부득이한 데서 나온 것입니다. 그런데 원수인 왜노倭奴들의 나라는 부모의 나라인 중국과는 정의情義가 같지 않습니다. 명나라의 수도에 가는 사람들은 비록 물화를 가지고 가서 필요한 것을 사 가지고 와도 크게 해가 될 것은 없습니다. 그러나 신들의 사행에 물화를 싸

---

118) 《광해군일기》 권 111, 광해군 9년 1월 계미.
119) 《광해군일기》 권 112, 광해군 9년 2월 계묘.
120) 《광해군일기》 권 173, 광해군 14년 1월 무오.
121) 《광해군일기》 권 115, 광해군 9년 5월 계사.

가지고 가서 장사하는 일이 있을 경우, 사신들이 모욕당하고 국가가 욕을 당할 뿐만 아니라, 이익을 따지면서 서로 다투는 즈음에 차츰 확대되어 일을 일으키는 걱정이 없지 않을 것입니다. 신들이 가는 도중에 마땅히 엄하게 신칙해서 금지시킬 것입니다. 그러나 만약에 행동하는 사람 가운데 안면이 익숙한 자가 있으면 그의 마음을 경동시킬 수 없을 듯합니다. 바라옵건대 연해沿海의 수수水手들은 대부분 포로로 잡혀갔다가 돌아온 자들이라 합니다. 이 무리들은 왜어에 능통하고 왜인들과 서로 친숙하므로, 바다를 건너간 뒤에 머무르는 많은 관사館舍와, 지내는 수많은 날 동안에 몰래 서로 출입하면서 말을 누설해 사단을 일으키는 폐단이 있을 것입니다. 해당 관청으로 하여금 본도에 공문을 보내서 포로로 잡혀갔다가 돌아온 사람은 일절 선격으로 충정하지 말게 하소서.[122]

오윤겸은 5월에 명령을 받고 조정을 떠나 7월에 배를 타고 바다를 건넜는데, 비록 오랑캐 나라지만 그의 충신忠信함을 알고 공경하지 않는 자가 없었다 한다. 관백도 발을 벗고 칼을 풀어 놓고서 그를 만났으며, 국서國書도 공손하게 전해 주었다. 그는 돌아올 때 포로 백 명을 데리고 왔으며, 남은 쌀을 봉해서 한 방에 쌓아두고, 관백이 으레 주는 선물도 모두 대마도에 두고 유자 한 개만 가지고 부산에 왔다가 그것마저 바다에 던졌다. 이에 종사관 이경직도 "내 성품이 칼을 사랑해 보도寶刀 하나를 구해 가지고 왔는데 무슨 낯으로 이것을 가지고 돌아가겠는가?" 하고는 즉시 칼을 풀어 바다에 던졌다 한다.[123] 대마도에서는 그가 두고 간 은화 6천여 냥을 동래로 보내 동래부사가 조정에 보고해 영건도감에 이관해 쓰도록 했다.[124]

오윤겸을 회답사로 하는 통신사 일행은 7월 21일에 대마도에 도착하고,[125] 11월 13일에 귀국보고를 했다.[126] 오윤겸은 일본에 사신으로 갔

---

122) 《광해군일기》 권 114, 광해군 9년 4월 을사.
123) 年譜, 106쪽.
124) 《광해군일기》 권 129, 광해군 10년 6월 임오.

다 온 공으로 정2품 가선대부로 승진했다.127) 그런데 바다를 건너갔다
오는 것이 그리 간단한 일은 아니었다. 오윤겸도 사행길에 풍랑을 만나
죽을 뻔했다. 그는 목숨이 경각에 달렸는데도 부채에 시를 써서 종사관
이경직李景稷에게 주었다. 그 시는 다음과 같다.

이미 몸을 나라에 허락했으니,	已將身許國
다시 집에 돌아갈 생각 없네.	無復夢還家
바로 바람에 돛 달고 가니,	直掛風帆去
먼 동쪽 만 리의 물결일세.128)	扶桑萬里波

그로부터 5년 뒤에 일본의 차사가 동래에 와 선위사宣慰使에게 "조선
에 오吳모 같은 어진 선비가 몇이나 되느냐?"고 묻기에 "몹시 많다"고
했더니 "조선에 비록 인재가 많지만 오모와 같은 사람은 반드시 한 사
람 뿐일 것이다"라고 했다고 한다.129)

1618년(광해군 10) 1월 4일에 인목대비仁穆大妃의 폐비정청廢妃庭請이
있었다. 이이첨李爾瞻의 사주로 우의정 한효순韓孝純이 백관을 이끌고
들어가서 인목대비의 폐비를 주청한 것이다. 이이첨은 제학 이경전과
유몽인을 막사로 불러 김개에게 붓을 잡게 하고 부르는 대로 상소문을
쓰게 했다. 글의 내용은 이이첨·허균·김개 등이 오래 전부터 구상해 온
것이었다.130)

인목대비의 폐비를 처음으로 주장한 것은 유학幼學 박몽준朴夢俊이었
다. 상소문의 내용은 다음과 같다.

---

125) 《광해군일기》 권 117, 광해군 9년 7월 계미.

126) 《광해군일기》 권 121, 광해군 9년 11월 갑술.

127) 南九萬, 秋灘墓誌銘(李民樹 譯, 《秋灘先生遺集》) 479쪽.

128) 吳允謙, 《秋灘集》 卷 1, 五言絕句(《韓國文集叢刊》 64, 民族文化推進會, 1991, 99쪽).

129) 年譜, 106쪽.

130) 《광해군일기》 권 123, 광해군 10년 1월 갑자.

삼가 생각하건대, 서궁西宮(인목대비)은 국가의 화근입니다. 속히 그녀를 처치하지 않으면 나라가 위급한 상황에 놓이게 되고, 패망하게 될 염려가 곧 닥쳐올지도 모릅니다. 신은 지난 가을 사이에 대략 중국에 정청하는 일을 가지고 전하에게 진달했으나, 성상의 비답이 아직 내려오지 않아서 지레 부모님의 집으로 돌아갔던 것입니다. 남도 지방에 있으면서 본도의 인심을 살펴보니 모두 들뜬 생각을 하고 있었으며, 정온鄭蘊을 부추기는 사람들이 대부분이었습니다. 정구와 정경세 등의 무리들이 유생의 상소가 올려졌다는 말을 얼핏 듣고서 모두 말하기를 '인륜상의 변고는 극력 논쟁해서 그 논의를 막지 않으면 안 된다'고 했습니다. 열읍의 유생들이 모두 한 곳에 모여서 사람들을 현혹시키고 인심을 들뜨게 만들고 있으니, 그 형세가 마지막에는 변란을 불러일으키고 말 것입니다. 좌상 정인홍이 비록 도내에 있기는 하지만 제대로 진압해 내지 못할 것 같아 신이 삼가 민망한 생각만 들 뿐입니다.

대체로 영남 지방의 인심이 변란을 일으킬 것이라 생각하는 것은 신이 눈으로 본 바이고, 서울 사람들이 의구에 차 있다는 것은 신이 귀로 들은 바입니다. 이것으로 보면 주상의 위급함은 마치 아침이슬과 같습니다. 그런데도 오히려 침묵만 지키고 아무런 대책도 세우지 않고 계십니다. 말이 여기에 이르니 차라리 죽고 싶은 심정입니다.[131]

인목대비를 처단하지 않으면 영남 지방에서 변란이 일어난다는 것이다. 그런데 이렇게 중대한 상소문을 일개 유학이 올린 것이 이상하다. 사주를 받았다는 느낌이 든다.

정청庭請의 상소문에 따르면 인목대비의 죄는 다음과 같은 10가지다.

① 영창대군을 낳았을 때 유영경柳永慶으로 하여금 빨리 진하進賀를 드리게 해 인심을 동요시켰고, 흉악한 점쟁이를 사주해 지극히 귀하다고

---

131) 《광해군일기》 권 122, 광해군 9년 12월 임인.

칭찬하는가 하면, 날마다 요사스러운 경문經文을 외워 큰 복을 기원한 것

② 선조가 위독할 때 유영경과 결탁해 언문 밀지를 내려 광해군이 서지 못하게 하고 자기 아들을 세우려 한 것

③ 정인홍의 상소를 핑계로 선조에게 눈물을 흘리면서 세자를 바꾸자고 해, 아직 책봉되지 않았으니 바꾸라는 엄한 분부를 여러 차례 받게 한 것

④ 선조가 죽었을 때 유명遺命을 사칭하고 어필御筆을 위조해 유교칠신遺敎七臣에게 영창대군을 부탁해 장성하면 대위를 뺏으려 한 것

⑤ 김제남金悌男을 궁중에 유숙시켜 역모를 꾀하는 한편, 서얼 출신들에게 무사를 모집하게 해 난을 일으키려 한 것

⑥ 무당을 시켜 저주하고 닭·개·돼지·쥐를 잡아 궁궐 안에 낭자하게 뿌려 광해군을 위해하고, 열여섯 가지에 이르는 비법을 써서 기필코 계책을 이루려 한 것

⑦ 선후先后를 이길 목적으로 능침을 파헤치고 가상假像을 만들었으며, 칼과 활로 흉악한 짓을 자행하는가 하면, 고깃조각에 어휘御諱를 써서 까마귀와 솔개에게 주어 광해군의 몸을 해치려 한 것

⑧ 서궁에서 지은 글과 격문을 궁궐 담으로 던져 넣고, 외간에 전파시켜 흉악한 역적들의 핑계를 삼게 한 것

⑨ 흑문黑門에 글을 통하려던 서응상徐應祥이 붙잡혔고, 베개 속의 파자破字한 글의 곡절은 의일義一의 공초供招였는데, 중국 관원에게 호소케 함으로서 상국에 화란을 부추기려 한 것

⑩ 내탕금內帑金을 내어 서양갑徐洋甲에게 넉넉하게 밑천을 대주어 왜인에게 들여보내고, 심우영沈友英으로 하여금 노추老酋와 내통케 해 영창대군을 세우고 장차 중국에 대항하려 한 것132)

---

132) 《광해군일기》 권 122, 광해군 9년 12월 임인.

그러나 정청에 참여하지 않은 사람도 많았다. 정창연鄭昌衍·유근柳根·이정구李廷龜·윤방尹昉·김상용金尙容·박미朴瀰·이시언李時彦·신식申湜·강인姜絪·김권金權·신익성申翊聖·유적柳頔·김현성金玄成·오백령吳百齡·이시발李時發·김류金瑬·권희權憘·오윤겸·박동선朴東善·정효성鄭孝成·성진선成晉善·홍우경洪友敬·박안세朴安世·윤홍尹鴻·윤응삼尹應三·정사서鄭思緖·이계남李桂男·정호신鄭好信·이상준李尙俊·권극정權克正·이사공李士恭·김경생金慶生·정승서鄭承緖·이상李祥·이희李憘·조응록趙應祿·구성具成·김위金渭 등 38인은 정청에 참여하지 않았다.133) 이신의李信儀와 권사공權士恭은 처음에는 반대했다가 정청에 참여했고, 김지수金地粹는 우물쭈물하다가 정청에 참여해 귀양갔다.134)

양사兩司는

> 서궁을 폐출하는 일이야말로 온 나라의 신민들이 충성심을 떨쳐 역적을 토벌하려는 의논에서 나온 것으로, 대소 관료와 관학유생들과 방민坊民·이서吏胥들이 날마다 피끓는 정성을 바치며 계사啓辭를 진달했습니다. 그런데 오윤겸·송영구·이시언·이정구 등은 시종일관 정청하는 대열에 참여하지 않았으니, 임금을 잊고 역적을 비호한 그 죄를 징계하지 않을 수 없습니다. 삭탈관작削奪官爵하고, 문외출송門外出送하도록 명하소서.135)

라 하여, 영향력 있는 오윤겸·송영구·이시언·이정구 등 이른바 4흉을 정청에 참여하지 않았다는 죄목으로 삭탈관작, 문외출송하라고 강력히 요구했다. 그러나 광해군은 천천히 결정하겠다고 하면서 유보했다.136)

그런데 1622년(광해군 14) 4월 17일에 광해군은 오윤겸을 동지중추부사에 임명해 등극사登極使로 명나라에 다녀올 것을 명했다.137) 신종神宗

---

133) 《광해군일기》 권 124, 광해군 10년 2월 기해.
134) 《광해군일기》 권 123, 광해군 10년 1월 갑자.
135) 《광해군일기》 권 124, 광해군 10년 2월 갑오.
136) 《광해군일기》 권 124, 광해군 10년 2월 갑오.

과 그 뒤를 이은 광종光宗이 죽고, 희종熹宗이 새로이 황제가 되었기 때
문이다.138) 이 사실은 정청에 불참한 죄로 유폐되어 있던 오윤겸을 풀
어 준다는 의미를 내포하고 있는 것이었다.

다만 명나라에 가려면, 여진 때문에 요동遼東 지방이 막혔기 때문에,
200년 동안 오가던 육로를 버리고 해로로 가야만 했다. 그런데 풍랑을
만나 박이서朴彝敍·유간柳澗 등이 바다에 빠져 죽자 다른 이들은 무슨
핑계를 대서라도 사신으로 가는 것을 피하려고 했다. 그러나 오윤겸은
사신에 늦게 차정되었는데도 용감하게 가겠다고 했다.139) 사신史臣도
그의 충성심을 다음과 같이 높이 평가했다.

> 신하가 인군을 섬기는 도리는 충忠보다 더한 것이 없다. 오윤겸은 양조
> 兩朝를 섬긴 충신이다. 바닷길로 사신 가는 것을 사람들은 모두 교묘히 피
> 하고자 갖은 방법을 다 동원해 청탁을 넣어 반드시 체직되고야 말았는데,
> 윤겸은 가장 늦게 명을 받고서도 조금도 두려워하는 기색이 없었다. 배에
> 올라 일본에 가니 왜적들이 이미 그의 청절淸節에 감복했고, 많은 어려움
> 을 겪으며 등登·래萊에까지 가니 중국에서도 우리나라에 이러한 사람이 있
> 는 것을 알았다. 비록 옛날의 충신과 의사義士라 할지라도 어찌 이보다 더
> 하겠는가? 신하가 목숨을 바쳐 충성을 다하는 의리가 마땅히 이와 같아야
> 하지 않겠는가?140)

이런 이유로 등극사 오윤겸, 접반사接伴使 오백령吳百齡은 비록 정청
에는 가담하지 않았으나 더 이상 탄핵하지 말 것을 명했다.141) 황제가

---

137) 《광해군일기》 권 176, 광해군 14년 4월 임오.

138) 年譜, 108쪽.

139) 《광해군일기》 권 177, 광해군 14년, 5월 기유.

140) 《광해군일기》 권 177, 광해군 14년, 5월 신축.

141) 전교하기를 "오윤겸과 오백령을 논계하지 말도록 하라! 이들을 등극사와 접반사로 계하
啓下하도록 하라! 이 일을 논계했던 대간에게 말해주라!"고 했다(모두 정청에 참여하지
않아 논핵을 받았기 때문이다)(《광해군일기》 권 175, 광해군 14년 3월 경자).

바뀌고 명과 여진이 첨예하게 대치하고 있는 상황에서 이 사행은 정치적으로 매우 중요할 뿐 아니라, 광해군으로서는 아끼는 유능한 신하를 보호할 수 있는 명분이 될 수 있었기 때문에 이와 같은 조처를 취한 것이라고 생각한다.

그러고는 등극사 오윤겸에게

> 지난해에 유간과 박이서가 순풍을 기다리지 않고 빨리 길에 오르려고 출발을 재촉하는 바람에 결국 물에 빠지게 되었으니, 매우 참담하고 측은하다. 절대 빨리 출발하려고 하지 말고 각별히 상세하게 순풍을 기다렸다가 배들을 잘 단장해 충분히 견고하고 안전하게 하고, 다시 더 신중하게 해 들어가도록 하라! 가달假㺚이 해도海島에 모여 있다 하니, 더욱더 경계해 중국에서 적의 소굴을 정벌하려는 방략이 새어나가지 않도록 하라! 군량미를 징발하는 등의 일에 대해 일일이 상세하게 살펴가지고 오되, 혹 우리나라에 원통한 일이 있으면 죽음으로써 밝게 분변하라! 또 만약 우리나라에서 들어가 토벌하는 일에 대해 물으면 '관외關外가 다 함락되었는데, 우리나라의 훈련되지 않은 피곤한 군사들로서는 어찌해야 좋을지 모르겠다'고 일에 따라 잘 대답하라!142)

라고 해 사신의 안전에 유의할 것과 명이 여진의 소굴을 친다는 정보를 누설하지 말 것, 명이 원병을 청할 때는 그 불가함을 목숨 바쳐 설명할 것을 명령했다. 전형적인 광해군의 양다리 외교이다. 사행이 오랫동안 끊겼다가 오윤겸 일행이 북경에 도착하자 연로의 관청에서 융숭한 대접을 했다. 이때 오윤겸은 옥하관玉河館에 묵었는데 피로해 병이 나서 어의가 와서 병을 보고, 병랑兵郞이 문병하는가 하면 예랑禮郞으로 하여금 의복 네 벌을 내렸으나 거의 죽다가 살아났다. 명나라 사람들이 오윤겸을 보고 "이 사람이 곧 당로當路의 재상인가?"라고 물어 "상신相臣이다"

---

142) 《광해군일기》 권 176, 광해군 14년 4월 무진.

라고 했더니, 그들이 웃으면서 말하기를 "필시 농촌에 있던 사람을 올려 쓴 것이 아니냐?" 했다. 중국 사람들이 당시 우리 조정이 혼탁하다는 이야기를 듣고 한 말이다.143)

　오윤겸은 그해 7월 14일에 실시된 도목정사都目政事에서 지중추부사로 승진되었다. 재량권을 가진 외교관으로서 의정議政의 직급을 유지해 주기 위해서였다. 등극사 오윤겸은 부사 변흡邊潝과 함께 7월 22일에 배로 등주登州에 도착했다가,144) 9월 6일에 북경을 출발해 15일에 선사포宣沙浦에, 26일에 다시 등주에 도착했다.145) 도중에 풍랑을 만나 죽을 고비를 넘기기도 했다. 그는 바다를 건너면서 시 몇 수를 지었다.

〈녹도 앞바다에서 자다〔宿鹿島前洋〕〉146)

어찌 삶을 가볍게 여기는 나그네이겠는가,	豈是輕生客
분명히 의리를 취하는 늙은이일세.	分明取義翁
하늘에 닿는 풍랑이 이는 밤에,	極天風浪夜
무슨 일로 바다 가운데서 자는가?	何事宿洋中

〈황골도 앞바다를 지남〔過黃骨島前洋〕〉147)

교룡蛟龍의 굴에 바로 배를 띄우고,	直汎蛟龍窟
곁으로 시호豺虎의 고향을 보네.	傍看豺虎鄕
평탄하기 마치 평지와 같으니,	坦如平地去

---

143) 年譜, 108쪽.

144) 《광해군일기》 권 179, 광해군 14년 7월 병진.

145) 《광해군일기》 권 182, 광해군 14년 10월 기묘.

146) 《추탄선생집》 권 1, 五言絕句 宿鹿島前洋(《한국문집총간》 64, 민족문화추진회, 1991, 99쪽).

147) 《추탄선생집》 권 1, 五言絕句 宿鹿島前洋(《한국문집총간》 64, 민족문화추진회, 1991, 99쪽).

바야흐로 좋은 심장임을 알겠네.　　　　　　方信好心腸

〈서장자도에서 자면서 밤에 읊다〔宿西獐子島夜吟〕〉148)

섬 밖에는 풍랑이 일고 있지만,　　　　　　島外正風浪
모래 가의 배는 스스로 평온하네.　　　　　沙邊舟自如
밤은 깊고 배 밑은 고요한데,　　　　　　　夜深篷底靜
촛불 밝히고 앉아 글을 보네.　　　　　　　明燭坐看書

〈칠석날 밤에 읊음〔七夕夜吟〕〉149)

은하수 다리 위의 이별 슬퍼하는 비요,　　河橋傷別雨
뜰에는 오동잎 떨어지는 계절일세.　　　　庭院落梧秋
외로운 배 만리길의 나그네,　　　　　　　萬里孤舟客
오늘밤 시름을 어이 견디리.　　　　　　　奈禁此夜愁

〈석성도 바다 가운데에서〔石城島洋中〕〉150)

한 번 죽음은 이미 먼저 정해진 일인데,　　一死已前定
이에 이르러 다시 무엇을 의심하리.　　　　到此更何疑
조용히 옷깃을 정제하고,　　　　　　　　　從容整襟袖
앉아서 명이 다할 때를 기다리네.　　　　　坐待命盡時

---

148)《추탄선생집》권 1, 五言絶句 宿鹿島前洋(《한국문집총간》64, 민족문화추진회, 1991,
　　99쪽).
149)《추탄선생집》권 1, 五言絶句 宿鹿島前洋(《한국문집총간》64, 민족문화추진회, 1991,
　　99쪽).
150)《추탄선생집》권 1, 五言絶句 宿鹿島前洋(《한국문집총간》64, 민족문화추진회, 1991,
　　99쪽).

특히 석성도에서는 심한 풍랑을 만나 키가 부러지고 돛대가 꺾여 거의 죽게 되었는데 노련한 사공들도 속수무책이었다. 이때 오윤겸은 즉시 공복公服으로 갈아입고, 칙서를 품에 지닌 채 옷깃을 바로잡고 단정히 앉아서 명이 다하기를 기다렸다. 그러나 바람이 자고 배가 안정되자, 웃으면서 "하도 급해 시율詩律이 잘못된 것도 깨닫지 못했다"고 했다고 한다.151)

등극정사로 다녀온 공으로 오윤겸은 좌참찬이 되었다.152) 좌참찬을 제수한 이유에 대해 사관史官은

> 윤겸은 사신이 여러 번 바뀐 뒤에 명을 받았는데, 태연한 모습으로 길을 떠나 바닷길을 평지처럼 여겼다. 그리고 풍파에 여러 차례 침몰될 뻔했으나 옷깃을 여미고 똑바로 앉아 신색이 변하지 않았으므로 일행이 모두 그의 정력定力에 감복했는데, 상이 이 말을 듣고 가상하게 여겨 특별히 참찬에 제수했다.153)

라고 적고 있다.

10월에 돌아와 정토사淨土寺 근처 촌가에 있었으나 광해군이 몸이 아프다고 핑계대고 칙서를 받지 않아 기다리고 있었다. 등극사 오윤겸이 중국에서 가지고 온 칙서와 추관推官 맹양성孟良性이 가지고 온 칙서에 "너의 충성과 공로에 대해 천부天府의 사책史册에 쓰도록 해 영원토록 없어지지 않게 하겠다"고 하면서 많은 선물을 보내왔다. 신료들은 이를 축하하고자 광해군에게 존호를 올리려 했으나, 광해군은 그것을 계면쩍어 하면서 시간을 끌었다.154)

그러던 1623년(광해군 15) 3월, 인조반정仁祖反正이 일어났다. 인조는

---

151) 年譜, 109쪽.
152)《광해군일기》권 184, 광해군 14년 12월 정축.
153)《광해군일기》권 184, 광해군 14년 12월 정축.
154)《광해군일기》권 184, 광해군 14년 12월 기축.

오윤겸을 대사헌에 임명했다. 오윤겸은 정청에는 참여하지 않았지만 그
렇다고 반정공신은 아니었다. 그런데도 그를 혁명정부의 구악일소舊惡
一掃의 책임이 있는 대사헌에 기용한 것은 특별한 의미가 있을 것 같다.
그는 일을 객관적으로 바르게 처리하고, 국가에 대한 충성심이 높기 때
문이었다. 아니 그보다는 국왕의 입장에서 공신세력을 견제할 목적도
있었을 것이다. 인조반정공신은 우계학통이 많고, 재주와 기개가 오윤
겸을 넘을 사람이 없기 때문에 기용한 것이 아닌가 한다. 오윤겸을 대
사헌에 임용한 까닭에 대해 실록에는 다음과 같이 평가하고 있다.

> 오윤겸을 대사헌으로 삼았다. 윤겸은 그 사람됨이 단중하고 온아했다.
> 일찍부터 성혼成渾의 문하에서 수학해 성리학에 전심했는데, 성혼이 자주
> 칭찬했다. 또 일찍이 일본에 사신으로 갔는데 고상한 지조를 지녀 이국인
> 異國人 또한 존경했다. 경신년(1620) 이후에 중국에 갈 때 해로를 이용했으
> 므로 사신을 보낼 때면 사람들이 모두 꺼렸다. 그러나 윤겸은 사명을 받은
> 즉시 떠나갔으므로 광해가 가상히 여겨 권장하기를 '신하가 된 도리는 마
> 땅히 이와 같아야 한다'고 했다. 용무를 마치고 귀국할 때 풍랑을 만나 배
> 가 거의 침몰할 위기에 이르렀다. 이때 배에 탄 사람들이 모두 울부짖었으
> 나 윤겸은 황제의 칙서를 받들고 앉아 안색이 변하지 않았으므로, 사람들
> 이 모두 적임자를 얻었다고 칭송했다.[155]

오윤겸은 칙서를 가지고 있는데 이에 대한 조처가 없으면 움직일 수
없다고 했다. 그러나 칙서에는 폐주廢主의 이름이 있어 인조가 직접 받
을 수 없으니 승문원에 바쳐 처리하라고 했다.[156]
반정 초기에는 형벌을 강행하는 것이 마땅한데 오윤겸은 오히려 화
평和平과 인서仁恕에 힘썼다. 그리하여 처벌받은 사람들조차도 감동해

---

155)《인조실록》권 1, 인조 1년 3월 병오.
156) 年譜 109쪽.

기뻐했다. 예컨대 인조가 경연에서 "먼 친척을 입후入后했기 때문에 죄인의 연좌법連坐法을 가볍게 쓰는 것이 어떤가?" 하고 물었다. 이에 오윤겸은 "부자는 천륜인데 어찌 입후했다고 사이가 있겠습니까? 이렇게 되면 천하의 부자의 천륜이 감해질 것입니다"라고 답해 연좌율을 따르게 했다.157) 그리고 광해군의 처남인 유희분柳希奮의 죄는 이이첨과 구별해야 한다고 했다.

> 유희분의 죄는 이이첨과는 다릅니다. 이첨은 강상綱常을 무너뜨린 자라 그 죄가 하늘에 사무치고, 희분은 죄가 있으나 강상에 관계되는 데까지는 이르지 않았습니다. 그가 만약 이첨과 더불어 폐모론을 주장했다면 오늘날 어떻게 홀로 정형正刑을 면할 수 있겠습니까? 신들의 망령된 소견으로도 경중의 등분이 없지 않습니다. 삼가 성상의 비답을 받은바 관직에 무릅쓰고 있을 수 없습니다. 파직하라고 명하소서.158)

무슨 일이든지 기준이 있고 원칙이 있어야 한다는 것이다. 비록 광해군의 처남이라 하더라도 죄를 따져 벌을 주어야 한다는 것이다.

오윤겸은 기회가 왔을 때 스승인 우계 성혼을 신원해 주고 싶었다. 월사月沙 이정구李廷龜가 먼저

> 기묘사화를 겪은 뒤부터 사람들은 학문에 뜻을 두지 않았는데, 성혼은 차분히 학문을 연마해 사림의 창도자가 되었습니다. 선조宣祖께서 유일遺逸로 발탁해 참찬을 제수하기까지 하시니 높여 권장함이 극진했습니다. 뒤에 정인홍의 무고로 관직을 삭탈당함에 이르렀으므로 사림이 매우 분노했습니다.

---

157) 年譜 109쪽.
158) 《인조실록》 권 1, 인조 1년 3월 기유.

라고 문제를 제기하자, 오윤겸은

인홍의 탄핵은 그럴 만한 까닭이 있으니, 성혼이 일찍이 인홍의 옳지 못한 점을 말했고, 또 최영경崔永慶의 처신이 옳지 못함을 말했기 때문입니다. 이로 말미암아 못하는 짓 없이 모함했습니다. 영경이 죽음에 이르자 성혼 또한 원통하게 여겼기 때문에 그 아들 성문준成文濬을 시켜 위문하게 했습니다. 신이 어린 시절부터 성혼의 문하에 출입했기 때문에 그 심정을 알 수 있습니다. 성혼은 곧 이이李珥의 친구입니다. 이이와 성혼은 이황 이후 일인자로서 그 학문을 펴지 못하고, 뜻을 이루지 못한 채 죽었으니 애석한 마음 금할 수 없습니다.

라고 성혼이 억울하게 누명을 썼음을 말했다. 이정구는 다시

선조의 즉위 초에 특별한 예우를 받아 심지어 이珥·혼渾의 당이 되고 싶다는 하교까지 있었는데, 끝내는 당론으로 쫓겨나 영원히 뜻을 펴지 못했으므로 지금까지 애석하게 생각합니다. 근래 유자로서 문로의 올바름이 이이와 성혼 같은 이가 없으니, 국가에서 의당 사제賜祭해야 하겠기에 아룁니다.

라고 해 국가에서 제사를 지낼 것을 요구했다. 인조반정은 서인이 주축이 되어 일으켰으므로 반정이 성공했으니 서인의 종장인 이이와 성혼이 부상되는 것은 당연했다. 인조는 선조 때 일이라 망설이다가 명종 초에 위훈삭제僞勳削除도 한 바 있다는 사실을 상기시키자 성혼의 관작을 복구해 주었다.159) 이 조처에 대해 사신은 다음과 같이 말하고 있다.

성혼은 자질이 순수하고 조행이 확고했다. 어려서부터 가정의 훈계를 받

---

159) 《인조실록》 권 1, 인조 1년 3월 을묘.

아 위기지학爲己之學에 전심했고, 또 이이와 사귀어 절차탁마切磋琢磨의 도움이 있었다. 학문과 실천의 공효를 함께 이루었고, 평소의 언행이나 집안 다스리는 의법을 한결같이 《가례家禮》, 《소학小學》에 따라 행했다. 파산坡山에 은거해 영달을 구하지 아니하며 일생을 마치려 했는데, 선묘宣廟께서 그 명성을 듣고 여러 차례 초빙해 은총과 예우가 극진했다. 신묘사화辛卯士禍(정여립의 난)가 일어나자 평소 정철鄭澈과 친했다는 이유로 연좌되고, 최영경의 죽음을 구제하지 않았다고 해서 또한 편당의 지목을 받았다.

임진왜란 때 선묘께서 임진강에 이르러 성혼의 집의 원근을 물었을 때 이홍로李弘老가 망령되이 근처 강변의 민가를 가리켜 대답했기 때문에 선묘의 노여움을 격발하기도 했다. 임인년(1602)에 정인홍이 그 무리를 사주해 상소를 올려 지난 일들을 들추어내며 불측하게 모함함으로써 끝내는 관작이 추탈되기까지 했다. 앞서 최영경이 옥에 갇혔을 때 성혼이 정철에게 편지를 보내 매우 강력하게 구제하니, 정철이 드디어 입대해 최영경의 구제를 극언하게 되었고, 그리하여 상의 노여움이 조금 풀렸었다. 뒤에 와서 도리어 최영경을 모함한 것이라고 죄목을 만들었으니, 이는 군소배가 평소 성혼의 높은 명망을 시기해 반드시 모함해 해치고자 한 것이다. 선묘와의 만남에 유종의 미를 보지 못한 것 또한 이홍로의 참소에 현혹되지 않을 수 없었기 때문이다. 사림이 몹시 애통해 했고, 태학太學에선 그 원통함을 호소하기까지 했으나 다 반응이 없었다. 이제 와서 드디어 복관을 명하고 이어 제사를 내리며, 시호를 주었으므로 많은 선비들이 경하했다.160)

대단히 호의적인 논평이다. 서인정권의 연원을 세우는 일이었기 때문에 집권 서인이 나선 것이다.

5월에 오윤겸은 이정구·정엽·정경세와 함께 원자보양관元子輔養官이 되었고, 김장생金長生·장현광張顯光을 요속僚屬으로 삼았다.161) 같은 달

---

160) 《인조실록》 권 1, 인조 1년 3월 을묘.
161) 《인조실록》 권 2, 인조 1년 5월 병신.

에 동지경연사를 겸했으며, 폐세자 질秷이 강화도에서 땅을 파고 달아
났다가 잡힌 사건이 일어나 인책사임하고, 의정부 우참찬 겸 지의금부
사가 되었다.162) 8월에 이조판서가 되었다. 오윤겸은 한때의 지명인사
들을 기록했다가 음관으로 쓰고, 천거법을 실시해 자헌대부 이상과 6조
당상, 삼사장관, 관학 당상, 좌·우윤에게 인재를 천거하도록 했다. 단
천거자가 책임을 지게 했다. 서북도와 전라도 사람도 등용했다. 그리하
여 인사에 까다로운 최명길까지도 "오윤겸은 식견이 두루 통하지는 못
했어도 정성을 다하려는 마음만은 상당합니다. 다만 겸직한 것이 너무
많아 전조銓曹의 일마을 오로지 살필 수 없으니, 의금부 같은 직책은 체
직시키는 것이 마땅합니다"라고 건의할 정도였다.163) 10월에 국청鞫廳
의 노고로 정2품 정헌대부正憲大夫로 승진했다.164)

　1624년(인조 2) 2월에 이괄李适의 난이 일어났다. 오윤겸은 이조판서
로서 임금을 모시고 공주로 피란갔다가 난이 평정된 뒤에 돌아와서 종1
품 숭정대부崇政大夫에 올랐다. 이때 인조가 호종했던 사람들을 녹훈하
려 하자 오윤겸이

　　공주는 3일 노정路程이옵고, 한 달 동안의 노고를 어찌 녹훈까지 한단
　　말입니까? 신은 이 때문에 벼슬의 길이 어지러워질까 두렵습니다.165)

라고 반대해 녹훈하지 못했다. 그리고 인조가 경덕궁慶德宮에 거동했을
때 오윤겸이

　　이 궁은 사치스럽고 크기가 비할 데 없사오니 원컨대 항상 집을 쳐다보
　　시면서 경계를 삼으십시오.166)

---

162) 年譜, 110쪽.
163) 《인조실록》 권 3, 1년 11월 신유.
164) 年譜, 111쪽.
165) 年譜, 111쪽.

라고 간언했다. 한편, 이귀李貴와 정경세鄭經世가 서로 불편한 관계에 있어 정경세가 나가 있었다. 이에 오윤겸은

> 이 일은 이귀가 정경세를 공격함으로써 일어난 것으로 조정의 본의가 아닙니다. 유신儒臣은 임금의 덕을 보도하는 것이 그 직함이니, 정경세가 말한 것이 잘못되지 않았는데, 그 때문에 지위가 불안하게 되었으니 매우 한탄스럽습니다.[167]

라고 해 공신의 횡포를 저지하는 역할을 했다. 이 때문에 오윤겸이 남인편을 든다고 불평하는 사람도 있었다. 그러기에 오윤겸은 서인이면서 남인이요, 이수광李晬光은 남인이면서 서인이라고 하지 않는가? 그러나 이 말은 오윤겸이 서인을 버리고 남인이 되었다는 것이 아니라 당색을 떠나 모든 일을 공평하게 처결하려 한 데서 나온 불평이라고 생각된다. 이로 미루어 오윤겸은 모든 일에 공평정대함을 추구했고, 자신에게 불이익이 돌아오는 것은 개의치 않았음을 엿볼 수 있다.

오윤겸은 경연에서 임금이 《대학》과 《대학혹문大學或問》을 열심히 읽을 것을 권했다. 치도治道에 도움이 되는 책이기 때문이었다.

> 위에서 날마다 경연에 납시고 성학聖學이 고명하시니, 치도에 관계되는 것이 어찌 적겠습니까? 옛 사람이 '한 권의 《대학》이 내 가슴 안에 있다'고 했는데, 모든 일에 이것을 표준으로 삼아야 할 것입니다. 그런데 《혹문》은 더욱 긴요하니, 한가한 틈에 또한 유의하셔야 하겠습니다.[168]

> 신이 일찍이 경연에서 《대학혹문》을 참고해 보시어 격물치지格物致知 공부에 보탬이 되게 하시기를 청했습니다. 이 책 한 권에 대해 특별히 완미

---

166) 年譜, 111쪽.
167) 《인조실록》 권 6, 인조 2년 5월 병인.
168) 《인조실록》 권 6, 인조 2년 5월 병인.

玩味하며 탐구해 나가신다면, 소견이 이로 말미암아 더욱 밝아지게 되고 학문이 이에 의해 더욱 고명해져 마침내는 두루 통하게 됨으로써 일을 조치해 갈 때 막히는 바가 없게 될 것입니다.169)

오윤겸은 1625년(인조 3) 1월 3일에 지돈령부사,170) 1월 9일에 세자 우빈객右賓客,171) 1월 16일에 형조판서172)에 임명되었다. 1월 28일에 왕세자 책봉이 있어 오윤겸은 세자사부로서 가자加資되었다.173) 그리고 곧이어 2월 6일에 세자의 관례冠禮와 책봉례를 거행함으로써 오윤겸은 아마兒馬 1필을 하사받았다.174)

오윤겸은 송익필宋翼弼·송한필宋翰弼 형제의 환천還賤에도 반대했다.

지난날 송익필이 계속해서 3대째 양역良役이 이미 60년의 대한大限을 지났으니 환천還賤시킬 수 없다는 것이 분명하게 법전에 실려 있습니다. 단지 백유양白惟讓과 이발李潑이 미워한 나머지 한때의 위세를 업고 법을 무시한 채 환천시킴으로써 온 가족이 떠돌다가 마침내 곤궁한 처지에서 죽게 되었으므로 지금까지 식견있는 인사들이 모두 마음 아파하며 원통하게 생각하고 있는데, 노예라는 천한 이름을 면하지 못하고 있으니, 이 어찌 문도들만이 깊이 통탄할 일이겠습니까? 다시 송익필을 환천시킨 공사公事는 시행하지 말도록 하는 것이 어떻겠습니까?175)

---

169) 《인조실록》 권 7, 인조 2년 9월 정사.
170) 《인조실록》 권 8, 인조 3년 1월 임자.
171) 《인조실록》 권 8, 인조 3년 1월 무오.
172) 《인조실록》 권 8, 인조 3년 1월 을축. 이때 이원익李元翼을 세자사世子師로, 윤방尹昉을 세자부世子傅로, 이정구李廷龜를 좌빈객左賓客으로, 정엽鄭曄을 좌부빈객으로, 정경세鄭經世를 우부빈객으로, 이식李植을 보덕輔德으로, 정백창鄭百昌을 필선弼善으로, 강석기姜碩期를 겸사서로, 유백증兪伯曾을 겸문학으로, 김광현金光炫을 사서로, 심지원沈之源을 겸설서로 삼았다.
173) 《인조실록》 권 8, 인조 3년 1월 정축.
174) 《인조실록》 권 8, 인조 3년 2월 을유.
175) 《인조실록》 권 8, 인조 3년 2월 기해.

송익필의 아버지는 송사련宋祀連이다. 그는 안당安瑭의 종이었는데,
안당이 불쌍히 여겨 속신贖身시켜 관직에 임명되도록까지 했다. 그런데
기묘사화 뒤에 송사련이 안당의 아들 안처겸安處謙 등을 모반했다고 무
고해 안처겸은 처형되고, 안당도 연좌되어 죽었다. 그런데 그 뒤 송사련
은 이미 죽었으나 송익필·송한필 등 아들 5명은 당시 실권을 쥐고 있던
백유양 등의 미움을 받아 환천되어 떠돌다가 죽었다. 송익필·송한필은
학문이 높아 서성徐渻 등 제자를 많이 두었는데 서인정권에서 원상복구
시키려는 것이었다.176) 오윤겸도 환천은 법에 어긋나기 때문에 복구시
켜야 한다고 주장했다. 4월에 예조판서가 되었다.177)

6월에 중국 조사詔使 왕민정王敏政과 호양보胡良輔가 인조의 책봉을
위해 왔다. 오윤겸은 예조판서로서 정경세와 함께 의주儀註를 갖추어
책봉례를 실시했다.178) 오윤겸은 왕의 잘못도 과감하게 간쟁해 바로잡
았다. 예컨대 이괄의 난으로 국고가 넉넉하지 못하자 종묘 제사의 희생
犧牲과 보궤簠簋를 줄이려 했다. 이에 오윤겸은 어공御供은 줄일 수 있
으나 종묘의 제향은 소략하게 할 수 없다고 해 전례대로 실시하도록 했
고,179) 인조가 상의원尚衣院에 금사金絲로 물건을 만들라고 명하자 사치
스럽다고 말렸다.180)

오윤겸은 또한 이조판서로서 인사를 공정하게 하고자 당상관들에게
지명 있는 선비들을 천거하게 했다. 그러고는 조그만 책을 만들어 두었
다가 인사가 있을 때마다 천거하니 임금이 쓰려는 잡류雜流들이 벼슬에
참여할 수 없게 되었다. 이에 인조는 인사관계 당상관은 추고推考하고,
낭관은 국문하라는 명을 내렸다. 오윤겸은 사직하고 광주廣州로 내려가
모면할 수 있었고, 이내 동지중추부사가 되었다.181) 그러나 70세가 되

---

176) 《인조실록》 권 8, 인조 3년 2월 기해.
177) 《인조실록》 권 9, 인조 3년 4월 정미.
178) 《인조실록》 권 9, 인조 3년 6월 경진; 年譜 112쪽.
179) 《인조실록》 권 9, 인조 3년 7월 정미.
180) 《인조실록》 권 9, 인조 3년 7월 무신.
181) 年譜, 112쪽.

면 은퇴하는 것이 원칙이라 해 고사했으나 사관을 보내 올라오라고 해 할 수 없이 부임했다.182)

10월 2일에 우의정이 되었다.183) 그는 인조가 인목대비의 사묘 친제를 거행하는 것은 예법에 벗어나는 것이라 해 반대했으나 인조는 강행했다.184)

1627년(인조 5) 1월에 정묘호란丁卯胡亂이 일어났다. 오윤겸은 자전慈殿과 내전內殿을 모시고 먼저 강화도로 들어갔다. 인조도 곧 합류했다.185) 후금은 평양에 도착해 화친을 요구했다. 그러나 명나라와 관계를 끊을 것과 천계天啓 연호를 쓰지 말 것을 전제조건으로 내세웠다. 오윤겸은 강경한 태도를 취했다. 화친이 이루어지지 못하는 것을 두려워해 구차하게 명의 연호를 쓰지 않는 것은 옳지 않으며, 저들이 "조선의 국서에 천조天朝의 연호를 쓰지 않았다"고 성언盛言한다면 장차 무엇으로 변명하겠느냐는 것이다. 더구나 후금이 인조와 피를 찍으면서 동맹을 맺는다는 것은 말도 안 된다고 극력 반대했다. "성상께서 어찌 개나 양과 같은 자들과 같이 앉아서 피를 찍는단 말입니까? 비록 종묘·사직과 생령을 위해 내속內屬하는 것은 허락할지라도 이것만은 안 됩니다"라는 것이다. 인조도 이 의견에 따라 문·무 중신을 보내 후금 사신과 동맹을 맺었다. 이때 인조는 오윤겸에게 참예參預하라고 했다. 그랬더니 사람들이 처음에는 동맹을 맺는 것을 반대하다가 결국은 가서 참여한다고 비난했다. 이에 대해 오윤겸은 "주상께서 동맹에 참여하지 않는 것만도 다행이지 우리들이 부끄러움을 당하고 욕되는 것이야 어찌 족히 말하랴!"라고 답변했다. 임금이 욕되면 신하가 죽는다는 처변處變 논리였다. 또 후금과 화친했다는 사실을 명나라에 보고할 때도 주문奏文에 사실을 빼놓고 보고하자는 주장에 반대했다. "중국 조정과는 부자의 의

---

182) 年譜, 112쪽.
183) 《인조실록》 권 14, 인조 4년 10월 신축.
184) 《인조실록》 권 14, 인조 4년 12월 정묘·무진.
185) 年譜, 113쪽.

리가 있으니 비록 부득이 해서 오늘날 화를 늦추는 계획을 썼지만 사실
대로 보고하지 않을 수 없다"고 했다. 인조도 그대로 따랐다. 그래서 유
언비어가 있었어도 명나라에서 조선을 의심하지 않게 되었다.[186]

　4월에 서울로 돌아왔다가, 5월에 강도江都에 가서 자전과 내전을 모
시고 왔다.[187] 7월에 좌의정으로 승진했다.[188] 13차례나 좌의정 사직소
를 올려 7월 16일에 허락을 받고, 판돈령부사가 되었다.[189] 11월 21일
에 오윤겸은 드디어 영의정이 되었다.[190] 7월에 좌의정 김류金瑬가 나
만갑羅萬甲·김육金堉 등이 붕당을 짓는다고 공격하자 인조는 영의정 오
윤겸과 우의정 이정구에게 물어서 아뢰라고 했다. 이에 두 사람은

　　나만갑의 사람됨에 대해서는 신들이 친구의 자제로 자주 대해 왔기 때문
　　에 그의 본래 품성이 착하고 사려가 깊다는 점을 알고 있습니다. 관원이 되
　　고 나서는 자신의 직무를 온전히 수행하려고 원망하는 소리를 들어도 회피
　　하지 않았는데, 조금 우직한 점은 있는 듯해도 뛰어난 점이 상당히 많았으
　　므로 신들은 조만간 그가 공을 이룰 수 있는 인물로 등용되리라 여겨 왔습
　　니다.[191]

라고 두둔해 나만갑을 중도부처에, 김육을 문외출송하는 데 그쳤다.[192]
오히려 조정에는 노서老西니 소서少西니, 청서淸西니 의서義西니 하는 명
목이 있어 서인 내부에 붕당의 조짐이 있었다.[193]

---

186) 年譜, 113쪽.

187) 年譜, 114쪽.

188) 《인조실록》 권 17, 인조 5년 9월 정묘.

189) 《인조실록》 권 19, 인조 6년 7월 을해. 실록에 "오윤겸은 일찍부터 청아한 명망이 있었으
　　므로 세상에서 중하게 여겼으나, 정승이 되고 나서 건의드리거나 조치한 일이 별로 없어
　　애석하게 여기는 사람이 많다"고 했다.

190) 《인조실록》 권 19, 인조 6년 11월 무인.

191) 《인조실록》 권 21, 인조 7년 7월 을미.

192) 年譜, 114쪽.

193) 《인조실록》 권 21, 인조 7년 10월 정묘.

1630년(인조 8) 11월에는 인조가 능행을 하자 오윤겸은 영의정으로서 유도대장留都大將이 되었다.194) 12월에는 인조의 생부 정원군定遠君 부琈를 왕으로 추숭하자는 이귀의 상소가 올라왔다.195) 이에 대해 오윤겸은

신의 생각으로는, 창업한 임금은 처음으로 종묘를 건립하는 까닭에 전대를 추숭하는 데 압굴壓屈되거나 방애妨礙되는 바가 있으니 참으로 사리에 합당하며, 또한 근거로 삼을 만한 전례가 있습니다. 지금 전하께서는 비록 중흥의 큰 공이 창업한 것과 다를 바 없지만, 소종小宗으로서 들어와 대통을 이어 선왕의 종묘를 받들었으므로 그 사체가 창업한 군주가 종묘를 처음 건립하는 것과는 다릅니다. 또한 대원군은 위로는 선왕의 명을 받지 못했고, 아래로는 백성을 다스린 사실이 없습니다. 그런데도 전하께서 친부라는 이유로 왕에 추존하고 태묘에 올리려 하시니, 신은 이 일이 종통에 대해서 압굴되는 바가 있고, 공의에 방애되는 바가 있을까 염려됩니다. 공자께서 말씀하시기를 '그 지위에 오른 뒤에 그에 맞는 의례와 음악을 거행하고 음악을 연주한다'고 했습니다. 그 지위에 오르지 못했다면 맞지 않는 의례와 음악을 어떻게 쓸 수 있겠습니까? 이처럼 중대한 일은 반드시 올바른 예에 맞은 다음에야 여러 사람이 승복하게 됩니다. 만약 사리에 맞지 않아 사람들이 승복하지 않는다면, 비록 부모를 높인다 하더라도 그것은 부모를 높이는 바른 도리가 아니라고 여겨집니다.196)

라고 해 추숭은 할 수 없다고 단언하고 영의정을 사직하고자 했다. 그러나 인조가 들어주지 않았다.197) 오윤겸은 자기의 말을 들어주지 않고

---

194)《인조실록》권 23, 인조 8년 11월 을유.
195) 이귀는 "이원익은 청렴하고 검소하기는 했지만 본디 학술이 없고, 오윤겸은 성혼의 문하에서 공부하기는 했지만 그 찌꺼기도 얻지 못했기 때문에, 명상名相으로 일컬어지면서도 끝내 세도를 만회하는 효과는 없다"고 혹평했다(《인조실록》권 25, 인조 9년 9월 기축).
196)《인조실록》권 23, 인조 8년 12월 병인.
197)《인조실록》권 23, 인조 8년 12월 무진.

오히려 중국에 주청하라고 하는 것은 대신의 말을 일고의 가치도 없는 것으로 여긴 것이니, 무슨 면목으로 뻔뻔스럽게 영의정 자리에 남아 있겠느냐며 17차례나 사직소를 올렸다.[198] 그리하여 8월 28일에 판중추부사로 옮겨 주었다.[199] 그런데도 계속 사직하고자 하자 9월 24일에 영돈령부사에 임명하였으나 계속 사직을 고집했다.[200] 그의 이러한 태도에 대해 실록에서는 다음과 같이 기록하고 있다.

> 윤겸은 충성스럽고 근실하며 청렴하고 결백해 평온할 때나 험할 때나 조금도 마음이 변하지 않았다. 수상으로 있으면서 추숭하는 의논을 따르지 않아 마침내 훈구재신에게 배척당하자 사직해 체직되었는데, 이때에 이르러 또 병을 핑계로 물러나기를 청한 것이다.[201]

오윤겸과 김류 등이 재상의 자리에 있으면서도 추존의 불가함을 강력히 주장했고, 최명길은 추존을 찬성하고 싶으나 남들의 말이 두려워 별묘別廟를 설치해 정원군을 모시자고 했다. 마침내 오윤겸 등이 체직되자 윤방이 영의정이 되어 인조의 뜻을 거스를까 두려워 별묘를 찬성해 추존이 시행되었다. 좌의정 이정구와 우의정 김상용도 처음에는 오윤겸과 같은 주장을 했으나, 결국은 윤방의 뜻에 끌려 별묘에 찬성하고 말았다.[202]

이때 오윤겸은 반드시 토당으로 돌아갈 것을 결심했다.

> 늙은 물건이 10년이나 더디게 돌아가는 것은 전하의 마음이 학문에 독실하실 것을 바랐던 것인데, 지금은 전하께서 정사에 마음을 기울이시고,

---

198) 《인조실록》 권 24, 인조 9년 4월 정묘.
199) 《인조실록》 권 25, 인조 9년 8월 무진·기사.
200) 《인조실록》 권 25, 인조 9년 9월 을미.
201) 《인조실록》 권 25, 인조 9년 11월 정축.
202) 《인조실록》 권 26, 인조 10년 5월 경자.

본원本源에는 뜻이 없으시니 내 비록 조정에 있어도 유익할 것이 없다. 공연히 임금의 녹을 먹는 것은 옛 사람이 부끄러워하던 것인데, 하물며 나이가 치사致仕할 나이를 지났는데도 물러가지 않고 무엇한단 말인가?[203]

하고 광주 욕정浴井에서부터 토당 묘하墓下에 이르렀다. 그는 한강을 건너면서 다음과 같은 시를 썼다.

백 가지 병 그 속에서 한 목숨 이어졌는데,	百病叢中一息綿
임금의 은혜로 불쌍히 여겨 찬 샘물에 목욕할 것을 허락했네.	
	聖恩憐許沐寒泉
평생에 한강 물을 심상히 건넜는데,	平生漢水尋常渡
오늘 배를 타니 눈물이 저절로 흐르네.	今日行舟淚自連

　1633년(인조 11) 9월 19일에 오윤겸은 다시 좌의정에 임명되었다.[204] 그러나 끝까지 사양하다가 왕이 승지를 보내 간곡하게 불러 비로소 나왔다. 1634년(인조 12) 3월에, 죽은 이중로李重老의 아들 이문웅李文雄·이문위李文偉와 박영신朴榮臣의 아들 박지병朴之屛·박지원朴之垣·박지번朴之藩 등 5인이 이수백李守白의 머리를 베었다. 이수백은 저탄猪灘에서 전사한 이중로의 머리를 베어 이괄에게 바치면서 관군의 사기를 꺾는 데 쓰라고 하였다. 박영신은 이수백에게 이가 부러지고 혀가 잘렸기 때문이다. 김류는 살인자는 죽여야 한다고 했으나, 오윤겸은 "아들로서 아비의 원수를 보복하는 것은 만고의 떳떳한 의리인데, 어떻게 일시의 후환을 염려하는 계책으로 만고의 떳떳한 의리를 손상시킬 수 있겠습니까? 신의 어리석은 생각으로는 문웅 등의 의열義烈에 대해서는 법을 굽혀 용서해 줌으로써 국가의 원기를 부식하는 것이 좋을 듯합니다"라고

---

203) 年譜, 116쪽.
204) 《인조실록》 권 28, 인조 11년 9월 무신.

해 귀양보내는 것으로 매듭지었다.205)

　1635년(인조 13) 2월에 원종의 부묘도감祔廟都監을 설치하고, 오윤겸을 도제조로 삼았다. 사람들이 부묘에 반대하고 도제조를 맡은 데 대해 "추숭하는 일은 옛 법이 아니기 때문에 당초에 힘써 반대한 것은 대신의 책임이요, 조정에서 정한 예는 명령을 받들어 행하는 것이 신자의 의리이다"라고 했다.206)

　그해 3월에 목릉穆陵과 혜릉惠陵이 무너졌다. 그런데 이를 두고 간관은 인사의 잘못 탓으로 돌리고, 예관은 천견天譴 탓으로 돌렸다. 그러나 오윤겸은 현지조사를 한 결과 다음과 같은 의견을 밝혔다.

　　　대개 두 능이 무너진 까닭은 갓 입힌 사초가 아직 뿌리를 내리지 않고 갓 돋운 흙이 아직 굳어지지 않아서 물이 그 틈을 타고 들어가므로 사초가 벌어지면서 흙이 패어 나온 뒤에 빗물이 쏟아져 들어가서 차츰 구덩이가 진 것으로, 형편상 그렇게 될 수밖에 없었습니다. 신들이 본 바로는 분명히 수재 때문에 무너진 것이지 달리 의심할 만한 단서는 없습니다.207)

　분명한 자연재해로 단언해 쓸데없는 사상을 차단한 것이다. 그런데도 뒷말이 많아 오윤겸은 완강히 사직하고자 했다. 그는 사직소를 21번, 차자를 11번이나 올렸으나 허락하지 않았다.

　12월에 인열왕후가 세상을 떠나자 오윤겸은 총호사摠護使가 되어 죽을 먹으면서 찬 땅에서 지내기를 6~7일 계속하다가 한질寒疾을 얻어 병세가 위중해졌다. 그런데도 그는 대행왕후大行王后의 시호를 논의하는 모임에 끝까지 참여하고 부축을 받고 집으로 돌아갔다. 병세가 더욱 위독해지자 왕과 왕세자가 계속 약물을 하사하고, 승지나 궁광宮官을 보내 문병했다.

---

205) 《인조실록》 권 29, 인조 12년 3월 기해.
206) 年譜, 118쪽.
207) 《인조실록》 권 31, 인조 13년 3월 무진.

1636년(인조 14) 정월 병세가 더욱 위독해 목소리가 제대로 나오지 않았다. 그런데도 자제들에게 "내 나이와 벼슬이 이미 극도에 달했으니 이는 정히 죽을 때인데 어찌 약에 의뢰한단 말이냐"고 하고, 이어 다음 과 같이 말했다.

> 비록 죽어도 조금도 마음에 걸리는 것이 없으나, 다만 다시 전하의 얼굴 을 뵙고 성학聖學을 돈독하게 권하지 못하는 것이 죽은 뒤의 한恨이다.
> 내가 성명聖明한 때를 만났으나 세도世道를 만회하지 못해 몸에는 덕이 없고, 나라에는 공이 없으니, 모든 묘도墓道 문자 및 시호謚號를 청하는 일 이나 만사挽辭를 구하는 일은 모두 하지 말도록 하라!

또 치상治喪은 마땅히 검소하게 하고, 상여喪輿 등 물건은 절대로 수를 놓아서 장식하지 말라고 했다. 세속에서 초상에 풍성하게 제사지내는 것은 예가 아니니 절대로 본받지 말라고 했다. 이때 마침 침방 밖 나무 위에서 까치가 울자 절구絶句 한 수를 지었다.

뜰에 있는 나뭇가지에 까치가 울어,	寒鵲飛鳴庭樹枝
그 소리 베갯가에 이르니 내 마음 슬퍼지네.	枕邊聲到我心悲
작은 정성을 아침 경연에서 다하려 했는데,	微誠擬待朝筵盡
오늘 저녁에 영 이별하니 괴로운 마음 어찌 견디리.	此夕那堪永別離

죽기 직전 그는 자제들에게 명해 새 자리를 깔게 하고, 높은 베개를 베고 동쪽으로 머리를 둔 다음, 부인을 물리치면서 "군자의 죽음을 부인이 보는 것이 아니다"라고 하고 신시申時에 숨을 거두었다. 치상은 유명遺命에 따랐다. 동궁에서 어익御衣 세 벌을 보내오고, 중관中官이 성복成服하기 전까지 있다가 갔다. 성복한 뒤에는 왕이 도승지 김경징金慶徵을 보내 조상했다. 3일 동안 철조輟朝하고, 4월에 용인 모현촌慕賢村 사좌해향巳坐亥向의 언덕에 장사지냈다. 빈렴殯斂한 뒤에 보니 옷 띠 속에

조그만 종이가 있었다. 손수 기록한 메모인데 ① 성학에 힘쓸 것, ② 역적 이공李珙의 과년한 딸을 시집보낼 것 등 5~6조가 적혀 있었다.

오윤겸이 죽기 전날 북악산에 큰 별이 떨어지는 소리가 천둥소리 같았다 하는데, 삼태성이 떨어졌기 때문이라 한다. 또한 그가 동호東湖의 정사에 있을 때 큰 별이 품속에서 날아가는 꿈을 꾼 다음 "내 이제 세상에 오래 있지 못하겠구나"라고 했다는 것이다.208)

《인조실록》에는 오윤겸의 졸기卒記를 다음과 같이 적고 있다.

> 윤겸은 일찍이 성혼의 문하에서 종유했으므로 학업에 자못 연원이 있었으며, 사람됨이 온순하고, 단정하고, 순수해 사림에게 추앙을 받았다. 혼조昏朝 때 신사信使로 일본에 들어갔는데, 몸가짐이 간이하고 깨끗해 왜인들이 공경하고 복종했다. 조정에 돌아온 지 몇 해가 못 되어 요동 지방이 오랑캐에게 함락되었으므로, 우리나라 사신들이 등주登州·내주萊州의 해로를 통해 중국에 들어갔는데, 사신으로 떠났던 두어 무리가 잇따라 바다에 빠져 죽었다. 그러므로 또 사신을 파견하게 되자, 사람들이 모두 뇌물을 바치고 피하기를 도모해 마침내 오윤겸이 가게 되었다. 그러나 윤겸은 꺼리는 안색이 조금도 없이 태연히 길을 떠났다.
>
> 계해년(1623)에 반정이 일어나자 제일 먼저 대사헌에 제배되었고, 얼마 안 되어 이조판서로 옮겼다가 병인년(1626)에 드디어 의정에 제배되었다. 청백하고 근신함으로써 몸을 지켰으며, 사람을 사랑하고 선비들을 예우했으므로 어진 정승이라고 일컬어졌다. 을해년(1635)에 능陵에 변괴가 생겨 명을 받들고 가서 실태를 살폈는데, 사람들의 말썽이 크게 일어나자 교외에 나가 대죄했다. 그러자 상이 위로의 유시를 내려 불러들였는데, 이때에 이르러 죽었다. 임종할 때에 아들에게 명해 시호를 청하지 말고 비를 세우지 말라고 했는데, 사람들이 모두 훌륭하게 여겼다.209)

---

208) 年譜, 121~122쪽.
209) 《인조실록》 권 32, 인조 14년 1월 을축.

온순하고, 단정하고, 몸가짐이 간이하고 깨끗하며, 청백하고, 근신하고, 사람을 사랑하고, 선비를 예우하고, 충성스러워 어진 정승으로 일컬어졌다는 것이다. 사관이 쓴 졸기가 이와 같이 칭찬으로만 이루어진 사람도 드물다.

묘갈명은 청음淸陰 김상헌金尙憲이 짓고, 묘지명은 약천藥泉 남구만南九萬이 지었으며, 행장은 백호白湖 윤휴尹鑴가 지었다.210) 시호는 1663년(현종 6) 1월 29일에 충정忠貞으로 정해졌다.211)

오윤겸은 후대에도 청백한 재상으로 이름이 있었다. 1639년(인조 17) 3월 3일에 특신관 허계許啓기 "이원익은 말할 것도 없거니와 작고한 상신 오윤겸도 몹시 청백했으므로 그 자손이 현재 굶주리고 있다"212)고 보고해 오윤겸의 차자 오달주吳達周가 벼슬을 받게 된 적이 있었다. 그리고 1663년(현종 4년) 2월 7일에 정언 이유상李有相이

고 상신 오윤겸이 평생 청렴, 근신했던 것은 이 나라 사람이면 다 아는 바인데, 그가 죽은 뒤에 집안에 남은 재산이 없어 자손이 굶주림과 추위를 면하지 못합니다. 그런데 지금 그 집안에 대대로 내려오던 노비가 갑자기 내수사內需司에 투속되어, 내수사가 관리를 파견해 그 집에 마구 쳐들어가서 노비를 몰아 가버려, 자손으로 하여금 땔나무와 물도 마련할 수 없는 지경에 놓이게 했으니, 보고 듣는 사람이 놀라고 탄식하지 않는 자가 없습니

---

210) 원래 비석은 오윤겸의 유훈에 따라 세우지 않았는데, 사후 15년 뒤에 여러 아들들이 친지들과 의논해 "선인이 착한 일이 있었는데도 이것을 후세에 전하지 못하면 이는 어질지 못한 것이다"는 명분으로 오윤겸의 일생을 가장 진솔하게 서술해 줄 김상헌에게 묘갈명을 써 줄 것을 부탁했다. 이 묘갈명은 1707년(숙종 33)에 세워졌는데, 글씨는 송준길이 썼다(金鶴洙, 앞의 글, 118쪽).

211) 《현종실록》 권 6, 현종 4년 1월 무술. 오윤겸의 시호는 1663년(현종 4)에 《현종실록》에는 '忠簡'으로 정했다. 그런데 일설에는 같은 해에 宋浚吉의 요청에 의해 忠貞·忠簡·文貞 가운데 수망인 '忠貞'으로 정해졌는데, 이에 대한 불만이 많았다고 한다. 오윤겸의 시호에는 마땅히 '文' 자가 들어가야 하는데 '忠' 자로 되었고, 末望인 文貞의 '文'도 '道德博聞'이나 '勤學好問'이 아닌 '慈惠愛民'인 데에 대한 불만이었다. 그래서인지 지금 남아 있는 오윤겸의 묘갈에는 '貞' 자만 있고, 앞의 한자는 공란으로 되어 있다(金鶴洙, 앞의 글, 118쪽).

212) 《인조실록》 권 38, 인조 17년 3월 경신.

다. 이에 내수사 관원을 파직하고, 노비는 유사로 하여금 조사해 처리하게
하소서.213)

라고 아뢰어 현종이 해당 관청에 명해 내수사 관원을 잡아 가두고 자세
한 사정을 조사 처리하게 했다.

---

213) 《현종개수실록》 권 8, 현종 4년 2월 병오.

6. 치적과 평가

약천 남구만南九萬은 그의 추탄 묘지명에서

> 우리 인조대왕께서 중흥했을 때는 실로 내가 듣고 볼 수 있는 세상이었다. 그때 조정의 인물을 논한다면, 혼조昏朝에 절의를 지킨 이로는 윤해창尹海昌이 있었고, 나라에 공을 세운 이로는 김승평金昇平이 있었고, 단아하고 덕망이 높은 이로는 신상촌申象村이 있었으며, 문장재화文章才華로는 이월사李月沙가 있었다. 우리 추탄 선생 오공에 이르러서는 한 가지 일만을 가지고 이름할 수 없으며, 또 한 가지 능한 것만 가지고 일컬을 수 없다. 공은 덕행이 뛰어났다. 마음속에 높은 수양을 쌓아서 다사롭기가 마치 맑은 옥과도 같고, 화기는 봄볕과도 같았다. 처세에서는 언론이 명쾌하고 기색이 유화해 접촉하는 사람에게 친근감을 주었으니, 나라 안 사람만이 아니라 나라 밖 사람들까지도 기뻐서 따랐으며 우러러 존경했다. 어찌 다른 인물에 비할 바이랴![214]

라고 하며, 인조조에 절의로는 윤방尹昉이요, 공훈으로는 김류金瑬요, 덕망으로는 신흠申欽이요, 문장으로는 이정구李廷龜를 치다고 했다. 그러나 오윤겸은 경술과 덕행이 뛰어나고, 언론이 명쾌하며, 기색이 유화宥

---

214) 南九萬, 領議政忠貞吳公墓誌銘屛序(李民樹, 《國譯 秋灘先生遺集》, 476~477쪽).

和해 여러 분야에서 뛰어난 사람이라고 평했다. 신흠은

> 문재文宰 가운데 장만張晩·서성徐渻·이홍주李弘冑는 모두 병무兵務를 알
> 고 있는 자들이고, 무장 가운데 이서李曙·신경진申景鎭·구굉具宏 등도 병무
> 를 알고 있는 자들입니다. 그리고 일을 처리하는 능력이 있기로는 심열沈
> 悅과 김신국金藎國이고, 경술에는 정경세와 오윤겸이고, 강직하기는 김상용
> 金尙容·김상헌金尙憲인데 김상헌은 문장도 쓸 만합니다. 최명길崔鳴吉은 나
> 라를 위해 마음을 다하고 있고, 이식李植·장유張維·조희일趙希逸의 무리는
> 문장이 쓸 만하니, 그들의 재능과 기국에 따라 등용해야 합니다.215)

라고 하며, 오윤겸을 정경세와 함께 경술에 뛰어난 사람으로 분류하고
있다.

1) 학문과 덕행

오윤겸은 학문과 덕행을 두루 갖추었다. 윤휴가 쓴 〈영의정오공윤겸
행장〉에도 "공의 천품이 도에 가깝고 기국이 순수해 온화하고 선량하고
단아하며, 청렴하고 안온하고 평이하고 담백해서 그 용모와 말투에 드
러난 것이 온화했다"216)고 회고하고 있다.

오윤겸은 관례를 마치자 학문에 뜻을 두어 우계牛溪 성혼成渾 문하에
들어가 존양存養과 성찰에 힘써 학문이 날로 발전해 사우師友들 사이에
존경을 받았다. 그는 스승인 성혼 선생을 존모해 1602년(선조 35)에는
성혼이 무함을 받아 죄적에 오르자, 스스로 자핵하고 벼슬을 사퇴했으
며, 1611년(광해군 3) 동부승지로 있을 때도 스승인 성혼이 신원되지 않
았다 해 사직소를 올린 바 있다. 그뿐 아니었다. 1623년(광해군 15) 3월

---

215) 《인조실록》 권 9, 인조 3년 8월 갑신.
216) 尹鑴, 《白湖全書》 卷 21, 領議政吳公允謙行狀

에 인조반정이 일어나 대사헌이 되었을 때에는 이정구 등과 함께 성혼
의 신원을 강력히 요구해 마침내 삭탈관작된 성혼의 벼슬을 복구해 주
었다.

오윤겸은 경학에 밝아 경연관經筵官, 서연관書筵官, 원자보양관元子輔
養官으로 임명되어 자주 왕과 세자 교육에 관여했다. 그때마다 그는
《대학》과 《대학혹문》을 열심히 읽을 것을 권했다. 이 책이 치도治道에
직접적으로 관계되는 것이기 때문이었다. 윤휴가 쓴 〈영의정오공윤겸행
장〉에는 다음과 같이 적혀 있다.

> 공은 평생 《대학》의 글을 가장 좋아해 항상 남에게 말하기를 '묘도妙道
> 와 정의精義가 모두 이 가운데 들어있으니, 사람들이 천하에 기이하고 화
> 려한 구경이나 고산대천高山大川의 노닒을 하고자 한다면 어찌 회옹晦翁의
> 《대학혹문》 속에서 찾아보지 않는가?'라고 했다.[217]

정인홍의 회퇴변척晦退辨斥이 일어났을 때에도 당파를 떠나 김상헌과
함께 선배유학자를 비호하고자 강력한 반박상소를 올렸다. 성균관 유생
시절 5현종사를 요구하는 상소문도 오윤겸이 썼다.[218] 그가 죽을 때에
도 "비록 지금 죽어도 마음에 걸리는 것이 없으나, 다만 다시 전하의 얼
굴을 뵙고 성학聖學을 돈독하게 권하지 못한 것이 죽은 뒤의 한恨이다"
라고 말한 것으로 보아 경학을 통한 국왕 계도에 깊은 관심이 있었음을
알 수 있다.

오윤겸은 덕성이 높기로 정평이 나 있었다. 그는 어려서부터 이미 노
성하다는 평을 들었으며, 뒷날 반드시 세상에 이름 있는 선비가 될 것
이라는 촉망을 받았다.[219] 성혼은 많은 제자들 가운데서도 추탄을 가장
사랑해 "어지러운 세상에서도 몸을 보전시킬 수 있고, 어지러운 나라에

---

217) 尹鑴, 《白湖全書》 卷 21, 領議政吳公允謙行狀.
218) 年譜, 97쪽.
219) 李民樹, 秋灘先生集解題(《國譯 秋灘先生遺集》, 56쪽).

서도 살 수 있는 사람이다"라고 평했다 한다.

오윤겸은 23세에 성혼의 문하에 들어가 덕성을 함양하는 데 힘썼다. 그러니 그의 고매한 인격은 우연히 얻어진 것이 아니다. 그는 사람을 대하여 사귀는 데 언제나 모나지 않았으며, 자기 자신을 낮추고 남을 높여서 겸허한 태도를 보였다. 몸가짐이 단정하고 엄숙하면서도 봄바람과 같은 화기가 있어서, 사람들에게 친밀감을 주었다.220) 한강寒岡 정구鄭逑도 공·사석에서 "오吳모는 참으로 따사로운 옥과 같은 군자인 것을 내가 처음에는 알지 못했다"고 했다.

오윤겸은 국량도 컸다. 일찍이 과장科場에 들어가서 답안지를 거의 다 썼는데 어떤 사람이 먹물을 엎질렀다. 그런데도 그는 조금도 개의치 않았다고 한다. 이 말을 듣고 정경세는 "그대는 나의 스승일세"라고 했다는 것이다. 또한 정여립 옥사 때는 성균관 유생들이 관련자들을 탄핵하려 하자 공초供招에 관계된 사람은 거론하지 말고, 교화를 밝히고 난신적자로 하여금 두려운 것을 알도록 하는 내용을 넣어야 한다고 주장해 식자들이 대체를 얻었다고 평가했다. 이조판서 이산해李山海는 그를 보고 "지금 세상에 다시 진유眞儒를 보겠다"면서 영릉참봉에 추천했다고 한다.221) 그가 문과에 급제했을 때의 이야기다. 오윤겸은 시험을 치고 결과를 보지도 않고 내려왔다. 성균관에 있는 사람이 급제 소식을 가지고 먼저 내려와서 뭇사람이 축하한다고 해도 정작 본인은 못 들은 척하고 얼굴빛을 바꾸지 않았다고 한다.222)

그러나 불의와는 타협하지 않았다. 1601년(선조 34) 오윤겸이 이조좌랑으로 있을 때, 이조판서 구사맹具思孟이 그의 아들 구성具宬을 대사성에 천거하려 했으나 붓을 잡고 끝까지 응하지 않아 뜻을 이루지 못하게 했다.223) 그리고 안주목사로 있을 때 선조가 죽고, 광해군이 즉위해 요

---

220) 李民樹, 秋灘先生集解題(《國譯 秋灘先生遺集》, 59쪽).
221) 年譜, 97~98쪽.
222) 年譜, 99쪽.
223) 年譜, 101쪽.

동차관差官이 조상하러 왔다. 오윤겸은 "차관은 중국 사신과 다르니 상복을 벗을 수 없다"고 하며 상복 차림으로 그를 맞았다. 차관도 하는 수 없이 따랐고, 조정에서도 여러 고을에 명을 내려 안주목사를 본받으라고 했다.224) 1603년(선조 36)에 북병사 윤안성尹安性이 위세로 경성판관인 오윤겸을 꺾으려 하자 그는 명령을 따르지 않고, 그러면서도 부하로서의 도리를 잃지 않으니, 오히려 윤안성이 끝내 후회하고 부끄러워해 공경을 다했다 한다.225) 정청 때 오윤겸은

> 오늘의 처변處變은 그 도리를 다할 수 있는 뒤라야 천하에 할 말이 있고, 후세에 대해서도 부끄럽지 않을 것입니다. 엎드려 바라옵건대 옛날 성현의 처변을 다할 수 있었던 길을 찾으시고, 이를 본받으시어 거룩하신 효성을 더욱 빛내시고, 학문을 더욱 돈독히 하소서.226)

라고 해 반대 의사를 분명히 했다. 이때 한 친구가 그에게 글을 보내 "이 같은 큰일을 당해 그대는 장차 어찌할 것인가?"라고 묻자, 그는 "평생에 배운 바가 진정 오늘에 있다[平生所學 正在於此]"고 해 3품관의 낮은 직위에 있었음에도 바른 말을 했다. 이 때문에 대간들에게 4간四奸 가운데 한 사람으로 몰려 곤혹을 치렀다.

1627년(인조 5)에 정묘호란이 일어났다. 오윤겸은 화의和議를 반대했다. 화이론華夷論에 입각해서였다. 그러나 후금과 동맹을 맺을 때는 왕명을 받아 동참했다. 왜 화의에 반대하는 사람이 동참하느냐 했더니, "주상께서 동맹에 참여하지 않는 것만도 다행이지 우리들이 부끄러움을 당하고 욕되는 것이야 어찌 족히 말하랴!"라고 답변했다.

1630년(인조 8) 12월 이귀는 인조의 생부 정원군定遠君을 추숭하자는

---

224) 年譜, 103쪽.

225) 年譜, 101쪽.

226) 李民樹, 秋灘先生集解題(《國譯 秋灘先生遺集》, 66쪽). 今日處變 能盡其道然後 可以着辭於天下 無愧於後世矣 伏願求古聖人能盡處變之道者 而爲法 使聖孝益大 聖學益敦.

상소를 올렸다. 오윤겸은 반대였다.

> 신의 생각으로는, 창업한 임금은 처음으로 종묘를 건립하는 까닭에 전대를 추숭하는 데 있어서 압굴壓屈되거나 방애妨礙되는 바가 있으니, 참으로 사리에 합당하며, 또한 근거로 삼을 만한 전례가 있습니다. 지금 전하께서는 비록 중흥의 큰 공이 창업한 것과 다를 바 없지만, 소종小宗으로서 들어와 대통을 이어 선왕의 종묘를 처음 건립하는 것과는 다릅니다. 또한 대원군은 위로는 선왕의 명을 받지 못했고, 아래로는 백성을 다스린 사실이 없습니다. 그런데도 전하께서 친부라는 이유로 왕에 추존하고 태묘에 올리려 하시니, 신은 이 일이 종통에 대해서 압굴되는 바가 있고, 공의에 방해가 되는 바가 있을까 염려됩니다.227)

창업한 시조와 반정한 인조는 윗대를 추존하는 데 다른 바가 있고, 인조의 생부를 올리려면 윗대 가운데 한 분이 종묘에서 나가야 하는 문제가 있기 때문이다. 추숭을 반대하면 인조는 말할 것도 없고, 이귀와 같은 반정공신들이 싫어할 것은 뻔한 데도 불이익을 감수하고 감연히 반대의견을 개진한 것이다.

또한 동구릉에 있던 선조의 목릉穆陵과 단의왕후의 혜릉惠陵이 무너졌을 때 인사의 잘못이나, 천견天譴으로 원인을 돌리는 것을, 오윤겸이 조사해 보고 단순한 자연재해로 단안을 내려 여론을 진정시킨 바도 있었다.228)

이와 같이 오윤겸은 일처리를 하는 데 혜안도 있었고 신념도 있었다. 그러면서도 다른 사람의 비위를 건드리지 않고 논리적으로 상대방을 설득하는 재상의 풍도가 있었다. 이러한 그의 성격을 함경도 암행어사 원호지元虎智는 "강직하고 강명하며, 재간이 많은 데다 청렴과 검약을 신

---

227) 《인조실록》 권 23, 인조 8년 12월 병인.
228) 《인조실록》 권 31, 인조 13년 3월 무진.

조로 삼고 있다"고 했고,229) 북도北道의 유생들은 "공평하고 염백廉白하기로는 오윤겸만 한 사람이 없다"고 했다. 또한 《광해군일기》에는 오윤겸의 성격을 "온후하고, 단정하고, 집안에서는 효성스러웠다. 관직에 임해서는 청렴하고, 근면했으므로 온 세상의 존중을 받았다"고 했고,230) 일본의 차사가 와서 "오윤겸 같은 사람은 반드시 한 사람뿐일 것이다"231)라고 했다. 마지막으로 《인조실록》에는 "윤겸은 충성스럽고 근실하며, 청렴하고 결백해 평온할 때나 험할 때나 조금도 마음이 변하지 않았다. 수상으로 추숭하는 의논을 따르지 않아 마침내 훈구재신에게 배척당하자 사직해 체직되었다"232)고 했고, 졸기에 "사람됨이 온순하고, 단정하고, 순수해 사림의 추앙을 받았다""청백하고, 근신함으로써 몸을 지켰으며, 사람을 사랑하고, 선비를 예우했으므로 어진 정승이라고 일컬었다"고 논평했다.233)

이와 같이 재주와 용단이 있고, 충효롭고, 겸손하고, 남을 사랑하고, 논리 정연한 오윤겸의 성격은 그가 39세에 겨우 문과에 급제하고, 반대파인 광해군의 북인정권 아래서나 반정공신 독주 속에서도 그 능력을 인정받아 영의정에까지 이를 수 있게 한 것이라고 생각된다.

2) 충효사상

오윤겸은 효성이 지극했고, 국가를 위해 충성을 다했다. 물론 충효는 유자의 근본 덕목이기는 하지만 그것을 지키고 못 지키는 데는 개인적인 편차가 있다. 오윤겸의 아버지 오희문吳希文은 아들에 거는 기대가 남달랐다. 오윤겸이 문과에 급제해 집안을 일으킬 수 있도록 돕기 위해

---

229) 《선조실록》 권 180, 선조 37년 10월 징미.
230) 《광해군일기》 권 36, 광해군 2년 12월 계사.
231) 年譜, 106쪽.
232) 《인조실록》 권 25, 인조 9년 11월 정축.
233) 《인조실록》 권 32, 인조 14년 1월 을축.

자신의 과업科業조차 포기하는 등 자식 교육을 위해 남다른 노력을 많이 했다. 이를 잘 아는 오윤겸으로서는 부모에게 효도를 다하지 않을 수 없었다.

그러나 오랫동안 외직에 나가 있어 부모를 자주 찾아뵐 수 없었다. 1605년(선조 38) 경성鏡城판관으로 있을 때 어머니가 죽었는데 길이 멀어 임종을 지키지 못해 평생 한으로 여겼다.234) 그 뒤 안주목사가 되었는데 아버지 나이가 70세가 되었다고 사직했다.235) 1609년(광해군 2)에는 아버지 나이가 일흔이어서 변방에만 나와 있을 수 없다 해 벼슬을 내놓았고,236) 1612년(광해군 5)에는 아버지를 봉양하고자 광주廣州목사를 자원해 내려갔다.237) 부모상에 3년 동안 여묘살이를 했음은 말할 것도 없다.

오윤겸은 일본과 명에 사신으로 다녀왔다. 1616년(광해군 9) 오윤겸은 늦게 통신사로 임명되었다. 일본에 가려면 바다를 건너야 하는데 풍랑 때문에 죽는 사람도 있었다. 그러나 그는 개의치 않고 감연히 떠났다. 그런데 도중에 풍랑을 만나 죽을 위기에 놓였다. 그 상황에서도 오윤겸은 태연히 둥근 부채에 이미 몸을 바쳤으니 죽을 각오가 되었다는 내용의 시를 써서 종사관이었던 이경직李景稷에게 주었다 한다.238) 충직한 외교관이었다.

1622년(광해군 14) 4월 17일에도 뒤늦게 희종熹宗 황제의 등극을 축하하는 등극사登極使에 임명되었다. 후금에 의해 육로가 막혀 바닷길로 명나라에 가야만 했기 때문에 대단히 위험한 행보였다. 이 때문에 사신으로 임명된 사람들이 온갖 핑계를 대고 가지 않으려 했다. 결국에는

---

234) 年譜, 102쪽.

235) 年譜, 103쪽.

236) 年譜, 104쪽.

237) 年譜, 105쪽.

238) 年譜, 106쪽. "이미 몸을 나라에 허락했으니, 다시 집에 돌아갈 생각 없네. 바로 바람에 돛 달고 가니, 먼 동쪽 만리의 물결일세."〔《秋灘先生集》卷 1, 五言絕句 自戡蠻夷發船船上偶占題行中圓扇示從事李公景稷(奉使日本時)〕

폐비정청에 참여하지 않은 죄로 대간에게 몰리고 있던 오윤겸의 차례가
된 것이다. 오윤겸은 두말없이 수락하고 출발했다. 그런데 석성도石城島
앞바다에 이르러 풍랑을 만나 위태롭게 되었다. 오윤겸은 즉시 공복公
服을 갈아입고, 칙서勅書를 품에 지닌 채 시를 써서 선실船室 창지窓紙에
끼워 두었다.[239] 나라를 위해 목숨을 바칠 각오를 한 것이다. 오윤겸은
등극사로 다녀온 이후에 좌참찬에 임명되었다.[240] 한편 인조반정 뒤에
인조는 오윤겸을 대사헌에 임명했다.[241]
　《인조실록》에는

> 윤겸은 충성스럽고 근실하며, 청렴하고 결백해 평온할 때나 험할 때나
> 조금도 마음이 변하지 않았다. 수상으로 있으면서 추숭하는 의논을 따르지
> 않아 마침내 훈구재신에게 배척당하자 사직해 체직되었다.[242]

고 적고 있다.

---

239) "한 번 죽음은 이미 먼저 정해진 일인데, 이에 이르러 다시 무엇을 의심하리. 조용히 옷
　　깃을 정제하고, 앉아서 명이 다할 때를 기다리리."〔《秋灘先生集》 卷 1, 五言絕句 石城島洋
　　中(李民樹, 《國譯 秋灘先生遺集》, 129쪽)〕
240) 《광해군일기》 권 184, 광해군 14년 12월 정축. 사관은 다음과 같이 평한다. "윤겸은 사신
　　이 여러 번 갈린 뒤에 명을 받았는데, 태연한 모습으로 길을 떠나 바닷길을 평지처럼 여겼
　　다. 그리고 풍파에 여러 차례 침몰될 뻔 했으나 옷깃을 여미고 똑바로 앉아 신색이 변하지
　　않았으므로 일행이 모두 그의 정력定力에 감복했는데, 상이 이 말을 듣고 가상하게 여겨
　　특별히 참찬에 제수했다."
241) 그 이유에 대해 실록에는 다음과 같이 적혀 있다. "경신년(1620) 이후에 중국에 갈 때면
　　사람들이 모두 기피했다. 그러나 윤겸은 사명을 받은 즉시 해로를 떠났으므로 광해가 가
　　상히 여겨 권장하기를 '신하가 된 도리는 마땅히 이와 같아야 한다'고 했다. 용무를 마치
　　고 귀국할 때 풍랑을 만나 배가 거의 침몰할 지경에 이르렀다. 이때에 배에 탄 사람들이
　　모두 울부짖었으나 윤겸은 황제의 칙서를 받들고 앉아 안색을 변하지 않았으므로, 사람들
　　이 모두 적임자를 얻었다고 칭송했다."(《인조실록》 권 1, 1년 3월 병오)
242) 《인조실록》 권 25, 인조 10년 5월 경자.

3) 훌륭한 목민관

오윤겸이 영의정까지 올라갈 수 있었던 것은 학문, 덕행, 효행, 충성심 밖에도 지방관으로서 뛰어난 행정능력과 조정능력을 가지고 있었기 때문이었다고 할 수 있다.

1596년(선조 29) 6월에 오윤겸은 유성룡의 추천으로 평강현감이 되었다.[243] 그는 열악한 평강현의 어려운 사정을 조정에 하소연해 국역의 과다한 부담을 줄여 주었고, 고을 사람들은 철비鐵碑를 세워 그의 선정을 기렸다.[244]

1601년(선조 34) 5월에 오윤겸은 경성판관이 되었다. 이 고을은 여러 번 병란을 당해 잔폐되어 있었는데, 오윤겸이 부임한 뒤 전력을 다해 구제해 고을 사람들이 동비銅碑를 세워 그의 공덕을 기렸다. 이때 임해군臨海君의 궁노가 경성에 왔다가 과부를 때려 상하게 한 사건이 일어났다. 오윤겸은 그를 옥에 가두고 엄한 형벌로 다스려 죽게 하니 사람들이 쾌하게 생각했다 한다. 이러한 오윤겸의 치적에 대해 함경도 암행어사 원호지元虎智는

> 경성판관 오윤겸은 강직하고 강명하며, 재간이 많은 데다 청렴과 검약을 신조로 삼고 있으므로 치성이 도내에서 제일이다.[245]

라고 칭송했다.

1607년(선조 40) 4월에 오윤겸은 안주목사가 되었다. 그는 벽돌로 쌓다 만 안주성을 돌로 다시 쌓자고 건의했다. 그는 성심으로 축성을 독려하고, 모자라는 경비는 이웃의 전세田稅를 지원받고, 화통도감의 장인들을 보충받아 축성을 완료했다. 이 소식을 듣고 조정에서는 옷감 한

---

243) 年譜, 99쪽.
244) 年譜, 99쪽.
245) 《선조실록》 권 180, 선조 37년 10월 정미.

벌을 하사하고, 순안어사巡安御使도 오윤겸을 도내에서 치적이 제일이라고 보고했으며, 고을 사람들도 그를 위해 선정비를 세워 주었다.[246]

1609년(광해군 1) 5월에 오윤겸은 동래東萊부사가 되었다. 그는 왜인들을 은혜와 위엄으로 다스려 왜인들이 그를 신명처럼 받들었고 부민들은 그를 위해 청덕비淸德碑를 세워 주었다.[247]《광해군일기》에도 그에 대해 "오윤겸은……관직에 임해서는 청렴하고 근면했으므로 온 세상의 존경을 받았다"[248]고 논평했다.

1611년(광해군 3) 3월 우부승지에 임명되었으나, 광해군이 특별히 충청감사에 제수했다. 그러자 비변사도 "신들도 오윤겸의 재주와 역량이 매우 뛰어난 것을 알고 있었습니다만, 요즈음 삼도 감사의 차출에 의망하지 않았던 이유는 그에게 병든 부모가 있어서입니다. 오늘 전하의 전교를 받듦에 다시 논의할 여지가 없습니다"[249]라고 변명했다. 그런데 대신大臣 이덕형李德馨은 그를 외지로 보내는 것이 마땅치 않으니 중앙에 남아 있게 해야 한다고 주장하기도 했다.

1610년(광해군 2) 10월에 강원감사가 되었다. 오윤겸은 영동嶺東·영서嶺西의 흉년을 성심으로 구제해 강원도를 소생시켰다. 그는 노산군魯山君의 묘를 수리하고, 각 고을이 제수祭需를 준비하는 것을 법식으로 삼았다.[250]

이와 같이 오윤겸은 부임해 가는 지방마다 선정비가 설 정도로 행정의 달인이었다. 이는 그의 덕성과 성실·근검한 성격에서 말미암은 것이기는 했지만 그보다도 올바른 공직자의 자세를 취하려 한 결과였다고 할 수 있다.

---

246) 年譜, 102쪽.
247) 年譜, 104쪽.
248)《광해군일기》권 36, 광해군 2년 12월 계사.
249)《광해군일기》권 39, 광해군 3년 3월 신축.
250) 年譜, 105쪽.

4) 공정한 인사

'인사는 만사'라는 말이 있다. 인사가 공정해야 치세治世가 오고, 인사가 공정하지 못하면 난세亂世가 온다는 말이다. 1601년(선조 34) 이조좌랑으로 있을 때의 일이다. 이조판서 구사맹具思孟이 그의 아들 구성具宬을 대사성에 추천하려 했다. 오윤겸은 붓을 들고 받아쓰지 않았다. 결국 추천은 무산되었다.251) 아버지가 아들을 추천하는 것은 공정하지 않기 때문이다.

오윤겸은 1623년(인조 1) 8월에 이조판서가 되었다. 그는 한때의 지명인사들을 기록했다가 음관蔭官으로 쓰고, 천거법薦擧法을 실시해 자헌대부資憲大夫(종2품 하계) 이상과 6조 당상, 삼사 장관, 관학 당상, 한성부 좌·우윤 등에게 인재를 천거하게 하고, 잘못 천거하면 천거한 사람이 책임지도록 했다. 경상도, 서북도, 전라도 사람들도 차별하지 않고 등용했다. 이에 인사에 까다로운 최명길조차도 "오윤겸은 식견이 두루 통하지는 못했어도 정성을 다하려는 마음은 상당하다"고 호평했다.252)

1624년(인조 2) 2월에 이괄李适의 난이 일어났다. 오윤겸은 이조판서로서 인조를 공주로 호종했다. 그런데 돌아와서 인조가 호종한 사람들을 녹훈하려 했다. 오윤겸은 한 달의 노고로 녹훈까지 한다면 벼슬길이 어려워질 것이라 하여 반대했다. 자기도 녹훈에 포함되는데도, 사私를 버리고 공公을 택한 것이다.

1625년(인조 3)에 오윤겸은 두 번째 이조판서가 되었다. 그는 벼슬길이 맑지 못한 것을 근심해 청탁請託의 시끄러움을 막고자 당상관들을 관청에 모아 한때의 지명인사들을 천거하게 해 그 이름을 적은 조그만 책자를 만들어 놓고, 인사人事가 있을 때마다 천거하니, 임금이 쓰려는 잡류雜流들은 벼슬에 참여할 수 없었다. 이에 인조는 자기가 천거한 사

---

251) 年譜, 101쪽.
252) 《인조실록》 권 3, 인조 1년 11월 신유.

람을 쓰지 않았다 해 당상관은 추고하고, 낭관은 국문하라고 했다. 그리
하여 오윤겸은 세 번 사직해 겨우 이조판서직을 사임할 수 있었다.[253]

　형벌에서도 공정을 기하고자 했다. 1623년(인조 1) 인조반정이 일어
나 대사헌이 되었을 때의 일이다. 반정 직후에 형벌을 엄하게 해야 할
것인데도 오윤겸은 오히려 화평和平과 인서仁恕에 힘썼다. 그리하여 처
벌받은 사람들조차도 감동하고 기뻐했다. 예컨대 경연에서 인조가 입후
자入后者에게 연좌법連坐法을 적용하는 것은 가혹하지 않느냐고 했으나
오윤겸은 부자관계는 천륜이니 연좌법을 적용해야 한다고 주장했
다.[254] 이에 비해 광해군의 처남인 유희분柳希奮은 이이첨李爾瞻처럼 폐
비를 주장해 강상綱常을 무너뜨린 죄가 아니니 파직하는 데 그쳐야 한
다고 했다.[255]

　또한 오윤겸은 서얼 차대를 반대했다.

　　서얼을 금고하는 것은 천하고금에 없었던 법이요, 실로 편벽되고 좁고
　비루한 소견으로써, 천지 생성의 뜻을 상하게 하는 것이오니, 성왕聖王의
　공명정대한 정치가 아닙니다. 하오니 이들을 벼슬길에 나가게 하는 것은
　매우 이치에 맞는 일입니다. 세간에서 행하기를 어렵게 여기는 자는 명분
　이 문란해진다고 말합니다만, 적嫡·서庶의 명분은 단지 자기 집안 내부의
　일이고, 조정에서는 단지 현명한 자를 쓰고 인재를 거둘 뿐입니다. 비록 귀
　현貴顯한 사람의 자손이라도 적서嫡庶 사이에 만약 명분을 범하는 일이 있
　으면, 나라의 법이 진실로 엄하게 다스릴 것이니 문란해지리라는 것을 염
　려할 바가 아닙니다.[256]

　서얼을 현직에 쓰지 못하게 한 것은 태종 때 서선徐選에 의해서였다.

---

253) 年譜, 112쪽.

254) 年譜, 109쪽.

255) 《인조실록》 권 1, 인조 1년 3월 기유.

256) 李民樹, 《國譯 秋灘先生遺集》 卷 3, 議 庶孼通仕路議, 386쪽.

그러나 뒤에 강희맹姜希孟이 《경국대전》을 주석할 때 서얼은 자자손손 금고禁錮하는 것으로 바뀌었다. 그 뒤 성종조에 이를 시정하고자 하다가 시행되지 못했고, 선조 초에 신분申濆 등 1천여 명이 글을 올려 원통함을 하소연하자, 선조가 "해바라기가 해를 향함은 곁가지를 가리지 않으니, 인신으로서 충성하기를 원하는 것이 어찌 꼭 정적正嫡이어야만 하랴!"[257]고 했다. 그 후 1583년(선조 16)에 이이李珥가 서얼허통庶孽許通을 주장했으나 변방에 급한 일이 생겨 하지 못했고, 인조조에 최명길崔鳴吉이 "예제禮制의 제정이 삼대보다 엄한 때가 없었으나, 적·서의 명목은 사실私室에서만 행해졌고, 공조公朝에서는 행해지지 않았습니다. 문지門地의 분별은 6조六朝 때보다 상세한 것이 없으나, 사람을 쓸 때는 단지 그 아버지의 성姓만 묻고 그 어머니의 성은 묻지 않았습니다. 대개 하늘이 인재를 낼 때 귀천의 차이를 두지 않았고, 왕자가 사람을 쓸 때 문지에 구애되지 않았으니, 이것은 천리에 당연한 일이고 백왕이 바꾸지 않았던 바입니다"[258]라고 했다.

1724년(영조 즉위)에 서얼 정진교鄭震僑 등이 서얼을 허통해 줄 것을 13번이나 상소를 했고, 궐문 밖에 엎드린 지 한 달이 되었다. 이들은

중국의 이른바 서얼은 단지 그 자신에게만 해당될 뿐이고, 그 자손까지 아울러 서얼이라 부른다는 것은 듣지 못했습니다. 그러나 우리나라의 경우 한 번만 서파庶派에 묶이면 수십 세世에 이르도록 능히 벗어나지 못합니다.

라고 하소연했다.[259] 이에 대해 영조는 다음과 같이 말했다.

우리나라는 본래 편소偏小한 데다 사람을 쓰는 것도 몹시 넓지 못하므로, 내가 적이 개탄스럽게 여겨 왔다. 하늘과 사람은 하나이고, 해와 달의

---

257) 《영조실록》 권 2, 영조 즉위년 12월 병술.
258) 《영조실록》 권 2, 영조 즉위년 12월 병술.
259) 《영조실록》 권 2, 영조 즉위년 12월 병술.

비침은 이미 정精·조粗를 가리지 않으니, 왕자王者가 사람을 쓰는 데 어찌 그 가운데 차이를 두랴! 그대들이 인용한 바는 근거가 있다. 그러나 다만 이 일은 그 유래가 이미 오래되어 갑자기 변통할 수가 없으니, 신중하게 하는 도리에 있어서 오로지 천천히 강구해 처리함이 마땅하다.260)

서얼의 자손을 금고하고, 천인의 자식을 천인으로 하는 법은 중국에도 없는 악법이었다. 이 때문에 땅덩이가 좁고 인구도 얼마 되지 않는 나라에서 대부분의 인재를 묻어 버리고 쓰지 않았던 것은 대단히 잘못된 것이다. 오로지 10할도 안 되는 양반들을 위해 인구의 절반 이상이 희생된다는 것은 매우 현명하지 못한 처사이다. 양반들도 이것이 잘못되었다는 것을 알고 있으면서도 현실적인 이해관계 때문에 영조가 말한 것처럼 이미 그 유래가 오래된 것이니 천천히 신중하게 처리해야 한다고 핑계대면서 한말까지 지극히 일부분을 제외하고 풀어 주지 않았던 것이다.

그런데도 오윤겸은 사가에서는 몰라도 공조公朝에서는 과감히 서얼을 허통해야 한다고 주장한 것이다. 중국에서 한漢의 위청衛靑·곽거병郭去病, 진晉의 배위裴頠·주개周顗·도간陶侃·환석건桓石虔·배수裴秀·완부玩孚, 당唐의 소정蘇頲·이소李愬·두순杜荀·영호창令狐彰, 송宋의 한기韓琦·범중엄范仲淹·진영중陳瑩中·추지완鄒志完·호인胡寅 등의 서얼 출신 명신名臣들이 나왔고, 조선에서도 성종조 이후에 박지화朴枝華·어숙권魚叔權·조신曹伸·이달李達·정화鄭和·임기任믇·양대박梁大樸·권응인權應仁·김근공金謹恭·송익필宋翼弼·이산겸李山謙·홍계남洪季男·유극량柳克良·권정길權井吉 등 서얼 출신으로 뛰어난 사람들을 배출했다.261) 서얼허통 상소는 1778년(정조 2) 8월 1일 황경헌黃景憲 등 경상·공충·전라도 유생 3,272명이,262) 1823년(순조 23) 7월 25일 김희용金熙鏞 등 경기·호

---

260) 《영조실록》 권 2, 영조 즉위년 12월 병술.
261) 《영조실록》 권 2, 영조 즉위년 12월 병술.
262) 《정조실록》 권 6, 정조 2년 8월 무오.

서·호남·영남·해서·관동 유생 9,996명이[263] 계속해서 올렸으나 소용이 없었다. 이때마다 번번이 이름이 거론될 정도로 오윤겸의 서얼허통 주장은 후세에 영향을 많이 끼쳤던 것이다.

5) 당색 배제

오윤겸은 재상으로서 당색에 매이지 않았다. 일을 공명정대하게 처리하고 편당을 짓는 것을 좋아하지 않았다. 그는 북인인 이산해에 의해 영릉참봉에 임명되었고, 남인인 유성룡에 의해 수령 후보로 뽑혀 평강현령이 되었다. 그리고 남인인 정경세와 잘 지냈다. 오윤겸이 정경세에 대해 다음과 같은 시를 썼을 정도이다.

우복愚伏의 어진 재주는 내가 공경하는 바이고,	愚伏賢才我所欽
연방蓮榜을 함께했을 때부터 마음 기울였었다네.	自同蓮榜便傾心
아이들을 대하기를 통가通家의 의리로 허락해,	視兒許以通家義
그대 아끼기를 세상에 없는 보배로 알았네.	愛子溫如絶代琛

또한 정경세가 이귀의 공격을 받고 물러나 있자, 오윤겸은

이 일은 이귀가 정경세를 공격하여 일어난 것으로 조정의 본의가 아닙니다. 유신은 임금의 덕을 보도하는 것이 그 직함이니, 정경세가 말한 것이 잘못되지 않았는데, 그 때문에 지위가 불안하게 되었으니 매우 한탄스럽습니다.[264]

라고 해 같은 당인 이귀보다 오히려 정경세 편을 들었다. 정경세는 오윤

---

263) 《순조실록》 권 26, 순조 23년 7월 신묘.
264) 《인조실록》 권 6, 인조 2년 5월 병인.

겸과 1582년(선조 15)의 사마동방司馬同榜이었고,[265] 오윤겸을 "나의 스승"이라고 한 적도 있다. 남인인 윤휴와도 친했다. 김덕민金德民은 오윤겸의 매제이다. 그런데 김덕민은 둘째부인 해주오씨를 맞이하기 전에 전처인 평산신씨가 있었다. 평산신씨는 딸 하나를 두고 죽었는데 그 딸이 윤효전尹孝銓에게 시집가 윤휴를 낳은 것이다. 그러므로 오윤겸은 윤휴의 외조모의 오라버니가 되는 셈이다.[266] 그래서인지 윤휴는 어려서부터 오윤겸과 면대할 일이 많았고, 토론도 많이 했다고 한다.[267] 윤휴가 오윤겸의 행장을 쓴 것도 그러한 척연 때문이기도 했다. 그래서 세간에는 오윤겸을 서인에 속하면서 마음은 남인이라 하고, 이수광을 남인에 속하면서 마음은 서인이라 하기도 했다.[268] 실제로 오윤겸이 이조판서로 있을 때 영남 남인들을 조제調劑 차원에서 많이 기용했다.

> 들으니 (윤겸이) 남인과 교결交結한 자가 많았기 때문에 시의時議가 전직銓職에 임명하지 못하게 하고, 또 가로막는 자가 많다고 한다. 그러나 이 또한 운명이니 어찌 복이 되지 않을지 알 수 있겠는가?[269]

회퇴변척晦退辨斥 때도 그렇다. 이언적과 이황은 남인인데도 오윤겸이 적극 변호하고 나선 것이다. 서인 재상이면서 인조와 반정공신들이 하고자 하는 원종추숭元宗追崇을 반대한 것도 그렇다. 그는 사리로 보아 안 되면 반대하였고, 당색이나 이해관계에 따라 추종하지 않았다.

남인만이 아니었다. 오윤겸은 남명과 가까운 성운成運과도 가까웠다.

---

265) 吳命新,《東湖》, 壬午司馬榜目. 장서각에 소장되어 있는 임오사마방목에 따르면, 1630년(인조 8) 이준李埈이 삼척부사로 내려갈 때 나온 동방 가운데는 윤방尹昉, 오윤겸吳允謙, 이귀李貴, 김상용金尙容, 이홍주李弘胄, 정경세鄭經世, 윤흔尹昕, 유순익柳舜翼, 이준李埈, 윤환尹晥, 김두남金斗南, 이배적李培迪 등 인조 초기 거물급 인사들이 많이 포함되어 있다.
266) 尹鑴,《白湖全書》卷 19, 外祖僉知中樞府事金公墓誌銘.
267) 尹鑴,《白湖集》, 附錄 年譜 六年丙寅.
268) 昔我先王反正之初 至誠調劑 朝廷之上 和氣藹然 好事者爲之語曰 跡西心南 吳允謙 跡南心西李睟光 當時寅協之美 蓋可想見矣(金應祖,《鶴沙集》卷 3, 辭應敎疏).
269) 吳希文,《鎖尾錄》庚子 12월 27일.

성운은 처조카인 김가기金可幾를 양자로 들였고 말년에는 조카딸인 성
우成遇의 딸과 혼인을 시켰다. 김덕민은 김가기의 재취부인인 전주유씨
柳潤祥의 딸과의 사이에서 낳은 아들로 오윤겸의 매제가 된 것이다. 그
리고 오윤겸의 사위 구봉서具鳳瑞는 남명의 문인인 구변具忭의 증손자
였다.270) 구변은 진주목사로 있으면서 덕천서원德川書院 창건을 주도한
대표적인 남명문인이었다. 그러니 남명계열과도 혼맥이 통했다고 할 수
있다.

　이와 같이 오윤겸의 개방적인 성격이나 처신은 재상으로서 당파간,
학파간의 갈등을 조정하는 데 도움이 되었을 것이고, 그 때문에 영의정
까지 될 수 있었던 것이 아닌가 생각된다.

---

270) 金鶴洙, 앞의 글, 114쪽.

7. 맺음말

해주오씨 추탄공파 가문이 명문으로 도약할 수 있었던 데는 여러 가지 이유가 있었다. 서울과 용인을 비롯한 근기 지방에서 중앙관인들과 혼맥을 유지했고, 오희문의 열성적인 기가起家 노력, 추탄 오윤겸의 개인적인 성품과 능력, 인조반정공신들과 같은 기호서인 학맥 등이 직·간접적으로 관련되어 있다.

1) 혼맥의 유지

해주오씨 추탄공파는 시조로부터 8대인 오희보吳希保를 중시조로 여긴다. 오희보는 해주오씨 추탄공파의 죽산竹山 입향조入鄕祖이다. 그러나 이때 이미 추탄공파는 서울의 남부 훈도방薰陶坊·죽전동竹田洞·주자동鑄子洞에 거주하고 있었다. 그러면서 죽산에 세거지를 정하고 혼맥을 형성해 갔다. 오희보의 아들 오중로吳重老의 장인은 집현전 부제학을 지낸 박강생朴剛生의 아들로, 아우인 박절문朴切問·박심문朴審問과 함께 3자등과三子登科를 했다. 여동생은 세종의 귀인貴人 장의궁주莊懿宮主다. 오중로의 아들 오계선吳繼善은 부인이 셋 있었는데, 첫째 부인인 전주이씨는 양령대군의 손녀였고, 둘째 부인인 안동권씨는 좌익공신 권개權愷의 아들인 권맹희權孟禧의 딸이며, 셋째 부인인 전주 이씨는 익안대군益安大君의 손자 양진정楊津正 이신조李信祖의 딸이다.

  오윤겸의 증조인 오옥정吳玉貞은 광주廣州 토당土塘에 기반을 잡았다. 본인은 석성현감에 그쳤지만 그의 처조부 김우신金友信은 성종이 잠저에 있을 때 사부師傅였고, 장인 김흔金訢은 문과에 급제해 공조판서를 지냈으며, 처남은 권신 김안로金安老였고, 신숙주申叔舟의 손자 신광한申光漢은 그의 사위였다. 오옥정의 아들 오경민吳景閔의 장인은 신숙주의 손서 남의문南義文의 손자 남인南寅이다.

  오윤겸의 아버지 오희문은 이정수李廷秀의 딸 연안이씨와 혼인했는데, 이정수는 세종조의 명신 이석형李石亨의 6대손이다. 그러므로 오윤겸은 이석형의 종가인 한양 숭교방崇敎坊에서 태어나 그곳에서 오랫동안 살았다. 이석형이 정몽주鄭夢周의 손자 정보鄭保의 사위가 되면서 그 재산의 일부가 연안이씨에게 분재되었고, 오희문이 이정수의 사위가 되면서 그 일부가 해주오씨에게 분재된 것이다. 그리고 오희문의 사위 심수원沈粹源은 중종조에 대제학을 지낸 심언광沈彦光의 손자였고, 사위 임극신林克愼의 형 임구령林龜齡의 사위 박응복朴應福은 아버지가 박소朴紹(朴世堂의 할아버지)이다.

  그뿐만이 아니다. 〈해주오씨족도〉에는 안정安定임씨·경주김씨·행주기씨·수원최씨 등의 가문과 직·간접적으로 혼인한 것을 상세히 기록해 놓고 있다. 이와 같이 해주오씨 추탄공파는 전주이씨·안동김씨·연안이씨·선산임씨·삼척심씨·의령남씨·광산김씨 등 가문과 직접적으로, 해주최씨·반남박씨·고령신씨·문화유씨·행주기씨·경주김씨 등과 간접적으로 통혼하면서 가문의 지위를 지켜온 것이다. 당시는 남귀여가혼男歸女家婚과 자녀균분상속子女均分相續이 행해질 때였으므로 혼인은 가격家格을 넓히는 결정적인 요소였다. 해주오씨 추탄공파가 혼맥을 유지하고 드러내려고 한 것도 그 때문이었다.

2) 오희문의 기가起家 의지

  윤휴가 쓴 〈영의정오공윤겸행장〉에는 다음과 같은 구절이 있다.

의정공(오희문)은 문행文行이 있어 과업을 닦았는데, 공(오윤겸)의 두각이 뛰어난 것을 보고는, 집안에 위인이 있어 장차 가문을 창대하게 만들 것이라 여겨 마침내 과업을 포기하고 반궁泮宮과 가까운 마을로 옮겨가 살면서 오직 시예詩禮에만 열중했고, 가까이 지내던 손들 가운데는 한때의 명성 있는 사람이 많았다.271)

오희문이 장자 오윤겸의 뛰어남을 보고 자기의 과업도 포기하고 아들의 급제를 위해 전력투구했다는 것이다. 그리하여 피란가 있는 동안에도 오윤겸 형제를 서당에 보내 과업을 독려하고, 과장科場에 관한 정보에 귀를 곤두세웠다. 그리고 아들들의 과거시험 결과에 대해 일희일비했다.272) 예컨대 1594년(선조 27) 10월 오윤겸과 오윤해吳允諧 형제가 부여夫餘 별시에 응시해 초시에는 합격했으나 회시에 둘 다 떨어지자 대단히 안타까워했고,273) 1595년(선조 28) 별시 초시에 윤겸·윤함·윤해 삼형제의 이름이 보이자 희색이 만면했다. 그러나 다음 해 회시會試에 다시 삼형제가 모두 낙방하자 자포자기해 운명의 탓으로 돌렸다.274)

그러다가 드디어 1597년(선조 30)에 오윤겸이 39세의 나이로 별시 문과에 급제하자

방목을 보니 조수인趙守寅이 장원이고, 윤겸은 일곱 번째로 급제했다. 온 집안의 기쁨은 말할 것도 없거니와 윤해가 실패한 것이 유감이라 하겠다.……오씨문중의 5대조 이하는 등과가 없었는데, 이번에 나의 아들이 처음으로 이겨낸 것이다. 지금부터 뒤를 이어서 일어날 희망이 있으므로 일문一門의 경사를 말로 어찌 다 표현하리오. 한없는 기쁨이 넘친다. 하늘에 계신 아버님의 영혼이 필경 어둡고 어두운 저승에서도 기뻐하실 것을 생각

---

271) 尹鑴,《白湖全書》권 21, 領議政吳公允謙行狀.
272) 金鶴洙, 앞의 글, 100쪽.
273) 吳希文,《鎖尾錄》卷 3, 1990, 680~681쪽.
274) 金鶴洙, 앞의 글, 100쪽.

하니 비감한 마음을 누를 길 없다.[275]

라고 해 넘치는 감회를 숨기지 못했다. 더구나 1600년(선조 33) 10월에 오윤해도 급제하자 명문으로 도약할 기반이 생긴 셈이다. 그리고 오희문의 기가起家 의지는 어느 정도 달성되었다. 그런데도 오희문은

> 나는 네 아들을 낳았는데, 맏아들 윤겸은 일찍이 비변사의 천거로 평강현령으로 나갔다가 지난 정유년 봄에 늦게 문과에 급제했으며, 그 아래 세 아들은 모두 학문에 뜻을 두었으나 아직 벼슬에 나가지 못했다. 그러나 저마다 아들을 낳아 그 수가 이미 8명에 이르렀으며, 또 나이가 어려 필시 여기에 그치지는 않을 것이니, 쇠한 문호를 창성하게 떨치는 것을 내 자손에게 바라는 바이다.[276]

라고 해 그 뒤에도 계속 문과에 급제해 관직자를 배출하기를 열망하고 있었음을 알 수 있다. 그래서인지 그 후에도 오윤겸의 손자 오도일吳道一, 조카 오달제吳達濟, 증손자 오수원吳遂元, 고손자 오명준吳命峻·오명항吳命恒·오명신吳命新·오명보吳命普 등이 줄줄이 문과에 급제해 현달했다. 그리하여 해주오씨 추탄공파는 명문으로 부상하게 되었다. 이를 통해 보면 한 사람(오희문)의 기가 의지가 집안을 일으키는 데 얼마나 결정적인 영향을 미치는가를 알 수 있다.

3) 추탄의 인품과 능력

앞에서 살펴보았듯이 오윤겸은 학문과 덕행을 겸비한 학자관료였다. 그는 23세 되던 1581년(선조 14)에 우계 성혼의 문하에 들어가 91인이

나 되는 제자들 가운데 가장 중망을 받는 사람으로 지목되었다. 그는 1589년(선조 22)부터 그가 죽은 1636년(인조 14)까지 57년이나 관직에 있었고, 그가 문과에 급제한 1597년(선조 30)부터 치면 39년 동안 관직에 몸담았던 전형적인 학자관료였다.

그가 영의정까지 올라갈 수 있었던 까닭을 그의 인품에서 찾는 사람이 많다. 오윤겸은 어려서부터 이미 노성하다는 평을 받고 있었다. 그의 스승인 성혼은 "어지러운 세상에서도 몸을 보존할 수 있고, 어지러운 나라에서도 살 수 있는 사람"이라고 평했고, 이산해李山海는 "지금 세상에 다시 진유를 보겠다"고 평했다. 정구鄭逑는 "오윤모는 참으로 따사로운 옥과 같은 군자"라 했다. 윤휴는 오윤겸의 행장에서 "천품이 도에 가깝고 기국이 순수해 온화하고, 선량하고, 단아하며, 청렴하고, 안온하고, 평이하고, 담백해서, 그 용모와 말투에 드러난 것이 온화했다. 그래서 사람들이 공을 한 번 보면 덕 있는 군자임을 알 수 있었다"고 술회하고 있다. 김상헌金尚憲은 오윤겸의 묘갈명에서 "천품이 순수하고 아름다워서 자연히 허물이 적었다. 평생에 신기하거나 고원高遠한 의논을 하지 않고, 능히 스승의 말을 지켜서 몸을 신칙하고 행실을 바르게 해 세상에 모범이 되었다. 사람들이 말하는 명신名臣이라든지, 《시경》에서 말하는 '온화하고 공손한 사람은 그 덕의 근본이다〔溫溫恭人 惟德之基〕'라고 한 것은 공을 두고 한 말인가?"라고 했으며, 남구만南九萬은 오윤겸의 묘지명에서 "공은 평생에 몸가짐을 겸허하게 했으니, 그 임종 때에도 후인에게 청시請諡나 비석 세우는 일을 못하도록 했다"고 회고한다.

이를 종합해 보면 오윤겸은 청렴·결백·강직·강명·온후·단정·근면·순수·선량·단아·선량·평이·온화·담백한 인품의 소유자로 묘사되어 있다. 당시의 명사들이나 사평史評에서 이와 같이 일관되게 좋은 평을 받은 사람은 없다.

게다가 목민관牧民官으로서 능력이 뛰어나, 부임하는 곳마다 선정비가 세워지고, 일본과 중국에 사신으로 가서는 풍랑을 만나 죽을 고비를 넘기면서도 사명을 다해 국가에 대한 충성심을 내보였다. 정사를 논의하는 자리에서는 당파나 이해관계를 떠나 공명정대하게 일을 처리했으며, 왕이나 반정공신에 대해서도 소신을 굽히지 않았다.

　이러한 오윤겸의 인품과 개인적인 능력이 그로 하여금 임진·병자란이 발발한 복잡한 시기에 일인지하 만인지상인 영의정에까지 올라갈 수 있게 한 것이라고 생각된다.

4) 기호서인의 학맥

　오윤겸은 우牛·율栗로 통칭되는 기호학통을 이었고, 그 가운데서도 우계牛溪 성혼의 파문고제坡門高弟로 인식되었다. 그는 1581년(선조 14)에 성혼의 문하에 들어갔다. 성혼은 조광조–성수침成守琛의 학통을 이었다. 그리하여 스승의 심법心法을 잇는 데 전념했고, 성혼도 그의 역량에 크게 기대했다. 성혼과는 자주 시사時事를 의논했고, 성혼도 후사를 맡길 만하다고 여겼다.[277] 1592년(선조 25) 11월 성혼이 선조를 뵙기 위해 의주로 떠나기 전에 사위 윤황尹煌에게

> 자손이 난세에 표류해 온전히 생존할 수 있을지 보장할 수 없으니, 자손들이 나의 백골을 가지고 돌아가 장사지내지 못하거든 두 사위가 옛날의 정의情義로 이 일을 맡아주기를 또한 바라는 바이다. 김권金權 이중而中·황신黃愼 사숙思叔·신응구申應榘 자방子方·오윤겸吳允謙 여익汝益·유대진兪大進 신보新甫·이귀李貴 옥여玉汝·한교韓嶠 사앙士仰 등 여러 사람 가운데 힘이 미칠 수 있는 자에게도 백골을 가지고 돌아가 장례지내는 일에 대한 부탁을 하는 것이 좋을 것이다.[278]

라고 해 오윤겸을 김권·황신·신응구·유대진·이귀·한교 등과 함께 후사

---

277) 金鶴洙, 앞의 글, 104~105쪽.
278) 成渾, 《牛溪集》 續集 卷 6, 後事(書付尹甥煌 壬辰十一日).

를 부탁할 만한 수제자로 꼽고 있다. 윤증尹拯은 오윤겸과 황신을 성문양생成門兩生이라 했으나,279) 박세채朴世采는 학문은 대단치 않았다고 했다.280) 그러나 '무실務實'을 중시하는 우계학파의 종지281)를 잘 이어받아 경세론을 펴기로는 오윤겸이 가장 두드러졌다.

오윤겸 가문은 우계 제자들과도 혼맥을 유지하고 있었다. 오윤겸의 증조인 오옥정의 사위는 신광한申光漢이었고, 오희문의 딸은 성혼의 처종질인 신응구申應榘에게 셋째 부인으로 시집갔다.282) 그리고 오윤겸의 아들 오달천吳達天은 황신의 손자 황연黃沇을 사위로 맞았다.283)

이와 같이 오희문의 해주오씨 가문은 조선 후기에 소론가문으로 자정한 창령성씨(成渾) · 고령신씨(申應榘) · 반남박씨(朴世采 · 朴世堂) · 파평윤씨(尹煌 · 尹拯) · 경주이씨(李時發) · 의령남씨(南九萬) · 풍양조씨(趙希輔) · 양주조씨(趙啓遠) · 전주최씨(崔起南 · 崔錫鼎) · 전주이씨(李景稷 · 李景奭) · 문화유씨(柳尚運) · 평산신씨(申欽) · 한산이씨(李顯英) · 달성서씨(徐貞履) · 청주한씨(韓必遠) 등 가문들과 통혼했다.284)

그리고 이귀 · 최명길 · 장유 등 반정공신과도 인척이 되고, 이정구 · 이경직 · 이경석 등과도 뜻을 같이했으며, 나아가서는 남 · 북인 인사들에 대해서도 차별하지 않고 공평히 대해 주었다.

이와 같이 오윤겸은 기호서인 학맥과 혼맥을 긴밀히 유지하고 있으면서도 당색이 다르거나 차별받고 있는 영남인, 서북인, 서얼까지도 골고루 등용하는 정책을 써서 위기의 정국을 잘 이끌어 간 훌륭한 재상이었다. 그러니 그에 대한 칭송과 사평은 공연한 것이 아니라고 하겠다.

---

279) 摳衣於牛溪先生之門 大爲牛溪所器重 時吳秋灘允謙 亦在門下 與先生並稱爲成門兩生云(尹拯, 《明齋遺稿》 卷 42, 秋浦先生黃公行狀).

280) 先生曰 牛溪門下 如吳秋灘黃秋浦諸公 皆篤信師門 盡心於王室則有之矣 若學問則未聞矣(金榦, 《厚齋集》 別集 卷 4, 南溪先生語錄).

281) 황의동, 《우계학파연구》, 서광사, 2005, 73쪽.

282) 吳希文, 《鎖尾錄》 甲午 7月 27日 · 8月 13日.

283) 金鶴洙, 앞의 글, 107쪽.

284) 金鶴洙, 위의 글, 107쪽.

제4장

백헌白軒 이경석李景奭의 생애와 행적

1. 머리말

2. 가계

3. 백헌 이경석의 행적

4. 맺음말: 이경석에 대한 평가

1. 머리말

백헌 이경석(1595~1671)은 효종 대에 나라를 위해 살신성인한 훌륭한 재상이다. 정종의 10번째 아들 덕천군德泉君의 후예로서, 5대가 지난 뒤 양반으로 된 종실宗室가문이다. 종실자손은 과전科田을 비롯한 토지와 노비를 가지고 있어서 비교적 유족한 생활을 했다. 그러나 5대가 지나 일반 양반이 되면 혈통보다 능력이 중시된다. 이 집안은 덕천군의 손자인 완성군莞城君의 산소를 잘 써서 자손 가운데 명상석보名相碩輔가 많이 났다고 하는 말이 있지만, 실상은 이경석의 부친인 이유간李惟侃이 월사月沙 이정구李廷龜·연릉延陵부원군 이귀李貴·연릉부원군 이호민李好閔·좌찬성 서성徐渻·진창군晉昌君 강인姜絪 등 실력자들과 연지계蓮池契를 만들어 가까이 지내면서 자손이 발신할 기반을 마련한 것이다. 게다가 이경직李景稷·이경석 등 출중한 인물이 배출되어 가격家格을 높일 수 있었다. 이 두 사람 밖에도 후손 가운데 대제학을 지낸 이진망李眞望·이광덕李匡德, 좌찬성을 지낸 이정영李正英, 소론관료로서 노론 4대신을 쫓아낸 이진유李眞儒·이진검李眞儉·이진급李眞伋·이진위李眞偉 등 소론명신, 글씨를 잘 쓴 이광사李匡師, 《연려실기술燃黎室記述》을 지은 이긍익李肯翊, 《당의통략黨議通略》을 지은 이건창李建昌 등이 모두 명성을 날렸다. 그래서 조선 후기에는 소론·남인명가가 되었다. 이른바 6진六眞(眞淳·眞洙·眞儒·眞儉·眞望·眞伋) 8광八匡(匡世·匡輔·匡贊·匡德·匡誼·匡師·匡呂·匡會)이 유명했다.[1]

이경석은 문장이 뛰어나 대제학을 역임했지만 그의 충성 어린 지조志操는 공무원의 전범이 될 만하다. 효종 초년에 청나라 사신이 효종이 추진하던 북벌운동의 실상을 조사하러 왔을 때, 당시 영의정이었던 이경석은 그 일은 모두 자기가 했다고 방패막이를 하고 나섰다. 그리하여 그는 백마산성白馬山城에 위리안치圍籬安置되었다. 이러한 행위는 나라를 위해 목숨을 건 충성스런 행위다. 또한 지도자로서 전범이 되는 행위다. 다음으로 1636년(인조 14) 10월에 청나라가 승전비勝戰碑인 삼전도비三田渡碑를 세우되 비문은 조선에서 지으라고 했다. 우여곡절 끝에 이경석이 지은 비문이 채택되었다. 그러나 내용의 일부를 고쳐야 한다고 했다. 이경석도 쓰고 싶지 않았으나 인조가 이 비문에 국가의 명운이 걸렸으니 써달라고 해 고쳐 썼다. 그러고는 글 배운 것을 후회했다고 한다. 살신성인의 자세이다. 이 두 가지 사안은 이경석의 노블레스 오블리주다. 그러나 그는 이 때문에 송시열宋時烈에게 송나라의 손적孫覿과 같은 소인에 비교되며 맹공을 받았다.

또한 이경석은 유교 이념에 바탕을 두고 백성의 어려움을 덜어 주어야 한다고 했다. 전쟁으로 초토화한 이 땅의 백성들을 구제하기 위해서였다. 세금을 줄여주고〔減稅〕, 부역을 감해 주자고 했다〔安民〕. 또 억울하게 쫓겨난 관료들을 풀어 주라고 했다〔恤刑〕. 국가의 원로로서 책임있는 발언을 한 것이다. 비록 국왕의 귀에 거슬리는 말이었지만 할 말은 한 것이다. 그러면 국왕도 되도록 공로가 많은 국가 원로의 말을 들어주었다. 이경석이 정치의 균형자 역할을 한 것이다.

이경석은 비록 청나라의 견제 때문에 22년 동안 영중추부사로 물러나 있었지만 국정에 깊이 간여했고, 서로의 이견을 조정했다. 이 같은 조정과 통합은 국가의 고위 지도자로서 꼭 해야만 했던 일이었다. 이경석이 조선사회에서 이러한 일을 가장 잘한 지도자였다는 것은 의심할 여지가 없다.

---

1) 《石白名門誌》(全州李氏白軒相公宗中), 1985, 37쪽.

이 장에서는 사실을 바탕으로 이경석의 통치능력과 지도력을 심층 조명해 보고자 한다.

2. 가계

　파시조는 정종定宗의 10번째 아들인 덕천군 이후생이다. 파시조인 덕천군으로부터 이경석의 직계조상과 직계비속의 가계를 그려 보면 〈표 1〉과 같다.

1) 덕천군 이후생

　덕천군德泉君 이후생李厚生은 제1남 의평군義平君과 같이 성빈誠嬪 지씨池氏의 소생이다.[2] 1397년(태조 6)에 태어나 1465년(세조 11) 11월 10일에 죽었다. 향년 69세. 태어날 때 꿈에 흰 기린이 나타났다고 한다. 어려서부터 효우孝友가 돈독하고 남들보다 어질고 후덕하여 임금이 기특히 생각해 '후厚' 자를 넣어 이름을 지어 주었고, 태종이 "근원하는 샘물이 마르지 않는다〔源泉不渴〕"는 뜻을 따서 덕천德泉이라는 군호를 어필御筆로 써서 내렸다.[3]

　한번은 태종을 모시고 잔치를 베푸는데 반찬에 벌레가 들어가 태종이 요리를 담당한 궁녀 30인을 죽이려 하자 혀로 거머리〔蛭〕를 빤 고사를 인용해 만류하니 태종이 "어질도다 내 조카여! 네가 아니었으면 사

---

2)《石臼名門誌》(全州李氏白軒相公宗中), 1985, 20쪽.
3)《全州李氏德泉君派譜》卷 1, 上系, 1~3쪽.

〈표 1〉 백헌 이경석의 직계존 · 비속도

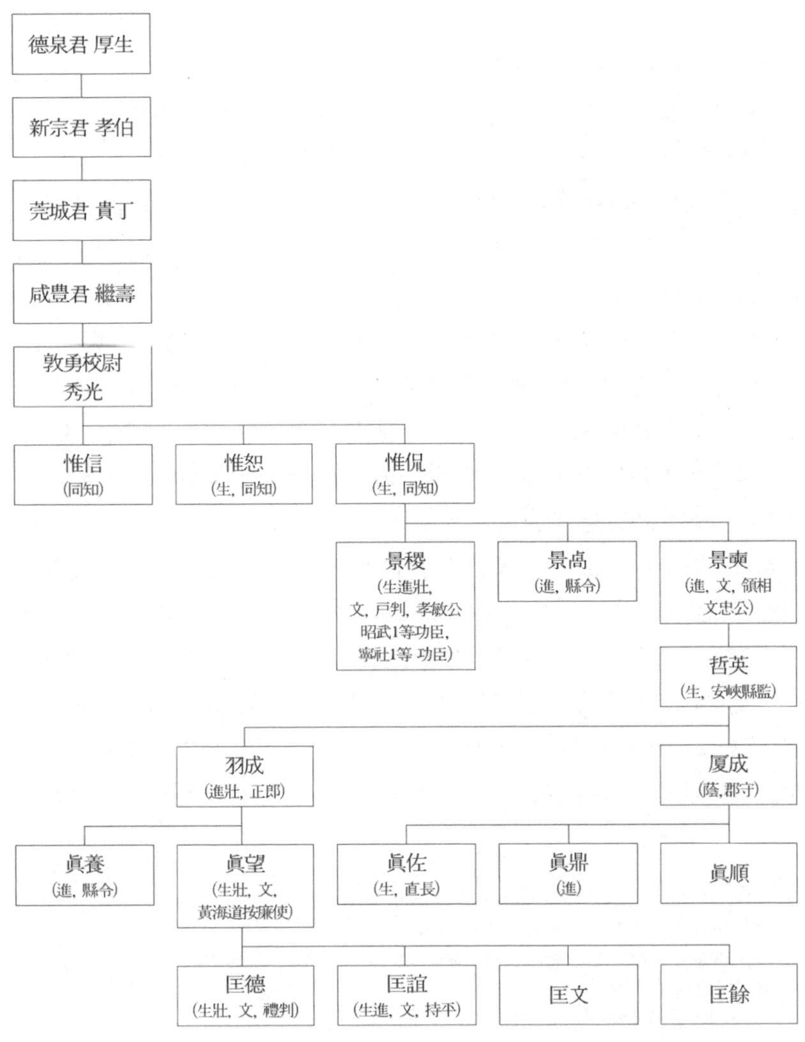

람을 잘못 죽일 뻔했구나” 하면서 거듭 칭찬했다고 한다. 그리고 어느
날 밤 여동생인 덕천옹주德川翁主의 집에 간병차 가 있었는데, 강도가

들어 도위都尉가 잡아왔다. 그에게 물으니 강도의 아버지가 지방 서기로 있으면서 공금 은銀 2천 냥을 유용한 죄로 잡혀 수일 내에 죽게 되자 아버지를 구하려 강도짓을 하게 되었다는 것이었다. 이에 덕천군은 그들을 자기의 노복이 될 것을 약속받고 은 2천 냥을 빌려주어 그 관리가 국가를 위해 충성을 다하게 했다고 한다. 그리고 노복이 되겠다고 온 가족들은 돌려보냈다. 이에 그 아들은 집에 생사당生祠堂을 지어 덕천군을 모셨다고 한다.4) 만년에 공주公州에 전장田庄을 마련하고 금강錦江을 지나가는데, 큰 비가 내려 수백 호가 떠내려가고 있었다. 이를 본 덕천군은 사람을 사서 뗏목을 만들어 수천 명을 살렸다 한다.5)

덕천군은 예학과 경학에 정통했다.6) 그리고 정치적 감각도 뛰어났다. 그는 비록 단종과 5촌 간이지만, 왕실을 보위하기 위해 세조를 지지했다. 그리하여 1456년(세조 2)에 원종공신原從功臣에 녹훈되고,7) 5공신회맹五功臣會盟에도 참여했다.8) 세조는 종친세력을 키우기 위해 종친은 관직을 가질 수 없다는 종친불임이사宗親不任以事9) 규정을 개정했다. 이에 덕천군의 장자 신종군新宗君 이효백李孝伯은 무과를 거쳐 병조참판에, 3자 운수군雲水君 이효성李孝誠은 정국靖國공신에 책훈되었으며, 1467년(세조 13)에 종친인 이준李浚은 영의정이 되었다. 덕천군도 1444년(세종 26)에 덕원정德原正,10) 1460년(세조 6)에 덕천군에 봉군되었다.11) 덕천군 가문은 뒤에 훈구·사림을 가리지 않고 널리 혼인관계를

---

4) 《石白名門誌》(全州李氏白軒相公宗中), 1985, 26~27쪽.

5) 《全州李氏德泉君派譜》 卷 1, 上系 1~2쪽.

6) 金慕齋安國 松林之壻也 撰松林碑云 德泉在王子中最好學 尤邃禮經學(《家乘》 上, 10世孫 李匡贊撰 德泉君墓誌銘).

7) 《石白名門誌》(全州李氏白軒相公宗中), 1985, 20쪽.

8) 5공신은 개국·정사·좌명·정란·좌익공신을 말한다. 5공신회맹을 주도한 사람은 세조의 장자인 李暲이었다(金鶴洙,〈白軒家門의 연원과 역사적 전개〉, 增補譯註《백헌선생집》出版記念 및 學術大會, 2011, 78~79쪽).

9) 《經國大典》 卷 1, 吏典 宗親府.

10) 《세종실록》 권 105, 세종 26년 7월 무신.

11) 《세조실록》 권 22, 세조 6년 11월 임오.

맺어 가문의 몰락을 방지했다.[12)]

　이와 같이 덕천군은 살아 있을 때 덕을 많이 쌓아 시호도 적덕공積德公이라 했다.[13)] 1873년(고종 10)에 광록대부光祿大夫 영종정경領宗正卿에 증직되었다. 묘는 광주廣州 서문 밖 중대면中臺面 거염리莒厭里(巨余里) 태장동胎藏洞 계좌癸坐에 있었는데, 6·25전쟁 때 군용지로 징발되어 1974년 8월 9일에 공주시公州市 의당면儀堂面 태산리台山里로 옮겼다. 묘지墓誌는 10세손 이광찬李光贊이 지었고, 신도비명은 이광사李匡師가 지었다. 연기군燕岐郡 방축동防築洞에 부조묘不祧廟가 있었는데 1739년(영조 15)에 공주시 의랑면儀郎面 태산리로 옮기고 후손 이광태李匡泰가 이건기移建記를, 대제학 이진망李眞望이 중건문重建文을 썼다. 묘廟는 당초 충남 연기군 방축동防築洞에 있었으나 1739년(영조 15)에 지금의 공주군 의당면儀堂面 태산리台山里로 이건했고, 진망의 중건비가 있다.[14)] 사우祠宇는 사불천私不遷으로서 역시 연기현 남방축리南防築里에 있었으나, 뒤에 공주 의랑儀郎으로 옮겼다. 신도비는 이경석이 세우려고 석재를 마련해 두었으나 백마산성으로 잡혀가는 바람에 160년 뒤인 1808년(순조 8)에 겨우 세웠다.[15)]

　부인은 장천부원군長川府院君 이종무李從茂의 딸 양산현부인陽山縣夫人(뒤에 高澤郡夫人) 장수長水이씨이다. 유지遺志로서 ① 학문을 좋아하고 예를 숭상하라〔好學崇禮〕, ② 덕을 쌓아라〔積德〕, ③ 나라에 충성하고 부모에 효도하라〔忠孝〕, ④ 생업에 정진하라〔嗇番進業勤〕, ⑤ 본 마음을 가지고 깨끗하고 바르게 하라〔繪素率履正〕는 네 가지 교훈을 남겼다.[16)]

---

12) 金鶴洙, 앞의 글, 82~84쪽.

13) 적덕積德이란 시호는 시법에 없는데 덕천공이 실덕實德을 힘썼기 때문에 후손들이 특별히 존경하는 의미로 붙인 것이 아닌가 한다. 그렇지 않으면 그의 아들 운수군이 정국공신에 책봉되어 관례대로 그에게 적덕보조공신을 내린 데서 말미암은 것이 아닌가라고 해석하기도 한다(李匡師撰, 始祖德泉君神道碑銘, 《선주이씨딕젼군파보》 知先錄, 270·280쪽, 家乘미디어, 2003. 10).

14)《石自名門誌》(全州李氏白軒相公宗中), 1985, 20쪽.

15)《石自名門誌》(全州李氏白軒相公宗中), 1985, 21~22쪽.

16)《전주이씨덕천군파보》 지선록, 270~280쪽.

덕천군은 4남 6녀를 두었는데, 4남은 신종군新宗君 이효백李孝伯, 부윤도정富潤都正 이효숙李孝叔, 운수군雲水君 이효성李孝誠, 송림군松林君 이효창李孝昌이요, 5녀는 판관 성찬成瓚, 현감 신갑지申甲之, 주부 원중치元仲稚, 참판 이창신李昌新, 군수 박계노朴季老에게, 서녀는 구세기具世麒에게 시집갔다.17) 이 가운데 신종군 이효백이 백헌의 5대조이다.

덕천군의 아들 송림군의 사위인 모재慕齋 김안국金安國은 송림군의 비문에서 "덕천군이 왕자들 가운데 가장 배움을 좋아했으며, 예경禮經에 더욱 밝으니 선비들이 많이 찾아와서 배웠다"고 했다.18) 덕천군은 6대 이후에 정경正卿 3인, 아경亞卿과 방백方伯 8인, 총관곤수摠管梱帥 9인, 정려를 받은 이가 수십 인, 목사牧使 이하는 셀 수 없이 많이 배출했다.19) 자손도 많고 명환名宦도 많다. 그래서 1덕2밀一德二密, 곧 전주이씨 소종파 가운데서 덕천군 자손이 제일이요, 세종의 아들인 밀성군密城君 자손이 둘째라는 말이 생겨났다. 덕천군은 아들 4인, 손자 24인, 증손자 88인, 모두 합해 116인이요, 그 가운데 봉군封君된 사람이 9인, 증군贈君된 사람이 16인, 모두 25인이다. 또 자손 가운데 충신 9인, 공신 6인, 원종공신 19인, 절사節死 20인, 의사 14인으로 모두 68인이나 된다. 이 가운데 정려를 받은 사람이 5인(충신 3, 순절 2)이었다. 과거합격자는 생원 1,094인, 진사 1,087인, 문과 53인, 무과 535인으로 모두 2,769인인데, 생원·진사에 장원한 사람이 91인이고, 문과 장원 15인, 무과 장원 35인이다. 또 부조묘가 6인, 궤장几杖 1인, 시호를 받은 사람이 19인, 대제학 3인이다. 관직은 영상 1인, 판서 14인, 판윤 1인, 참판 8인, 감사 6인, 부윤 2인, 대장 2인, 통제사 2인, 통어사 2인, 방어사 9인, 동지同知 24인, 순변사 2인 등이다.20)

---

17) 《전주이씨덕천군파보》 지선록, 273쪽.
18) 《전주이씨덕천군파보》 지선록, 273쪽.
19) 《전주이씨덕천군파보》 지선록, 292쪽, 新宗君墓誌銘.
20) 《石白名門誌》(全州李氏白軒相公宗中), 1985, 31~32쪽.

2) 신종군 이효백

덕천군의 장자 신종군新宗君은 태조 이성계의 증손이요, 정종의 손자이며, 이경석의 고조다. 1416년(태종 16)에 태어나 1487년(성종 18) 3월 13일에 죽었다. 향년 72세. 자는 희삼希參이고, 효행이 지극해 효백孝伯이라 이름 지었다.[21] 1459년(세조 5)에 세조가 모화관慕華館에 거동해 최적崔迪[22]과 짝이 되어 각각 화살 30개씩을 쏘았는데 신종군이 29시矢를 맞혀 당상관으로 승진시켜 주고 조금 뒤에 종친계 종2품인 정의대부正義大夫로 승진시켜 주었다. 1467년(세조 13)에 이시애李施愛의 난이 일어나자 세조는 신종군을 선봉장으로 삼고 친정親征했다. 1468년(세조 14)에는 무과에 급제해 품계가 더 올라갔다. 종친은 본래 과거시험에 응시할 수 없었으나 세조가 그해부터 응시할 수 있게 해 주었다. 1469년(예종 1)에 예종이 또 특별히 종친계 정2품계인 승헌대부承憲大夫를 주었고, 병조참판에 임명했다.[23] 본래 종친은 관직에 임명하지 않았으나 세조는 이 또한 개정해 종친에게도 관직을 제수한 것이다. 아우 운수군 이효성(시호는 양호공襄胡公)과 더불어 종친부를 창건해 유사당상有司堂上이 되었다.

신종군이라는 군호를 받고 여러 번 명나라에 사신으로 가니 황제가 특별히 차고 있던 황패영자黃佩纓子를 풀어서 하사했다고 한다. 또 활을 잘 쏘아 사람들이 성조聖祖의 신궁神弓이라고 했다고 한다. 시호는 공간공恭簡公이다. 묘는 성남시 석운동石雲洞 산 16-6번지에 건좌乾坐로 있

---

21) 《石白名門誌》(全州李氏 白軒相公宗中) 1985, 46쪽.

22) 崔迪(崔適)은 귀화인 甫老의 서자인데 1453년(단종 1) 甲士로서 別軍이 되어 명나라에 가는 사은사 수양대군을 호위한 공로로 품계를 올려주고, 1455년(세조 1) 司直으로서 좌익원종공신 1등에 해봉되었다. 1466년(세조 12) 登俊試 무과에 장원, 상호군에 특진되고 이어 길주목사가 되었다. 이듬해 이시애의 난 때 전공을 세웠고, 1469년(예종 1) 대호군에 승진, 1474년(성종 5)에 오위장을 거쳐, 1477년(성종 8)에 중추부첨지사가 되었다. 뒷날에 서자라는 이유로 탄핵을 받고 수차 좌천, 삭직되었으나 세조를 곁에서 항상 호위한 공으로 지중추부사에 올랐다(《新宗君》, 全州李氏 德泉君派譜, 新宗君宗會, 2쪽).

23) 위와 같음.

다. 묘지문은 9세손 광사匡師가 썼다.[24] 전하는 말에 이곳은 신종군이
사냥하던 곳인데, 일찍이 이 언덕에 올라 "반드시 내가 여기에 묻히리
라!"고 했다고 한다. 하루는 갓끈에 매달린 큰 구슬을 잃었는데 장사를
지내려고 광중壙中을 파보니 그곳에 있더라는 것이다. 그런데 종손이
약해 묘터가 남의 소유가 되었던 것을 5세손 문충공文忠公 경석景奭이
다시 매수해 묘를 쓰고 자기 묘도 그 아래 썼다고 한다.

부인은 지중추부사 최경예崔景禮의 딸 현부인縣夫人 예안(강릉)최씨
다. 1415년(태종 15)에 태어나 1504년(연산군 10)에 죽었다. 향년 90세.
신종군과 함께 묻혔다. 신종군은 4남 6녀를 두었는데, 4남은 완성군莞城
君 이귀정李貴丁, 신곡군新谷君 이부정李富丁, 소성수김城守 이순정李順丁,
학성군鶴城君 이연정李連丁이고, 6녀는 민승한閔承韓, 판관 유령柳寧, 감
찰 김요金燿, 최연崔漣, 김엄석金嚴石, 군수 현건玄健에게 시집갔다. 서자
로는 오원군五原君 이보정李寶丁, 장흥령長興令 이은손李銀孫, 장연령長淵
令 이은동李銀同, 상산군常山君 이말손李末孫, 회진군會津君 이경손李敬孫
등 5남이 있었다.[25]

3) 완성군 이귀정

신종군의 장자 완성군莞城君은 이경석의 증조다. 완성군의 휘諱는 귀
정貴丁이요, 자는 자미子美다. 1454년(단종 2)에 태어나 1527년(중종 22)
에 죽었다. 향년 74세. 부인은 판관 조석견趙碩堅의 딸 배천조씨다.
1464년(세조 10)에 정5품 병직랑秉直郎 완성감莞城監, 1466년(세조 12)에
종4품 봉직랑奉直郎 완성령莞城令, 1489년(성종 20)에 정3품 창선대부彰
善大夫 완성수莞城守가 되었다. 1490년(성종 21) 3월에 왕명으로 당상관
이 되고 중종반정 때 원종공신原從功臣으로 종3품 정의대부正義大夫 완

---

24) 《전주이씨덕천군파보》 권 1, 1쪽.
25) 《전주이씨덕천군파보》 知先錄, 292쪽, 李匡師, 新宗君墓誌銘.

성군莞城君이 되었다.[26] 그는 기이한 꽃과 독특한 풀을 심기를 좋아해 집안에 향기가 그득했으므로 군호에 '완莞'자를 넣었다고 한다. 그는 타고난 정품이 꾸밈이 없고 마음 씀이 고와 귀한 티를 내지 않았고, 사치를 좋아하지 않았으며, 다른 사람의 재기才技를 보면 칭찬하고, 잘못을 보면 남에게 말하지 않았다고 한다. 특히 활을 잘 쏴 성종 앞에서 기러기를 맞춰 활을 하사받기도 했다고 한다.[27] 중종반정 때 원종공신이 되고 대간의 반대에도 봉군되었다. 아버지 신종군이 죽기 직전 묏자리를 걱정하고 있을 때 중 한 사람이 공양을 받으러 왔다가 극진히 대접했더니 며칠을 묵어가면서 광주廣州 석운동에 길지를 잡아주고 홀연히 사라졌다. 어떤 사람이 이 중을 무학無學대사의 고제高弟 법운法雲거사라고 했다.[28]

완성군이 죽었을 때, 처음에는 석운산石雲山에 묘소를 쓰려고 했는데, 꿈에 중 한 사람이 나타나 아들인 상산군商山君에게 "그대 아버지를 장사지낼 곳은 외조부 판관 조석견趙碩堅의 묘소 바로 아랫자리다. 본래 그대의 집과 인연이 있는 곳으로 이전에 고려의 공경公卿을 장사지냈으나 제자리를 잃었기 때문에 후손이 끊어졌다. 진혈眞穴이 남아 있는데 이 자리는 백세 동안 영화롭고 이름이 나타날 자리니 그대는 도모하도록 하라! 그러나 운수雲水거사가 아니면 이 일을 결정하지 못할 것이니 그대는 운수거사를 어느 절로 찾아가 보라!"고 했다. 이튿날 꿈에서 깨어나 그 절로 찾아가 보니 거사가 정말 있었다. 거사가 말하기를 "태을太乙이 물을 거스르고 청룡靑龍이 조석수潮汐水가 있으며, 백호白虎가 문곡文曲에 백 리나 뻗어내렸으니, 서려 있는 용이 구슬을 토하는 반룡토주蟠龍吐珠 형상이므로 반드시 3정승과 3학사와 10명의 정경正卿이 날 것이요, 대代마다 문장과 명필과 벼슬아치가 계속되어 끊이지 않을 것

---

26) 莞城君墓域(百世榮顯之地) 文化財指定記(《전주이씨덕천군파보》知先錄, 家乘미디어, 2003, 318쪽).

27) 莞城君遺事(앞의 책), 316쪽.

28) 莞城君遺事(앞의 책), 316쪽.

인데 자손 가운데 중파中派와 계파季派가 더욱 길할 것이오"라고 하고
는 지팡이를 짚고 가버렸다 한다. 그 뒤 상산군이 외삼촌을 찾아가 며
칠을 두고 애원한 끝에 임시로 몇 해만 모실 것을 허락받아 그해 5월
26일에 장사를 모셨다. 이것이 흑석동黑石洞 수토산水土山에 있는 완성
군 묘소이다(부부를 합장했다).[29]

　그래서인지 전주이씨 완성군파가 104만 3,860인이나 되어 가장 자손
이 많다. 그리고 그 가운데서 문과급제자 35인(장원 12), 무과급제자
184인, 사마시합격자 178인(장원 9), 청백고행자淸白高行者 35인, 명필
15인, 정려旌閭를 받은 효자·열녀 11인을 배출했으며, 특출난 사람으로
는 임진왜란 때 운향사運餉使를 했던 이조판서 전성부원군全城府院君 이
준李準, 북벌계획이 탄로나 효종 대신 백마산성에 갇혔던 영의정 이경
석李景奭, 한성판윤을 6번이나 지낸 이조판서 이정영李正英, 조선 제일
의 명필이라는 원교圓嶠 이광사李匡師, 《연려실기술燃藜室記述》을 지은
이긍익李肯翊, 병인양요 때 자결한 이시원李是遠·이지원李止遠 형제, 강
화학파의 대표적인 인물인 영재寧齋 이건창李建昌·난곡蘭谷 이건방李建
芳 형제 등이 있다.[30] 완성군 묘역은 여러 번 수난을 겪은 끝에 2001년
5월 10일에 서울특별시 기념물 17호로 지정되었다.[31]

　완성군은 배천조씨와의 사이에서 4남 1녀를 두었는데, 4남은 화령부
수化寧副守 이계성李繼性·상산군商山君 이계보李繼保(1473~1543)·변성군
邊城君 이계연李繼連(1475~1545)·함풍군咸豊君 이계수李繼壽이고, 1녀는
문과를 거쳐 정언을 지낸 이세홍李世弘에게 시집갔다.[32] 이 가운데 넷
째 아들 함풍군이 이경석의 증조할아버지이다.

---

29) 莞城君墓域文化財指定記(앞의 책), 318쪽.

30) 위와 같음.

31) 위와 같음.

32) 《전주이씨덕천군파보》권 1, 상계 1~2쪽. 완성군의 아들로는 그 밖에 開城副守 李繼錫·富
　安令 李繼終·礪山副守 李繼孫·坡城副令 李繼安·舒川副令 李繼富 등 5인이 더 있다.

4) 함풍군 이계수와 이수광

함풍군咸豊君의 자는 사신思愼으로 1477년(성종 8) 4월 24일에 태어나 1558년(명종 13) 3월 13일에 죽었다. 향년 82세. 증손 이경석李景奭이 현달해 정의대부正義大夫로 증군贈君되었다. 묘는 과천果川 북면北面 작현鵲峴 사당리社堂里(지금의 사당동 산 44-23번지)에 있다(부인과 함께 묻혔다). 7세손 이광려李匡呂가 지은 묘지문이 있다. 부인은 군수 윤방尹滂의 딸인 파평윤씨다.[33] 묘지는 없다. 그의 집에 좋은 모란이 있었는데, 권력을 갖고 있던 진복창陳復昌이 갖고 싶어 하자 이에 함풍군은 그 모란을 캐버렸다.[34]

함풍군의 외아들은 이수광秀光이다. 자는 국현國顯으로 1507년(중종 2) 정월 24일에 태어나 1561년(명종 16) 12월 15일에 죽었다. 향년 55세. 돈용교위敦勇校尉를 지냈으며, 손자 이경석의 현달로 숭정대부 좌찬성에 증직되었다. 묘는 아버지 묘 근처에 썼다(쌍분이다). 비문은 손자인 이경직李景稷이 지었고, 이경석이 글씨를 썼다. 증손 이조판서 이정영李正英이 중각重刻했고, 묘지문은 7세손 도사都事 이민효李閔孝가 찬했다. 부인은 사과司果 김언정金彦禎의 딸 안동安東김씨다.[35] 이수광은 아들 셋을 두었는데 첫째는 병조참판을 지낸 이유신李惟信이요, 둘째는 무과를 거쳐 동지중추부사를 지낸 이유서李惟恕요, 셋째는 생원시에 합격해 동지중추부사를 지낸 이유간李惟侃이다. 삼형제가 모두 동지중추부사를 지냈다. 그래서 함풍군 자손들을 3동지공三同知公 자손이라 한다. 또 삼형제 모두 80세가 넘도록 장수했고 우애가 남달랐다 한다. 이에 자손들에게 유훈을 남기기를 "우리 삼형제 자손들은 비록 30촌이 넘을지라도 형님, 아우라 부르고, 하루를 먼저 낳았더라도 예의를 갖추어 절을 하고 만나고 추호도 소홀히 지내지 마라"고 했다고 한다[36] 삼형제

---

33) 앞의 책 卷 2, 641쪽.
34) 《石白名門誌》(全州李氏白軒相公宗中), 1985. 50쪽.
35) 《전주이씨덕천군파보》권 1, 상계 1~2쪽.

가운데 셋째 이유간이 이경석의 아버지다.[37]

5) 이유간

이유간李惟侃의 자는 강중剛仲이요, 호는 우곡愚谷이며, 1550년(명종 5) 10월 18일에 태어나 1634년(인조 12) 윤8월 24일에 죽었다. 향년 75세. 12세에 고아가 되어 어머니 정부인 안동김씨의 동생 습정習靜 민순閔純에 의탁해 공부했다. 민순은 화담花潭 서경덕徐敬德의 제자이다. 처음에는 신광한申光漢에게 배우다가 민순에게 의탁해 화담학花潭學을 계승했다. 민순은 화담의 수제자로서 화담의 처사적인 면모를 가장 잘 계승한 사람이었다. 민순의 제자로는 이유간을 비롯해 홍가신洪可臣·홍이상洪履祥·홍난상洪鸞祥·한백겸韓百謙·곽열郭說·이진의李眞義·윤효전尹孝全 등이 있었다.[38] 그리고 장자 이경직도 화담의 제자인 서자 출신 박지화朴枝華를 사사師事했다. 이러한 민순·박지화의 화담학은 이유간은 말할 것도 없고 이경석의 관료생활에도 깊은 영향을 미친 것으로 생각한다.

이유간은 청백淸白과 고행高行으로 이름이 있었다. 19세에 어머니 상을 당했고, 복을 마친 뒤에는 두 형에게 얹혀살았다. 1574년(선조 7) 충좌위 대호군 고한량高漢良의 딸 개성開城고씨와 혼인했다. 문과를 준비했으나 성공하지 못하고 1591년(선조 24)에 가서야 생원시에 합격했다. 민순 선생이 그에게 벼슬을 시키려 했으나 곧 죽게 되어 문인 가운데 현달한 사람에게 맡겼다. 1593년(선조 26)에 이항복이 병조판서가 되어 사산감역四山監役에 임명하고, 다음 해 한백겸韓百謙과 함께 진제청랑賑濟廳郎을 겸임했다. 그리고 1595년(선조 28) 여름에는 통례원 인의引儀 겸 한성부 참군이 되었다가 곧 제천현감이 되었다. 제천현은 3남으로

---

36) 《石白名門誌》(全州李氏白軒相公宗中), 1985, 52~53쪽.
37) 《전주이씨덕천군파보》 권 1, 상계 1~2쪽.
38) 金鶴洙, 앞의 글, 92쪽.

가는 길목이라 명군의 작폐가 심한 곳이었는데 5년 동안 성심으로 봉직해 다른 군현에 견주어 잘 유지될 수 있었다고 한다. 정유재란 때 찬획사贊劃使 이시발李始發이 군郡을 버리고 도망치려 하자 "임금이 욕을 보면 신하는 죽어야 한다"고 충고하니 그 뒤로 이시발이 다시는 벼슬하지 않았다고 한다.

1600년(선조 33) 봄에 형조좌랑에 임명되었다가 여름에 평양판관으로 옮겼으나 다음 해 병으로 그만두었다. 1603년(선조 36) 여름에 산음현감이 되었다. 산음 선비들 가운데 정인홍鄭仁弘을 믿고 횡행하는 사람이 많았는데, 이유간이 부임해 법에 따라 다스리자 싫어하는 사람이 많아 파직되었다. 1607년(선조 40) 봄에 장례원 사평司評이 되었다가 개성도사로 옮겼다. 1609년(광해군 1) 가을에 군기시 첨정, 그해 겨울에 천안군수를 역임했다. 1613년(광해군 5) 64세가 되던 해에 국법에 음사蔭仕는 65세가 되면 외임外任을 맡지 못하게 되어 있다면서 집으로 돌아갔다. 1620년(광해군 12) 여름에 사직령, 겨울에 광흥창수, 사섬시 부정 등의 관직을 역임했다. 1624년(인조 2) 이괄의 난이 일어나 아들 이경직·이경석과 함께 인조를 호종했으나 병으로 중도에 수원에서 떨어졌다. 환도한 뒤에 죄를 받겠다고 했으나 용서를 받았다. 1629년(인조 7)에 70세가 되었는데도 온갖 제사에 참여하였고, 민순 선생의 자손이 영락零落하자 그 뒤를 보살펴 주었다. 형제의 식구들도 두루 잘 보살펴 주었다. 이이첨과 척분으로 얽히나 그가 전횡을 하자 일절 만나지 않았다. 인목대비 폐비정청에는 참여하지 않고 밤낮으로 대성통곡 하면서 며칠 동안 술을 퍼마셨다 한다. 그 뒤로는 벼슬을 사양했다.

이유간은 월사 이정구李廷龜·연릉부원군 이호민李好閔·연평부원군 이귀李貴·좌참찬 서성徐渻·진창군晉昌君 강인姜絪과 어릴 때부터 막역한 사이였다. 특히 서성과는 어렸을 때부터 친해 서성이 평양감사, 이유간이 판관으로 있을 때 공무 중에는 깍듯이 예의를 갖추고 사석에서는 평교平交로 화기애애했다고 한다. 그 뒤 서성이 1613년(광해군 5) 계축옥사癸丑獄事 때 이이첨에게 죽게 될 상황이 오자 이유간이 큰아들 이경직을 보내 살려냈다.[39] 이들은 남문 밖에 연지계蓮池契[40]를 만들어 본인들은 말할 것도 없고 자제들도 함께했다.[41] 그러나 1634년(인조 12) 윤8월 24일에 병으로 집에서 죽었다.[42]

그는 아들인 이경석의 현달로 대광숭록대부 영의정에 증직되었다. 묘는 과천 관악산冠岳山 북록北麓 아래에 있다(지금의 관악구 남현동 산 57-10번지, 부인과 함께 묻혔다). 행장은 아들인 영의정 이경석이 썼고, 묘지문은 좌의정 김상헌金尙憲이 지었으며, 묘표는 이조판서 이명한李明漢이 찬했다. 부인은 충좌위忠佐衛 대호군 고한량高漢良의 딸 개성고씨다. 1559년(명종 14)10월 17일에 태어나 1632년(인조 10) 6월 9일에 죽었다. 향년 74세.

죽기 전에 임금이 황감黃柑 10매를 하사했는데 사양하니 "경은 연로하고 두 아들(이경직·이경석)은 다 쓸 만하기 때문에 생각이 여기에 미쳤으니 사양하지 마라"고 했다고 한다. 제천군수로 있을 때 정치를 잘해 송덕비頌德碑가 섰다. 《우곡일기愚谷日記》 10권이 전한다.[43]

이유간은 세 아들을 두었는데, 첫째는 호조판서를 지낸 이경직李景稷이요, 둘째는 진사시를 거쳐 현령을 지낸 이경설李景卨이요, 셋째가 영의정을 지낸 이경석李景奭이다. 그리고 맏사위는 인조 때 산림인 박지계朴知誡요, 셋째 사위는 삭령최씨 집안의 최휘지崔徽之였다.

---

39)《石白名門誌》, 全州李氏白軒相公宗中, 1985, 58~59쪽.

40) 1629년(인조 7) 6월 5일 70세 이상 된 노인명사 11인이 서울 남문 밖 홍사효洪思斅의 집 연지변에서 九老會나 耆英會를 본따 연지노인회를 만들고 그 후 수시로 모여 학덕을 즐겼다 한다(《石白名門誌》, 全州李氏白軒相公宗中, 1985, 58쪽).

41) 蓮池老人會(南池老人會)의 회원은 李麟壽·尹東老·李惟侃·李好閔·李勘·洪恩斅·姜絪·李貴·徐渻·姜純·柳舜翼·沈倫 등 12인과 그 자제들이다. 蓮池耆老會帖의 서문은 李景稷이, 글씨는 李景奭이 썼다(《四世三衡》, 全州 李氏德泉君派白軒相公宗中, 1985, 53~56쪽).

42) 같은 책 522쪽.

43) 같은 책, 648쪽.

6) 이경직

 이경직李景稷의 자는 상고尙古, 호는 석문石門으로 1577년(선조 10) 11월 26일에 태어나 1640년(인조 18) 7월 18일에 죽었다. 향년 64세. 백사白沙 이항복李恒福·상촌象村 신흠申欽·사계沙溪 김장생金長生에게 배웠다. 어려서 임진왜란이 일어나자 부모를 모시고 강화부에 피란했다. 나라에서는 군비로 충당하려고 관적官糴을 독납했는데 사대부가가 모두 갚지 않았다. 그런데도 이경직은 홀로 쌀을 관부에 지고 가서 바쳤다. 또 아버지가 제천군수로 부임했을 때 명군이 마구 착취하고 요구하는 물건을 조금만 늦게 내면 사람들을 핍박했다. 그러나 이경직이 일찍이 중국말을 배워서 이를 잘 무마했다. 이에 사람들은 그가 반드시 재상이 될 것이라고 칭찬했다고 한다.44)

 1601년(선조 34)에 생원진사시에 장원하고, 1605년(선조 38) 겨울에 황감시黃柑試를 비롯한 성균관 시험에 여러 번 우수한 성적으로 합격하자 다음 해 증광문과 전시에 직부直赴해 급제했다. 그리하여 1606년(선조 39)에 승문원 권지부정자, 1609년(광해군 1)에 승정원 주서 겸 시강원 설서 등의 관직을 역임했다. 본래 주서注書의 일은 선배들이 다 어려워하는 직책인데 이경직은 문장이 뛰어나 천언만어千言萬語를 빠트리지 않고 기록했다고 한다. 이 때문에 예문관 검열·대교·설서 등의 관직을 겸직할 수 있었다. 명의 사신 웅화熊化가 왔을 때 궁궐의 뜰 안에 서 있는 석문의 풍채를 보고 일부러 내려와서 사관史官이라는 것을 확인하고 읍하고 지나갔다고 한다. 1610년(광해군 2)에 홍문관 정자가 되어 장유張維·이경여李敬輿 등을 추천했는데 장유의 선인先人은 집안의 원수였다. 그러나 이경직은 "사천史薦은 공변된 것이다. 어찌 감히 사사로운 의견을 말하느냐"고 하면서 반대의견을 물리쳤다고 한다 또 사류들이 정거停擧(유생에게 일정 기간 과거를 보지 못하게 하는 벌)의 처벌을 받을

---

44) 李景奭, 《白軒集》 卷 48, 先伯戶曹判書贈右議政孝敏公墓誌銘(亞細亞文化社), 1983, 698쪽.

때는 여러 사람들의 의논을 물리치고 구해 주기도 했다. 그래서 싫어하는 사람이 많아 대간의 탄핵을 받기도 했다. 1611년(광해군 3)에 예문관 봉교가 되었다가 곧 성균관 전적, 호조좌랑, 예문관 수찬, 병조좌랑, 지제교 등의 청요직을 역임했다. 1613년(광해군 5)에 병조정랑이 되었는데 판서는 박승종이었다. 많은 낭관들이 박승종 때문에 욕을 봤는데 이경직만은 잘못한 것이 없어서 무사했다고 한다.

당시 이이첨이 사형수를 사주해 큰 옥사(七庶獄)를 일으키려 했는데 문사랑으로 있던 이경직이 죽음竹陰 조희일趙希逸과 함께 저지하자 광해군이 돌연히 체직시켰다. 또한 이이첨의 사위인 박자흥朴子興이 전랑銓郎이 되어 거짓으로 이경직을 사모하는 척하면서 전랑에 추천하려고 하자 더욱 조심하고 한 번도 만나지 않았다. 그러자 박자흥이 원한을 품고 수성찰방輸城察訪으로 내쫓았다. 이에 이경직은 1614년(광해군 6)에 근친覲親한다는 핑계로 물러나 돌아가지 않다가 파직되었다. 얼마 뒤 황해도사黃海都事가 되었다가 1615~1616년(광해군 7~8) 사이에 분병조정랑 2번, 병조정랑 1번을 맡았으며, 접반관接伴官, 진휼종사관賑恤從事官, 평안도 재상경차관災傷敬差官이 되어 3번 밖으로 나갔다.[45]

1617년(광해군 9)에 오윤겸吳允謙을 따라 회답사回答使의 종사관으로서 일본에 다녀왔다. 이경직은 일본어도 잘했다 한다. 왜인이 이경직을 무인으로 의심했으나 왜서倭書에 조금만 불손한 곳이 있어도 고치도록 했다. 이에 왜인들이 돈을 이전보다 많이 주었으나 받지 않고, 매일 주는 쌀도 쌓아 두었다가 돌려주었다. 글씨를 써 달라는 사람이 많았는데, 돌아온 뒤에도 요구가 계속되었다.[46]

1618년(광해군 10) 봄에 폐비정청廢妃庭請이 있었으나 참여하지 않았다. 그는 아버지와 함께 며칠 동안 단식을 하면서 상喪을 당한 것처럼 울부짖었다 한다. 그때 아우인 이경설이 금구金溝 임소에서 병이 나자

---

45) 李景奭,《白軒集》卷 48, 先伯戶曹判書贈右議政孝敏公墓誌銘(亞細亞文化社), 1983, 698~699쪽.

46) 李景奭,《白軒集》卷 48, 先伯戶曹判書贈右議政孝敏公墓誌銘(亞細亞文化社), 1983, 699쪽.

대간이 합계해 멀리 귀양보내야 한다고 했다. 김류金瑬 등과 가깝다는 이유에서였다. 실제로는 정청에 불참해 미워했기 때문이었다. 하지만 광해군이 따르지 않았다. 그리하여 5년 동안 집에 머물다가 일본에 사신으로 갔다 왔으나 탄핵을 받아 직첩을 빼앗긴 상태였다. 이시발이 찬획사贊劃使가 되어 이경직을 종사관으로 삼고자 해 미리 만나보려 했으나 응하지 않았다.47)

1622년(광해군 14) 명나라 장군 모문룡毛文龍이 가도椵島에 주둔해 지나친 요구를 하자, 이경직을 철산鐵山부사로 보내려고 했으나 대신 박승종朴承宗과 사헌부가 탄핵해 백의종군하게 했다. 비변사가 선천宣川이 긴박하다고 해 부府로 승격시켜 이경직을 보냈다. 그는 중국말도 잘하고 정치를 잘해 북계 사람들이 다 좋아했다. 모문룡이 백성을 못살게 굴면 이경직은 이를 철저히 보호했다. 그러자 모문룡도 항상 그를 충후하다고 왕에게 보고했다고 한다.48)

1623년(인조 1) 인조반정이 일어나자 의주부윤 정준鄭遵을 효수梟首하고, 이경직을 정3품 통정대부로 승진시켜 부윤을 삼았다. 역시 의주 백성을 잘 다스리자 인조의 장인 평안감사 한준겸韓浚謙이 그 치적을 보고해 형조참의로 불러 올렸다. 1624년(인조 2)에 이괄의 난이 일어나자 안변安邊부사에 임명되었다가 곧 전라병사로 전임되어 가다가 여산礪山에 이르러 군사를 거느리고 돌아와 한강에 이르렀다. 인조가 피난 갈 때 이경직은 파선破船 하나를 구해 왕을 태웠는데 신료들이 달려들자 칼을 빼들고 이를 물리쳤다. 그리고 주서 이경석과 함께 시립侍立하고 오직 승지 한효중韓孝仲만 따랐다. 수원에 이르러 해가 지고 이튿날 이경직을 부산에 보내 왜병의 도움을 받고자 했으나 그가 5~6가지 이유를 들어 반대해 그만두었다. 이원익李元翼도 그의 의견에 찬동했다. 공주에 이르러 이괄의 난이 평정되자 수원부사에 임명되었다. 이경직은

---

47) 李景奭, 《白軒集》 卷 48, 先伯戶曹判書贈右議政孝敏公墓誌銘(亞細亞文化社), 1983, 699쪽.
48) 李景奭, 《白軒集》 卷 48, 先伯戶曹判書贈右議政孝敏公墓誌銘(亞細亞文化社), 1983, 700쪽.

세력 있는 자들에게 환곡을 내주지 않았고, 명 사신이 요구하는 꿩이나 사기그릇을 줄여야 한다고 주장하다가 탄핵을 받자 병을 핑계로 물러났다. 겨울에 대비의 명으로 호군에 임명되었다가 1625년(인조 3) 봄에 동지중추부사로 옮겼다. 여름에 김장생·조희일과 함께 특진관이 되어 명의 사신이 왔을 때 어전에서 왕명을 집행했다. 가을에 개성유수로 나가 사치를 엄금했다.

1626년(인조 4) 여름에 또 두 조사詔使(姜·王氏)가 왔는데 중국말을 할 수 있는 신료가 없어서 도총부 부총관으로 불려 들어왔다. 사신이 예물을 증정하겠다고 했는데 역관이 말을 전하지 못해 이경직이 나서서 해결했다. 사신은 돌아가는 길에 채단을 선물로 주고 갔다. 가을에 장례원 판결사가 되어 재판을 명쾌히 해 칭송을 받았고, 병조참판·겸동지의금부사가 되었을 때 북저北渚 김류가 체찰사로서 이경직을 찬획사로 삼았다. 1627년(인조 5) 정묘호란이 일어나자 월사月沙 이정구李廷龜가 낙서洛西 장만張晩을 대신해 병조판서를 맡았는데 변방에서 보고가 자주 올라오고 어떻게 대처해야 할지 몰라하는 것을 보고 이를 감당하면서 병기를 치밀하게 점검했다. 이정구가 이를 보고 감탄했다고 한다. 한편 후금 사신이 인조가 직접 향을 피우고 하늘에 맹세를 해야 한다고 하는 것을 이경직이 듣고 대신들이 대신하도록 했다. 대간이 독단적으로 결정한다고 탄핵했으나 인조가 "이모는 주선한 공로가 많아 가상하니 벌줄 수 없다"고 하면서 윤허하지 않았다. 그러나 참판 자리에 오래 있었다 해 호군에 임명되었다.[49] 조금 있다가 부총관 겸 금부禁府총관을 거쳐 호조참판·동지의금부사(1628)·체찰부사(1629)를 역임했다.[50]

그때 모문룡이 불궤不軌를 꾀해 이경직이 가도椵島로 파견돼 정부에 쌀을 청해 서도민을 진휼하고 돌아와 예조참판이 되었다. 1630년(인조 8) 봄에 다시 병조참판, 겨울에 호조참판이 되었으며, 1631년(인조 9)

---

49) 李景奭, 《白軒集》 卷 48, 先伯戸曹判書贈右議政孝敏公墓誌銘(亞細亞文化社), 1983, 701~702쪽.

50) 李景奭, 《白軒集》 卷 48, 先伯戸曹判書贈右議政孝敏公墓誌銘(亞細亞文化社), 1983, 702쪽.

여름에 경기관찰사, 1632년(인조 10)에 동지중추부사가 되었다. 이 해에 어머니가 죽었다. 1633년(인조 11) 여름에 후금이 용골대龍骨大를 파견했다. 이에 인조는 이경직을 기복起復해 접대하게 하려 했으나 비변사가 자기 소관이라고 반대해 그만두었다. 1634년(인조 12) 8월에 복을 마치자 동지중추부사·도승지에 임명되었다. 1636년(인조 14) 겨울에 호군으로 비변사 당상을 겸대했다. 후금이 나라 이름을 청이라 고치고 그 임금을 황제라고 칭하는 외교문서를 보냈으나 조정에서는 이를 접수하지 않았다. 그러자 12월에 청이 대병을 일으켜 쳐들어왔다. 그리고 마부달馬大達 등이 거짓 강화를 내세우고 선봉에 서서 쳐들어오니 이경직이 인조에게 빨리 피난가야 한다고 말했다. 왕이 피란길에 올라 남대문에서 최명길崔鳴吉과 이경직을 홍제원弘濟院에 보내 마부달을 만나보게 했다. 시간을 끌기 위해서였다. 최명길이 정묘맹약에 서로 공격하지 않기로 하고 왜 쳐들어왔느냐고 따져 물었으나 청이 이미 강화의 뜻이 없음을 알고 남한산성으로 돌아왔다. 인조도 최명길과 이경직이 청군과 옥신각신하는 사이에 남한산성으로 피할 수 있었다. 원래는 강화도로 피난하려 했으나 청군에게 이미 길이 막혀 갈 수가 없었다. 성이 포위되고 대신들을 따라 여러 번 청군과 만났으나 그가 말을 하려 하면 용골대가 말을 하지 못하게 했다. 이경직이 구관당상으로서 용골대·마부달 등과 대적할 때 그들이 하늘을 빌려 협박하면, "하늘이 두 개가 아니어서 우리나라의 하늘이 곧 너희 나라의 하늘일진대 너는 어찌 너희 하늘이 있는 것은 알면서 우리 하늘이 있는 것은 모르느냐"고 받아쳤다. 그러자 용골대는 역관에게 "너희 나라에서 글 잘하고 말 잘 하는 사람은 이시랑(이경직)뿐이다"라고 했다고 한다.51)

1637년(인조 15) 정월에 인조가 서울로 돌아왔다. 이경직은 호조판서로서 국기경비를 아끼려다 파직되기도 했다. 이 해 가을에 도승지가 되었고, 겨울(10월) 새벽에 출근하려다 풍질風疾 때문에 관직을 사퇴했다.

---

51) 李景奭,《白軒集》卷 48, 先伯戶曹判書贈右議政孝敏公墓誌銘(亞細亞文化社), 1983, 702~703쪽.

1638년(인조 16)에는 종기까지 생겼다. 가을에 지중추부사·도승지에 임명되었다. 겨울에 강릉부사에 임명되었으나 대간이 이경직은 외직에 내보내서는 안 된다고 해 무산되었다. 1639년(인조 17)에 지중추부사 겸 도총관에 임명되어 청나라 사신이 올 때 관반館伴으로 삼았다. 1640년(인조 18) 봄에 대신의 천거로 그는 강화유수가 되어 정치를 잘했으나, 등창이 나서 7월 18일에 죽었다. 향년 64세. 1627년(인조 5)에 소무昭武 원종 1등공신에, 1628년(인조 6)에 영사寧社 원종 1등공신에 책봉되고, 인조에 의해 살아있을 때 우의정에 증직되었다. 1640년 9월 28일에 과천 관악산 북쪽 기슭에 있는 전부인의 묘에 합장했다. 그는 호란 때문에 장가도 늦게 갔고 재산을 모아두지 않았다. 그리고 그는 대단한 효자였다. 부모가 아프면 그 똥을 맛보고 손가락을 찔러 피를 내어 먹였다. 그리하여 효자정려까지 받았다. 시호는 효민孝敏이다.52)

묘는 아버지 무덤 아래 있으며[三位合窆], 행장과 묘지명은 동생인 영의정 이경석이 지었고, 신도비명은 영의정 김류金瑬가 지었으며, 조카인 형조판서 이정영李正英이 글씨를 썼다. 시장諡狀은 이조참판 이명한李明漢이 지었다.53)

부인은 둘인데 첫째 부인은 호군 오경지吳景智의 딸 보성寶城오씨로 1578년(선조 11) 5월 11일에 태어나 1607년(선조 40) 8월 15일에 죽었다. 향년 30세. 남편과 함께 묻혔다. 둘째 부인은 참판 이성길李成吉의 딸 고성固城이씨다. 역시 남편과 함께 묻혔다. 오씨부인은 3남 2녀를 두었는데, 장남 이장영李長英은 음사로 목사를 지냈고, 차남 이후영李後英은 이조참판에 증직되었으며, 삼남 이정영李正英은 문과를 거쳐 좌찬성을 지냈다. 장녀는 백사 이항복의 손자 이시중李時中에게, 차녀는 강사 상姜士尙의 손자 강홍익姜弘益에게 시집갔다. 고성이씨는 1녀를 두었는데 윤방尹昉의 증손 윤세장尹世長에게 시집갔다.54)

---

52) 李景奭, 《白軒集》 卷 48, 先伯戶曹判書贈右議政孝敏公墓誌銘(亞細亞文化社), 1983, 705쪽.
53) 李景奭, 《白軒集》 卷 48, 先伯戶曹判書贈右議政孝敏公墓誌銘(亞細亞文化社), 1983, 705쪽.
54) 이경석, 先伯戶曹判書贈右議政孝敏公墓誌銘, 《백헌집》 권 48, 묘지, 707쪽.

7) 이철영

　이경석은 아들 이철영李哲英과 관찰사 조원기趙遠期에게 시집간 딸 하나를 두었다. 이철영의 자는 사명士明, 호는 괴원槐園으로 1613년(광해군 5) 정월 28일에 태어나 1662년(현종 3) 9월 25일에 죽었다. 향년 50세. 1646년(인조 24) 생원시에 합격해 의금부 도사, 귀후서歸厚署 별제別提, 사섬시司贍寺 주부, 사복시司僕寺 주부를 역임하고, 1649년(인조 27)에 통진通津현감으로 나갔는데, 아버지 이경석이 백마산성에 위리안치圍籬安置되자 관직에서 물러났다. 1651년(효종 2)에 태복시太僕寺를 거쳐 안협安峽현감에 임명되었다. 이것은 1654년(효종 5)에 청나라 사신이 와서 이경석과 이경여李敬輿에게 절대로 관직을 주어서는 안 된다고 압력을 가하자 효종은 이경석이 돌아가 쉴 만한 전장田庄이 없을 것이라 짐작하고 아들을 수령직에 임명한 특별한 배려였다. 현감으로 있을 때 모두들 노비의 수를 불려서 보고하는데, 이철영만 실제 수대로 보고해 고과를 중中밖에 못 받았으나 어사가 오히려 그의 정직함을 칭찬했다고 한다. 그리하여 수령직을 마치고 돌아올 때 백성들이 비를 세워 칭송했다고 한다. 그 뒤 사재감司宰監 주부가 되었다가 4년 동안 양천현감을 지냈다. 활인서活人署 별제를 거쳐 평시서령平市署令으로 있을 때 병에 걸려 1662년(현종 3) 9월 25일에 죽었다. 죽은 뒤에 이조참판에 증직되었다.

　묘는 광주 낙생면樂生面 석운리石雲里 아버지 무덤 옆에 있다. 묘표는 영의정 서종태徐宗泰가 썼다. 부인은 보성寶城오씨와 기계유씨杞溪兪氏 둘이 있었다. 전실 오씨는 사옹원정司饔院正 오행민吳行敏의 딸이고, 후실 유씨는 우의정 유홍兪泓의 현손녀요, 유계兪棨의 딸이다. 오씨는 1613년(광해군 5) 12월 13일에 태어나 1658년(효종 9) 10월 5일에 죽었다. 향년 46세. 남편과 함께 묻혔다. 유씨는 1641년(인조 19)에 태어나 1664년(현종 5) 6월 22일에 죽었다. 향년 24세.[55]

8) 이우성과 이하성

이철영은 이우성, 이하성 두 아들과 네 딸을 두었다.

이우성李羽成의 자는 의경儀卿, 호는 석암石菴으로 1641년(인조 19) 정월 13일에 태어나 1698년(숙종 24) 4월 12일에 죽었다. 향년 58세. 1662년(현종 3) 증광 진사시에 장원해 전별서 별제, 빙고 별검, 건원릉 참봉 등의 관직을 역임했다. 1680년(숙종 6)에 병판 김석주金錫冑, 영의정 김수항金壽恒 등은 할아버지 이경석이 어진 재상이라 해 이우성을 의금부 도사에 추천하였고 호조좌랑, 공조좌랑, 봉화현감, 사복시 주부, 태인현감, 훈국벽위랑訓局辟爲郎 등의 관직을 역임하다가 1689년(숙종 15)에 물러났다. 그러다가 1694년(숙종 20)에 다시 의금부 도사, 공조좌랑, 형조정랑이 되었다. 1695년(숙종 21)에 진안鎭安현감이 되었으나 1698년(숙종 24) 4월 12일에 죽었다.56) 죽은 뒤에 이조판서에 증직되었다. 묘는 용인 수지면水枝面 동천리東川里 산 135-313번지, 313-4번지에 있다. 묘갈문은 아들인 이진망李眞望이, 묘지문은 손자인 목사 이광회李匡會가 썼다. 부인은 정이화鄭以和의 딸 동래정씨로 1642년(인조 20) 정월 15일에 태어나 1726년(영조 2) 12월 20일에 죽었다. 향년 85세. 남편과 함께 묻혔다.57)

이하성의 자는 하경賀卿으로 1646년(인조 24)에 태어나 1717년(숙종 43) 8월 21일에 죽었다. 향년 72세. 묘는 광주廣州 도론리道論里에 있다. 음직으로 군자판관, 군수를 지냈다. 부인은 윤원경尹源慶의 딸 파평坡平 윤씨로 1720년(숙종 46) 5월 1일에 태어났다.58)

네 딸은 여산인礪山人 현감 송섬宋掞, 창원인昌原人 현감 황일黃鎰, 가

---

55) 徐宗泰, 平市署令李公(諱哲英)墓表, 《全州李氏德泉君派譜》 卷 2, 家乘미디어, 李丙昌, 653쪽.

56) 禮曹判書李眞望(陶雲公)撰, 贈吏曹判書行刑曹正郎李公羽成墓碣銘, 知先錄, 499쪽.

57) 禮曹判書李眞望(陶雲公)撰, 贈吏曹判書行刑曹正郎李公羽成墓碣銘 卷 1, 知先錄 領議政 忠貞公 崔錫鼎撰, 領議政文忠公李景奭(號白軒) 行狀, 446쪽; 같은 책, 徐宗泰, 平市署令李公(諱哲英)墓表, 480쪽.

58) 위의 책.

림인嘉林人 조홍기趙鴻紀, 문화인文化人 유봉정柳鳳廷에게 시집갔다. 이들 자손들이 현달하지 못한 까닭은 송시열을 비롯한 노론의 핍박 때문이 아닌가 한다.[59]

이우성은 2남 2녀를 두었다. 장자 이진양李眞養의 자는 이보頤甫로, 1667년(현종 8) 5월 21일에 태어나 1709년(숙종 35) 3월 23일에 죽었다. 향년 43세. 1696년(숙종 22)에 진사시에 합격해 현령을 지냈다. 묘는 광주 낙생면 도론리道論里에 있다. 부인은 감사 윤반尹攀의 딸 남원윤씨로 1667년(현종 8) 정월 8일에 태어나 1747년(영조 23) 2월 10일에 죽었다. 향년 81세. 남편과 한께 묻혔다.[60]

이하성李厦成은 3남 4녀를 두었는데, 3남은 이진좌李眞佐·이진정李眞鼎·이진순李眞順이요, 4녀는 파평인坡平人 윤동상尹東尙, 남양인南陽人 홍응몽洪應夢, 죽산인竹山人 안윤정安允定, 평산인平山人 신겸하申謙夏에게 시집갔다.[61]

이진좌는 1667년(현종 8)에 태어났다. 직장直長 벼슬을 지냈다. 부인은 장령 박징朴澂의 딸로, 1727년(영조 3)에 태어났다. 진정의 자는 중숙重叔으로 1673년(현종 14) 10월 26일에 태어나 1715년(숙종 41) 10월 12일에 죽었다. 향년 43세. 1699년(숙종 25) 진사가 되었다. 묘는 홍주洪州 주남면朱南面 와계촌臥鷄村에 있다. 부인은 정선서鄭先緒의 딸 광주光州정씨로, 남편과 함께 묻혔다. 이진순은 1711년(숙종 37)에 태어났다.

9) 이진망

이우성의 차남 이진망李眞望은 자가 구숙久叔, 호는 백문白門, 만호晩號는 도운陶雲으로 1672년(현종 13) 정월 3일에 태어나 1737년(영조 13)에 죽있다. 항년 66세. 중조는 영익정을 지낸 문충공 백헌 이경석이요,

---

59) 앞의 책. 白軒의 墓碑銘도 뽑히고 깎여 방치되었던 것을 최근에 와서 다시 세웠다 한다.
60)《全州李氏德泉君派譜》卷 2, 781쪽.
61) 위의 책, 654쪽.

할아버지는 평시서령平市署令을 지낸 이철영李哲英이다. 할아버지와 아
버지는 이진망 때문에 각각 이조판서에 추증되었다. 어머니 정부인貞夫
人 동래정씨는 영의정 문익공文翼公 정광필鄭光弼의 후손으로, 고조는
좌의정을 지낸 임당林塘 정유길鄭惟吉이요, 증조는 좌의정을 지낸 수죽
水竹 정창연鄭昌衍이며, 할아버지는 이조참판을 지낸 정광경鄭廣敬이요,
아버지는 학생 정이화鄭以和이다.[62]

이진망은 어려서부터 영특했다고 한다. 어려서 유모가 안고 이웃집에
갔는데 과일을 주자 조금만 베어 먹고 손으로 '일이일이一二一二'라 하
고 어머니에게 갖다 주고자 했다. 조금 뒤에 또 과일을 주니 마찬가지
였다. 숫자는 둘 이상을 알지 못하는데도 물건을 보면 부모를 생각하고,
여러 번 맛보되 다 먹지 않으니 보는 사람들이 기특하게 여겼다. 11세
에 아버지 이우성을 따라 남쪽에 있는 임지에 가서 관사를 중수한 것을
보고 문득 기문記文을 지었으며, 어릴 때 사장詞章이 대단해 소문이 자
자했다고 한다. 이에 남계南溪 박세채朴世采가 직접 이우성을 찾아와 손
주사위를 삼았다고 한다.[63]

1696년(숙종 22)에 사마 양시兩試에 합격했는데, 생원시에는 장원을
해 1702년(숙종 28)에 영소전永昭殿 참봉이 되고, 이어서 1704년(숙종
30)에 내시교관內侍敎官, 1706년(숙종 32)에 경령전敬寧殿 참봉, 1708년
(숙종 34)에 왕자사부王子師傅, 1710년(숙종 35)에 종부시宗簿寺 주부·호
조좌랑 등의 관직을 역임했다.[64]

1711년(숙종 37)에 삼일제三日製에 초시와 전시 모두 장원해 병조정
랑·시강원 문학·병조정랑을 역임했다. 1712년(숙종 38)에 서흥瑞興현감
으로 나갔다가, 다음 해에 지평으로 불려 올라왔다. 앞서 서계西溪 박세
당朴世堂이 백헌신도비명을 쓸 때 말이 노론에 저촉되어 관학유생 홍계

---

62) 孫贈 府使公 匡會 撰, 崇政大夫議政府左贊成兼判義禁府事世子貳師知經筵事弘文館大提學藝
　　文館大提學知春秋館成均館事五衛都摠府都摠管行正憲大夫禮曹判書兼知經筵事弘文館大提學
　　藝文館大提學知成均館事世子右賓客李公(眞望)行狀(《全州李氏德泉君派譜》, 知先錄, 516쪽).
63) 위의 책.
64) 위의 책.

적洪啓迪 등이 박세당과 이경석을 비난하자, 상소를 올려 그 억울한 점을 변백하려 했으나 노론이 이를 막아 10여 년 동안 뜻을 이루지 못했다. 그러나 왕은 이진망을 위로했다.[65]

1714년(숙종 40) 가을에 충청우도 암행어사로 나가 세력을 믿고 발호하는 토호 이성채李星彩를 법에 따라 처단했다. 그러나 이성채가 반격해 오자 그는 성 밖에서 들어오지 못하고 기다리고 있었으나 왕이 그 죄를 불문에 부쳤다. 그리하여 1715년(숙종 40)에 문학에 임명되어 괘서掛書 사건에 문사랑청問事郞廳으로 활약하고, 1716년(숙종 16)에 지평을 거쳐 이홍록吏弘錄에 서발되어 이조정랑에 임명되어야 마땅했으나 노론의 반대로 뜻을 이루지 못했다. 1717년(숙종 43)에 병조정랑에 임명되었으나 곧 경기도사로 옮겼다가 1718년(숙종 44)에 의성義城현감이 되었다. 1719년(숙종 45)에 양전量田을 반대하다가 저지당하자 벼슬을 버리고 돌아갔다. 1720년(숙종 46)에 숙종이 죽자 찬수청纂修廳 낭청이 되고, 산릉도감 도청都廳에 임명되어 그 노고로 통정대부로 승진했다. 1721년(경종 1)에 병조참지, 승정원 동부승지를 거쳐 청주목사가 된 지 몇 달 만에 작은 일로 파직되었다가 1722년(경종 2)에 실록청 당상이 되었다. 다시 병조참지에 임명되었다가 부제학에 재선되고, 예조참의를 거쳐 황해감사로 나갔다. 1723년(경종 3)에 대사간으로 옮기고 곧 이조참의가 되어 전주銓注에 대신의 말을 따르지 않다가 파직되었다. 그러나 이어 병조참의, 이조참의, 호조참의(1724), 부제학, 승문원 부제조, 실록도감 당상 등의 관직을 역임했다. 부모를 봉양하기 위해 춘천부사로 나가기를 원했으나, 강화유수에 임명되었다가 홍문관 제학으로 옮겨 승문원 부제조를 겸대했다.[66]

그런데 1722년(경종 2) 임인옥에 김일경金一鏡이 지은 반교문頒敎文에 패역부도悖逆不道한 말이 많다 해 이진망으로 하여금 다시 지으라 했다.

---

65) 앞의 책, 516~517쪽.
66) 위의 책, 517쪽.

그러나 그는 4대신 가운데 조태채趙泰采는 다른 노론대신과 다르다고 주장했다. 얼마 있다가 대사성으로 옮겼고, 1725년(영조 1)에 소론 이광좌李光佐가 노론에게 탄핵되어 위급해지자 그가 구원하고자 했으나 도리어 대간의 공격을 받았다. 1726년(영조 2) 12월 20일에 어머니가 죽어 광주 수지면에 장사지내고, 복상이 끝난 뒤에도 계속 그곳에 머물렀다. 1729년(영조 5)에 부제학으로 불렀으나 당쟁이 만연되어 병을 핑계로 조정에서는 부제학·도승지·대사헌·예조참판·동지성균관사·이조참판·장악원 제조로 계속 불렀으나 나아가지 않았다.[67]

1730년(영조 6) 봄 의인왕후懿仁王后가 죽자 산릉도감 당상을 차임하고 자헌대부로 승진시켰으며, 일이 끝난 뒤에 다시 정헌대부 형조판서에 임명되었다. 1731년(영조 7)에 드디어 양관대제학에 제수되고, 1732년(영조 8)에 지돈령부사, 한성부윤, 의정부 우참찬, 예조판서, 장원서掌苑署 제조, 대사헌, 동지정사, 좌참찬 등의 관직을 역임했다. 1733년(영조 9) 4월에 다시 고향으로 돌아왔다가 지경연사가 되고, 1734년(영조 10)에 또 좌참찬으로 불렀으나 사양했다. 이 해 봄에 원자가 태어나자 가을에 원자보양관이 되었다. 그 뒤 지중추부사와 혜민서제조를 거쳐 1736년(영조 12)에 세자우빈객이 되었다. 그러나 그해 여름에 학질에 설사까지 겹쳐 1737년(영조 13) 정월 8일에 황화방皇華坊 집에서 죽었다. 향년 66세.[68]

부인은 문순공文純公 박세채의 손녀요, 좌수운판관 박태여朴泰興의 딸인 반남潘南박씨다. 1671년(현종 12) 정월 10일에 태어나 1695년(숙종 21) 5월 15일에 죽었다. 향년 25세. 묘는 시흥 신동면新東面 사당리숨堂里에 있다. 부부가 함께 묻혔다. 그러나 1975년 10월에 성남시 석운동石雲洞 도운공陶雲公 묘소 근처로 옮겼다.[69]

---

67) 《全州李氏德泉君派譜》, 知先錄.

68) 《全州李氏德泉君派譜》, 知先錄, 518쪽.

69) 《全州李氏德泉公派譜》 卷 2, 784쪽. 工曹然判 甯齋 李建昌撰, 嘉善大夫禮曹然判兼 守弘文館 大提學藝文館大提學知成均館事同知義禁府事李公匡德行狀(《全州李氏德泉君派 譜》, 知先錄, 522쪽).

이진망은 5남 2녀를 두었다. 5남은 이광덕李匡德·이광의李匡誼·이광문李匡文·이광여李匡餘·이광윤李匡潤이요, 2녀는 파평인 윤광진尹光進, 여산인 송익문宋翼文에게 시집갔다.

10) 이광덕과 이광의

이광덕匡德의 자는 성뢰聖賴요, 호는 관양冠陽·존재尊齋로 1690년(숙종 16) 10월 29일에 태어나 1748년(영조 24) 7월 16일에 죽었다. 향년 59세.

그가 겨우 말을 배울 때 책 가운데 임금 왕王 자를 가리키며 무슨 자냐고 묻자 아버지가 일어나 의관을 바로하고 부복俯伏해 "이는 군왕의 '왕' 자라"고 답했다 한다. 이광덕은 이와 같이 어려서부터 특출한 데가 있었다. 4, 5세에 도성문에 올라 "여러 행인이 내 바짓가랑이로 빠져나가누나[多少行人出我袴]"라는 시를 지어 사람들을 놀라게 했다. 그리고 5, 6세가 지나자 공부하기를 좋아해 손에서 책을 놓지 않았다 한다. 그리하여 집안사람들이 종일토록 어디에 가 있는지 모를 때가 더러 있었다고 한다. 찾아보면 청사廳事의 사이나 병풍 사이에서 책을 읽느라고 날이 저무는 줄도 모르고 있었다는 것이다.[70] 6, 7세에 유모에게 업혀 이웃집에 갔을 때 이웃 사람이 운韻을 붙여 시를 짓자 〈나를 백헌의 손자라 부르라[呼我白軒孫]〉는 시로 응대해 보는 사람이 특별히 여겼다.[71] 12, 13세가 됐을 무렵 이웃에 사는 백인재百忍齋 안정安綎에게 가서 배우게 했더니, 어떤 사람이 성균관시 시제詩題를 가지고 왔다. 이광덕이 그 자리에서 글을 짓는 것을 안공이 보고 곤륜崑崙 최선생에게 보내니 최곤륜이 뒷날 반드시 우리를 넘어설 것이라고 극찬했다고 한다. 이에 이광덕도 일찍이 "내가 곤륜 선생에게 비록 책을 끼고 가서 배우지는

---

70) 孫 承旨 勉求撰, 冠陽公遺事(《全州李氏德泉君派譜》, 知先錄, 526쪽).
71) 李建昌, 李匡德行狀(《全州李氏德泉君派譜》, 知先錄, 522쪽).

않았지만 항상 사제의 예로 대한다"고 했다고 한다.[72] 그리고 뒤에 장인이 된 대사간 조경명趙景命에게는 막내동생 귀록歸鹿 조현명趙顯命이 있었는데 이광덕만 만나고 오면 "너는 왜 이광덕만큼 글을 못 짓느냐"면서 종아리를 때렸다고 한다. 그래서 형이 이광덕을 만나러 가면 오늘도 회초리를 맞을 것이라고 걱정했다고 한다.[73]

이광덕은 1710년(숙종 36)에 진사시에 합격하고, 1722년(경종 2)에 정시庭試 2등으로 급제했다. 이때 1등은 그의 장인인 조경명이었다. 장인과 사위가 나란히 문과의 1·2등을 차지한 것이다. 이광덕은 당파가 다른(노론) 김제겸金濟謙과 나이가 같고 경쟁관계에 있었다. 이광덕이 약관弱冠에 진사시에서 지은 시〔深宮夜虛間鬼席 壁後群璃相顧驚〕를 보고 김수항金壽恒의 아들 김제겸은 "이 사람이 뒷날 반드시 능히 국가의 기모機謀를 참단叅斷할 것이니 우리들은 두려워해야 한다〔此人 他日 必能叅斷國家機謀〕"고 했다고 한다. 그런데 이광덕은 김제겸이 먼저 문과에 급제하자 바로 찾아가 축하해 주었다고 한다. 경쟁자가 잘 되는 것을 꺼릴 텐데 허심탄회하게 찾아가 여러 사람 있는 데서 축하해 주기는 어려운 일이다.[74]

한천翰薦에 들어 세제시강원世弟侍講院 겸설서兼說書에 추천되었다. 1722년(경종 2) 3월 27일 소론 김일경金一鏡의 사주로 목호룡睦虎龍이 김창집金昌集의 손자 김성행金省行, 이이명李頤命의 아들 이기지李器之·조카 이희지李喜之·사위 이천기, 김춘택金春澤의 육촌 아우 김용택金龍澤 등 노론 명문 자제들이 환관·궁녀 등과 결탁해 이른바 3급수三急手로 경종을 죽이려 했다고 고변했다. 3급수란 첫째가 대급수大急手로 자객을 보내 왕을 시해하는 것이요, 둘째는 소급수小急手로 궁녀와 내통해 왕을 독살하는 것이요, 셋째는 평지수平地手로 숙종의 전교傳敎를 위조

---

72) 吾於崑崙 雖無挾書請業 常自居以師弟之禮也(孫 勉求撰, 冠陽遺事,《全州李氏德泉君派譜》, 知先錄, 526쪽).

73)《全州李氏德泉君派譜》, 知先錄.

74)《全州李氏德泉君派譜》, 知先錄.

해 경종을 폐출시키는 것이었다. 이 사건으로 노론 4대신(이이명·김창집·이건명·조태채)이 사사되고 노론 170여 명이 처벌되었다. 이것이 이른바 목호룡 고변사건이다.[75] 그는 당후관으로서 동지들과 더불어 먼저 목호룡의 치죄를 서둘러야지, 노론만 잡으려는 생각을 해서는 안 된다고 역설했다. 그러나 그는 3사三司 관원이 아니었기 때문에 3사에 있는 친구들에게 상소문을 써 주어 주장을 관철하고자 했으나 뜻대로 되지는 않았다. 이광덕은 김일경이 세자시강원 빈객賓客으로 입시해도 맞이하지 않아 상번上番이 부득이 대신하게 했다. 그리고 그는 황극탕평론皇極蕩平論을 제창한 박세채의 외손으로서 당화黨禍를 줄이고자 노력했다. 이광덕은 소론 영수 이광좌李光佐를 만나 "공은 청류淸流의 주인이다. 공이 지금 국가의 원로이니 조야가 공에게 바라는 것은 한 가지 일을 잘 처리하는 데 있지 않다.……묘당廟堂의 기무機務는 조현명趙顯命·송인명宋寅明 등에게 맡기고 당화를 막는 큰일을 도모하라"고 권했으나 듣지 않았다.[76]

1724년(경종 4)에 사서司書로 승진하고, 홍문관 수찬, 사헌부 지평으로 옮겼으나 언사言事 때문에 황해도사로 좌천되었다. 1727년(영조 3)에 호남안렴사湖南按廉使로 나갔다. 그런데 이때 너무 많은 인원이(수백 명) 서울에 기병騎兵으로 뽑혀 올라갔다. 이에 이광덕은 일을 아는 자들을 매일 밤 사저로 불러 자신들이 사는 향읍의 이웃 마을의 세금의 경중과 향리의 질고疾苦, 관장의 치부治否, 이서吏胥의 침학 등을 소상히 알아냈다. 또 지나가다가 고대광실의 사대부 집을 보면 들어가서 정확한 민정을 수집했다. 출도하기 전에 이미 호남의 일을 불을 보듯 훤히 알게 된 것이다. 이 때문에 어사가 묻는 말에는 숨길 수가 없었다. 치죄할 것은 치죄하고, 현양할 것은 현양하며, 종자가 없으면 마련해 주어 민막民瘼을 해결해 주었다.[77]

---

75) 이성무, 《조선시대 당쟁사》 2, 동방미디어, 2000, 133~134쪽.
76) 孫 勉求撰, 冠陽遺事, 《全州李氏德泉君派譜》, 知先錄, 527쪽.
77) 《全州李氏德泉君派譜》, 知先錄, 528쪽.

그런데 1727년(영조 3)에 소론과 남인의 이인좌李麟佐의 난이 일어났
다. 이인좌 등은 영조가 경종을 죽였다고 주장하면서 소현세자의 증손
밀풍군密豊君 이탄李坦을 새로운 왕으로 추대하고 반란을 일으켰다.[78]
이 사건이 일어나자 이양신李亮臣은 이광덕이 난이 일어나기 전에 그곳
을 암행했으니 그 정황을 미리 알았을 것이라고 공격했다. 이광덕은 혐
의를 피해 물러나고자 했으나 영조는 반란이란 부자 사이에도 알 수 없
는 것인데 공연히 모함을 한다면서 오히려 김양신을 귀양보냈다.[79]

전주 건산乾山은 400년 동안 개간이 허용되지 않는 곳이었다. 그런데
도 옹주방翁主房에서 절수折受를 하려 하자 이광덕은 강력히 반대했다.
왕이 강하게 추진하려 하는데도 막무가내였다. 끝내 절수는 실패로 돌
아갔다.[80] 1730년(영조 6)에 아버지가 편찮아 사직했다. 5월에 부평富平
부사에 임명되었다. 우의정 이집李㙫이 이광덕은 국가에 공로도 많고
아버지가 편찮으신데 지방관으로 보내는 것은 옳지 않다고 해 5월에 형
조참판에 임명되고, 이어 승지, 이조참의 등의 관직을 역임했으나 1731
년(영조 7)에 성탁成琢의 무고誣告로 드디어 전리田里로 돌아왔다. 1733
년(영조 9)에 다시 강화유수江華留守를 거쳐 호남진휼사가 되고, 겨울에
다시 강화유수에 임명했으나 나가지 않았다. 그러자 갑산甲山부사로 내
쫓겼다가 1736년(영조 16)에 또다시 강화유수에 제수되었다.[81]

그런데 1737년(영조 13)에 또 괘서 때문에 무함을 받아 더욱 몸조심
을 했다. 그는 아버지의 병구완을 하고 있었기 때문에 다른 사람보다는
혐의를 덜 받을 수는 있었다. 1739년(영조 15)에 동지부사로 중국에 다
녀왔는데 중국 사람들과 주고받은 창화시唱和詩 14수를 《탐주집探珠集》
이라는 이름으로 묶어 이광덕에게 주었다. 그리하여 문명文名이 중국에
까지 알려지게 되었다.[82]

---

78) 이성무, 앞의 책, 158쪽.

79) 孫 勉求撰, 冠陽遺事, 《全州李氏德泉君派譜》, 知先錄, 527쪽.

80) 李建昌撰, 李公匡德行狀, 《全州李氏德泉君派譜》, 知先錄, 523쪽.

81) 孫李 勉求撰, 冠陽遺事, 《全州李氏德泉君派譜》, 知先錄, 528쪽.

1741년(영조 17)에 문형文衡을 잡았다. 그러나 동생 이광의李匡誼가 김복택金福澤을 가죄加罪할 것을 주청했다가 흑산도로 귀양가 그곳에서 죽었다. 이광덕은 동생을 극력 변호해 왕은 즉시 풀어 주고자 했으나, 노론들의 반대에 부딪혀 남해南海로 귀양갔다. 박문수朴文秀 등이 풀어 줄 것을 상소해 풀려나 동지의금부사, 한성부 우윤으로 불렀으나 사양하고 나아가지 않았다. 그는 입조立朝 30년에 재직한 것은 10여 년뿐이요 나머지는 집에 있었으며, 지위는 재상에 이르렀으나 거처하기는 한 사寒士에 지나지 않았다. 그는 자손에게 이르기를

내가 약관弱冠 이전부터 탕평설을 알았으니, 갑술(1694) 이전은 순전히 박세채의 유교遺敎를 따랐고, 신임(1721~1722) 이후의 일은 모두 국문에 대한 초사招辭가 있어 대강을 알 수 있다. 대개 영조의 무함을 풀어 주는 것이 우리 탕평의 골자니, 우리 성상의 심사는 본래 연잉군延仍君 하나뿐이어서, 얼마 있다가 동궁東宮으로 책립하고, 드디어 왕위에 오르는 데까지 이르렀으니, 비록 종사의 복이나 성상의 마음에는 참으로 불행한 것이다. 원한을 품고 제멋대로 행동하는 저 무리들이 감히 하늘을 탐하는 계책을 세워 스스로 이치에 어긋나는 일을 꾸미고 백지白地에 농간을 부려 공연히 감히 말하지 않아야 할 지경에 이르게 했다. 김일경과 목호룡 무리들은 이에 감히 이것으로 핑계를 대고, 이양신 등의 무리들은 또 감히 이것으로 하수下手해 국가가 거의 위험했다가 다행히 소생하니, 지금 신자臣子가 된 사람은 이로써 오직 마땅히 눈을 밝게 해 이희지李喜之·이기지李器之 무리의 무함을 통렬히 배척해 성상의 외로운 대나무나 청신한 기풍과 같은 심사로 8방八方의 안과 만세의 후에 확 트이고 밝게 하면 저 김일경·목호룡 무리의 무함이 비록 백 대의 수레에 가득 찬다고 해도 화롯불에 눈 녹듯 할 것이니, 옛말에 이른바 살갗이 없는데 털이 장차 어디에 붙어 있겠는가? 지금은 그렇지 아니해 한쪽 사람들은 반드시 이희지·이기지 무리의 죄를 풀

---

82) 《全州李氏德泉君派譜》, 知先錄.

어 주어야 성상의 무함이 풀릴 수 있다 하니 그 뜻은 이희지·이기지 무리
가 한 짓을 성상이 더불어 듣지 않았을 리 없다고 생각한다는 것이다. 아
아! 슬프다. 이 어찌 참을 수 있겠는가? 한쪽 사람들은 말이 이러한 것 이
외에 미치면 다 감히 명백한 말로 드러내 놓고 배척하니, 그 뜻은 또 오히
려 성상에게 의혹이 없지 않다는 것이다. 이 어찌 신자가 참을 수 있겠는
가? 내가 그 때문에 일세一世에 성상을 무함하지 않은 사람이 없다고 하는
것이다. 대개 우리 집 의론은 이러한 무리들이 성상을 무함하는 것을 크게
변척하는 데 지나지 않는다. 이 무함이 풀어지면 김일경·목호룡 등의 무리
들의 무함이 공격하지 않아도 스스로 무너질 것이다. 이미 양자를 죄 준 연
후에 노론과 소론·남인·북인의 별 탈 없고 재주가 있는 자들을 수합해 같
은 마음으로 구제하면 된다. 만약 인심이 내 마음 같지 않으면 유연하게 물
러나서 밭두렁과 오두막에서 늙어 죽을 뿐이다.83)

라고 했다. 이로 미루어 보아 이광덕은 탕평당에 속하는 인물이었음을
알 수 있다.

묘는 계배繼配와 함께 과천果川 서면西面 범계리範溪里 산 18번지에
있었으나 1975년 10월에 성남시 석운동石雲洞으로 옮겼다.84)

부인은 둘인데 첫째 부인은 대사간 조경명의 딸 풍양조씨로 1691년
(숙종 17) 정월 7일에 태어나 1710년(숙종 36) 8월 27일에 죽었다. 향년
20세. 묘는 광주 판교에 있다. 둘째 부인은 정오규鄭五奎의 딸인 광주光
州정씨이다. 묘는 석운동에 남편과 함께 묻혔다.85)

이진망의 차자 이광의李匡誼의 자는 군방君方, 호는 철면자鐵面子이다.
1697년(숙종 23) 10월 18일에 태어나 1746년(영조 22) 2월 20일에 죽었
다. 향년 50세. 1723년(경종 3)에 생원진사 내신감제內辰柑製에 합격하
고 1740년(영조 16)에 증광문과에 장원으로 급제해 현감, 지평 등의 관

---

83)《全州李氏德泉君派譜》, 知先錄, 520~530쪽.
84)《全州李氏德泉君派譜》, 知先錄, 530쪽.
85)《全州李氏德泉君派譜》卷 2, 785쪽.

직을 지냈다. 그러나 1741년(영조 17)에 김복택을 가율加律할 것을 장계했다가 영조의 노여움을 사서 흑산도로 귀양가 그곳에서 죽었다. 귀척貴戚을 공격할 때 두려워하지 않고 직언해 세칭 철면학사鐵面學士라 했다고 한다. 호를 철면자라 한 것도 그 때문이다. 형 이광덕과 더불어 문장이 뛰어났으며, 직간하는 성품도 같았다. 그는 강개한 기절 때문에 싫어하는 사람이 많아 관직에 붙어 있기 어려웠다. 묘는 공주 양야리陽也里 감성리柑城里에 있다. 첫째 부인은 주부 남석명南錫鳴의 딸인 의령남씨다. 둘째 부인은 박상태朴尙泰의 딸인 함양咸陽박씨다. 1719년(숙종 45) 3월 19일에 태어나 1773년(영조 9) 3월 10일에 죽었다. 향년 65세. 묘는 시흥에 있다.[86]

---

86) 같은 책, 787~788쪽.

3. 백헌 이경석의 행적

이경석李景奭의 자는 상보尙輔요, 호는 쌍계雙溪, 만호晩號는 백헌白軒
이다. 아버지는 동지중추부사 유간惟侃이요, 어머니는 호군 고한량高漢
良의 딸 개성고씨다. 백헌은 1595년(선조 28) 11월 18일에 아버지의 임
지인 제천提川 관아에서 셋째 아들로 태어나 1671년(현종 12) 9월 24일
에 죽었다. 향년 77세.[87]

1) 어린 시절

아버지가 1600년(선조 33)에 평양판관으로 갔을 때 따라갔다가 다음
해에 서울로 돌아왔고, 1603년(선조 36) 가을에 산음山陰에 갔다가 1605
년(선조 38)에 서울로 돌아왔다.[88] 9살 때 18세 위인 큰형 이경직李景稷
에게 글을 배우기 시작했고, 뒤에 현주玄洲 조찬한趙纘韓을 사숙했으
며,[89] 일설에는 26세에 장인 고한량이 전라관찰사로 있을 때 전주를 다
녀오다가 연산連山으로 형 이경직의 스승인 사계沙溪 김장생金長生을 찾
아가 사사했다고도 한다.[90] 이경석이 13살 되던 1607년(선조 40) 아버

---

87)《全州李氏德泉君派譜》권 2, 653~654쪽.

88) 李羽成, 年譜 上,《白軒集》附錄 卷 1, 亞細亞文化社, 1983, 764쪽. 앞으로는 年譜라고만 쓴
    다.

89)《白軒名門錄》第1卷, 全州李氏 白軒相公小宗中, 2001, 3쪽.

지가 개성도사開城都事로 있을 때 청음淸陰 김상헌金尙憲이 찾아와 이경
석에게 백이伯夷와 숙제叔齊의 우열론優劣論을 부부로 지어보게 하더니
"뒷날의 성취를 우리들이 미치기 어렵겠다"고 했다고 한다.[91]

　1609년(광해군 1) 이경석이 15살 때 서울로 돌아와 비로소 학교에 다
녔다. 1610년(광해군 2) 정월 10일에 관례冠禮를 치르고, 그해 11월에
관찰사 유색柳穡의 둘째 딸과 혼인했다. 대사성을 지낸 임任 아무개가
이경석이 지은 글을 보고 유색에게 사위로 삼을 것을 권해 혼인이 이루
어진 것이라 한다. 그해 아들을 낳았으나 일찍 죽었다.[92]

　1612년(광해군 4)에 장인이 선천宣川부사가 되고 형 이경직이 명나라
에 사신을 갔다가 용만龍灣에 머무르고 있을 때 그곳을 방문해 관서지
방을 돌아보았다. 1613년(광해군 5) 19살 때 장자 이철영이 태어났고, 3
월에 생원·진사 양시兩試 초시에 합격했으며, 5월에 진사 2등 제2명에
합격했다. 택당澤堂 이식李植에 따르면 이경석은 이때 이미 글이 뛰어나
선배들이 따라갈 수 없을 정도였다고 한다. 월사 이정구도 이경석이 성
균관 과시課試에 1등을 한 글을 보고 아들 이명한李明漢에게 "너는 이미
문과에 급제했으나 이경석보다 훨씬 떨어진다"고 했을 정도라고 한
다.[93] 1616년(광해군 8)에 친구들과 함께 시를 지었는데, 운자가 단端이
었다. 이에 이경석은 "웃으며 종남산을 바라보니 높이 섰던 한나라가
지금은 실각해 옛 근심이 짧아졌네〔笑看終南高揷漢 從今失却舊憂端〕"라고
지었다. 이를 보고 상촌象村 신흠申欽이 크게 칭찬하면서 "뒷날 마땅히
큰 재상이 되어 복록이 견줄 데가 없을 것이다"라고 했다고 한다.

　1617년(광해군 9) 가을에 23살로 증광문과 초시에 입격했다. 이듬해

---

90) 같은 책, 4쪽. 조찬한은 한양조씨로 문과에 급제해 예조참의까지 지낸 사람인데, 문장과
　　시에 능해 시인 權韠·李安訥·任淑英 등과 사귀었다고 한다.

91) 年譜 上, 764쪽. 藥泉 南九萬과 金尙憲은 백헌을 칭찬했는데, 김상헌의 아들 文谷 金壽恒의
　　아들이 "心中雖本爲非 口頭 乃作此虛言"이라 해 김상헌이 헛소리를 했다고 했으니 이것은
　　人道의 大變이 아니냐고 비난했다(《藥泉集》).

92) 年譜 上, 765쪽. 이경석은 세 아들을 잃었고, 이철영만 남았다.

93) 崔錫鼎, 文忠公李景奭行狀, 《全州李氏德泉君派譜》, 知先錄, 428쪽.

인 1618년(광해군 10) 봄에 인목대비仁穆大妃 폐비정청廢妃庭請이 있었
는데 초시입격자들에게 폐모 찬성 상소를 올리라고 협박했으나 참여하
지 않아 삭적削籍되었다. 이때 중형 이경설李景卨이 금구金溝 임지에서
병이 나 이경석이 데리고 돌아왔으나 죽고 말았다. 그리고 이이첨李爾瞻
이 폐비정청에 응하지 않아 처벌 받은 초시입격자들에게 회시에 응시하
라고 했으나 듣지 않았다. 1620년(광해군 12)에 막내누이가 남원에 사는
정랑正郎 최휘지崔徽之에게 시집갔다. 그래서 그 길로 장인인 전라관찰
사 유색柳穡에게 들렸다가 방장산方丈山을 돌아보고(쌍계雙溪의 경치가
아름다워 호를 쌍계라 했다), 돌아오는 길에 연산連山으로 사계 김장생을
찾아보았다. 1621년(광해군 13)에 장인 유색이 임지에서 죽었다.[94]
1622년(광해군 14)에 처가에서 새로 지은 황화방皇華坊 정릉동貞陵洞 새
집으로 이사갔다. 이경석이 집이 너무 넓다고 거절하자 유씨俞氏부인은
"이 집이 진사의 집으로는 넓으나 상공相公의 집으로는 좁을까 우려됩
니다. 뒤에 제 말이 생각날 것입니다"고 했다고 한다.[95]

2) 관직생활

1623년(인조 1) 5월 2일에 알성謁聖문과 병과 제5명第五名으로 급제
했다. 동악東岳 이안눌李安訥은 일찍이 이경석이 지은 사부詞賦를 보고
택당 이식에게 보이면서 "이는 뒷날 문형을 잡을〔秉文〕 솜씨다"라고 했
다고 한다. 과거에 급제하던 날 이안눌은 마침 이경석의 아버지의 임지
任地인 강화江華에 유숙하면서 "오늘 내가 반드시 이경석의 등제登第를
볼 것"이라 했는데, 저녁이 되자 과연 급제했다는 소식을 가지고 돌아
왔다고 한다. 이에 이안눌은 맨발로 뛰어 내려가 손을 잡고 흔들면서
"내가 진실로 기다렸더니 과연"이라고 하며 반겼다고 한다. 과거에 급

---

94) 年譜 上, 766쪽.
95) 年譜 上, 766쪽.

제하자 권지 승문원 부정자로 분관分館되었으나 임명되기 전에 예문관 검열96)이 되었다가, 봉교로 전임되고, 1624년(인조 2)에 주서97)로 전임되었다.98)

그해 2월에 이괄李适이 난을 일으켰다. 2월 8일 밤에 병조판서 이정구가 종묘와 사직의 신주를 받들고 먼저 떠나고, 자전慈殿과 중전中殿이 모두 가교駕轎를 타고 나갔다. 조금 뒤에 인조가 소여小輿를 타고 명정문明政門으로 나아가 말을 타고 떠났는데, 궁중의 나인과 시신侍臣 가운데는 걸어가는 이도 더러 있었다. 숭례문에 이르러 승지 홍서봉洪瑞鳳이 앞에 있다가 하인에게 돌로 자물쇠를 부수게 했다. 이때 공조정랑 이진영李晉英을 먼저 한강에 보내 배를 구해 기다리게 했는데, 이진영이 그 배를 타고 하류로 갔으므로 대가大駕가 한강 나루터에 닿았을 때는 배가 한 척도 없었고, 몇 척이 건너편 언덕에 숨어 있었으나 불러도 오지 않았다. 무사 우상중禹尙中이 헤엄쳐 건너가서 배 안에 있던 사람을 칼로 베고 배를 끌고 돌아왔다. 그리고 이경석의 맏형 전라병사 이경직이 배 하나를 구해 왔는데 대가의 시중을 드는 사람들이 서로 건너려고 몰려들자 이경직이 칼을 뽑아들고 꾸짖어 물리쳤다. 인조가 드디어 배에 올라 호상胡床에 걸터앉았는데, 환관 네 사람과 승지 한효중韓孝仲, 사관 이성신李省身·이경석만이 좌우에 모시고 있었고, 윤숙尹璛은 배 안에 서 있었다.99) 배에는 촛불도 다 타버려 깜깜한데 한양을 돌아보니 화염이 타올랐다. 왕은 밤새도록 승상繩床에 앉아 있다가 날이 밝자 비로소 모래로 단을 쌓고 강 언덕에 앉을 수 있었다. 이경직·이경석 형제가 아침이 될 때까지 옆에서 모시고 있었으며, 부모는 어디로 갔는지 알 수 없었다. 과천에 이르러서야 겨우 아버지를 만날 수 있었으나 수원에 도착하니 아버지의 병이 심해 더 이상 왕을 모시고 갈 수 없어 헤어졌다.

---

96) 《인조실록》 권 3, 인조 1년 9월 무신.
97) 《인조실록》 권 4, 인조 2년 1월 경진.
98) 年譜 上, 766쪽.
99) 《인조실록》 권 4, 인조 2년 2월 임진.

왕을 모시고 걷다가 타다가 하면서 공주로 피난갔다. 조금 있다가 적병이 패해 이괄의 수급이 당도하자 환도해 대교로 승진했다가[100] 봉교, 전적, 감찰, 정언 겸 춘추관 기사관, 주서,[101] 예조좌랑, 부수찬[102] 등의 관직을 역임했다. 그해 겨울에는 왕명을 받들고 평양에 가서 시사試士를 주관했다.[103]

1625년(인조 3) 이경석은 사간원 정언으로서

간관은 임금의 이목으로서 임금이 간관을 친근하게 하지 않으면 눈과 귀가 가려지고 총명이 막히고 맙니다.……옛적에 극력 간한 자 가운데는 면전에서 직간한 사람도 있고, 추녀 밑까지 따라가서 옷소매를 잡고 간쟁한 사람도 있습니다. 진실로 간관과 자주 마주하지 않아 전하와 거리가 멀어진다면 비록 면전에서 직간하려고 한들 어떻게 할 수 있겠습니까? 주강晝講 때에는 곧장 들어가 일을 아뢰기를 계청해 일찍이 윤허를 받았는데, 시행한 지 1년 만에 중지되어 승정원의 품달이 형식적인 것이 되었으니, 신은 몹시 애석합니다.……이제부터는 자주 아침 경연에 나가시어 자강불식自强不息의 도리를 잘 체득해 가시고, 항시 간관을 접견해 더욱 허심탄회하게 받아들이는 아량을 넓히소서. 그리고 주강 때가 되어 대신臺臣이 곧장 합문閤門 밖에 나가 있으면서 승정원이 품달할 적에는 곧바로 탑전榻前에서 입계하도록 하는 것을 항식恒式으로 하소서.[104]

라고 건의해 그대로 받아들여졌다. 양사가 경연에 입시하게 된 것이 이때부터이다.[105] 그해 여름에 영남에 경시관京試官이 되었다가 돌아와 정언이 되고, 이어 병조좌랑, 헌납, 직강, 수찬, 교리를 역임했다.[106] 홍문

---

100) 《인조실록》 권 5, 인조 2년 3월 을해.
101) 《인조실록》 권 5, 인조 2년 3월 기묘.
102) 《인조실록》 권 7, 인조 2년 10월 임진.
103) 年譜 766쪽; 行狀 429쪽.
104) 《인조실록》 권 8, 인조 3년 3월 을축.
105) 年譜, 766쪽.

관에 근무할 때 동료들과 더불어 일식론日食論을 진계해 혼궁魂宮을 친제親祭하는 것이 예가 아니라 하고, 또 계운궁啓運宮을 원園이라 일컫는 것이 옳지 않다고 했다.107)

1625년(인조 3) 가을에 이조좌랑으로서 지제교를 겸하고 호당湖堂에 피선되었으며(대학사 金瑬 主選), 중시重試에서 1등해 마땅히 승품을 해야 하나 당상관을 아껴 천전을 해 주지 않았다.108) 1627년(인조 5) 정월 호당에 술을 내리고 시를 짓게 했는데 백헌이 1등을 해 호피를 하사받았다. 이때 정묘호란이 일어나자 체찰사 장만張晩의 종사관이 되어 해서 지방에 가서 종군하고, 곧 관동 지방에 가서 군량미를 많이 모았다. 3월에 장만의 병이 심해 행재소에 가서 병상을 보고해 교체하게 하고 자기의 종사관 인신印信도 반납했다. 장만이 체찰사로서 출사出師할 때는 수하에 군졸이 없고 큰 비가 와 모두 머물러 있어야 한다고 했으나, 이경석은 출사한 지 3일 안에 임진강을 건너지 못하면 죄를 받을 것이니 전진하는 것만 같지 못하다고 했다. 그의 말대로 다음날 대간이 그러한 내용으로 탄핵을 했다. 이를 보고 장만은 "덕량이 관후寬厚해 반드시 원대한 그릇이 될 것이니, 어찌 나라를 위해 이 사람을 주석柱石으로 내린 것이 아니겠는가?"라고 했다고 한다. 4월에 양사가 빨리 진군하고 싸우지 않는다고 장만을 공격하자 이경석도 함께 처벌해 달라고 해 교체되어 수찬이 되고, 가을에 직강이 되었다.109)

1625년(인조 3) 7월 5일에 시독관 이경석이 중원에 사람을 보내 서책을 사다가 홍문관에 수장할 것을 건의해 그대로 따랐다. 변란을 겪어서 홍문관의 책이 거의 산실되었기 때문이다.110) 그리고 1626년(인조 4) 1월 16일에 헌납 이경석은 대사헌 정경세 등과 함께 계운궁 상례에 공의

---

106) 行狀, 429쪽.
107) 年譜, 767쪽.
108) 《인조실록》 권 14, 인조 4년 8월 경술.
109) 《인조실록》 권 15, 인조 5년 1월 갑술.
110) 《인조실록》 권 9, 인조 3년 7월 신해.

를 따를 것을 상소했다.

> 정분을 억제하고 예절을 따르소서. 그리고 급히 능원군綾原君을 상주로
> 삼고 빈렴殯殮에 대한 모든 일에 예제에 벗어나는 것은 쓰지 말도록 명하
> 소서.111)

인조가 정원군定遠君을 추숭하고자 그의 부인 계운궁의 상례를 왕비
수준으로 끌어올리려고 한 데 대한 반발이다.

1627년(인조 5) 8월 25일에는 유학幼學 김원金垣이 이경석과 박황朴
潢·나만갑羅萬甲·이행원李行遠·이소한李昭漢 등을 김류金瑬의 일당인 5
간五奸으로 몰았다. 그러나 인조는 무고한 사람을 헐뜯는다며 상소를
올린 김원과 그를 사주했을 것으로 보이는 김설金卨을 오히려 귀양보냈
다.112) 그리고 이경석은 9월에 이조좌랑에 임명되었다.113)

1628년(인조 6) 2월 8일에 이조정랑으로 승진했으며,114) 한학교수,
교서관 교리를 겸임했다.115) 그해 겨울에 이인거李仁居의 옥사가 일어
나 문사랑問事郎으로서 죄인을 심문한 공으로 소무昭武 원종 1등공신에
책봉되었다.116) 그리고 한 자급을 올려 통정대부가 되었다.117) 그 뒤
이경석은 동부승지,118) 좌부승지,119) 대사간,120) 부제학,121) 대사헌122)

---

111) 《인조실록》 권 11, 인조 4년 1월 경신.
112) 《인조실록》 권 17, 인조 5년 8월 무오.
113) 《인조실록》 권 17, 인조 5년 9월 계미.
114) 《인조실록》 권 18, 인조 6년 2월 경자.
115) 年譜, 767쪽.
116) 年譜, 767쪽.
117) 《인조실록》 권 18, 인조 6년 6월 신축.
118) 《인조실록》 권 19, 인조 6년 9월 계미.
119) 《인조실록》 권 26, 인조 10년 1월 기미.
120) 《인조실록》 권 26, 인조 10년 6월 임신.
121) 《인조실록》 권 30, 인조 12년 8월 무오.
122) 《인조실록》 권 33, 인조 14년 11월 계축.

이 되며 승승장구했다. 1628년(인조 6)에 국옥鞫獄을 다스린 공으로 통정대부로 승진하고 영사寧社 1등공신에 책훈되었다.[123]

1629년(인조 7) 봄에 박중남朴仲男이 후금의 사신으로 왔다. 본래 박중남은 함경북도 종성군鍾城郡 토민인데 후금에 포로로 잡혀갔다가 사신으로 온 것이다. 이경석은 이런 사람에게 전상殿上에 자리를 주어서는 안 된다고 주장했다. 차茶를 대접하는데도 정사正使보다 나중에 주니 박중남의 기가 꺾였다. 3월에 문신정시에 2등으로 합격해 말을 하사받았다.[124] 조금 있다가 호당에 선임되고 당상관이 되었다. 9월에 또 승지가 되었다가 부모를 봉양하기 위해 양주楊州목사를 자원했다. 이듬해 가을에 친병으로 사직했다.[125] 이 해에 아버지가 80세가 되어 수직壽職으로 동지중추부사를 받았다. 예조참판인 형 이경직과 승지인 이경석이 상소를 올려 아버지가 수직을 받게 된 것이다. 수직을 받는 날 이경석 형제가 배행해 보는 사람들이 영광스럽게 여겼다. 삼부자가 재상의 지위에 올랐기 때문이다.[126]

1631년(인조 7) 이경석이 사알司謁로 있을 때 인조가 승정원에 감귤을 내렸는데 특히 이경석에게는 늙은 아버지가 있다고 10개를 더 내려주었다. 그의 아버지 이유간李惟侃은 감격해

> 신의 아들 이경석이 대궐 안에서 황감黃柑 열 개를 보내면서 '노친이 있기 때문에 특별히 하사한다'는 성지聖志를 전해 왔습니다. 신은 자리를 바로하기 전에 감격의 눈물을 흘렸습니다. 신이 어떤 사람이기에 감히 이와 같은 성상의 사랑을 받으며, 자식 또한 어떤 사람이기에 홍은洪恩을 입는단 말입니까? 신은 곧바로 천신薦新하고 처자와 손자들과 서로 나누어 맛보고 또 절하며 눈물을 흘렸습니다. 신의 나이 83세로 조정에서 40년 동안

---

123) 年譜 上, 767~768쪽.
124) 행장, 429쪽.
125) 행장, 429쪽.
126) 年譜 上, 768쪽.

털끝만큼도 보탬이 없었는데 노인을 우대한 특별한 은혜로써 재상의 반열에 뛰어올랐으며, 두 아들 역시 모두 재식才識이 없는데도 갑자기 금옥金玉의 반열에 올랐고, 지금 또 보배로운 과일을 하사하셨습니다. 이는 실로 일찍이 듣지 못하던 특이한 은수恩數여서 신의 부자는 죽을 곳을 알지 못하겠습니다.[127]

라고 감사의 글을 올렸다. 왕은 "경은 이제 연로하고, 두 아들도 다 쓸 만하기 때문에 이에 미친 것이니, 경은 사례하지 마라!"고 했다. 이경석도 따로 사례했다.

1631년(인조 7) 여름에 우승지로서 많은 선비들과 더불어 4서와 《심경》·《근사록》을 강론해 학식의 우열을 가려 등용하자고 했다. 6월에 대사간으로 있을 때 모친상을 당했고, 1634년(인조 12) 가을에 복이 끝나 부제학이 되었으나 또 부친상을 당하고,[128] 1636년(인조 14) 겨울에 부제학으로 복직해 대사헌으로 전임되었다.[129]

인조반정공신들은 정국을 이끌어 가고자 여론을 장악하고 있던 호서 사림들을 불러들였다. 완성군完城君 최명길은

세도가 나빠지면서 풍속이 못되어져 전혀 스승과 제자의 기풍이 없어졌는데, 유독 김장생에게만은 생도가 있습니다. 신이 그의 문하생들을 보니 재주가 있고 없고를 논할 것 없이 모두 선은 행해야 하고 악은 미워해야 하며, 임금은 충성으로 섬겨야 하고, 어버이는 효성으로 받들어야 한다는 도리를 알고 있었습니다. 신은 이것으로써 더욱 사도師道가 풍속과 관계가 있다는 것을 알게 되었습니다. 김장생의 아들 김집金集은 그 가훈을 지킴에 자기 아버지의 풍도가 있는데, 지난 번 정목政目을 보니 장령에 승배陞

---

127) 《인조실록》 권 26, 인조 10년 1월 갑자.

128) 이유간의 행장은 두 아들 이경직과 이경석이 썼고, 묘지명은 청음 김상헌에게, 묘표는 현주 이명한에게 부탁했다(年譜 上, 769쪽).

129) 年譜 上, 769쪽.

拜되어 있으므로 신이 참으로 기뻐서 잠을 이루지 못했고, 나오지 않을까 두려워했습니다.130)

라고 해 사계 문하생들을 기용할 것을 강력히 요구했다. 그리하여 김집을 비롯해 송시열·송준길·이경석 등 사계문인이 많이 기용되었다.131)

3) 병자호란과 이경석

1636년(인조 14) 11월 24일에 후금은 국호를 청淸으로 고쳤다고 통보해 왔다. 이에 대사헌 이경석은

'청淸'이라고 부르는 문제는 관계되는 바가 적지 않습니다. 의리와 이해를 가지고 반복해 생각건대 '금金'은 한汗을 일컬을 때의 호칭이고, '청'은 제帝라고 한 다음의 호칭입니다. 지금 우리가 갑자기 옛 칭호를 버리고 새로운 칭호를 사용한다면 저들은 필시 우리에게 한층 더 큰 요구를 해 올 것입니다. 그런 지경에 이르게 되면 강적이라 따지기 어렵다고 해 더불어 싸우지 않을 수 있겠습니까? 따르기 어려운 뒤에 따지는 것보다는 일을 꾀하는 처음에 살피는 것이 낫습니다. 말하는 자는 틀림없이, 오랑캐의 본의는 화호和好하는 데 있으니 반드시 그런 지경에는 이르지 않을 것이라고 말할 것입니다. 참으로 그러하다면 '금'이라고 칭하는 것은 더욱 해롭지 않을 것입니다. 우리가 정묘년(1627)에 하늘에 맹세한 약속을 지켜 옛날의 칭호를 호칭하는 것은 이치에 근거가 있고 언어에 순함이 되고 신의에 잃음이 없으니, 저들이 처음에 힐책을 한다고 하더라도 우리는 여유작작하게 답변할 수 있습니다. 저들이 짐승같다 하더라도 우리가 말이나 이치가 사리에 닿고 옳으면 예전부터 굽혀 따를 때가 많이 있었습니다. 더구나 그 뜻이 참으로 화호하는 데 있다면 이 일에 반드시 힘을 다해 다투지는 않을

---

130) 《인조실록》 권 32, 인조 14년 6월 갑신.
131) 《인조실록》 권 32, 인조 14년 6월 갑신.

것입니다.132)

라고 해 정묘화약을 근거로 일단 거절할 것을 제안했다. 인조도 이 의견에 따랐다.133) 이경석은 참월한 오랑캐의 화친을 끊어버리는 것이 통쾌함을 전제로 했다. 그러나 조선의 민력民力과 병력兵力으로 오랑캐를 제압하기는 곤란하니 청나라를 건드려도 화란이 닥치지 않는다는 보장이 없다고 보았다. 그는 "오랑캐를 기미羈縻하는 것이 대의를 결정적으로 손상시키는 것이라면 존망도 돌보지 않고 척화斥和의 길로 가는 것이 옳지만, 대의에 커다란 해가 되지 않는다면 눈앞에 닥친 위급한 화란을 피하고 뒷날의 자강自强을 도모하는 것이 부득이한 계책"134)이라고 설파했다. 이를 보면 이경석은 주화파로서 대청외교를 가장 합리적으로 생각하고 있었음을 알 수 있다. 이 상소를 보고 계곡谿谷 장유張維는 "구름과 안개가 걷히고 푸른 하늘을 보는 것 같다[披雲霧 覩靑天]"고 했다.135)

용골대 일행은 서울에 머무르면서 며칠 동안 조선의 내부사정을 거의 정확하게 파악해 청 황제에게 보고했다. 뿐만 아니라 귀국길에 인조의 척화유시문을 빼앗아 조선의 본심을 정확하게 파악하고 있는 상태였다. 청 황제는 인조가 정세를 정확하게 파악하지 못한 채 해도海島의 험준함만 믿고, 서생들의 말에 속아 형제관계를 망침으로써 두 나라 사이에 흔단을 만든다고 경고했다.136) 그러나 이경석은 용골대가 도주한 뒤 바로 심양에 사신을 보내 정묘년 맹약을 청이 황제를 자처함으로써 먼

132) 《인조실록》 권 33, 인조 14년 11월 갑자.

133) 《인조실록》 권 33, 인조 14년 11월 갑자.

134) 凡有血氣者 孰不痛僭虜之猖獗 孰不知斥絕之爲快……今日之民力兵力 果足以制此虜之死命 而可保其大禍之必無乎 雖然 苟害於大節義 即存與亡有不可計也 於大節義 部知有所大害 有可以紓目前之急禍 圖日後之自强則自大王文王行之者多矣 廟堂之策 誠非得已 故臣愚竊以爲苟 不深思 徒快一時 則安知今日之痛斥者 未必不促日後之爲辱 如姑含忍 有以自振 則安知今日之 其羈縻者 非所以其後日之攘斥也哉(李景奭, 《白軒集》 卷 27, 憲長 時避嫌疏).

135) 年譜 上, 769쪽.

136) 由此觀之 在德不在險 君若不修德 舟中之人 皆敵國也 今王 不修德義 恃海島之險 聽書生之 言 敗兄弟和好之誼 儻兩國搆兵 以及於難 潰逃奔北之際 王之臣民 皆王之敵國也(《淸太宗實 錄》 卷 28, 天總 10年 4月 己丑).

저 깼다고 질책해야 한다고 했다. 또 척화파들이 적이 천조天朝에 죄를 지었다고 비난하지만 그것은 이미 정묘화약 때 이미 죄를 지은 것 아니냐는 것이다. 그러니 냉정을 유지해 단계적으로 대처하자는 입장이었다.137) 그런데 이경석은 국서에 문자가 타당하지 않은 곳이 많으니, 우선 내일을 기다렸다가 사람을 보내자고 제안했으나, 최명길은 화를 내면서

> 그대들이 매번 조그마한 곡절을 다투고 분변하느라 이렇게 위태로운 치욕을 당하게 되었다. 그렇지 않았으면 어찌 오늘과 같은 상황이 되었겠는가? 3사는 단지 '신臣'이라는 글자에 대해서 그 옳고 그름만 논하면 된다. 사신을 언제 보내느냐 하는 것은 곧 묘당의 책임이지, 그대들이 알 일이 아니다.138)

라고 윽박질러 이경석이 더 이상 말을 하지 못했다.139) 중요한 국사는 대신들이 결정하는 것이지 대간이 간여할 일이 아니라는 것이다.

그러나 척화론자들이 청사淸使를 죽이고 청과 절화한다는 소문이 돌았다. 이 말을 듣고 청사가 도주해 조정이 소란했다. 이경석은

> 척화 일사一事가 어찌 정대하고 명쾌하지 아니하리오마는, 국사와 민심이 한 가지로 믿을 것이 없거늘 시세를 돌아보지 않고 강적에게 분을 돋우니 계책이 아닙니다. 적의 침입이 반드시 겨울철에 압록강을 건너 며칠 안 가서 경성에 닿으면 믿을 것은 다만 강화뿐인데, 하루 사이에 3군과 백관이 어찌 능히 모두 강화로 건너며, 강물이 얼어 앞에 있으니 적의 침입은 풍우지세風雨之勢일 것인데 장차 군부를 어디로 모실 것입니까? 삼한의 한

---

137) 한명기, 〈백헌의 정치사상과 병자호란〉, 增補譯註 《白軒先生集》 出版記念; 學術會議, 2011, 144~147쪽.
138) 《인조실록》 권 34, 인조 15년 1월 무오.
139) 《인조실록》 권 34, 인조 15년 1월 무오.

> 풀 한 나무가 다 황조皇朝의 줌이라 대의의 소재를 누가 모르리오마는 사
> 세의 완급緩急이 있으니, 가히 깊이 생각해 선처 못할 것입니다.[140]

라고 해 주화主和의 논리를 펼쳤다. 이때에 3사가 다 척화론을 주장하였으므로 식견 있는 사람들은 걱정했으나 감히 입 밖으로 내지 못했다. 그런데도 이경석은 용감히 소신을 말한 것이다.[141]

1636년(인조 14) 12월 14일에 병자호란이 일어났다. 인조는 강화도로 피란하기 위해 숭례문에 도착했다. 이경석은 사세가 급박하고 강화도로 가는 길은 막혔으니 마땅히 돌아서 남한산성으로 가야 한다고 주장했다. 체찰사 김류는 강화도로 가야 한다고 고집했으나 이경석도 물러서지 않았다. 청군이 이미 강화도로 가는 양천도陽川渡를 차단하고 있었기 때문이다.

이조판서 최명길은 적병이 이미 코앞에 닥쳐왔으니, 임금께서는 속히 남한산성으로 피신하자고 했다. 최명길은 중국어를 할 줄 아는 이경직과 금군 20명을 대동하고 청의 진으로 갔으나 도중에 모두 도망하고 이경직과 편비編裨 지득룡池得龍만 남았다. 최명길은 청군에게 약속을 깨고 군사를 일으킨 까닭을 물었다. 적장은 화친할지 싸울지를 빨리 정하라고 했지만 최명길은 일부러 시간을 끌어 해가 저물었다.[142]

이경석은 칼을 들고 걸어서 남한산성까지 따라갔다. 남한산성에서 부제학에 임명되었다.[143] 성은 이미 청군에게 포위된 상태였다. 그는 많은 명관名官을 독전어사督戰御使로 삼아 항오行伍를 짜고 고락을 같이 한다는 뜻에서 아침저녁으로 경비를 서자고 했다. 인조도 극찬하면서 이경석의 제안을 받아들였다. 그런데 진눈깨비가 내려 사졸들이 눈비를

---

140) 앞의 책; 年譜 769쪽.

141) 앞의 책.

142) 이성무, 〈遲川 崔鳴吉의 生涯와 思想〉, 《조선시대 사상사연구》 2, 지식산업사, 2009, 224쪽.

143) 年譜, 769~770쪽.

맞자 이경석은 국가가 있은 다음에 위의威儀를 논할 수 있는 것이니, 대소관은 윗도리를 벗어서 사졸들에게 덮어주면 사기가 올라가고 감동할 것이라고 했다. 이경석은 형 석문 이경직과 동악東嶽 이안눌李安訥·계곡谿谷 장유張維 등과 개원사開元寺에 거처했는데 행궁行宮까지는 5리나 떨어져 있고, 또 눈이 쌓이고 빙판이 되어 걷기에 매우 힘들었다. 그런데도 이경석은 밤에도 꼭 한두 번씩 행궁에 오가면서 인조에게 문안을 드렸다. 그리고 돌아와서는 동료들과 붙들고 통곡을 하고 서로 충의를 다짐하면서 죽음을 기약했다. 그러나 끝내 성이 무너지자 충분忠憤이 고조되어 눈물이 비오듯 했다. 인조가 불쌍히 여겨 항복할 때 수행하지 말라고 했다. 성이 포위되어 있을 때도 이경석은 왕명으로 적과 왕래하는 문자를 많이 썼다. 그러나 글이 순하다고 채택하지 않는 경우가 많았다.144)

1637년(인조 15) 정월 그믐에 인조는 남한산성 아래 삼전도三田渡에서 항복했다. 그래서 인조는 서울로 돌아올 수 있었다. 이경직은 도승지에서 호조판서로 승진했고, 이경석이 대신 도승지가 되었다.145) 3월에 도승지로서 예문관 제학, 직제학을 겸대했다. 4월에 부제학이 되었다가 대사헌으로 옮겼다. 윤4월에는 인조를 호종한 공으로 가의嘉義대부로 승진했다. 아울러 동지경연을 겸대하고, 다시 도승지가 되었다.146)

그리고 1637년(인조 15) 10월에 청은 척화신斥和臣을 결박해 보내라고 요구했다. 이때 부제학이었던 이경석은

교활한 오랑캐가 갖가지로 속임수를 쓰면서 갈수록 우리를 속이고 있습니다. 지금 아무리 화친을 배척한 사람을 보낸다 하더라도 이 정도로 그만두리라는 것을 어떻게 보장할 수 있겠습니까? 이렇게 위급할 때에 진실로 군부君父의 화를 구원할 수만 있다면 충성스럽고 의로운 인사가 분명 직접

144) 年譜, 769~770쪽.
145) 《인조실록》 권 34, 인조 15년 2월 을해.
146) 年譜, 431쪽.

나서서 감당할 것입니다. 그러나 결박해 보내는 일을 어찌 조정이 차마 할 수 있겠습니까? 결코 난을 해소하는 데는 아무 도움도 되지 않는데 먼저 그 손과 발을 스스로 자른다면 망하는 것을 재촉하는 결과만 될 뿐이니, 어떻게 나라가 유지되겠습니까? 더구나 처음에 오랑캐에게 답할 때 이미 배척해 쫓아냈다고 말했음을 생각해 보면, 오늘날 그들보다 조금 가벼운 자들을 조사해 보내겠다는 말은 앞뒤가 틀릴 뿐만 아니라, 오랑캐가 요구한 것은 주모자인데 그들보다 가벼운 자들까지 아울러 거론하는 것은 아! 또한 참혹합니다. 어서 묘당으로 하여금 그 의논을 개정하도록 하소서.147)

라고 해 척화신을 결박해 보내는 것을 반대했다. 인조도 이 의견에 따랐다. 이경석은 세자가 성 안에 머물면서 국사를 감독하고 군무를 통제하게 해야 한다고 주장했다. 인조는 대신과 의논해 정하겠다고 했다.148)

2월 11일 이경석은 경기도와 양서兩西 지방의 농사를 회복시키는 방법으로 3남과 강원도의 농우農牛와 종자를 징발하고, 자진해서 바치는 자에게는 벼슬을 주거나 역役과 공물을 면제해 주자고 했다.149) 그리고

사로잡힌 사람들이 가난해 돈을 내고 돌아올 수 없는데, 일반 백성들은 귀족과 달리 그 값이 또한 많지 않습니다. 지금 만약 1백여 냥의 은銀을 통관通官에게 주어 돈을 주고 돌아오게 한다면, 소득은 많지 않다 하더라도 어찌 족히 백성을 감동시키지 않겠습니까?150)

라고 해 국비로 청나라에 포로가 된 가난한 백성들을 쇄환刷還해 올 것을 주장해 그 뜻을 관철했다. 그 뒤 이경석은 예문관 제학,151) 대사

---

147) 《인조실록》 권 34, 인조 15년 1월 갑자.
148) 《인조실록》 권 34, 인조 15년 1월 정묘.
149) 《인조실록》 권 34, 인조 15년 2월 신사.
150) 《인조실록》 권 34, 인조 15년 2월 계미.
151) 《인조실록》 권 34, 인조 15년 3월 경신.

헌,[152] 도승지,[153] 대사헌,[154] 부제학[155] 등의 관직을 역임했다.

4) 삼전도비

그런데 1637년(인조 15) 11월 25일에 청나라가 자기들의 승전비인 삼전도비三田渡碑를 세울 것을 요구해 왔다. 인조는 비문을 쓸 후보자로 이경석과 장유張維·이경전李慶全·조희일趙希逸 등 네 사람을 골랐다. 이 가운데 이경전은 병 때문에 짓지 못했고, 이경석·장유·조희일이 하룻밤 사이에 글을 지었다. 그런데 조희일은 일부러 거칠게 지어 채택되지 않았고, 이경석과 장유의 비문은 청나라 사신의 마음에는 들지 않았으나, 고치는 것을 전제로 이경석의 글이 채택되었다.[156] 사실 장유와 이경석 이 지은 비문을 청나라에 들여보내 그들로 하여금 스스로 택하게 했다. 범문정范文程 등이 그 글을 보고, 장유가 지은 것은 인용한 것이 온당함 을 잃었고, 이경석이 지은 글은 쓸 만하나 다만 중간에 덧붙여 넣을 말 이 있으니, 조선에서 고쳐 지어 쓰라고 했다. 더욱이 장유는 상을 당해 안산安山으로 내려가 예문관에는 이경석만 제학으로 남게 되었다.[157] 그래서 인조가 이경석에게 고쳐 써 줄 것을 부탁했다.[158] 이에 인조는 예문관 제학(당시 대제학은 없었다)인 이경석에게

청나라가 이 글로 우리나라의 향배를 시험하고자 하니, 이는 국가 존망 에 관계가 있다. 월왕越王 구천句踐이 오왕吳王 부차夫蹉에게 회계산會稽山 에서 항복해 신첩臣妾이 되었다가 마침내 오나라를 멸망시킨 공적을 남겼

---

152)《인조실록》권 34, 인조 15년 4월 병신.
153)《인조실록》권 34, 인조 15년 윤4월 기미.
154)《인조실록》권 35, 인조 15년 7월 무진.
155)《인조실록》권 35, 인조 15년 7월 정축.
156)《인조실록》권 35, 인조 15년 11월 기축.
157)《全州李氏德泉君派譜》, 知先錄, 458쪽, 三田渡碑文.
158)《인조실록》권 36, 인조 16년 2월 임인.

으니, 뒷날에 힘을 기르는 것이 오직 과인의 할 일이다. 지금의 꾀는 오직 이 글에 달린 것이니, 그의 마음에 들도록 해서 사기事機가 악화되지 않게 해 달라.159)

고 부탁해 할 수 없이 비문을 고쳐 썼다. 그러고는 형 이경직에게 편지를 보내 "글 공부를 한 것이 한이 됩니다"라고 하고, "수치스런 마음 등에 업고 백 길이나 되는 어계강語溪江에 몸을 던지고 싶소"라는 시를 지어 한탄했다 한다.160)
　삼전도비문은 다음과 같다.

　대청大淸 숭덕崇德 원년 겨울 12월에 황제가 자기들과 화의를 깼다고 비로소 혁연赫然히 무武로써 이에 임해 직접 군사를 일으켜 동쪽으로 오시니, 감히 대항하는 자가 없었다. 이때에 우리 과군寡君이 남한산성에 계셔 덜덜 떨며 봄 얼음을 밟듯 기다린 지 거의 50일이 되었다. 동남의 제도병諸道兵은 서로 잇달아 무너지고, 서북쪽의 군대는 산골짜기에 머물러 있어서 능히 한 발자국도 나아가지 못하고, 성안에 식량 또한 다 떨어졌다. 이러한 때에 큰 군사를 거느리고 성에 다다르니, 서릿바람이 가을 낙엽을 휘몰아 가는 것과 같고, 화롯불에 기러기 털을 태우는 것과 같았다. 황제가 죽이지 않는 것으로 무武로 삼고, 오직 덕을 펴는 것으로 우선해 이에 칙서를 내려 깨우치기를 '오라! 전적으로 너희를 도륙하지 않을 것이니'……장차 황명을 받들어 길에 서로 이었다. 이에 우리 과군이 문·무제신을 모아 말하기를 '내가 대국과 화호를 의탁한 지 10년이 되었다. 나의 어둡고 미혹함으로 말미암아 하늘의 토벌을 스스로 재촉해 만백성이 고기밥이 되었으니, 죄가 나 한 사람에게 있다. 황제께서 이에 오히려 도륙하지 않고 깨우치시니, 내가 어찌 감히 이를 따라 위로 우리 종묘와 사직을 온전히 하고, 아래로 우리 생령生靈을 보존하지 않겠는가?' 대신이 이에 협찬協贊함에 드디어 수

---

159) 行狀, 431쪽; 年譜, 771쪽.
160) 위와 같음.

십 기騎와 함께 군문軍門을 찾아가 죄를 청하니, 황제가 예로써 우대하시고 은혜로써 더하시어 한번 보시고 심복으로 삼아 은혜를 내림이 따라간 신하들에게까지 고루 미쳤다. 예를 마치고 곧 돌아와 우리 과군이 도성都城에 이르자마자 남쪽으로 간 군사를 불러서 서쪽으로 보내 난폭함을 금하고 농사를 권하니, 멀고 가까운 곳에 흩어져 있는 꿩과 새들이 다 다시 모여 살고, 동토東土를 둘러싼……산하가 곧 옛날로 돌아왔다. 서리와 눈이 변해서 따뜻한 봄이 되고, 가뭄이 변해 때마침 비가 되었다. 이미 망한 것이 다시 살아나고, 이미 끊어진 것이 다시 이어지니, 이것은 실로 옛날에 없던 일이다. 한강수 상류 삼전도三田渡 남쪽은 곧 황제가 거둥하는 중간에 머무르시던 곳이다. 단장壇場이 있거늘 우리 과군이 이에 수부水部에 명해 단소壇所에 나가 더해서 높게 하고, 또 돌을 쪼아 비를 세워 앞으로 영원하게 해 황제의 공덕을 현창하려 하니, 바로 더불어 조화造化해서 함께 흘러감이라. 어찌 특별히 우리 소방小邦만 세세로 영원히 힘입으리오. 또한 대조大朝의 인성仁聲·무의武誼가 멀어서 복종하지 않는 자가 비로소 여기에 바탕을 두지 않는 것이 없다. 천지의 큰 것을 본뜨고 일월의 밝음을 다해도 (이것의) 만의 하나를 같게 할 수 없다. 삼가 그 대략을 싣는다.

  명銘에 말하기를,

  하늘이 서리와 이슬을 내림에 이에 엄숙하게 하고 이에 기르기도 하네. 오직 황제가 이를 법으로 삼아 아울러 위엄과 덕을 펴네. 황제가 동쪽으로 정벌함에, 그 군사가 10만이라. 은은하고 굉굉함에, 호랑이 같고 비貔(범 비슷한 맹수) 같네. 서번西蕃(서쪽 오랑캐)과 궁발窮髮(초목이 나지 않는 북극지방)과 북락北落이 전구前驅를 뱀에 그 신령스러움이 혁혁하다. 황제가 크게 어질어 은혜를 내렸네. 열 번 소회昭回를 행함에 이미 엄하고 또 온화하도다. 처음에는 헷갈려 알지 못하다가 스스로 이 슬픔을 깨쳤다. 황제가 밝은 명령을 내리자 잠에서 깨어난 것 같네. 우리 임금이 공경스럽게 감복함에, 서로 이끌어 돌아가더라. 크게 위엄을……오직 덕을 의뢰함이라. 황제가 이를 아름답게 여기시니, 은택이 넉넉하고 예의가 넉넉했네. 이에 기뻐하고 웃음에, 창과 방패를 묶어두었네. 무엇을 주었나? 준마駿馬와 가벼운 갓옷이로다. 도하의 사녀士女가 이에 노래하고 노래하네. 우리 임금이 말씀하심에, 황제가 준 것이네. 황제가 군대를 이끌고 돌아오시니……우리가 탕절蕩折함을 슬퍼하고, 우리에게 농사일을 권하셨네. 금구金甌는 옛날과 같고, 취단翠壇은 새롭네. 마른 뼈에 다시 살이 붙고, 찬 풀뿌리가 다시 봄을 맞이했네. 높고 높은 비석이 한강 머리에 있네. 만년 삼한三韓에 황제의 아름다움이라.161)

5) 전후처리

1638년(인조 16) 2월 18일에 이경석은 지경연이 되었고,162) 이어 부제학,163) 대제학,164) 대사헌,165) 동지경연,166) 이조참판,167) 대사간,168) 이조판서169) 등 고위관직을 역임했다. 1638년(인조 16) 8월에 이계李烓와 유석兪碩 등은 정온鄭蘊과 김상헌金尙憲이 인조가 항복하러 가는데도 따라가지 않고 고향으로 내려갔다고 탄핵했다. 이에 그들의 행위를 좋게 생각하지 않던 인조는

유석에게도 또 공정하지 않은 일이 있겠지만 혐의하고 원망한다는 말은 부당한 말이다. 다만 정온과 김상헌은 출처가 대강 같은데, 상헌만 논죄한 것이 잘못이다. 대저 상헌은 임금이 위급함을 겪은 뒤에도 달려와 문안하지 않고 그 형의 상사喪事에도 와서 곡하지 않았으니, 인륜에 죄를 지은 사

---

161) 《全州李氏德泉君派譜》, 知先錄, 458~459쪽, 三田渡碑文.
162) 《인조실록》 권 36, 인조 16년 2월 임자.
163) 《인조실록》 권 36, 인조 16년 2월 기미.
164) 《인조실록》 권 36, 인조 16년 3월 계미.
165) 《인조실록》 권 36, 인조 16년 4월 기미.
166) 《인조실록》 권 36, 인조 16년 6월 기해.
167) 《인조실록》 권 37, 인조 16년 7월 기사.
168) 《인조실록》 권 37, 인조 16년 12월 무술.
169) 《인조실록》 권 38, 인조 17년 1월 신유.

람이다. 그러나 조정에서 벌을 주는 것은 불가하니, 다만 그 시비만 밝히는 것이 옳다. 국가의 일이 이 지경에 이르렀는데, 대대로 벼슬하던 신하로서 갑자기 먼저 저버리니, 어찌 이런 이치가 있는가? 유석의 말은 비록 봉황이 산 동쪽에서 우는 것〔鳳鳴朝陽: 붕새가 산의 동쪽에서 운다는 뜻으로 천하가 태평할 길조라 함〕과 같다고 말한다 해도 괜찮다.170)

라고 했지만 이경석은

　　김상헌은 서음부디 이미 변고가 있다는 소식을 듣고 성에 들어왔고, 그의 말이 시행되지 않자 가버렸으니, 진퇴하는 절의에 부합합니다. 실로 마땅히 선양하고 너그럽게 용서해야 하는데, 어찌 벌을 줄 수 있습니까? 이계와 유석은 일찍이 상헌에게 배척을 당했으므로 원한을 품고 보복했으니 그 마음의 소재를 확실히 알 수 있고, 상헌을 옹호한 자도 또한 공평하지 않은 조처를 면치 못했습니다.171)

라고 변호해 무사하게 해 주었다. 1639년(인조 17) 1월 12일 이조판서였던 이경석은 "새 제도로 말씀드리자면 통색通塞(벼슬길을 열어주거나 막는 것)할 즈음에 낭관이 간여함이 없어야 할 것 같습니다"라고 해 이조전랑의 통청권을 제한해야 한다고 주장했다. 이조전랑의 낭천권郞薦權 제한에 대해서는 이미 1637년(인조 15) 5월에 최명길이

　　우리나라는 크고 작은 관리의 임명이 모두 전장銓長에게 천거하게 하므로 당하堂下 청망淸望의 임명이 모두 낭관의 손에서 나옵니다. 이 때문에 이조전랑의 권한이 지나치게 커서 때때로 조정을 휩쓸고, 매번 낭관을 천거할 때가 되면 나이 짊은 명류들이 기염을 토하며 서로 배격해 반드시 다투어야 할 것으로 알고 있으니, 이것이 바로 당론의 근원입니다.172)

---

170) 《인조실록》 권 37, 인조 16년 8월 기유.
171) 《인조실록》 권 37, 인조 16년 8월 기유.

라고 해 낭천권이 당쟁의 근원이 되니 혁파해야 한다고 주장한 바 있다.

이경석은 이조판서로서 정정훤鄭正萱·황종해黃宗海·안방준安邦俊·선우협鮮于浹·이현룡李見龍·한진명韓振溟 등을 천거했다. 이 가운데 선우협은 평안도 사람이었다. 이와 같이 이경석은 평안도 사람까지도 공평하게 관직에 추천했다.173) 오히려 인재의 보고寶庫라는 영남에 대해서는 장현광張顯光과 정경세鄭經世가 죽은 뒤로 학문에 뜻을 둔 선비들이 적다고 했다.174) 1639년(인조 17) 정월에 이조참판에 임명되어 경연관과 지춘추관사를 겸임했다.

1640년(인조 18) 정월에 이경석은 최명길과 비밀리에 의논해 승려 독보獨步를 상선에 태워 북경으로 들여보냈다. 명에 대한 조선의 충정을 고하기 위해서였다. 이경석은 이 일로 4월 17일 밀실에 들어가 밤새도록 두문불출하고 통곡했다고 한다. 그때 올린 상소는 지금 남아 있지 않다.175) 3월에 대제학을 사퇴했다. 청나라에 항복한 뒤 청나라에서 여러 재상의 아들들을 인질로 들여보내라고 했다. 이경석은 아들 대신 처족을 인질로 보냈다가 대간의 탄핵을 받아 고신告身을 빼앗기고 교하交河에 머물렀다. 겨울에 승문원 제조가 되어 대제학 이식李植과 함께 국서國書를 제진했다. 곧 대사헌에 임명되고, 1641년(인조 19) 정월에 우참찬이 되었으며, 3월에 대사헌으로 옮겼다.176) 여름에 한재旱災가 생기자 다음과 같은 상소를 올렸다.

······창고를 열어 주린 백성을 구제하고, 전쟁으로 가족을 잃은 자를 위문하며, 왕이 스스로 반성하고 쇄신을 도모해 충언을 받아들이고, 수양에 주력해 성학에 힘쓰고, 의옥議獄이 불공평해 원통하고 억울함이 있다.177)

---

172)《인조실록》권 34. 인조 15년 5월 임오.
173)《인조실록》권 38, 인조 17년 1월 정해.
174)《인조실록》권 38, 인조 17년 1월 정해.
175) 年譜, 771쪽.
176) 年譜, 772쪽.
177) 行狀, 432쪽.

전쟁이 끝난 뒤, 병자호란을 거울삼아 백성들을 적극적으로 구휼해야
한다는 것이다. 이에 왕이 특별히 이경석을 만나보고 사형수들을 석방
했다. 1641년(인조 19) 6월에 이경석은 세자 이사貳師가 되어 봉천으로
갔다.[178] 이때 이경석은 설관舌官 서상현徐尙賢·승언承言 유호선兪好善
등으로 하여금 청나라 장수와 왕래하면서 그에게 값진 보화를 뇌물로
주어 김상헌 등 잡혀와 있는 대신들이 생환할 수 있는 길을 모색했
다.[179] 그리하여 하루는 역관 정명수가 세자에게 한汗의 말을 전하기를

> 김상헌은 죽어도 님을 피가 있으나 이제 병이 중하다는 말을 들었고, 그
> 나머지 사람들도 다 질병이 있다고 하며, 함께 따라온 사람들도 고초를 겪
> 고 있는 것이 불쌍하다. 상헌은 나이가 많지만 글을 잘하니 반드시 재능과
> 지혜가 있을 것이다. 그를 금주錦州로 보내 공을 세우게 하고도 싶고, 의주
> 義州로 보내 구금시키고도 싶은데, 이 두 가지 가운데 어느 것이 더 낫겠는
> 가?[180]

하자 세자가 "여러 사람이 지금까지 살아 있는 것은 모두 황제의 은덕입
니다. 그 처결은 오직 황제에게 달렸으니 어찌 감히 무슨 말을 하겠습니
까?"라고 하였다. 그 이튿날 청 황제는 김상헌·박황朴潢·신득연申得淵·
조한영曺漢英·채이항蔡以恒 등 다섯 명을 의주로 보내고, 이사인 이경석
도 의주로 나가게 했다.[181] 이경석은 곧장 장계를 올려 역관 정명수가
공이 있다고 과시하니 그가 원하는 대로 한 자급을 올려주자고 했다. 인
조도 그 의견에 따랐다.[182] 청 황제는 세자를 시켜 이경석을 의주로 보
내 명과 내통한 자를 조사하게 하고, 조선 조정에서도 정치화鄭致和를

---

178) 《인조실록》 권 42, 인조 19년 6월 병진.
179) 年譜, 773쪽.
180) 《인조실록》 권 43, 인조 20년 1월 병자.
181) 《인조실록》 권 43, 인조 20년 1월 병자.
182) 《인조실록》 권 43, 인조 20년 1월 기묘.

사문사査問使로 삼아 함께 죄수를 심문해 청나라로 잡아가게 했다. 그러나 이경석은 "황제께서 진노해 진실로 황공하다. 특별히 근시近侍를 보내 연해의 각 고을을 조사하게 했다"고 하면서 급히 들어가 이 사실을 알리라는 비변사의 이문移文을 받고 안주安州에서 강을 건너 청나라로 들어갔다고 했다. 청나라는 이경석의 행위를 의심해 중죄인을 가두는 심양 동관東館에 억류했다.183) 그러나 청 황제는

> 이사貳師는 대관大官이다. 세자가 짐의 명을 받들어 그를 보냈는데 중도에서 돌아왔으니, 위로는 짐의 명을 저버리고, 다음으로 세자의 명을 저버렸다. 타국에 오래 있었는데도 어찌 그 임금을 보고 싶은 마음이 없겠는가? 도성으로 들어가 국왕을 배알하지 않았으니, 이는 바로 국왕을 저버린 것이다. 도성에 들어가면 조정 신하와의 대화가 불편할 것이므로 도중에 돌아온 것이니, 이로 미루어 보면 거짓이 많은 사람이다. 마땅히 죄를 다스려야 하지만 우선 덮어두니, 빨리 내보내라.184)

고 해서 무사히 풀려나왔다. 큰 위기를 모면한 셈이다.

이경석이 귀국하자 인조는 위로하면서 "중조中朝가 (청나라와) 화친을 했다는 설은 사실인가?"라고 물었다. 이에 대해 이경석은

> 그 형세를 가지고 말한다면, 조대수祖大受는 관외關外의 대장으로서 힘이 모자라 항복하고, 수만 명의 병사가 하루아침에 살해되었으며, 토적土賊이 강성하고 환시宦寺가 권력을 잡고 있으니, 화친을 청했다는 설은 그 사실 여부를 확실히 알 수는 없으나 중조의 운은 또한 이미 쇠퇴했습니다.185)

---

183) 《인조실록》 권 43, 인조 20년 10월 기유.
184) 《인조실록》 권 43, 인조 20년 10월 기유.
185) 《인조실록》 권 43, 인조 20년 5월 을유.

라고 대답했다. 청나라에서는 이경석에게 관직을 주지 말라고 강요했다. 이에 이경석은

> 신은 재주가 옛사람에게 미치지 못하고 일은 과거 어느 시대보다 어렵기 때문에 온갖 액을 한 몸에 만나 진퇴유곡進退維谷의 상황 속에서 다행히 하늘같으신 성은을 입어 오늘의 이 몸을 보전하고 있습니다만, 거듭 청나라의 문책을 받아 규제가 매우 엄해 이미 한가히 물러나게 했으니, 영원히 조반朝班을 하직하게 되었습니다. 이제 살아서 돌아오기는 했으나 복명하지 못하며, 다시 용안을 뵙는 일도 기약할 수 없으니, 신의 죄과가 더욱 무겁습니다. 거적자리를 깔고 땅바닥에 엎드려 삼가 엄중한 견책을 기다리면서 천일天日을 우러러 보니 격동하는 마음을 자제할 수 없습니다.186)

라고 신세 한탄을 했다. 그리고 이경석은 지사知事로서 서로西路 출신 변장邊將들을 전공戰功과 도신道臣의 장계를 상고해 재능에 따라 서용하라고 권했다.187) 인조는 청나라에 죄를 얻어 파직되어 집에 있는 이경석에게 쌀을 내려 주었고,188) 청나라에는 이경석 등을 다시 기용할 수 있게 해 달라고 청원했다.189) 그리하여 1643년(인조 21) 10월 10일에 청나라는 사면령赦免令을 내려 이경석·박황·이경여·이명한李明漢·민성휘閔聖徽190)·허계許啓·심연沈演·김은해金應海·조한영曺漢英 등의 죄를 사면해 주고 다시 조용될 수 있게 풀어 주었다.191) 이에 이경석은 1643년(인조 21) 10월 25일에 원손보양관元孫輔養官에 보임되었다가192) 우참찬이 되었다.

---

186) 《인조실록》 권 43, 인조 20년 12월 임오.
187) 《인조실록》 권 44, 인조 21년 1월 경술.
188) 《인조실록》 권 44, 인조 21년 8월 신미.
189) 《인조실록》 권 44, 인조 21년 3월 병진.
190) 《인조실록》 권 44, 인조 21년 11월 정미.
191) 《인조실록》 권 44, 인조 21년 10월 경오.
192) 《인조실록》 권 44, 인조 21년 10월 을유.

그런데 용골대 등이 역관 정명수鄭命守를 데리고 세자에게 와서 우의
정 이경여는 구류시키고, 이경석·이명한·박황·민성휘·허계·조한영 등
5신은 명나라에 뜻이 있는 자들이니 파직시키라고 했다. 그리고 영상과
이판이 5신을 기용하였으니 그 벌을 받아야 한다고 했다.[193] 4월 9일
청군이 북경을 향해 쳐들어갈 때 세자와 봉림대군은 따라갔고, 인평대
군은 그대로 머물러 있었다. 5신을 풀어 준 데에 대한 문책 칙서는 봉
림대군 행차에 부쳐 보낼 것이라 했다.[194]

이에 이경석은

신이 듣건대 심양의 보고 속에 파직시킬 대상자 가운데 신의 이름이 들
어 있다고 하니, 본직과 겸직을 모두 체차하소서. 그리고 신이 이제 물러가
는 마당에 대궐을 우러러보니, 주인을 그리는 견마의 정성이 더욱 간절해
구구한 소회를 대략 아룁니다.

진정 바라기는 전하께서는 어진 이를 가까이해 믿고, 간사한 자를 버려
멀리하시며, 대신을 존경해 국사를 위임하고, 충간忠諫을 받아들이되 물 흐
르듯이 하며, 인재를 수용하되 제때에 미치지 못할 듯이 하고, 민폐를 제거
하되 불타는 속에서 인명을 구하듯이 하며, 외간의 건축을 중지하고, 금중
禁中의 여색女色을 끊으며, 조금이라도 한가할 때는 자주 신료들을 접견해
상하의 정을 통하고, 치인의 방도를 강구하신다면, 오늘의 깊은 걱정이 반
드시 하늘에게 국운이 장구하기를 비는 데 도움이 될 것입니다. 삼가 원컨
대 전하께서는 힘쓰고 또 힘쓰소서.[195]

라는 상소를 올려 하직인사를 했다.

그런데도 인조는 이경석과 이명한을 행대호군에 임명하고, 아울러 춘
추관사春秋館事직을 겸대시켜 실록을 찬수하게 했다. 그러자 이경석은

---

193) 《인조실록》 권 45, 인조 22년 4월 정묘.
194) 《인조실록》 권 45, 인조 22년 4월 정묘.
195) 《인조실록》 권 45, 인조 22년 4월 기사.

청나라에서 이 사실을 알게 되면 큰일이니 그 일을 면제해 달라고 했다. 그러나 비변사에서는 청나라에서 이들을 조용하지 말라는 것은 의정議政 벼슬을 주지 말라는 것이니 괜찮다고 했다.196) 뿐만 아니라 인조는 이경석을 다시 원손보양관으로 삼았다. 이경석의 인망이 높으니 한가로이 있게 할 수 없어서이다.197)

1645년(인조 23) 2월 18일에 청의 사신이 왔다. 청나라는 중원을 통일하고 세자와 이경석·이경여·이명한·민성휘 등 4신을 돌려보냈다. 세자의 부탁으로 이들을 서용할 수 있도록 풀어 주었다. 세공歲貢과 폐물幣物도 줄여 주었다.198) 승원을 통일한 선물이었다.

1645년(인조 23) 3월 19일에 이경석은 다시 대사헌에 임명되었고,199) 이어 우의정이 되었다.200) 그는 6월 3일에 사은사로 연경에 가서 임경업을 데리고 돌아왔다. 그리고 이자성李自成은 부하에게 죽임을 당했고, 주원장이 세력을 떨치고 있으며, 시헌력時憲曆을 구해 오려 했으나 구하지 못했다고 보고했다.201)

1643년(인조 21) 4월에 소현세자가 죽었다. 그는 호군 이식과 함께 상복을 백포白袍·오모烏帽에 재최3월복齊衰三月服을 주장했다.202) 그리고 1645년(인조 23) 윤6월 2일에 인조는 봉림대군鳳林大君을 세자로 삼았다.203) 사관은 김육金堉·이목李楘과 더불어 원손보양관으로 있으면서 이에 대해 한마디 말도 하지 않은 것은 후세에 반드시 말이 있을 것이라고 비판했다.204) 이경석은 이조판서로서 송시열宋時烈·송준길宋浚吉·

---

196) 《인조실록》 권 45, 인조 22년 9월 병신.
197) 《인조실록》 권 46, 인조 23년 2월 기미.
198) 《인조실록》 권 46, 인조 23년 2월 신미.
199) 《인소실록》 권 46, 인주 23년 3월 임인.
200) 《인조실록》 권 47, 인조 24년 3월 계유.
201) 《인조실록》 권 47, 인조 24년 6월 무인.
202) 年譜, 774쪽.
203) 《인조실록》 권 46, 인조 23년 윤6월 임오.
204) 《인조실록》 권 46, 인조 23년 윤6월 임오.

권시權諰·이유태李惟泰 등을 천거했다.205) 이경석은 8월에 세자이사世子貳師로 다시 심양에 들어가 급히 서연書筵을 열고 빈객賓客과 번갈아 특강을 했다. 청나라 사람이 창고미倉庫米가 소비되는 것을 싫어해 인질들에게 직접 농사를 짓도록 하니 이경석이 사리에 맞지 않는다고 거절했다. 또 물산을 들여오는 일과 포로의 생환문제로 청나라의 힐책이 심했으나 달래고 미봉해 넘긴 것이 한두 가지가 아니다.206)

6) 재상으로서의 경륜

1645년(인조 23) 9월 3일에 이경석은 우의정이 되었다.207) 그가 네 번이나 사양했는데도 받아들여지지 않았다. 이경석은 군직으로 가자되었으나 교지에 '허통許通'이라고 기록되어 있지 않고, 직명만 기록되어 있는 자는 과거를 보지 못하게 하고 가두어 죄를 다스려야 한다고 했다. 또 면천免賤된 자에 대해서는 반드시 보충대에 편입시켜 직종정년이 된 사람에 대해 양역을 허락하게 했다.208) 서얼도 허통되지 않으면 과거에 응시하거나 벼슬을 할 수 없게 해야 한다고 했다.209) 서얼차대庶孼差待에 대해 보수적이었다.

이경석은 곧 세자부世子傅가 되었다.210) 이때 봉림대군은 왕세자로, 부인인 장유의 딸은 세자빈에 책봉되었다.211) 10월 9일 이경석은 우레의 변고를 이유로 상소를 올려 유백증俞伯曾과 홍무적洪茂績을 서용할 것을 건의하자 영의정 김류는 크게 반발해 병을 이유로 사퇴하고자 했다.212) 10월 30일 이경석은 다시 "《대학연의大學衍義》에 '왕은 먼저 경

---

205) 年譜, 774쪽.
206) 年譜, 774쪽.
207) 《인조실록》 권 46, 인조 23년 9월 신해.
208) 《인조실록》 권 46, 인조 23년 9월 계유.
209) 《인조실록》 권 46, 인조 23년 9월 계유.
210) 《인조실록》 권 46, 인조 23년 9월 갑술.
211) 《인조실록》 권 46, 인조 23년 9월 을해.

기의 백성을 구휼하라!'고 했습니다.……경기의 백성은 앞으로 칙사를 제공하는 역역役이 있을 것이니, 송도松都에 비축해 둔 정초군精抄軍 몫의 쌀을 경기 백성들에게 나누어 주어, 한편으로는 기민을 구호하고 다른 한편으로는 역역役에 응하도록 해야 합니다"라고 했으나 인조는 "이것은 처음부터 군사훈련을 목적으로 설치한 것이므로 다른 일에 쓸 수 없다"고 했다.213) 국왕의 양병養兵과 신료의 양민養民이 충돌한 것이다.

11월 23일 인조는 이경석에게 훌륭한 사람을 추천하라고 했다. 이경석은 유계兪棨를 추천했으나 왕은 아무 반응이 없었다.214) 1646년(인조 24) 1월 3일에 청나라가 왕세자 책봉을 허락하자 인조는 이경석에게 교서를 쓰게 해 사면령을 내렸다.215) 그런데 1월 3일에 강빈姜嬪의 시녀들이 인조의 밥그릇에 독을 탄 사건이 일어났다. 이경석은 김류·판의금부사 구인후具仁垕 등과 함께 이들을 문초했다. 그러나 정열·유덕·계일·향이·천이·난옥·일녀 등은 다 자복하지 않았고, 난옥은 먼저 죽었다. 정열과 유덕은 강빈이 신임하는 자들인데, 압슬壓膝과 낙형烙刑을 가했으나 자복하지 않고 죽었다. 끝내 국청을 파하고 연루된 세 사람을 석방했다.216) 우의정 이경석 등은 빈청에서 기다리다가 대궐문 밖으로 나갔다. 인조는 맨 먼저 나간 이경여를 삭탈관작, 문외출송했다.217) 이경석은 자기도 이경여의 뒤를 따라 나갔으니 같은 벌을 내려 달라고 했다.218) 인조는 비망록을 내려

강빈이 심양에 있을 때 은밀히 왕권을 바꾸려고 도모하면서(1644년 봄에 청나라 사람과 도모해 장차 왕위를 교체하는 조처가 있을 것이라 했다. 상이 이를 듣고

---

212) 《인조실록》 권 46, 인조 23년 10월 임진.
213) 《인조실록》 권 46, 인조 23년 10월 무신.
214) 《인조실록》 권 46, 인조 23년 11월 신미.
215) 《인조실록》 권 47, 인조 24년 1월 신해.
216) 《인조실록》 권 47, 인조 24년 1월 신해.
217) 《인조실록》 권 47, 인조 24년 2월 계미.
218) 《인조실록》 권 47, 인조 24년 2월 계미.

매우 미워했다. 그러나 외부 사람은 모르고 있었다) 미리 홍금적의紅錦翟衣를 만들어 놓고, '내전內殿'의 칭호를 외람되이 사용했으며, (세자가 심양에 있을 때 시종들이 세자를 '동전東殿'으로 불렀고, 강빈을 '빈전嬪殿'으로 불렀는데, 대개 저들이 보고 듣게 하기 위함이었지 세자와 빈이 스스로 부르는 것은 아니었다. 진신들 사이에서도 간혹 이렇게 부르기도 했다) 지난해 가을에 매우 가까운 곳에 와서 분한 마음 때문에 시끄럽게 성내는가 하면 사람을 보내 문안하는 예까지도 폐한 지가 이미 여러 달이 되었다. 이런 짓도 하는데 어떤 짓인들 못하겠는가? 이것으로 미루어 헤아려 본다면 흉한 물건을 파묻고 독을 넣은 것은 모두 다른 사람이 한 것이 아니다. 예로부터 난신적자가 어느 시대나 없었겠는가마는 그 흉악함이 이 역적처럼 극심한 자는 없었다. 군부君父를 해치고자 하는 자는 천지의 사이에서 하루도 목숨을 부지하게 할 수 없으니, 해당 부서로 하여금 율문을 상고해 품의해 처리하게 하라![219]

라고 해 강빈이 심양에서 '내전'이라 부르게 했고 홍금적의를 입었으며, 돌아와서는 대전 근처에 와서 악을 썼으며, 문안도 들지 않았으니 흉물을 묻고 인조의 식사에 독을 탔을 것은 불 보듯 뻔하다는 논리이다. 이경석이 "진퇴를 경솔히 할 수 없으니, 조용히 상의해 처리해야 할 것이다"라고 했다. 그랬더니 여러 사람의 의논이 모두 나가는 것을 타당하게 여겼다. 이경석이 답하지 못하고 선인문宣仁門 밖에 나가 명을 기다렸다. 왕의 비답을 받지 못했으므로 집으로 가지도 못하고, 선인문 밖에 나가 있었던 것이다.[220] 이경석은 빈청에 나아가 다음과 같이 말했다.

신들이 오늘의 변에 대해 몹시 마음 아프게 여기지 않는 바가 아니며, 또한 감히 털끝만큼도 신구하려는 뜻이 있지 않습니다. 다만 변을 처리하는 도리는 적절하게 되도록 힘써야 하므로 감히 '법을 굽혀 은혜를 펴라'는 뜻으로 연달아 계사를 올려 말씀드린 것입니다만 의사를 충분히 전달하지

---

219) 《인조실록》 권 47, 인조 24년 2월 경진.
220) 《인조실록》 권 47, 인조 24년 2월 신사.

못해 엄한 하교가 거듭 내리는 결과를 초래하게 했으니, 이것은 다 신들의
죄입니다.221)

인조는 김자점에게

　이경여와 이경석은 내 일찍이 후하게 대접했는데, 지금 그들이 하는 바
는 자못 지난날에 바라던 바가 아니다. 친구 사이에도 친구를 위해 죽는 자
가 있는데, 임금과 신하 사이에 어찌 이같이 할 수 있겠는가? 이것은 모두
가 나라를 위한 정성이 적어서 그런 것이다.222)

라고 불평을 했다. 우의정 이경석 등은 집에 있는 대신들을 불러 상의해
서 처리하자고 했다.223) 인조는 승정원에 하교해

　강씨의 죄가 극에 달했는데도 사람들이 다 두려워하고 애석하게 여긴다.
당초의 전교에 이른바 '고율考律하라'는 것은 그 의도가 분수를 엄히 하는
데 있었지 정말 죽이려고 한 것이 아니었는데, 이것을 가지고 고집스럽게
말하니 또한 이상한 일이 아닌가? 만에 하나 소홀한 틈을 타서 변이 발생
해 일이 예측할 수 없는 지경에 이른다면 비록 후회한다 하더라도 소용이
없을 것이다. 폐출하고 사사하라는 뜻을 양사에 말하라!224)

라고 해 강빈의 폐출, 사사를 거론했다. 김자점은 "상의 하교가 이와 같
으니 어길 수 없습니다"라고 했고, 이경석과 최명길은

　강씨의 죄악을 조정의 신하들이 모르지 않습니다. 다만 일이 중대하므로

---

221) 《인조실록》 권 47, 인조 24년 2월 임오.
222) 《인조실록》 권 47, 인조 24년 2월 병술.
223) 《인조실록》 권 47, 인조 24년 2월 병술.
224) 《인조실록》 권 47, 인조 24년 2월 기축.

신중히 살펴서 하지 않을 수 없기 때문에 감히 어리석은 뜻으로 우러러 진달했던 것이지 다른 의도가 있었던 것은 아닙니다. 이제 성상께서 은혜와 의리를 참작하시어 결정해 명을 내리셨으니, 승정원으로 하여금 해사該司에 분부해 거행하게 하소서.225)

라고 해 결국 인조의 뜻을 따르고 말았다. 최명길은 빈청에 나가 폐출한 뒤 사사할 것을 건의하려 했으나 인조가 미리 짐작하고 만나주지 않았다. 뒤따라 들어가 말하려던 이경석도 선인문까지 갔다가 돌아왔다.226) 우의정 이경석은 다음과 같이 말했다.

강씨의 죄가 비록 크지만 너그럽게 처결하는 것이 옳기 때문에 신이 여러 대신들과 더불어 일전에 쟁론을 벌였으나, 사사하라는 분부가 내린 뒤에 이르러서는 감히 자신의 견해만을 피력해 다시 논집하지 못했던 것은 비록 이미 드러난 죄로만 말하더라도 의리로 판정하면 오히려 근거할 만한 것이 있기 때문이었습니다. 그리고 또 대신의 체모는 대관臺官과 달라서 결정된 명이 이미 내리면 임금만 혼자서 감당하게 할 수 없기 때문에 원임 대신들의 뒤를 따라서 함께 분부를 받들었던 것입니다.

그런데 지금 강문성姜文星·강문명姜文明 등의 옥사는 또 이와는 다른 점이 있습니다. '임금을 업신여기고 위를 도모한다'는 죄목은 바로 대역에 해당하는 것입니다. 대역의 옥사야말로 얼마나 큽니까? 그런데 고변한 자도 없고 또 연루된 것도 아닌데, 단지 '그 여동생의 소행을 반드시 모를 리가 없을 것이다'라는 까닭만으로 국문을 할 수가 있겠습니까? 강문성·강문명 등의 평소 어리석고 망령된 형상과 그들이 산소를 잡을 때 못된 짓을 한 일에 대해서는 신이 몹시 미워하고 있는데 불쌍히 여길 것이 무엇이 있겠습니까? 하지만 이런 길이 한 번 열리면 뒷날의 폐단이 끝이 없을 것입니다. 어찌 무함해 옥사를 만드는 폐단이 이로 말미암아 계속해 일어나지 않

---

225) 《인조실록》 권 47, 인조 24년 2월 기축.
226) 《인조실록》 권 47, 인조 24년 2월 임진.

으리라고 보장하겠습니까? 형벌을 알맞게 쓰지 않으면 백성이 손발을 둘 곳이 없게 됩니다. 이전에는 형벌을 신중히 쓰시더니 어찌하여 지금 갑자기 이런 일을 하십니까?《대학》에 이른바 '근심하는 바가 있으면 그 바름을 얻지 못하고, 그 천시하고 증오하는 바에 편벽된다'는 말이 가깝지 않습니까? 이미 궁벽한 지역으로 추방했다가 상이 노여우실 때 곧바로 국문하시니, 형벌이 중도를 얻었다고 말할 수 있겠습니까? 전하께서 여러 신하들을 짓누르시는 이유는 당을 비호하고 구원한다고 해서인데, 이 때문에 여러 사람의 입이 닫히고 의심하고 서먹해 함이 극에 달했습니다. 신이 비록 보살것은 없지민 대신이 되었는데, 어찌 구원하고자 이런 말을 하겠습니까? 신이 별다른 장점은 없지만 밤낮으로 마음속에 잊지 못하고 있는 것은 임금을 아버지처럼 사랑하고 나라를 가정처럼 걱정하는 마음이니, 이 점만은 스스로 신명에게 질정할 수 있다고 여깁니다. 삼가 바라건대, 특별히 살펴 주시어 다시 여러 신하들에게 물어서 처리하시고, 이어서 신의 죄를 다스리시어 망령되이 말하는 자의 경계로 삼으소서.[227]

강빈을 사사하라는 명이 내린 이상 대신으로서 왕의 명을 따라야 하지만, 강문성·강문명에게 죄를 주는 것은 옳지 않다는 것이다. 고변한 사람도 없고, 사건에 연루된 것도 아닌데 단지 여동생의 일을 모를 리가 없다고 덮어씌우는 것은 법 집행의 파행을 불러일으킬 위험이 있다는 것이다. 화가 나 있는 인조 앞에서도 할 말은 한 것이다. 그러자 인조는 "내가 이경석의 어짊을 칭찬한 적이 있는데, 지금 와서 생각해 보니 내 실로 눈 먼 소경이나 다름없었다"고 불평하기도 했다.[228]

1646년(인조 23) 3월에 사은사로 호군 김육과 함께 연경에 갔는데 이때 강빈이 왜 죽었는지를 임금이 황제에게 아뢰는 글을 가지고 갔다.[229] 도중에 두 번이나 사식상소를 올려 영중추부사로 전임되었다. 6월에 복

227)《인조실록》권 47, 인조 24년 2월 계사.
228)《인조실록》권 47, 인조 24년 2월 무술.
229)《인조실록》권 47, 인조 24년 3월 무진.

명復命하고, 7월에 왕명을 받아 이식·정홍명鄭弘溟·김육을 문형文衡 후
보로 추천했다. 9월에 중시重試의 독권관讀卷官으로서 강백년姜栢年·심
재沈廳·이행진李行進·정창주鄭昌胄·오정일吳挺一·홍명하洪命夏·홍처량洪
處亮·김좌명金佐明 등 8인을 뽑았다. 그리고 10월에는 또 왕명을 받아
조경趙絅·조석윤趙錫胤·정홍명鄭弘溟 등을 문형 후보로 뽑았다.[230]

　1647년(인조 25) 2월 8일에 이경석은 좌의정이 되었다.[231] 그러나 이
경석은 15차례나 사직상소를 올렸다.[232] 그렇지만 1648년(인조 26) 5월
13일에 다시 좌의정으로 임명되었다.[233] 7월 23일에 이경석은 영의정
김자점과 함께 원손을 책봉할 것을 청해 다음 해에 거행하기로 했
다.[234] 또한 이경석은 7월 27일에 한漢 문제文帝, 당唐 태종太宗의 고사
와 《서경書經》 모훈謨訓을 초록해 《연한요람燕閑要覽》이라는 책을 만들
어 바쳤다.[235] 왕이 정치를 하는 데 참고하게 하기 위해서였다.

　1649년(인조 27) 5월 8일 인조가 창덕궁 대조전에서 홍서薨逝했
다.[236] 이경석이 인조의 행장을 지었다.[237] 그리고 영의정 김자점과 좌
의정 이경석이 원상院相이 되어 총호사摠護使를 겸했다.[238] 묘호는 '인
조仁祖'로 하기로 했다.[239]

　1649년(효종 즉위) 5월에 효종이 즉위했다. 7월 11일 연천군延川君 이
경엄李慶嚴이 대동법大同法을 경상·전라·충청 3남에 시험적으로 실시할
것을 청했다. 이에 대해 좌의정 이경석과 우의정 정태화鄭太和는 먼저
호서湖西에 실시해 보자고 했고, 김상헌은 몇 달을 기다렸다가 장례가

---

230) 年譜, 775쪽.
231) 《인조실록》 권 48, 인조 25년 2월 기묘.
232) 《인조실록》 권 48, 인조 25년 8월 무인.
233) 《인조실록》 권 49, 인조 26년 5월 정축.
234) 《인조실록》 권 49, 인조 26년 7월 병술.
235) 《인조실록》 권 49, 인조 26년 7월 경인.
236) 《인조실록》 권 50, 인조 27년 5월 병인.
237) 《인조실록》 권 50, 인조 27년 5월 병인.
238) 《효종실록》 권 1, 효종 즉위년 5월 정묘.
239) 《효종실록》 권 1, 효종 즉위년 6월 병신.

끝난 다음에나 실시하자고 했다.[240] 효종은 김상헌의 주장을 따랐다.[241] 김홍욱金弘郁이 지은 만사輓詞에서 "입을 다문 신하의 죄가 크다"는 구절에 화가 난 효종이 그를 처벌하려 하자[242] 이경석이 만류해 다시 서용했다.[243] 8월 4일에 이경석은 영의정이, 김상헌은 좌의정이 되었다.[244] 이경석은 자기가 어릴 때부터 존경하는 원로대신인 김상헌을 영의정으로 삼아야 한다고 주장했으나 효종은 듣지 않았다.[245] 이때 총호사 정태화鄭太和가 병이 나자 영의정 이경석이 겸대했다.[246] 11월 10일 대사헌 김집金集이 수묘修墓를 위해 물러가려 하자 이경석이 김상헌과 함께 붙들어야 한다고 주장했다 효종도 김집의 조카 김익희를 보내 만류해 가지 못했다.[247]

7) 청의 북벌 조사와 이경석

1650년(효종 1) 2월 8일에 사은사 인흥군仁興君 이영李瑛 등이 돌아와서 치계했다. 이들이 북경에 도착하자 역관 정명수鄭命守가 "우리들이 (조선에서) 떠나올 때 접대하는 것이 전과는 크게 달랐다. 서로西路에서는 반찬의 가짓수를 줄이는가 하면 감시도 엄했으며, 서울에 들어가서는 통관通官이 문지기에게 욕을 당했으니, 피차간에 간격이 없다는 의미가 어디에 있는가? 분명 본국에 숨길만 한 일이 있기 때문에 그런 것이다. 지금 관관館의 문을 굳게 닫아 두는 것도 당연한 형세이니 괴이하게 여기지 마라!"고 했다. 그리고 책봉에 대해서만 사은謝恩하는 방물을 바

---

240) 《효종실록》 권 1, 효종 즉위년 7월 무진.
241) 《효종실록》 권 1, 효종 즉위년 7월 무진.
242) 《효종실록》 권 1, 효종 즉위년 8월 계축.
243) 《효종실록》 권 1, 효종 즉위년 8월 을묘.
244) 《효종실록》 권 1, 효종 즉위년 8월 신묘.
245) 《효종실록》 권 1, 효종 즉위년 8월 임진.
246) 《효종실록》 권 1, 효종 즉위년 8월 병신.
247) 《효종실록》 권 2, 효종 즉위년 11월 을축; 年譜, 779쪽.

치고, 사제賜祭에 대한 방물은 바치지 않은 것과, 목화가 흉작이라 무명
베를 바치라 했더니 쌀로 대신 바친 것도 문제를 삼았다. 이런 여러 이
유를 들어 곧 파흘내巴訖乃·기청고祈靑古·정명수 등 청나라 사신 6인이
칙서를 가지고 갈 것이라 했다.[248] 호서사림에 밀린 김자점金自點 일당
이 효종의 북벌 준비를 고자질했던 것이다.[249]

이에 이경석은 그들이 힐책하는 것은 자기가 죽을 각오로 감당하겠
다고 했다.[250] 이경석은 자기가 직접 원접사遠接使로 가기를 자원하고,
대신 정태화를 기복起復해 정부의 일을 보게 했다.[251] 사은사 인흥군과
부사 이시방李時昉이 밀계密啓하기를, 정태화가 왜인들의 준동을 핑계로
성지城池를 보수하고 무기를 정비한다고 했는데 앞으로 무엇을 하려는
것이냐고 캐물었다고 했다. 그러자 만약 왜인이 갑자기 쳐들어오면 상
국이 원병을 보낼 때까지 버텨야 하기 때문에 성지를 보수하고 무기를
정비하려 한 것이라고 답변했다고 했다. 그들은 왜 효종이 즉위하면서
3공·6경·감사·병사를 다 바꾸었으며, 김자점은 공이 많고 인조가 신임
하던 사람인데 왜 바꿨느냐고 따져 물었다. 무슨 일을 저지르려고 그러
느냐는 것이었다. 문제의 인물로 김상헌·조경趙絅·김집金集의 이름을
써 가지고 오기도 했다.[252]

청나라 사신은 공주나 왕실녀와 혼인할 것을 요구했다. 이를 들어준
다고 하자 3신(김상헌·조경·김집)에 대해서 거론하지 않겠다고 하고 왜
국의 준동을 거론한 이만李曼과 노협盧協은 백마산성白馬山城에 안치하
겠다고 했다. 이경석은 이만·노협·조경에게 은화를 주어 로비를 하게
하자고 했다. 왕은 편리한 대로 처리하라고 했다.[253] 사신에게 뇌물을

---

248) 《효종실록》 권 3, 효종 1년 2월 신묘.
249) 《효종실록》 권 3, 효종 1년 3월 정사. 김자점과 그 아들 金鍊·金鉽 이 북벌을 누설했다고
     한다.
250) 《효종실록》 권 3, 효종 1년 3월 정사.
251) 《효종실록》 권 3, 효종 1년 2월 임진.
252) 《효종실록》 권 3, 효종 1년 3월 갑인.
253) 《효종실록》 권 3, 효종 1년 3월 경신.

주는 관행이 생긴 것이다. 3월 8일 청사는 6경·양사·승지 등을 남별관
南別館에 불러 정명수를 시켜 힐문했다.

청사: 왜인의 실정에 대한 주문은 누가 주관했나? '표류해 온 한인을 왜
관으로 보내지 않으면 왜가 필시 화를 낼 것이다'라고 했는데, 앞으로 표류
한 한인을 잡더라도 왜관으로 보내야겠다는 것인가? 표류한 한인에 대한
말이 과연 변신邊臣의 장계에 있는 것인가?

이경석: 주문의 표현을 미처 살피지 못했는데, 이제 비로소 깨달았다.

청사: 깨달았으면 어찌하여 고치지 않았는가?

이경석: 처음에 깨달았다면 어찌 감히 고치지 않았겠는가? 이제 엄한
힐책을 받고 다시 그 뜻을 생각해 보니, 본뜻을 제대로 드러내지 못한 점이
있다. 동래부사 노협과 경상감사 이만의 치보에는 왜인의 정상에 대해서만
언급했고 표류한 한인에 대한 말은 별로 없었다. 대체로 이 일은 함께 의논
한 일이지만, 내가 묘당의 소속으로 있었으니, 어찌 감히 남에게 책임을 미
루겠는가? 주문에 표현을 잘못한 죄를 내가 어찌 피할 수 있겠는가?(노협·
이만은 나가라고 했다.)

청사: 그렇다면 표류한 한인 등의 말은 누가 주장해서 했는가?

이경석: 노협과 이만 두 사람은 표류한 한인에 대한 보고를 한 것이 별
로 없다는 것은 이미 말했다.

청사: 그렇다면 누가 주장했나? 성지를 수축해서 앞으로 무엇을 하려
하는가?

이경석: 어찌 주장한 자가 있었겠는가? 그러나 내가 수석의 자리에 있
었으니 표현을 잘못한 과실에 대한 책임은 어찌 감히 피하겠는가?

청사: 모든 일을 다 자신이 감당하는데, 주문도 혼자서 주관했는가?

이경석: 이는 비록 혼자 주관한 일은 아니지만 수상의 지위에 있었으니
어찌 감히 변방의 신하에게 죄를 돌리겠는가?

청사: (좌우에게 묻기를) 영상이 혼자서 주장했는가? 비국의 여러 재상이
함께 참여했는가?

이기조李基祚: 영상이 혼자서 할 수 있겠는가? 우리들도 모두 참여했다.

청사: 영상이 이미 혼자서 담당했다 하는데, 무슨 다른 말이 필요하겠는가? 조제弔祭에 대해서 사례하지 않은 것은 무슨 뜻인가?

이경석: 애도 중에 경황이 없어 제대로 살피지 못해 그런 것이다.

청사: 소현昭顯의 상에 보낸 조제에 대해서는 사례를 하고, 별도의 예단禮單이 있었는데, 어찌하여 이번에는 전번의 규례와 다른가?

이경석: 그 당시에는 사제賜祭와 책봉에 각기 사신을 보내왔었는데, 이번에는 합하여 사신이 한 명만 왔기 때문에 우리나라에서 살피지 못하고 그런 실수를 한 것이다.

청사: 표문은 누가 지었는가?

이경석: 유계俞棨가 지은 것이다.

청사: 누가 짓도록 시켰는가?

이경석: 대제학이 이 사람을 시켜 짓게 한 것이다.

청사: 당시 예조판서는 누구인가?

이경석: 조경이다(조제에 사례하지 않은 책임이 예조판서에게 있다는 것이다).

청사: 지은 뒤에 누가 먼저 보았는가?

이경석: 내가 먼저 보았다.[254]

효종은 정태화를 보내 왜인의 동태가 심상치 않으니, 성지를 쌓고 병기를 정비하게 해달라고 했었다. 청은 문서로 보고하라고 했는데, 인조가 죽어 복명하지 못했고 이 문서를 사은사 안흥군 편에 부쳤다.[255] 그리하여 청사가 사문査問하기 위해 나왔다. 사문의 결과 모든 책임은 영의정 이경석과 예조판서였던 조경에게로 돌아갔다. 효종은 자기 대신 죄를 뒤집어 쓴 이경석을 구하기 위해 청사에게 사과도 하고 뇌물도 주었다.[256] 이경석의 공직자로서 충성스러운 행위에 대해 사간원은 다음

---

254) 《효종실록》 권 3, 효종 1년 3월 신유.
255) 《효종실록》 권 3, 효종 1년 3월 신유.
256) 《효종실록》 권 3, 효종 1년 3월 신유.

과 같이 아뢰었다.

지난해 보낸 주문의 내용에 대해 비국의 여러 신하는 모르는 사람이 없
습니다. 그런데도 칙사가 조사하던 날 영상이 혼자서 감당해 누누이 대답
하는 말이 모두 자기에게 죄를 돌리는 것이었습니다. 자신을 돌보지 않고
나라만을 생각한 그의 의리에 사람들은 존경하고 있습니다. 칙사가 6경과
여러 재신들에게 두루 고하며 황제를 속인 죄를 모두 영상에게 돌렸는데
도, 함께 자리했던 여러 재상들은 그토록 할 말이 없었단 말입니까? 이기
조李基祚 한 사람만이 같이 죄를 받겠다고 했고, 나머지는 모두 쳐다보기만
한 채 묵묵히 한 마디도 없었습니다. 의리로 따져 보건대 어찌 그럴 수 있
겠습니까? 그 당시 동석했던 6경의 재상들 가운데 처음부터 일을 같이하
고서도 끝내 죄를 함께 받겠다고 해명하지 않은 이는 모두 중한 율에 따라
추고하소서.257)

결국 이경석과 조경은 의주 백마산성에 위리안치되었다.258) 이경석
이 떠나려 하자 효종은 대전별감에게 다음과 같은 편지를 써 보냈다.

덕이 부족하고 사리에 어두운 내가 나라를 잘 다스리지 못해 오늘과 같
은 일이 있게 되었으니, 매우 통탄하다. 관하關河가 아득히 멀어 그리움이
간절하겠지만, 천도天道가 밝으니 서로 만날 날이 있을 것이다. 경은 모름
지기 자중자애하라!259)

이경석은 화가 턱 밑에 다가왔는데도 편안히 거처하면서 오직 매일
경서와 사적史籍을 아침부터 밤까지 부지런히 읽고, 조금도 근심하거나
답답해 히지 않았다고 한다.260) 효종은 이경석에게 호피虎皮와 납약臘

257)《효종실록》권 3, 효종 1년 3월 갑자.
258) 行狀, 437쪽.
259)《효종실록》권 3, 효종 1년 3월 병인.

藥을 내리고, 연경에 가 있는 인평대군麟坪大君에게 부탁해 청국으로부
터 그의 석방을 허락받았다.[261] 단 절대로 서용해서는 안 된다는 조건
이 붙었다.[262] 이경석은 백마산성에서 돌아와 다음과 같이 사례했다.

> 어리석은 신이 스스로 함정에 빠져 거듭 대단한 질책을 받았는데, 하늘
> 같으신 성은聖恩이 도마 위에 놓인 듯한 이 몸을 곡진하게 구제하시어 함
> 양하시는 속으로 받아들이시니, 이는 참으로 천년에 한 번 있는 기회인 것
> 입니다.[263]

얼마 뒤에 청사가 또 온다는 말을 듣고 이경석은 잠시 아들이 현감으
로 있는 안협安峽으로 내려가 있었다.[264] 청사는 이경석이 지방으로 물
러가 있는 것을 확인하고 더 이상 추궁하지는 않았다.[265] 효종은 남별
궁南別宮에 가서 청사를 만났다. 비변사가 이경석과 조경의 무죄를 해명
하려다 그들이 진노할까봐 그만두었다.[266]

1650년(효종 1) 8월 27일 호행사護行使 원두표元斗杓가 돌아왔다. 그
의 말에 따르면 청나라 사람들은 조선이 툭하면 왜적과 흔단이 있다는
핑계로 성을 쌓고 군사를 훈련시키겠다고 청하니 다른 뜻을 가진 것이
아닌가 의심을 하고 있고, 또 구왕九王이 뽑아 보낸 공주와 시녀들이 예
쁘지 않다고 투덜거린다는 것이다. 또한 이경석·조경은 죄가 이미 성안
成案되었으니 본국에서 처치하라고 한다는 것이다.[267] 효종은 오히려
이경석에게 월봉月俸을 주어 생활할 수 있게 하라고 했다.[268] 그러나

---

260) 行狀, 438쪽.
261) 《효종실록》 권 6, 효종 2년 2월 을축.
262) 行狀, 438쪽.
263) 《효종실록》 권 6, 효종 2년 2월 을축.
264) 《효종실록》 권 6, 효종 2년 2월 을축.
265) 《효종실록》 권 3, 효종 1년 3월 기사.
266) 《효종실록》 권 3, 효종 1년 3월 경오.
267) 《효종실록》 권 5, 효종 1년 8월 무신.

이경석은 위험을 피해 교외에 살면서 시 짓고 술잔을 나누고, 시조를 읊으며 살았다.269)

　　1651년(효종 2) 8월 24일 영의정 김육의 주장으로 호서에 대동법大同法을 실시했다. 그 법은 한 도를 통틀어 1결結마다 쌀 10두斗씩을 징수하되, 봄·가을로 나누어 각각 5두씩을 징수했다. 그리고 산속에 있는 고을은 쌀 5두 대신 무명 1필匹씩을 공납했다. 대읍大邑·중읍中邑·소읍小邑으로 나누어 관청의 수요를 제해 주고, 또 남은 쌀을 각 고을에 맡겨 헤아려 주어서 한 도의 역役에 응하게 하고, 그 나머지는 선혜청宣惠廳에 실어 올려서 각사各司의 역에 응하게 한 것이다.270)

8) 이경석의 은거와 국사 고문

　　이경석은 효종의 노력으로 백마산성에서는 풀려나왔으나 관직에 임명해서는 안 된다고 했다. 그래서 교외에 은거하면서 국사에 간여했다. 그는 22년 동안 영중추부사로서 국정에 자문했다. 그러나 이마저도 청이 알면 안 되기 때문에 청사가 올 때는 교외로 나가 있어야만 했다.

　　1652년(효종 3) 3월에 이경석은 광주廣州 판교板橋 석운리石雲里 신종군新宗君의 묘소 근처에 은거했다. 그는 지사知事 한명욱韓明勖 등과 함께 동계洞契를 만들어 운영했다. 가을에 대신이 상주하기를 이경석을 무직으로 두어서는 안 된다고 해 영돈령부사에 임명했다.271) 1653년(효종 4) 봄에 재이災異 때문에 왕이 이경석에게 구언求言하자, 인사·형벌·붕당 등에 관한 5천여 언言이나 되는 장문의 상소를 올렸다. 효종은 이 상소문을 보고 다음과 같은 비답을 내렸다.

---

268)《효종실록》권 6, 효종 2년 4월 기미.

269) 行狀, 438쪽.

270)《효종실록》권 7, 효종 2년 8월 기사.

271) 行狀, 438쪽; 年譜, 785쪽.

상소가 진달된 지 이미 여러 날이 되었다. 볼 적마다 마음이 끌려 싫어
지는 것을 모르겠다. 이것은 단충丹忠이 담긴 말로 가슴속 깊은 곳에서 나
온 자연스러운 것임을 알겠으니, 어찌 유념해 행하지 않을 수 있겠는
가?272)

이경석은 영돈령부사직을 사퇴했다. 그러나 효종은 지금 도로 제수하
더라도 청국이 의아하게 여기지 않을 것이니, 이조에 말해 조경과 함께
직책을 주라고 했다.273) 이경석은 영돈령부사직을 가지고 정부의 주요
회의에 참여해 계속 정책을 토론했다.

1654년(효종 5) 1월 1일에 이경석은 극기克己·치지致知·추효推孝·시
인施仁·상검尚儉·거치去侈 등에 관해 장문의 상소를 올렸다.274) 효종은
이경석의 상소 가운데 시행해야 할 만한 것을 골라 승지에게 담당 관청
으로 하여금 시행하라고 했다.

고령자를 위문하고 고아와 과부를 구휼하는 일에 대해서는 호조에서 시
행하도록 하고, 나랏일로 죽은 사람에 대해서도 특별히 구휼하는 은전을
내리도록 하라! 어사의 안핵按劾으로 오랫동안 죄적에 실려 있는 사람과,
재능을 가지고서도 파직되거나 산관에 파묻혀 있는 사람들에 대해서는, 묘
당과 이조로 하여금 공론을 채취해 죄를 씻어 주고 수용하도록 하라! 전
판서 윤이지尹履之에 대해서는 이미 벌을 내렸고 대신이 또 그의 사정을
말했고 앞으로 또 기로소耆老所의 연회도 있으니, 외톨이가 된 탄식이 있게
해서는 안 되므로 그를 석방하도록 하라! 조석윤趙錫胤은 본래 명망이 있
으니 잠시 변방에 놔두어 백성을 진정시키도록 하라!275)

---

272) 《효종실록》 권 10, 효종 4년 1월 계유.
273) 《효종실록》 권 10, 효종 4년 2월 병오.
274) 《효종실록》 권 12, 효종 5년 1월 병오.
275) 《효종실록》 권 12, 효종 5년 1월 정미.

효종: 경의 차자 내용이 진심에서 나오지 않은 것이 없으며, 바로 나의 병통에 적중해, 경솔히 비답할 수 없기 때문에 경을 불러 대면해 말하는 것이다.

이경석: 신은 정신이 이미 소모되고 또 보고 들은 바도 없으니 차자의 말뜻에 무슨 도움되는 것이 있겠습니까?

효종: 과인이 비록 능히 체행하지는 못하지만 경의 말이 간절하니 감히 가슴속에 새겨두지 않겠는가?

이경석: 지금 성상께서 비록 정신을 가다듬고 다스림을 도모하고 계십니다만, 요순 같은 성인도 반드시 자기의 사견을 버리고 남의 의견을 따랐으니, 신의 말이 비록 노망하지만 오직 성상께서 가려 쓰심에 달려 있을 뿐입니다.

효종: 내가 경에게 바라는 것이 다른 대신과는 다른데, 경이 생각하는 바가 있으면 어찌 다 말하지 않을 수 있겠는가? 쓰고 안 쓰는 것은 내게 달려 있을 뿐이다.[276]

1654년(효종 5) 6월 17일에 이경석은 재이에 대처하고자 인재 등용과 군제에 대한 상소를 올렸다. 이에 대해 효종은 "경의 간절한 충성이 조금도 해이해지지 않아서 일에 따라 옳게 간하니, 가슴에 새겨 깊이 생각하지 않을 수 있겠는가? 지금부터 모든 토목공사를 정지하고 상방의 직조織造도 중지해 피하도록 할 것이며, 시행할 만한 일도 비변사로 하여금 의논해 시행하도록 하겠다"[277]고 했다.

1654년(효종 5) 7월 16일 청사가 와서 남별궁에서 이경여·이경석·조경을 다시 조사했다.

청사: 이경여·이경석·조경 등은 죄를 주어 폐고廢錮시켜 수용하지 말라고 했는데, 본국의 자문咨文에 '이형장李馨長과 정명수鄭命守가 꾸몄다'고

---

276) 《효종실록》 권 12, 효종 5년 1월 정미.
277) 《효종실록》 권 12, 효종 5년 6월 을해.

해 마치 아무 죄도 없이 무함을 당했다는 것처럼 했기 때문에 황제가 특별
히 대신을 파견해 조사하게 하셨습니다.[278]

　　효종: 세 신하가 죄가 없다는 것이 아니라 명수도 중간에서 헐뜯었기 때
문에 자문 속에 언급했던 것입니다. 또 대사大赦를 여러 번 거쳤기 때문에
어리석은 소견에 그렇게 청한 것입니다.

　　청사: 이경여는 강남江南과 교통했으니 본조를 거스른 죄이며, 조경은
표류해 온 한인漢人을 왜국으로 보낸 죄이며, 이경석은 이러한 죄명을 모
두 스스로 도맡았으니 어찌 감히 다시 수용하겠다고 청합니까?[279]

　　효종과 여러 대신들이 열심히 변명했으나 청사는 더 이상 대답하지
않았다.[280] 이에 효종은 이경여는 충주에, 이경석은 안협에 가 있게 했
다. 그들이 서울에 있다는 사실이 누설될 위험이 있었기 때문이다.[281]

　　1654년(효종 5) 11월 18일에 이경석은 또다시 시폐에 대한 대책을 상
소했다. 효종은 "경의 충성스런 마음은 나오거나 물러가거나 다름이 없
이 이렇게 간절하니, 경탄하고 가상한 마음이 끝이 있겠는가? 내가 비
록 불민하나 깊이 생각하지 않겠는가?"라고 비답했다.[282]

　　이경석은 1655년(효종 6) 4월 15일에 관동關東에서 서울로 돌아
와,[283] 16일에 효종을 인견했다.

　　효종: 지난겨울 객사客使가 오려 할 때에 사기事機가 어떠할지 모르므로
경을 황급히 지방으로 나가게 하고 마음이 매우 서운했는데, 오늘 경을 보
니 기쁨을 이루 다 말할 수 있겠는가?

　　이경석: 신의 일 때문에 조정이 여러 번 견책받았으니, 먼 지방에 있기

---

278) 《효종실록》 권 13, 효종 5년 7월 계묘.
279) 《효종실록》 권 13, 효종 5년 7월 계묘.
280) 《효종실록》 권 13, 효종 5년 7월 계묘.
281) 《효종실록》 권 13, 효종 5년 12월 신미.
282) 《효종실록》 권 13, 효종 5년 11월 갑진.
283) 《효종실록》 권 14, 효종 6년 4월 기사.

는 했으나 몸 둘 곳이 없었습니다. 어제 온화한 비답을 받고 이미 극진히 감격했는데, 이제 또 성상을 뵈오니, 영광과 다행함이 어떠하겠습니까?

효종: 접때 나라에서 힐책한 것은 실로 국가의 운수에 관계되는 것이었다. 그리고 적신賊臣이 중간에서 꾸민 데서 나온 것이지, 경 때문이 아니다.

이경석: 한번 마시고 한번 먹는 것에 다 성은이 아닌 것이 없는데 음식을 내려 국도를 떠난 신하에게까지 이르게 하셨으니, 감격한 말씀밖에 아뢸 바를 모르겠습니다.

효종: 어제 경의 소장을 보니, 혹 서울에 있기도 하고 시골에 있기도 한다는 말이 있었나. 경이 어찌 한낱 한가한 사람으로 자처할 수 있겠는가? 서울에 있으면서 국가의 대정大政을 의논해야 한다. 또 경은 지금의 국사를 생각해 보라! 어찌 경이 한가한 곳에 가 있을 때인가? 예전에 어진 이를 대우하는 데에도 포인庖人이 고기를 대고 늠인廩人이 곡물을 대는 일이 있었다. 상례로 월봉을 주는 것을 경은 어찌 사양하는가?

이경석: 성상의 분부를 받자오니 더욱 부끄럽고 송구합니다. 신처럼 변변치 못한 자가 무슨 도움이 되기에 감히 특별한 은혜를 받을 수 있겠습니까?[284]

1655년(효종 6) 7월 28일에 전 영돈령부사 이경석이 장문의 상소를 올렸다. 그러나 김홍욱金弘郁의 친척까지 풀어 주라는 말은 들어주지 않았다. 김홍욱은 강빈을 신원해 주라고 했던 사람이다.[285] 이는 효종의 정체성과도 관계가 있는 일이기 때문에 쉽게 풀어 줄 수 없었다. 아들이 현감으로 있던 안협에서 관찰사가 왕명으로 양식을 대주고 잔치를 베풀어 주었다. 그러나 한 곳에 오래 머물 수 없어서 철원 백악촌白嶽村, 강원도 청평산淸平山·소양강, 서호西湖 만휴정晩休亭, 교하 자운서원紫雲書院 등지를 전전했다.[286] 또 1656년(효종 7) 5월 26일 대사간 유철

---

284) 《효종실록》 권 14, 효종 6년 4월 경오.
285) 《효종실록》 권 15, 효종 6년 7월 경술.
286) 年譜, 787~789쪽.

俞橄이 왕자 이징李澂과 이숙李潚, 소현세자의 셋째 아들을 풀어 주라고
했다가 효종의 뜻을 거스르는 것이라 해 형을 받게 되었다. 그러나 이
경석이 언사로 사람을 처벌해서는 안 된다고 간곡히 간쟁해 이들을 서
울로 올라오게 했다.287) 7월 25일 효종이 대신들을 소집했는데 여러 이
유로 모이지 않았다. 이경석은 대궐 앞까지 왔다가 다리병을 핑계로 오
지 못했다.288) 효종이 노하자 이경석은

> 신은 젊어서부터 늙을 때까지 대소와 경중을 가리지 않고 일을 할 때 핑
> 계를 대며 회피하는 것은 맹세코 감히 하지 않았던 바입니다. 성상을 가까
> 이서 모시며 옥음을 직접 듣는 것은 바로 신이 일찍이 원하던 바인데 대궐
> 에는 출입이 제한되고 임금이 계신 곳은 멀리 떨어져 있어 부름을 받은 날
> 에도 입시하지 못했으니, 어찌 운수가 사나워서 그런 것이 아니겠습니까?
> 신은 저절로 서글프게 여겨서 밤새도록 잠 못 이루고 마음에 잊을 수가 없
> 습니다.289)

라고 사죄하니, 효종은 "밤새도록 잊을 수 없었다고 하니, 더욱 경의 성
의를 알겠다. 어제 올 수 없었던 것이 무슨 손상이 있겠는가? 경은 안심
하라!"고 해 오히려 위로했다.290)

1657년(효종 8) 5월 13일에 이경석은 또다시 조목별로 장문의 상소문
을 올렸다. 효종은 내가 비록 불민하나 유념하겠다는 비답을 내렸
다.291) 그리고 현인들을 위해 공관을 지으라는 것과 외롭고 의지할 데
없는 사람들에게 환곡을 탕감해 줄 것, 가난한 종친을 구휼할 것 등은
곧바로 실시하도록 했다.292)

---

287) 《효종실록》 권 16, 효종 7년 5월 갑진.
288) 《효종실록》 권 17, 효종 7년 7월 신미.
289) 《효종실록》 권 17, 효종 7년 7월 임인.
290) 《효종실록》 권 17, 효종 7년 7월 임인.
291) 《효종실록》 권 18, 효종 8년 5월 을묘.
292) 《효종실록》 권 18, 효종 8년 5월 무오.

1658년(효종 9) 4월 3일 이경석은 다시 영중추부사에 임명되었다.[293]
김육이 죽자 효종은 송시열을 이조판서로, 송준길을 이조참판으로 등용
했다. 이경석은 "이판과 참판은 모두 인망이 있으니, 처음부터 끝까지
위임해 성공을 책임지게 한다면 치적을 이루는 데 무슨 어려움이 있겠
습니까"라고 하자, 송시열은 "인재를 가려 쓰는 일은 본조의 책임입니
다만, 쓸 만한 사람이 있다 하더라도 혹 자격에 구애되거나 혹 햇수에
구애되어 마음대로 할 수 없으니 이것이 한스럽습니다"라고 하였다. 효
종은 "참으로 쓸 만한 사람이 있으면 여기에 구애될 필요가 있겠는가?"
라고 했다.[294] 서인西人의 등용길이 열린 것이다.

1659년(효종 10) 윤3월 3일에 효종은 이징·이숙을 복작시키고 소현
세자의 자녀를 선원보璿源譜에 실어 주고, 자기의 아들처럼 여기라고 하
명했다.[295] 일찍이 이경석이 청원한 사안이다.

그러나 1659년(효종 10) 5월 4일에 효종이 죽었다. 염습斂襲할 때 영
돈령부사 이경석, 영의정 정태화, 연양延陽부원군 이시백李時白, 좌의정
심지원沈之源, 원평부원군 원두표, 완남完南부원군 이후원李厚源, 예조판
서 윤강尹絳, 이조판서 송시열, 우참찬 송준길, 대사헌 이응시李應蓍, 대
사간 이상진李尙眞, 승지, 사관, 옥당 관원들이 참여했다.[296] 이경석은
《효종실록》 편수관이 되었다. 그리고 효종대왕의 행장을 쓰고,[297] 송시
열이 쓴 《영릉지寧陵誌》를 교정했다.[298]

5월 5일 예조는 인조의 계비繼妃인 자의대비慈懿大妃(장열왕후) 조씨
趙氏의 복제가 《오례의》에는 없으니 대신들에게 의논해 정해달라고 했
다. 이에 영돈령부사 이경석은 다른 대신들과 함께 시왕時王의 제도를
상고해 1년복으로 해야 한다고 했고, 이조판서 송시열과 우참찬 송준길

---

293) 《효종실록》 권 20, 효종 9년 4월 기사.
294) 《효종실록》 권 20, 효종 9년 10월 기묘.
295) 《효종실록》 권 21, 효종 10년 윤3월 계해.
296) 《효종실록》 권 21, 효종 10년 5월 갑자.
297) 효종대왕행장.
298) 年譜, 791쪽.

은 이미 정해졌으니 다른 의견이 있을 수 있느냐고 해 왕세자는 1년복
으로 하라고 했다.[299] 그런데 영의정 정태화가 다시 송시열의 의견을
물으니,

> 예문에 천자로부터 사대부에 이르기까지 장자가 죽고 차장자가 후계자
> 가 되면 그의 복도 장자와 같은 복을 입는다고 하고서, 그 아래에 또 4종설
> 四種說이 있는데, 서자庶子가 승중承重한 경우에는 3년을 입지 않는다고 했
> 습니다. 옛날 예문대로 말하자면 차장자 또한 서자인데, 위 아래의 말이 이
> 처럼 서로 모순이 되고 있으며, 또 의거해 정정할 만한 선유先儒들의 정론
> 定論도 없어서, 이것은 버리고 저것은 취할 수가 없습니다.[300]

라고 했다. 정태화가 그러면 4종설이란 무엇이냐고 물으니, 송시열이 네
가지를 하나하나 설명하는데, '정이불체正而不體·체이부정體而部正'이라
는 대목에 와서는

> 인조의 입장에서 말하자면 소현昭顯의 아들은 바로 '정이불체'이고 대행
> 대왕(효종)은 '체이부정'인 셈입니다.[301]

라고 말하자, 정태화가 깜짝 놀라 손을 흔들며 말을 못하게 하고서

> 예는 비록 그렇다 하더라도 지금 소현에게 아들이 있는데, 누가 감히 그
> 설을 인용해 지금 논의하는 예의 증거로 삼겠습니까? 예경禮經의 깊은 뜻
> 은 나는 깜깜합니다마는, 국조 이래로는 아버지가 아들 상에 모두 1년을
> 입었다고 들었습니다. 내 뜻은 국제國制를 쓰고 싶습니다.[302]

---

299) 李成茂, 〈17世紀의 禮論과 黨爭〉, 《朝鮮兩班社會研究》, 一潮閣, 1995, 464쪽.
300) 《현종실록》 권 1, 현종 즉위년 5월 을축.
301) 《현종실록》 권 1, 현종 즉위년 5월 을축.
302) 《현종실록》 권 1, 현종 즉위년 5월 을축.

라고 해 국제로 1년복을 입는 것으로 귀결되었다. 영돈령부사 이경석 등
은 대행대왕의 묘호를 효종孝宗, 능호는 영릉寧陵으로 정했다.303)

　1659년(현종 1) 7월 3일 영돈령부사 이경석은 수원이 다섯 가지 우환
이 드는 자리라 효종의 능을 쓰기 곤란하다고 했다.304) 송준길이 건원
릉健元陵 안의 건좌乾坐로 된 등성이가 수원보다 자리가 좋다고 해305)
현종이 그대로 따랐다.306) 8월 7일 현종은

> 　요·순의 도는 효제孝悌뿐이므로 요·순과 같은 치화致化를 이루려면 당연
> 히 효제의 도리를 다해 수신치화修身致化의 근본을 삼아야 할 것이다. 선왕
> 께서 평소에 세상일을 개탄하신 나머지 예를 갖추어 어진 이를 초치招致해
> 심복의 자리에다 발탁해 두시고는, 서로 도의를 강마하며 이 시대를 3대로
> 만회하고 천하의 대의를 펴려고 하셨으니, 이것이야말로 탁월하게 수립하
> 신 굉장한 규모요 원대한 모범이었다. 그런데 이경석이 지어 올린 행장 속
> 에는 이러한 뜻이 매우 소략하니, 이 사실을 다시 명백하게 지어내어 후세
> 에 전하지 않으면 안 될 것이다. 정원은 이를 좌참찬 송시열에게 전유하
> 라!307)

라고 해 이경석이 지은 행장에 어진 이를 발탁해 치화를 이룬 내용을 덧
붙이라고 했다. 효종의 업적을 더 높이기 위해서였다. 그리고 효종의 지
문誌文을 짓고 있는 송시열에게도 이 뜻을 전유하도록 했다.308) 그러나
송시열이 쓴 묘지문의 내용이 부실하다는 공격을 받았다. 호조판서 허
적許積은

---

303) 《현종실록》 권 1, 현종 즉위년 5월 신미.
304) 《현종실록》 권 1, 현종 즉위년 7월 임술.
305) 《현종실록》 권 1, 현종 즉위년 7월 정묘.
306) 《현종실록》 권 1, 현종 즉위년 7월 경오.
307) 《현종실록》 권 1, 현종 즉위년 8월 을미.
308) 《현종실록》 권 1, 현종 즉위년 8월 을미.

    신이 지난번 우연한 기회에 좌참찬 송시열이 찬술한 지문의 초고본을 보았는데, 그 주된 뜻은 비록 체계에 손상됨이 없었으나 내용을 꾸미는 과정에 통쾌한 맛이 부족한 점이 한스러웠습니다. 그런데 도감에 내려진 원본을 다시 보니 초고본보다 삭제하고 고친 곳이 많았는데, 그 부분이 바로 말뜻에서 다소 능각稜角을 드러냈던 부분이었으므로, 신은 더욱 그지없이 개탄스러웠습니다. 아! 우리 선왕의 깊으신 사랑과 훌륭한 덕은 물론 문자로는 비슷하게나마 그려낼 수 없겠습니다만, 오랑캐에게 포위당하고 욕을 당했던 그 일은 왕위에 11년 동안 있으시면서 사실 단 하루도 성상의 마음에 잊으신 적이 없었던 것입니다. 큰 뜻을 이루지 못하시고 중도에 돌아가셨으니, 이 어찌 이 땅에 사무친 원통한 일이 아니겠습니까?

라고 해 송시열이 지문을 지을 때 효종의 노심초사한 업적을 제대로 서술하지 않았다고 공격했다. 서남西南 당쟁이다. 차자가 들어가자 대신들이 고칠 것이 없다고 해 이 일은 유야무야되고 말았다.[309]

    10월 11일에 영돈령부사 이경석은 번개와 재이災異로 차자를 올려 군정軍丁으로서 죽고 없는 자와 어린이에게 군포軍布를 징수하는 폐단을 없앨 것을 건의했다. 이에 호조에서는 재해를 당한 읍에 결마다 1~2두씩 감해 주도록 하겠다고 했다.[310]

    1660년(현종 1) 2월 29일 영돈령부사 이경석은 춘추관에서 당상관인 아버지를 갈아내고 아래 있는 아들을 기용하자고 한 도승지의 상소에 반대했다. 신정新政 초기에 만민의 근본법칙을 세우고 3강을 확립해야 하는데, 아버지 유계俞棨를 쫓아내고 그 아들 유명윤을 승진시키는 것은 국가의 기강을 흔드는 일이니 허락해서는 안 된다는 것이다. 도덕국가로서의 체신에 맞지 않는다는 것이다.[311] 3월 4일 이경석은 다시 북방 지역의 기근이 심해 과거보러 오는 사람들이 식량이 없어 응시하지

---

309) 《현종실록》 권 1, 현종 즉위년 8월 을미.
310) 《현종실록》 권 1, 현종 즉위년 10월 무술.
311) 《현종실록》 권 2, 현종 1년 2월 갑인.

못한다 하니 문·무과 응시자들에게 식량을 대 주고, 지난번 영동의 삼
척에 산불이 나 가옥 170여 채가 불타고, 강릉·삼척 등지에도 화재가
나서 어려우니 호조에서 무명베 3~4동同을 강원도에 보내자고 청해 그
대로 실시되었다.312) 3월 15일에는 남원부사 김익훈金益勳이 사족의 아
낙네를 강상이나 역적의 죄를 범하지 않았는데도 잡아다가 국문한 사건
이 일어났다. 이경석은 사족의 부녀는 죄가 있어도 법사의 관원이 반드
시 아뢴 다음에 처결해야 하는 것이니 그를 처벌해야 한다고 했다. 그
래서 김익훈은 사판에서 삭제되었다.313) 이와 같이 이경석은 항상 민생
을 돌보고, 억울한 사람을 구해 주며, 국가의 법도와 기강을 중시하는
정치사상을 가지고 있었다.

1660년(현종 1) 3월에 장령 허목許穆의 상소가 올라왔다. 허목은 초상
初喪 때 지방에 내려가 있다가 연제練祭 직전 조대비 복제에 대해 이의
를 제기한 것이다. 제1장자가 죽었으므로 제2장자가 적통이 되는 것이
니 조대비는 효종상에 3년복을 입어야 한다는 것이었다. 그러나 조대비
가 어머니이기 때문에 재최3년복齊衰三年服을 입어야 한다고 했다.314)
이에 대해 이경석은 "신은 당초 의논드릴 때 이미 선왕의 복제를 따라
야 한다는 뜻으로 대답했는데, 지금 와서 장령 허목이 고례古禮가 아니
라고 하니, 신으로서는 다시 의논드릴 말씀이 없습니다"라고 했다.315)
우찬성 송시열은

    ······허목의 상소는 거기에 비록 많은 인증을 하고 있지만, 중요한 점은
두 가지입니다. 이른바 '장자가 죽고'라고 했는데, 대체 언제 죽었다는 것
입니까? 그가 이미 성인이 되어 죽어서 그의 아버지가 그를 위해 참최3년
을 입었는데, 그 뒤에 다시 차적자次嫡子를 세워 그를 장자라 명명하고 그

---

312) 《현종실록》 권 2, 현종 1년 3월 기미.
313) 《현종실록》 권 2, 현종 1년 3월 경진.
314) 李成茂, 앞의 책, 468쪽.
315) 《현종실록》 권 2, 현종 1년 4월 경자.

가 죽으면 또 그를 위해 참최3년을 입는다는 것입니까? 그리 한다면 '2통
二統은 없다' '2참貳斬은 않는다'고 한 그 의의는 어떻게 되는 것입니까
?……그가 이른바 서자는 그를 세워 후사를 삼더라도 3년을 입을 수 없는
데, 첩자이기 때문이라고 한 것이 물론《의례주소儀禮註疏》의 말이기는 하
지만, '첩자고妾子故'이 세 글자는 허목 자신이 만든 말이지《의례주소》의
설이 아닙니다. 이른바 서자라는 것이 첩의 자식임은 물론이나 그러나 차
적자부터 그 이하는 비록 임금의 동모제同母弟라도 역시 서자라고 이르기
때문에,《의례주소》에 이르기를, '서자는 첩자를 일컫는 말이나 둘째도 서
자라고 명명한다' 했습니다. 그렇다면 효종대왕이 인조대왕의 서자가 되어
도 상관없는 일입니다. '서庶'란 천하다는 뜻이 아니라 바로 '중衆'의 뜻인
것입니다.316)

라고 답변했다. 서자庶子라는 말에 첩자妾子, 중자衆子의 뜻이 있는데 허
목은 첩자로, 송시열은 중자로 해석한 것이다. 그러니 송시열은 효종을
서자라고 해도 무방하다고 설파했다. 서자가 중자이기 때문이다. 따라서
효종을 인조의 서자라고 해도 좋다고 한 것이다. 그러나 이 말 때문에
송시열은 결국 죽음을 당하고 말았다. 이경석·정태화·심지원沈之源·정
유성鄭維城 등도 국제기년國制朞年으로 그대로 정하자고 했다. 그리하여
현종은 국제기년을 선포했다.317)

 5월 11일 이경석은 실록총재관實錄總裁官이 되었다.318) 이경석은 대
제학 이일상李一相에게 비변사 제조를 면제해 주어 실록 찬수에 전념하
게 해 달라고 요청해 그대로 되었다.319) 또 대제학 이일상이 변씨라는
자가 해묵은 배를 매매했다는 무함에 걸려 대간의 탄핵을 받고 있는데
빨리 해결해 주어야 실록을 편찬할 수 있겠다고 말했다. 그래서 조사를

---

316)《현종실록》권 2, 현종 1년 4월 경자.
317)《현종실록》권 2, 현종 1년 5월 정사.
318)《현종실록》권 2, 현종 1년 5월 을축.
319)《현종실록》권 3, 현종 1년 6월 계사.

했으나 아무런 증거가 나오지 않았다.[320] 7월 18일 영돈령부사 이경석은 집안의 질환으로 내의원 제조를 겨우 면제받았다.[321]

9월 2일 개성유수 남노성南老星은 이경석이 뇌물을 받았다고 헐뜯었다.[322] 실은 송도의 서경덕徐敬德을 모신 화곡서원花谷書院의 위판이 깨진 사건이 일어났다. 향전鄕戰의 일환이었다. 부인府人 임부양任敷陽의 아들 임주상任柱商이 상중에 아내를 얻자 진사 김영金泳이 그를 유적儒籍에서 삭제했다. 그 뒤 문묘의 대문이 불타고, 12년 후에는 김영의 집 신주가 파괴되었다. 김영은 임부양이 한 짓이라 해 정문呈文을 돌려 공격했다. 이경석이 김영을 두둔하면서 남노성이 처결을 잘못했다고 말하자 이경석이 뇌물을 받았다고 비난한 것이다.[323] 현종은 이경석을 위로하고 나와서 일을 보라고 하면서 귤을 내려 주었다.[324] 9월 29일 영돈령 이경석은

> 신은 재변이 걱정스럽고 민사가 급박한 데다, 또 형벌이 지나치지 않을까 하는 우려에서 품고 있는 생각을 모두 진달하고자 했습니다. 어찌 털끝만큼인들 그 사이에 애증이 있었겠습니까? 그런데 뜻밖에도 개성유수 남노성이 이 때문에 크게 노여워하며, 당시에는 신이 5백금을 받았다고 의심하는 말을 하더니, 도성 밖에 이르러서는 그 수량을 또 늘려 9백금이라고 했으며, 며칠 뒤에는 그의 말을 들은 자가 말하기를 '받은 액수가 1천금인데 내가 이미 자세히 알고 있다고 했답니다. 신이 사실을 밝히려 해도 말하자니 입이 더러워지겠는데, 이는 단지 신 한 사람에게 욕이 될 뿐 아니라 성스럽고 밝은 새 조정에 대한 욕이며 이 시대 진신들의 수치입니다. 도하의 시정인들과 아전이나 무사들까지 시끄럽게 떠들며 말을 옮기니 신이 비

---

320) 《현종실록》 권 3, 현종 1년 6월 을미.
321) 《현종실록》 권 3, 현종 1년 7월 신미.
322) 年譜, 794쪽.
323) 《현종실록》 권 3, 현종 1년 9월 갑인.
324) 年譜, 794쪽.

록 일소에 붙이려 해도 되겠습니까?325)

라고 변명했다. 현종은 "근세에는 인심이 아름답지 못해 분위기가 좋지
못하다. 실상이 아닌 말이 재상 반열에 있는 사람의 입에서 나올 줄 생
각이나 했겠는가? 경은 너무 사양하지 마라!"고 하며 남노성을 무겁게
추고하라고 했다.326) 이경석은 이 때문에 강상江上으로 나갔다. 현종은
승지를 보내 위로하고327) 남노성의 고신을 빼앗았다.328)

1661년(현종 2) 1월 25일에 이경석은 부묘도감祔廟都監 도제조가 되
었다.329) 5월 15일에는《효종실록》찬수를 마치고 세초연洗草宴을 열었
다. 총재관 이경석에게는 안구마鞍具馬 1필을 내렸다.330) 7월 19일에는
돌아가려는 송준길을 만류하고, 물러가 있는 송시열을 불러들이라 했
다.331) 현종이 사관을 보내 송시열을 불렀으나 오지 않았다.332) 장령
허목許穆이 국본國本을 세우라고 청했으나, 이경석은 원자가 탄생했을
때 경과慶科까지 실시했으니 이미 국본이 정해진 것이나 마찬가지라 해
시행되지 않았다.333) 9월 24일에는 왕이 성균관에 나와 작헌례酌獻禮한
다음 명관命官 이경석으로 하여금 과거시험을 주재하게 하였다.334)

1662년(현종 3) 3월 14일에 영중추부사 이경석은 군자軍資 도제조를
겸임했다.335) 진휼어사賑恤御使 남구만南九萬이 영남의 춘궁기를 견디고
자 조곡租穀을 받아 충당하려다가 진휼청이 반대해 무산되었는데, 이경

---

325)《현종실록》권 3, 현종 1년 9월 신사.
326)《현종실록》권 3, 현종 1년 9월 신사.
327)《현종실록》권 3, 현종 1년 11월 정묘.
328)《현종실록》권 3, 현종 1년 11월 경오.
329)《현종실록》권 4, 현종 2년 1월 을해.
330)《현종실록》권 4, 현종 2년 5월 계해; 年譜, 794~795쪽.
331)《현종실록》권 4, 현종 2년 7월 병인.
332)《현종실록》권 4, 현종 2년 7월 병인.
333) 年譜, 795쪽.
334)《현종실록》권 4, 현종 2년 9월 경자.
335) 年譜, 795쪽.

석이 백성의 목숨과 관계가 있으니 들어주는 것이 좋겠다고 상소해 긍정적인 답변을 받았다.336) 4월 9일 이경석은 윤선도尹善道의 위리圍籬를 풀어 주자고 상소했다.337) 그러나 대간의 반대로 실현되지는 못했다.338) 4월 17일 이경석은 34세의 김수항金壽恒을 대제학에 의천했다.339) 그러자 5월 20일 대사성 서필원徐必遠은 최유지崔攸之가 능력이 없으면서 이경석과 인아姻婭 관계에 있어 도당록都堂錄에 뽑혔다고 공격했다.340) 이경석은 최유지의 형 최휘지崔徽之의 처가 자신의 누이이기 때문에 그런 말이 나왔으니 파직시켜 달라고 했다.341) 그러나 현종은 "이 일이 경 자신과 무슨 관계가 있기에 이렇게까지 책임을 지려 하는가? 경은 마음을 편히 가지도록 하라!"고 비답을 내렸다. 이에 대해 서필원은 아래와 같이 이경석을 신랄하게 공격했다.

근일 조정이 소란스럽게 된 것이 실로 신이 말한 것 때문이기에 신은 삼가 송구스럽게 여기고 있었습니다. 그런데 영부사 이경석이 세 차례에 걸쳐 올린 소장을 보고 신은 너무도 놀란 나머지 몸 둘 바를 몰랐습니다. 신이 군부의 앞에서 일단 언단言端을 꺼냈으니, 오직 그 이야기를 마무리 지은 뒤 헤아려 처리하시기를 기다려야 할 것이니, 어찌 또한 감히 내놓았다 물렸다 하거나 내비쳤다 숨겼다 할 수 있겠습니까?

지난해 홍문록弘文錄을 작성할 때 '모某 상공이 모인을 위해 힘을 썼다'는 이야기야말로 시내에 널리 퍼진 말이었는데, 신이 경솔하게 믿고 상달했던 데에는 본래 그만한 이유가 있었습니다. 그 이유는 이렇습니다. 신이 일찍이 듣건대, 최유지가 병자년 겨울에 포위된 남한산성에 들어가 세마洗馬의 직책에 임명되었다가 소현세자가 북쪽으로 떠날 즈음에 수행인원으로

---

336) 《현종실록》 권 5, 현종 3년 3월 정해.
337) 《현종실록》 권 5, 현종 3년 4월 임자.
338) 《현종실록》 권 5, 현종 3년 4월 계축.
339) 《현종실록》 권 5, 현종 3년 4월 경신.
340) 《현종실록》 권 5, 현종 3년 5월 경인.
341) 《현종실록》 권 5, 현종 3년 6월 을묘.

뽑히자 노모가 있다는 핑계를 대고 비변사에 호소해 마침내 면제되었는데, 그가 크게 소리지르고 성을 내는 모습을 당시에 목격한 자들은 너나할 것 없이 통분스럽게 여겼다고 했습니다. 최유지가 그 뒤에 등제해 그의 사관史官 추천을 의논하게 되었을 즈음 마침내 이런 이유 때문에 논박을 받았었는데, 그 논박이 마침 최유지와 당색이 다른 사람으로부터 나왔기 때문에, 최유지를 변호해 구해 주려는 자들이 모두 그 논박을 당론으로 돌려버렸습니다. 그러다가 최유지와 당론을 같이하면서 당시의 일을 목격한 자가 입증하며 통렬히 배척한 뒤에야 당론 때문에 그를 논박했다는 주장이 수그러들었습니다.

신은 일찍이 '당시 남한산성의 변고가 있었을 때야말로 신자臣子가 목숨을 바칠 때이다. 직명을 가진 자로서 자원해서 앞으로 나서지는 못할망정 어떻게 차마 궁관宮官의 신분으로 선발된 뒤에 가서 면제되기를 도모할 수 있겠는가? 이는 단연코 인간의 도리상 해서는 안 될 일이다'라고 생각했습니다. 그런데 세월이 이미 오래 지난 뒤라서 사람들의 말도 차츰 수그러들고 그를 지원하는 세력도 강해져 양사의 자리를 차지할 수 있었다 하더라도 엄선해야 할 옥당의 자리에까지 오른다는 것은 결코 있을 수 없는 일입니다. 신은 또 듣건대, 최유지가 사천을 문제로 논박을 당하던 날 이경석이 연중筵中에서 극력 변호해 구해 주었는가 하면, 또 당색을 같이하면서 입증한 자를 책망하며 '영공令公이 말한 것 때문에 최유지가 장차 버림받게 되었으니, 이게 무슨 일인가?'라고 했다고 하는데, 이것은 지금까지도 전해오는 이야기입니다. 이에 신은 '그 사람이 아무리 사랑스럽다 하더라도 이미 그 정도가 너무 지나쳤다. 친한 사이인 만큼 자신이 나서서 극력 배척할 수는 없다고 하더라도 변호해 주려고 급급하다니, 단연코 공심公心의 발로가 못 된다'고 생각했습니다. 신이 두 신하의 일과 관련해 귀로 듣고 마음으로 평가한 것이 전부터 이와 같았기에 전일 상소하면서 그런 말을 한 것이었습니다. 이는 써서는 안 될 문자인데 신이 잘못 표현했으니, 신의 죄입니다. 끝부분의 스스로 상심하는 곳에서 언급한 몇 구절의 이야기에 대한 옳고 그름은 제대로 분별할 자가 자연히 있게 될 것이니, 앞으로 무슨 면목으로 다시 군부를 섬기겠습니까? 직명을 삭제해 주시고 이어 물리쳐 축출해 주신다면 매우 다행이겠습니다.342)

그러자 이경석은 네 차례나 인책사임하겠다고 했다. 그러나 현종은 "본말도 모르는 서필원의 말에 대해 경이 어찌하여 과민하게 반응하며 인혐引嫌까지 하면서 마음을 불안하게 만드는가? 더 이상 사직하지 말고 돌아오라"고 했다.343) 우의정 정유성도 사직을 청하며 이경석을 변호하고 경인년(1650) 사문査問하는 칙사가 왔을 때의 일까지 인용하며 이경석을 만류할 것을 청했으나 당시 사론은 이경석에게 불리했다

삼가 살피건대, 최유지가 때의 일을 들먹이면서 이경석을 비호했다. 현종도 성심껏 만류해 보겠다고 했다. 그러나 비루한 인물이라서 옥당玉堂의 청선清選에 결코 적격자가 못 된다는 것은 온 세상이 다 알고 있는데, 이를 모르는 자는 오직 이경석 한 사람뿐이라고 하겠다. 입으로 내놓은 말은 담벼락에도 귀가 있어 듣는 법인데, 더구나 이경석은 사람을 대할 때마다 늘 최유지에게 죄가 없음을 밝히고 다녔으니, 누가 또한 듣지 못했겠는가? 그런데 정유성이 그만을 친애한 나머지 근거도 없는 말을 장황하게 늘어놓으면서 군부를 기만했으니, 그 정상이 참으로 가증스럽다. 가령 그 당시 조정에 한가닥 공론이라도 조금 있었던들 어찌 감히 이렇게까지 거리낌 없이 굴었겠는가? 아! 그런 짓이야말로 중급 정도가 못 되는 사람이라도 하지 않을 것이니, 위태로운 상황을 부지할 책임을 어떻게 정유성에게 맡길 수 있겠는가?344)

사관은 정유성과 이경석을 싸잡아 혹평했다. 7월 6일 이경석은 희정당熙政堂에서 현종을 인견引牽했다. 그는

---

342) 《현종실록》 권 5, 현종 3년 6월 임술.
343) 《현종실록》 권 5, 현종 3년 6월 갑자.
344) 《현종실록》 권 5, 현종 3년 7월 을해.

도당록都堂錄을 작성할 때 상피相避해야 한다는 규정은 옛날부터 있지 않았는데, 오늘날의 세도世道가 이처럼 야박해졌으니 참으로 탄식할 일입니다. 서필원의 말이 직절直截한 면은 있습니다만 폐단을 낳게 되는 결과를 면치는 못할 것입니다. 원만리元萬里(원두표의 아들) 등의 무리가 아깝기는 합니다만, 삼공과 다시 의논해 품정稟定토록 해야 할 것입니다.……

지금 옥당에 의망擬望해 차임差任한다 하더라도 어찌 공무를 집행하려 하겠습니까? 송시열과 송준길에게 물어보면 필시 공公에 입각한 말을 해 줄 것입니다.……

국가는 인재를 중히 여겨야 합니다. 호남의 경우 충신과 의사가 예로부터 배출되었는데, 풍이 지금도 남아 있어 온통 의열義烈의 기상으로 가득차 있습니다. 그리고 서도西道와 북도北道는 무사의 보고라 할 만하니, 재주에 따라 등용한다면 실로 격려하고 권장하는 방법입니다.345)

라고 해 서북·호남 사람을 기용할 것을 주장했다. 현종도 두드러지게 뛰어나 쓸 만한 사람들을 감사에게 계문하라고 했다.346) 그러나 사론은 좋지 않았다.

삼가 살피건대, 이경석이 대신의 신분으로 일단 서필원에게 준엄하게 배척을 받았으니 오로지 문을 닫고 들어앉아 스스로 반성하면서 공의公議에 사과했어야 할 것이다. 그런데 여섯 차례에 걸쳐 진달한 차자의 말이 대부분 두서가 없었음은 물론, 정유성이 말해준 덕택에 임금 앞에 가까이 나오게 되었을 때에도 허물을 자책할 생각은 하지도 않고, 거꾸로 송시열 등에게 물어보라고 청함으로써 은근히 최유지가 옥당에 임명될 수 있도록 기대하는 마음을 품었으니, 너무도 구차하다 하겠다.347)

345) 《현종실록》 권 5, 현종 3년 7월 정축.
346) 《현종실록》 권 5, 현종 3년 7월 정축.
347) 《현종실록》 권 5, 현종 3년 7월 정축.

10월 4일, 서필원이 이조참의에 천거되었다. 이에 대해 우의정 정유성은

> 지난번 최유지가 도당록에 참여했을 때 이경석은 조금도 간여한 일이 없었는데, 서필원이 눈이 어지러울 정도로 그에게 모욕을 가하고 모함을 했습니다. 대신에게 죄가 있다면 논해서 안 될 것은 없지만, 이 경우는 터무니없이 날조해 모함하면서 기염을 토해 추악하게 헐뜯었으므로 공의가 모두 그르게 여기고 있습니다. 그런데 해당 관청에서 갑자기 엄선해야 할 직책에 그를 의망하면서 마치 무모한 그의 행동을 직절直截한 것인 양 여기는 점이 있는 듯했으니, 이조의 당상과 낭청을 모두 추고하소서.348)

라고 탑전榻前에서 아뢰어, 서필원을 체차遞差하도록 했다. 그러나 간원은 이러한 말이 언로를 막는 것이라고 공격해 정유성이 삭직시켜 줄 것을 요구했다. 현종은 사직하지 말라고 했다.349)

1663년(현종 4) 1월 4일에 이경석은 호남 대동미 13두를 적당히 줄여 주자고 했는데, 좌의정 원두표가 반대했다.350) 사신史臣은 원두표를 다음과 같이 비판했다.

> 호남에서 대동미로 거두는 13두 가운데서 3두를 감해 주더라도 수요에는 충분히 응할 수 있을 것이다. 도신道臣의 계사啓辭와 이경석 등의 차자야말로 백성의 사정을 헤아리고 용도를 참작해서 진달드린 것이었다. 따라서 대신의 입장에서 마땅히 한 목소리로 감할 것을 청해 은혜로운 정사가 백성에게 미치도록 해야 할 것이다. 그런데 지금 원두표는 감해 주면 안 된다고 극력 진달하고, 홍명하洪命夏가 또 여기에 맞장구를 쳐주었다. 세금을 무겁게 매겨 마구 거두어들이는 상황에서 백성이 고달파지지 않고 나라가

---

348) 《현종실록》 권 6, 현종 3년 10월 갑진.
349) 《현종실록》 권 6, 현종 3년 10월 무신.
350) 《현종실록》 권 6, 현종 4년 1월 계유.

위태롭게 되지 않던 때를 과거에 한 번이라도 본 적이 있었던가?[351]

이경석의 위민爲民정치를 찬양한 것이다. 이경석의 백성을 위한 정치는 계속되었다.

> 균전均田하는 일이야말로 왕정王政에서 그만둘 수 없는 것입니다. 그런데 이번에 양전量田하는 것을 보건대, 처음에는 관대하게 했다가 나중에는 가혹하고 각박하게 해 명분은 균전이라고 하면서 내용을 보면 결수結數만 늘리고 있으니, 이보다 더 크게 믿음을 잃는 일이 어디에 있겠으며, 백성이 어떻게 원망을 하지 않을 수가 있겠습니까?[352]

양전할 때 결수만 늘려 백성의 원망을 사게 해서는 안 된다는 것이다. 3월 15일에 이경석은 영령전永寧殿 수개도감修改都監 도제조가 되었다.[353] 이경석은 인조조부터 익실翼室이 부족했으나 현종 당대에는 바꾸지 말자고 했고, 원두표는 정실正室을 더 짓자고 했다. 현종은 동서로 3칸씩 덧붙여 10칸으로 만들고, 서쪽을 상上으로 해 4조四祖 이하를 차례로 봉안하자고 했다.[354] 영령전은 태종 때 4조를 모시려고 정전과 따로 지은 것이다. 세종 때에 지어졌지만 실상은 태종 때 정해진 것이다.[355] 그러나 이경석의 말대로 영령전 개수는 중지되었다.[356]

1663년(현종 4) 5월 4일에 이경석은 내의원 도제조가 되었다.[357] 그는 이름 있는 사대부가 민가를 빼앗는 일을 사헌부에서 엄금해야 한다고 주장했다.[358] 이 또한 민생을 위한 조처였다. 7월 7일 대간의 반대

351)《현종실록》권 6, 현종 4년 2월 신해.
352)《현종실록》권 6, 현종 4년 2월 계해.
353)《현종실록》권 6, 현종 4년 3월 계미.
354)《현종실록》권 6, 현종 4년 4월 경자.
355)《현종실록》권 6, 현종 4년 4월 정미; 年譜, 795쪽.
356)《현종실록》권 6, 현종 4년 4월 경술.
357)《현종실록》권 6, 현종 4년 5월 신미.

로 풀리지 못했던 조형趙珩의 귀양을 이경석의 뜻에 따라 풀어 주었다.
8월 5일 전 부사 허목許穆이 원자를 세자로 책봉하자고 했으나 영의정
정태화·영부사 이경석 등이 반대해 세자책봉은 천천히 하기로 했다.359)
9월 5일 이경석은

> 올해 흉년이 든 상황이 전국적으로 대략 같습니다만, 양남兩南이 특히
> 심하고, 양남 가운데서도 영남이 더욱 심하며, 북로北路가 가장 혹독합니
> 다. 그리하여 만백성이 굶어 죽을 지경인데, 앞으로 구제할 대책에 대해서
> 는 묘당에서 생각해 둔 바가 필시 있겠습니다만, 신도 소회가 있기에 감히
> 진달합니다.
>
> 호남의 대동미 13두는 감해 주지 않을 수 없습니다. 그리고 영남은 현재
> 많은 사람이 흩어져 떠돌고 있으니, 내년 봄을 기다려서 비로소 요역을 경
> 감하고 진휼할 대책을 의논한다면, 때가 늦었다는 탄식이 반드시 있게 될
> 것입니다. 또 북로는 올해 농사를 망쳤는데도 생마生麻가 특히 심하니, 으
> 레 보내주던 면포綿布나 목화木花 또한 모쪼록 수를 늘려 보내야 하겠습니
> 다.360)

라고 해 흉년이 들면 조기에 진휼할 방법을 연구해야 한다고 했다. 이에
국가에서는 호남의 대동미에서 1두를 감해 주고, 북도에 군포軍布 30동
同과 씨 뺀 면화 2천 근을 더 보냈다.361) 물론 정확한 정보가 있어야 하
지만 이경석은 국가에 신명을 바쳐 충성한 공로가 있었고 왕을 자주 만
날 수 있는 위치에 있는 데다가 위민사상이 투철해 민생을 돕고 굶주린
백성을 구제해야 한다는 주장을 했다. 국가의 권한이나 재원을 가지고
생색내는 감은 있지만 재상으로서 반드시 해야 하는 일이기도 하다.

---

358) 《현종실록》 권 6, 현종 4년 5월 기축.
359) 《현종실록》 권 7, 현종 4년 8월 경자.
360) 《현종실록》 권 7, 현종 4년 9월 기사.
361) 《현종실록》 권 7, 현종 4년 9월 갑술.

1664년(현종 5) 1월 5일 영중추부사 이경석은 여러 차례 사직상소를 올렸다. 녹봉도 받지 않겠다고 했다. 큰 병을 앓고 난 뒤에 정신도 혼미하고, 기력도 쇠진해졌기 때문이라고 했다.362)

1665년(현종 6) 4월 7일 현종은 눈동자에 핏발이 서고 습창濕瘡이 퍼져 온양온천에 가기로 했다. 훈련대장 이완李浣을 유도대장留都大將에, 도총관 김우명金佑明을 호위대장에, 좌의정 홍명하와 영부사 이경석을 유도대신留都大臣에 임명했다.363) 좌의정 홍명하에게는 비변사에 숙직하게 하고 영중추부사 이경석은 그를 보필하게 하되, 군사일 말고 모든 일은 함께 상의하도록 했다. 청풍부원군 김우명은 궁궐 안을 지키면서 종사관 이민서李敏敍와 함께 빈청에서 숙직을 하되, 군관 80인을 거느리고 호위하게 하며, 훈련대장 이완은 군대를 이끌고 북쪽 군영에 진을 쳐서 궁성을 호위하라고 명했다.364) 4월 14일 영부사 이경석은

> 백성들이 지금 기근에 시달리고 있는 데다가 또 성상의 거동을 맞게 되었으니, 비록 폐단을 줄이려고 애쓰고 있지만 어찌 백성들에게 폐가 미치지 않겠습니까? 마땅히 각 읍의 원곡元穀을 방출해 그들을 구제해야 합니다. 그리고 절부節婦·효자를 각 도에서 매년 예조에 보고해 정부로 보고되고 있는데, 정부에 일이 많아 거행할 겨를이 없었습니다. 다른 도는 비록 모두 시행하지 못한다 하더라도 충청도만은 거동하실 때 특별히 감사에게 명해 사실대로 보고하게 한 다음 정문旌門을 세워주거나 관직을 제수하고, 청백리와 전쟁에서 순절한 자의 자손에게도 모두 똑같이 포상을 시행한다면 어찌 한 도의 인심을 고무시키지 않겠습니까? 또 노인을 우대하는 은전도 거행하지 않을 수 없는데, 인조 때의 구신 신계영辛啓榮이 연로해 조정에서 물러나 지금 충청도에 살고 있습니다.365)

---

362) 《현종실록》 권 7, 현종 5년 1월 무진.
363) 《현종실록》 권 10, 현종 6년 4월 계해.
364) 《현종실록》 권 10, 현종 6년 4월 계유.
365) 《현종실록》 권 10, 현종 6년 4월 경오.

라고 해 80세가 넘은 전직 참판 신계영을 가의대부嘉義大夫로 승진시켜
주고, 어가가 머무는 곳에서 특별히 과거시험을 시행하자고 했다.366) 그
리하여 현종은 영부사 이경석을 시켜 무과시험을 열게 했다.367) 이경석
은 온천에서 돌아온 뒤 현종에게 경연經筵을 자주 열어《심경》과《근사
록》을 강독하라고 권했다.368)

　　1666년(현종 7) 3월 25일에 영남유생 유세철柳世哲 등 1천여 명이 복
제상소를 올렸다. 여기에는《의례경전통해속儀禮經傳通解續》등 광범한
자료를 인용했을 뿐 아니라 상세한 '상복고증喪服考證'이 부록으로 붙어
있어서 남인예설의 결정판이라 할 만하다. 이 소의 내용은 효종을 서자
라 하고, 현종을 하정下正이라 한 송시열의 말을 집중 공격함으로써 서
인에게 타격을 입히려는 것이었다.369) 왕은 이런 상소가 올라오지 못하
도록 방지책을 마련해야 한다고 했다. 이에 남인 허적許積은

　　유생이 예를 논한 설에 대해서는 신이 감히 알 수 없습니다만, 그 소의
　　말을 살펴보건대 시열의 마음속에 다른 의도가 없다고 했으니, 만약 무함
　　하려고 한 것이었다면 진실로 그 본정이 아닙니다. 전후 성상의 비답에 처
　　치하라는 분부가 있으셨는데, 신이 생각하기로는 이미 유생의 소라고 명명
　　해 놓고 논죄한다는 것은 지나친 것 같다고 여겨집니다. 방지책을 세우는
　　일은 괜찮을 것도 같기는 하나, 다만 어떤 식으로 방지책을 마련해야 할지
　　를 모르겠습니다.370)

라고 해 유생들이 상소를 올렸다 해 처벌해서는 안 된다고 했다. 왕은
"당초에 복제를 모두《오례의》에 따라 행했으니, 이제 와서 바꿀 수 없

---

366)《현종실록》권 10, 현종 6년 4월 경오.
367)《현종실록》권 10, 현종 6년 4월 경오.
368)《현종실록》권 10, 현종 6년 5월 갑인.
369) 李成茂,〈17세기의 禮論과 黨爭〉,《朝鮮兩班社會研究》, 一潮閣, 1995, 486~487쪽.
370)《현종실록》권 12, 현종 7년 3월 을사.

다"고 했다.371)

1666년(현종 7) 3월 26일 자전이 온천에 갈 때 홍명하는 도성에 남고, 이경석은 비변사에 숙직하고, 청풍부원군 김우명은 종사관 이세장李世長을 데리고 빈청에 숙직하면서 궐 안을 호위하게 했다.372) 12월 29일에는 유도백관留都百官에게 차등 있게 상을 주었다.373) 11월 3일 이경석은 현종에게

> 오늘날 급하게 서둘러야 할 일은 오직 인정仁政을 행하는 것이니, 하늘이 노여워하는 것은 백성들의 원망이 불러 온 것입니다. 인정을 베푸는 일은 부역을 가볍게 하고 세금을 적게 거두어 백성들의 생활을 안정되게 하며, 훌륭한 사람에게 임무를 부여하고 유능한 자에게 일을 시켜서 맡은바 직책을 다하게 하면 됩니다.374)

라고 해 역시 유교이념을 가지고 원로대신으로서 국왕을 훈계하고 있다.

1667년(현종 8) 4월 8일 이경석은 간쟁한 일곱 신하들을 용서해 주라고 했으나 왕이 선뜻 듣지 않았다. 또 홍만용洪萬容과 남이성南二星에게 죄가 없다고 하자 왕이 마관馬官으로 임명하라는 명을 거두어들였다.375) 신료를 처벌하는 것은 왕도에서 꺼리는 일이기 때문이다. 7월 21일 이경석과 송준길이 윤선도를 풀어 주자고 해 석방되었다.376) 9월 3일에 우의정 정치화鄭致和가 영부사 이경석의 죄명을 씻어달라고 청나라에 주문하자고 했으나 현종은 죄를 받았을 때의 문서를 상고해 다시 의논하자고 했다.377) 12월 10일에는 승려 계습戒習이 이경석의 아들이

---

371) 《현종실록》 권 12, 현종 7년 3월 을사.
372) 《현종실록》 권 12, 현종 7년 3월 병오.
373) 《현종실록》 권 13, 현종 7년 12월 을해.
374) 《현종실록》 권 13, 현종 7년 11월 기묘.
375) 《현종실록》 권 13, 현종 8년 4월 임자.
376) 《현종실록》 권 14, 현종 8년 7월 계해.
377) 《현종실록》 권 14, 현종 8년 9월 갑진.

라고 사칭해 백성들에게 신역身役을 면해 주겠다고 하고, 또 현종의 운명을 맹인 진승건에게 점치게 하다가 참형에 처해졌다.378)

1668년(현종 9) 3월 18일 현종은 이경석에게 대제학을 추천하게 해 조복양趙復陽·이은상李殷相·박장원朴長遠을 추천했다.379) 그리고 문주文紬 2필, 백주白紬 6필, 백미白米 15석, 황두黃豆 5석을 하사받고, 경창京倉의 콩 5천 석을 내어 서울 밖의 주린 백성을 구제하기를 청했다. 4월에 설사병이 나 고생했으나 사직社稷에 제사지내라는 명을 받아 병을 무릅쓰고 제사를 지내니 큰 비가 왔다. 왕은 말과 복탕鰒湯을 하사했다. 7월에 눈병과 각병脚病으로 두 번이나 관직을 그만두게 해 달라고 청원했으나 허락하지 않았다. 8월에 현종이 온천에 행차했는데, 이경석은 서울에 머물러 있었다.380)

9) 궤장을 하사받음

1668년(현종 9) 10월에는 이경석이 연신筵臣 이규령李奎齡이 건의해 완평完平부원군 이원익李元翼의 고사에 따라 궤장几杖을 하사받았다. 이경석은 여러 번 사양했으나 현종은 "경은 원로대신으로서 나이가 70이 넘었으니, 노인을 우대하는 법은 실로 우연한 것이 아니다. 안심하고 사양하지 마라!"고 하고, 예조가 기로연耆老宴을 열어 주었다. 이경석이 세 번 사양해 연회는 그만두었다. 그리고 11월 27일에 이경석의 집에서 유사有司로 하여금 예를 갖추어 궤장을 하사했다. 봄에 부장部長 2·3명이 백관과 함께 예에 따라 그의 집으로 갔다. 왕은 1등악과 음식을 내렸다. 이경석은 왕의 은혜에 감사했다. 이 행사는 이원익 이후 50년 만에 처음 있는 일이었다.381) 예조에서는

---

378) 《현종실록》 권 14, 현종 8년 12월 경진.
379) 《현종실록》 권 14, 현종 9년 3월 병진; 年譜, 798쪽.
380) 年譜, 798쪽.
381) 年譜, 799쪽.

　　예전 일을 상고하니, 계해년(1623) 9월 고 영의정 이원익에게 궤장을 하
사할 때 교서를 반포하고 안팎에 선온宣醞을 내린 뒤, 또 기로소耆老所로부
터 기로연을 열 것을 계청하니, 같은 날 1등악을 하사하라고 명했습니다.
지금 영부사 이경석에게 궤장을 하사하는 이때에 안팎에 선온하는 등의 일
을 각 해당 관사에 분부하고 교서 또한 예문관으로 하여금 지어내게 하심
이 마땅합니다.382)

라고 했다. 이에 영중추부사 이경석에게 궤장·선교宣敎·선온·1등악을
모두 의례儀禮와 같이 하사했다. 이경석은 인조조의 대신이었는데, 이때
나이가 74세였다. 비록 산반散班에 있었지만 문안하는 행사에 언제나 참
석했는데, 근력이 미치지 못해 걷기가 매우 어려웠다. 식자들이 그의 성
의는 아꼈으나 물러나지 않는 것을 애석히 여겼다.383)
　　그런데 현종이 송시열에게 물으니, 송시열이

　　자기 나름대로 옛날 일이라고 단정짓는 것은 곤란하나, 성인도 때에 따
라 변통해 바꾸었습니다. 선조의 고사를 성명께서 헤아려서 처리하시는 데
달려 있을 뿐입니다.384)

라고 말할 뿐이었다. 송시열은 이경석에게 궤장을 주는 것을 마땅하게
여기지 않았던 것이다. 그러나 분명하게 반대하지 않고 왕의 마음대로
하라고 해 현종이 이경석에게 궤장을 준 것이다. 이경석은 대궐에 들어
가 사은하는 전箋을 올리고, 또 그 일을 그림으로 그려 송시열에게 글을
구하자, 송시열이 '수이강壽而强'이라는 고사를 인용해 축하해 주었다.
그런데 이 고사는 송나라 손적孫覿이 휘종과 함께 금나라에 포로로 잡
혀가 그들에게 아부해 건강하게 잘 먹고 잘 살았다는 것으로, 결코 진심

---

382) 《현종실록》 권 15, 현종 9년 11월 무술.
383) 《현종실록》 권 15, 현종 9년 11월 임술.
384) 《현종실록》 권 15, 현종 9년 11월 임술.

으로 축하하는 것이 아니었다.

송시열이 이처럼 이경석을 비난하게 된 일화가 있다. 1669년(현종 10) 3월 현종이 온천에 가면서 이경석을 유도대장으로 임명하고, 사관을 시켜 이경석에게 노병이 있으니 집에 있다가 일이 있으면 유도대신과 상의하라고 부탁했다.385) 이경석은 유도대장을 사양하는 상소를 올리며

> 지난날 조정에는 급히 물러나려는 신하들이 이어지더니, 오늘날 행궁에는 달려가 문안한 신하가 하나도 없다고 합니다. 군부가 병이 있어 궁을 떠나 멀리 초야에 있으면 사고가 있거나, 늙고 병들었거나, 먼 곳에 있는 자가 아니라면 도리가 없는 것입니다. 이는 나라의 기강과 의리에 관계된 것입니다.386)

라고 했다. 당시 지방에 있던 여러 신하들 가운데 행궁에 나온 자가 한 명도 없었기 때문이었다.387) 그런데 이 말을 들은 판부사 송시열은

> 신이 병을 무릅쓰고 길을 떠나 몸이 이상하더니, 병이 도져 길가로 물러나 엎드려 조양하면서 다시 길을 떠나려 했습니다. 때마침 도성에 머물러 있던 대신의 차자를 얻어볼 수 있었는데, 논척한 바가 매우 준엄해 비록 곧바로 신을 거명하지는 않았지만, 다른 사람을 지적한 것이겠습니까? 신은 의리상 당연히 의장儀仗 밖에서 사죄하며 벌을 청해야 하지만, 병세가 이와 같아 오도 가도 못하니, 다만 절박한 마음뿐입니다. 신이 스스로 삼가 생각해 보니, 의리를 괴란케 하고 기강을 문란케 한 것은 바로 신하의 가장 큰 죄입니다. 비록 다른 사람이 이 죄로 논정했다 해도 오히려 매우 두려워 어찌할 바를 모를 터인데, 하물며 대신의 말인 경우이겠습니까? 신이 또

---

385) 年譜, 799쪽.
386) 《현종실록》 권 16, 현종 10년 4월 을축.
387) 《현종실록》 권 16, 현종 10년 4월 을축.

삼가 생각해 보니, 옛날 송나라 손종신孫從臣 같은 이는 오래 살고 강령해
한때 크게 존숭을 받기는 했지만, 의리를 알고 기강을 진작시켰다는 일컬
음은 받을 수가 없었으니, 도리어 어떤 이는 그를 불쌍하게 여겼습니다. 그
런데 당시에 매우 용렬하고 비루한 자가 있어서 행실이 보잘것없기 때문에
도리어 그 사람에게 비난을 받았으니, 뭇사람들이 얼마나 비난하며 비웃었
겠습니까? 지금 신이 당한 일이 불행히도 이와 비슷합니다.388)

라고 해 이경석을 송나라 휘종徽宗을 따라 금나라에 항복하고 그들에게
잘 보여 부귀영화를 누린 손적에 빗대어 비난했다. 당시 이경석은 대사
간 이상진李尙眞 등 몇몇 사람 때문에 차자를 올린 것이었는데, 송시열
은 자기를 공격하는 줄 알고 크게 노해 소를 올렸던 것이다. 이경석을
손적에 빗대어 모욕한 까닭은 일찍이 인조의 명으로 지은 삼전도비문에
청의 황제를 찬양하는 말이 많아서 청의淸議에 기롱을 받았기 때문이었
다. 그러나 송시열이 조그만 일로 너무나 각박하게 배척하니, 논자들이
지나치게 여겼다.389) 송시열과 절친했던 송준길·이단상조차도 송시열의
태도에 놀랐다 한다. 사론은 다음과 같이 평했다.

삼가 살피건대, 이경석이 여러 해 동안 정승에 자리에 있었으나 볼 만한
사업이 없는 데다 일컬을 만한 건의도 없어 단지 대신의 숫자만 채웠을 뿐
이었다. 그렇다면 아무리 나이가 많더라도 조정에서 남다른 예로써 대우하
고 궤장을 하사하는 것은 진실로 지나치다. 송시열이 임금 앞에서 대답한
말을 보면 이경석이 부족하다고 여기는 뜻이 있는 듯하다. 그의 뜻이 이와
같다면 상의 물음에 곧이곧대로 대답했어야 할 것인데, 다만 이원익과 김
상헌의 일을 들어 말뜻을 모호하게 했으니, 이것이 어찌 곧은 도로써 임금
을 섬기는 의리이겠는가? 더구나 이경석은 세상에서 드문 은전을 입고 송
시열의 말 한 마디를 얻고자 해 글을 구했는데, 송시열은 참으로 이경석이

---

388) 《현종실록》 권 16, 현종 10년 4월 병자.
389) 《현종실록》 권 16, 현종 10년 4월 병자.

적합하지 않다고 여겼으니 그 구함에 응하지 않아도 괜찮은데도 글 가운데
에 심지어 손적의 일을 인용함으로써 그 성명을 쓰지 않고, 단지 '오래 살
며 강건했다[壽而强]'는 서너 자를 써서 기롱 폄하해 이경석이 깨닫지 못했
으니, 또한 어찌 정인길사正人吉士의 마음 씀이겠는가?390)

이경석과 송시열을 한꺼번에 비판했던 것이다. 영부사 이경석은 송시
열에게 배척을 받고 나서 세 차례나 사직소를 올렸으나 현종은 들어주
지 않았다.391)

이경석은 송시열의 상소를 보고 당황했다. 그는 송시열을 인조조부터
여러 번 천거하고 만나면 동등한 예로 맞이했고, 효종의 치세에도 마찬
가지였기 때문이다. 뿐만 아니라 관직에서 물러난 뒤에도 친하게 지냈
는데 별안간 상소를 올려 손적의 고사에 빗대어 비난하니 황당하다는
입장이었다.392) 이경석이 송시열을 여러 번 천거해 주었는데도 이같이
이경석을 정면으로 공격한 것은 이념이 다르기 때문이었다. 송시열은
존주대의尊周大義와 주자지상주의에 사로잡혀 있는 사람이었다. 그런데
이경석은 명나라의 원수인 청나라를 위해 승전비(삼전도비)를 썼으니
이를 비루하게 여긴 것이었다.

1670년(현종 11) 1월 11일에 이경석 내외는 회혼례回婚禮를 맞이했다.
가족들이 여러 번 잔치를 베풀게 되어 있었는데 하지 못하게 하고, 다
만 학발鶴髮로 상대해 잔을 주고받는 예만 행하게 했다. 역사에서 회혼
례를 실시한 예는 허조許稠·심희수沈喜壽·이경석李景奭뿐이었다고 한
다.393) 9월 14일에 설사병을 얻어 날로 위독해졌다.394)

1671년(현종 12) 9월 14일 영중추부사 이경석의 병이 위독해지자 효

---

390)《현종실록》권 15, 현종 9년 11월 임술.
391)《현종실록》권 16, 현종 10년 5월 계축.
392) 年譜, 799쪽.
393) 年譜, 800쪽.
394) 年譜, 801쪽.

종은 어의를 보내 병을 보게 하고, 이어서 약물을 내렸다.395) 그러나 이
경석은 그해 9월 24일에 회현동會賢洞 집에서 죽었다. 향년 77세. 경대
부로부터 서민에 이르기까지 슬퍼하지 않는 사람이 없었고 도봉서원을
비롯한 10개 서원의 원생들은 글을 지어 애도했다.396) 이때 백기白氣가
한 번 일어나 침실로부터 회오리처럼 돌면서 하늘로 올라가 얼마 있다
가 없어졌다.397) 현종은 죽은 재상 이경석에게 3년 동안 녹봉을 내리도
록 명하고, 또 해당 관청으로 하여금 제수祭需를 넉넉히 내려 주라고 했
다.398) 사평은 다음과 같다.

　　이경석은 집에서 효도하고 우애가 있었으며, 조정에서 청렴하고 검소했
　다. 일찍부터 문망文望을 지녔었는데, 드디어 정승에 올랐다. 나라를 근심
　하는 마음은 늦도록 게을리 하지 않았으나, 친분이 두터운 사람에게 마음
　을 쓰는 것이 지나쳤고 친지나 당류를 위해 상의 은혜를 구하되, 구차한 짓
　도 피하지 않았으므로 사람들이 이 때문에 비평했다.399)

　1702년(숙종 28)에 서계西溪 박세당朴世堂은 이경석의 신도비명을 썼
다. 박세당은 이경석의 신도비에서

　　올빼미와 봉황은 그 천성이 너무 달라 때로는 꾸짖기도 하고, 때로는 달
　래기도 했으나 본성이 나쁘면 할 수 없구나. 군자의 병이 이럴 수가 있나?
　내 이를 영원히 돌에 새기니 사람들은 와서 이 어른을 존경할지어다.400)

라고 해 이경석은 '노성인老成人', '봉황鳳凰', '군자君子'로, 송시열은 '불

---

395) 《현종실록》 권 19, 현종 12년 9월 임술.
396) 年譜, 802쪽.
397) 年譜, 801쪽.
398) 《현종실록》 권 19, 현종 12년 9월 무인.
399) 《현종실록》 권 19, 현종 12년 9월 신미.
400) 《白軒名門錄》 第1卷, 全州李氏白軒相公小宗中, 2001, 29~33쪽.

상인不祥人’, ‘불선인不善人’, ‘문인聞人’, ‘소정묘少程卯’, ‘올빼미’ 등으로
폄하했다.401) 또한 신도비에서 송시열은 ① 이경석이 기해예송 때 송시
열의 4종설을 채택하지 않고《경국대전》에 따라 기년복朞年服을 채택한
것, ② 이경석이 송준길의 요청에 따라 윤선도의 위리안치를 풀어 준
것, ③ 이경석이 송시열이 쓴 영릉지에서 “비풍하천匪風下泉”(춘추시대
주나라 백성이 쇠락한 자기 나라를 한탄한 시로,《시경》에 실려 있다)이라는
구절을 빼라고 한 것, ④ 사돈을 맺자고 했는데, 이경석이 거절한 것 등
에 대해 유감을 가지고 이경석을 손적에 빗대어 야비하게 공격했다고
비난했다.402)

　박세당이 이경석의 신도비에서 송시열을 비난하자, 1703년(숙종 29)
4월 17일 송시열계의 관학유생 홍계적洪啓迪 등 180명이 박세당을 이단
이라고 공박했다. 예조가 신도비명을 이경석의 증손자 이진양李眞養에
게 바치게 했는데 바치기를 꺼려해서 체포당한 뒤에 바쳤다. 비문을 조
사해 보니 성인을 업신여기고, 정인正人을 해친 실상이 역력하다는 것
이었다.403) 그러자 박세당의 문인 수찬 이탄李坦은 박세당이 억울하다
고 상소했다.404) 그리고 이경석의 손자 이하성李厦成은 자기 할아버지
가 삼전도비문을 쓰고 싶어 쓴 것이 아니라 국가 존망지추存亡之秋에
인조가 각별히 부탁해 할 수 없이 써서 나라를 구한 것인데 이를 비난
하는 것은 옳지 않다고 반박했다.405) 여기에 대한 사평은 다음과 같다.

　　이경석이 비문을 지은 것은 마지못해서 한 것이다. 그러나 그 글을 살펴
　보건대, 뜻을 다해 포장鋪張해 오랑캐의 공덕을 칭송하고 오랑캐의 뜻에
　맞추어 온전함을 얻으려고 해, 일이 매우 급박해 말려고 해도 말 수가 없는

---

401)《白軒名門錄》第1卷, 全州李氏白軒相公小宗中, 2001, 29~33쪽.
402) 李銀順,〈白軒 李景奭의 국정운영과 대외인식〉,《白軒 李景奭의 歷史的 再照明》, 白軒 李
　　景奭先生 記念事業會, 2001, 48~54쪽.
403)《숙종실록》권 38, 숙종 29년 4월 임진.
404)《숙종실록》권 38, 숙종 29년 4월 무술.
405)《숙종실록》권 38, 숙종 29년 5월 을축.

뜻이 그 글 속에 나타나지 않으니, 어찌 만세의 청의淸議에 죄를 얻지 않겠는가? 이경석이 일찍이 '어계의 열 길 낭떠러지를 저버린 것이 부끄럽다'는 시구가 있었으니, 부끄러워하고 뉘우치는 마음을 또한 볼 수 있다. 그 자손이 착하지 못해 그 본심을 밝혀서 후세에 사과하지 못하고서 전연 하자가 없는 데 두려고 했다. 아! 이것은 이경석에게는 일생의 명절에 큰 누가 되어 참으로 이른바 효자와 자손慈孫이라도 고칠 수 없는 것인데, 비록 사사로이 비호하려고 한다고 되겠는가? 또 선정先正을 모욕하고 말을 통쾌하게 하고자 거리낌 없이 말해 청의와 더불어 이기기를 겨루려고 했으니, 이는 보탬은 없고 다만 그 부끄러운 덕을 드러내기에 족할 뿐이지 선정에게 또한 무슨 손상이 있겠는가? 어리석고 망령된 짓이라 말할 만하다. 그러나 이경석도 또한 한때의 명상이니, 논하는 자는 그 일에 대해 시비를 밝히면 될 것인데 어찌 반드시 평생의 일을 들어 욕을 보이기를 하간河間의 음부淫婦(유자후柳子厚의《하간전河間傳》에 음탕한 여자를 욕했더니, 그 여자가 자기 부인을 유인해 절의를 잃게 했다는 고사)에 견준 뒤에야 만족하겠는가? 그것도 지나친 일이다.406)

노론계의 편을 든 것이다. 노·소당쟁의 일부였다. 그러나 박세당은 삭탈관작되었고, 주자의 생각과 다른《사변록思辨錄》을 핑계대어 사문난적斯文亂賊으로 몰아 파문되었다.

이경석은 용모가 준수하고, 천자天資가 인서仁恕해 저절로 도道에 가깝고, 학력이 뛰어나 평생 동안 자랑하고 꾸미거나, 분해하고 사나운 얼굴을 보지 못했다. 어려서부터 부모에게 효도하고, 부인도 건강해 해로하면서 도왔다. 자손은 사랑은 하지만 엄격하게 훈도했으며,《소학》부터 가르치고 그 뒤에 다른 책을 가르쳤다. 그리고 조정의 득실과 다른 사람의 장단점을 말하지 못하게 했다. 또한 산수를 좋아하고, 직급은 높아도 항상 겸손했다. 평생 문장 짓기를 좋아했으나 기교奇巧를 싫어했

---

406)《숙종실록》권 38, 숙종 29년 5월 을축.

다. 사람을 평할 때는 장점을 드러내고, 약점을 드러내지 않았다. 사람을 만나면 신분의 귀천을 가리지 않고 부모 안부를 먼저 물었다. 그리고 부모를 위한 일이라면 적극 도와주었다. 동내에서는 동계洞契를 만들어 상부상조했다. 집안이 가난했으나 벼슬이 높고 녹을 많이 받아 항상 남을 도와주었다. 평생 재산에는 관심이 없었고, 몸에는 화려한 옷을 걸치지 않았다. 시문을 지은 것이 많으나 잃어버린 것이 많았고 스스로 모으려 하지 않았다.[407]

묘는 광주廣州 낙생면樂生面 신종군新宗君의 무덤 옆에 임좌壬坐로 있다. 신도비는 이조판서 박세당이 썼고, 행장은 영의정 최석정崔錫鼎이 썼으며, 묘표는 현손 목사 이광회李匡會가 썼다. 시호는 문충文忠이요 형 이경직李景稷과 함께 효도로 정여를 받았다. 인조와 효종의 행장을 지었다. 부인은 감사 유색柳穡의 딸 정경부인 전주유씨다. 1592년(선조 25) 3월 7일에 태어나 1674년(현종 15) 9월 14일에 죽었다. 향년 83세. 남편과 함께 묻혔다.[408]

1680년(숙종 6)에 영의정 김수항金壽恒·좌의정 민정중閔鼎重·병조판서 김석주金錫冑 등이 합사合辭해 이경석은 국가에 공로가 있으며 현재 상이니 그 후손에게 특별히 관직을 내려주자고 해 그의 손자인 참봉 이우성李羽成을 6품직으로 승진시켜 주었다.[409]

아들 이철영李哲英은 생원시에 합격해 평시서령平市署令·안협安峽현감을 지냈고, 이조참판을 증직받았다. 손자는 이우성·이하성李厦成이 있다. 이우성은 진사 장원을 해 이조판서를 증직받았고 이하성은 음직으로 군수를 지냈다.

이경석은 과거에 급제한 지 20년 만에 정승이 되어 위로 임금을 잘 모시고, 아래로 조야朝野가 의탁했다. 원로로서 나라를 걱정하고 백성을 아끼며, 세금과 부역을 덜어 주었다. 억울한 사람을 많이 구해 주었고,

---

407) 年譜, 802~808쪽.
408)《전주이씨덕천군파보》권 2, 654~658쪽.
409) 행장, 443쪽.

훌륭한 사람을 많이 천거했다. 재이災異로 구언求言하면 경천애인敬天愛人하라고 하고, 희노喜怒를 경계하며, 간쟁을 받아들이고, 절검을 숭상하며, 형옥을 심하게 하지 말라고 했다. 현종조에는 위망位望이 더욱 높아져 중앙과 지방이 의지하고 먼 지방의 아녀자들도 그의 이름은 몰라도 백헌이라는 호를 잘 알았다. 가뭄이 들면 비가 오기를 성심으로 빌어 반드시 비가 오게 했다. 항상 "선비는 정직正直 충후忠厚로 근본을 삼아야 하니, 정직하되 충후하지 못하면 각박[刻]하고, 충후하되 정직하지 않으면 비겁[懦]하다"고 했다. 평생토록 자신을 단속하기를 반드시 《소학》에 따라 하고, 《논어》에 득력한 바가 많았다. 늙어서는 《근사록》과 주자서를 가까이 하고 일찍 자고 종일토록 단좌端坐하고 앉아 추위와 더위에도 상절常節을 바꾸지 않았다. 옷이나 음식은 간소했고, 거처하는 곳은 좁고 누추했다. 평생에 특별히 좋아하거나 꼭 하고자 하는 것이 없었고, 이단을 배척했다. 70세가 넘어서는 호전胡傳과 창여昌黎(한유)·두시杜詩를 좋아했고, 노장老莊과 같은 이단서를 읽지 않았다. 어려서 조찬한趙纘韓에게 고문古文을 배워 사원詞源이 방패滂沛(넉넉하고 큰 모양)하고, 붓을 잡으면 붓끝이 현란 농염했으며, 기괴한 말을 하지 않았다. 나이가 들자 문장이 더욱 세상에 알려져 비명·묘지·행장·제영題詠·기발記跋을 많이 썼다. 여러 번 시관試官이 되어 이름 있는 사람을 많이 뽑아 공경公卿이 된 사람이 많았다.

박세당이 쓴 신도비의 명銘은 다음과 같다.

> 3조三朝의 원로元老요, 1대一代의 정성스런 신하[忱臣]라.
>
> 나라를 위해 그 집안을 잊었고[國忘其家],
>
> 주군을 위해 몸을 돌보지 않았네[主不顧身].
>
> 붉은 정성은 해 같이 밝고[丹誠炳日],
>
> 본디 절개는 서리를 능멸한다[素節凌霜].
>
> 험하고 어려운 일을[險阻艱難],
>
> 또한 갖추어 맛보았고[亦旣備嘗].

지극한 신념의 미더운 바는〔至信所孚〕,

능히 돼지와 물고기를 감화시켰네〔能感豚魚〕.

덕의 온전함과 행실의 높음은〔德全行高〕,

동관에 여러 번 쓰여 있네〔彤官屢書〕.

멋대로 거짓말하고 방자하고 허탄함을〔恣僞肆誕〕,

옳고 그름을 세상에 듣는 사람이 있네〔世有聞人〕.

올빼미는 봉황과 성품이 달라서〔梟鳳殊性〕

이에 노하고, 이에 성내네〔載怒載嗔〕.

착하지 아니한 자는 미워할 것이니〔不善者惡〕,

군자에게 무엇이 병되리오〔君子何病〕.

내 명銘을 비석에 새겨놓으니〔我銘載石〕,

사람들은 와서 공경할지어다〔人其來敬〕.[410]

이 박세당의 신도비는 이경석이 죽은 지 33년 뒤인 1702년(숙종 28)에 지었는데, 그 내용이 노론들의 노여움을 사 세우지 못했다. 노론계 성균관 유생 홍계적洪啓迪 등이 비명의 내용을 비난하는 연명상소를 올렸기 때문이다. 이경석과 송시열의 사이가 나빠진 것은

① 이괄의 난 때 인조가 피란가는 과정에 백관이 도찬逃竄(쥐와 같이 도망갔다)했다고 했고, 임금을 따라 간 자는 승지 한효중韓孝仲과 이경석, 내관內官 두 사람 뿐이었다고 한 점.

② 기해예송己亥禮訟에서 송시열의 4종설四種說이 채택되지 않고, 이경석과 영의정 정태화鄭太和의 국제기년복國制朞年服이 채택된 점.

③ 김상헌은 노론의 영수요, 이경석은 소론의 영수인데, 김상헌이 어렸을 때 이경석을 칭찬한 것은 노론 전체의 모욕이라는 점.

④ 박세당의 비문에,

---

410) 神道碑銘, 453~454쪽.

"충성스런 신하가 수없이 상소했거늘〔形官屢書〕

멋대로 거짓말하고 방자하고 허탄함을〔恣僞肆誕〕

옳고 그름을 세상에 듣는 사람이 있네〔世有聞人〕.

올빼미는 봉황과 성품이 달라서〔梟鳳殊性〕

이에 노하고, 이에 성내네〔載怒載嗔〕.

착하지 아니한 자는 미워할 것이니〔不善者惡〕,

군자에게 무엇이 병되리오〔君子何病〕.

내 명銘을 비석에 새겨놓으니〔我銘載石〕,

사람들은 와서 공경할지어다〔人其來敬〕"라고 비평한 점.

등이 이유였다.411)

그런데 1713년(숙종 39) 정월 1일에 숙종이 《백헌집》을 보고 다음과 같은 〈관백헌집유감부시觀白軒集有感賦詩〉를 지어 주었으니 마침내 이경석의 판정승이었다.

다년간 구해 보고자 했으나 어찌 이리 늦게 얻어 봤는가 多年求覓得何遲

종일 펴 보아도 스스로 피로하지 않네. 終日被看不自疲

충성스럽게 임금을 사랑함은 장주章奏에 보이고 忠款愛君章奏見

정성스럽고 순수한 나라 사랑은 귀신이 안다. 誠純體國鬼神知

선조에 궤장을 내린 것은 은례恩禮의 융숭함이요, 先朝賜杖隆恩禮

성조에서 귤을 내린 것은 사사로이 총애를 입은 것이네. 聖朝頒柑荷寵私

덕은 대간이 어진 재상이라고 한 것과 맞으며, 德叶臺司賢宰相

송나라 때 문정공文靖公과 가히 비슷하네.412) 宋時文靖可方之

이 무렵 이경석의 증손자 이진망李眞望이 문과에 장원해 그런 영광을

---

411) 《石白名門誌》, 全州李氏白軒相公宗中, 1985, 159~160쪽.
412) 《石白名門誌》, 全州李氏白軒相公宗中, 1985, 91쪽.

입은 것 같다.413)

박세당의 이경석신도비는 세우지 못하다가 52년이 지난 1754년(영조
30)에 안성공安城公 이국형李國亨이 남해에 유배가 있던 원교圓嶠 이광
사李匡師의 글씨를 받아 세웠다. 이경석이 죽은 지 84년 뒤의 일이었다.
그러나 노론들이 이 신도비를 갈아서 글자를 없앴고, 그 비신碑身·대석
臺石·입석岦石은 1세기 동안이나 따로따로 길가에 나뒹굴었다. 그러나
다행히도 종손 집에 비문이 보존되어 있었기 때문에 1974년에 재건될
수 있었다.414) 이경석이 죽은 지 305년 만의 일이었다.415)

1716년(숙종 42)에 이경석은 남원의 방산서원方山書院에 배향되었다.
방산서원은 1702년(숙종 28)에 성종조의 문신 윤효손尹孝孫을 배향하려
고 세운 서원인데, 이때 이경석과 이경석의 매제 최휘지崔徽之의 아버지
최연崔葕이 추가로 배향된 것이다.416) 《백헌집》은 1698년(숙종 24)에
손자 이우성이 시 1,800수와 문文 500편을 모아 간행하려다가 그가 죽
는 바람에 이우성의 아들 이진양과 이진망이 가산을 처분해 1700년(숙
종 26)에 이경석의 외손서 신완申琓의 도움을 받아 처음으로 간행되었
다. 활자본으로 원집原集 53권, 부록 3권이었다. 오늘 간행되는 《증보역
주 백헌선생집》에는 여기에 추록 2권을 덧붙였다. 초간본은 비용 때문
에 몇 질 밖에 간행하지 못했는데, 지금 규장각(奎 15560), 온양민속박
물관 등에 소장되어 있다. 이 문집은 이경석 자신이 저작 시기별로 편
수한 것 같다. 연보는 이우성이 이경석의 아버지 이유간과 형 이경직의
《일록日錄》과 《은대일기銀臺日記》를 참고해 만들었다. 이것을 증손 이
진양이 《시정기時政記》와 여러 문집을 참고해 보완했다.417)

---

413) 《石白名門誌》, 全州李氏白軒相公宗中, 1985, 92쪽.
414) 李成茂, 〈白軒 李景奭의 생애와 사상〉, 《조선시대 사상사연구》 2, 지식산업사, 2009,
    300~301쪽.
415) 《石白名門誌》, 全州李氏白軒相公宗中, 1985, 161~164쪽.
416) 金鶴洙, 앞의 글, 98쪽.
417) 沈慶昊, 〈백헌 이경석의 삶과 문학〉, 증보역주 《백헌선생집》, 출판기념 및 학술대회,
    2011, 104~106쪽.

4. 맺음말: 이경석에 대한 평가

이경석이 훌륭한 재상이 될 수 있었던 데에는 여러 가지 이유가 있을 것이다. 우선 본인의 자질이 훌륭해서이겠지만 가문의 배경과 시대적 요구가 있었기 때문이었다.

먼저 시조인 덕천군德川君의 가훈을 거론할 수 있다. 군호君號도 덕천군이고, 시호도 적덕공積德公이며, 가훈에도 적덕積德이 들어가 있다. 뿐만 아니라 덕천군 스스로도 죽을 사람을 도와주는 등 덕업을 실천에 옮기고 후손들에게도 권장했다. 이러한 시조의 가훈은 후손들의 인격 형성에 깊은 영향을 미쳤으리라 생각된다.

다음으로는 이경석의 고조 완성군莞城君의 묘터가 좋기 때문이라는 말도 있다. 완성군의 묘터는 본래 판교 석운리石雲里로 정해져 있었으나 아들 상산군商山君의 꿈에 어느 술사가 나타나 장인 조석견趙碩堅의 산소 밑에 진혈이 있다고 해 그곳을 빌려 묘를 썼다고 한다. 이 자리가 명당이어서 완성군 자손들이 번창했다는 것이다.

그리고 이경직·이경석 형제가 현달한 데에는 아버지인 이유간의 공이 크다. 그는 화담花潭의 제자인 민순閔純의 문하에서 공부했다. 민순은 어머니 안동김씨의 동생이었으니 남도 아니었다. 19세에 어머니가 죽자 민순이 그를 벼슬시키려다 죽는 바람에 실패로 돌아갔다. 그래서 이유간은 42세가 되어서야 겨우 생원시에 합격하고 문과에는 급제하지 못했다. 그러나 이경석은 아버지를 통해 화담의 실용적인 유학을 전수

받을 수 있었다. 이경석의 실사구시 정신은 아버지를 통해 화담의 학풍을 전수받은 데서 나온 것이 아닌가 한다. 그리고 이유간은 일찍부터 이정구李廷龜·이호민李好閔·이귀李貴·서성徐渻·강인姜絪 등 당로자들과 남문 밖에 연지계蓮池稧를 만들어 가까이 지냄으로써 이경석 형제의 정치적인 기반을 만들어 주었다.

이경석은 또한 어려서부터 문장에 뛰어나 글 잘하는 김상헌金尚憲·이정구·이안눌李安訥·이식李植·신흠申欽 등이 모두 인정했다. 글씨도 담박하게 잘 썼다. 문사로서 뛰어난 자질을 갖춘 것이다. 그래서 그는 양관대제학으로서 인조·효종의 행장 등 각종 외교문서와 비명을 많이 썼다.

무엇보다도 이경석의 공헌은 국난이 닥쳤을 때 살신성인殺身成仁한 것이다. 병자호란에서 승리한 청나라에서 자기들의 승전비인 삼전도비를 쓰라고 강요하였을 때 아무도 쓰기를 달가워하지 않았는데, 그가 인조의 부탁을 받고 쓴 것이라든지, 효종의 북벌 준비를 문책하러 온 청나라 사신들 앞에서 이것은 전적으로 자기가 한 일이라고 방패막이를 한 것 등이 그것이다. 이는 국가에 헌신하는 공직자의 전범이기도 하다. 노블레스 오블리주다. 이는 충성스런 신념과 소신이 없으면 불가능한 일이다. 이경석은 이 때문에 백마산성에 위리안치되었고 언제 죽을지 모르는 운명에 직면하게 되었다. 물론 효종의 구명운동으로 살아나기는 했지만 절대 관직에는 임명하지 말라는 조건이 달렸다. 그러나 효종은 죽기 전까지 이경석을 영중추부사 등 명예직에 임명해 녹봉도 주고 국정에 자문하게 했다.

그렇기 때문에 이경석은 소신껏 발언할 수 있었다. 국가와 국왕을 위해 목숨을 바쳐 공로를 쌓았기 때문에 말발을 세울 수 있었다. 그의 발언은 사라사욕을 챙기는 것이 아니라 안민安民과 휼형恤刑에 집중되어 있었다. 병자호란으로 만신창이가 된 백성들의 생활을 안정시키고 억울한 공직자가 없도록 하는 것이 정치의 목표였다. 그러자면 감세減稅·감역減役·진휼賑恤을 지속적으로 실시하고 언관으로서 바른 말을 하다가 처벌되는 공직자가 없어야 했다. 그가 천재지변이 있을 때마다 감세·감역·진휼·휼형을 주장한 것도 그 때문이었다.

이경석은 이제 국가의 원로였다. 국왕의 독주를 견제하고, 관료들 사이의 틈을 조율하며, 백성의 생활을 안정시키는 것이 그의 임무였다. 국왕도 목숨 바쳐 국가를 비호한 원로의 발언을 무시할 수 없었다. 이 때문에 그는 인신으로서 영광인 궤장几杖을 하사받기까지 했다.

그러나 당쟁의 여파는 피해갈 수 없었다. 당시는 노론의 숭명배청崇明排淸 사상이 득세하고 있을 때였다. 명나라의 원수를 갚고, 삼전도의 치욕을 씻는다는 복수설치復讐雪恥가 기승을 부릴 때다. 여기에는 이경석도 설 자리가 없었다. 오히려 주화를 주장하고 삼전도비문을 썼다고 매도되었다. 만들어 놓은 신도비도 세우지 못하고, 자손들의 벼슬길은 끊겼다. 이경석도 이럴 줄 몰랐던 것은 아니다. 국가를 위해서 국왕을 위해서 그렇게 하지 않으면 안 된다고 생각해서 소신껏 결행한 것이다. 자기의 장래나 이해득실을 따져서 한 일이 아니다. 불이익이 오면 스스로 책임질 생각이었다. 이 때문에 우리는 이경석을 위대하게 여기고 본보기로 삼고자 하는 것이다. 박세당의 백헌신도비에 나온 "나라를 위해 그 집을 잊었고〔國忘其家〕, 임금을 위해 자기 몸을 돌아보지 않았다〔主不顧身〕"는 말이 적실하다.

이경석도 다른 사대부들과 마찬가지로 왕도적 안민론자安民論者였다. 임진·병자란으로 국토가 초토화되고, 민생이 삭막해지자 우선 안민을 하는 것이 급선무였다. 유가는 안민安民과 부민富民을 경제정책의 기본으로 삼았다. 선조 대에 사림정치가 실시되면서부터 왕도적 안민론은 부국론을 압도하게 되었다. 그래서 부국론을 주장하는 인물이 나오기 어려웠다. 사림파는 중농억상重農抑商을 고수한 것이다.418) 그 때문에 이경석도 부국을 위해 인민을 수탈하기보다는 인민을 안정시키는 것이 급선무라고 했다.419) 그러나 그는 세금과 군역을 탕감해 주고 농민에

---

418) 이헌창, 〈김육의 경제사상과 경제 업적〉, 《잠곡 김육연구》, 태학사, 2007, 164~167쪽.
419) 李景奭, 《白軒集》 附錄 年譜 丁丑年(한국문집총간 96), 599쪽.

대한 착취를 금지하자고만 했지, 상공업을 일으켜 국부를 증진하자고까지는 주장하지 못했다.

찾아보기

ㄱ

가격家格　146, 147, 276, 356

가계도家系圖　279

가도椵島　383, 384

가례　148, 266, 322

가묘　148, 266

가세家世　278

《가정문집稼亭文集》　144, 150

가첩家牒　279

가토 기요마사加藤清正　122, 218

가평관嘉平館　105

가훈　476

간신전姦臣傳　145

간중幹仲　42

감세減稅　366, 477

감역減役　477

갑과　61

갑산甲山　68

갑인예송甲寅禮訟　258

갑자사화甲子士禍　38, 41, 42, 48, 50, 69, 165, 182

강릉康陵　105

강맹경姜孟卿　179

강문명姜文明　430

강문성姜文星　430

강백년姜栢年　432

강빈姜嬪　427, 429, 431, 443

강빈姜嬪의 옥　255

강사상姜士尙　386

강석기姜碩期　325

강순덕姜順德　31

강윤권姜允權　77

강인姜絪　313, 365, 379, 477

강화도　153, 156, 172, 245, 323, 327, 412

강화학파　376

강희맹姜希孟　32, 350

강희안姜希顔　192

개원사開元寺　413

거열車裂　195

거자시擧子試　139

건덕방建德坊　298

건원릉健元陵　447

건저建儲　212

건주위建州衛 여진   69
건천동乾川洞   109
검이상전劍履上殿   155
겐소玄蘇   213, 308
격물치지格物致知   324
견폐시犬吠詩   234
결성結城   299, 301
경과慶科   452
《경국대전》   469
경덕궁慶德宮   323
경복궁景福宮   201
경섬慶暹   240
경신환국庚申換局   261
경연經筵   404, 461
경외종편京外從便   157, 164
경원대군   68
경주김씨   295, 356
경주이씨   24, 361
경회루   90, 173
경회지慶會池   102
계급내혼階級內婚   278
계운궁啓運宮   405
계유정난癸酉靖亂   32, 35, 166, 172,
    176
계축옥사癸丑獄事   379
《고려사》   38, 169
고령신씨   43, 356, 361
고만산   185, 186, 198, 204, 247, 254
고명사은사誥命謝恩使   69
고부청시사告訃請諡使   67
고한랑高漢良   378, 380, 400
골북   221, 224, 227, 230, 236, 269
공구수성恐懼修省   63
공론   120

공민왕   16, 144, 149, 151, 162
공법貢法   27, 168, 169
공복公服   318
공복功服   95
공부孔俯   16
공사貢士   151
공신   48, 108
공신전   267
공양서公羊書   48
공양왕   155, 157, 158
공주公州   323, 370, 383, 404, 434
공천公薦   66
과거科擧   278, 296
과시課試   401
과전科田   365
곽거병郭去病   351
곽세건郭世健   258
곽종원郭宗元   41
관동關東   442
관반館伴   386
관방關防   80, 220
관백關白   308, 309
관악산冠岳山   380
관촌   254
광국원전공신光國原從功臣   122
광남군廣南君   37
광릉부원군廣陵府院君   37
광산군廣山君   69
광산김씨   286
광성군廣城君   37, 38
광양군廣陽君   38
광원군廣原君   37
광종光宗   277
광주廣州   15, 26, 282

광주이씨　13, 15, 41, 48, 50, 69, 124, 125
광주이씨 둔촌계　48, 124, 125
광천군廣川君　37
광해군　212, 228, 229, 230, 231, 238, 242, 245, 246, 271, 312, 313, 315, 318
《광해군일기》　228
광흥사廣興寺　215
괴산槐山　13, 50, 124
교동校洞　49
교형絞刑　195
구계龜溪　71
구계서원龜溪書院　123
9공신　157
구굉具宏　338
구담龜潭　185, 200
구봉서具鳳瑞　286, 354
구사맹具思孟　302, 340, 348
구성具宬　213, 302, 313, 340, 348
구성군龜城君　282
구수담具壽聃　57, 59, 73, 74, 125
구수복具壽福　60
구암서원龜岩書院　20
구양현歐陽玄　148, 266
구왕九王　438
구인후具仁垕　427
구천句踐　415
구포鷗浦　224
《구포록鷗浦錄》　226
국본國本　98, 99, 452
국사원國史院　266
국서國書　309, 411, 420
국자감　148

국제國制　446
국제기년國制朞年　450
국제기년복國制朞年服　473
국조보감　38
군민요軍民謠　235
군약신강君弱臣强　270
군역軍役　279
군자君子　116, 117, 119, 468
군정軍丁　190, 448
군포軍布　190, 448, 459
권개權愷　282, 355
권극정權克正　313
권근權近(양촌)　19, 151, 159, 164, 166, 167, 292
권람權擥　178
권맹손權孟孫　28
권맹희權孟禧　282, 355
권벌權橃　108
권사공權士恭　313
권시權諰　425
권신정치시대　267
권응인權應仁　351
권자신權自愼　35, 174, 194
권정길權井吉　351
권제權踶　168, 177
권중달權仲達　144, 147, 162
권진경權晉卿　250
권철權轍　113, 250
권한공權漢功　144, 147, 162, 266
권희權憘　313
궤장几杖　108, 466, 474, 478
귀정貴丁　374
귀족층　278
귀학정歸鶴亭　186

균전均田   458
《근사록》   58, 461, 472
금릉金陵   151
금성대군錦城大君   32
금주衿州   158
금주錦州   421
기강紀綱   63
기氣   53, 99
기년복朞年服   95, 258, 469
기대승奇大升   14, 90, 110, 113, 117, 120, 126, 202
기대항奇大恒   96
기로소耆老所   440, 464
기로연耆老宴   463
기묘명현   42
기묘사화   42, 54, 55, 58, 59, 69, 108, 109, 110, 111, 125, 320
기복起復   434
기사耆社   260
《기성록箕城錄》   215
기인其人   300
기자헌奇子獻   226, 227, 234
기철奇轍   143
기축옥사   215, 216
기해예송己亥禮訟   256, 469, 473
기호남인   271
기호학통   360
길재吉再(야은)   51, 159, 171, 172
길창군吉昌君   166, 167
김가기金可幾   354
김개金鎧   77, 110, 126, 240, 310
김경석金景錫   81, 85
김경징金慶徵   333
김계휘金繼輝   202

김공량金公諒   212, 226
김광재金光載(송당)   147
김광현金光炫   325
김굉필金宏弼   14, 42, 54, 112, 299
김구용金九容   16, 19, 150
김권金權   313, 360
김귀영金貴榮   122, 202
김근공金謹恭   351
김기손金起孫   281, 295
김난상金鸞祥   98, 108
김덕민金德民   353
김두남金斗南   247
김류金瑬(북저)   242, 243, 313, 328, 330, 331, 337, 384, 386, 405, 406, 426, 427
김맹권金孟權   184
김문金汶   167
김문기金文起   35, 194
김범金範   100, 126
김복택金福澤   397
김복한金福漢   186
김상용金尙容   313, 330, 338
김상헌金尙憲(청음)   306, 335, 338, 359, 380, 401, 418, 421, 432, 433, 434, 466, 473, 477
김석주金錫胄   388, 471
김성일金誠一   213
김성행金省行   394
김수문金秀文   77, 78
김수항金壽恒   260, 388, 453, 471
김수흥金壽興   258
김숙자金叔滋   51
김승벽金承壁   172
김식金湜   60

김신국金藎國　230, 242, 338
김안국金安國　42, 60, 120, 372
김안로金安老　13, 55, 61, 68, 96, 125,
　　183, 214, 282, 356
김양진金楊震　52, 53, 62
김용택金龍澤　394
김우명金佑明　257, 258, 460, 462
김우옹金宇顒　207
김육金堉　328, 425, 431, 439, 445
김응남　213
김응생金應生　206, 207
김의정金義精　29
김의정金義貞　52, 53, 62
김익훈金益勳　449
김익희　433
김인관金仁琯　143
김일경金一鏡　391, 394, 395, 397, 398
김자수金自粹　19
김자점金自點　255, 429, 432, 434
김잠金潛　151
김장생金長生(사계)　322, 381, 400,
　　402, 408
김저金儲　106
김제갑金悌甲　99
김제겸金濟謙　394
김제남金悌男　312
김조金銚　173
김종서金宗瑞　28, 33, 35, 169, 171,
　　172, 176
김종연金宗衍　157
김종직金宗直　182
김좌명金佐明　432
김지남　286
김진金震　69

김진양金震陽　158
김질金礩　35, 194
김집金集　408, 433, 434
김창집金昌集　394
김천일金千鎰　189
김첨金瞻　249, 250
김춘택金春澤　394
김태서金台瑞　281, 295
김택金澤　138, 146
김하金何　169
김현성金玄成　226, 313
김홍욱金弘郁　433, 443
김효원金孝元　221
김흔金訢　282, 356
김희金禧　61, 68

ㄴ

나만갑羅萬甲　328, 406
나옹懶翁　152
나현蘿峴　17
낙빈서원洛濱書院　196
낙형烙刑　427
남곤南袞　14, 42, 94, 108, 184
남구만南九萬　261, 335, 337, 452
남귀여가혼男歸女家婚　278, 296, 356
남노성南老星　451
남당南堂　49
남명학파　267
남반南班　277
남별궁南別宮　438, 441
남수문南秀文　26, 283
남언경南彦經　100, 126
남은南誾　160
남의문南義文　283, 356

남이공南以恭   221, 227, 230
남이성南二星   462
남인南寅   221, 230, 231, 256, 258, 261, 269, 324, 356, 396
남재南在   286
남천南川   16
남치근南致勤   82, 86, 96
남한산성   245, 253, 385, 412, 413, 416, 453, 454
남항南行   277
납약臘藥   437
낭관   419
낭천권郎薦權   419
내불당內佛堂   170
내수사內需司   335
내신감제內辰柑製   398
내이포內而浦   65
내자시內資寺   50
내전內殿   97, 327, 328, 428
내주萊州   334
내탕금內帑金   312
내포內浦   301
노국공주魯國公主   151
노국정魯克精   84
노당老黨   120
《노량록鷺梁錄》   226
노론   389, 391, 475, 478
노산군魯山君   32, 35, 172, 175, 307
노서老西   328
노성인老成人   468
노·소당쟁   470
노수신盧守愼   43, 98, 108, 122, 205
노숭盧嵩   152
노신盧信   27

노은서원魯隱書院   196
노협盧協   434, 435
녹도鹿島   86, 316
《논어》   472
능원군綾原君   406

ㄷ

다치바나 도모마사橘智正   308
단봉문丹鳳門   40
단양우씨(가)禹氏(家)   291
단종   174
달량진達梁鎮   81
달성서씨   361
당금문벌지성 광주이씨위최當今門閥之盛 廣州李氏爲最   124
《당의통략黨議通略》   365
당쟁   117, 218, 231, 237, 269, 392, 420, 478
당파   229, 230, 231, 236
당하堂下 청망淸望   419
대가세족大家世族   294
대간   156, 157, 411
대간청臺諫廳   75
대권大權   34, 35
대급수大急手   394
대동미   457, 459
대동법大同法   432, 439
대마도   89, 226, 309
《대명률》   222, 270
대명회전大明會典   105
대북   221, 227, 230, 269
대북당   271
대신大臣   149, 411, 430, 431
대신臺臣   404

대어이적방략對禦夷狄方略　67

대원군(정원군)　342

대윤大尹　77, 188

대읍大邑　439

대장경　152

대제학　436

대조전　432

대통　329

《대학》　50, 324, 339

《대학연의大學衍義》　426

《대학혹문大學或問》　324, 339

덕종　107

덕천고德泉庫　159

덕천군德泉君　365, 368, 370, 372

덕천군 후생　368

덕천군德川君　476

덕천서원德川書院　354

덕천옹주德川翁主　369

덕흥군德興君　97, 102, 103, 126, 147

덕흥군제삼자입승대통가야德興君第三子
　　　　入承大統可也　102

덕흥대원군德興府院君　80

도간陶侃　351

도담島潭　185

도당都堂　155

도당록都堂錄　453, 456, 457

도목정사都目政事　316

도봉서원　468

도산서원　231

도신징都愼徵　258

도요토미 히데요리豊臣秀賴　308

도요토미 히데요시豊臣秀吉　308

도은道隱　31

도조度祖　169

도주島主　89

도쿠가와 이에야스德川家康　308

도쿠가와 히데타다德川秀忠　308

도평의사사　157, 159

도학道學　53, 75, 113, 267, 269

도학자　93, 126

도학정치　65

독보獨步　420

독서당讀書堂　199, 208

독전어사督戰御使　412

동계洞契　439, 471

동고東皐　49

《동고유고東皐遺稿》　122

동고정사東皐精舍　114

동교東郊　55

동녀童女　141

동년同年　139

동래부사　305

동방同榜　62

동비銅碑　303, 346

동서분당　117, 120, 206, 208

동인　207, 209, 221, 230, 269

동작강銅雀江　199

동전東殿　428

동해옹東海翁　199

동호東湖　199, 334

두만강　79

두시杜詩　472

둔전　171

둔촌遁村　16, 18, 19

둔촌기遁村記　18

둔촌자후설遁村字後說　19

《둔촌잡영遁村雜詠》　19, 37

등극사登極使　313, 314, 316, 318

등극정사 318
등주登州 244, 316, 334

ㄹ

류성원柳誠源 193

ㅁ

마골대 385
마부달馬夫達 385
마암馬岩 151
만경현 190
만사挽辭 333
만초손부滿招損賦 200, 268
만호 80
만휴정晩休亭 443
망국대부 159, 161
망족望族 147
맹사성孟思誠 153
맹세현孟世賢 250
《맹자》 211, 268
면복冕服 169
면천免賤 426
면포綿布 459
명明 151, 155, 157, 164
명 광종光宗 314
명 신종神宗 313
명 태조太祖 154
명 희종熹宗 314
명경과 148
명륜당 151
냉듄농 298
명정문明政門 403
명종 68, 69, 76, 79, 83, 87, 88, 96, 97, 98, 100, 101, 103, 105, 107, 111

모문룡毛文龍 245, 383, 384
모현면慕賢面 284
모현촌慕賢村 333
모화관慕華館 373
목릉穆陵 332, 342
목종穆宗 105
목호룡睦虎龍 394, 395, 397, 398
목화木花 434, 459
무袤 224, 232
무과武科 48, 278, 370
무신정권 149
무안현務安縣 39
무오사화 48, 49, 69, 124
무학無學대사 375
묵암자墨巖子 16
문과文科 15, 38, 42, 43, 48, 53, 62, 124, 163, 226, 278, 401
문과별시 112, 301
문관 31, 278
문묘 14, 299
문묘 종사 112
문반文班 277
문벌 48, 296
문벌가문 294
문소전文昭殿 107
문신정시 407
문외출송門外出送 74, 313, 427
문인門人 469
문정文靖 160
문정왕후文定王后 13, 62, 68, 93, 94, 97, 106, 126
문종 171, 172
문중門中 278
문지門地 278, 350

문충文忠　471

문필봉文筆峯　203

문한　144, 162

문형文衡　209, 261, 397, 432

문홍도　237

문화유씨　286, 356, 361

문희연聞喜宴　261

민무구閔無咎　22

민성휘閔聖徽　423, 425

민순閔純(습정)　378, 476

민신閔伸　172

민유중閔維重　260

민절서원愍節書院　196

민정중閔鼎重　471

민제閔霽　292

민제인閔齊仁　67

민지閔漬　143

밀창군密昌君　241

밀풍군密豊君 이탄李坦　396

ㅂ

박강생朴剛生　281

박계현朴啓賢　202

박기년朴耆年　195

박대년朴大年　195

박동선朴東善　313

박문수朴文秀　397

박미朴瀰　313

박상충朴尚衷　145, 150

박세당朴世堂(서계)　356, 390, 468,
　469, 471, 472, 475, 478

박세채朴世采　285, 361, 390, 392, 395,
　397

박소朴紹　285, 356

박수량朴守良　76

박순朴淳　97, 202, 209

박승종朴承宗　239, 382, 383

박원형朴元亨　33, 34, 175

박은朴訔　145

박응복朴應福　284, 356

박의중朴宜中　19, 150

박이서朴彝敍　314, 315

박자흥朴自興　240

박자흥朴子興　382

박장원朴長遠　463

박재朴梓　308

박쟁朴崝　35, 174, 194

박종우朴從愚　34

박중남朴仲男　407

박중림　194

박중손朴仲孫　35, 173

박지계朴知誡　380

박지번朴之藩　331

박지병朴之屛　331

박지원朴之垣　331

박지화朴枝華　123, 351, 378

박충간朴忠侃　221

박팽년　177, 194, 195

박황朴潢　421, 423

반남박씨　286, 356, 361

반인泮人　56

반접사伴接使　105

반정공신　276, 319, 343

발해渤海　154

방백한편放白鷴篇　205

방산서원方山書院　475

방장산方丈山　402

배극렴裴克廉　157

배향공신　172
백광훈白光勳　122
백마산성白馬山城　366, 371, 376, 387,
　　　434, 437, 439, 477
백암사白巖寺　215
백유양白惟讓　210, 260, 325, 326
백의종군白衣從軍　218, 383
백이伯夷　401
백인걸白仁傑　99, 108
백파伯派　133
백포白袍　425
백헌신도비　478
백헌신도비명　390
《백헌집》　475
범문정范文程　415
범중엄范仲淹　351
법성포法聖浦　81
벽제역碧蹄驛　174
변계량卞季良　21
변성군邊城君 이계연李繼連　376
변훈남卞勳男　77
변흡邊潝　316
별묘別廟　330
별시문과　61, 62
병과　69, 112
병부兵部　149
병인봉사丙寅封事　53, 99
병인양요　376
병자호란丙子胡亂　253, 290, 409, 412,
　　　421, 477
보노譜圖　279
보령　188, 216, 254, 267
보제선사사리석종비문普濟禪師舍利石鐘
　　　碑文　152

보첩譜牒　280
보충대　426
복과復科　43
복수설치復讐雪恥　478
복주福州　150
복주향교　139
본관　278
본궁　37
봉림대군鳳林大君　424, 425, 426
봉상시정奉常寺正　31
봉약관奉藥官　39
부관참시剖棺斬屍　165
부국론　478
부마　61
부묘도감祔廟都監　332, 452
부산포釜山浦　65
부석사浮石寺　123
부윤도정富潤都正　372
부조묘不祧廟　371
부차跌磋　415
북경　245, 420, 424, 433
북도北道　456, 459
북도순안어사北道巡按御史　304
북로北路　459
북로北虜　79
북벌　477
북인　221, 230, 231, 235, 243, 267, 269
북인정권　239, 249, 305, 343
분당 중앙공원　267
분무공신奮武功臣　287
분송부盆松賦　200
불국사　16
불사이군不事二君　267
불상인不祥人　468

불선인不善人 469
불호사佛護寺 150
붕당朋黨 32, 52, 99, 114, 116, 117,
    118, 119, 222, 226, 235, 254, 260,
    270, 439
비변사 85, 86, 383, 385, 422, 425,
    437, 441, 460, 462
빈공과賓貢科 265
빈전嬪殿 428

ㅅ

사가독서 61, 192, 204, 234
사계문인 409
4공신 173
사관史官 318
사군嗣君 104
사당私黨 116
4대사화 69
4대신 392
〈사동기沙洞記〉 215
4로도순무사四路都巡撫使 275, 287
사론私論 116
사론士論 91, 120, 456
사림 41, 54, 65, 66, 110, 111, 112,
    114, 120, 175
사림의 화 66
사림정치 14, 101, 126, 269, 478
사림파 13, 41, 53, 69, 125, 267, 284,
    478
사마동방司馬同榜 353
사문난적斯文亂賊 470
사문사査問使 421
《사변록思辨錄》 470
사사 429, 430

사신史臣 84, 86, 90
사육신 35, 166, 167, 196, 267
사육신 사건 166, 176, 178, 194, 267
사은사 425, 431, 433, 434
사자嗣子 102, 104
사장詞章 267
사전개혁 155
사정전思政殿 176
사제賜祭 434, 436
4종설四種說 446, 469, 473
사직동社稷洞 37, 103
사직지신社稷之臣 121
사창社倉 168, 255
사천史薦 381
사학私學 278
사화 13, 120, 121, 125
4흉 313
삭탈관작削奪官爵 313
산릉도감山陵都監 93
산음山陰 400
산인山人 259
산해관山海關 243
3간三姦 61
3고三孤 33, 174
3공三公 33, 174
《삼국사절요》 181
3급수三急手 394
3남 414, 432
3년복 55, 449
3년상 148, 152, 266
3동지공三同知公 377
삼반三班 277
3불거三不去 28
삼불후三不朽 275, 290

3사　411, 412

3신　434

삼전도三田渡　417, 478

삼전도비三田渡碑　246, 366, 415, 467, 477

삼전도비문　416, 478

삼창三昌　229

삼척심씨　286

삼포왜란　81

3학사三學士　275

삼한국대부인三韓國大夫人　137, 168

상공업　190, 267, 479

상급 지배신분층　277

상산군商山君 이계보李繼保　375, 376, 476

상수학　267

상업　219, 248

상왕　32, 174, 177

상참常參　70

상촌桑村　19

생마生麻　459

생사당生祠堂　370

생원시　56

생원진사시　381

서거정徐居正　38, 41, 181

서경덕徐敬德(화담)　67, 126, 187, 378, 451, 476

서계書契　89, 308

서궁西宮　311, 312, 313

서남西南 당쟁　448

서리胥吏　277

서리직胥吏職　278

서사원徐思遠　123

서상현徐尙賢　421

서선徐選　349

서성徐渻　301, 326, 338, 365, 379, 477

서소문 자대필子大筆　199

서양갑徐洋甲　312

서얼　248, 349, 426

서얼차대庶孽差待　426

서얼허통庶孽許通　350, 351

서연書筵　426

서연관　67

서응상徐應祥　312

서인西人　209, 220, 228, 230, 239, 261, 269, 271, 324, 328, 445, 461

서자庶子　446, 450, 461

서장자도西獐子島　317

서종태徐宗泰　387

서진徐晉　180

서필원徐必遠　453, 455, 456

서호西湖　443

석루石樓　233, 235

《석루유고石樓遺稿》　256

《석루집石樓集》　248

석문石門　381

석성도石城島　317

석탄石灘　19

선무사　164

선배당　117

선사善士　111

선사포宣沙浦　316

선산임씨　286

선온주宣醞酒　160

선우협鮮于浹　420

《선원록璿源錄》　188

선원보璿源譜　445

선위사宣慰使　174, 310

선정先正　470

선조　103, 107, 110, 111, 113, 114,
　　　117, 120, 122, 210, 211, 212, 214,
　　　218, 225, 226, 227

선조 묘정廟庭　123

선중善仲　42

선혜청宣惠廳　439

성균관　54, 55, 150, 266, 298, 301

성균관 교육　171

성균관 유생　54

성녕대군誠寧大君　172

성리학　53, 61, 125, 148, 150, 319

성문양생成門兩生　361

성문준成文濬　321

성빈誠嬪 지씨　368

성산城山　180

성삼문成三問　35, 38, 173, 193, 194

성석린成石璘　156

성세장成世章　77

성세창成世昌　62, 67

성수침成守琛　92, 93, 126, 284, 360

성승成勝　35, 194

성우成遇　354

성운成運　100, 126, 306, 353

성자제成子濟　201

성절사聖節使　36

성주城主　278

성학聖學　64, 67, 324, 333, 339

성현成俔　124

성혼成渾　284, 298, 302, 305, 319, 320,
　　　321, 322, 338, 360

세견선歲遣船　89

세계도世系圖　279

세공世恭　287

세공歲貢　425

세도世道　333

세사미歲賜米　27

세자　67, 212, 424, 425, 428, 459

세자빈　426

세자책봉　228, 459

세조　32, 34, 35, 107, 174, 175, 176,
　　　178, 179, 194, 267

세종　168, 171, 172

세종릉　37, 180

《세종실록》　38, 172, 173

세초연洗草宴　452

소경왕비昭敬王妃(인목대비)　244

소급수小急手　394

소기묘小己卯　109, 126

소당少黨　120

소대素帶　95

소론　396

소론 명가　286

소목昭穆　107

소무昭武 원종 1등공신　386, 406

소백감상도召伯甘棠圖　181

소북　221, 227, 230, 269

소서少西　328

소양강　443

소윤小尹　77

소읍小邑　439

소인　116, 117, 119, 120

소정묘少程卯　469

소종小宗　329, 342

《소학小學》　50, 52, 58, 113, 322, 470,
　　　472

소현昭顯　436, 446

소현세자　396, 425, 444, 445, 453

속신贖身   326
손광유孫光裕   220
손사균孫士鈞   104
손실답험損失踏驗   169
손인갑孫仁甲   209
손적孫覿   366, 466
손흥종孫興宗   158
송宋 휘종徽宗   466
송거宋琚   65
송덕비頌德碑   380
송도松都   427
송림군松林君   372
송문림宋文琳   37, 179
송사련宋祀連   326
송석동宋石同   35, 195
송섬宋掞   388
송세형   75, 77
송순   73
송시열宋時烈   258, 260, 271, 366, 389,
        409, 425, 445, 447, 448, 449, 452,
        456, 461, 464, 466, 473
송언신宋言愼   229
송우宋愚   203
송유진宋儒眞   191
송익문宋翼文   393
송익수宋益壽   77
송익필宋翼弼   325, 326, 351
송준길宋浚吉   260, 335, 409, 425, 445,
        447, 452, 456, 462, 466
송한필宋翰弼   325, 326
송현수宋玹壽   173
《쇄미록鎖尾錄》   283, 293, 294, 300
쇄환刷還   414
수군   218, 220

수당고택修堂古宅   251
수렴청정   68, 104, 107
수양대군首陽大君   28, 32, 35, 169, 172,
        176, 193, 196, 267
수원최씨   295, 356
수이강壽而强   464
수인守仁   215
수재秀才   139
수재과秀才科   139
수진사修進寺   215
수충위사협찬정란공신輸忠衛社協贊靖亂
        功臣   173
수충익모광국공신輸忠翼謨光國功臣   209
수토산水土山   376
숙모전肅慕殿   196
숙제叔齊   401
숙파叔派   133
순경태후順敬太后   295
순안어사巡按御史   304
순자법循資法   30
순충적덕보조공신純忠積德補祚功臣   186
순회세자順懷世子   104
숭교방崇敎坊   284, 297, 298, 356
숭덕재崇德齋   43, 62
숭례문   403, 412
숭릉崇陵   260
숭명배청崇明排淸   478
승문원정承文院正   31
승습사承襲使   181
승중承重   446
시관試官   472
시전柿田   224
시정5사時政五事   148
시정8사時政八事   149

시촌거사栉村居士　198
시헌력時憲曆　425
시호諡號　333
식년문과　56, 62, 69
신갑지申甲之　372
신개申漑　172
신개申槩　29
신겸하申謙夏　389
신경진辛慶晉　213
신경진申景鎭　338
신경징申景澄　305
신계영　460
신광한申光漢　282, 295, 356, 361, 378
신돈辛旽　16
신득연申得淵　421
신륵사　152
신립申砬　212
신묘사화辛卯士禍(정여립의 난)　322
신분申濆　350
신사형辛士衡　77
신상촌申象村　337
신성군信城君　212
신숙주申叔舟　26, 36, 38, 177, 181,
　　　282, 356
신승연申承演　42, 50
신식申湜　313
신역身役　463
신완申琓　475
신응구申應榘　360, 361
신응시申應時　202
신익성申翊聖　313
신자근申自謹　29
신자수申自守　42
신종군新宗君 이효백李孝伯　370, 372,

374, 439, 471
신종하申宗河　43
신증동국여지승람　51
신진사림　110, 114, 121, 122, 125, 126
신창辛昌　155
신창新昌　287
신할申硈　209
신현申賢　16
신효무申孝武　201
신효중申孝仲　201
신흠申欽(상촌)　159, 242, 243, 337,
　　　338, 381, 401, 477
신흥무장　266
신흥사대부　143, 146, 149, 266
실천궁행實踐躬行　90
《심경》　56, 93, 461
심노沈廬　254
심뇌沈雷　96
심수경沈守慶　202
심수원沈粹源　356
심양　410, 424, 426, 427, 428
심양 동관東館　422
심양왕瀋陽王　145
심언경沈彦慶　55
심언광沈彦光　284, 356
심연沈演　423
심연원沈連源　71, 96
심열沈悅　338
심온沈溫　168
심우영沈友英　312
16고조도十六高祖圖　279
심의深衣　117
심의겸沈義謙　96, 108, 116, 117, 126,
　　　202, 207, 208, 221, 225

심인겸沈仁謙　201

심전　108

심정沈貞　57, 184

심지원沈之源　325, 445, 450

심통원沈通源　91, 94, 96, 102, 103,
　108, 126

심희수沈喜壽　226, 467

ㅇ

《아계유고鵝溪遺稿》　256

아계현鵝溪峴　229

아산현감　190

아성부원군鵝城府院君　209, 224, 227,
　228

아호관鵝虎關　243

안길安吉　36

안당安瑭　326

《안동권씨성화보安東權氏成化譜》　279

안명세安明世　184, 187

안명세安命世　199

안민安民　366, 477, 478

안민론자安民論者　478

안방준安邦俊　420

안보安輔　16, 141

《안씨가훈顏氏家訓》　107

안윤정安允定　389

안응형安應亨　233, 249

안정임씨　356

안종원安宗源　157

안종전安從琠　77

안주安州　105, 303, 422

안진安震　141, 143

안진방安振邦　250

안처겸安處謙　58, 60, 125, 326

안축安軸　141, 143

안평대군安平大君 이용李瑢　172, 174,
　176, 192

안현安玹　76, 88

안협安峽　438, 442, 443

안협현감　471

안황安滉　249

안흥군　436

알성문과　205

알성시謁聖試　96

암사강巖寺江　19

압굴壓屈　342

압슬壓膝　427

야인野人　78

양경공襄景公　167

양관대제학　215, 216, 392

양남兩南　459

양녕대군讓寧大君　179, 281

양로연養老宴　39

양명학　148, 267

양민養民　427

양반兩班　277

양병養兵　427

양서兩西 지방　414

양송兩宋　256

양역良役　325, 426

양예수楊禮壽　102, 104

양인良人　278

양재역 벽서사건　188

양전量田　391, 458

양주조씨　38, 361

양진정楊津正　355

양천도陽川渡　412

양초洋草　190

496

어계선魚季瑄　201
어숙권魚叔權　351
어염魚鹽　168, 189, 267
어촌漁村　19
어효첨魚孝瞻　174
언관　66, 75
언문 밀지　312
엄석구嚴碩耉　286
여씨향약呂氏鄉約　48
여우길呂祐吉　308
여주이씨 수원파　249
여흥驪興　153, 156, 158, 163
《역대세년가歷代世年歌》　168
《연려실기술燃黎室記述》　365, 376
연릉부원군 이호민李好閔　379
연방노인蓮坊老人　49
연분9등年分九等　169
연산군　39, 40, 41, 125
연수담延壽聃　104
연안이씨　286, 356
연은전延恩殿　107
연잉군延礽君　397
연자탄燕子灘　160, 163
연제練祭　449
연좌법連坐法　349
연지계蓮池契　365, 380
연평부원군 이귀李貴　379
《연한요람燕閑要覽》　432
염근廉謹　76, 79
염약신廉若信　280
염초焰硝　242
염포鹽浦　65
염흥방廉興邦　153
영광靈光　178

영돈령부사　440, 443, 445, 447, 448,
　　451
영령전永寧殿　458
영릉寧陵　447
《영릉지寧陵誌》　445, 469
영사寧社 (원종)1등공신　386, 407
영암성靈岩城　43
영의정　14, 48, 54, 69, 96, 102, 103,
　　106, 111, 114, 126
영일정씨　284
영절사影節祠　196
영조　396, 397
영주황씨　19
영중추부사　439, 445, 452, 460, 467,
　　477
영창대군　238, 311, 312
영풍군永豊君　32
《예기禮記》　169
예론　261
예장禮葬　122
예종　107
예천부원군醴泉府院君　145
5간五奸　406
오겸吳謙　104
오경민吳景閔　356
오경순吳景醇　287
오경지吳景智　386
오경환吳璟煥　295
오계선吳繼善　295, 355
5고五庫　159
5공신회맹五功臣會盟　370
오관주吳觀周　289
오광정吳光廷　280, 292, 293, 294
오달사吳達士　286, 307

오달원吳達遠　286, 304
오달제吳達濟　254, 275, 290, 358
오달조吳達朝　286, 303
오달주吳達周　286, 301, 335
오달천吳達天　286, 298, 301, 361
오대산　159
오도리吾都里　71
오도융吳道隆　287
오도일吳道一　275, 287, 290, 358
오도종吳道宗　287
오두구吳斗龜　288
오두인吳斗寅　275, 288, 289, 290
오례　260
《오례의》　461
오명보吳命普　358
오명신吳命新　287, 358
오명준吳命俊　287
오명준吳命峻　287, 358
오명집吳命集　287
오명항吳命恒　275, 287, 290, 358
오모烏帽　425
오민정吳民政　280, 295
오박吳璞　293
오백령吳百齡　313, 314
오빈吳贇　293
오빈吳翻　275, 288
오사겸吳士謙　287
오사렴吳士廉　281, 293
오사운吳士雲　281, 287
오사충吳思忠　155
오상吳翔　288
오상吳祥　77, 202
오선경吳先敬　291, 292, 294
오선민吳善敏　292, 295

오세명吳世鳴　81
오수광吳遂光　287
오수량吳遂良　287
오수원吳遂元　358
오숙吳翻　275, 287
오승吳昇　281, 295
5신　424
오안국吳安國　293
오억령吳億齡　235
오연상吳淵常　275, 289
오연총吳延寵　295
오옥정吳玉貞　282, 356
오윤겸吳允謙(추탄·토당)　207, 280,
　　282, 283, 284, 286, 290, 293, 294,
　　297, 298, 300, 301, 303, 304, 306,
　　308, 309, 313, 314, 315, 318, 319,
　　321, 323, 325, 326, 327, 330, 332,
　　334, 335, 338, 339, 340, 342, 343,
　　346, 351, 352, 353, 355, 356, 358,
　　359, 360, 361, 382
오윤상吳允常　275, 289
오윤성吳允誠　287
오윤함吳允諴　286, 287, 357
오윤해吳允諧　286, 294, 357
오이주吳履周　289
오인유吳仁裕　280, 295
5자등과五子登科　124
오정방吳定邦　287
오정일吳挺一　432
오정주吳鼎周　289
오주예吳周裔　280
오중로　355
오진주吳晉周　289
오찰吳札　280, 295

498

오태주吳泰周　275, 289

오핵吳翮　275, 288

오행민吳行敏　387

오헌국吳憲國　293

5현五賢　299

5현종사　339

오효충吳孝沖·　287

오희문吳希文　276, 282, 286, 293, 294,
　　297, 298, 300, 343, 355, 356, 358

오희보吳希保　281, 355

오희상吳熙常　275, 289

오희철吳希哲　293

옥당玉堂　454, 455, 456

옥보상인玉寶上人　215

옥산서원玉山書院 편액扁額　201

옥하관玉河館　315

온성穩城　39

온양온천　460, 463

올빼미　469

옹주방翁主房　396

완부玩孚　351

완성감莞城監　374

완성군莞城君 이귀정　365, 374, 376,
　　476

완성령莞城令　374

완성수莞城守　374

완평부원군 이원익李元翼　463

왕건王建　277

왕민정王敏政　326

왕방王昉　157

왕방王雱　237, 270

왕안석　222, 237, 270

왕통　256

외척　111, 116

요동遼東　314

요시라要時羅　218

요양遼陽　156, 243

용골대龍骨大　385, 410, 424

용군庸君　60

용만龍灣　401

용재총화慵齋叢話　124

《우곡일기愚谷日記》　380

우성범禹成範　157

우세겸禹世謙　77

우왕　152, 153, 155, 156

우인열　157

우적개于狄介　71

우탁禹倬　138

우홍수禹洪壽　157

운곡서원雲谷書院　24

운성부원군雲城府院君　34

운수雲水거사　375

운수군雲水君 이효성李孝誠　370, 372

웅화熊化　381

원 순제順帝　141

원교圓嶠 이광사李匡師　376, 475

원구元矩　172

원균　217, 218, 220

원길原吉　49

원두표元斗杓　438, 445, 457, 458

원만리元萬里　456

원상院相　104, 432

원수元帥　85, 95

원자　212, 459

원자보양관元子輔養官　88, 322

원재員齋　19

원접사遠接使　434

원종　332

원종공신原從功臣 70, 122, 370, 374
원종추숭元宗追崇 353
원중치元仲秬 372
원호지元虎智 303, 342
원후진元後稹 250
월경지越境地 190
위기지학爲己之學 322
위리안치 387, 437
위민사상 459
위사衛社 111
위정이덕지보爲政以德之寶 308
위청衛靑 351
위화도회군 153
위훈僞勳 111
위훈삭제僞勳削除 108, 112, 113, 321
유간柳澗 240, 314, 315
유감柳堪 98
유계俞棨 427, 436, 448
유관柳灌 113
유교칠신遺敎七臣 312
유구국 213
유극량柳克良 351
유근柳根 313
유대진俞大進 360
유도대신留都大臣 460
유도대장留都大將 329, 460, 465
유만진劉萬進 220
유명천柳命天 271
유몽인柳夢仁 240, 310
유백유柳伯濡 151
유백증俞伯曾 325, 426
유봉정柳鳳廷 389
유상운柳尙運 285
유색柳穡 401, 402, 471

유성柳惺 233, 240, 249
유성룡 110, 118, 207, 210, 212, 213,
    217, 221, 223, 229, 230, 231, 234,
    270, 346
유성원柳誠源 35, 194, 195
유세철柳世哲 261, 461
유숙柳潚 237
유영경柳永慶 213, 220, 225, 227, 230,
    311, 238, 240, 249
유영길柳永吉 249
유응부俞應孚 35, 194
유인숙柳仁淑 113
유일遺逸 320
유자광柳子光 57
유정현柳廷顯 292
유차遺箚 14, 116, 117, 126
유학제거 150
유홍俞泓 387
유효통柳孝通 22, 23, 24
유희발柳希發 239, 253, 264
유희분柳希奮 239, 320, 349
유희춘柳希春 98, 108
6경六卿 33, 174
육북 221, 224, 230, 236, 269
육우당六友堂 19
육전 217
6조 33, 35
6조소六條疏 260
6조직계제六曹直啓制 33, 174, 176, 177
6진六眞 365
윤강원尹剛元 98
윤강尹絳 445
윤결尹潔 199
윤경계 133

윤계동尹季童　182
윤계선尹繼善　237
윤광진尹光進　393
윤근수尹根壽　91, 118, 126
윤동상尹東尙　389
윤두수尹斗壽　91, 102, 217, 126, 220
윤반尹攀　389
윤방尹昉　213, 313, 325, 330, 337, 386
윤방尹滂　377
윤부尹釜　77
윤사윤尹士昀　174
윤선도尹善道(고산)　256, 257, 453, 462
윤소종尹紹宗　150
윤숙尹王+肅　403
윤안성尹安性　303, 341
윤안지尹安之　141
윤암尹巖　180
윤영손尹永孫　35, 195
윤원로尹元老　61, 68
윤원형尹元衡　13, 61, 62, 68, 70, 75,
　　91, 94, 96, 97, 103, 106, 107, 109,
　　110, 121, 126, 185, 267, 282
윤이尹彛　157
윤이지尹履之　440
윤인尹訒　240
윤임尹任　68, 71, 72, 188
윤증尹拯　361
윤집尹集　254, 275
윤처공尹處恭　172
윤춘년尹春年　68, 77, 202, 225
윤탁연尹卓然　102
윤해창尹海昌　337
윤현尹鉉　77
윤호尹虎　157

윤황尹煌　305, 360
윤효손尹孝孫　475
윤효전尹孝銓　353
윤효전尹孝全　378
윤휴尹鑴　260, 298, 335, 338, 353, 356
《은대일기銀臺日記》　475
을묘왜변乙卯倭變　43, 81, 122, 127
을사사화乙巳士禍　68, 69, 75, 91, 98,
　　108, 125, 184, 188
음사陰祀　99
음직蔭職　279
음촌陰村　19
의령남씨　286, 361
의례　329
《의례경전통해속儀禮經傳通解續》　461
《의례주소儀禮註疏》　450
의서義西　328
의성고義成庫　159
의성왕대비　108
의성위宜城尉　286
의인왕후懿仁王后　392
의주義州　156, 235, 243, 421
의창義倉　28, 168
의평군義平君　368
이가원李家源　20
이각李覺　229
이개李塏(백옥헌)　35, 166, 167, 174,
　　177, 178, 192, 194, 195, 267
이건명李健命　285, 395
이건방李建芳(난곡)　376
이건창李建昌(영재)　365, 376
이경검李景儉　250
이경백李慶伯　201, 233, 249, 268
이경석李景奭　246, 361, 363, 366, 371,

376, 380, 383, 386, 387, 389, 400,
403, 405, 407, 409, 415, 421, 422,
424, 425, 426, 429, 431, 432, 433,
435, 436, 437, 438, 440, 441, 443,
445, 447, 448, 450, 452, 455, 456,
457, 459, 460, 462, 463, 464, 466,
467, 470, 474, 476, 478
이경석신도비　468, 469, 475
이경선李慶善　286
이경설李景卨　380, 382, 402
이경신李慶伸　233, 249
이경엄李慶嚴　432
이경여李敬輿　254, 381, 387, 423, 425,
427, 429, 441
이경유李慶愈　233, 268
이경전李慶全　212, 226, 230, 231, 232,
233, 234, 235, 237, 238, 239, 241,
242, 243, 245, 247, 250, 252, 255,
259, 267, 268, 310, 415
이경직李景稷　308, 309, 310, 344, 361,
365, 377, 378, 380, 403, 412, 413,
475, 476
이경청李景淸　233, 249
이계李烓　418
이계남李桂男　313
이계린李季疄　29, 166, 170, 177, 178,
267
이계성李繼性　376
이계손　196
이계원李季畹　166
이계전李季甸　29, 33, 37, 166, 167,
169, 170, 171, 172, 174, 176, 178,
179, 180, 182, 194, 267
이계정李季町　166, 196

이계주李季疇　166, 167, 192
이곡李穀　16, 137, 139, 141, 142, 145,
198, 266
이공李珙　334
이공거李公渠　100
이공수李公遂　16
이관명李觀命　285
이관징李觀徵(근곡)　251, 271
이괄李适　403, 404
이괄의 난　323, 326, 348, 379, 383
이광덕李匡德　365, 393, 396
이광려李匡呂　377
이광문李匡文　393
이광보李匡輔　365
이광사李匡師　365, 371
이광세李匡世　365
이광여李匡餘　393
이광윤李匡潤　393
이광의李匡誼　365, 393, 397, 398
이광좌李光佐　392
이광찬李匡贊　365
이광찬李光贊　371
이광태李匡泰　371
이광회李匡會　365, 388
이구李璆　177
이구李久　207, 212, 227, 249, 250, 254,
268
이국형李國亨　475
이귀李貴　208, 284, 324, 352, 360, 361,
365, 477
이규령李奎齡　463
이균李鈞　98, 102, 104
이극감李克堪　37, 38, 124
이극견李克堅　124

이극규李克圭　25, 124
이극균李克均　37, 124
이극기李克基　124
이극돈李克墩　36, 37, 124
이극배李克培　36, 37, 124
이극증李克增　37, 124
이긍익李肯翊　365, 376
이기李墍　220
이기李夔　283
이기李芑　13, 43, 68, 70, 72, 73, 74,
　　75, 91, 96, 106, 107, 108, 110,
　　113
이기조李基祚　436, 437
이기지李器之　394, 397
이길李洁　210
이남규李南珪(수당)　251, 271
이단상　466
이단하李端夏　258
이달李達　351
이당李唐　15, 16
이덕열李德悅　112, 217
이덕열李德烈　122
이덕운李德運　251
이덕형李德馨　204, 212, 215, 220, 228,
　　230, 233, 234, 239, 240, 249, 268,
　　302, 306, 347
이두남李斗南　24
이득윤李得胤　123
이량李樑　13, 109, 110, 126, 202, 225
이류李瀏　250
이류李瑠　68
이림李琳　155, 156, 157
이만李曼　434, 435
이맹균李孟畇　28, 162

이맹유李孟畻　162
이맹준李孟畯　162
이맹진李孟畛　162
이명李蓂　76, 102
이명남李命男　240
이명민李命敏　172
이명하李明河　209
이명한李明漢　380, 386, 401, 423, 424,
　　425
이목李楘　425
이몽필李夢弼　77
이몽학李夢鶴　216
이묘夷墓　165
이무李袤　232, 250, 252, 255, 256, 258,
　　260, 268, 271
이무강李無彊　71, 72, 75, 77
이문웅李文雄　331
이문위李文偉　331
이민서李敏敍　285, 460
이민성李民宬　244
이민효李閔孝　377
이발李潑　210, 216, 325
이방석李芳碩　21
이방원李芳遠　21, 154, 158
이배李培　137
이백강李伯康　166
이백강李伯剛　170
이병순李秉巡　26
이복운李復運　233
이봉李封　179, 180, 182
이부李溥　26
이부李阜　149, 250, 252, 253, 271
이빈李贇　283
이사공李士恭　313

이사증李思曾　73
이사철李思哲　170, 174
이산겸李山謙　191, 300, 351
이산두李山斗　191
이산립李山立　186
이산보李山甫　183, 186, 207, 267
이산해李山海(아계)　122, 183, 184,
　　　186, 191, 198, 200, 202, 204, 206,
　　　207, 208, 209, 210, 211, 212, 214,
　　　215, 216, 217, 219, 220, 222, 224,
　　　225, 227, 228, 230, 232, 234, 235,
　　　237, 244, 248, 249, 252, 257, 259,
　　　267, 268, 269, 270, 271, 299, 340,
　　　359
이상빈李尙賓　251
이상의李尙毅　240, 249
이상진李尙眞　261, 445, 466
이상홍李尙弘(춘주)　204, 211, 233,
　　　234, 249, 268
이색李穡(목은)　16, 18, 19, 124, 137,
　　　141, 144, 146, 147, 148, 149, 151,
　　　152, 153, 155, 156, 157, 159, 161,
　　　163, 179, 198, 266
이서李曙　338
이석형李石亨　283, 356
이선열李善悅　55, 70
이선李選　232, 257
이성경李成慶　237
이성계　153, 155, 156, 266
이성길李成吉　386
이성림李成林　153
이성중李誠中　212
이세걸李世傑　38, 40, 48
이세린李世麟　81, 83, 86

이세백李世白　261
이세우李世佑　38, 43
이세윤李世潤　183
이세장李世長　462
이세장李世璋　77
이세좌李世佐　13, 38, 39, 41, 48, 50,
　　　69, 124, 125
이세홍李世弘　376
이소한李昭漢　406
이속李粟　197
이수李隋　172
이수경李首慶　68, 125
이수공李守恭　69, 124
이수광李睟光　324, 353
이수백李守白　331
이수원李守元　39, 42, 124
이수의李守義　39, 42, 124
이수정李守貞　39, 42, 49, 69, 124
이수형李守亨　39, 42, 124
이숙李潚　444, 445
이숙무李叔畝　163
이숙번李叔蕃　31
이숙복李叔福　163
이숙야李叔野　163
이숙치李叔畤　29, 163
이숙휴李叔畦　163
이순신李舜臣　117, 209, 217, 218, 220
이숭인李崇仁　16, 150, 154, 155, 157
이승소李承召　34, 175
이시노李時老　25
이시만李蓍晩　123
이시발李時發　313
이시발李始發　379, 383
이시방李時昉　434

504

이시백李時白　445
이시언李時彦　313
이시원李是遠　376
이시중李時中　386
이식李植(택당)　254, 325, 338, 401,
　　402, 420, 425, 432, 477
이신의李信儀　313
이신조李信祖　282, 355
이안국李安國　251
이안눌李安訥　413, 477
이암李嵒　16, 19
이약빙李若氷　48, 54, 60, 68, 69, 70,
　　72, 125, 188
이약수李若水　48, 54, 60, 125
이약해李若海　48, 68, 69, 72, 125
이양李穰　172
이양명　22
이양신李亮臣　396, 397
이양원李陽元　102
이언성(무송수)　188
이언적李彦迪　61, 63, 69, 108, 126,
　　201, 299, 306
이연경李延慶　42, 53, 54, 60, 69, 113,
　　125
이영부李英符　54, 125
이영현李英賢　68
이예손李禮孫　25, 26, 124
이예열李禮悅　55
이예장李禮長　174
이옥李沃　252, 271
이완李浣　460
이우李堣　179, 180, 183
이우성李羽成　388, 471
이운근李雲根　251, 261, 271

이울李蔚　15
이원길李原吉　56
이원령李元齡　15, 16
이원록李元祿　75, 98
이원보李元普　24
이원익李元翼　52, 126, 213, 217, 221,
　　325, 335, 383, 466
이월사李月沙　337
이유李卣　250, 252
이유간李惟侃　365, 377, 378, 407, 475
이유경李有慶　68, 125
이유상李有相　335
이유서李惟恕　377
이유신李惟信　377
이유중李有中　213
이유징李幼澄　234
이유청李惟清　165
이유태李惟泰　425
이육李堉　180
이윤경李允卿　133,
이윤경李潤慶　43, 54, 56, 62, 63, 68,
　　72, 74, 77, 80, 82, 87, 91, 95, 121,
　　124, 125
이윤우李允佑　133
이은상李殷相　463
이응거도伊應巨島　78
이응시李應蓍　445
이응화李應華　298
이이李珥　14, 52, 54, 110, 111, 117,
　　118, 126, 284, 321, 350
이珥·혼渾의 당　321
이이명李頤命　394, 395
이이첨李爾瞻　186, 297, 226, 227, 230,
　　232, 237, 239, 240, 241, 243, 247,

252, 253, 257, 259, 310, 320, 349,
379, 382, 402

이익(성호)   249, 271

이인간李仁幹   133, 135

이인거李仁居의 옥사   406

이인령李仁齡   15

이인복李仁復(초은)   141, 143, 147, 150

이인성李仁成   16

이인손李仁孫   13, 19, 25, 26, 28, 30,
31, 32, 35, 36, 48, 124, 174

이인임李仁任   145

이인좌李麟佐   396

이인좌의 난   275, 287, 290, 396

이일상李一相   450

이자李耔   43

이자李滋   48

이자령李自齡   15

이자성李自成   15, 137, 425

이장곤李長坤   60

이장손李長孫   25, 26, 124

이장영李長英   386

이장윤李長潤   183

이점李漸   163

이정구李廷龜(월사)   247, 253, 259,
284, 286, 313, 320, 321, 322, 325,
328, 330, 337, 339, 361, 365, 379,
384, 401, 403, 477

이정랑李呈琅(모산수)   70, 188, 191

이정빈李廷賓   96, 202

이정수李廷秀   283, 297, 356

이정신李廷臣   213

이정영李正英   365, 376, 377, 386

이정원   26

이제현李齊賢(익재)   137, 139, 140,

143, 144

이조전랑   419

이존오李存吾   16, 19

이종덕   154, 162, 163, 267

이종무李從茂   164, 371

이종선李種善   151, 158, 160, 162, 163,
167, 267

이종학   155, 157, 158, 162, 163, 267

이준李浚   26, 282, 370

이준李準   376

이준경李浚慶   11, 14, 15, 20, 37, 38,
42, 48, 49, 50, 51, 53, 54, 55, 56,
57, 59, 60, 61, 62, 65, 67, 68, 69,
71, 72, 74, 75, 76, 78, 79, 81, 82,
83, 84, 86, 87, 90, 93, 94, 96, 98,
100, 101, 103, 104, 105, 106, 107,
108, 110, 111, 113, 114, 115, 117,
118, 120, 124, 125, 126

이준경의 유차   118

이중경李重慶   77

이중로李重老   331

이중열李中悅   62, 68, 69, 72, 73, 74,
76, 125

이중원   26

이지李至   22

이지강李之剛   124

이지무李之茂   183, 184, 186

이지번李之蕃(성암)   183, 184, 185,
187, 198, 204, 214, 234, 235, 267

이지유李之柔   26, 124

이지직李之直   20, 21, 22, 24, 26, 37,
49, 124

이지함李之菡(토정·수선)   183, 184,
186, 187, 189, 198, 219, 267

이진李震　98
이진검李眞儉　365
이진급李眞伋　365
이진망李眞望　365, 371, 388, 389, 391,
　　474
이진수李眞洙　365
이진순李眞淳　365
이진순李眞順　389
이진양李眞養　389, 469, 475
이진영李晉英　403
이진위李眞偉　365
이진유李眞儒　365
이진의李眞義　378
이진정李眞鼎　389
이진좌李眞佐　389
이집李集　15, 17, 19, 41, 124
이징李澂　444, 445
이징석李澄石　193
이징옥李澄玉　193
이징옥란李澄玉亂　193
2참貳斬　450
이창근李昌根　251
이창세李昌世　135
이창신李昌新　372
이천기　394
이천령李天齡　15
이철영李哲英　390, 471
이초李初　157
이축李畜　137
이춘년李椿年　137
이춘부李春富　163
이춘영李春英　299
이치李稚　183
2통二統　450

이파李坡　165, 179, 180, 181, 184, 267
이하성李廈成　388, 389, 469, 471
이하원李夏源　123
이한李漢　15
이항李恒　100, 126
이항복李恒福　221, 304, 378, 381, 386
이해수李海壽　212
이행李行　156
이행李荇　51, 57, 61
이행원李行遠　406
이헌국李憲國　220, 222, 237
이형장李馨長　441
이호민李好閔　365, 477
이혼李渾　201
이홍남李洪男　48, 72, 108, 188
이홍남 고변사건　188
이홍로李弘老　322
이홍록吏弘錄　391
이홍윤李洪胤　13, 48, 70, 72, 125, 188
이홍윤 역모사건　70
이홍주李弘冑　338
이황李滉(퇴계)　63, 65, 75, 77, 95,
　　100, 107, 109, 110, 115, 126, 185,
　　199, 200, 204, 231, 299, 306
이효근李孝根　261
이효백李孝伯　372
이효성李孝誠　372
이후李厚　207, 212, 249, 251, 268, 250
이후백李後白　202
이후생　368
이후영李後英　386
이후원李厚源　445
이휘李徽　35, 178
이흡李洽　135

이희령李希齡   15
이희맹李希孟   100
이희지李喜之   394, 397
익사공신益社功臣   239
익안대군益安大君   282, 355
인경왕후仁敬王后의 옥책문   260
인목대비仁穆大妃   240, 245, 253, 310,
    311
인빈仁嬪 김씨   212, 228, 231
인선왕후仁宣王后   258, 260
인성군 이공李珙의 역모사건   245, 249
인순왕후仁順王后   185
인열왕후   332
인정仁政   462
인조仁祖   231, 245, 246, 328, 410, 413,
    414, 415, 418, 421, 422, 424, 425,
    427, 429, 430, 431, 432, 436, 450,
    471
인조반정仁祖反正   229, 231, 242, 247,
    251, 253, 271, 284, 318, 321, 339,
    383
인조반정공신   355, 408
인종   67, 68, 107, 184
인평대군麟坪大君   424, 438
인흥군仁興君 이영李瑛   433, 434
일강구목소一綱九目疏   65, 126
1등악一等樂   79
《일록日錄》   475
일본 회답사回答使   308
일식론日食論   405
임경업   425
임구령林龜齡   284, 356
임국노任國老   229
임기任芑   351

임꺽정   96
임백령林百齡   68, 108
임부양任敷陽   451
임원준任元濬   177
임원후任元厚   295
임인옥   391
임진강   322, 405
임진왜란   213, 226, 235, 270, 322
임해군臨海君   238, 303
임형수林亨秀   199
임훈林薰   100, 126
입공立功   278
입성책동立省策動   142
입지立之   55

ㅈ
자강自强   410
자녀균분상속子女均分相續   278, 296,
    356
자운서원紫雲書院   443
자의대비慈懿大妃 조씨   445
자전慈殿   327, 328, 403
작헌례酌獻禮   452
잡과雜科   278
잡직   30
장경왕후章敬王后   93
장길長吉   42
장녹수張綠水   50
장단長湍 별장   155
장릉莊陵   196
장리贓吏   69
장만張晩(낙서)   338, 384, 405
장사長沙   158, 163
장상將相   91

508

장서각藏書閣　167

장열왕후莊烈王后　258

장원　148, 180, 211

장유張維　246, 338, 361, 381, 410, 413,
　　　415, 426

장의궁주莊懿宮主　281, 355

장천부원군長川府院君　371

장현광張顯光　322, 420

재상　114, 118, 122, 125, 459

재최3년복齊衰三年服　449

재최3월복齊衰三月服　425

저楮　168

저탄猪灘　331

저화楮貨　21, 168

적덕積德　476

적덕공積德公　371, 476

전가사변全家徙邊　261

전가식田可植　21, 22

전랑銓郎　382

전부田賦　164

전분6등田分六等　169

전성부원군全城府院君　376

전송연餞送宴　87

전시田時　155

전장田庄　300, 370, 387

전장銓長　419

전제개혁안　154

전주銓注　391

전주이씨　361

전주최씨　361

전향사림파　284

절부節婦　460

절수折受　396

절의節義　290, 337

점동면　180

접반사接伴使　314

정개청鄭介淸　210, 216

정걸丁傑　81

정경세鄭經世　298, 311, 322, 324, 325,
　　　338, 352, 405, 420

정곤수鄭崑壽　135

정광필鄭光弼　61, 120, 390

정구鄭逑　230, 301, 311, 359

정국靖國공신　370

정난공신　173, 179, 193, 267

정난정鄭蘭貞　97, 185

정도전鄭道傳　19, 139, 160

정동행성　142

정동행중서성　150

정동행중서성 향시　148

정두망鄭斗望　286, 299

정려旌閭　249

정릉靖陵　93, 94

정명수鄭命守　421, 424, 433, 434, 441

정몽주鄭夢周(포은)　16, 20, 108, 124,
　　　150, 158, 159, 171, 172, 284, 356

정묘맹약　385

정묘호란丁卯胡亂　245, 327, 384, 405

정묘화약　410

정문旌門　460

정미사화　108

정방政房　149

정보鄭保　284, 356

정분鄭苯　29

정사룡鄭士龍　96

정사호鄭賜湖　225

정삭正朔　143

정순붕鄭順鵬　108

정승조鄭崇祖 40
정승 114, 121
정시庭試 67, 394
정시술丁時述 135
정신택주貞愼宅主 159
정암선생신도비명靜菴先生神道碑銘 202
정암수 210
정언각鄭彦愨 70, 108, 113
정언신鄭彦臣 210, 211
정여립鄭汝立 209, 210, 299, 322
정여립 사건 229
정여창 299
정엽鄭曄 322, 325
정온鄭蘊 254, 260, 311, 418
정운경鄭云敬 139
정원군定遠君 이부李琈 329, 330, 341, 406
정유길鄭惟吉 202, 209, 390
정유성鄭維城 450, 455, 456
정유일 118
정음청正音廳 166
정이불체正而不體 446
정이화鄭以和 388, 390
정인량鄭仁良 145
정인지鄭麟趾 170, 173, 178, 180
정인홍鄭仁弘 189, 226, 227, 229, 231, 238, 240, 249, 306, 307, 311, 320, 322, 339, 379
정조鄭造 240
정종보鄭宗輔 146
정종영鄭宗榮 77
정종鄭悰 32
정종定宗 368
정준鄭遵 383

정창손鄭昌孫 35, 173, 177, 194
정창연鄭昌衍 313, 390
정창주鄭昌胄 432
정철鄭澈 14, 54, 110, 117, 207, 209, 210, 212, 226, 227, 229, 299, 322
정청庭請 113, 313, 319
정초군精抄軍 427
정추鄭樞 16, 19
정치도감整治都監 143
정치화鄭致和 421, 462
정타鄭琢 217, 221
정태화鄭太和 433, 434, 436, 445, 446, 450, 459, 473
정토사淨土寺 318
정헌공正獻公 43
정혈正穴 94
정호신鄭好信 313
정홍덕鄭弘德 146
정홍명鄭弘溟 432
정화鄭和 351
정효성鄭孝成 313
정흠지鄭欽之 26
정희왕후貞憙王后 182
제제帝 409
제과制科 141, 144, 265
제비 17
《제성보諸姓譜》 135
제포첨사薺浦僉使 65, 66
조가석趙嘉錫 260
조경趙儆 209
조경趙絅(용주) 257, 258, 259, 260, 432, 434, 436, 437, 438, 440, 441
조경명趙景命 394, 398
조광조趙光祖 14, 42, 53, 54, 60, 108,

111, 112, 125, 126, 202, 284, 299, 360

조광조의 신도비명   205

조극관趙克寬   172

조대비趙大妃   256, 258, 449

조대수祖大受   422

조목趙穆(월천)   189, 224, 231

조민수曹敏修   153, 155

조박趙璞   155

조반趙胖   157

조복양趙復陽   463

조사수趙士秀   76, 88, 200

조석견趙碩堅   374, 375, 476

조석윤趙錫胤   432, 440

조수익趙壽益   250, 257

조식曺植(남명)   51, 56, 93, 100, 115, 121, 126, 187, 306

조신曺伸   351

조언수趙彦秀   200

조원기趙遠期   387

조인옥趙仁沃   156

조준   154, 160

조지겸趙持謙   260

조찬한趙纘韓   400, 472

조천祧遷   107

조탁曺倬   240

조태채趙泰采   392, 395

조한영曺漢英   421, 423

조한필曺漢弼   25

조헌趙憲(중봉)   189, 191, 207

조형趙珩   459

조희일趙希逸   246, 338, 382, 384, 415

족도族圖   279

족보   136

존주대의尊周大義   467

졸기卒記   120, 179, 191, 230, 232, 248, 334, 335, 343

종계宗系   105, 122, 127

종계무변宗系誣辨   127, 209

종남산終南山   203

종남수옹終南睡翁   198

종묘   326, 329, 342

종친불임이사宗親不任以事   370

종친청宗親廳   173

종통   256, 342

종학種學   149

좌익공신佐翼功臣   38, 176, 177, 178, 179, 267

좌주座主   139, 156

주문사奏聞使   244

주세붕周世鵬   77

주자동鑄子洞   355

주자지상주의   467

주화主和   412, 478

주화오국主和誤國   231, 270

죽계竹溪   168

《죽창한화竹窓閒話》   137

죽피옹竹皮翁   198

중북中北   221, 231, 247, 259

중시重試   38, 166, 405, 432

중읍中邑   439

중인층中人層   277

중자衆子   450

중자부복衆子婦服   258

중전中殿   102, 104, 403

중종   42, 59, 61, 67, 93, 107, 111, 126

중종반정中宗反正   13, 38, 42, 50, 165, 184, 188, 375

중화中和   63, 99

즉위교서   158

《증보역주 백헌선생집》   475

지공거   153

지득룡池得龍   412

지문誌文   447, 448

지원至元   142

지정至正   142

직부直赴   381

직신直臣   117

진관사津寬寺   31

진복창陳復昌   71, 73, 76, 94, 377

진사시   56

진식   100, 102

진양대군晉陽大君 이유李瑈   192

진장鎭將   278

진휼賑恤   459, 477

진휼청   452

짐독鴆毒   160

집의集義   18

집현전   38, 166, 167, 179

집현전 학사   169, 175, 267

집현전장각송集賢殿藏閣頌   167

ㅊ

차장자   446

차적자次嫡子   449

찬배불명贊拜不名   155

찬획사贊劃使   383, 384

참최3년斬衰三年   260, 449

창덕궁   432

창령성씨   361

창여昌黎   472

창왕   153, 155

채무일蔡無逸   61

채무택蔡無擇   61

채수蔡壽   282

채이항蔡以恒   421

채제공蔡濟恭   228, 247, 271

채판서蔡判書   16

책봉   245, 433, 436

척화斥和   410, 411, 412

척화론자(척화파)   411

칙화시·상   246

척화신斥和臣   413, 414

천거과薦擧科   110

천거법薦擧法   323, 348

천거제도   169

천견天譴   332, 342

천계天啓   327

천녕현川寧縣   19

천로天老   73

천릉遷陵   94

천연대天淵臺   224

천인賤人   248, 267, 278

철면학사鐵面學士   399

철비鐵碑   301, 346

첩자妾子   450

청淸   385, 409, 422, 439, 440

청간請簡   91

청구풍아靑丘風雅   105

청금록靑襟錄   307

청덕비淸德碑   305, 347

청론淸論   117, 121

청망淸望   120

청백리   21, 123, 260, 460

청북   230

청사淸使   411, 435, 438, 439, 441

512

청서清西　328

청선淸選　455

청시請諡　359

청심루淸心樓　160

청안면淸安面 구계龜溪　114

청요직　382

청의淸議　119, 470

청주옥　157, 267

청주한씨　361

청천면淸川面　114

청평산淸平山　443

청풍부원군　460

체이부정體而部正　446

체찰사　384

초도椒島　190

촌주村主　278

총재冢宰　34, 174

총통　86

총호사摠護使　93, 332, 432

최규서崔奎瑞　285

최루백崔婁伯　280, 295

최명길崔鳴吉　213, 323, 330, 338, 361,
　　　385, 408, 411, 412, 419, 429

최석정崔錫鼎　471

최연년崔延年　183

최영　156

최영경崔永慶　189, 213, 216, 321, 322

최우崔瑀　281

최원도崔元道　16, 17

최유지崔攸之　453, 455, 456

최윤덕崔潤德　172

최집규崔執圭　280, 295

최천건崔天健　240

최철견崔鐵堅　223

최청강崔淸江　177

최치지崔致池　195

최항崔恒　172, 173

최해崔瀣　141

최휘지崔徽之　380, 402, 453, 475

최홍원崔興源　220

추성정란위사공신　69

추숭　332, 341

추충보절동덕찬화공신推忠保節同德贊化
　　　功臣　152

출신자出身者　79

출참出站　300

충간忠簡　166, 187, 196, 335

충신단忠臣壇　196

충정忠正　123, 335

충주난忠州亂　106

충주최씨　38

충희공忠僖公　27

충희忠僖　37

취재取才시험　278

치지致知　116

칙사　437

칙서　318, 319, 416

친명파　154, 266

친시문과　166, 167

친조親朝　154

친진親盡　107

7거지악七去之惡　28

7서옥七庶獄　239, 382

칠원백漆原伯　15

침류정枕流亭　19

ㅌ

탁북　230

탁영시擢英試   48
탄수灘叟   42
탄천炭川   20, 21
탑전榻前   404
탕평당   398
탕평설   397
태극도太極圖   191
태조太祖   107, 159, 169
태종   22
도당上堂   208, 303, 330
토붕와해土崩瓦解   254
토성土姓   278
토왜원수討倭元帥   90
《토정비결土亭秘訣》   187
《통감훈의通鑑訓義》   167
통례원좌우통례通禮院左右通禮   31
통색通塞   229
통신사   89, 308, 309
통청권   419
퇴계학파   267
특지特旨   30, 70

ㅍ

파계도派系圖   279
파문고제坡門高弟   360
파방罷榜   59, 99
파평윤씨   361
파흘내巴訖乃   434
판옥선   220
8고조도八高祖圖   279
8광八匡   365
8극八克   13, 48, 124
《편년강목編年綱目》   143
평강현감平康縣監   300, 346

평산신씨   42, 49, 52, 353, 361
평안도 관찰사   68
평양   213, 327
평의지平義智   213
평지수平地手   394
폐모론   320
폐모절목廢母節目   240
폐모정청廢母庭請   240
폐비 윤씨   13, 38, 41, 125
폐비정청廢妃庭請   310, 379, 382, 402
폐서인   163
폐세자 이질李桎   323
폐주廢主(광해군)   319
포布   168
포수砲手   301
포화布貨   168
표문   436
품관층品官層   278
품핵사稟覈使   242
풍류산風流山   185
풍산김씨   52, 122
풍애楓厓   27
풍양조씨   361
풍질風疾   385
피북皮北   221
필도지必闍赤   148, 149

ㅎ

하구河久   163
하급 지배신분층   277
하동부부인河東府夫人   103
하륜   164
하성군河城君   102, 103
하연河演   29, 169

하위지河緯地　33, 35, 174, 177, 194

하정下正　461

학산충열사鶴山忠烈祠　196

학식學式　151

학통　113

한汗　409

한가리開暇里　251

한계미韓繼美　282

한기韓琦　103, 351

한남군漢南君　32

한백겸韓百謙　378

한산韓山　137, 147, 160, 164, 198

한산군韓山君　143, 177, 179, 193

한산백　159

한산부원군　153, 158, 164

한산이씨　147, 361

한성군韓城君　173, 177

한수韓脩　100, 126

《한이가첩韓李家帖》　250

한준겸韓浚謙　383

한천翰薦　394

한천韓川부원군　186

한평군韓平君　231, 241, 255

한호韓濩　122

한확韓確　36, 177

한효순韓孝純　240, 310

한효중韓孝仲　383, 403, 473

한흥韓興부원군　187

함양涵養　116

함창咸昌　156, 157

함창군咸昌君　138

함풍군咸豊君 이계수李繼壽　376

해주오씨　275, 283, 284, 286, 296, 353,
　　　356

《해주오씨갑진보海州吳氏甲辰譜》　291

〈해주오씨족도海州吳氏族圖〉　276, 280,
　　　291, 292, 296

《해주오씨족보》　295

해주오씨 추탄공파　276, 290, 355, 356,
　　　358

해주최씨　286, 356

해창위海昌尉　289

해흥부원군海興府院君　287

행궁行宮　413

행수법行守法　30

행장　432, 445, 447, 477

행재소行在所　235, 405

행주기씨　296, 356

행촌杏村　19

향교동鄕校洞　20, 37

향도계鄕徒契　58

향리鄕吏　15, 137, 147, 277

향전鄕戰　451

향직鄕職　133

향직표　133

허계許啓　335, 423

허국許國　105, 122, 127, 213

허국위許國威　220

허균許筠　240, 310

허금許錦　16, 19

허목許穆(미수)　232, 258, 449, 452,
　　　459

허백許伯　143

허봉許篈　207

허자許磁　73, 74, 76

허적許積　258, 447, 461

허전許傳(성재)　271

허조許稠　172, 467

허조許慥   178, 195
허통   426
허항許沆   61
허후許詡   170, 173
헌인릉   37
헌평憲平   183
현관顯官   25
현량과賢良科   42, 43, 59, 110, 125
현상賢相   114
현종   258, 452, 453, 455, 456, 458,
        460, 461, 462, 463, 464, 468
형개邢玠   235
형군문邢軍門   220
혜릉惠陵   332, 342
혜빈惠嬪 양씨   32, 177
호남   220, 456, 457, 459
호남사족   216
호당湖堂   54, 192, 234, 405, 407
호변胡變   79
호서湖西   220, 432, 439
호서사림   408, 434
호역戶役   255
호연지기浩然之氣   18
호족豪族   277, 278
호종공신扈從功臣   150
호피虎皮   437
홍가신洪可臣   378
홍건적   150
홍경래洪景來의 난   275, 289
홍경주洪景舟   184
홍계남洪季男   351
홍계원洪繼元   252
홍계적洪啓迪   390, 469, 473
홍금적의紅錦翟衣   428

홍난상洪鸞祥   378
홍달손洪達孫   174, 176, 180
홍담洪曇   77
홍득우洪得禹   260
홍련거사紅蓮居士   49
홍만용洪萬容   462
홍명하洪命夏   432, 457, 460, 462
홍무적洪茂績   254, 426
홍문관   103, 118, 405
홍문록弘文錄   91, 112, 301, 453
홍봉세洪奉世   92
홍서봉洪瑞鳳   403
홍섬洪暹   76, 104, 114, 202
홍성민洪聖民   211
홍언필   62
홍여순洪汝淳   221, 222, 224, 227, 229,
        230, 236, 237
홍우원洪宇遠   257, 258, 260, 261
홍응몽洪應夢   389
홍이상洪履祥   378
홍익한洪翼漢   254, 275
홍제원弘濟院   385
홍처량洪處亮   432
홍치무洪致武   86
화곡서원花谷書院   451
화담학花潭學   378
화담학파(화담계열)   219, 248, 267
화상찬畵像贊   146
화원군花原君   162
화이론華夷論   341
화통도감   304
환열轘裂   195
환조桓祖   169
황감黃柑   380, 407

516

황감시黃柑試　381
황경헌黃景憲　351
황골도黃骨島　316
황극탕평론皇極蕩平論　395
황대수　102
황대유黃大猷　86
황보인皇甫仁　33, 35, 169, 172, 176
황사우黃士祐　57
황수신　196
황신黃愼　360, 361
황여일黃汝一　215
황종해黃宗海　420
황준량黃俊良　185, 200, 204
황효헌黃孝獻　51
황희黃喜　51
회계산會稽山　415
회답사回答使　309, 382
회령포會寧浦　83
회문回文　106
회배回盃　39
회안淮安　15
회암사　152
회재선생신도비명晦齋先生神道碑銘　201
회퇴변척晦退辨斥　306, 339, 353

효령대군　36
효릉孝陵　185
효수梟首　195
효종孝宗　256, 427, 432, 433, 434, 436, 437, 438, 440, 441, 442, 444, 445, 447, 448, 450, 461, 471, 477
《효종실록》　445, 452
후곡後谷 가문　251
후금　385, 409
후배당　117
훈구파　13, 14, 41, 60, 125, 267
훈도방薰陶坊　283, 298, 355
훈련원정訓練院正　31
훈민정음　166, 192
훈업勳業　290
휴류암鵂鶹巖　78
휼형恤刑　366, 477
흑문黑門　312
흑산도　397, 399
흑석동黑石洞　376
흥례부興禮府　137
흥천사興天寺　171
흥학조興學詔　141
희락당希樂堂　61